Bob Dylan,

Épitaphes 11

Stéphane Koechlin

Pour Serge,

Bob Dylan,

Épitaphes 11

*qui me soutient depuis
longtemps.
Amitiés profondes
Stéphane Koechlin.*

Flammarion

© Éditions Flammarion, 2004
ISBN : 2-08-068507-4

Épitaphe n° 1 – Bob Dylan

Bob Dylan est mort. Il l'a lui-même dit et écrit, rédigeant sa propre épitaphe dans son unique livre littéraire publié à ce jour, *Tarantula* :

> « *Ici repose Bob Dylan*
> *assassiné par-devant*
> *de toute sa chair frissonnante*
> *qui après avoir été chassé par Lazare,*
> *lui sauta dessus*
> *par solitude*
> *mais fut étonné de découvrir*
> *que ce n'était rien d'autre qu'une automobile.*
> *Ce fut précisément la fin de Bob Dylan*
> *il repose désormais*
> *dans le salon de beauté de Mme Réellement* [1] »

Très vite, il a été obsédé par le Moment Ultime, cet instant où il ouvrirait enfin les portes du Paradis, et qu'il mettrait en chanson, bien plus tard, avec *Knockin' On Heaven's Door*.

Très vite, il a éprouvé cette angoisse, presque palpable, de la Fin qui forgera en lui une grande capacité à se détacher des choses et des êtres. Au point de répéter, avec une pointe de dédain : « Je ne vis pas dans ce monde-là ; ceci n'est pas la vraie vie. »

Dylan n'aurait sûrement pu demeurer Dylan sans ce recul. N'est-ce pas cette distanciation qui l'a protégé des attaques jalouses que son talent a suscitées ? L'artiste venait de nulle part, ne connaissait personne dans le monde du spectacle et savait à peine jouer de la guitare. Pourquoi une telle réussite en moins de trois ans seulement ? Parée de si peu d'atouts, elle ne pouvait que sembler injuste aux yeux des anciens, entrés bien avant lui dans la geste musicale.

Les attaques perdureront presque toute sa vie. Elles évoluent au fil du temps : on l'accuse d'abord – et à juste raison – de mentir sur son enfance car il prétend être né à un autre endroit, et de renier ses parents puisqu'il s'invente des géniteurs. Puis on l'accuse de s'inspirer de mélodies en « oubliant » de créditer les auteurs originaux... Certains affirment encore qu'il se sert même de ses propres amis pour réussir, sans la moindre gratitude à leur égard... Aucune de ces réputations, cependant, ne ralentit l'ascension du phénomène. Alors les tenaces s'en prennent à son arrogance, son mépris affiché envers le public. Ce refus entêté de parler aux spectateurs, durant un concert, de bouder les interviews avec la presse !... À peine Dylan est-il désigné comme le symbole d'une jeunesse en révolte des années soixante que les puristes crient déjà à la trahison. Passer du folk acoustique à l'électricité, comme il tente l'aventure en 1965 ! Oui, Dylan est bien un traître ! Il « abandonne » son engagement, son rôle de porte-parole, sa ligne musicale pure. Mais pas seulement... Ses fiancées, ses épouses aussi. Incapable d'amour, il les délaisse, les trompe. D'ailleurs, pense-t-on, c'est sans doute cette aridité qui le pousse à composer des textes si dépressifs.

Cela fait beaucoup pour un seul homme... Comment rétablir la vérité ? Que comprendre de son histoire, de ses légendes, maintenant que l'artiste est assassiné, selon ses propres termes, « par-devant » ? Dylan restera-t-il un mystère ? Un texte intitulé *11 Outlined Epitaphs* (« 11 Épitaphes esquissées »), paru en 1964 sur la pochette de son troisième album *The Times They Are A-Changin'*, l'élucide pour nous. Comme un bouclier céleste contre tout ce qu'on dirait ou penserait à son sujet, une plaidoirie rédigée aux côtés de ce Dieu qui le fascine et l'inspire tant, où l'auteur jette onze chapitres en prosodie et se défend de toutes les accusations portées de son vivant. Les décryptant une par une.

Ses origines ? Dans l'une de ces épitaphes, il écrit avoir grandi sur les trottoirs d'une ville « ni riche ni pauvre », avec des parents « ni riches ni pauvres ». Il dépeint une cité mourante aux murs effondrés, aux fenêtres éclatées tandis que des chiens hurlent à la mort dans les cimetières. Lui, prétend-il, arrive de nulle part, ou bien d'une tombe quelconque. Il est comme l'homme sans nom, porté simplement par son grand rêve dont il énonce les grandes lignes, au cours d'une autre épitaphe : vivre pendant les années trente, cheminer auprès du baladin folk contestataire Woody Guthrie, ressusciter les réunions syndicales de l'époque, les bars bruyants, suivre les trains fous, voilà ce dont Dylan rêve... Mais ce monde-là a disparu. Plus de mouvements sociaux. Plus d'effervescence. Dylan plaide donc pour lui, dépossédé de ce rêve, hanté par la solitude lorsqu'il débarque à New York, les poches vides. Seul le dédain parvient à le protéger du vide angoissant qu'il éprouve. Mais il précise (épitaphe n° 3) :

> « Perdu ? Pas vraiment, juste un être ressemblant à un étranger ? Non, pas un étranger/Mais plutôt quelqu'un qui ne vit pas ici/Sans jamais prétendre savoir ce qui vaut d'être recherché/

Sans fantômes à mes côtés/Qui trahissent ma puérilité/Me mènent sur de fausses pistes/Et me font boire des eaux boueuses[2]. »

Il nous éclaire aussi sur tout combat politique. « Il n'y a pas d'aile droite ou d'aile gauche. Il n'y a qu'une aile haute ou une aile basse », poétise-t-il, rappelant que son engagement avait été instinctif, émotionnel mais non moins puissant. Comme il le faisait de son vivant, il ne professe aucune foi, aucune théorie, lui l'artiste purement dégoûté par la vie politique et par l'éducation, « rêve qui demeure du lavage de cerveau organisé[3] » (épitaphe n° 4). Lui-même, très tôt, n'a plus voulu apprendre, préférant se livrer à son instinct et à sa liberté. Pour Dylan, chacun fait ce qui lui plaît. « Je suis rageusement contre tout ce qui force la nature. » *Ce qui force la nature...*

Le plus grand chanteur folk a donc cheminé seul, sans l'aide de personne. Et pourtant, dans ces onze épitaphes, c'est un homme positif qu'il nous est donné de découvrir. Tel le héros du *Ciel peut attendre* (1943) de Lubitsch, il nous raconte, depuis son Éden joyeux, une vie pleine de passion, de bruit, d'amour, de joie... Comme cette dixième épitaphe, splendide élégie amoureuse. Le poète y évoque, la nuit, celle qu'il a aimée, Suze, et à qui il pense souvent, cette belle « Sue » ondulante comme les lignes d'un cygne, dont les longs cheveux répandaient la couleur du soleil. Il rend hommage à ses amis, Geno Foreman, Dave Van Ronk qui le tourmentent parce qu'il ne lit pas assez de livres, à la femme de Dave, Terri, amusée par sa désinvolture.

Cette biographie reflète la hantise du texte *Epitaphs 11* qui fait presque office de plaidoirie. Elle aurait pu s'intituler « Manifeste pour l'inconnu qu'est Bob Dylan ». J'ai voulu revivre la carrière de ce grand musicien en la faisant défiler comme un interminable flash back, et revenir sur tout ce qui heurte chez cet artiste et que ses propres textes dénouent.

J'y ai découvert aussi les définitions du style dont le poète Paul Valéry donna un jour les vraies parties : « Les manies, la volonté, la nécessité, les oublis, les expédients, le hasard, les réminiscences[4] ». Ces mots me semblent correspondre à l'art dylanien et à sa manière d'approcher l'œuvre.

Au cours de ce travail, j'ai surtout entendu que, décidément, non, Dylan n'interprète pas des chansons aussi dépressives qu'on le prétend. Pour plaidoirie, dans l'épitaphe n° 5, il rapporte une conversation avec la femme d'un journaliste :

— J'ai puisé les couleurs dehors, et je suis heureux.
— Mais vous chantez de telles chansons dépressives.

— [...] Je dis qu'il n'y a pas de mots dépressifs, juste des esprits dépressifs. Je suis assez heureux maintenant.

— Pourquoi ?

— Parce que je regarde calmement dehors la nuit se déployer.

Puis, il conclut et cela paraît être si juste : « Quand je chante, je ne vois rien d'autre sur scène que le déroulement de mon bonheur[5]. »

Première Partie

Avant l'accident

« *Deux hommes sont morts sous la lune du Mississippi* »

Bob Dylan, *Oxford Town,*
The Freewheelin', 1963

Dans l'immense océan des noms et des années, quelques fantômes resurgissent, oubliés depuis tant d'années, pour obtenir une dernière seconde de gloire. Juste une ligne, en bas de page d'une rubrique mortuaire intitulée *So Long, Farewell* ou *Bad Luck Blues*. C'est ce qui a fini par arriver au guitariste chanteur Dave Ray, un 29 novembre 2002. Et si nous l'avons su, c'est grâce à la petite phrase placée au-dessous, presque de manière indifférente mais utile : « Bien qu'il n'ait jamais atteint le statut de culte, son style a influencé des artistes comme Bob Dylan, les Beatles ou les Rolling Stones. »

À cinquante-neuf ans, il avait appris l'imminence de sa mort. Son cancer du poumon lui offrait à peine six mois de sursis. Le public s'était habitué à ses cheveux blancs, à cet anonyme notable du folk toujours prêt à reprendre du service, à rappeler les vieux amis, fors le plus célèbre d'entre eux. Dave avait consacré son existence à la musique et, au lieu de rester allongé à attendre que la Faucheuse l'emmenât, il avait servi sa passion jusqu'au dernier soupir. Six jours avant de disparaître, il jouait encore, se gaussait de son chancre noir et prévenait :

— Je ne ferai pas de folie ce soir.

Il était épuisé, mais son jeu répandait la même flamboyance que jadis.

Dave fut célèbre en son temps pour avoir formé un duo avec deux amis, John Koerner et Tony Glover. Un trio dont il avait gardé beaucoup de photos en noir et blanc sur sa table de nuit. De magnifiques souvenirs. Il les observait parfois avant d'éteindre la lumière. Si seulement cela avait été lui ? Ou John ? Ou peut-être Tony, pourquoi pas ? Comment auraient-ils utilisé leur pouvoir, argent, notoriété ? Aucun des trois n'en savait rien, et sans doute n'y avait-il jamais réfléchi. C'était drôle de voir leurs visages de gosses entre les murs du Club 47 ou de l'Avant-Garde, dans le Wisconsin ou le Milwaukee. Tout un chemin pavé d'or s'ouvrait alors à eux. C'était la grande époque du folk, des belles soirées romantiques. Les jeunes garçons envahissaient le pays, des rêves plein la tête, encouragés par l'exemple de grands frères qui avaient fait fortune pendant les années cinquante.

Ils avaient souhaité vivre la même aventure que les rockers vus dans le téléviseur : le premier, Jerry Lee Lewis, se lavait les cheveux avec de l'eau de pluie dont le métal et le soufre donnaient à sa toison d'étranges reflets verts et une odeur douteuse. Entrer dans son monde, c'était approcher une famille sainte et misérable. On avait pitié de lui, on le vouait aux Enfers. Jerry Lee avait toujours vécu, avec le doigt accusateur de son cousin, le prophète Jimmy Swaggart, pointé sur sa poitrine. Ce chanteur fou furieux n'aimait pas les « nègres », résultat d'une éducation sudiste mais aussi de ses conflits internes, sauvages pour un fils de puritain auquel le rhythm and blues était interdit. Le second, Little Richard, fascinait, Noir endiamanté au regard halluciné de prédicateur. Jerry Lee et lui formaient la composante d'un dilemme étrange, le jour et la nuit, le damier d'un asile psychiatrique. Il fallait les voir... Jerry Lee, le couillu de feu, et petit Richard, à la jambe courte, aussi bancal que la Tour de Pise, lèvres brûlantes, grimpaient sur leurs pianos, hurlaient, les mèches dressées, électrisées. On n'avait jamais vu ça. Richard voyait déjà son corps grandir au point d'atteindre le cosmos, Dieu. Il deviendrait Saint Révérend.

Et puis, Dave, John et les autres jeunes garçons avaient découvert Elvis Presley, le King métis, qui exploitait sa fée noire en reprenant *That's All Right Mama* du fils d'esclaves Arthur Crudup dont le nom resterait à jamais obscur. Ils aimaient bien aussi Buddy Holly, l'étudiant aux lunettes de gentil gendre et pourtant érotomane, violent, créateur de l'immortel *Peggy Sue*, un Texan hostile aux « nègres », mais qui cachait également dans son âme un bon ange noir. Toutes ces vedettes représentaient surtout la meilleure manière de devenir célèbre en tourmentant le bourgeois. Les jeunes garçons rêvaient de suivre l'exemple du péquenot borgne, Bill Haley, qui avait poussé dans le feu la musique populaire bringuebalante et rance avec son *Rock Around The Clock*... One, two, three... Des paroles idiotes bien sûr, une volubilité juvénile qui parlait au firmament et nous libérait. On parcourait une ligne de guitare, aussi pure qu'une voie de chemin de fer, une clairière sans broussailles ni complications. C'était le rock and roll dans son éveil solaire. On était en quelle année... 1954 ou à peu de choses près. Les ados se repassaient le film *Blackboard Jungle* (« Graine de violence ») où un professeur débonnaire amateur de jazz combattait son turbulent élève rocker. Et sur les images, la danse « autour de l'horloge », musique vive, comme une farandole brasillante, sautait d'un bout à l'autre des motels, le long des nouvelles autoroutes.

John Koerner enviait le destin magnifique de Bill Haley, ce gamin des campagnes aux odeurs de bouse, cuistot ingénieux qui avait mitonné un mélange de blues et de country tissé dans les bals fermiers, à l'ombre des orangers et des entrepôts de bois. Dave Ray, lui, enviait son doué compagnon John Koerner. Un type élégant, ce Koerner, mais pas très causant.

Les étudiants de la grande université de Minneapolis le surnommeraient « l'Araignée » pour toutes sortes de qualités naturelles, sa taille élancée, très américaine, ses longs bras et longues jambes, un corps souple et vitaminé d'adolescent élevé au grand air. Il semblait avoir quelque chose en plus. Un regard, une approche. C'était l'épaule sur laquelle s'appuyer. La solidité incarnée. John savait une chose, et nous le savions avec lui : depuis Bill Haley, ce météore que l'Amérique considérait comme le premier rocker, que s'était-il passé ? Pas grand-chose. Quatre années à suivre de jeunes étoiles blanches et leurs idées noires, frasques, éclats... La musique avait bondi presque d'un siècle, mais s'était arrêtée, comme pétrifiée, à l'entrée de la zone interdite qu'elle avait osé profaner. Les images ressassaient les shérifs imbéciles, les disc-jockeys racistes brisant sur leurs genoux les disques impurs. La levée de boucliers courait de l'Ouest jusqu'à l'Oural sans oublier le Moyen-Orient, en Iran, où les docteurs islamistes du shah déconseillaient le twist, mauvais selon eux pour le bassin et l'équilibre psychique.

Koerner cherchait son Aladin noir. Le secret de la réussite. Il avait découvert le blues dont tant d'artistes blancs se réclamaient. C'était une mine d'or. Il n'avait jamais vu autant de merveilles. Il avait déniché Sleepy John Estes, surnommé, comme un nain de Blanche Neige, le Dormeur parce que, dans le camp de prisonniers où il avait été enfermé pour des peccadilles sans doute, il passait son temps à chanter et roupiller. Cette voix gémissante traînait les notes jusqu'à leur agonie. John se gavait du maître folk blues : Robert Johnson, qui avait vendu son âme au diable en échange du talent, le séduisait terriblement. Ce génie faustien, cette pierre de lune capable de transformer chaque objet en or, avait donné *Sweet Home Chicago* et *Terraplane Blues*. Il était mort en 1938 après avoir bu un verre empoisonné. Ces musiciens-là avaient disparu. Envolés. Assassinés. Ou envoyés dans les maisons psychiatriques. Trop de liberté. Mais leur idée habitait un coin du cerveau. Elle sauvait les Blancs, assurait leur fortune.

Koerner avait traîné dans tous les coins de New York et songeait depuis longtemps à une existence de musicien nomade. Son idéal, nous le portions tous, étudiants de passage, futurs cadres de l'Amérique ou branleurs incompris. Tout ce petit monde de rêveurs aurait aimé lire son avenir dans les yeux de ce jeune romantique débarqué, comme tant d'autres, à Minneapolis et inscrit à l'université, par hasard, sans y croire davantage. John s'était mis en tête d'étudier l'aéronautique. Puis, il avait disparu d'un coup, ce qui pouvait arriver fréquemment par ici, quand une idée meilleure surgissait et vous emmenait au loin. Personne ne s'était étonné du choix de John. Il cherchait l'aventure et ne connaîtrait jamais la paix avant de trouver un frémissement, une émotion digne de lui. Nous avions bien remarqué sa timidité, surpris d'apprendre qu'il s'était installé en Californie, sous l'uniforme seyant des marines. La mer, le désert... Voilà ce qu'il désirait tant. Mais l'armée, elle non plus, n'avait pas réussi à lui offrir son Graal. Que d'immobilité, de promesses non tenues ! L'histoire de « l'Araignée » se perdait ensuite dans les méandres d'une vie accidentelle. Un crash en voiture avait failli briser son chemin, mais pas sa volonté. S'il n'accomplissait pas ses desseins, il mourrait. Cela ne faisait aucun doute.

Pendant ses longues journées d'alitement, à l'ombre du drapeau américain, il avait épluché les magazines et lu qu'une grande et belle scène folk émergeait de la nuit, que les coffee houses brillaient jusqu'à l'aube, qu'on y faisait la fête avec des voyageurs, des aristocrates déchus, des poètes en rupture de ban. Où ? À Minneapolis ! Il rendit ses armes et recouvrit la liberté, bien décidé à connaître la même gloire que Bill Haley dont il espérait enrichir les lignes mélodiques, rendre plus complexe le message, même s'il n'y croyait pas trop. Au fond, il voulait toucher le plaisir et attiser ses rêves.

Il retourna à Minneapolis. Cette ville ne l'emballait pas, mais un club y lançait des étoiles, le Ten O'Clock Scholar. Nous en parlions assez pour y mener de beaux projets et peut-être poursuivre d'une autre manière la musique. Ce café illuminait la communauté bohème de Dinkytown, le quartier du campus, où les visiteurs cherchaient leur plaisir entre drugstores, marchands de glace, librairies. Le Ten avait ouvert l'année précédente, entre la 4e et la 5e Rue. Placé juste devant les boutiques, il avait un aspect vieillot, bricolé, avec ses murs noirâtres, son couloir étroit, sombre, ses petites tables et banquettes sales, installées du même côté face à la vitrine qui donnait sur la rue. Aux premières heures de la matinée, le patron sortait et peignait contre le verre, en lettres blanches, le nom du chanteur prévu le soir même. Les étudiants adoraient contempler les passants depuis l'ombre tandis qu'au-dessus le soleil chauffait le trottoir. Ils jouaient aux échecs, chantaient, buvaient des bières. Sur ce plancher, on croisait toute une faune étrange, éleveurs de serpents, voyageurs venus du désert se baladant avec leurs habits ensablés, magnifiques filles aux cheveux très longs, deux ou trois blancs-becs fredonnant des airs de blues... « L'Araignée » avait trouvé son refuge. Il se lia d'amitié avec Dave Ray, le contraire de lui : un blondinet qui parlait beaucoup, de tout et de rien, et surtout prononçait à tout bout de champ un mot sacré, Leadbelly. « Ventre de plomb ». Derrière ce nom énigmatique, se cachait un grand Noir aux mains de battoir dont la légende n'avait cessé de grandir. Adolescent, ce Leadbelly, né à la fin du XIXe siècle, se promenait dans son village de Shreveport, avec son cheval, un flingue, une vieille guitare cabossée et un sourire en coin. Les familles avaient peur de lui, surtout les filles car il jetait sur elles un regard où se mêlaient le désir, l'obscénité et la violence. « Ventre de plomb, racontait Dave, utilisait son arme pour un rien et il avait tiré sur un rival, assassiné un autre type et s'était retrouvé au pénitencier d'Angola[6]. » Leadbelly était presque certain d'y pourrir pendant trente longues années, de continuer à recevoir des coups de fouet pour « paresse » ou « impudence », comme le notait le registre de la prison. Ses geôliers l'auraient presque oublié si un musicologue blanc, Alan Lomax, venu en Louisiane afin d'enregistrer le folklore des campagnes, ne l'avait entendu un jour chanter et jouer. Alan s'était aussitôt pendu aux basques du gouverneur pour élargir l'artiste criminel. Le plus drôle, c'est qu'il parvint à le faire libérer.

— Et vous savez ce qui s'est passé ensuite ?

Dave, passionné, soignait ses coups de théâtre comme le conteur qu'il imaginait être :

— Leadbelly est devenu le chauffeur attitré d'Alan Lomax. Et cet homme jaloux, écorché, brisé par toutes ces années au cachot, qui s'était accroché à la musique, jouait sans cesse. Ah, c'était autre chose que les histoires de nymphettes chères au rock and roll ! Vous pouvez me croire.

Dave s'enflammait :

— Vous connaissez *The Bourgeois Blues* ? Un brûlot, quelque chose qui dérange.

Et il dépeignait ce grand Noir à la tête ronde surmontée de petits cheveux blancs – il avait renoncé à les teindre –, entouré de tous ses enfants qu'il aimait. Jusqu'à sa mort en 1948, il fit les grandes heures du quartier de Greenwich, à New York. Un seigneur du folk et du blues. Nous devions, nous, la nouvelle génération, suivre ce chemin, sabre au clair. Koerner acheta un microsillon et apprécia cette poésie qui venait de si loin. Il venait de trouver son démon noir, le guide, le mot de passe de tous les jeunes garçons pleins d'espoir.

Sous une aussi belle tutelle, John ne mit pas longtemps à percer. Les jeunes amoureuses lui prédisaient d'ailleurs un avenir étincelant. De quoi ? De diseur de bonnes romances, chanteur, poète ? Parmi tous les artistes traîne-savates du campus, il semblait le mieux parti. Il était avenant. Les gens de la région venaient entendre sa guitare et son folk traditionnel. « L'Araignée » reprenait des morceaux que l'on avait entendus sans très bien savoir où mais parlait à tous les jeunes gens grandis quelque part au fin fond des régions reculées du Sud ou de l'Ouest.

« Je serai l'un des grands joueurs de folk », songeait-il secrètement, s'imaginant respecté, aimé, connu du monde entier à tel point que les cercles littéraires et musicaux discuteraient sans cesse de lui. Quelle douceur de se voir en haut de l'affiche !

Dave pensait aussi que John avait toutes les chances de percer, sans doute davantage que lui-même ou que n'importe qui, et cela sans esbroufe ni discours. Quelques artistes étudiants débarquaient au Ten O'Clock Scholar et disparaissaient, incapables d'éclipser John solidement accroché à son rêve et qui avait oublié ses études d'aéronautique, effacé d'un trait toute autre option que la musique.

Mais il semble qu'une nuit, un vent étrange pénétra dans le club. Les garçons se souviendraient longtemps de ce voyageur jailli de nulle part. Une espèce de vagabond efflanqué traînant sa misère un peu partout. Dave eut l'impression de voir un Leadbelly blanc en plus maladif. Il avait probablement passé plusieurs nuits en prison, s'était peut-être évadé et cherchait un refuge. On pouvait écrire un roman rien qu'à le regarder. Le jeune homme portait un blouson d'aviateur trop étroit un peu sale. Il paraissait timide et, tout de suite, se joignit à John qui l'accueillit chaleureusement.

— Comment t'appelles-tu ?

— Robert Zimmerman.

Il n'osa plus rien lui demander tant cet inconnu, par sa froideur, sa distance, l'intimidait. C'était au cours d'une soirée un peu décousue et pleine de promesses.

— Qu'est-ce que t'as dans ta besace ? demanda John.

— Oh, un ou deux spirituals, répondit Robert angoissé. Tu veux les écouter ?

Et il se mit à jouer quelques trucs folkloriques venus de la campagne profonde, des traditionnels qu'il avait dû entendre pendant son enfance. Koerner apprécia sa voix plutôt belle, sa manière de chanter assez douce et calme. Il y avait quelque chose à en tirer.

En vérité, il ne nous fallut pas longtemps pour entendre parler de cet inconnu après cette première rencontre qui ne devait pas avoir plus d'importance, même si son nom avait déjà fait le tour de la communauté de Dinkytown. Bien sûr, les étudiants ne voyaient pas en lui le musicien ou le poète mais le raconteur, le romancier.

Il se tenait droit, les yeux brillants, et passait son temps à débiter des contes tous plus merveilleux les uns que les autres. Je pense que beaucoup d'entre nous avaient envie d'y croire. « Et puis, je l'ai vu, là-bas au soleil, près d'une taverne... Ce vieux Noir, affublé d'un grand chapeau, jouait magnifiquement... » Tout juste âgé de onze ans, Robert venait alors de rencontrer Big Joe Williams, la voix caverneuse du bayou, l'homme des forêts qui écrivit le fameux *Baby Please Don't Go*. Comme Leadbelly, le gros Joe avait jadis moisi derrière les murs presque fantastiques d'une lointaine prison louisianaise. On pouvait à peine distinguer en plein jour cette Bastille américaine tant les feuillages noyaient les pierres de vert, de brun, de jaune. Big Joe, le vagabond au sang indien, y avait échoué après force bagarres et beuveries. Il avait emprunté très tôt la route des vastes champs, jouant pour les exclus et les putains au grand cœur. Il s'était battu, avait aimé, pris tellement de plaisir. Robert nous racontait son escapade avec Joe sous le soleil de Mexico, leurs spectacles au bord des trottoirs, dans les rues chaudes et populeuses. C'était si étrange d'imaginer le jeune garçon chétif et ce bandit généreux.

Avec ses histoires, Robert enchantait la petite communauté bohème de Dinkytown, le quartier de Minneapolis situé près du campus... On lui posait des questions sur sa vie de vagabond. Il nous adressait un large sourire et parlait des clowns, des acrobates, des chants blues entendus au fond des vieilles plantations... Les étudiants l'écoutaient, passionnés, même s'ils ne l'aimaient pas vraiment et lui reprochaient son regard hautain. Nous avions l'impression qu'un rêve lointain le portait, l'élevait bien au-dessus de la multitude. « Il fait son intéressant. Tout ça, ce sont des mensonges ! » Et pourtant, les contempteurs de Robert applaudissaient ses histoires.

Notre beau conteur était arrivé un matin de l'hiver 1959, avec sa veste de motard usé, son pantalon kaki, ses courts cheveux blonds frisés qui s'envolaient au vent, son allure de provincial lointain. Il avait de bonnes joues pleines, un visage lisse sans le moindre poil de barbe et paraissait si jeune. Quelques jours plus tard, il fut pris en main par les Sammys, ces frères juifs qui encadraient tout membre de la communauté venu étudier à l'université de Minneapolis. Bob Zimmerman pourrait devenir un zélateur de la foi attentionné, même s'il préférait éclipser sa religion ou faire mine de s'intéresser à des domaines plus essentiels comme la littérature et la musique. Rassuré par cette rencontre, il se laissa conduire à la maison de la Fraternité juive, Sigma Alpha Mu, sur l'University Avenue. Le paysage n'offrait pas de grandes réjouissances. Une longue route s'étirait sous le ciel bas et morne, et, au cœur de ce vide, surgissait une bâtisse mal entretenue, couverte de mousse, avec un porche délabré. À l'intérieur, s'étendait un sol en linoléum assez moche. Au milieu, étincelait le logo clinquant de la Fraternité.

— J'aimerais avoir une chambre... seul... dit-il.

Il avait prononcé cette demande sur un ton doux mais solennel qui ne tolérait aucune explication. Comme beaucoup d'autres, les Sammys avaient été refroidis par ce jeune homme. Pourquoi arborait-il cet éternel sourire ? Se moquait-il d'eux ? Un étudiant, lui ? Quelle plaisanterie ! Les pensionnaires de la maison ne savaient pas très bien comment lui parler. Aussi lui réservèrent-ils une chambre isolée, étonnés du comportement de Bob qui ne sortait jamais, comme s'il avait peur de rencontrer un être humain. Que faisait-il ? On l'ignorait. Peu de lumière filtrait de sa pièce, sombre comme un sépulcre. Pourquoi fréquenterait-il ces gens-là ? La solidarité du judaïsme, quelle drôle d'idée ! Elle provoquait en lui une sorte de rejet, un réflexe d'autodéfense. Il tenait à préserver jalousement son indépendance.

Une seule raison le sortait de son mur glacé : le piano installé près de l'entrée. Bob l'avait tout de suite accaparé, frappant les touches avec rage.

Après avoir joué, il redescendait les marches, le visage haut, barré de cet éternel sourire, s'installait et parlait. Sa fierté, son arrogance surgissaient comme un diable de sa boîte.

— Je suis Bobby Vee, le meilleur des rockers. Vous savez que j'ai joué avec Little Richard et Buddy Holly ? On a tourné ensemble dans le Sud.

Et il riait. Les autres étudiants partaient vers l'université, leur cours sous le bras, tandis que Robert hurlait, arrachait du piano des tintements stridents et toisait ses coreligionnaires, l'air de dire : « Comment ? Vous allez à la fac ? Vous perdez votre temps. » Il ne comprenait pas l'intérêt que cette jeunesse trouvait aux études, lui dont l'œil pétillait de vie, de ces désirs lointains impossibles à délimiter et amples comme la frontière.

Et elles étaient longues, ses journées, pendant lesquelles il errait en pensant au soleil du Mexique. Quelques filles s'arrêtaient, intriguées, mais leurs camarades les tiraient à eux. « T'occupe pas de ce minable prétentieux... » Et Bob continuait sa route, seul, sous leur regard méprisant.

Il aimait se voir différent, sans feu ni lieu comme les poètes du temps passé, préférait croupir sous un pont plutôt que de mener une existence moyenne, bourgeoise. C'est pourquoi il commença à s'éloigner de la maison juive et plongea dans les rues vertigineuses, le ciel rouille du Minnesota, avec la volonté de s'y perdre, lui et son imaginaire.

— Je peux venir chez toi cette nuit ? demandait-il à l'un d'entre nous au dernier moment.

Il arrivait, jetait son barda et s'asseyait sur le canapé. À l'aube, son hôte le découvrait dans la même position que la veille, lisant un recueil de poèmes. Robert n'avait pas fermé l'œil, et il repartait traîner dans les cafés, les clubs. Personne ne savait jamais où il dormait et lui ne paraissait pas vraiment s'en soucier.

Le soleil se coulait entre les baraquements en bois de Dinkytown, les cafés, les librairies, le cinéma... Il faisait bon. Devant, tout autour, les musiciens de rue se chauffaient en oubliant même d'empoigner leur guitare, des couples d'amoureux offraient leur visage à la douce lumière, indifférents à l'heure, à l'agitation. Je me rendais d'instinct aux terrasses, là où la vie s'arrêtait, où les rêves allaient bon train... J'essayais d'apercevoir Bob dans la nuée d'étudiants. Sans succès. Le Zimmerman disparaissait. Pourtant, il était inscrit à l'université de Minneapolis, cette grande métropole qui éclairait toute une jeunesse débordante de santé et de bonheur. Les corps sains pratiquaient le football sur les spacieuses étendues gazonneuses du campus. Le dimanche, les étudiants pouvaient se promener dans les parcs avoisinants ou longer, en rêvant, les grands lacs à l'horizon incertain. Ils deviendraient médecins ou ingénieurs...

Abe, le père de Bob, fondait de grands espoirs sur ce fils bizarre, persuadé qu'il réussirait dans le monde des affaires. Il lui adressait même, chaque mois, une rondelette somme d'argent afin de l'aider à payer son loyer. Mais l'intéressé méprisait ce qui pouvait être bon pour son avenir, s'enivrait, et disait : « Mon père ? Je n'en ai pas ! »

À quoi ce pécule servait-il ? À assouvir les ambitions de son géniteur, l'immigré juif qui, en assurant la réussite sociale de son fils, se fondrait dans son pays d'adoption ! Mais avait-il au moins prêté une infime attention à l'idéal du jeune Robert ? Le garçon aurait aimé le prévenir qu'il suivait les cours sans trop de concentration, l'air ailleurs. Je ne sais s'il pensait déjà au poème qu'il écrirait plus tard, *Ma vie en un instant dérobé*, dont les bonnes lignes figureraient sur le programme du concert de Town Hall en 1963.

Plus tard, je me suis assis dans l'université du Minnesota avec une bourse bidon que je n'ai jamais eue
Je me suis assis en cours de science avant d'en être viré pour avoir refusé de voir un lapin mourir
J'ai été renvoyé du cours d'anglais pour avoir utilisé un mot de quatre lettres dans un devoir décrivant le professeur
J'ai lâché le cours de communication après avoir appelé chaque jour pour prévenir que je ne pourrais pas venir

Il s'était épris d'une actrice, mais la belle lui avait envoyé un coup de genou dans les tripes, et il avait échoué sur la rive est du Mississippi, dans une maison condamnée sous le pont de Washington, juste au-dessus de Seven Corners... Une dizaine d'amis l'entouraient. « Et voilà pour mes universités », concluait-il.

Il prenait les chemins de hasard, selon sa fantaisie. Plongé dans cette ambiance estudiantine, il n'avait qu'une envie : fuir au plus vite, respirer, loin de tout enfermement et doctrine. Un ami commun m'apprit qu'il travaillait comme plongeur dans un restaurant et gagnait juste de quoi vivre.

Comme toutes les femmes du campus, je désirais le connaître davantage. Je savais où j'avais le plus de chances de le rencontrer...

Au Ten O'Clock Scholar bien sûr ! Robert y passait ses nuits, accroché à sa vieille guitare. Combien de fois, je l'entendrais tanner le patron :

— Laisse-moi jouer ! Laisse-moi jouer !

Et le propriétaire avait finalement cédé aux prières de son client un peu spécial.

— Ok ! Ok ! Comment tu t'appelles ?

— Bob... Dillon ! Oui, Bob Dillon !

Sur la vitre, le patron peignit, en grosses lettres blanches, B.O.B D.I.L.-L.O.N. Zimmerman avait emprunté son nouveau patronyme au héros d'une série télévisée populaire à l'époque, Matt Dillon, le shérif de Dodge City dans *Gunsmoke*, diffusé à partir de septembre 1955. Le va-nu-pieds maigrelet avait commencé à étrenner son costume de super héros qu'il sortirait au grand jour et promènerait sur les toits de la ville. Je me rappelle son regard fixe sur les énormes caractères que les badauds contemplaient avant de reprendre leur route.

Même s'il n'en laissait rien paraître, Robert, je le sentais, était fier d'appartenir à la communauté folk. Il se liait vite aux inconnus, parlait assez naturellement aux connaissances de passage. Il guettait les amitiés possibles. Et personne ne résistait à ses assauts, surtout en ce temps-là. Il avait l'œil incroyablement ouvert, brillant, manifestait une conviction attirante. Il vous rendait complice de sa propre vie, et il était difficile de ne pas se sentir flatté. « Je peux venir dormir chez toi, nous jouerons, écouterons des disques... » Il le disait avec une voix bien douce, bien tranquille.

De temps en temps, une jeune femme l'accompagnait. Echo Helstrom passait et ne le quittait pas des yeux. Elle l'adorait tandis qu'il lui tournait le dos afin de suivre des amis et plantait son amoureuse sur le trottoir. La fiancée délaissée voulait le récupérer, l'arracher à ses rêves, redevenir le cœur de ses attentions comme elle l'avait été dans ce lieu reculé où avait grandi Bob, mais qu'il s'ingéniait à cacher. Non, il avait vécu à Memphis, « comme Elvis », ajoutait-il, le long de la lignée dorée du blues, mais ignorait Hibbing, petite bourgade enterrée sur les terres noires du Minnesota. Nous finirions par découvrir son secret bien plus tard. Pauvre Echo ! Son amoureux pensait-il encore à leur village ? Probablement pas. Elle tentait de retenir son attention : une belle robe ici, une nouvelle coiffure là, mais s'épuisait en vain... Bob semblait parfois si loin. Puis, Echo repartait, partagée entre la colère et le dépit. « Pourquoi ne me dit-il rien ? » Il ne disait rien, en effet. Parfois, il se posait dans un coin et lisait, ce qui, au début, avait surpris beaucoup de monde. Il travaillait, réfléchissait. Un livre traînait souvent dans sa poche, *Sur la route* de Jack Kerouac, tombé de la valise d'un autre et que Bob avait récupéré. Ce récit de voyage venait de connaître un grand succès. L'auteur y racontait ses vagabondages à travers l'Amérique. L'ouvrage exhalait de belles notes de jazz, de la danse, de la poussière, des soirées d'ivresse, des nuits interminables et sexy. Bob était passionné.

« Tu vois, me disait-il, je voudrais voyager comme ces types, écouter de la musique, boire, n'avoir rien à faire que ça... C'est pas mieux que de moisir dans un bureau ? »

Sur son conseil, j'avais lu *Sur la route* et découvert une littérature incroyablement moderne et libre.

— Je n'ai pas vu beaucoup de livres qui brassent des noms aussi différents que Beethoven, Miles Davis, l'acteur américain W.C. Fields. Formidable. Et toute cette œuvre est d'un jet vraiment puissant.

Puis, il se taisait. Je le surprenais souvent allongé sous un arbre en train de rêvasser, de lire ou de griffonner je-ne-sais-quoi sur des bouts de papier. Un jour, il me montra un autre bouquin. *En route pour la gloire* de Woody Guthrie. Je dus vraiment élever le ton pour le déranger tant cet ouvrage l'ensorcelait. L'un de ses amis le lui avait offert en cadeau.

— Tu connais Woody ? me demanda-t-il.

Les musiciens folks du campus le vénéraient, les autres en avaient vaguement entendu parler.

— Il est mort, non ?

Bob sourit et secoua la tête.

— Je ne crois pas.

Il affectait de connaître ce mythe depuis toujours. Woody, l'inventeur du folk song, le chanteur contestataire américain, né en 1912 en Oklahoma, ne fut jamais un grand musicien, encore moins un superbe chanteur, et, de son vivant, n'obtiendrait pas le succès. Son cousin Jack, décédé juste après la guerre, le surpassa en bien des domaines : meilleur technicien, il toucha un public plus populaire avec des chansons comme *Oklahoma Hills* et *Colorado Blues*... Mais celui dont la légende grandit à l'ombre des trains resterait Woody.

Le chemin aventureux de cet homme filiforme, timide mais grand conteur d'histoires, commença à fasciner Bob. À seize ans, le troubadour progressiste musait déjà sur les routes, avec sa guitare, sa beauté, dans les bals, les somptueux jardins de l'Amérique. Il dormait à la belle étoile et ne devait rien à personne. La grande crise de 1929 et l'effondrement économique du pays jetaient les pauvres au bord des chemins. Mais la musique du grand Guthrie, personnage issu des *Raisins de la colère* de Steinbeck, héros drapé d'or perdu au cœur des ruines, flottait dans la campagne lyrique. Une musique écrite sous les ballasts, virulente, offensive. De ce somptueux récit, *En route pour la gloire* (*Bound For Glory*), Bob me récitait le passage sur la ville de Pampa, au Texas, « plus brutale qu'un coup de bâton ». Dans ce genre de cités pétrolières, les maisons, construites avec « des planches pourries, des barils entassés », des sacs, ne devaient pas durer. Les travailleurs y venaient, travaillaient dur comme des esclaves pour forer les puits d'or noir, le faisaient couler dans le réservoir des riches, et une fois ce travail accompli, repartaient, « aussi fichus, comme l'écrivait Guthrie, aussi fauchés, aussi rudes, aussi durs, aussi besogneux que le jour où ils étaient arrivés en ville[7] ». Ils n'avaient rien gagné. Lorsque Bob lisait ces souvenirs, il se sentait envahi par un profond sentiment de révolte. Il pensait aux mineurs de Hibbing désœuvrés, désargentés qui erraient le long des anciens campements à la recherche de travail. La voix de Woody résonnait fort en lui comme un écho à ses propres angoisses sur le monde. Le héros américain avait eu du courage. Il avait ramassé des raisins, nettoyé des cours de ferme, servi l'essence... Bob avait pensé à lui pendant qu'il lavait les assiettes, en jurant d'abandonner assez vite les travaux manuels. Il préférait les longues traversées de

Guthrie en auto-stop d'un État à l'autre, les figures de pirates qui hantaient son parcours, ses observations vénéneuses sur une société gangrenée par l'exclusion. Le modèle avait publié *En route pour la gloire* en 1943. La bible de l'esprit folk, de la liberté. Le livre saint où se reconnaissaient un monde intransigeant, les amis de Woody : Pete Seeger, l'interprète emblématique de *We Shall Overcome*, le musicien ouvrier myope Cisco Houston... Bob, dans le secret de sa lecture, sut à son tour vers quel Orient il dirigerait sa vie. Il avait trouvé une matière plus complexe, réelle que le rock and roll de son enfance. Il écrirait bien plus tard dans son coffret *Biograph* [8] :

> « Je savais en entrant dans la musique folk qu'il s'agissait de quelque chose de plus sérieux. Les chansons y sont remplies de plus de désespoir, de tristesse, de plus de triomphe, de plus de croyance au surnaturel, de sentiments beaucoup plus profonds... Il ne se passait rien de sérieux dans la musique quand j'ai commencé, même pas les Beatles. Ils chantaient *Love Me Do*. Quant à Marvin Gaye, il n'a fait *What's Going On* que dans les années soixante-dix. »

Son passeur folk, Woody le révolté, dont la guitare portait le slogan : « cette machine tue les fascistes », et ses frères dévoilaient à Bob l'Amérique comme chaque jeune âme née au monde aurait aimé qu'elle fût. Du coup, le garçon de Hibbing n'osait plus refermer le livre ni même lever les yeux par crainte de ce qu'il allait retrouver, une Amérique fade, prosaïque. La force du rêve de Guthrie l'avait soulevé, il s'approcherait le plus possible de cette liberté comme Icare s'était approché du soleil, tenterait de rejoindre cette route, de s'y installer pour devenir lui aussi une référence américaine. Quelle plaisanterie ! Robert en riait, et, refermant l'ouvrage, il s'interrogeait : « Et s'il est vivant ? Si cet homme est vivant ! Si ce type aventureux, prince des voyageurs, des aventuriers dont les chansons, les paroles frémissent toujours dans l'inconscient collectif vit quelque part... Pourquoi n'irais-je pas le rencontrer, le remercier de cette lumière qu'il m'a apportée, moi, jeune musicien sans boussole ? »

Cette idée remplit Bob de plaisir. Il le débusquerait et parlerait avec lui de l'Amérique ancienne. Sans doute demanderait-il à son idole quelques bons conseils pour écrire de belles chansons. Woody avait composé tant et tant de chef-d'œuvre, *This Land Is Your Land*, *Reuben James*, *Tom Joad*, *Pastures Of Plenty* ou *Ballads Of Sacco And Vanzetti*, sur les deux syndicalistes anarchistes italiens exécutés en 1927 malgré une forte mobilisation internationale...

Le jeune Zimmerman avait commencé à mimer Woody jusque dans son apparence, même casquette, même cigarette aux lèvres, à rassembler les disques de ce musicien qu'il récupérait au fond des boutiques, chez les brocanteurs. Il prenait des poses à la Guthrie, s'amusait à reproduire à la guitare certains sons entendus sur les microsillons. Cette singerie divertissait les amateurs de la région. Un soir, pendant que Bob jouait à l'angle d'un trottoir en se prenant pour le maître, sous le regard indifférent des badauds, un homme vint s'asseoir à côté de lui et se présenta :

— Je suis John Pankake et je collectionne les disques folks. Tu m'as l'air d'avoir sacrément écouté le bon vieux Guthrie. Tiens ! Regarde ! Lis ça !

Et l'homme tendit la feuille de chou qu'il distribuait dans la rue, la *Little Sandy Review*.

— Tu ferais bien de lire ça ! On y parle folk et bien sûr de Woody.

Pauvre rêveur ! Il riait de cette imitation maladroite. Ce garçon-là savait à peine jouer. Depuis quelques jours, Pankake l'observait grâce à l'opiniâtreté dont faisait preuve Bob. Le jeune musicien s'arrêta de jouer, saisit la publication, lut quelques passages. Les articles discutaient des orientations à venir, incendiaient tel ou tel artiste. Chacun donnait son avis sur les nomades qui animaient la petite communauté folk de Dinkytown.

— Et moi, je n'y suis pas ? Il n'a rien sur moi ? demanda Bob, prêt à froisser ce torchon.

Pankake étouffa un rire embarrassé.

— Tu peux écrire si tu veux...

John lui proposa de l'emmener chez lui pour boire un verre et discuter. Ce garçon échouerait probablement dans la musique, mais il connaissait les tics de Guthrie par cœur, la tête un peu baissée, la manière de jeter les mots. Et il avait compris assez vite, juste en regardant les maîtres du folk, comment mener à bien une chanson. Pankake avait envie de le connaître. Et Bob le suivit jusque chez lui. L'appartement ressemblait à un paradis, avec ces murs recouverts d'articles, de disques, de photos...

— Ça, disait-il, ce sont les enregistrements les plus rares de la scène folk. J'ai passé mes dernières années à collecter les documents les plus précieux.

Puis, il tirait des microsillons avec délicatesse.

— Ça, ce sont les travaux du musicologue Alan Lomax. Ce type a parcouru le Sud pendant les années trente et enregistré pour la Bibliothèque du Congrès les chants de travail, les détenus noirs qui jouaient et que personne n'aurait jamais entendus sans Alan. C'est lui qui a découvert Leadbelly.

Leadbelly ! L'épopée de ce génie noir commençait à obséder Bob. Et il passa des journées, allongé tranquillement, à écouter des vieux blues, des artistes folks venus du ciel ou plutôt de la terre, à franchir les hautes prisons de Louisiane. Il n'avait plus envie de redescendre ni de vivre d'autres expériences.

— Et tu connais celui-là ?

— Non, je ne crois pas.

— C'est Jack Elliott... Si tu aimes Woody Guthrie, voilà l'ami des bons et mauvais jours.

Ce Jack était un artiste new-yorkais, de dix ans à peine plus âgé que lui. Un aristocrate du folk. Imaginez : ce fils de médecin avait refusé l'existence qu'on lui proposait, et fugué dès l'âge de quinze ans. Il avait joué dans les spectacles de rodéo, connu Jack Kerouac, Woody Guthrie. C'était lui qu'on apercevait sur les livres d'histoire, un peu en retrait, derrière la légende américaine. Une ombre magnifique. Et une musique au parfum de rivières, de neige. Jack avait publié plusieurs albums dévolus à la musique de Woody. Pankake les possédait et montrait à Bob son superbe musée. Le jeune Zimmerman se demanderait toujours pourquoi le collectionneur avait consacré autant d'heures à un pauvre va-nu-pieds ramassé dans la rue. Un regard, une expression de joie. John n'oublierait jamais l'enthousiasme du jeune garçon collé à sa discothèque. Bob ne pouvait plus quitter ce lieu, découvrait, écoutait, notait les références. Son hôte ne parvenait plus à le tirer de sa fascination. Et quand il partit pour le week-end, en villégiature, il vit le visage de Bob s'assombrir. L'idée de passer deux jours sans plonger dans ce musée superbe le chagrinait.

— Je reviendrai lundi, cela ne te dérange pas ?

John sourit.

— Non, tu peux passer quand tu veux, tu sais bien. Je ne ferme pas ma porte à clef.

Mais Bob, une fois sorti, ne sut pas où aller. Il employa sa nuit à ne rien faire, à jouer, à boire. La collection de Pankake l'obsédait, et il décida de retourner à l'appartement, monta quatre à quatre l'escalier, entra dans le salon obscur qu'éclairaient les quelques lampes de la rue, en face. Il alluma, se précipita sur le trésor, tira de la discothèque une *Anthologie de la folk music* qu'il avait repérée, et dont il avait le plus grand besoin. Cet enregistrement lui serait profitable pour alimenter sa culture, sa passion. L'album contenait des paroles, des dates, et surtout des dizaines de chansons. Il les apprendrait, les jouerait, y passerait tout le week-end. Il emporta une vingtaine de disques, en déposa chez des connaissances pour les écouter et faire le malin, puis il rentra, heureux de se ménager une saine occupation dans la petite chambre que moi, son amie, lui prêtais, non loin du campus, et n'avais jamais le temps ni l'envie de nettoyer. Dix bouteilles de bière, avalées les soirs de déprime ou les soirs tout court, s'entassaient sur la table, deux vieux sandwiches avariés pourrissaient au fond d'un évier poisseux et noirâtre. Il n'aérait pas souvent la pièce et respirait les odeurs de moisi. Il plaça les disques sur mon vieil électrophone et écouta sans bouger, se laissant transporter par la musique. Ces deux journées le détendirent. Il ne prêta plus aucune attention à l'heure, au jour, à la nuit.

Ce fut un coup sourd à la porte qui le réveilla.

Lundi était arrivé, en catimini. Bob somnolait au son de Jack Elliott qui interprétait Woody Guthrie. Un vrai plaisir. Il se leva de sa couche, mal réveillé, songeur, et n'eut pas le temps de prononcer un mot qu'il se retrouva plaqué contre le mur, presque étranglé, et reçut deux fortes gifles. Il reconnut John Pankake, rouge, haletant.

— Espèce de salaud. Tu m'as piqué mes disques. Et dire que je te faisais confiance...

Deux gaillards plutôt costauds tenaient Bob par le bras. Ils récupérèrent les objets volés, mais certains avaient été égarés sur le chemin. Plus tard, John raconterait souvent la scène, en particulier au journaliste Robert Shelton :

« Il m'en a proposé quelques-uns immédiatement, disant qu'il rapporterait les autres le lendemain. Bob a tenu à ce que je garde sa guitare pour plus de sûreté. Il a raconté froidement un paquet de mensonges. Comme quoi, des copains avaient déposé les disques chez lui. Le lendemain, Bob a rapporté les disques manquants et repris sa guitare. Je crois qu'il a fait des excuses, mais je n'en suis pas sûr [9]... »

Pankake sentit que son protégé s'était moqué de lui, ne l'avait pas respecté. Les deux hommes se virent moins. Bob n'avait plus trop envie de monter chez John. Il portait en lui l'humiliation des deux gifles. Pourquoi Pankake l'avait-il frappé sans même écouter ce qu'il avait à dire ? Paniqué, le jeune homme avait raconté n'importe quoi pour éviter un mauvais coup. Bien sûr, il comptait lui rendre les disques, mais il voulait en retirer la substance, les absorber afin de progresser, de devenir le musicien qu'il rêvait d'être et non ce gamin voleur aux joues rougies par les gifles. « Ils me le paieront tous ! » jura-t-il en serrant les poings. Cette aventure désagréable dont il ne se vanta pas augmenta sa volonté froide, et il partit à nouveau en quête de sons, d'aventures. Mais tout cela coûtait si cher... Il voulait écouter les albums de Jack Elliott.

Zimmerman cherchait les disques de ce musicien et, quand il en trouvait, les passait et repassait, apprenait les paroles par cœur. Chaque mouvement de cette existence nomade faisait écho à ses aspirations. Sur les pochettes des albums, Jack apparaissait toujours devant une montagne au loin couronnée de bleu, un enclos pour mettre les vaches, un ciel infini... Chacun suivait sa trace sous les nuits étoilées du Vieux Sud. Souvent, Elliott disparaissait en coup de vent. Son errance le menait au fond d'un trou noir que personne n'aurait pu situer géographiquement. Il se dissolvait avant de renaître. « Quelle classe ! Une belle personnalité » se disait Bob. Il aimait bien cette route sinueuse, mauvaise si l'on voulait mener une grande carrière, mais tellement favorable à l'idée de liberté. Ce Jack Elliott cédait à ses bonnes ou détestables lunes. Et c'était bien ainsi.

Bob avait, selon ses dires, parcouru tant de kilomètres, accompli tant de voyages pour accéder à ce qu'il croyait être le sanctuaire. Plein de belle admiration, il regardait les musiciens du coin, souvent plus âgés. Je trouvais d'ailleurs étrange qu'un compagnon de Big Joe Williams, un chanteur itinérant dont les yeux reflétaient les pays visités, pût à ce point s'accrocher à cet endroit. Dinkytown représentait à ses yeux un chemin de liberté.

— Veux-tu jouer avec moi ?

John Koerner lui proposa tout de suite une collaboration. Il cherchait un second, et peu de bons musiciens auraient accepté ce rôle de faire-valoir auprès du séduisant « Spider ». Le public se bousculait dans la petite salle du Ten. Les filles et les amateurs, qui venaient observer l'étrange duo, acclamaient surtout Spider. L'autre, le gringalet, le maigrichon à la voix bizarre, n'avait pas grand avenir. Vous l'avez vu ? Quel être étrange ! Pourquoi Koerner chantait-il avec lui ? Pour tous les ivrognes et musiciens du campus, un seul nom incarnait l'avenir. Le champion des étudiantes n'était pas prêt à être renversé. Et ce novice éprouverait bien des difficultés à le menacer. Comment il s'appelait déjà ? On le connaissait pour ses rodomontades, ses vagabondages dans la ville, près des bars. Mais artistiquement, il se situait vraiment loin des meilleurs. Nourrissait-il réellement, dans ce domaine, de hautes ambitions ? Zimmerman cherchait à se distinguer sans toutefois énoncer une idée précise de ses desseins futurs.

— La musique ? Oh non, c'est juste pour m'amuser, comme ça.

Il flottait. Non, Koerner, c'était plus sérieux ! Combien de pauvres types avaient pâli à côté de lui ?

•

Bob avait pris la vie par le « mauvais bout du Mississippi », comme l'écrivit le biographe Robert Shelton. Au Sud, les poissons étaient argentés, la forêt fertile et envahissante. Là-bas, dansait cette musique de Louisiane, du Delta, la ligne de vie où le blues avait pris sa source et commencé son voyage. Mais Zimmerman avait poussé au nord du pays, loin de la beauté, comme une mauvaise herbe. Les usines défiaient le ciel noir, les plaines sombres s'étendaient à perte de vue. Il avait vu le jour dans le trou de l'Amérique, au-dessous du Canada, un 24 mai 1941, à Duluth. Cette petite ville mélangeait vieilles maisons en briques, immeubles en pierre informes, pièces d'eau paisibles et chics qui gardaient encore la trace de ces précieuses courses d'aviron très à la mode pendant les années vingt. Plus haut, le lac Supérieur soufflait, depuis le Canada, un courant froid qui enveloppait la cité, même en plein été, d'une bise glacée. Les espaces humides s'effaçaient comme par miracle tandis que les trompes des bateaux trouaient la brume au loin, résonnaient dans la tête des enfants dont celle du jeune Robert. Combien de marins, de voyageurs, de trésors, de biens, de soldats, d'immigrés perdus dans leur rêve avaient emprunté la rivière du Minnesota, pour bâtir la civilisation où les plus hardis feraient fortune. C'était ce qu'on appelait le « Northwest Passage ». Ils étaient tous venus : Juifs fuyant le nazisme, Polonais et Russes chassés par les Bolcheviques.

La famille Zimmerman y avait cru elle aussi. Le grand-père de Robert, Zigman, né en 1875 à Odessa, sur la mer Noire, avait grandi sous le régime sauvage du tsar Nicolas II. L'empire russe partait en quenouille, lancé dans une course vers l'abîme. Les boucs émissaires du déclin russe avaient été désignés : les Juifs. Les pogroms pouvaient commencer. Zigman revivrait longtemps le même cauchemar : des milliers d'incendies s'approchaient de lui, finissaient par l'encercler. Puis, ils arrivaient, les fiers cavaliers du tsar, laissant derrière eux un ciel rouge et des champs en cendres. Il revoyait ces soldats poussant des corps dans le fleuve, les paysans brûlés sur des autels comme au temps de la sorcellerie, cette foule en colère, qui avait défilé dans le cœur d'Odessa en hurlant « Mort aux Juifs ». Beaucoup d'amis proches avaient été défenestrés, passés par les armes ou avaient disparu.

S'évaporer, c'était bien ce que projetait Zigman. Les témoins ont retenu de lui sa beauté, son allure, une énergie communicatrice. Il avait rencontré la douce Anna et eu avec elle trois enfants. À Odessa, le nouveau mari et père fabriquait des chaussures et son petit commerce florissait. Mais les incendies le convainquirent de mettre sa famille à l'abri. Il irait d'abord en éclaireur visiter du pays, puis reviendrait chercher son épouse et leur progéniture. Il embarqua sur un bateau, suivit la direction du Canada mais atterrit en Amérique, dans la petite ville de Duluth où il espérait rencontrer d'autres immigrants russes, ukrainiens venus de la même région que lui. De plus, cette cité, qui était un petit port, ressemblait à Odessa avec un été tronqué et des hivers aigres.

Il loua une modeste chambre solitaire aux murs humides qu'occupaient juste une paillasse et une table. Peu importe : il n'y dormirait pas souvent. Il emplissait son chariot de vêtements trouvés ici et là, de planches, tout ce qu'il pouvait trouver ou racheter à bas prix, et les revendait aux habitants. Nous étions en 1907 et Zigman gagnait le droit de survivre tout en améliorant son anglais. Le natif d'Odessa progressa d'ailleurs si vite qu'il décrocha un emploi de vendeur chez un marchand de chaussures, quitta sa petite chambre et trouva une maison sur la falaise qui dominait le lac Supérieur. Se sentant en sécurité, il fit venir, six mois plus tard, sa femme et ses enfants. Le jeune émigré russe avait bien l'intention d'agrandir sa famille. Ses autres descendants naîtraient en Amérique. C'est ainsi que trois d'entre eux virent le jour à quelques années d'intervalle. Ces trois-là ne profitèrent pas longtemps de leur enfance. En ce temps-là, un garçon travaillait dès le berceau, comme le rappellerait souvent Abraham né en 1911 qui, âgé de sept ans, malgré une complexion fragile, une forte myopie, commença par vendre des journaux, puis cira des chaussures, et rapporta l'argent à Zigman, permettant ainsi au patriarche d'entretenir sa nombreuse famille.

Les débrouillards changeaient mille fois de métiers. La région offrait deux autres débouchés : la pêche ou la mine. Le Iron Range, avec ses cités florissantes et ses entreprises d'extraction, représentait un formidable espoir pour tous les arrivants, les ouvriers désireux de commencer une nouvelle vie. Les émigrants grandissaient sur du fer, une terre gorgée de matière, de veines si riches qu'on touchait presque le trésor et que nul n'avait besoin de creuser profond pour l'extraire. La manne dormait là, couchée dans son berceau d'argent. Les trains transportaient le butin jusqu'à Duluth, et le convoi filait vers les grandes villes industrielles, Chicago ou Pittsburgh. De quoi alimenter les désirs. La cité de Hibbing, distante de quelques kilomètres, était devenue la capitale de ce qu'on nommait le Mesabi Range, cette plaine tourmentée entre les Grands Rapides et la région du lac Vermilion. La fièvre du fer régnait en maîtresse absolue. L'habitant recevait, paraît-il, tout ce que la terre pouvait contenir de miraculeux : remèdes, beauté, avenir. Les habitants prêtaient à cette glèbe des vertus sacrées. Personne ne savait quelle était la part de fantasme et de réalité dans cette vision du Mesabi. Mais tout le monde y croyait, Zigman comme les autres. En se bousculant aux environs de Duluth et de Hibbing, les conquérants voulaient arracher un peu d'éternité. Jamais ils ne tomberaient malades ni ne redeviendraient pauvres. Car le Mesabi et ses ressources veillaient sur eux depuis le XIXe siècle, croyance du diable qui avait étendu une nappe noire sur une région autrefois verte. Les arbres chutaient, poussés dans l'abîme par les mines et les puits profonds.

Jadis, Duluth brillait donc de tous ses feux grâce aux prospecteurs. Bien des années après, la population chérissait encore ces hommes qui avaient donné de la valeur aux plaines du Minnesota, les Leonidas, J. Merritt, le « Goldfinger » mort en 1926 avec seulement 2 450 dollars en poche, ou Frank Dietrich Von Ahlen, cet aventurier allemand né à Hanovre le 1er décembre 1856 d'une mère anglaise décédée avant qu'il ne quitte l'enfance. Assoiffé de rêves, il avait déserté son pays à dix-huit ans et s'était embarqué un beau matin pour l'Amérique, abandonnant nationalité, passé, famille. Il avait pris le nom de sa mère, Hibbing. Il changea de métier comme de chemise selon la jolie expression. Ce fut d'abord une ferme qui l'accueillit, quelque part dans le Wisconsin. Puis, il donna son talent à une fabrique de bardeaux pour les toits, mais se fatigua, conscient que son anglais assez pauvre ne lui autorisait guère de perspective dans ce pays sauvage. Qui pouvait-il être ? Mieux qu'un flotteur de bois, qu'un prospecteur ou qu'un bûcheron ? Ces métiers ne lui plaisaient pas. Alors, il remonta vers le Nord car cette région, en particulier le Vermilion Range, offrait des merveilles. Frank s'installa à Duluth où il mena des commerces lucratifs, vendit des biens. Là-bas, mille fois, il joua son destin aux dés, mille fois il s'enrichit et perdit tout en un rien de temps. Les âmes du village aimaient ce moustachu peu costaud toujours à l'affût d'une nouvelle idée.

Vers 1892, il apprit qu'un gisement de minerai de fer avait été découvert sur la plaine de Mesabi. Il s'entoura de quelques solides garçons et alla prospecter sous la neige, parmi les pins aux frondaisons chenues. La petite troupe installa des tentes, prête à surmonter toutes les tempêtes, commença à creuser et finit par trouver ce qu'elle cherchait : du minerai de fer ! Frank sauta de joie, presque en transes. Fortune était faite ! Sa richesse se compterait en millions et ferait du petit immigré allemand l'une des plus belles réussites américaines, propriétaire comblé de magnifiques gisements.

Frank fonda la première compagnie de fer. Ici, sur le théâtre de ses exploits, apparaîtrait bientôt une ville qui porterait son nom. Et tant pis si cette cité n'eut pas bonne mine au début. Elle ressemblait à un douar avec ses tentes plantées au milieu de la boue. Les premiers habitants dormaient dans l'humidité et l'eau de pluie, mais ils pouvaient toujours arpenter les esplanades en bois, se diriger vers les saloons remuants et fiévreux, avaler un bon « tord boyau » pour se réchauffer. Parfois, ils enjambaient des ivrognes qui gisaient, les bras en croix, le corps noyé de fange. Ou alors, c'étaient des cadavres, on ne savait jamais... Les cieux lourds écrasaient les toits des maisons. On manquait d'eau également. Le lac le plus proche, Carson, était à trois miles.

Avec son argent, Hibbing sortit 3 000 dollars pour construire une petite voie de chemin de fer entre la ville et les mines. Il bâtit une scierie, une banque, un hôtel, des routes, sans toutefois réussir à apaiser la ville écorchée, enivrée par la fièvre de l'or et du fer dont la démence épuiserait vite l'existence de son fondateur, puisqu'il mourut à quarante et un an en 1897. Cet homme avait ouvert la boîte de Pandore, et sa statue en bronze s'élèverait un jour, fière, dans un parc.

Après sa disparition, la folie s'empara de la région tandis que s'épuisait la pauvre terre, pressurée, retournée, martelée par les mécaniques, les forces, pour en extraire la substance. Des crevasses profondes attiraient la plaine dans l'abîme. Le monde dans lequel vivait la famille Zimmerman semblait constamment au bord de l'Apocalypse. Tout exploserait un jour. Et pourtant, la caverne d'Ali Baba, pillée à plaisir, tenait le coup. Au tournant du siècle, Hibbing avait été déplacée car le minerai jetait ses feux sous les maisons. Les exploiteurs retournèrent encore la terre, déplacèrent la population, enlevèrent des habitations, creusèrent encore et toujours, si près des immeubles que les constructions, fragilisées, vacillaient et menaçaient de disparaître dans les trous. Mais l'espoir était vif là-bas. Rien ne pouvait l'entacher. Le village avait atteint son acmé, assis sur une montagne de millions.

Au début du siècle, les habitants n'avaient pas conscience de l'avenir. Ils vivaient au jour le jour. Chez les Zimmerman et leurs enfants, la vie s'écoulait, paisible, bien loin de l'histoire prestigieuse du Minnesota. Ils avaient emménagé dans une grande maison qui comprenait une dizaine de pièces où vibrait la famille de cinq garçons de la jeune sœur Marion.

Le soir, et l'hiver, dans ce vent froid du Nord, les distractions tournaient court : pourquoi pas la musique ? Abraham tripotait un vieux violon ramassé dans un grenier. Ses frères l'accompagnaient, retranchés entre leurs murs face à l'abîme bleu du lac Supérieur. Cette famille parlait beaucoup le yiddish. Elle évoquait le pays lointain mais aussi l'avenir. Leur magnifique avenir. Abraham, dit « Abe », grandit en bricolant, mais se garda bien de négliger ses études. Il se rappellerait longtemps ces années difficiles. L'argent manquait, même si, heureusement, la vie n'était pas très chère. Les garçons ne travaillaient pas tous en même temps. Et ceux qui avaient la chance de décrocher un emploi nourrissaient les autres.

Le plus habile à ce jeu et à tous les jeux d'ailleurs, demeurait Abe qui générait autour de lui passions, intrigues, admirations. Sa carapace, son agilité fascinaient beaucoup de ses camarades battus à la course et en adresse. Aucun adversaire n'arrivait à le rattraper, et le champion ne se vantait jamais de ses exploits. À quoi bon ? Courir vite. Et alors ?

Il déployait aussi une intelligence supérieure, obtint son diplôme de la high school en 1929. L'avenir s'annonçait bien. Hélas, le krach boursier dévasta le pays quelques mois plus tard. L'industrie minière du Minnesota chuta. Beaucoup de puits fermèrent et jetèrent autant d'ouvriers dans le désespoir, réduits à l'état d'ombres errantes le long des routes et des trous vides. Le trésor avait fondu d'un coup.

La jeunesse se retrouva avec simplement un passé derrière elle. Mais pas d'avenir. Abe, lui, eut plus de chance en entrant à la Standard Oil comme coursier. Il avait juste dix-sept ans et son père, Zigman, fatigué par de longues et dures années de labeur, se reposa sur son sixième enfant. Abe gagnait quelques dizaines de dollars dont il économisait une partie. Ce diable de garçon soutenait sa famille à bout de bras alors que Duluth se vidait de ses forces. L'ancienne terre promise des immigrants, qui avait livré ses plus intimes secrets, paraissait crever lentement. Les exclus lisaient dans les journaux les exploits de Bonnie & Clyde ou de John Dillinger, et rêvaient aussi de se lancer à l'aventure, de mourir avec panache, et non sur le bord d'une route aux côtés de pauvres hères comme eux.

Quels étaient les rêves des jeunes garçons ? Abe nourrissait un projet d'ordre plus sentimental ou privé. Il cherchait à construire sa vie et comptait sur sa bonne fortune. Un soir d'hiver 1932, Abe Zimmerman arriva à une fête, vêtu d'un complet noir et d'une chemise liliale. Son visage exprimait un mélange de gratitude et de soulagement. Les parents l'aimaient, les garçons et filles l'enviaient. Ce soir-là, il avait accepté l'invitation : célébrer le nouvel an en compagnie de ses amis. C'était dans une belle petite maison décorée de lampions tristes où flottait une légère musique rappelant les mondes disparus. On y dansait, on buvait parce qu'il le fallait bien. La plupart des jeunes et moins jeunes réunis là espéraient que la crise toucherait bientôt à son terme. Ils se prenaient par la taille et tournoyaient au son des violons. Abe s'était approché du bar. Il cherchait une jeune fille avec qui danser, échanger. Et c'est alors qu'il la vit. Une vraie petite figure mignonne, avec de jolis cheveux blonds. Lorsqu'il surprit ses conversations et l'observa un peu mieux, il fut subjugué. Elle parlait avec facilité, agitait les bras, semblait ne pas tenir en place, et souriait, de ces sourires désarmants et réellement lumineux auxquels une âme sensible ne pouvait résister. De son côté, la jeune femme avait tout de suite remarqué le nouveau venu qui se tenait un peu à l'écart et apparemment guettait quelqu'un. Elle donna un coup de coude à sa compagne et la pria de conduire les présentations.

Abe vit arriver l'une des deux filles, pas celle qu'il voulait mais l'autre.

— Bonjour, je m'appelle Ethel. Je voudrais vous présenter ma nièce Beatty Stone.

Et elle se retourna vers la Beatty en question qui s'était glissée juste derrière, avec toujours son grand sourire. Abe sut qu'il la désirait.

— Vous êtes de Duluth ? demanda-t-il.

— Oh non... nous habitons Hibbing, répondit vite Beatty. Quand le temps le permet, nous venons ici. Nous brisons la glace à la recherche de jeunes gens désœuvrés.

Abe envia la vivacité de la jeune fille qui le faisait paraître d'autant plus sombre. Elle le quitta un instant, puis revint, lui tendit un verre. Elle montra les plats qui s'étalaient impudemment sur le buffet.

— Tu veux manger quelque chose ? Je ne crois pas que ce soit terrible. Regarde-moi ces tartes. Toutes cramées ! Je les aurais mieux faites. J'adore la cuisine.

Et elle se remit à danser. La nuit se termina. On s'embrassa à l'orée de l'année 1932. Puis, Beatty tira Abe dehors. Il neigeait. La route s'éloignait entre la blancheur et le matin bleu. Quelle heure pouvait-il bien être ? L'aube. Là-bas, garée sur le chemin, étincelait une magnifique voiture, une Essex qui jetait mille feux.

— Elle est à toi ? demanda le jeune homme, stupéfait.

— Presque ! lâcha Beatty, s'asseyant sur le capot avec son gros manteau.

Elle observa la réaction de Abe qui passait doucement sa main sur la carrosserie. D'autres jeunes s'attroupèrent autour de l'automobile. Comment cette fille de Hibbing avait-elle pu s'offrir un tel bijou ? Beatty paradait. Elle adorait en mettre plein la vue. Avant de partir, elle avait astiqué la calandre, nettoyé la poussière sur les fauteuils, accomplissait cette tâche chaque jour, espérant méduser les garçons. Avec son engin magnifique, elle séduirait les plus beaux partis du comté. Et ce jeune Zimmerman qu'elle venait de rencontrer lui semblait le mieux doté. Il avait un emploi, contrairement aux autres blancs-becs. C'était important pour elle. Son besoin de confort, de solidité primait sur le reste. Elle espérait le revoir assez vite, mais au lieu de traîner, ouvrit délicatement la portière de son Essex et s'installa au volant.

— Ethel, tu viens ?

L'autre fille s'installa sur le siège passager. Et Beatty partit à toute allure devant le cénacle de garçons éberlués. Cette fille avait produit son petit effet. Et Abe en était retourné. Il n'avait qu'une idée : la revoir. Or, elle avait disparu derrière la nuit, le brouillard avec sa belle Essex. La neige, la glace encombraient les chemins et son amour. Il faisait froid et sombre. Souvent, l'amoureux transi croyait apercevoir la berline de la splendide Beatty Stone, mais c'était encore une songerie. Que pensait-elle de lui ? Les petites boucles blondes de la jeune femme, ses robes à paillettes, sa figure joviale et excentrique, sa brillante voiture avaient ravagé tous les jeunes célibataires du Minnesota. Il entendait parler d'elle dans les coins les plus reculés. Elle choisirait de le retrouver ou alors l'éviterait.

Dès que l'hiver se calmerait, il se rendrait à Hibbing et déclarerait sa flamme à l'indépendante Beatty. Abe ignorait que cette femme avait haussé les épaules lorsque son père s'était mis en tête de lui apprendre à conduire. « Je sais, je sais, je n'ai pas besoin de leçon... », avait-elle dit en balayant le problème d'un revers de main. Il lui avait suffi d'observer les gestes du vieux. Elle emprunterait sa voiture sans frémir. En revenant du réveillon, elle avait su qu'elle pourrait revoir Abe où et quand elle le voudrait. Elle franchit les routes dangereuses bordées de congères, et traversa la petite distance entre Hibbing et Duluth.

Elle ne renoncerait pas à contracter un solide mariage, même si, apparemment, les Zimmerman, taciturnes, lui semblaient un peu trop obsédés par l'argent et la survie. Heureusement, des points communs les rapprochaient. La famille de Beatty et celle d'Abe venaient toutes deux de l'Est. Les grands-parents maternels de la jeune femme, Benjamin et Lybba Edelstein, également Juifs, avaient quitté Covina, en Lituanie, incendié par les pogroms. Ils avaient pris le bateau avec leur progéniture, et avaient débarqué dans le port d'Halifax, en Nouvelle-Écosse, en 1902. Il y faisait bien froid comme en Europe de l'Est. Mais c'était un beau cadeau. Benjamin, le maréchal-ferrant, avait décidé de réussir. Il tordrait le cou à la fatalité. Pourtant, il se rendit vite compte qu'ici aussi, la population abhorrait les Juifs. Il devrait se battre, peut-être même davantage et cela le faisait rire. Aucun de ses handicaps n'inquiétait cet homme d'action peu bavard, pas même un physique fragile qu'il compensait en se drapant dans une attitude impérieuse et froide. Rien ! Il était inattaquable et ferait fortune sans oublier sa prière chaque jour envers son Dieu tant aimé et dont il sentait la protection. Ça, vous pouviez être sûrs qu'on entendrait parler du grand Edelstein !

À peine arrivé, il anglicisa son nom et devint Benjamin Harold qu'on nommerait simplement B.H. Sa nature conquérante, il l'exprima à travers les enfants. Sept bambins naîtraient bientôt sur le territoire d'adoption et rejoindraient l'aînée Florence qui avait vu le jour là-bas, dans l'autre monde et l'autre siècle, en 1896. Le seigneur de la tribu ne se donnait pas le choix. Il ne pouvait rater son existence. Aussi, comme Zigman et bien d'autres, avait-il repéré le splendide endroit où s'enrichir : dans le Minnesota, bien sûr, la terre du minerai, avec ses mines épanouies. Il se retrouva à Hibbing, entouré de sa famille, prêt à se lancer dans n'importe quelle aventure. Pourquoi ne pas racheter ces vieux théâtres à l'abandon ? Au moment où les mines fatiguaient, le spectacle, il le sentait, dominerait les années à venir. B.H. savait que son frère Julius avait pris des parts dans le Lyric Theater, et lui proposa une association. Il adorait ces scènes antiques avec fauteuils en velours rouge, rampes en cuivre. Les deux hommes achetèrent le Victory et le Garden Theater dans la petite ville d'Alice, non loin de Hibbing.

— Et qu'allons-nous y faire ? demanda Julius.

Benjamin Harold sourit. Parfois, il ne répondait pas et reprenait son travail en cours.

— Nous allons projeter des films...

C'est chez eux que les westerns de Tom Mix, les comédies fugitives des premières stars trembleraient sur l'écran au son d'un piano léger. Les mines vacillaient, mais le cinéma, dans cette province avancée du Nord, attirait un public désargenté prêt à se saigner pour rêver quelques instants. Pendant près de vingt ans, la fratrie Edelstein consoliderait son attache sentimentale au cinéma si bien qu'en 1947 elle bâtirait le Lybba's Theater, grand hommage à la femme de Benjamin. Beatty aimait se souvenir de cette époque florissante, évoquait les affairements dans ces théâtres où toute la famille mettait la main à la pâte avec un bel enthousiasme. Seule Florence y échappait, insolente et indépendante. Elle avait quitté la maison assez tôt, vers dix-neuf ans et vivait sa propre existence. Cette grande jeune fille aux longs cheveux noirs agissait toujours selon ses principes. Elle était aimable, souriante, mais n'écoutait jamais aucun conseil. Son côté sombre était illuminé par une générosité sans faille. Quand les parents Edelstein ne pouvaient s'occuper de leurs enfants, Florence les suppléait de bonne grâce.

Les pipelettes du village savaient qu'elle fréquentait un autre immigré né, comme par une curieuse coïncidence, en Lituanie. Il se nommait Ben Stone, venu lui aussi, plein d'espoir, à Hibbing pour humer le parfum savoureux du fer. Il avait monté un magasin de vêtements à succès qui habillaient les nombreux mineurs et leurs familles. Finnois, Allemands, Italiens, gens de l'Est bien sûr affluaient dans la boutique, solides, rieurs. Toutes les langues carillonnaient chez le bon Ben qui allait d'un coin à l'autre, les bras chargés de tissus, et promenait sur la clientèle son regard bonhomme. Il avait tout de suite remarqué Florence, la jeune fille venue d'une grande famille juive et l'avait invitée dans sa maison de Stevenson, à quelques miles de Hibbing. Il l'avait épousée en un éclair.

— Je travaillerai avec toi à la boutique, lui dit-elle. Mais tu devrais peut-être exposer plus joliment les vêtements...

Et elle lui montra le chemin, prenant en main l'affaire comme toujours. Elle la gérait au mieux jusqu'au jour où elle tomba enceinte et accoucha d'une fille, en cette année 1915, nommée Beatrice dite Beatty, la fille à l'Essex qui ferait chavirer les têtes de Hibbing.

Et les têtes tournèrent... Les hivers passaient, mais pas la jeunesse de la rebelle. De janvier à février 1932, elle patienta, mena une ou deux excursions dans des dancings où elle continuait de produire son petit effet, puis décida de revenir à Duluth. Elle avait l'intention de chercher Abe, le trouva et se jeta à son cou. Ils se marièrent deux ans plus tard chez les Stone. Elle avait dix-neuf ans et lui vingt-deux. Florence, la mère de Beatty, prépara une petite fête. C'était un jour de printemps, un 10 juin 1934 alors que les mines fermaient tout autour et que des dizaines d'ouvriers crapahutaient sur les routes en quête d'un emploi, vagabondaient en pensant au rivage stellaire, la Californie. Ils marchaient en se rappelant les récits qui avaient relaté la fin du couple maudit, Bonnie & Clyde, le 23 mai 1934 dans la chaude campagne louisianaise. La police les avait froidement abattus. Plus tard, le 22 juillet, c'est le solitaire John Dillinger qui tomberait à son tour sous les balles à la sortie du Biograph Theater de Chicago... Mais tout cela était bien loin. Abe et Beatty s'abandonnaient à leur bonheur. La fille des Stone avait imaginé un grand mariage en robe blanche, avec de la musique et un festin qui se prolongerait toute la nuit. Elle danserait, emmènerait son mari dans son Essex. Mais les temps n'étaient plus à l'excès, au romantisme. La jeune ambitieuse se contenta d'une soirée intime à la maison de ses parents. Abe tenta de plaire au père Ben assis à l'autre bout de la table et qui lâchait un mot tous les quarts d'heure.

— Nous nous établirons à Duluth, disait-elle, prendrons un appartement et aurons plein d'enfants. Et toi, tu graviras les échelons de Standard Oil.

Et lui souriait, un peu gêné. Son boulot ne l'enthousiasmait pas outre mesure. Parfois, il enviait son père Zigman qui avait voyagé, connu l'aventure, quitté un pays. Et tant pis s'il avait bricolé jusqu'à sa retraite sans vraiment s'enrichir ! Au moins, il avait changé de vie. Son fils pouvait-il se satisfaire d'un modeste travail dans une petite ville de province ? Et dans cette période de crise, il ne trouverait pas grand-chose. Il n'avait pas intérêt à lâcher son emploi. Beatty comptait tellement sur lui.

Après ces noces rapides, le jeune couple s'installa donc à Duluth, chez la mère d'Abe. Les deux jeunes gens n'avaient pas les moyens de posséder leur propre toit. Il grimpait peu à peu les marches de la Standard Oil, elle dénicha un travail dans un magasin de vêtements féminins chez Mangol's. Elle rentrait le soir dans la maison de sa belle-famille, menait une existence empruntée, consciente que la crise n'épargnait personne.

— Combien de temps cela va durer ? disait-elle. Quand va-t-on avoir une vraie vie ? Notre toit ? Un enfant ?

Six années blanches s'écoulèrent. Six années pendant lesquelles Abe et Beatty mirent leurs projets entre parenthèses. Et l'avenir, loin de s'éclaircir, devenait de plus en plus inquiétant. Lancé depuis 1933, le New Deal de Franklin D. Roosevelt n'avait entraîné aucune amélioration dans leur vie. Abe, en revenant du travail, longeait les cafés de Duluth où les anciens mineurs venaient s'alcooliser et raconter combien la terre, quinze ans auparavant, recelait de merveilles. Des éclats, des cris, parfois des bagarres éclataient pendant la nuit, suivis d'un lourd silence. Les souvenirs éblouissaient encore par intermittence les yeux des ouvriers. Maintenant, ils n'avaient plus rien.

Certains immigrants envisageaient-ils le retour en Europe ? Autant oublier sur-le-champ cette idée. Combien de soirées Beatty et Abe passeraient à écouter la radio et à entendre des informations venues d'Allemagne sur le mauvais sort réservé aux Juifs ? Abe refusait de le croire puis se mettait en colère. Son père Zigman avait fui les pogroms presque au siècle précédent, et voilà que le vieux continent basculait dans la folie d'Adolf Hitler. La Pologne avait été envahie, la France sombrait face à l'armée allemande. Bientôt, le IIIᵉ Reich se retrouverait au bord de l'océan, à quelques milliers de kilomètres des côtes américaines. Les Zimmerman devraient peut-être prendre les armes.

Abe craignait que la démence ne s'emparât des États-Unis. Où iraient-ils ? Cette angoisse l'empêchait de dormir. Une telle horreur n'arriverait-elle jamais ? Les Juifs avaient immigré en nombre dans ce nouveau pays et ne se laisseraient pas jeter à la mer aussi facilement. Abe, cependant, vivait avec l'idée du départ, du voyage, prêt à continuer le chemin paternel si d'aventure les choses tournaient mal. Il gardait une valise toujours bouclée dans le coin de l'appartement. Mais il avait besoin d'argent. Et leur premier enfant s'annonçait...

Aussi travailla-t-il durement et obtint-il une promotion à la Standard Oil. Il gagnerait plus de 100 dollars par mois. Cet argent ne serait pas de trop pour favoriser leur projet, la location d'un logement au 519 de la 3ᵉ Avenue. C'était une maison peinte en beige, construite sur le flanc de la colline, une baraque en planches avec une petite véranda. Elle avait du confort, un peu d'espace, deux chambres, et une jolie vue sur la ville. Devant, s'étendait un petit jardin, bien fleuri.

Beatty avait vu s'arrondir son ventre, en cette année 1941. Et le 24 mai, à 21 heures, au St Mary's Hospital de Duluth, elle donna naissance à un bon garçon de quatre kilos. Le docteur James Manley vint annoncer la nouvelle à Abe qui faisait les cent pas, un gros cigare aux lèvres, et leva les bras. L'accouchement avait demandé du courage à Beatty. Son premier enfant avait passé la tête bien difficilement. Mais quelle tête : une petite figure blonde assez craquante. Pendant les premières années, les amis lâcheraient cette même phrase : « On dirait une petite fille ». Lorsqu'ils arrivaient pour dîner, ils le réveillaient et se pâmaient devant la petite merveille. Robert Allen Zimmerman avait éclairé leur existence, même si Abe, tout à sa joie, continuait de suivre avec angoisse la guerre en Europe. Les aviateurs anglais avaient repoussé la Luftwaffe de Goering. Les nazis ne mettraient jamais le pied sur l'île Albion. Mais il restait encore beaucoup de combats, de sacrifices, de martyrs et les Juifs auraient encore longtemps à souffrir le fléau fasciste.

Abe se réfugiait dans sa vie privée. Il écoutait la radio, son fils sur les genoux, Robert demeurait sage, assis, sans rien dire, promenant son regard partout. Le père se souviendrait longtemps de ses collègues à la Standard Oil qui caressaient les cheveux du petit et le prenaient en photo. Il savait que les directeurs de l'entreprise le tenaient en haute estime et que la vue du chérubin les attendrirait. Ces messieurs le nommèrent d'ailleurs président en raison de son habileté. Et Abe revint à la maison, plus soulagé que ravi. Il avait montré son utilité et appris en même temps qu'il serait dispensé de service militaire et n'aurait donc nul besoin de s'arracher aux siens pour aller ferrailler en Europe.

Heureusement ? Peut-être rêvait-il parfois de s'engager. Mais il ne pouvait se résoudre à abandonner sa famille. La guerre avait ranimé Duluth. Le minerai fumait de nouveau, alimentait la cheminée guerrière des États-Unis qui venaient de subir, le 7 décembre 1941, la défaite de Pearl Harbour contre les Japonais. L'armée avait besoin de la terre fertile du Minnesota, convoitait son trésor laissé en déshérence depuis plusieurs années. Les usines se remettaient à tourner... Abe n'irait pas se battre, mais il se sentait protégé. Son pays d'adoption le défendrait et l'avenir s'éclairait enfin.

L'avenir, c'était son fils Robert qui ne cessait d'attirer les regards. Dans la maison éclairée à la lanterne, lors des fêtes familiales, le petit surgissait, déguisé avec des bandelettes, des nœuds de toutes les couleurs, des collerettes, et il chantait. Toute la famille l'entourait et écoutait sa petite voix. Il répétait ce qu'il entendait à la radio. Robert entendait les sonorités qui se balançaient autour de lui et tentait de les reproduire. Les voisins demandaient même à voir le bambin, louaient sa précocité.

— Ce gosse est miraculeux, disaient-ils.

Abe et Beatty haussaient les épaules. Ils se moquaient des promesses que les amis leur laissaient entrevoir.

Le bonheur de cet enfant leur permit de franchir la guerre sans trop de stress. Les armées allemandes s'étaient enlisées dans les plaines russes enneigées. Les images renvoyaient des carcasses de char fumantes au bord des chemins, des cadavres crucifiés entre les arbres morts. Hitler avait perdu. Il faudrait bientôt supporter la vision des spectres tirés des camps, nus, transparents. Celle des Juifs survivants. Abe en avait la nausée. Son père, Zigman, refusait de commenter ce qu'il voyait, engoncé dans son silence révolté. Les Juifs qui se rendaient à la synagogue au bout de la rue, entre la droguerie et la boulangerie, semblaient presque accrochés les uns aux autres, en communion. Ils avaient vu avec plaisir revenir du front leurs amis, épuisés, mais vivants, et pleuraient ceux qui n'avaient pas échappé au cataclysme. Ils priaient pour leurs âmes et festoyaient afin de célébrer la fin de la guerre.

Toute la communauté, les Russes, rescapés des pogroms sous le tsar ou les Allemands exilés, suivirent le procès de Nuremberg qui dura jusqu'au mois d'octobre 1946, presque un an. Ces cinq hivers avaient marqué profondément les consciences là-bas, dans la petite ville de Duluth où les belles soirées se poursuivaient jusqu'à l'aube, au son triste des violons yiddish et en souvenir des morts. Et le petit prodige des Zimmerman amusait la famille et les voisins. À la fête des mères, il avait fredonné, en tapant du pied, un morceau intitulé *Accentuate The Positive*, l'un de ces titres que le public entendait à la radio sans en connaître l'auteur.

— Attention ! Vous êtes prêts ? disait-il.

Et quand le silence revenait, il chantait en tapant du pied devant un auditoire conquis. Parfois, Beatty l'accompagnait au piano. Quelque chose d'important, le piano de Beatty ! Il résonnait dans la pièce, en fin d'après-midi. Souvent, Bob, juste âgé de quatre ans, grimpait sur les genoux de sa mère et frappait les touches.

Robert participait à toutes les fêtes. Abe raconterait souvent cette scène : quand Irène, la sœur de Beatty, se maria, elle tapa du poing et répéta :

— Je veux que le petit chante, je veux le montrer à tous nos amis.

Elle avait organisé la réception dans un club chic de la région, avec un grand banquet, un petit orchestre, et de nombreux invités attendus. Le gosse, revêtu d'un joli costume de page, se dandina devant un public en extase. Mais lorsque Beatty lui ordonna : « Vas-y chante ! », il refusa. Le petit phénomène, qui avait déjà séduit le personnel de l'école Nettleton Elementary, où il se rendait accompagné de son père, n'avait pas envie. Trop de bruits, trop de regards posés sur lui. Il ne supportait pas. Et il avait aperçu l'incroyable, l'un de ses oncles, juste au-dessus de lui, brandissait une liasse de billets et promettait de la lui donner s'il poussait la chansonnette. Peut-être cette image l'amusa-t-il ? Il regarda sa grand-mère Anna qui souriait et l'encourageait. Abe se pencha tout près de son oreille et tenta de le convaincre.

— Fais-le. C'est une demande de la famille et après nous te laisserons tranquille...

Il accepta de chanter et vit tomber les billets entre ses mains, sans bien savoir ce que cela signifiait. Il recommencerait bien souvent. Lors d'une autre fête des mères, Beatty serrerait contre son cœur un petit papier froissé que Robert lui avait apporté. On l'avait lu aussi. Un poème que le gamin avait griffonné. Et les adultes s'étaient exclamés.

« Ma chère maman, J'espère que tu ne deviendras jamais vieille et grisonnante.
Ainsi, tous les gens dans le monde diront : "Hello, jeune fille, joyeuse fête des mères !"
Je t'aime, Bobby [10]. »

Beatty se rappellerait longtemps les coups de téléphone. Untel ne tarissait pas d'éloge sur le gosse. Une autre disait admirer son excellent mariage... Même qu'on pouvait pas en dire autant de tous les fils d'immigrants de Duluth ! Sans doute croisait-elle quelques œillades jalouses, mais elle s'en moquait. La jeune femme, qui autrefois sillonnait le comté en quête d'un bon parti, avait réussi. Et puis, le médecin lui avait appris qu'elle attendait un nouvel enfant. Un vrai bonheur ! Elle sauta au cou d'Abe et compta les mois. L'accouchement eut lieu en février 1946. Il se nommait David Benjamin. Vers quel avenir Beatty pousserait-elle ses deux garçons ? Elle n'en savait rien. Et c'était d'ailleurs pour le moment la dernière de ses préoccupations.

•

Robert évoquait rarement son enfance pendant les vagabondages bohèmes de Dinkytown. Ces jours bénis s'effaçaient de sa mémoire, derrière les histoires, les rumeurs qu'il s'amusait à propager sur son compte. Quelque chose n'avait pas tourné rond à un moment donné de sa jeunesse pour qu'il souhaitât la dissimuler. Peut-être était-ce le mal qui avait frappé son père survenu pendant la naissance de son frère David. Abe avait chuté et s'était retrouvé, le nez sur des marches, à rechercher son équilibre. Sa jambe, paralysée, ne répondait plus. Le médecin avait diagnostiqué une polio. Furieux, il ne prolongea guère son séjour à l'hôpital et, rentré chez lui, changea, affichant une attitude fière mais qui trahissait un certain désarroi. Il garda le lit pendant que sa femme s'occupait des deux garçons. Il ne récupéra jamais complètement, traînant la jambe, vite fatigué. Sa santé, sa virilité en avaient pris un coup. Il ne pouvait plus se promener en forêt comme il en avait l'habitude. Ce grand nageur avait perdu son endurance, sa prestance.

C'était bien fini. Ses proches voyaient décliner cet homme qui se battait contre l'âge, les soucis, et n'avait qu'un désir : qu'on le respecte lui et sa famille. Et maintenant ? Parviendrait-il à conserver son aura dans cette bonne petite ville de Duluth ? Conserverait-il son emploi à la Standard Oil ? Une inquiétude à vif le tourmentait, même s'il s'efforçait de traiter ce coup du sort avec philosophie. Beatty continuerait-elle à l'admirer ? Il lui avait donné tout ce qu'il pouvait, un toit, un avenir, deux fils, brutalement, il devait abandonner toute activité.

Son absence l'obligea à quitter la Standard Oil. Il accepta l'offre de ses frères qui avaient monté à Hibbing une obscure affaire d'ameublement. Abe se rendait souvent dans la ville de Beatty qu'il aimait bien. Il envisageait de s'y installer. Duluth n'était pas le meilleur endroit pour élever des enfants. Trop sombre, trop vide. L'« autre » cité attirait les animations, surtout le jour de l'Indépendance, le 4 juillet avec ses calicots sortis des armoires, ses drapeaux accrochés aux fenêtres. Les habitants revendiquaient fièrement leur patrie américaine, contrairement à Duluth. Ce nationalisme ne gênait pas Abe, le fils d'immigrés, bien au contraire. Il défilait comme tous les autres, retrouvait ses amis, ceux qu'il croisait partout, au restaurant, à la banque, au bar. Il ne mettrait d'ailleurs pas très longtemps à s'intégrer. Les parents de Beatty avaient déjà bien déblayé le chemin. Évidemment, au début, leur installation fut difficile. Le temps de trouver un logement, et la famille Zimmerman s'entassa dans la maison des Stone. Il fallut patienter encore un peu dans la nasse des hivers terribles. Robert contemplerait souvent les immenses parois de glace qui semblaient enfermer le petit village. Aucun bruit. Nul cri d'oiseau. Rien ne bougeait. La longue nappe blanche s'étendait à perte de vue, et dans un temps infini. Sur le chemin, des ombres, perdues au cœur de la corolle, déblayaient les congères, et cela durait, durait... Le grand froid canadien s'avançait, lourd, acide, et pétrifiait la belle forêt de pins juste au-dessus.

La famille trouva une maison beige sur la 7e Avenue, au 2 425, située sur la colline, haute de deux étages et enrichie d'un petit jardin. Elle avait été construite juste avant la guerre et jurait avec le style des autres baraques en bois, érigées bien avant. Le coin n'avait rien de très exaltant, mais les gosses se roulaient sur les gazons bien coupés qui s'étendaient devant les demeures, aimaient goûter l'ombre timide des quelques arbres espacés ombrageant la route sans fin. La demeure des Zimmerman, un peu isolée, demandait juste quelques minutes de marche pour rejoindre le centre de Hibbing. Abe mit Robert et David dans la même chambre. Les habitants du coin observaient ces étrangers venus de la localité voisine. Ils ne mirent pas longtemps à les accepter. L'amicale Beatty ouvrit tout de suite sa porte au voisinage.

— Venez, que je vous présente les miens, et vous me parlerez de la vie ici, de vos enfants...

Regardant parfois la neige tomber, Beatty mettait tout en ordre. Elle lavait, repassait, rangeait les cigares de Monsieur et recevait toujours un ou deux amis contents de boire un verre chaud.

Abe partait tôt le matin, courbé et frigorifié. Il allait rejoindre ses deux frères. Il était heureux car l'avenir s'annonçait bien. La guerre était terminée, et le travail reprendrait vite. Le pays tournerait à nouveau à plein régime.

Il avait imposé aux garçons une éducation rigoureuse. Bob, l'aîné, devait se laver les mains avant de passer à table et surveiller son langage. Il s'ennuyait dans cette obscurité glacée. Seul le piano de Beatty le distrayait. En rentrant de l'école, il jouait, essayait d'inventer des mélodies. Une cousine de la famille avait bien essayé de lui enseigner les rudiments de l'instrument, mais si David l'avait sagement écoutée, Bob, lui, préférait apprendre seul. Il refusait toute aide, dans le seul domaine où il pouvait échapper à l'obéissance paternelle... Car les contraintes l'écrasaient. Abe l'avait placé entre les mains d'un rabbin qui s'évertuait à lui apprendre l'hébreu et le préparait à la bar-mitsva. Lors de cette cérémonie, le Juif promet de respecter les commandements sacrés de Moïse. On se souvient encore de Bob, tout en blanc, tenant son livre de prières, ses épaules recouvertes d'un châle, coiffé d'un petit chapeau.

Puis, il avait filé dehors tard dans la nuit.

Comment pourrait-il s'évader de ce lieu ?

Sur le chemin de l'école, il avait rencontré un rêveur comme lui, ce LeRoy Hoikkala dont la famille venait de Norvège et Finlande et qui avait repéré le jeune Zimmerman une fois sur l'autre berge du Mississippi. Il avait entendu un son. Bob s'entraînait sur une vieille guitare et chantait en même temps. Il transportait même une radio partout.

— Je capte des chaînes du Mississippi, de Louisiane. Elles passent une musique géniale. C'est pas chez nous qu'on entend ce genre de choses.

Il entraîna LeRoy chez lui alors que la nuit descendait sur la campagne. Les deux amis, dans la solitude de la chambre de Bob, écoutèrent doucement la musique de ces ondes du Sud.

— Tu entends ça ? Ce type, c'est Hank Williams. Un chanteur country. Tu entends ces chansons accrocheuses ? C'est simple et en même temps dur... Maintenant, ils passent du Little Richard. Géant. Quel programme !

LeRoy se sentait soulevé par l'enthousiasme de Bob qui, assis sur son lit, saisissait sa guitare et pinçait les cordes en rythme.

— Tu as vu ce cri ? Little Richard, c'est quelque chose.

Ce qu'il entendait lui permettait d'oublier l'austérité de ce père ennuyeux. Abe laissait son fils, assez bon à l'école, vivre cette passion qui finirait bien par s'éteindre.

— Tu devrais venir m'aider à la boutique, lui demandait-il. Tu saurais ce qu'est le travail.

Peut-être espérait-il que l'aîné prendrait leur succession, à lui et à ses frères. Et le garçon disait « oui, oui », mais ne venait jamais. Comment le brave vieux pouvait-il faire croire que vendre des meubles méritait un quelconque intérêt ? « Il ne comprendra jamais rien », soupirait Bob.

L'école l'écrasait. Il assistait aux cours, près de la fenêtre, silencieux, l'esprit ailleurs, sauf pendant ceux de littérature anglaise où son attention demeurait vive. Il prenait des notes, recueillait les citations du professeur. Beaucoup appartenaient au poète gallois Dylan Thomas (1914-1953). Cet écrivain, mort à trente-neuf ans d'alcoolisme et de fatigue, avait quitté l'école à l'âge de seize ans et s'était réfugié dans son propre monde, proche des rivières, de l'érotisme, influencé par le sulfureux D.H. Lawrence. Sa première grande œuvre, les *Dix-huit poèmes* (1934), publiée à l'âge de vingt ans, lui avait apporté un succès immense. Mais la notoriété l'avait détruit. Une fois la classe terminée, Bob se précipitait à la bibliothèque et dévorait les *Collected Poems* (1952). Ses textes avaient tout de suite touché le jeune garçon parce qu'ils parlaient de la sexualité et de la mort, mais une mort souvent lumineuse, paisible, vue avec toute la philosophie du monde. Le même naturel baignait Walt Whitman (1819-1892), le père des poètes américains, fils de charpentier, mystique bucolique, démocrate pétri de doutes. Bob adorait la réflexion de ce pacifiste face à la guerre de Sécession (1860-1865) que reflétait le superbe *Feuilles d'herbe*, son principal et unique ouvrage. Il dépeint le mouvement des armées, mais en même temps ressent de la pitié, console et craint la mort. Il s'y montre humain, contradictoire, entre poèmes guerriers et promenades élégiaques. Bob penserait à Whitman et à ses tourments pendant « sa » propre guerre, le Vietnam. Est-il facile d'être poète pendant que le canon tonne ? Walt posait la question, le grand Dylan tenterait d'y répondre.

Il lisait à s'en écorcher les yeux, apprenait les textes par cœur. Ses camarades n'entendaient presque jamais le son de sa voix. Il parlait peu, ne se mêlait pas aux groupes. Que pensaient tous ces élèves de la poésie, de

Hank Williams, Little Richard ? Rien. Aucun dessein magique ne les soulevait. Lui, il voulait ressembler à Rimbaud, le poète français, le génie qui avait abandonné la poésie à dix-sept ans pour créer sa propre légende, trafiquant d'armes, chasseur d'éléphant en Afrique, voyageur en Alexandrie.

Il avait lu une lettre d'Arthur dont il se souviendrait toujours :

> « Je suis rentré à Charleville un jour après vous avoir quitté. Ma mère m'a reçu, et je suis là... tout à fait oisif. Ma mère ne me mettrait en pension qu'en janvier 1871.
>
> Eh bien, j'ai tenu ma promesse.
>
> Je meurs, je me décompose dans la platitude, dans la mauvaiseté, dans la grisaille. Que voulez-vous, je m'entête affreusement à adorer la liberté libre, et... un tas de choses que "ça fait pitié", n'est-ce pas ? Je devais repartir aujourd'hui même ; je le pouvais : j'étais vêtu de neuf, j'aurais vendu ma montre, et vive la liberté ! – Donc je suis resté ! je suis resté ! – et je voudrai repartir encore bien des fois [11]. »

Arthur s'ennuyait à Charleville, Bob Zimmerman à Hibbing. Deux époques, deux pays, une même souffrance. Il avait retenu cette expression de « liberté libre » qui devint sa devise. Rimbaud lui parlait dans le creux de l'oreille. Un jour, le poète français avait fait monter un piano sans prévenir sa mère. Bob s'était reconnu dans ce geste. Ah, brave Arthur ! Nous nous ressemblons.

Le jeune Zimmerman pouvait utiliser le piano familial. Il monta un groupe. LeRoy Hoikkala avait apporté sa belle batterie cerclée d'or, et un autre ami, Monte Edwardson, se débrouillait bien à la guitare. Bob chantait, tâtait un peu de tout. Il leur manquait un nom. Pourquoi pas les Golden Chords ? « Nous sommes des jeunes gens fortunés ! », se disaient-ils. Les trois amis s'installèrent dans le garage des Zimmerman. Ils y occupaient leurs fins d'après-midis et soirées. Bob s'était mis écrire des textes, à ébaucher des mélodies. LeRoy et Monte s'amusaient de la rapidité avec laquelle leur camarade troussait une histoire.

— La gloire est à nous ! clamait le jeune Zimmerman.

Pour espérer obtenir cette gloire, Bob savait qu'il devrait travailler nuit et jour. Il avait déjà épuisé sa première guitare, fendue, et au son de crécelle. Il économisa sur son argent de poche hebdomadaire pour s'en acheter une nouvelle. Il fréquentait le magasin musical de la rue Howard, avec sa vitrine enguirlandée, ses caisses de guitare couleur cerise et tango, ses cymbales dorées. Dès qu'il rentrait de l'école, le jeune garçon s'y arrêtait. Le gérant le connaissait bien car Bob lui avait déjà acheté un harmonica qu'il ne quittait jamais, et une petite trompette. Il observait chaque instrument de très près, puis repartait :

— Je reviendrai.

LeRoy et Monte admiraient la facilité de Bob avec les instruments. L'oreille du garçon et des séances acharnées de travail la nuit, pendant que ses parents dormaient, lui permirent de reproduire les sonorités entendues à la radio. Le lendemain, il révélait à ses complices ses découvertes et profitait de l'absence d'Abe et de Beatty pour répéter à l'intérieur même de la maison. Car Bob utilisait aussi le piano. Il singeait alors Little Richard, sautant et frappant les touches, sous les regards hilares de LeRoy et Monte. Il répétait ce numéro lors des fêtes d'anniversaire, des kermesses où les Golden Chords étaient conviés. Bob allait trop loin. LeRoy et Monte regrettaient l'orientation rhythm and blues du groupe. Ils jouaient un peu de blues, mais surtout des morceaux de Little Richard comme *Jenny Jenny*. Aucun d'eux n'osait s'en plaindre.

— Little Richard est le plus grand ! assénait Bob, ne laissant à personne le droit de contester cet avis.

Il dirigeait le trio à sa guise.

— Mais regardez ! Comment on est reçus !

Effectivement, la jeunesse d'Hibbing venait les écouter dans le garage ou de petites salles louées pour l'occasion. Elle n'avait jamais entendu une telle musique, et la notoriété de Richard n'avait pas encore atteint les rives noires de la campagne nordique. Bob en profitait, content de déceler toutes sortes d'émotions dans les yeux des garçons et filles qui le regardaient : frayeur, curiosité, incompréhension... Ils obtinrent une petite célébrité locale lors du cinquantenaire de leur lycée où les camarades de Bob s'aperçurent que, derrière le taciturne du fond de la classe, se dissimulait un excentrique du piano. Les trois musiciens débarquèrent dans une cérémonie légèrement empesée, entre sketches laborieux et numéros improvisés. Et ils firent voler la poussière, montèrent le son si haut qu'un professeur, gêné, en nage, coupa les micros. Ce Zimmerman frôlait la démence ! Qu'était-ce donc que cette musique ?

Bob et ses deux amis s'étaient bien divertis. Mais lorsqu'ils regagnaient leur foyer, ils soupiraient. Hibbing les asphyxiait, avec ces mêmes maisons, cette route immobile, ce ciel de traîne délavé. Le jeune Zimmerman rêvait de descendre le Mississippi, se promenait le long du Grand Fleuve sous les gouttes de pluie, tenant à la main son inséparable guitare, puis il retournait à la ville, avec une peur : s'ennuyer. Il fouillait ses poches et achetait des disques dans l'unique boutique de la cité. Il y écouta cette musicienne, Odetta, sa première rencontre avec le folk. *Jack O'Diamonds*. Un traditionnel. Quelle étrange histoire, ce valet de carreaux, « difficile à jouer » et dangereux parce qu'il emmenait le joueur jusqu'à la passion et la perte de soi. Bob découvrait un monde ensorcelé, maléfique. Et quelle voix ! Un timbre sombre venu des profondeurs de l'Alabama.

Le garçon demeura dans la boutique jusqu'au soir. Il avait rassemblé assez d'argent pour s'offrir les beaux sudistes dont il avait écouté les chansons sur les chaînes de Louisiane. Ah, le ciel violacé des pochettes de Hank Williams, l'homme au chapeau ! Il les exposait dans sa chambre. Hank, noyé d'alcool, de drogues, de nuits blanches, et qui possédait deux colts à crosses d'or, venait de mourir sur les coussins moelleux de sa Cadillac sans doute rosâtre. « Quelle vie ! », se disait Bob, la tête envahie par la musique claire de *Blues Come Around*. Hank apportait la joie, lustrée par la guitare slide et le violon virevoltant. Sa musique emplissait Bob de soleil. Puis, lorsque les notes s'éteignaient, le garçon plaçait l'un des nombreux 45 tours de Little Richard qu'il avait achetés chez le disquaire. Mais il pensait à cette magnifique Odetta. Qui était-elle ? Cette chanteuse folk avait poussé le rock and roll au deuxième plan. Il s'était acheté un disque et s'en imprégnait. Combien de splendides journées il passa près de son électrophone, cloîtré derrière sa porte, heureux au point même d'oublier le dîner. Beatty l'appelait, mais il ne descendait jamais. Et s'il mettait le nez dehors, c'était, le week-end, pour rejoindre les Golden Chords en dévalant l'escalier, la guitare en bandoulière. Un jour, ses parents l'attrapèrent au vol.

— Bob, dit Abe, le journal à la main, le teint froissé sous ses épaisses lunettes. Il faut qu'on parle. Je n'ai rien contre ta passion et tes rendez-vous avec tes amis, nous vous prêtons même le garage pour vos... répétitions ! Mais tes études laissent à désirer. Tes résultats dans les matières scientifiques, physique, mathématique, sont mauvais.

Bob, debout, sur le pas de la porte, haussa les épaules :

— Cela m'ennuie profondément. Je ne serai de toute façon jamais ingénieur. Tu as vu mes résultats en littérature anglaise ?

— Il n'y a pas que la littérature. Je suis allé dans ta chambre. Tu ne fais qu'écrire des poèmes. Il y a des dizaines et des dizaines de feuilles noircies. Tu n'en feras pas un métier. Tu perds ton temps. C'est dangereux.

Abe regarda son fils que l'appel du loup démangeait et lui permit de s'échapper. Une fois la porte franchie, Bob lança dans la nuit :

— Tu verras ! Je réussirai ! Je deviendrai Rimbaud !

— Tu es fou, mon garçon ! rétorqua Abe.

Parfois, il changeait de direction au dernier moment, lâchait LeRoy et Monte, oubliant de prévenir les Golden Chords, et allait retrouver un autre groupe de lycéens pour jouer avec eux, La lubie lui était venue soudainement.

Il gagnait une petite salle que les musiciens louaient. Ce soir-là, les camarades de jeu s'étonnèrent :

— Bob, qu'as-tu fait de ton ampli ?

Il avait sorti une belle guitare acoustique Gibson.

— C'est fini. Odetta, elle, joue acoustique. Voilà ! c'est ça, la musique !

Et il leur montra des traditionnels. Tous les soirs, il jouait, rentrait vers deux heures du matin et, à chaque retour, jetait un œil désabusé sur ses livres de physique, étalés au bas de son lit, s'allongeait à moitié habillé, et, au lieu de s'endormir, écoutait de la musique, Odetta évidemment, jusqu'à l'aube. Il haïssait le dimanche car Beatty lui imposait de se coucher avant 22 heures comme tous les jours de la semaine.

Abe savait que Bob veillait toute la nuit, mais il avait renoncé à tancer son garçon. À quoi bon ? Son impuissance le désespérait. Seul David, obéissant et respectueux, lui permettait de croire à ses vertus d'éducateur. Une maigre consolation.

— Où est passé Bob ? s'inquiétait Beatty.

Abe donnait des coups secs sur le plancher avec sa canne.

— Il doit encore être au cinéma. Sûrement !

Ou au bord du Grand Fleuve, rêvant de dépasser l'horizon. Bob contemplait pendant des heures la ligne qui touchait le firmament, dans un sublime éblouissement. Quitterait-il un jour ce trou ?... Il lui avait souvent faussé compagnie en songes et grâce aux films. Le jeune garçon fréquentait le cinéma de son grand-père, le Lybba's Theater. Il y recherchait surtout les récits de voyages. Ah, James Dean, *Rebel Without A Cause* (*La Fureur de vivre*, 1955)... Il s'imagina un peu ainsi, entre courses de voitures au-dessus du ravin et amours coupables. C'était la vitesse, les profanations, les nuits illimitées... Un délicieux sentiment de péché. Le même qui définissait ce film italien, *La Strada* (1954) de Fellini, l'un de ses préférés. Il s'identifia au bohémien avec sa roulotte et sa femme, partis sur les chemins en marge de la société, et une étrange impression de liberté l'envahit. La caravane de *La Strada* et la route interminable lui rappelaient ce qu'il avait lu et entendu à la radio louisianaise sur les années vingt, l'épopée des « minstrels », les spectacles ambulants qui présentaient, au bord des villages, clowns, bluesmen, jongleurs, dompteurs et danseuses...

Toute cette culture du nomadisme, même à des époques différentes, attirait confusément le jeune homme. *L'Équipée sauvage*, de 1953 avec Brando, ne pouvait donc que satisfaire son désir d'aventures. Quand le Lybba's Theater projeta ce film, il eut un effet profond sur la jeunesse d'Hibbing, et Bob se trouvait au premier rang. D'abord l'histoire : une bande de motards en blouson de cuir terrorise une petite ville provinciale. Brando, le chef des voyous, joue le hors-la-loi instinctif, catalyseur du drame qui se prépare, un nomade sans mots, trop beau et animal pour ne pas embraser les cœurs. Comment les garçons et les filles du Minnesota n'auraient-ils pas ri à la vision de cette bourgade idiote et paniquarde, semblable à la leur ? Effet de la splendide *Équipée*, les blousons noirs envahirent les rues de Hibbing, les motos vrombirent de plus belle. Bob, à défaut de s'embarquer sur un navire au loin, se mêla aux cortèges de métal. La jeunesse brûlait du pétrole dans les mines abandonnées et sillonnait les champs noirs. Bob, à l'occasion, enfourchait les deux-roues. LeRoy, qui ne lui en voulait pas de ses rendez-vous manqués, l'initia au pilotage. Il possédait une machine pleine de souffle. Le vent, la vitesse, l'impression de puissance... Rien ne procurait au jeune Zimmerman plus de sensations vives que la moto. Il roulait à toute allure en frôlant la chute à tous les virages, grillait les feux, frôlait les piétons, et lorsqu'il emmenait un passager, le malheureux, une fois arrivé, s'appuyait contre un mur, les jambes molles, le cœur retourné. Bob acheta une Harley bon marché et s'approcha de la liberté, emmenant dans sa course des jeunes filles à qui il contait fleurette. Les fiancées traversaient sa vie et disparaissaient. La belle vie ! Musique, course, amourettes, cinéma, les études qui avançaient cahin-caha, mais avançaient quand même...

Le rêve bien sûr.

— Je suis Marlon Brando. Bientôt, je vais partir au loin.

— Tu vas partir ?

— Oui, bientôt, dès que je quitterai le lycée.

La passagère qui se serrait contre lui sur le siège arrière de sa moto n'était pas vraiment d'ici. Elle portait aussi un fort joli nom. Echo. Echo Helstrom.

Les Helstrom, famille d'origine finlandaise, venaient des bois, là-haut, en dehors de Hibbing. On pouvait presque apercevoir leur maison de la route. Echo était une flèche blonde assez silencieuse, avec une peau laiteuse, des yeux en amande... Elle avait seize ans ou un peu plus. Bob, guère plus âgé, ne manqua pas de repérer cette fille si lointaine à l'apparence un peu sauvage et qui ne se mêlait pas aux autres demoiselles de Hibbing. Elle passait dans la ville en catimini puis repartait sur les hauteurs, et s'effaçait du monde. L'hiver, c'était pire. La belle vivait recluse. L'été, elle était plus accessible mais quand même attachée à sa solitude, à ses jeans de campagnarde, à ses manières qu'on imaginait rauques. Des histoires couraient sur elle. Les rumeurs disaient que son père surveillait de près ses fréquentations et que si d'aventure, elles ne lui plaisaient pas, il se montrait grossier, parfois menaçant. Le soupirant devait donc avoir les épaules bien accrochées pour affronter la fugacité d'Echo, son mystère et sa protection tutélaire. Elle avait rencontré Bob de manière un peu rapide. Jamais elle ne lui aurait parlé naturellement. C'était pour elle un vagabond, une sorte d'immigré arrivé la nuit précédente qui faisait rugir sa moto et l'effrayait.

— Viens ! Je t'emmène ! lui avait-il proposé.

Elle l'avait envoyé promener.

Le soir même, accompagnée d'une amie, la jeune Finlandaise le revit par hasard dans le café L & B, sur Howard Street. Il faisait froid. La neige avait transformé la rue en corolle de lys, un blanc immaculé s'étendait au fond des ténèbres qu'éclairait juste la lueur du café où les jeunes de Hibbing venaient commander des boissons chaudes, écouter de la musique, avant de rentrer chez eux. Quelques notes parvinrent à Echo, un peu étouffées dans l'étoupe cotonneuse. Il était là, au coin de la maison, son ombre et celle de sa guitare se découpaient sur la toile blanche. Presque immobile, le garçon chantait et jouait. La neige mouillait son grand manteau noir. Elle s'arrêta, intriguée, sans se douter qu'il l'avait guettée et s'était mis à délivrer quelques airs devant elle. C'était joli, tendre comme dans ces films hollywoodiens qu'elle adorait. Echo aimait le romantisme. Et aucun des gandins de Hibbing n'avait eu la délicatesse de lui prodiguer une pareille sérénade. D'ailleurs, la communauté ne s'intéressait pas trop à elle parce que sa famille était pauvre et qu'elle vivait en dehors de la cité. La jeune fille s'étonnait de l'intérêt que lui portait ce Robert Zimmerman, originaire de cette classe moyenne juive bien intégrée qui bâtissait la région.

La main tremblante, elle alluma une cigarette, aspira une profonde bouffée, adressa au jeune musicien un sourire et entra dans le café.

— Tu l'as entendu ?

C'était l'amie qui parlait. Echo acquiesça. Elle semblait ailleurs, et jeta un œil dehors. La neige redoublait. La nuit était profonde. Zimmerman ne se décidait pas à entrer. L'obscurité l'avait avalé, comme une illusion. Puis, Echo aperçut l'ombre se dessiner derrière la porte. C'était lui, couvert de neige, radieux. Il tenait sa guitare le long de son corps afin de la protéger. Un autre garçon l'accompagnait, John Bucklen. Ils entrèrent, tout resplendissants d'eau, de fraîcheur, se dirigèrent vers Echo et son amie et s'assirent à leur table.

— J'ai bien aimé ce que tu as joué, dit Echo en buvant son chocolat parfumé à l'orange. J'adore la musique. Tu sais que je fais partie de la chorale de l'église ?

Bob l'ignorait.

— Tu t'éclates là-bas ? demanda-t-il.

Elle haussa les épaules.

— Je préfère de loin le rock and roll. Chuck Berry, *Maybellene, Roll Over Beethoven...*

Elle avait envie de parler comme rarement elle le faisait, heureuse d'avoir trouvé un garçon de son âge qui semblait partager la même passion.

— Tu devrais écouter du rhythm and blues et du blues, lui dit-il. Big Joe Williams, Mance Lipscomb, des gens comme ça... Ils sont seuls avec leur guitare, entre le Capitole et la prison. Je voudrais être un peu leur héritier, faire connaître l'œuvre de ces grands types. J'y arriverai...

Le visage d'Echo s'éclaira d'un coup.

— Tu connais le blues... Formidable. J'écoute tous les soirs *No-Name Jive*. C'est tard, mais on y passe de la bonne musique. Je ne mets pas la radio trop fort car mon père déteste ça. Il m'arrive de capter des émissions dans le même genre et de ne pas dormir la nuit. Ce qu'on entend ici, c'est tellement ennuyeux. Mes amis ne comprennent pas trop. Tant pis pour eux.

Il l'écoutait avec intérêt. Quand elle parlait, ses joues se teintaient de légère couleur. La passion trop longtemps refoulée bouillonnait en elle.

— Tu veux que je te montre quelque chose ? lui proposa Bob.

— Quoi ?

— Y a un piano dans le club à côté, le Moose Lodge. Tu viens ? J'ai envie de jouer.

— Non, c'est vrai ?

Elle se leva d'un bond, et Bob l'emmena sans convier leurs deux amis. La neige s'était suspendue en l'air, et un froid aigre les cueillit à la gorge. Le club, à côté, sans lumière, dans la nuit, n'était pas ouvert. Bob secoua la porte, mécontent.

— C'est pas grave, dit Echo. On reviendra... Et tu joueras pour moi les morceaux que tu veux.

— Non, ça m'énerve, lâcha Bob, impatient. C'est ce soir ou jamais.

Il sortit un petit couteau et crocheta la serrure. Echo ressentit une émotion comme elle en avait rarement éprouvée depuis sa plus tendre enfance à Hibbing. Elle avait l'impression de faire quelque chose de mal et de grand en même temps, prête soudainement à suivre ce garçon partout où il irait, loin d'Hibbing, à des milliers de kilomètres de cette cité perdue et sans intérêt. Elle commençait à en rêver. Mais lui ? L'appréciait-il ? L'emmènerait-il ? Ils avaient l'air de bien s'entendre, contents de mener leur petite aventure qu'ils raconteraient plus tard, serrés l'un contre l'autre dans cette salle obscure aux fenêtres embrumées sur lesquelles la phosphorescence de la neige jetait un éclat lugubre. Bob n'eut aucun mal à trouver la lumière et à repérer le piano. Il connaissait bien les lieux. Il s'assit et joua un boogie woogie.

Echo, assise sur une chaise froide, écoutait. Le piano carillonnait, animé, malgré la violence du jeu, par un sentiment blues. Bob avait appris tout seul et exprimait à la fois colère et joie. Il ne se retournait jamais pour voir si la jeune fille appréciait. D'ailleurs, s'en préoccupait-il ? Aucunement. Cet intérêt fascinait et gênait Echo : son nouvel ami semblait tellement absorbé, lointain, que, pendant ce temps, il ne s'intéressait plus beaucoup à elle.

— Quand m'emmèneras-tu ? demanda la jeune femme en bafouillant.

Il parut ne pas l'entendre.

— Bientôt... Bientôt !

Bob terminait ses études avec difficulté, mais obtiendrait ce que son père attendait. Le certificat. Ce succès lui offrit assez de liberté pour aller à l'aventure comme le héros de *La Strada*. Ses parents ne l'empêcheraient pas de s'échapper au moins pour quelques mois.

Un matin, il arrêta sa moto devant la maison d'Echo, l'emmena dans un café, joua quelques morceaux avec sa guitare et chanta.

— C'est beau ? Qui est-ce ?

— Tu ne le connais pas ? Tu n'écoutes donc pas les radios du Sud ? C'est Buddy Holly.

Il montra les feuilles froissées dans sa maison. La nuit, Bob avait noté les paroles de *It's So Easy* qu'une radio lointaine diffusait, et n'avait pas attendu pour augmenter sa collection de 45 tours.

— Ce gars-là pourrait avoir inventé le vrai rock and roll.

Quelle belle simplicité ! Et ces hoquets dans le chant, cette clarté de guitare. Buddy changeait de ton, utilisait joliment les cymbales, mélangeant la country and western et des ingrédients rhythm and blues. Puis, surtout, contrairement au magnétisme sauvage des autres, Gene Vincent, Jerry Lee Lewis ou l'autre jeune parti à l'armée qui possédait une voix superbe, Elvis Presley, Buddy menait sa carrière fulgurante sous d'énormes lunettes. Le physique ne faisait donc pas tout ! Et Bob était rassuré.

Les chansons de Buddy l'aidèrent beaucoup à franchir les hivers rigoureux du Minnesota. Il écoutait *That'll Be The Day*, *Midnight Shift* et oubliait le froid. Le hasard voulut que la jeune étoile se produisît à Duluth, ce 31 janvier 1959. Quelle aubaine ! Buddy jouait au National Guard Armory, parmi d'autres figures comme Link Wray, Ritchie Valens, l'auteur du tube *La Bamba*, et Big Bopper – à qui l'on devait le succès *Chantilly Lace*.

— Ce soir, je vais à Duluth ! annonça-t-il à Echo. Holly ! Je ne peux rater ça ! Tu te rends compte ?

Elle observait les flocons de neige qui flottaient derrière les vitres, mais rien n'aurait empêché son ami d'assister au spectacle. Il enfila des vêtements chauds et disparut.

Bob débarqua du train dans sa ville natale, au fond des ténèbres glacées. Les lampions de la salle éclairaient les rues blanches. Le jeune homme tenait précieusement son ticket à deux dollars, il entra et plongea dans une arène qui chavirait. Une marée adolescente dansait, hurlait, deux mille jeunes gens se serraient les uns contre les autres. Il n'oublierait jamais ce petit bonhomme à la voix expressive, aux gestes saccadés comme une poupée agitée par des fils. Le grand rocker jetait des cris à destination des filles du premier rang, se retournait vers ses Crickets, son groupe, et les excitait. Bob aurait aimé monter sur scène et l'embrasser. Buddy salua puis quitta la scène à petites enjambées, porté par une fantastique clameur. Bob avait envie de rejoindre la loge pour féliciter son idole. Mais comment ? La foule le repoussait vers la sortie. « Un jour, je le rencontrerai ! », se promit-il et, le cœur gonflé d'espoir, repartit dans son trou. Il s'endormit pour une fois, le cœur chaud, la tête résonnant encore de la musique limpide de ce superbe artiste. Si jeune !

Le lendemain, la presse locale salua la magnifique nuit : « L'une des plus grandes soirées dansantes dans l'histoire de Duluth. »

Bob planait lui aussi sur son nuage. Il passa trois jours très calmes, dans le confort des cafés. Echo le trouvait changé. Un sourire doux irradiait son visage. Elle n'aurait pas souvent l'occasion de voir son ami aussi joyeux. Le jeune garçon la prenait par la taille et lui parlait presque au creux de l'oreille.

— Buddy m'a montré ce que la musique doit être. Ce concert était fantastique.

Bien des années plus tard, son visage s'éclairerait de nouveau quand il évoquerait cette soirée à Duluth.

Sa sérénité se prolongerait longtemps. Il ne se rappellerait plus ce qui le réveilla. Peut-être la figure décomposée d'Alan Freed, le présentateur vedette du grand « show » télévisé Big Beat, ou ce *Peggy Sue* qu'on passait sans cesse...

Le rocker à lunettes ouvre ainsi la série des onze épitaphes. Pourquoi ces épitaphes ? Parce que Bob Dylan vivrait onze deuils [12] qui le marqueraient profondément. Lui-même écrivant son épitaphe personnelle placée en numéro un.

ÉPITAPHE N° 2 – PREMIER MORT – BUDDY HOLLY (1936-1959)

Le 3 février 1959, l'avion de Buddy Holly s'était crashé en plein frimas, sur Clear Lake (Iowa), non loin de Mason où le rocker bigleux et ses amis, Ritchie Valens, né la même année que le jeune Zimmerman, et Big Bopper, auraient dû jouer. Tous morts !

Bob n'arriva pas à se lever du lit tandis que son cœur battait fort. Si peu après avoir assisté à son superbe spectacle à Duluth ! Trois jours ! Il n'en revenait pas. Le grand artiste s'était évaporé d'un coup. Le garçon de Hibbing pensa à un poème de Dylan Thomas : « Rager, s'enrager contre la mort de la lumière ». Les sauveteurs montraient les lunettes intactes du musicien, bientôt vendues aux enchères, son pistolet, un crucifix. Et c'était tout ! Quelle tristesse ! Quel gâchis ! Et Bob écouta, comme un hommage funèbre, les chansons vives et perverses du martyr, si belles. « Vingt-trois ans, songea-t-il. Et moi, j'en ai déjà dix-huit. Je n'ai peut-être plus que quelques années devant moi. » Une sorte de tremblement intérieur le parcourut à nouveau.

Ses rares heures de sérénité n'avaient donc pas duré. Il continua à se gaver de musique mais avec plus de tristesse. Il écoutait toujours les radios. C'est là qu'il entendit une chanson assez proche de Buddy Holly, mais ce n'était pas lui. L'artiste se nommait Bobby Vee. L'histoire demeure assez triste. Ce Bobby Vee doit sans doute sa petite gloire de la fin des années cinquante au décès de Buddy. Quand l'auteur de *Peggy Sue* se tua, les tourneurs refusèrent d'annuler la date de concert à Mason, et cherchèrent de jeunes musiciens pour remplacer les vedettes disparues. Bobby Vee, encore scolarisé et amoureux passionné de Buddy, venait de former son premier groupe la semaine précédente, il appela aussitôt la radio qui avait passé l'annonce et fut choisi. Mais il regretta vite son empressement car il joua son premier grand concert dans une ambiance liturgique, funèbre, face au fantôme de son idole. Personne ne bougeait, les visages suintaient le chagrin. Cette expérience devait le marquer à vie. Le chanteur blond aux dents blanches et au sourire publicitaire incarnait la parfaite idole adolescente. Il en souffrait, tandis que le souvenir de la nuit hivernale le poursuivait. Toute son œuvre, depuis son premier 45 tours *Suzie Baby*, tournait autour de la mémoire de Buddy Holly, comme s'il avait voulu s'acquitter d'une dette envers son héros dont la mort l'avait brutalement propulsé à la lumière. Le méritait-il ? Il n'en savait rien. Bob Zimmerman lui-même s'était mis à suivre Bobby Vee, accomplissant de son côté un étrange transfert.

Il écoutait ses œuvres tandis qu'il préparait son examen final, résolu à disparaître sitôt le certificat d'étude obtenu. Beatty et Abe, comblés, ne verraient aucun inconvénient à sa petite escapade. Seulement, il ne reviendrait plus. Quand il décrocha le sésame, ses parents débouchèrent une bonne bouteille, mais Bob n'avait guère envie de célébrer un diplôme qui lui avait réclamé tant de peine. Il voulait partir, c'est tout. Cette idée l'obsédait. Sans prévenir personne, il sauta dans un bus à destination de Fargo où résidait Bobby Vee, arriva à midi, mort de faim, traversa la petite cité en observant ces maisons étrangères, son silence. Il n'avait jamais quitté si longtemps Hibbing, prêt à tout pour obtenir ce qu'il redoutait le plus : un travail.

Il entra au Red Apple Café où Vee jouait. Un homme de ménage balayait la scène, près du piano, et la poussière voletait en fines particules dorées. Bob posa son barda sur le plancher et manda le patron.

— Je cherche un emploi. Je voudrais travailler ici.

Il proposa de servir les clients, de ranger les tables tout en guettant l'arrivée du musicien. Il dormirait dans un coin par terre. Qu'importe.

— Bon ! Allez-y, garçon ! Nous avons besoin de quelqu'un en ce moment !

Il était heureux d'empocher un peu d'argent qui lui permettrait de poursuivre son voyage. Mais ce travail l'épuisait, et il le détestait. Si ce Vee n'arrivait pas, il resterait jusqu'à sa mort un anonyme employé du Red Apple. La lumière se retirait du café, l'obscurité avançait. Bob disposait les chaises et apportait des verres de whisky aux clients. Il transpirait, fixait le piano, s'assit même sur le tabouret mais s'éloigna vite avant que le patron ne l'aperçût.

Enfin, Bob l'aperçut. Vee se tenait à quelques mètres, entourés de ses musiciens. Le jeune Zimmerman lâcha sur-le-champ ses balai et plateau et s'approcha :

— Qui êtes-vous ? demanda Bobby, dont le sourire s'était crispé.

— Je suis pianiste, j'aimerais jouer avec vous. J'ai accompagné Buddy Holly et Conway Twitty [13].

Un lourd silence envahit la pièce. Bob se tenait, les mains sur les hanches, persuadé que son conte lui permettrait d'obtenir un engagement.

— D'accord ! Voyons ! proposa Vee qui alla trouver le patron. Je vous prends votre employé !

Bob jeta son tablier. Il se retrouvait enfin intégré à un groupe. Quel bonheur ! Il sauta sur les touches du piano, frappa des notes assez vibrantes, mit de l'animation dans la musique doucereuse de Bobby Vee, et le public sembla apprécier. Jamais il n'avait pris autant de plaisir. La gloire l'attendait. Après ce premier spectacle, il interrogea du regard l'artiste blond, mais ne reçut aucun encouragement. Bobby se dirigea vers le bar sans lui adresser le moindre signe, et il commanda un verre d'alcool.

Bob, fatigué, s'allongea contre le mur, dans un coin du café, à l'écart. Il ne dormit pas et attendit que les autres musiciens se lèvent. La journée avait à peine commencé qu'il souhaitait sa fin pour jouer de nouveau. Il s'engouffra dans un bus et vit enfin la route bouger, les nuages se déplacer. « Je suis musicien, je voyage ! » se répétait-il.

Sur une autre scène, Bob répéta son numéro, grimaça, claqua des mains, bondit d'un bout à l'autre de l'instrument, suant à grosses gouttes. Il progressait. Bobby Vee et lui formaient une équipe redoutable, même si le jeune Zimmerman haïssait la clôture du concert comme une descente d'alcool. Il aurait bien aimé continuer pendant plusieurs heures et ne parvenait pas à fermer l'œil. Il trépignait. Le troisième jour, alors qu'il attendait devant la voiture, Bobby Vee lui barra le passage. Des cernes alourdissaient ses yeux de play boy défraîchi. Il posa un œil triste sur Bob.

— Non, tu ne viens pas avec nous !

— Pourquoi ?

— Alors, comme ça, tu es un grand pianiste ? T'as joué avec Buddy Holly, Conway Twitty ? Tu t'es bien moqué de nous, et en attendant tu nous as foiré deux concerts. Tu ne sais pas jouer. Le piano, ce n'est pas qu'une touche ou deux.

— Je ne comprends pas.

Vee soupira.

— Allez ! Rentre chez toi ! Et ne déshonore plus la mémoire de Buddy Holly !

La gorge nouée, l'exclu garda les yeux levés vers Bobby Vee tandis que le chanteur blond s'engouffrait dans la voiture. Malgré sa haine, Bob ne prononça pas un mot et les regarda s'éloigner sur la route vide. Un vent frais lui glaçait le dos. Il avait l'impression qu'un mauvais génie lui avait retiré son oxygène, son plaisir. Où irait-il maintenant ? Oh, il ne le savait que trop bien ! Hibbing le rappelait à lui comme des sables mouvants. Jamais il n'y échapperait ! John Bucklen, LeRoy, Echo lui demanderaient de raconter sa virée.

— J'ai accompagné un peu Bobby Vee, mentirait-il, on a enregistré un morceau, puis je suis parti. Sa musique ne me plaisait pas tant que ça. Il est loin du talent de Buddy Holly.

Il mit du temps à digérer cet échec. Si Abe et Beatty l'apprenaient, ils auraient beau jeu de triompher et de dire :

— On t'avait prévenu. La musique, c'est pas un métier !

Bob retrouva sa chambre. Il tournait en rond.

Vee l'avait peut-être chassé de la musique. Tout simplement. Avait-il rêvé ? Partir ! Partir ! Depuis son adolescence, le fils Zimmerman avait tenté beaucoup de départs, de faux départs. Il faisait du stop, la guitare à la main, une voiture le déposait quelque part, au hasard, il marchait, jouait le long des routes, puis rentrait. Des répétitions avant le départ définitif qu'il avait décidé, presque enfant.

— Je vais m'inscrire à l'université de Minneapolis, annonça-t-il à ses parents.

Abe regarda Beatty, et sourit.

— Une bonne idée. Mais quel cursus vas-tu suivre ?

Il n'avait pas pensé à cette question.

— Les cours artistiques.

Il avait appris que les étudiants pouvaient également s'initier à la musique. Sans attendre, il monta l'escalier, remplit sa valise, à l'aube, quitta la petite maisonnette familiale sur les hauteurs, sa moto, ses amis des Golden Chords, LeRoy et Monte, et la douce Echo (qui rêvait de l'accompagner). Il prit le premier train pour Minneapolis et le quartier étudiant de Dinkytown.

•

C'est ainsi que la communauté le rencontra, la guitare à l'épaule. Il semblait à la dérive, prêt à suivre le premier venu pour dormir chez lui ou apprendre. Certains avertirent John Koerner qui mettait en danger sa réputation en s'acoquinant avec un vagabond pareil. Mais notre champion ne céda pas. La personnalité à la fois désordonnée et douce de ce clochard le fascinait. Bob fourrait son nez partout, parlait aux inconnus et posait beaucoup de questions.

— Qu'est-ce que tu lis ?

— Cela s'intitule *Sur la route* !

— Tu me le prêtes ?

L'ami lui prêta le livre après l'avoir lu. Je ne sais pas s'il le récupéra. Mais Bob se plongea à corps perdu dans cette lecture et n'en sortit jamais, décidé à découvrir le continent lui aussi, comme les personnages Dean Moriarty et Neal Cassidy.

> « Et j'y étais bien dans le Colorado. Je caressais cette pensée avec allégresse... Je m'imaginais dans un bar de Denver, le soir même, avec toute la bande qui me trouvait quelque chose d'étranger et de loqueteux, quelque chose du Prophète qui a traversé le pays à pied pour porter l'obscure parole [14]. »

C'était ce qu'il lisait dans le livre de cet auteur nommé Jack Kerouac, *Sur la route*. Quand il pouvait, il cherchait un peu d'ombre et s'asseyait afin de continuer sa lecture. Il se rendait dans son rêve, mais prolongeait le plaisir au maximum avant d'être confronté à la réalité. Il chercha d'autres livres du même écrivain et se rendit à la bibliothèque de l'université. Tiens, Kerouac se réclamait du poète que Bob avait découvert à l'école, le barde Walt Whitman dont la quête d'aventures dans les quartiers populaires de New York avait fait de lui le père du mouvement beat – mais Walt aimait l'opéra. Bob emprunta deux autres ouvrages de Jack, *Visions Of Gerard*, et un texte de 1958, *The Subterraneans* dont il récitait ce passage :

> « Il sortait du bar des gens intéressants, la nuit produisant sur moi une forte impression... Nous sommes allés au Tambour Rouge, écouter du jazz, ce soir-là, c'était Charlie Parker avec Honduras Jones à la batterie et d'autres types intéressants... Et il y avait dans l'air cette exaltation du bop de San Francisco aux nuits douces, mais dans le style cool, aimable et décontracté du Beach – alors, à vrai dire, nous avons couru, de chez Adam sur la Colline du Télégraphe jusqu'en bas de la rue toute blanche sous les lumières, couru et bondi et fait les fous et été joyeux – nous nous sentions pleins d'allégresse [15]... »

Bob adorait ces odes à l'errance, à la nuit. *The Subterraneans* (« Les Souterrains ») jaillissait, débordait en faconde, insomnie, sans chapitres ni ruptures. Ça baisait, fumait de l'herbe, chevauchait des motos. Jack brûlait par tous les bouts sa force de vie qui fascinait le jeune candidat à l'abolition du sommeil. Le lecteur avait envie d'appartenir à cette étrange congrégation :

> « Le terme de Souterrains a été inventé par Adam Moorad, qui est un poète et un ami à moi et a dit : "Ils sont au poil sans être crâneurs, ils sont intelligents sans être casse-pieds, ils sont drôlement intellectuels et savent tout ce qu'on peut savoir sur Pound sans la ramener ou ne parler que de ça, ils sont très taciturnes, ils ont quelque chose qui fait penser au Christ [16]." »

Voilà ! Bob voulait correspondre à cette définition, devenir, comme la petite Noire du livre, Mardou, un Souterrain, c'est-à-dire un érudit presque religieux et amateur d'amples libations nocturnes. Il était prêt au grand voyage.

Il lisait, allait en cours, se mêlait aux groupes. Nous étions dégoûtés par l'odeur qu'il traînait avec lui. Ce garçon avait beau changer de nom, Bobby Vee, Conway Twitty ou Zimmerman, une certitude demeurait : il ne se lavait pas souvent !

Il vit un étudiant avec un livre et l'aborda.

— C'est quoi, ce bouquin ? demanda-t-il.

Le garçon s'échappa de son monde, les yeux légèrement rougis. Il regarda Bob, surpris de la question, puis observa son livre :

— C'est le roman vrai d'un musicien. *En route pour la gloire*. C'est amusant parce qu'il commence dans le Minnesota.

Musicien, route, Minnesota... Bob s'assit et contempla la couverture.

— Écoute, dit le lecteur, ce qu'un des personnages raconte du Minnesota. C'est amusant : « Quand le Bon Dieu y t'availlait à fair' le Minnesoty, il arrivait pas à se décider pour fai'e un autre océan ou enco' plus de terre, alors il a fait à peu près la moitié du boulot, et puis, il a laissé tomber, et il est rent'é chez lui. » C'est vrai, hein ?

Oui, c'était vrai. Ce « putain » d'État, pensa Bob, ne possédait aucune identité. Un endroit inachevé. L'auteur du livre, ce Woody Guthrie, lui plaisait.

Il acheta un exemplaire d'*En route pour la gloire* dont il relisait des pages et des pages, entra de plain-pied dans ce monde folk auquel l'avait déjà initié la grande Odetta, quelques années plus tôt. Il jouait à être Woody Guthrie et vagabondait à plaisir, persuadé que sa célébrité s'envolerait ici, depuis cette nuée d'eau et de vent jusqu'au Capitole. Ou alors, il demeurerait un esprit dément, bon à dépérir dans un asile de campagne ou à mourir au creux d'un fossé.

Dinkytown et le Minnesota ne lui suffisaient plus. Il ne resterait pas à gratter dans l'ombre du séduisant John Koerner, devant un public indifférent, craignant de croiser sa « victime » Pankake. New York l'attirait. La musique là-bas, c'était quelque chose. Les clubs encombraient les rues pour les jeunes gars comme lui venus tenter leur chance. Et si cette ville le décevait, il repartirait. Il hésitait cependant à s'y rendre car il avait besoin de route, de voyage, désirait voir du pays. Pourquoi n'irait-il pas à Denver, Colorado, comme le Neal Cassidy de Kerouac ?

Durant l'été 1960, vêtu de vieilles nippes, à la Charlie Chaplin, il s'embarqua pour la bourgade où Cassidy avait médité, vagabondé, rêvé.

Il faisait chaud. Le soleil bouillonnait dans le ciel. L'ombre du marcheur s'étirait sur le macadam quand il aperçut, comme le héros de Kerouac, les enchevêtrements de rails, les maisons en briques rouges de Denver. Bob se sentit porté par un enthousiasme énorme. Il allait séduire cette grande ville, perdue aux confins du sable comme le Prophète du livre. Des rues s'étendaient sous l'astre aveuglant de cet après-midi sommeilleux, accablé par la chaleur. Bob, traînant ses hardes, ne s'étant pas lavé depuis plusieurs jours, mal rasé, errait sur la Colfax Avenue, là où il voulait aller, c'est-à-dire dans ce club, le Satire, dont on lui avait dit le plus grand bien, en tout cas pour débuter. Il fut surpris de tomber sur une baraque noire effondrée dans la lumière blanche, avec un vieux toit en tuile, un plancher sur lequel flottaient des particules de poussières. Le lieu avait été ouvert par un joueur de football reconverti, et avait commencé à accueillir les ouvriers, les sportifs du coin, toute une faune travailleuse qui buvait des verres en regardant le désert. Puis, le taulier l'avait reconverti en bar musical, y plaçant une petite scène et quelques jeunes filles affriolantes.

Bob attendit le soir, sans très bien savoir où dormir. Mais cela ne l'inquiétait pas. La nuit était belle, sertie d'étoiles. Que le ciel était vaste ! Et la musique tintinnabulait à travers la rue. Le Satire avait quitté sa défroque noire, poussiéreuse pour illuminer ses fenêtres et vibrer. Des ombres dansaient derrière la vitre, des rires se mêlaient aux discussions. Bob pénétra à l'intérieur. On aurait dit une cave sombre, noyée de fumée. Personne ne fit attention au jeune étranger qui se mit dans un coin. Il n'avait rien mangé depuis quarante-huit heures et manquait de sommeil. Sur la scène vraiment minuscule que pressait un public agité mais heureux, un groupe de musiciens en vestons et cravates chantait un folk assez élégant, les Smothers Brothers. Ils étaient présentés et excités par un grand Noir nommé Walt Conley qui chantait et balançait des blagues ou exécutait des pirouettes pour déclencher les rires chez les spectateurs, en général des vagabonds ou des gens de la région. Bob le fixa avec admiration.

Plus tard, au bout de la nuit, il vint le voir dans sa loge après avoir parlementé avec un malabar à l'entrée. Une foule d'amis, légèrement éméchés, encombrait la petite pièce. Aucun ne prêta attention au jeune arrivant. Bob se fraya un passage et aperçut Walt qui épongeait la sueur de son front.

Il n'hésita pas et se plaça devant lui.

— Je viens du Minnesota.

— C'est bien, les gens ici viennent de partout, coupa Walt qui changeait de chemise, tout le temps interrompu par des félicitations.

— Je suis musicien... J'ai joué avec des gens comme Big Joe Williams et je suis allé voir Woody Guthrie.

Walt planta ses yeux dans ceux de Bob afin de déceler les duplicités de cet inconnu. Les bluffeurs, il connaissait. Le métier en regorgeait. Mais ce jeune homme possédait un aplomb qu'il avait rarement observé. Peut-être disait-il vrai après tout ?

— J'aimerais, continua Bob, interpréter quelques chansons avant le spectacle des Smothers. Ce serait possible ?

Walt soupira.

— Non, c'est pas trop le genre de la maison. Je suis désolé. On a déjà eu ce genre de demande, et on a toujours refusé.

— Deux ou trois morceaux. C'est tout.

Walt réfléchit. Le garçon pas très propre, engoncé dans ces vêtements marronnasses, inspirait une certaine pitié. « Pauvre type, songea Conley. Si je ne fais pas quelque chose pour lui, il va aller crever sur le bord de la route. » Walt se rappelait que lui aussi s'était présenté au Satire, à l'Exodus, à tous ces clubs de la ville, et qu'un propriétaire bienheureux avait bien voulu un jour l'écouter. Il filerait au jeune homme un petit pécule. Conley fit un signe à Dick Smothers qui s'approcha et ne parut même pas voir Bob. Seul Walt l'intéressait.

— Demain, lança fièrement le chauffeur de salle, c'est lui qui commencera le spectacle. Il interprétera deux ou trois chansons, pas plus.

Dick remarqua alors l'intrus, promena son regard de la tête aux pieds comme s'il inspectait un animal.

— Si tu veux... lâcha-t-il froidement avant de tourner les talons et de rejoindre sa femme.

Mais Bob n'en avait cure. Il avait obtenu ce qu'il voulait malgré l'hostilité manifeste du musicien vedette. De toute façon, il ne resterait pas ici éternellement. Qu'il échoue, et il se ferait vite oublier ! Cela n'avait aucune importance.

Le lendemain, devant une masse tourbillonnante, sombre, ce club sans plafond où l'on aurait presque pu apercevoir les étoiles, Bob Dylan, seul, avec sa guitare, chanta des morceaux de Woody Guthrie et Cisco Houston appris chez Pankake, des pièces oubliées que personne n'avait entendues dans ce coin paumé du désert. Bob les jouait à l'oreille. Sa sonorité monotone, son chant écorché et minimaliste, presque récité, la blancheur spectrale, noir et blanc, de sa musique déçurent un public chaud, habitué à la verve colorée de Walt Conley. Le Satire aimait la fête. Pourquoi aurait-il adhéré à ces histoires d'ouvriers, de chemins de fer ? De tels récits flanquaient le bourdon, de surcroît chantés avec un timbre caverneux qui ne faisait aucun effort pour s'élever, attirer l'attention, accompagné d'une vieille guitare grinçante. Tommy Smothers, le frère de Dick se mit à rire.

— Ah, ce gars-là a tout du croque-mort. Quelle voix atroce ! Quelle misère ! On n'a plus qu'à fermer le Satire.

Walt baissa les yeux. Il se rendait bien compte que cette musique ne convenait pas au lieu. Gêné aux entournures, d'un signe, il demanda à Bob d'interrompre son spectacle et l'emmena à l'écart.

— Je ne pourrai pas te faire chanter ici un autre soir. Le public n'a pas trop apprécié.

Il prit le jeune homme par l'épaule.

— Tu sais où dormir ?

Bob fit non de la tête. Il n'avait pas l'air trop déçu ou le cachait bien, silencieux.

Walt habitait un logement sur la route, à quelques mètres du Satire où il accueillait les Smothers Brothers et les instrumentistes de passage. L'appartement se composait de deux chambres, mais il était difficile de s'y promener sans piétiner les matelas déroulés les uns à côté des autres et tous occupés.

— Je dormirai par terre, cela ne me dérange pas, coupa Bob.

Le jeune garçon s'allongea et médita pendant une bonne partie de la nuit. Il avait raté sa prestation. Le Colorado ne serait peut-être pas le théâtre qui lancerait sa carrière, et il s'efforcerait d'oublier ce nouvel échec. Où aller ? S'enfoncer un peu plus dans le pays, les états lointains, aller à New York, rentrer chez lui... Non ! Ses amis d'enfance, qui avaient rêvé avec lui, riraient de sa déconfiture.

Pourquoi partir d'ailleurs ? Il aimait bien ce Conley, un vrai connaisseur de la musique américaine, un collectionneur de bandes sonores un peu spéciales. Les discussions entre eux se prolongeaient tard.

— J'adore Woody Guthrie, lui serina Dylan. C'est un génie, le plus grand génie de la musique américaine du siècle, et un homme d'une humanité exceptionnelle. Tu sais qu'en 1951, certains ont entendu Woody fêter en musique la mort d'un général américain. Quelle audace ! J'aimerais bien avoir la même. Faudrait lui rendre hommage toutes les semaines, et décréter un jour férié, le jour de sa mort.

Walt fixa le jeune homme, impressionné par sa foi, sa passion et son érudition. Depuis sa découverte du roman *En route pour la gloire*, Bob lisait tout sur l'idole, cherchait le moindre 45 tours. Cette ténacité avait conquis l'ami chauffeur de salle qui dégagea le canapé élimé et sortit sa collection de disques rangés soigneusement derrière, en piles : pièces radiophoniques, musiques, spectacles enregistrés, bruits divers... La tragédie *Othello* croisait des disques de doo-wop. Walt les écoutait le soir pour s'en inspirer le lendemain. Bob détailla les pochettes, les disques dont il éplucha les notices de A jusqu'à Z.

— Dis donc, tu as aussi des disques de Leadbelly ? Génial.

— Ah oui, t'aimes bien Leadbelly ?

Walt ne put dissimuler sa fierté. Bob appréciait l'homme de spectacle, sans très bien comprendre pourquoi il ne jouait pas de country blues et cédait à ces parodies musicales dans un bled paumé. Tu es Noir, bon Dieu, avait-il envie de lui dire. Tu devrais prendre la route comme moi et jouer dans les Joints [17] du Sud ! Un amateur de Guthrie, de Leadbelly, de Cisco Houston méritait mieux ! Conley devinait ces reproches, mais il ne s'y attardait pas. Lui au moins avait un emploi, un peu d'argent.

— Moi, je vais bouger, le prévint Bob.

Il serra la main de son hôte, chercha un logement à l'écart, plus confortable, et un nouvel engagement puisque le Satire n'avait pas été séduit par son chant. L'Exodus l'attirait, avec sa cave moite où des chanteurs folks, arrivés du désert, parfois de la montagne, roucoulaient des histoires rêches comme il les aimait. Le jeune homme y entendit un soir Judy Collins, la belle, la gracieuse, insensible à la chaleur. Elle traversa ce four en agitant ses toilettes fraîches. Les visages luisaient de sueur là-dedans. Bob y retourna cependant plusieurs soirs, vit beaucoup de musiciens et tenta de saisir leurs astuces. « En quoi sont-ils meilleurs ? » Mais l'un des artistes programmés le frappa : il remarqua d'abord un visage masqué par un harmonica accroché on ne savait très bien où. Ce Noir longiligne jouait de la guitare et chantait un folk blues très dru. Bob l'avait entendu autrefois, lors de sa prime jeunesse. Il avait rarement vu un musicien manier deux instruments à la fois, et même trois car, après avoir baissé son porte harmonica, il collait sur sa bouche un kazoo, cet instrument bricolé et ancien fait d'un peigne recouvert de papier dans lequel l'artiste soufflait pour expurger des notes tremblées, bizarres. C'était à cet homme surnommé le « Chat solitaire », peut-être même avant Woody Guthrie, qu'il devait sa vocation musicale, son prurit de voyage, ses désirs infinis. Jesse Fuller. Un gentleman du chemin issu du siècle dernier. Bob avisa une chose bizarre dans l'entrelacs de fils posés sur le sol : une pédale avec des cordes, que le pied du musicien appuyait en rythme. Quand il attaqua les premières mesures de *San Francisco Bay Blues*, le public continua de boire, de papoter, indifférent aux pincements de cordes lyriques.

Peu après le concert, Bob, les mains moites, vint lui serrer la main :

— Qu'est-ce que c'est ? demanda-t-il en désignant la drôle de pédale.

— Ça, rigola le vieux, c'est ma « footdella », un truc de mon invention. Je l'ai construite avec des cordes de piano, et je la trimballe partout.

Le vétéran avait mené l'existence dont il rêvait. Longues traversées avec des minstrels shows pendant les années vingt, films dans les studios hollywoodiens... Et il poussait sa complainte poétique, à l'ombre des cheminées de Denver, sous le toit pierreux de l'Exodus, criant presque famine devant des soûlards, traîne-savates du Colorado. Mais le vieil homme ne trahissait aucune amertume, engoncé avec son costume brun de coupeur de coton, l'harmonica à la bouche. Bob aimait. Peut-être pourrait-il s'en inspirer ?

Il revint, enthousiaste, voir Conley.

— J'ai rencontré Jesse Fuller à l'Exodus. Il chante un vrai country blues plein d'aspérités et de vérités. Il n'y a aucune raison pour que cela ne marche pas ici.

Il ne s'étendit pas sur le peu de succès de son idole, admirant le courage dont Fuller avait fait preuve pour surmonter les rires, les dos tournés. Walt mit les mains dans ses poches :

— Non, je ne crois pas, avoua-t-il, gêné. Tu devrais changer un peu ta manière d'être, ton style pour être plus commercial.

— Absolument pas, lui rétorqua Bob. Si cela ne marche pas, j'irai ailleurs.

Sa détermination frappa le sieur Conley qui connaissait tous les renoncements auxquels il avait dû consentir pour gagner son pain au Satire. Et un jeune homme dépenaillé, absolu, venait le sermonner : « Vaincre ou mourir ». Continuer la leçon apprise de Woody Guthrie, de tous ces vagabonds célestes marchant avec leur guitare sous les étoiles, ou disparaître. Le jeune Zimmerman forcerait le public à l'aimer, il en était convaincu. Il chanta encore un soir au Satire, mais ne toucha aucun cachet, et les Smothers Brothers apostrophèrent Conley.

— Tu tiens encore à engager ce type ? C'est nous ou lui, tu dois choisir.

Walt ne pouvait choisir l'inconnu malgré sa sympathie. Il s'essuya les yeux de lassitude. Il décrocha son téléphone et appela une autre boîte, The Gilded Garter, en plein cœur de Denver.

— J'ai un gars pour toi. Tu peux le prendre ?

Bob remercia chaudement Walt, se rendit à l'adresse, mais il fut plongé dans une atmosphère de far west avec façades de saloon, planchers, portes mobiles à l'ancienne que l'on poussait de la jambe. La bouche pleine, un verre à la main, chargés de paquets, les touristes parlaient fort, plus ou moins soûls, se servaient des assiettes gigantesques et buvaient de grandes rasades de vin. Ils n'entendirent pas le nouveau chanteur qui força sa voix, bondissait sur le piano, sans parvenir à retenir l'attention de la salle enfumée, bruyante. C'était donc cela, ce foutu métier auquel son inconscience, ses amours poétiques et musicales le destinaient ! Il ne tiendrait pas longtemps, faute d'argent et de plaisir. « Imbéciles, vous ne m'écoutez pas, mais vous le regretterez. » Il voulait quitter Denver. Mais pour aller où ? Il n'en savait rien. De toute façon, l'argent lui manquait.

Il retourna à l'appartement de Conley qui n'était pas fermé pendant la journée. Les musiciens ne s'y trouvaient pas. Bob se faufila entre les matelas, poussa le canapé, s'empara d'une dizaine de disques, sortit à pas de loup et regagna son hôtel. Il les vendrait en échange de quelques dollars et pourrait continuer son chemin. Il n'avait pas le choix et ce que penserait Walt de son geste ne l'inquiétait pas. Il réussirait, et personne ne l'empêcherait d'atteindre le sommet. La vie ne l'épargnait pas, et il se montrait tout aussi rude envers ceux qu'il rencontrait et même l'aidaient comme ce Conley. Peut-être après tout comprendrait-il ?

Il s'enferma dans sa chambre, planqua les disques et essaya de trouver le sommeil. Demain, il vendrait le chargement et quitterait Denver dont il ne garderait pas de très bons souvenirs.

La nuit s'avançait. Bob, allongé, se sentait flotter, rassuré. Il apercevait sa guitare dans un coin, et, dehors, les étoiles... quand il entendit quelqu'un frapper à la porte. Il se leva et ouvrit, après avoir hésité. C'était David Hamil, un joueur de banjo que Bob avait déjà croisé la nuit, dans le logement de Walt. Il se tenait droit, la tête levée, le visage tendu.

— Rends les disques que tu as volés, lui lança le musicien en tentant de forcer l'entrée.

— Quels disques ? demanda Bob, mal à l'aise, rouge et transpirant.

— Ne fais pas l'innocent. Nous savons que c'est toi.

Hamil, tremblant de tout son corps, avait croisé à l'entrée des putes et des ivrognes qui ronflaient sur les coussins. Il avait regardé les murs rongés d'humidité, les fils qui pendaient au plafond. Le bout du couloir, sentant la pisse, sombrait dans l'obscurité d'où émergeaient de temps à autre quelques ombres. Au fond, on entendait un robinet couler, des gens tousser.

Lorsqu'il avait découvert le vol, il avait tout de suite pensé à Zimmerman, même si aucun des disques chers au cœur de ce bandit, comme les enregistrements de Leadbelly, ne manquait. Ce plouc du Minnesota avait besoin d'argent et s'apprêtait à vendre la collection de Walt, Hamil en était certain et n'avait eu aucun mal à repérer l'hôtel où le jeune musicien séjournait, mais n'aurait jamais pensé tomber sur une masure aussi peu ragoûtante. C'était pathétique.

De son côté, Bob sentait que ce type-là pouvait se battre avec lui, et n'y tenait pas, le poussa dehors avant de s'enfermer à clef.

— Fous-moi le camp !

Il se recoucha puis se réveilla quelques minutes plus tard, alerté par un grand remue-ménage dans le couloir.

— Zimmerman, ouvre. La police est là !

Bob se résigna à les laisser entrer. Il aperçut Walt, regarda à gauche et à droite du couloir. Les deux hommes n'avaient pas appelé la police.

— Je vous assure que je n'ai rien volé. Je vous prie de me croire.

Il écartait les bras, s'assit sur le lit, pâle. Walt ne dit rien. Il contemplait la petite chambre malodorante, le lit défait, et au milieu, Bob, les yeux rougis, humides de larmes, tout maigrichon, qui posait sur lui des regards éplorés. Le garçon avait l'air épuisé. Il fixa Conley dans les yeux.

— Walt, pourquoi aurais-je volé ces disques ? Pourquoi te ferais-je ça à toi qui m'as aidé ?

Conley ne pouvait toujours rien dire, lisant dans le regard de son ancien protégé : « Je t'en supplie, tire-moi de là ! » Il n'avait pas envie d'en entendre davantage. Il quitta l'hôtel pendant qu'Hamil s'énervait.

— Tu ne vas pas laisser passer cette affaire. Il t'a volé. Il doit rendre ces disques.

— Non, laisse tomber, répondit Walt. Il est vraiment dans la mouise. Je ne souhaite pas l'enfoncer. Il est déjà assez mal comme ça, et ce ne sont que des disques.

Hamil ne l'écouta pas. Il retourna à l'hôtel, poussa la porte non fermée et trouva Bob qui sortait les disques de sa cachette. En voyant Dave, le voleur les jeta par la fenêtre puis recula afin de parer une éventuelle réaction violente du banjoiste, mais l'ordure avait mouchardé. La police investit la petite chambre. À la vue de ces hommes en uniforme, Bob se sentit défaillir. La prison le terrifiait. Il était prêt à tenter toutes les folies pour ne pas y aller, même sauter par la fenêtre. Les flics tentèrent surtout de calmer Hamil, puis se retirèrent en emmenant le plaignant.

Bob demeura immobile dans la nuit, fixant ses chaussures, ses vêtements sales. Il prit *En route pour la gloire* de Woody Guthrie, et relut des pages. Il ressentait tellement d'amour pour cet homme.

Comme les objets volés avaient été retrouvés, Walt avait refusé de porter l'affaire en justice malgré l'insistance de Hamil.

— Mais il t'a volé, il t'a trahi, il a abusé de ta confiance. Comment peux-tu lui pardonner ?

Bob décida aussitôt de quitter Denver. Cette ville ne lui avait pas donné grand-chose de bon. Il allait poursuivre ses aventures comme Woody Guthrie. Il s'arrêta un soir. Le soleil se couchait sur le Colorado. Il faisait bon. La liberté était bien agréable, accolée à cette route dorée aux collines noires couronnée d'un halo orangé. Il marcha, dormit à la belle étoile. Dans un gîte, un traîne-savates au cuir tanné, qui devait avoir ramassé la sueur de toutes les routes américaines, engagea la conversation avec lui.

— Ah ! *En route pour la gloire* ! J'vois que t'as de saines lectures. Je l'ai croisé il y a bien longtemps. Il est bien malade en ce moment.

— Il est toujours vivant ?

— Woody ? Bien sûr. Il est dans un hôpital de New York.

Bob se leva. L'homme dont il avait joué et rejoué les chansons, lu les aventures, imité les voyages, respirait, vibrait quelque part... Il irait donc à New York chercher l'adoubement du simple gars de la campagne devenu la plus magnifique des légendes. Quand il l'aurait obtenu, rien de fâcheux ne pourrait lui arriver.

•

« Rimbaud » revint à Dinkytown. C'était assez curieux. Personne ne l'attendait vraiment, et, d'ailleurs, ses anciennes relations ne lui témoignaient qu'indifférence, intérêt vaguement poli. L'écoutaient-ils quand ce vagabond professionnel racontait ses amours du Colorado, les applaudissements qu'il avait recueillis là-bas ? Bob se gardait bien de prononcer le nom de Walt Conley, d'évoquer le Satire, l'Exodus, ou ce bar western dont il avait oublié jusqu'à l'appellation. On ne le prenait plus au sérieux. Le jeune homme aux histoires farfelues, le profiteur était revenu débagouler ses inepties après plusieurs mois passés dans le fond du pays.

— Je vais rencontrer Woody Guthrie, disait-il, devant la communauté hostile.

Qu'il parte donc pour New York chasser les chimères ! Qu'il aille se dissoudre dans la grande ville une bonne fois pour toutes ! Nous, on garde son pote plus talentueux, John Koerner. Hein, John ? Mais Spider gardait le silence. Dave Ray et lui, réunis en musique, avaient peine à imaginer que Bob parviendrait à pénétrer le refuge de Guthrie. Et qu'y ferait-il là-bas ? Il raconterait à la vieille gloire des fariboles, des idioties ? Cela serait amusant à voir et à peine croyable.

Bob repartit aussi vite vers Hibbing, dans sa famille. Il avait besoin de récupérer, même s'il ne se sentait pas fier de son parcours. Il avait vu ce film de François Truffaut, *Tirez sur le pianiste*, impressionné par la mort, dans la neige, de Charles Aznavour qui jouait le musicien. Ce pianiste, c'était lui et ces images de froid, d'enlisement lui avaient rappelé Hibbing et son tombeau de glace. Non, s'il restait, il finirait comme le héros de ce drame français.

Il pensait au néant blanc, n'entendant pas les rires et conversations qui emplissaient le salon familial. Ses parents avaient invité des amis pour fêter son retour. Ils l'interrogèrent sur l'université de Dinkytown mais, tiré de ses rêveries, il donna des réponses évasives.

— Je vais aller à New York !

— Tu n'abandonnes pas tes études quand même ? s'inquiéta Beatty.

Il sourit d'un air triste et la rassura. Retourné dans sa chambre, il épluocha des documents sur la Grosse Pomme. Il connaissait l'endroit où trouver le Seigneur. Le grand musicien vivait depuis 1956 à l'hôpital Greystone Park dans le New Jersey parce qu'il souffrait de la chorée de Huntington, une maladie nerveuse dégénérescente rare. Il ne guérirait sans doute jamais. Certains pensaient que Woody avait déjà trouvé son paradis. Mais il n'avait pas encore disparu, et Bob souhaitait au moins le voir, et, pourquoi pas, lui parler. Il se moquait de ce qu'on pourrait penser. Il tenait à s'agenouiller auprès du maître et en parlait sans arrêt.

Un soir, Bob, le cœur battant, décrocha son téléphone et appela l'hôpital Greystone Park.

— Bonjour, dit-il avec assurance, j'aimerais parler à Monsieur Woody Guthrie.

À l'autre bout de la ligne, la voix d'une jeune femme lui répondit :
— Vous êtes de la famille ?
— Oui, je suis un cousin.
— Écoutez, nous ne prenons pas de rendez-vous au téléphone. Il faut que vous vous rendiez à l'hôpital. Et nous verrons si monsieur Guthrie peut vous recevoir. Il est fatigué. Tout dépend de son état.

Il raccrocha, certain d'une chose : il le verrait, s'assoirait à la droite du père.

Il partit encore une fois aux aurores. La veille, il avait annoncé son intention à ses parents qui n'avaient pas manifesté beaucoup de joie.

— Papa, maman, ne m'en veuillez pas. Je ne suis pas fait pour les études. Je veux devenir musicien, et je ferai tout pour y arriver. Vous n'aurez pas à le regretter.

Et il sortit.

Des coups de vent glacés fouettaient un peu partout le pays. Le petit matin était frais. Bob prit le bus puis une voiture en stop, à destination de Chicago. De là, il poursuivrait sa route pour New York. Le couple qui le conduisait lui posa un feu roulant de questions, il ne tenait pas à parler. Cela lui rappela une scène d'*En route pour la gloire*. Une Lincoln « dernier modèle » accepte d'emmener jusqu'à la ville d'Amarillo Woody Guthrie qui marche le long de la route au milieu des champs...

> « Je vis deux personnes sur le siège avant. Ils me posèrent quelques questions idiotes. Je veux dire, c'étaient de bonnes questions, mais je n'y apportai que réponses idiotes. Pourquoi étais-je dehors sur les routes à une heure pareille ? J'étais là, simplement. Où allais-je ? J'allais en Californie. Quoi faire ? Oh ! Voir si je ne pouvais pas faire un peu mieux [18]. »

Bob, lui, était fatigué, partagé entre l'excitation de ce nouveau départ et l'angoisse de ce qui l'attendait.

Il joua sur la Michigan Avenue, dehors, au bord des grands lacs malgré la bise, dormit dans les bouches de métro, foyers, asiles de nuit. Il trouva aussi refuge dans l'université de Chicago. Là, au milieu des étudiants, il joua de la musique et gagna juste assez de quoi poursuivre son voyage. Il longea ensuite le grand lac Michigan pour atterrir à Madison, Wisconsin. Que suivait-il ? L'émotion sous ce grand ciel américain humide. Il ne quittait pas la ligne des campus, universités, collèges. Là-bas, comme un signe, il vit, sous les étoiles, un ami de Woody, Pete Seeger, le père du folk. Grand, longiligne, le front haut, l'imprécateur avait l'élégance des héros américains et répandait cette force que le maccarthysme avait simplement éclipsée pendant une année, mais pas davantage. La télévision l'avait alors ignoré tandis que son public se bousculait à ses concerts.

Il avait resurgi, plus puissant, plus chaud, afin de brûler cette vaste nuit. Bob s'était glissé dans la foule excitée et aimante. Pete Seeger représentait beaucoup pour lui, surtout lorsqu'il l'entendit, la guitare posée contre sa chaise, raconter, dans un silence presque religieux, ses aventures avec Woody Guthrie.

— Il m'avait montré cette chanson que je trouvais trop simple, vous savez... Je lui avais dit : je ne pense pas qu'elle sera populaire. Vous connaissez le titre ? *This Land Is Your Land.*

Et il rit devant un public en extase.

— Une chanson que tous les Américains, écoliers, parents, fredonnent aujourd'hui...

Sur scène, Seeger aimait parler de Woody. Cela ne manquait jamais. Les deux hommes avaient composé ensemble tant de beaux titres avant que leur route ne se sépare. Né en 1919, Pete avait grandi à New York, sous la tutelle d'une mère professeur de violon et d'un père féru de folklore. Il avait occupé sa jeunesse à découvrir les vieux airs de la campagne, à avaler du sable sur les routes, allant dans les manifestations syndicales, les mouvements proches du parti communiste, partout où il devait défendre ses idées. Combien de classiques avait-il semés ? Il avait décroché des airs au sommet des Appalaches, chez les Indiens ou ses aînés, Leadbelly et Woody. Monument de la musique américaine, il chantait tout, dénonçait l'impérialisme, la guerre, défendait l'écologie, et son fameux *Penny's Farm*, écrit en 1950, racontait le dur travail des champs. Ce titre-là marquerait Bob qui avait eu bien raison de voir Pete Seeger, sa guitare, sa splendide solitude, au cours d'une nuit inoubliable.

Après cette soirée chaleureuse, il sauta dans un train à destination de New York. Là-bas, l'attendait, il en était persuadé, l'auteur de *This Land Is Your Land.* Seeger lui avait en quelque sorte donné un blanc-seing.

Il partit donc comme il était parti tant de fois, avec sa guitare, son barda, un peu d'argent emprunté ou volé, la bénédiction familiale. Il arriva à New York au mois de janvier 1961. Il faisait froid. Bob n'avait presque rien sur le dos, seulement une pelure, un sac de couchage pour sommeiller n'importe où. En route, il avait rencontré un dramaturge sans feu ni lieu qui écrivait des pièces de théâtre et rêvait, lui, de mettre Broadway à genoux.

— Cela ne te gêne pas si je t'accompagne un bout de chemin ? avait-il demandé à Bob qui avait accepté avec empressement, sans doute pour combler sa solitude.

— Comment tu t'appelles ? questionna l'anonyme.

Le jeune Zimmerman songea à Dillon qu'il avait choisi à Dinkytown, mais ce pseudonyme ne lui plaisait guère, il en chercha un autre car de toute façon, il désirait jeter toute sa défroque passée : nom, pays, famille. Il réfléchissait. Tiens, au fait, il relisait les *Collected Poems* de Dylan Thomas. Une idée...

— Bob... Dylan ! Tu peux m'appeler Bob Dylan !

Voilà ! Un bel hommage à ce regretté poète écossais noyé d'alcool. Les deux voyageurs se serrèrent fortement la main.

Son ami traînait un paquet de feuilles dans sa besace et, le soir, les lisait à voix haute.

— Nous serons riches, disait-il. New York est le meilleur endroit.

Dylan acquiesçait. Il avait besoin d'entendre ce genre d'encouragement, de voir les étincelles, l'idéalisme qui éclairaient les yeux de ce compagnon. Peut-être se sépareraient-ils, une fois arrivés là-bas. Mais en attendant, pour rien au monde, les deux hommes ne se seraient quittés.

— Que feras-tu ? demanda-t-il.

— Je me ferai aimer des gens, répondit Bob, ils m'aideront. Et je deviendrai quelqu'un. Nous n'avons pas de temps à perdre. Moi, je n'en ai pas perdu.

Et il raconta à nouveau son étrange jeunesse dans des troupes de théâtre, ses voyages au cœur du pays, avec de vieux bluesmen. L'ami ouvrit grand ses pupilles. Le soir, il voyait Dylan griffonner des feuilles et les plier sous sa veste en peau de daim.

— Il y a tant de belles choses à faire à New York, disait le compagnon, émerveillé d'avance à l'idée de ce qu'il allait trouver.

Tous deux échouèrent à Time Square, au fond d'un hôtel de passe. Une ampoule pisseuse couverte de mouches se balançait dans la nuit du couloir. Elle éclairait la porte des chambres au bord de l'abîme, semblait faire flotter les murs poisseux. De l'eau gouttait du plafond. La première nuit, ils ne dormirent pas. Les rumeurs lointaines du trafic leur parvenaient. Ils avaient froid. Bob se retournait, la tête farcie de songes. « Pire qu'à Denver », songeait-il, habité par les images du légendaire Greenwich Village. Pourtant, il savait qu'il ne se précipiterait pas. Son premier contact avec le quartier mythique l'effrayait.

La première journée, ils plongèrent dans le cœur vibrionnant de la cité. L'ami de Bob était ouvert à tout. Il ne cessait d'aborder les passants, de leur poser des questions sur la ville. Dans la chambre qu'il partageait avec Bob, le poète dramaturge invitait routards, voisins, « artistes » de passage, et récitait ses pièces. Le public l'applaudissait. Et lui éprouvait de la fierté à l'idée de pousser son œuvre dans les cénacles new-yorkais.

— Cela marche, disait-il, nous avons bien fait de venir ici.

Bob lui tapotait le bras en signe d'amitié. Mais il avait observé que son copain, brillant, volubile, changeait, devenait un peu plus vaporeux. Il buvait, prenait des trucs qu'on lui vendait.

— Tu en veux ? Grâce à *eux*, je dors bien, je suis à l'aise, en forme, au sommet de mon art...

Bob refusait et son ami parlait, parlait sans s'arrêter, tout excité. New York l'avait transformé en une sorte de toupie gesticulante. Il voulait aller partout, sonner aux portes de Broadway, il écrivait fiévreusement, la nuit, après avoir avalé des choses bizarres qui semblaient le rendre encore plus proche de la transe. Il s'absentait en fin d'après-midi, et revenait avant l'aube, les poches bourrées de billets. Bob ne savait pas trop comment il avait obtenu cet argent.

— Où est-ce que tu as eu ça ? demanda-t-il.

— Je tapine, lâcha l'autre dans un grand rire.

Une bonne plaisanterie. Ou alors il disait vrai. À Time Square, Dylan n'avait pas attrapé le Mississippi comme il en rêvait, mais le Styx dont chaque vague le brûlait. Sur ce fleuve, on chantait un blues qu'il n'aimait pas. Il avait bien l'intention de s'en sortir.

Laissant son ami à ses délires, Bob se rendit à Greenwich dont il avait si souvent entendu parler pendant sa jeunesse. Le toujours petit garçon juif, la guitare dans le dos, grelottait et marchait difficilement à travers ces larges rues et la foule obscure. Il levait les yeux vers les gratte-ciel, ces poids de pierre qui filaient comme des flèches à travers les nuages. Il ne cessait de tomber du vaste ciel, la tête frissonnante d'éblouissements. Face à lui, les océans des avenues roulaient leurs vagues humaines à perte de vue. Il ignorait quels courants prendre. Il s'arrêta dans un café bondé, retourna ses poches, et, avec ses derniers dollars, se paya un petit crème. En tout cas, il avait chaud. Un musicien jouait sur l'estrade. Il écouta tout en regardant dehors les inconnus couverts de leur gros pardessus. Là-bas, quelque part, mourait peut-être l'homme qu'il voulait rencontrer, Woody Guthrie. Il s'imaginait sur une scène à côté du Seigneur. Les néons vermeils clignotaient au-dessus des rues : « Tonight, Bob Dylan et Woody Guthrie pour un show exceptionnel ». Le voyage, la poésie, les mondes disparus et à venir... C'était une belle soirée printanière. Et une clameur gigantesque les soulevait, semblant ne jamais se terminer... Il brûlait de raconter cette soirée magique avant même de l'avoir vécue, mais il y renonça. Non, cette fois, il entrerait dans la réalité, et sa rencontre avec Woody Guthrie constituerait le point culminant de sa légende naissante.

Il sortit, s'emmitoufla dans son manteau et continua sa route à travers la foule, le bruit diffus et sonnant des bars, le tourbillon de lumières, la clarté humide de Manhattan. De temps en temps, il réclamait de l'argent à des passants pour s'acheter un sandwich. On donnait quelques sous à ce vagabond maigre et sale qui devait venir du fond de l'Amérique. Bob dirigeait ses pas vers les clubs de Greenwich, franchissant à grand-peine la cohue. Les touristes se pressaient aux portes des coffee houses, refluaient, avançaient afin de saisir les notes qui partaient en vrille et mouraient dans l'air frais. Le Café Wha ?, sur la rue MacDougal, bruissait, brillait, grondait comme une barrique bouillonnante. On entrait dans un antre chaud et bruyant. Bob se glissa à l'intérieur, but n'importe quoi, au milieu de la foule, secoué par les ivrognes qui ne le voyaient même pas. Il chercha le propriétaire, un certain Manny Roth et le trouva dans le vacarme, la face rubiconde, hilare :

— J'aimerais jouer, proposa Bob. C'est possible ?

— Avec ça ? lui demanda le taulier en désignant la guitare dont les cordes pendaient.

Le jeune garçon posa l'instrument, tira son harmonica, simplement. Et il monta sur scène, tout aussi simplement. Manny le regardait et avait demandé au jeune inconnu de ne pas s'éterniser. Bob interpréta deux ou trois morceaux de Woody Guthrie. Une partie du public s'intéressa à lui, mais l'autre se détourna, indifférente. La scène du Café Wha ? s'échauffait sous les pas pressés et avides des artistes qui venaient de toutes les régions.

Bob avait déjà disparu, à la fois content et frustré. La rapidité de New York le secouait. En sortant, le froid lui tomba dessus. Il ressentit un léger vertige tandis que la police tentait elle aussi de pénétrer un sanctuaire à boisson, afin, sans doute de vérifier sa conformité avec la loi. Il fallait que la musique y fût légère, fluide, et ne gênât en rien le voisinage. Les forces de l'ordre ne toléraient que les chants, la guitare, essayaient de réguler les caissons musicaux qui avaient poussé tout au long de Greenwich. Les harmonies ici vous happaient et vous déposaient sur le trottoir, dans un état presque onirique.

Bob avait poursuivi son chemin, l'oreille sans cesse accrochée et gagnée par une légère euphorie. En poussant du coude, au fond d'un café, Bob Dylan entrevit une belle jeune femme sur une estrade, et il fut tout de suite séduit. Elle était entourée de quelques garçons du même âge que lui à peu près. Qui était cette musicienne ? Il demanda plusieurs fois son nom, en vain. Personne ne la connaissait. Un spectateur finit par le renseigner... Carolyn Hester. Cela ne lui disait rien... Tout ce qu'il savait, c'est qu'elle venait du Texas. En tout cas, il ne l'oublierait pas. Elle resplendissait, l'une de ces beautés chaudes que le soleil lui-même semblait admirer. On la reverrait à l'aube des années soixante souriante, sur l'estrade du Newport Folk Festival, les yeux éclairés, avec sa guitare, éternellement jeune. Ses cheveux auburn prenaient la lumière, amples, chatoyants, jusqu'à devenir dorés. Tous les joueurs folks étaient amoureux d'elle. Mais son cœur demeurait l'endroit d'une seule promesse : celle d'épouser un jour prochain le chanteur Richard Fariña. Dommage. Car elle n'avait pas toujours été accompagnée. On aimait d'un amour impossible cette jeune femme née en 1937 dans les plaines arides du Texas. Le milieu du folk l'admirait car elle avait, semble-t-il, pris un peu d'avance sur tous ses concurrent(e)s après s'être fait connaître au temps du pur rock and roll. C'était les années cinquante, et Carolyn enregistrait déjà des chansons traditionnelles. Elle avait connu Buddy Holly, le regretté rocker parce qu'elle était en affaire avec son producteur Norman Petty. Cela faisait une histoire, presque une légende pour cette star qui avait foulé un instant les planches des théâtres de New York. Actrice, c'était ce qu'elle avait pensé devenir ! Mais en même temps, elle étudiait la guitare jour et nuit, s'écorchait les doigts sur ce qui avait pris la forme d'une grande et belle passion. À cette époque, l'habitué de Greenwich pouvait déjà la croiser dans les clubs, les cafés, et succomber à ce sourire éternel, cette voix claire à la diction tranquille. Elle prenait sa guitare et continuait, en chantant mais sur la même tonalité, la conversation qu'elle avait interrompue. Elle sortait alors un répertoire de vieilles ballades anglaises et irlandaises, des traditionnels américains dont on ne savait pas très bien où elle les avait pêchés. Norman Petty avait produit son premier disque, *Scarlet Ribbons*, cher à son cœur : son père y avait tenu l'harmonica, et il nageait dans le bonheur, si fier de sa fille. Carolyn s'apprêtait à sortir son deuxième album, une œuvre de tradition avec des standards comme *She's Move Through The Fair*, tombé de la bouche de Van Morrison, ou *Summertime*. Elle chantait en anglais et en espagnol.

La jeune femme parlait souvent de Pete Seeger qu'elle admirait au point même d'oublier sa propre réussite, ne sentant pas vraiment la caresse des regards posés sur elle. Et pourtant, bien des jeunes filles la portaient aux nues. On se rappelait qu'elle avait organisé le boycott d'ABC, lorsque la chaîne de télévision, aux mains des maccarthystes, avait mis Pete Seeger en quarantaine. Il n'était pas rare d'en trouver une envieuse de sa liberté, prête à tout sacrifier pour suivre le chemin de la belle Carolyn, à vivre comme elle dans ce quartier de Greenwich qui ressemblait un peu aux trottoirs de *Un Américain à Paris*. Des notes de piano tombant des fenêtres, des peintres désargentés vendant leurs toiles appuyées contre les murs... Greenwich formait une communauté, et Carolyn y avait emménagé avec deux amis comédiens. Dès son arrivée, elle avait longé le Washington Park Square, s'était arrêtée quelques minutes afin d'écouter les notes de guitare. On jouait sous les arbres, on jouait partout. Tout le monde se donnait le mot, commerçants, boulangers, entrepreneurs qui déballaient leur guitare après le travail et prenaient le frais en chantant quelques comptines.

Cette tradition divertissait le Village depuis 1945, lancée pour célébrer la paix retrouvée. Depuis, Greenwich vivait dans un autre monde. Littérature, musique... Ici, voyez-vous, aurait pu dire le guide, le grand Edgar

Poe a écrit son chef-d'œuvre *La Chute de la maison Usher*. En pénétrant ce quartier, vous accédez à un refuge éminemment artistique, celui que l'écrivain Henry James, né à Greenwich, sublima au XIXᵉ siècle et où les brillants fantômes continuaient de phosphorer, Theodore Dreiser, la romancière janséniste Willa Cather, les écrivains Francis Scott Fitzgerald et Khalil Gibran qui y composa son roman le plus fameux, *Le Prophète* dont toute la jeunesse américaine se récitait les bonnes feuilles. Nous connaissions les premiers clubs qui avaient ouvert pendant les années quarante, puis leurs descendants, Café Wha ?, The Dragon's Den, The Why Not ?, autant d'endroits glamour mêlant comédies, théâtre, musique. Au début des années soixante, nous y viendrions pour s'aimer et rêver avec l'espoir peut-être de croiser Marlon Brando ou l'un de ses héritiers de l'Actor's Studio. Greenwich, c'était la ville sans silence. La musique vibrait toujours quelque part. Pas seulement du folk mais aussi du blues, de la country. Pas seulement des résonances de guitare mais aussi des friselis de piano, des volutes de violon. Il était facile de trouver de bons camarades là-bas pour commencer une petite carrière. Vous alliez dans les cafés mais aussi chez les habitants qui jouaient les hôtes mécènes ou les commerçants dont l'arrière-boutique servait de scène. La population se massait autour de la devanture du marchand de sandales Allan Block sur la 4ᵉ Rue à l'Ouest. Ces chaussures colorées, légères, étaient recherchées par la population folk du Village. Allan avait aménagé une vitrine séduisante, invitant tous les bohèmes du voisinage à lire des poèmes, chanter, débattre autour d'une table posée sur le trottoir. Bientôt, des musiciens avaient commencé à y jouer pendant que la clientèle essayait les sandales tout en parlant de voyages.

De temps en temps, un ethno-musicologue passait, véritable dieu, puissance nourricière de la vie spirituelle et musicale de Greenwich. C'était en partie grâce à ces chercheurs que le coin s'était animé, grâce à leur quête sans fin des racines musicales, perles oubliées des folklores anciens, depuis les temps médiévaux jusqu'aux chants nègres, en passant par les ritournelles montagnardes, les refrains que fredonnaient les marins russes autrefois, sérénades irlandaises, et farces à boire. Ces fouineurs les remettaient en circulation pour le grand plaisir des musiciens nomades. Là-bas, dans ces immeubles vieillots de Greenwich, travaillait John Lomax, celui qui avait découvert le folk singer criminel Leadbelly. Ce musicologue-là, pendant les années trente, avait parcouru le vieux Sud au volant d'un camion sono pour enregistrer le folklore noir, partout où les traditionnels affleuraient la bouche des musiciens, sur les champs de coton, dans les bals ou même les prisons.

John fréquentait un lieu assez brillant qui avait ouvert en 1957, le Folklore Center, sur la rue MacDougal, au 110, tenu par un Juif flamboyant du Bronx, Israel Young. Entre les instruments pendus au mur, les feuilles de chou publiées à la va-vite et qui racontaient la vie de Greenwich, les tables où l'on débattait jusqu'à la fin du jour, ce Folklore avait investi la place. Israel Young, surnommé « Izzy », se débrouillait toujours pour assurer le confort de son établissement. Il savait que la réussite de son commerce en dépendait. Il vous trouvait une vieille guitare si vous aviez envie de jouer, de la lecture, ou déblatérait une série de potins sur la communauté folk. Les voyages, la vie, la liberté... On trouvait tout cela à la fois, un vrai rêve gravé dans le cœur d'une génération née pendant ou juste avant la guerre et qui exprimait son désir d'indépendance. Certains venaient spécialement en espérant remplir leur sac à histoires auprès d'Izzy, le beau pipelet constamment à l'affût d'une bonne affaire. Il n'aimait ni la critique, ni la concurrence, vantait les vertus de son centre, et l'éventualité d'un échec le minait.

Il recevait les habitués des trottoirs de Greenwich, Oscar Brand, l'animateur et producteur de télévision, le chanteur Cisco Houston, le grand ami de Woody Guthrie, et le seigneur Dave Van Ronk auquel allait l'admiration collective parce qu'il avait mis à ses pieds la scène musicale new-yorkaise, à juste vingt-trois printemps. Tout le monde s'arrachait leur faveur. À côté, c'est tout juste si l'on remarquait le journaliste du *New York Times*, Robert Shelton, un homme ouvert, toujours l'oreille aux aguets, tapi dans le coin des clubs. Cet observateur silencieux et fasciné avait rencontré Van Ronk, le géant du folk baigné de lumière, pour comprendre le phénomène. Le calme Dave, sûr de lui et de sa technique, réfléchissait à la musique en bon intellectuel qu'il était, imposait sa taille, sa barbe fournie, son érudition.

— Foutez-moi le camp, disait l'artiste quand il avait l'impression de ne pas être entendu.

Ses proches s'écartaient, préférant le laisser dans son monde. Dave ne souriait plus et jouait, le visage assombri par quelques pensées funèbres, peut-être l'insatisfaction de ne pouvoir imposer son propre romantisme à la majorité du pays. Peu importe : il refuserait jusqu'à la fin de se déhancher comme Elvis ou de se laquer les cheveux. Dave Van Ronk était un pur, un barbare révolté, en conflit permanent, très perfectionniste mais doué d'un grand cœur. Né en 1936, d'origine irlandaise, il n'avait pas trop connu l'école – son grand-père avait pratiqué le ragtime – et jouait de la musique depuis l'adolescence sans se soucier d'une éventuelle carrière. À vingt ans, il était passé professionnel, artiste au répertoire très choisi, du folk au vieux blues noir qu'il défendait devant une élite blanche conquise. Il avait choisi sa vie. Comme le magnifique gynécée du folk qui pleurait sous les enseignes des guinguettes de Greenwich, les Ellen, Karen, Maria – la Muldaur –, Molly et Mary. Et bien sûr, la plus jolie, Carolyn Hester. Il fallait avoir du tempérament pour sortir du lot à cette époque bénie. Ou un bon parterre d'amoureux prêts à tout tel le passionné

Robert Shelton. Ah, Shelton ! Un vrai séducteur qui s'était d'ailleurs entiché de Carolyn Hester.

— Je t'invite à dîner ce soir, lui proposa le journaliste. J'ai des tuyaux pour ta carrière.

— Ma carrière ?

Carolyn ne put s'empêcher de rire ou plutôt d'esquisser un ricanement de malaise. Qu'est-ce que ce type avait derrière la tête ? Encore l'un de ces dragueurs impossibles. Elle en avait assez. Mais là, c'était pire : ce Shelton, chroniqueur au *New York Times*, pouvait lancer ou démolir les carrières. Elle n'osa pas refuser et suivit le journaliste dans un restaurant de spaghettis. Il commanda le repas, gardant ses distances. Mais il la dévorait des yeux sans oser dire quoi que ce soit, à part des généralités.

— J'aime beaucoup ce que tu fais.

Rien d'autre, et certainement pas la promesse d'une mobilisation du *New York Times* derrière elle. Carolyn ne comprenait pas. Et pourtant, elle avait l'habitude, passant son temps à éconduire des prétendants. Elle ne se rappellerait pas la conversation et, quand il se leva, elle le suivit presque mécaniquement jusqu'à la White Horse Tavern sur l'Hudson Street, un endroit petit, étouffant. La fumée de cigarettes vous prenait tout de suite à la gorge. Ce pub accueillait les étudiants, musiciens folks, poètes qui déclamaient des vers et buvaient plus que de raison. Il faisait froid en ce mois de janvier 1960 et chaque routard bohème tentait de se réchauffer en ingurgitant de bonnes rasades de whisky.

Carolyn commençait à en avoir assez. La soirée n'en finissait pas. Pourtant, elle l'aimait bien, ce Shelton : cultivé, intelligent, fin... Mais elle n'avait aucune envie de vivre une aventure avec lui. Elle saurait simplement lui dire non au moment ultime. À peine arrivé, Robert se mit à parler à un groupe de musiciens plutôt alcoolisés. Il connaissait tout le monde. Carolyn se tenait derrière, n'osant pas trop engager la discussion. En avait-elle envie ? Mais il se retourna vers elle :

— Viens, je vais te présenter.

Il l'emmena vers un individu accoudé au bar et qui sirotait son whisky.

— Je te présente Richard Fariña. Il chante ici.

Carolyn salua l'inconnu, les mains dans les poches, toujours aussi décontractée. Mais elle ne put se détourner de son visage, de ses yeux où transparaissait quelque chose à la fois de sombre et de lumineux dû à son type espagnol. Son air fier, son humour décalé séduisirent Carolyn. Et en plus des tas d'histoires couraient sur ce Fariña. On disait qu'il avait participé, adolescent, à la guerre de libération de Fidel Castro à Cuba (1958-1959), on rappelait ses engagements politiques passionnés envers l'IRA et les mouvements progressistes européens. Il avait fait le coup de poing là-bas et avait beaucoup voyagé. Mais Carolyn sentait bien sûr en lui le vrai conteur car il était le propre pourvoyeur de sa légende d'autant qu'il racontait sa vie rêvée d'une voix douce et avec pas mal d'humour. Elle tomba tout de suite amoureuse de lui, devant Robert Shelton éberlué. Il avait raté son coup.

— Je jouerai bientôt et je t'inviterai, dit-elle.

Richard leva son verre. Carolyn ignorait où elle jouerait et si elle continuerait. Elle ne savait plus très bien quelle direction donner à sa carrière déjà longue.

Le jour où Bob aperçut Carolyn pour la première fois, un an plus tard, il ne pouvait pas l'approcher tant la foule était dense. Et il n'était rien. Il demeura près de l'entrée, transpirant, mal à l'aise, puis s'enfuit, en quête d'air.

Il retourna à Time Square, dans son logement insalubre. Son ami s'était endormi. Des seringues jonchaient le sol, en bas de son lit. Bob les ramassa d'un air dégoûté. Il ne pouvait plus rester ici. Peut-être les mauvaises langues de Dinkytown avaient-elles raison ? Il était au bord du naufrage, prêt à renoncer à ses rêves. Il songea à ses parents qu'il avait quittés avec fierté, en leur promettant de trouver l'eldorado. Il n'avait pas le droit de perdre. Il se leva, referma la porte et partit sans se retourner. Cette fois, il rendrait visite à Woody pour se sauver de la désillusion.

•

Il sortit de New York par le bus et se rendit à Greystone, à quelques miles, aux portes de ce « brave vieux hôpital », comme l'appelait Woody. Il longea un parc au gazon râpé, des arbres squelettiques sur lesquels se penchait la lumière glacée de l'hiver. La pelouse avait gelé par endroits. Le bâtiment crème se dressait au milieu du ciel gris.

Bob avançait le long de la route, frigorifié sous l'air froid, emmitouflé. Aucun bruit. Il serrait fort son exemplaire jauni d'*En route pour la gloire* et avait en tête les images de son idole, en noir et blanc, Guthrie les yeux levés, droit, la cigarette aux lèvres. Guthrie, l'imbattable, jeune sous sa casquette, le corps plutôt maladif mais le visage fier et insolent, celui qu'il aimerait être. « Un vent noir souffle dans le champ de coton, ma petite, et combien je me sens étrange [19]... » Bob tremblait à l'avance. Il craignait que son héros l'envoyât valdinguer avec une phrase bien sentie, l'une de ces flèches assassines qui le marquerait à vie et peut-être ruinerait tous ses projets. Quelle sorte d'étrange figure rencontrerait-il ? Un esprit flamboyant dont la maladie aurait accru l'acuité, la perception ? Woody avait été assez fort pour défier le krach, la misère, le maccarthysme, la guerre de Corée et bien d'autres fléaux. Et Bob devrait être aussi fort s'il espérait se hisser au niveau de la légende.

Il franchit la porte en verre et se dirigea vers la réception. L'hôpital, datant du XIXe siècle, sentait le vieux avec ses murs écaillés, ses escaliers en pierre.

— Bonjour, je m'appelle Bob Dylan, je suis un musicien... Je voudrais voir monsieur Woody Guthrie s'il vous plaît.

En prononçant ce nom, Bob se sentit tout bizarre. Et ce qui lui parut encore plus étrange, c'est la vision de l'employée qui prit son téléphone et, sans rien ajouter ou demander :

— Monsieur Guthrie ? Vous avez un visiteur, un monsieur Dylan qui vient vous voir...

Un silence s'ensuivit. La femme de l'hôpital souriait. Elle raccrocha et dit :

— Vous pouvez y aller. On va vous accompagner.

Il se rappellerait longtemps sa montée dans l'escalier, seul avec son guide, manifestant un réel étonnement devant tant de facilité. Il avait imaginé un instant se heurter à des gardes du corps, franchir une multitude d'admirateurs, patienter jusqu'au soir dans l'espoir d'entrevoir le mythe. Mais rien de tout cela : il se promenait en toute liberté dans des couloirs déserts et sombres. Comment était Woody ? C'était la question qu'il ne cessait de se poser dans sa marche vers le lieu de rencontre, une marche un peu à reculons. Il pénétra dans une grande salle inondée de lumière. Des lits étaient alignés contre le mur. Tout au fond, un patient à demi couché, le dos reposant sur des coussins, attendait, le regard tourné vers l'entrée. Bob ne reconnut pas vraiment le grand Woody Guthrie. Il aperçut un petit homme ratatiné sur sa couche, le visage creusé par la fatigue et la maladie, le teint grisâtre. Le malade fixa un œil noir sur Bob, reculant au fur et à mesure que les visiteurs approchaient. Et il souriait de manière étrange. Visiblement, il jaugeait son visiteur.

— Il est venu aussi hier, dit le souffrant d'une voix chevrotante et grave. Il m'a demandé si je prenais le train demain...

Bob et son accompagnateur s'arrêtèrent net. Woody, la tête dodelinante, les yeux grand ouverts, et surtout secoué par les hoquets, parlait au vide. Il dévisageait Bob, mais ne paraissait pas voir le jeune homme, obsédé par son idée fixe.

— Il est venu hier...

L'infirmier glissa à l'oreille de Bob qu'un chanteur folk du nom de Jack Elliott lui rendait de temps en temps visite. Woody répéta plusieurs fois son nom comme s'il appelait ce vieil ami dans sa campagne solitaire, espérant inconsciemment que l'arrivée de Jack l'arracherait de son cauchemar intemporel où la maladie le précipitait. Il se tut et lâcha des borborygmes que personne ne comprit. La plupart du temps, ses visiteurs en étaient réduits à écouter le silence ou entendre des mots qui n'avaient aucun sens.

Vêtu d'une liquette grise, pas d'une propreté absolue, l'auteur de *This Land Is Your Land* voulut se lever sans parvenir à remuer son corps maladroit. Il s'agrippa à l'armature du lit, étira son buste afin de repousser la gangue qui l'emprisonnait. L'infirmier l'aida. Bob, fasciné, ne voyant ni la maladie, ni la souffrance, mais bien ce romanesque élevé auquel il s'identifiait depuis tant de mois, avait sorti son harmonica et le serrait fort. Le héros d'*En route pour la gloire* lui semblait toujours magnifique, comme dans sa lecture.

— Qui es-tu, toi ? demanda Woody à Bob qui semblait sortir de son illusion et revenir au monde.

— On m'appelle Dylan. Je suis musicien aussi, et j'ai lu votre livre.

— Quel livre ?

Puis, Woody s'agita de nouveau :

— Je suis un roi sans royaume, cria-t-il, à nouveau obsédé, en traçant de grands gestes à la main. L'Amérique m'en veut. C'est pourquoi elle me laisse dans ce siècle passé, inutile. J'en ai assez d'être là. Je retourne chez les Gleason. Je ne suis pas encore foutu.

Sur ces mots, il secoua le lit et se mit à rire. L'infirmier se pencha vers Bob et souffla l'idée :

— Vous êtes musicien, non ? Jouez-lui un morceau avec votre harmonica.

Le jeune homme, gonflé d'orgueil, prit l'instrument, le posa sur sa bouche et commença à jouer un air qu'il avait entendu. Woody cessa brusquement de bouger et observa Bob. Il souriait avec une expression de joie que Dylan n'avait encore jamais vue chez un homme. Il était heureux. Le patient illustre se calmait, bercé par la musique de son visiteur inconnu. Il revivait son histoire à travers les notes lyriques de l'harmonica.

Quand Bob eut fini, l'infirmier lui fit un petit signe. Dylan rangea le petit objet cylindrique dans sa poche. Il salua Woody qui, de nouveau à la question, le félicitait.

— C'est bien. Tu m'as fait plaisir. Reviens. Nous ne nous quitterons pas, hein ? Tu reviendras ? Nous aurons des choses à faire ensemble, hein ?

Le jeune homme s'assit au bout du lit, sur le bord, sa jambe pendant dans le vide. Il ne disait rien. Puis, il se retourna : « Ramblin' » Jack Elliott se tenait à quelques mètres silencieux, surpris de tomber sur cet inconnu maigrichon avec un embryon de barbe. Bob se leva.

— Vous êtes... Jack Elliott ?

— Oui, et... vous ?

— Bob Dylan ! Je vous connais bien grâce à vos disques. Je les ai écoutés, vous savez ?

Le fier Jack sourit. Il semblait venir de la rude campagne, portait un chapeau qui masquait ou tentait de masquer un visage ridé par une vie au grand air et sous lequel on découvrait un large front, une bouche aux lèvres fines. Ses yeux souriants étaient marqués de petites rides. Il était beau. On aurait dit un cow-boy des grands espaces descendu de sa selle pour apparaître en ville avant de s'envoler vers les vastes nuits de Californie. Bob remarqua un air de ressemblance avec Woody. Il en fut même impressionné. Jack avait pris l'expression, le regard du jeune Guthrie. Âgé de trente ans, il s'était fondu dans l'ombre du génie comme on pouvait l'imaginer. Mais c'était autre chose de voir cet étrange rapport de fascination. De son côté, Jack fut surpris. « Un fan, manquait plus que ça », songea-t-il, flatté cependant car il avait décelé dans la voix de cet anonyme une profonde sincérité. À chaque fois qu'il surprenait un inconnu au chevet de Woody, il ressentait un peu d'inquiétude. Guthrie avait peut-être traîné pendant toutes ces années de solides inimitiés.

— Ah, Jack, tu es là ? Je t'attendais. Cela fait longtemps que tu n'es pas venu.

— Je suis venu hier, je viens tous les jours.

Bob assista à ce dialogue sans rien dire, à la fois fier et gêné de se trouver entre ces deux grands maîtres de la musique américaine. Il songea à ses parents, à Echo, aux habitants de son « village », même à cette jeune déesse folk qu'il avait aperçue et dont la beauté le poursuivait encore, Carolyn Hester. Il se disait que peu de musiciens avaient connu cet instant privilégié, et il aurait des histoires, vraies cette fois, à raconter. Jack parlait à Woody reparti dans son monde tandis que Dylan ne bougeait toujours pas.

— La visite est terminée.

L'infirmier venait de donner le signal. Bob partit à regret, il entendit la voix de Woody résonner dans le couloir longtemps après. Il redescendit les marches du siècle pour revenir au temps présent. Il demeura plusieurs minutes à contempler l'hôpital. « Je l'ai vu, c'est incroyable, j'ai même joué pour lui. » Il faisait froid, mais il s'en moquait. L'existence lui avait enfin souri. Woody avait apprécié, c'est sûr. Oui, il avait aimé. Il songea aux imbéciles de Denver qui n'avaient rien compris. Jack Elliott l'observait. Ce jeune homme possédait une foi qui l'intriguait.

Ensemble ils quittèrent l'hôpital, à regret. Dylan suivait Jack pas à pas sans se décider à prendre sa propre route. Un fan collant ! C'était bien le moment. Elliott n'avait pas vraiment le courage de l'envoyer promener. Cette situation l'irritait d'autant que ce jeune homme insistait. Finalement, le compagnon de Guthrie emmena le garçon chez lui par faiblesse et ils burent des coups. Jack raconta sa vie sans très bien savoir à qui il parlait et sans doute émerveillé par la lueur étincelant dans les yeux de Bob. La nuit fut étrange, longue. Ramblin' Elliott picola jusqu'à l'aube, avec ce doux inconnu insomniaque, heureux de ne plus dormir et de rêver. Dylan fouilla la discothèque de son hôte, le carnet à la main, et nota les références.

— C'est pas vrai ? Tu as ce disque ? Je peux écouter ?

Il passa la musique puis s'endormit sur le canapé du salon alors que le pauvre Elliott se demandait comment il ferait comprendre à son invité qu'à un moment donné il était urgent de se mettre en route et qu'on ne pouvait occuper indéfiniment l'existence d'un autre même si on l'admirait. Au petit matin, Bob repartit. Mais pas loin : il tournait devant l'hôpital. Il avait envie de revoir Woody Guthrie et pensait à ces gens dont il avait entendu parler, les Gleason. Il connaissait leur histoire, tout le monde la connaissait, au Greystone comme ailleurs.

C'était un homme et une femme qui s'aimaient profondément, deux amoureux de l'œuvre de Woody Guthrie, rencontrée pendant les années de crise, la décennie trente. Bob imaginait combien les chansons du troubadour folk avaient aidé les victimes du krach, tous ces Américains nourris à la soupe populaire. Bob Gleason, l'électricien, et sa femme Sid avaient vécu ce désastre. Heureusement, la musique de Woody les avait accompagnés pendant toute leur jeunesse dans ce pays troublé, pendant la guerre en Europe, la Libération, la tension Est-Ouest. La légende des troubadours leur avait permis de conserver l'espoir et de les sauver. Bien après les épreuves, Sid et Bob n'avaient jamais oublié le bienfaiteur, occupés à travailler dur pour entretenir leur petite maison de East Orange. Un jour de 1959, ils avaient entendu un programme à la radio qui passait des extraits du concert de soutien au grand artiste. C'était un bel hommage. En fin d'émission, l'animateur avait invité les auditeurs à écrire à Woody, malade et alité au Greystone Park. Le créateur, un an après son admission à l'hôpital, avait composé une chanson positive : *I Ain't Dead Yet*, « J'suis pas encore mort ». Plus tard, Dylan admirera ce défi à la Faucheuse.

— Chaque message lui fera du bien, avait souligné le speaker.

Bob Gleason s'était tourné vers Sid, le visage radieux.

— Le Greystone ? Tu te rends compte ? C'est à côté. Woody Guthrie est tout près. Incroyable ! Il vit là depuis quelques années, et nous ne le savions pas. Pourquoi n'irions-nous pas le voir ? Il a l'air très seul.

Sid réagit tout de suite, enthousiaste, et entraîna son mari dehors. C'est ainsi qu'ils se retrouvèrent à l'hôpital face à la réception. Ils arrivèrent devant Woody pour lui exprimer toute leur admiration, et eurent un moment de recul : ces yeux très creusés, ce visage jauni avec des angles prononcés, c'était lui, le héros du siècle américain ! Bob et Sid se surprirent à lui parler comme s'ils l'avaient toujours connu. Ils le quittèrent après un bref échange par crainte de le fatiguer. « Le plus beau jour de notre vie », songeaient-ils malgré cette première rencontre un peu décevante. Deux jours plus tard, ils revinrent, sans très bien savoir pourquoi. Une force les attirait vers l'hôpital, ils y retournèrent chaque semaine... Le vieil homme souriait quand il apercevait le couple. C'était sa distraction de la journée. Il leur tendait une main osseuse, tremblante et disait sur un ton plaintif :

— J'en ai par-dessus la tête de cet hôpital. Je veux m'en aller, foutre le camp.

À chaque visite, cette litanie revenait. Bob et Sid finissaient par redouter le moment où il prononcerait la phrase. Quelle douleur ! Ils commençaient à avoir de plus en plus de mal à quitter le patient qu'ils considéraient presque comme un ami, un proche de leur famille. Surtout, ils ne supportaient plus le regard de chien battu que cet homme jadis fier leur lançait en les suppliant de rester. Une drôle d'amitié s'était forgée là-bas, dans ce pavillon pour malades étranges. Cette impression venait de l'extrême sensibilité de Guthrie.

— Woody, dit Sid, nous avons une petite maison à East Orange, dans le New Jersey. Nous allons vous y installer le week end. Vous pourrez y recevoir vos amis, votre famille. Et le lundi, vous reviendrez à l'hôpital.

Celui qui avait écrit *En route pour la gloire* exprima une joie immédiate et voulut même se lever pour accompagner l'épouse Gleason, tout de suite.

— Maintenant ? Maintenant ? On y va ?

— Nous devons avoir l'autorisation de l'hôpital avant. Et votre famille ?

Woody balaya ces détails d'une main. Sa femme Marjorie s'adapterait à sa nouvelle existence. Il avait encore la force de formuler ses désirs profonds, et personne ne l'empêcherait d'aller habiter chez ce couple plutôt que de retourner dans sa maison du Queens, à Howard Beech, avec son fils Arlo et Marjorie bien sûr. Dans quelques jours, arriverait le week-end, et il l'attendait en comptant les heures. La maison des Gleason, sur la North Arlington Avenue, était un pavillon fleuri, une demeure de quatre étages en briques où il devait faire bon vivre. Le soleil éclairait la route. Sid avait aménagé une jolie petite chambre pour Woody avec des fleurs et tout ce qu'il fallait. En y pénétrant pour la première fois, le vieux musicien se sentit libéré. L'angoisse qui creusait ses traits s'atténua. Il remercia Bob et Sid, s'agrippa à eux tant il manquait de force. On le porta jusqu'à son lit où il s'endormit paisiblement. Ce fut ensuite une drôle d'affaire pour les Gleason. Chaque semaine, ils venaient chercher Woody à l'hôpital. Sid lui préparait à manger, le lavait, l'habillait, changeait ses draps, répondait au téléphone... Les rumeurs avaient vite parcouru la petite ville. Des paquets de lettres affluaient au domicile. Et le couple dut bientôt ouvrir ses portes aux amis et à la famille. Marjorie et Arlo passaient très souvent, presque à l'improviste. L'épouse s'asseyait au chevet de Woody et l'observait avec sérénité. On frappait à nouveau. C'était Pete Seeger, accompagné de sa femme Toshi, qui rendait visite à son vieux copain. Le lendemain, débarquaient Jack Elliott et Dave Van Ronk. Encore d'autres musiciens, l'hommage aux lèvres. La petite maison d'Arlington était devenue un haut lieu du folk. Les Gleason n'avaient pas prévu cette bousculade, et d'ailleurs ils s'en moquaient. Ils remplissaient le réfrigérateur, aménageaient leur salon. On y mangeait, buvait, faisait de la musique. Des jeunes artistes sonnaient à la porte, fiers et intimidés.

— Il y a un homme qui est passé l'autre soir, raconta Marjorie. J'ai dit à l'infirmière de le renvoyer poliment. Mais elle n'a pas pu. Il a joué de l'harmonica en voyant Arlo. En apprenant cela, j'ai été inquiète, surtout que l'infirmière me l'a décrit comme une apparition bizarre. Je ne sais pas qui c'est. Encore un fan de Woody. J'ai eu peur qu'il ne s'installe.

Ce jeune homme, tout le monde l'avait croisé au moins une fois. Il apparaissait et disparaissait avec sa guitare et son harmonica. L'entourage de Guthrie s'attendait d'ailleurs à le voir débarquer chez les Gleason et, le week-end suivant, il occupait effectivement bien toute l'entrée du pavillon comme une lumière éblouissante. Marjorie le regarda. C'était un jeune homme à face d'ange, coiffé d'une casquette noire sous laquelle sortait sa chevelure bouclée. Il portait des bottes, une veste d'aviateur défraîchie.

— Woody est là ? demanda-t-il d'une voix ferme.

Puis, il pénétra à l'intérieur et tomba sur Pete Seeger qui manifesta sa surprise devant cet inconnu à l'allure romanesque : Bob Dylan s'arrêta net. Il se rappelait le magnifique concert dans le Wisconsin, incapable de dire un mot alors que tous les yeux, braqués sur lui, exprimaient à son égard une certaine méfiance. Que venait-il chercher ? Il ne le savait pas lui-même. Dylan traînait l'image pesante du fan. Mais il jouait de l'harmonica et plutôt bien.

Il se rendit auprès de Woody qui ne parut pas vraiment le reconnaître. La légende américaine était allongée sur le divan, sa tête reposait entre des coussins. Il paraissait las et fatigué. À sa gauche, un homme décharné lui tenait la main. C'était le vieux Cisco Houston, compagnon des anciens jours, qu'on avait cru cent fois enterré.

— Nous devons accepter de disparaître, disait-il, avec son cou décharné de vieil oiseau presque mort. Notre œuvre survivra, surtout la tienne, mon cher Woody...

Il respirait difficilement, il n'y avait pas beaucoup de lumière dans la pièce. Cisco s'était penché, à genoux auprès de son fidèle ami. Il tremblait et ne vit même pas Bob entrer. Il n'entendait rien, simplement les phrases hachées que Woody soufflait d'une voix faiblarde. Dylan se tint à l'écart, dans l'ombre de la porte. Il n'osa pas avancer et se contenta de regarder l'extinction des deux étoiles. La pièce sentait la mort. Personne ne vint lui demander quoi que ce soit. On respectait l'intimité des deux frères de route.

Bob s'assit, il serrait fermement son harmonica dans sa poche. Puis, il s'approcha très doucement, sortit l'instrument et souffla de manière presque imperceptible. Cisco s'arrêta et regarda vers l'entrée, les yeux plissés. Woody se redressa. C'était un vieil air qu'il avait entendu tant de nuits astrales, alors qu'il courait le guilledou et cherchait la romance. Un vent d'air frais traversa la pièce. Les membres de la communauté folk aperçurent le jeune homme à quelques mètres et l'écoutèrent. Ils ne firent aucun bruit jusqu'à ce que vienne mourir l'ultime note. Même Cisco avait oublié le sursis que la vie lui avait accordé.

— Qui est ce jeune homme ? murmura-t-il.

Personne ne répondit. La conversation ou les bribes de discussion reprirent. Woody tenta de prendre sa guitare, il se sentait de nouveau léger. Il éructa une ou deux paroles de *Pastures Of Plenty*, sans pouvoir aller jusqu'au bout tandis que Bob éjectait quelques petites sonorités tournoyantes dans la pièce. Dylan se tut. Il quitta la pièce en toute discrétion, agité par des sentiments confus. Un poids pesait sur son cœur mais dans le même temps, un vif sentiment d'exaltation le secouait. Ce qu'il ne savait pas alors, c'est que Woody Guthrie demanderait chaque matin aux Gleason :

— Et le gosse... Y vient aujourd'hui ?

Il avait envie d'entendre encore sa musique. Et Bob réapparaissait. Il jouait, se taisait, disait une ou deux phrases – mais avait-il besoin d'en dire plus – puis, il repartait. Les autres compagnons folks, Phil Ochs, Pete Seeger, Jack Elliott, Dave Van Ronk, observaient cette relation avec fascination. Décomplexés par Dylan, d'autres jeunes musiciens commencèrent à entrer dans la maison et à jouer eux aussi. Ils entouraient Woody Guthrie, lui achetaient ses Camel, riaient et buvaient. Les week-ends, la petite maison d'East Orange étincelait tard dans la nuit.

— Mais d'où viens-tu ?

Bob s'était retourné. L'un des musiciens qui célébrait tous les samedis le maître lui tendait la main.

— Moi, je suis Logan English. Et toi, tu es Bob, Robert Dylan, c'est ça ?

Le garçon de Hibbing hocha la tête. Il se méfiait.

— Je te présente ma femme Barbara.

Bob fit une révérence ironique à l'épouse qui tentait d'accrocher son regard. Il avait envie de partir, de s'enfoncer dans la nuit, joyeux et épuisé tandis que le sieur English poursuivait. Mais c'était plutôt plaisant :

— C'est formidable ce que tu as fait avec ton harmonica. Tu devrais nous rejoindre au Gerde's Folk City. C'est là que nous nous retrouvons les lundis soirs.

— Je te remercie, j'irai.

— Je viens du Kentucky et toi ?

Bob refusa de révéler son lieu de naissance, et il n'avait pas le courage de répéter ses belles histoires à un « collègue » qui, fort de ces quelques heures de vol, le regardait avec un mélange de paternalisme et de suffisance.

Il le prit par le bras.

— Tu sais que j'ai gravé un disque de vieilles ballades folk du Kentucky pour Folkways, et un autre, *Days Of 49* dans lequel j'ai collecté les chansons que l'on fredonnait pendant la ruée vers l'or, *Crossing The Plains* ou des choses comme ça. Je suis le seul à l'avoir fait.

Non, il ne savait pas. Peu de gens le savaient d'ailleurs. Bob sentit Logan vexé de voir qu'un novice débarqué là ne connaissait pas son œuvre. L'homme du Kentucky lança un sourire grinçant et disparut.

— À bientôt, au Gerde's !

Bob revenait. Woody aimait l'entendre. Il ne s'agitait plus et écoutait. Un soir, en sortant, la maîtresse de maison Sid tendit à Dylan une carte sur laquelle un mot avait été rédigé dans une écriture malhabile : « Suis pas encore mort ». L'auteur de *This Land Is Your Land* le remerciait. Bob savait qu'il conserverait ce petit bout de carton jusqu'à sa mort. Le message du maître lui apporterait un soutien pendant toute son existence.

Dehors, Bob retrouvait un monde hostile. Il n'avait pas d'argent. Sa dérive l'amena à croiser au Village un autre joueur folk, Mark Spoelstra, qui traînait et rêvassait. Bob s'assit à sa table dans un café de Greenwich et l'aborda sans préambule :

— Tu connais bien New York ? lui demanda Bob.

L'homme ne fut pas surpris qu'un inconnu lui parle. C'était courant à Greenwich.

— Pas tellement. Mon pays, c'est la Californie. Mais pour réussir, rien ne vaut New York. Pour l'instant, cela n'en prend pas le chemin. Je n'ai même pas quoi me payer un sandwich...

Bob cacha mal sa déception. Il aurait bien aimé le délester de quelques dollars car il avait grand faim et lorgnait sur les cuisines des restaurants en face dont le fumet envahissait la rue.

— Tu es guitariste ?

— Oui, rétorqua Mark, et l'un des plus grands.

Et il se mit à rire sur un ton sarcastique. Il se moquait des jugements. Non seulement cet homme-là jouait, mais il avait un temps côtoyé les deux grands musiciens du folk blues, Sonny Terry et Brownie McGhee. Il leur servit même de chauffeur. Pour un Blanc, ce n'était pas courant. Il avait vécu ce que lui, Bob, avait toujours rêvé de vivre. Ou alors il mentait... comme lui ! Mais quelque chose empêchait Dylan de le soupçonner de mythomanie. Issu d'une famille de Quaker – où le bobard devait être sérieusement proscrit –, Spoelstra avait à peine vingt et un ans, un visage carré, clair, une bouche ferme. Il se montra d'ailleurs assez vite avare en paroles. Il n'aimait guère se répandre, au contraire de Bob :

— Tu sais qui je vois en ce moment ? Woody Guthrie...

Il pensait impressionner Mark, mais le Californien haussa les épaules et continua de boire tranquillement.

— Guthrie ? Oh, ce n'est pas un de mes préférés. J'ai une affection particulière pour Leadbelly.

Spoelstra gardait en toutes circonstances une sorte de calme plutôt impressionnant. Bob appréciait cette solidité. Il le salua et accosta d'autres groupes. Il vibrionnait, parlait à tous les inconnus et ne mit pas longtemps à comprendre les codes de la grande ville. Beaucoup tombaient sous le charme de sa douce voix, de son allure un peu gauche. Il parcourait avec insouciance la rue MacDougal, entrait à chaque fois dans les bars sans hésiter. C'était une drôle d'apparition, ce type aux allures d'enfant mal nourri, traînant sa vieille peau de daim, une éternelle petite casquette de velours noir.

— Hello, mec, disait-il au taulier, je peux jouer chez vous ?

Et, devant l'expression ahurie du patron, il poursuivait :

— J'ai fait une longue route, je viens du Sud. J'ai pas mal voyagé avec Big Joe Williams. On a fait Memphis, Clarksdale, tout le long du Mississippi. J'ai envie de me poser un peu, de jouer chez vous. J'ai entendu parler de ce club.

Il ne tremblait pas, posait sur l'homme une expression d'une douceur pénétrante.

— Nous sommes deux, ajoutait Bob.

Et il présentait son nouvel ami Mark Spoelstra.

Dylan avait quelque chose à prouver, et surtout montrer combien il décrochait facilement des cachets. Les deux hommes avaient décidé de jouer ensemble... pour voir ! On verrait bien. Et pourtant, Mark hésitait à suivre ce garçon dont il ignorait le passé. Il essayait de savoir d'où il venait.

— Moi, mon père était d'origine sioux, répétait Dylan. J'ai été élevé au Nouveau Mexique.

Spoelstra se laissait prendre. Il aimait bien l'imaginaire de son compagnon.

Ils entrèrent au Café Wha ?.

— J'y ai déjà joué, se vanta Bob.

Il s'interrompit et mesura son effet, avant d'ajouter :

— En arrivant ici... J'avais à peine posé mes bagages...

En les voyant, le patron Manny Roth sourit et désigna de la tête la scène. Dylan et Spoelstra grimpèrent sur l'estrade, avec guitares, harmonica et jouèrent plusieurs titres de Woody Guthrie. Bob apprécia le jeu de son compagnon. Mark connaissait bien toutes les chansons, et ne mettait pas beaucoup de temps à intégrer celles qu'il ignorait. Dylan et lui aimaient créer de la musique ensemble. Le public avait l'air d'apprécier.

Bob jouait, parlait. Il avait toujours un mot à dire aux gens qui croisaient sa route, à sa descente de scène, dans la rue ou un bar proche. Il aborda les frères Clancy, un groupe de country qui officiait dans les bars de Greenwich. Puis, apercevant au loin Dave Van Ronk, rencontré chez les Gleason, il se précipita sur lui :

— On joue ensemble ?

Le barde folk lunaire n'hésita pas. Et les deux musiciens empoignèrent leur guitare.

— Tu veux que je te montre des trucs ? proposa Dave, content de la curiosité et de l'intérêt que lui témoignait Bob. Et il jouait.

— Superbe, Dave ! C'est quoi ?

— Un traditionnel. *The House Of The Rising Sun.*

Et Bob s'éloigna. Bien sûr, il reviendrait auprès de lui. Dave inspirait vraiment la sympathie. Mais en attendant, il fallait suivre un autre courant.

Le va-et-vient entre musiciens était incessant comme une marée. Vous vous asseyiez, preniez un verre et parliez musique. Les artistes accueillaient ceux qui rêvaient de le devenir et affrontaient une société hostile. Parfois, quand il pensait en tirer avantage, Dylan ne cachait pas ses origines du Minnesota. Il faisait même un peu pitié, avec son allure d'enfant de mineur mal nourri. Il soignait d'ailleurs cette apparence, souvent déçu de ne pas obtenir l'engagement.

Mark le réconfortait ; il s'apercevait que Bob n'abandonnerait jamais. Le jeune garçon s'était rappelé son ambition de devenir poète, de ressembler à Rimbaud. Il n'avait jamais cessé d'écrire, mais il y consacrait maintenant tout son temps dans des cafés, jusqu'à l'aube. Il composait des chansons sur des bouts de papier qu'il enfournait dans sa poche ou jetait à la poubelle. Puis, installé à un bar, il reprenait la feuille, corrigeait quelques lignes. Quand il avait fini, il courait les disquaires de New York et cherchait toutes les anthologies folkloriques américaines. Seule la découverte d'une chanson reculée et oubliée lui procurait l'extase. Il prenait alors sa guitare, la travaillait et ne voyait plus personne, comme s'il avait coupé les derniers ponts avec l'humanité. Il semblait, en ces instants, perdu dans quelque songe illusoire. Même son ami Mark Spoelstra ne parvenait à le joindre. De toute façon, il avait lui aussi sa vie à mener. Il s'effaçait sans rien dire. Les deux amis se retrouveraient au hasard d'un trottoir ou d'un club lyrique, il le savait... Puis, Bob revenait au monde, désolé de rester ce musicien obscur qui arrachait ici ou là une parcelle de gloire dans les jams de Greenwich. En général, le public ne lui réservait aucun accueil particulier, ni pire, ni meilleur, plutôt indifférent. Bob ne jouait même pas ses propres chansons, doutant de leur valeur.

Il s'arrêtait souvent devant ce club qui marchait bien, le Gerde's Folk City, au 11 West 4e Rue, au coin de Mercer Street et dont lui avait parlé ce jeune gandin, Logan English. Cette maison en pierres brunâtres sentait le vieux, avec de hautes fenêtres sombres, un escalier sur la façade. Les grands soirs, la foule s'engloutissait sous le toit conique, avalée par la porte sombre de l'entrée. Une vitre donnait sur la rue et permettait aux badauds de voir ce qui se passait à l'intérieur. Cet ancien saloon, construit en 1889, avait été un restaurant, avant de se muer en rendez-vous pour la bohème de New York. Les amateurs venaient y écouter des disques sur le juke-box. Le visiteur découvrait des murs rougeâtres et délavés, un plafond bas et charbonneux. Au centre, un homme moustachu et à l'accent chantant, Mike Porco, surveillait les chaudes nuits comme un comédien. Il parlait mal l'anglais, s'agitait et ne ratait rien de ce qui se passait chez lui. Né en Calabre, cet immigré italien avait débarqué en Amérique peu avant la guerre, au début des années trente, fuyant la pauvreté et une Europe qui vacillait dangereusement. Il s'était installé à Greenwich Village et avait occupé quelques menus emplois avant d'acheter la baraque de la 4e Rue, en 1958. Ce club, appelé alors Fifty Peg, frôla souvent la faillite si bien que Porco reçut la visite d'un homme plutôt connu au Village, Israel Young, le patron du magasin de disques Folklore Center.

— J'ai une idée pour toi, Mike, lui avait-il dit. Pourquoi ne ferais-tu pas de ton saloon un club de folk ? L'endroit est bien placé, cela devrait marcher.

Le nouveau venu réfléchit et accepta de s'associer, pendant un temps, avec Israel, puis se sépara de lui, car son homme providentiel, proche des créateurs, trop fantaisiste et mégalomane, n'avait pas la capacité de gérer les artistes ou d'organiser les soirées. Mike mènerait l'affaire à sa convenance avec des partenaires compétents comme Charles Rothschild, promu directeur artistique.

Il décida de rebaptiser sa « maison » le Gerde's Folk City. Il comptait sur les journalistes pour lancer son commerce et invita le critique du *New York Times*, Robert Shelton, l'homme affable et passionné, qui venait régulièrement boire un coup et n'hésitait pas à encourager toute initiative folk. On l'aimait bien. Né en juin 1926, fils d'un ingénieur chimiste, cet homme de plume avait grandi à Chicago, élevé dans le quartier où tonnaient les orchestres de blues et de jazz. A treize ans, il connaissait bien la musique noire, folk, aimait sa flambée révoltée dont il tirait un grand sens des valeurs et de la culture. Cet humanisme hérité de Woody Guthrie le porta jusqu'au front, en Normandie, sous l'uniforme de l'US Navy, où il écouta des orchestres jazz, et s'appliqua à observer le monde. De cette vie-là, au cœur de la vieille civilisation malgré les bombes, Robert gardait un tendre souvenir. Il avait découvert l'Europe. Pourquoi ne pas acheter une maison en Angleterre ou en France ? Là-bas, il consumerait tant de belles journées, au milieu des livres et de la musique. Mais avant, d'autres mis-

sions l'attendaient chez lui, aux États-Unis : en premier lieu, écrire...
Romans, articles, essais... Et voyager !

La guerre terminée, il s'inscrivit à l'école de journalisme à l'université
de Northwestern, à Chicago, et s'y révéla brillant. Mais la cité des Vents
ne lui suffisait pas. L'étudiant rêvait de connaître New York, son agitation
vivifiante, son océan acidulé, et il adressa des courriers à tous les journaux
de la Grosse Pomme. Ce fut le plus prestigieux, le *New York Times* qui
s'ouvrit à lui, au début des années cinquante. Robert Shelton poussa la
porte du monument en toute discrétion, mais se fit bientôt connaître par
ses articles sur la musique. On guettait de loin sa haute silhouette, son
sourire. Il arrivait, prenait des renseignements, s'attardait à observer un
inconnu pour essayer de déceler le talent. Il aimait les artistes – surtout au
féminin – et partageait un bout de repas avec eux. Son idéal, ses valeurs,
comme on l'a dit, ne se trouveraient jamais pris en défaut : lorsque la
commission des activités anti-américaines du sénateur McCarthy le cita à
comparaître afin de vérifier son identité, il refusa de répondre à leur inter-
rogatoire, et les inquisiteurs ne l'importunèrent pas davantage. Indépendant, ennemi de toute allégeance, Shelton repartit dans sa quête pure. Il
avait compris que Greenwich Village bouillonnerait et que cette flamboyance éclairerait bientôt une bonne partie du monde. Lui, l'écrivain,
sensible aux textes, au style, promenait son œil aguerri partout.

En 1959, il s'était rendu au premier Newport Folk Festival, porté par
un plaisir intense. C'était au mois de juillet, en plein air. La fête s'annonçait si belle. Mais il fit un temps de chien. Les musiciens se réfugiaient
dans leurs tentes qui dégoulinaient d'eau et pataugeaient dans la boue.
Des notes de banjo se mêlaient au crépitement de la pluie, on riait quand
même. Les joueurs folks, couverts de cirés, avaient envahi les rues. Robert
Shelton se souviendrait longtemps du public joyeux et humide, de tous
ces routards venus de partout qui marchaient, le pouce levé, sur les trottoirs et la chaussée. Des voitures les déposaient à l'entrée du festival, face
à cette calme baie noyée de brume vers où s'éloignait un pont arrondi.
Plusieurs voiles minuscules passaient comme en rêve. Le rêve voulu par
ce pianiste de jazz George Wein qui avait fondé ce festival en prolongement du moribond Newport Jazz Festival. Deux jours de musique et de
plaisir.

Et ce jour-là, une bise fraîche emportait les sons au-dessus de l'eau
noire. Robert Shelton attendait. Il avait froid. Le jour était tombé. Une
nuit argentée recouvrait le Rhode Island. Le journaliste avait entendu
s'élever des sonorités lustrales, les chants des vieux bluesmen aux guitares
brisées. Puis, Ralph Gleason, un musicien folk, avait commencé à chanter, plaisantant, riant, devant un public vite charmé, et il avait présenté
son invitée. Et quelle invitée ! Une belle fille à l'allure de gitane, dont les
longues tresses mouillées descendaient jusqu'au milieu du dos. Avec sa

robe orange aux broderies d'Amérique centrale, ses sandales et ses pieds nus, qui flottaient sur l'eau, ses larges boucles d'oreilles, portant haut son chant religieux, elle remua les ombres frigorifiées massées devant elle. Robert Shelton retint son souffle en entendant le très biblique *Jordan River*. Il n'oublia pas le nom qu'il avait capté cette nuit-là. Joan Baez (ah, il aimait bien les jeunes femmes). Et il partit dans les ténèbres fraîches rédiger son article comme tant de journalistes conquis par cette jeune apparition de dix-neuf printemps qu'ils appelleraient la « Vierge Marie folk ». Mille étoiles se levaient à l'aube des années soixante, et il ne fallait pas les rater.

Les cabaretiers de Greenwich recevaient Shelton avec tous les honneurs. On l'écoutait parler de cette jeune princesse apparue à travers un rideau de pluie. Les artistes rêvaient de figurer, même en quelques lignes, dans la rubrique folk que Shelton animait depuis plusieurs mois au *New York Times*. Porco sollicita ses conseils. Et Robert, accoudé à son bar, y songeait :

— Tu sais ce que tu devrais faire ? Des « hootenannies »...

Porco s'approcha de lui. Il ne comprenait pas bien de quoi il s'agissait. Encore un mot anglais abscons.

— Les hootenannies, poursuivit Shelton, sont des soirées réservées aux musiciens amateurs. Ils montent sur scène, se joignent aux professionnels ou chantent seuls. C'est une bonne occasion pour découvrir de nouvelles figures.

Le critique savait le bénéfice qu'il pourrait tirer de ces nuits. Combien de jeunes gens viendraient s'exhiber et peut-être exploser à la face du monde ? Et lui se trouverait aux premières loges. Il avait entendu ce mot hootenannies il y a bien longtemps, pendant les années quarante, lors de ces réunions syndicales ouvrières auxquelles participait Woody Guthrie. On y chantait, dansait. Porco ne connaissait pas le terme. Shelton ne se moquait-il pas de lui ? Mais il chassa vite cette mauvaise pensée et se montra enthousiaste. Le critique aurait pu lui vendre n'importe quoi.

— Pourquoi pas le lundi ? proposa Robert avec un grand sourire.

C'est ainsi que le Gerde's Folk City devint, chaque lundi, le foyer des jeunes pousses et artistes renommés. Dave Van Ronk, Tom Paxton, les frères Clancy, Jack Elliott, s'y firent, eux aussi, connaître. Le jeune Arlo, fils héritier du seigneur Woody Guthrie, grimpa sur les planches et convainquit de son talent. Les ambitieux se bousculaient pour fouler la scène prestigieuse. C'était une empoignade constante. Des débutants croyaient leur heure venue pour avoir, prétendaient-ils, enchanté l'audience, mais la semaine suivante, ils perdaient leur place sans en connaître les raisons. Personne n'était assuré de conserver la bonne oreille du propriétaire. Porco, les ongles rongés, assistait à cette mascarade, dans une agitation perpétuelle. Il n'écoutait pas la musique, et surveillait plutôt la danse des verres, caché derrière le bar. Une bonne soirée, c'était une soirée où l'on buvait de l'alcool. Le Calabrais virait tout musicien, même bon, qui ne faisait pas couler le vin. Bien sûr, il avait repéré ce jeune homme maigrichon qui traînait au Village et avait grimpé une ou deux fois sur la scène du Gerde's dans l'indifférence générale. Mike ne l'aimait pas trop. « Un clone de Woody Guthrie comme il y en a des dizaines », songeait-il. Il avait entendu plusieurs musiciens, comme les Clancy, plaider en sa faveur. Parce qu'il était sympathique ? Mais pourquoi ? Chaque fois que Dylan avait participé aux hootenannies, les clients n'avaient pas eu l'air d'accrocher à sa musique, et surtout ils ne buvaient pas. Cette voix nasillarde, cette allure triste auraient retiré la soif à n'importe quel homme perdu dans le désert.

Carolyn Hester l'avait pourtant remarqué. Elle ne le quittait pas des yeux. Bob, fasciné par ses cheveux et son visage toujours aussi lumineux, se rappela qu'il l'avait aperçue quelques mois plus tôt, mais n'avait pas oser l'aborder. La jeune femme l'intimidait, et il se contenta de lui sourire alors qu'elle le félicitait.

— Tu as quelque chose, travaille... C'est vraiment bien.

De son côté, Bob l'interrogea sur le rocker Buddy Holly.

— C'est vrai, tu l'as connu ?

Elle rit.

— Un garçon gentil en apparence mais pas autant qu'on pourrait le penser. Il était cynique, lucide. Dans sa cour d'école, il se faisait respecter à coups de chaînes...

Et elle repartait. Elle avait l'assurance de la musicienne qui a déjà sorti un disque, *Scarlet Ribbons*, et désire aider un néophyte en mal d'engagements. Bob l'intriguait et lui inspirait de la peine en même temps. Elle ne pouvait imaginer avoir une relation avec ce drôle de vagabond puisque son cœur était promis à Richard Fariña. Mais elle avait envie de l'aider. Elle adressait à chaque fois un signe à Mike Porco, l'air de dire : « Ne le laisse pas filer. »

Bob assis dans l'ombre, avec sa guitare posée à côté de lui, griffonnait un bout de papier, le regard parfois absent. À quoi songeait-il ? Il partait le dernier et aurait bien dormi dans le club si une bonne âme le lui avait permis. Mike ne savait vraiment pas quoi lui dire : Pars ? Reste ? Attends ? Travaille ? Il se serait bien gardé de le proposer à d'autres clubs. Il savait bien que les coffees de Greenwich ne se bousculaient pas pour l'engager, et que ses tentatives n'avaient abouti à rien. Dylan était trop sombre, trop écorché.

Heureusement, Dylan demeurait fidèle à ses rendez-vous chez les Gleason. Il s'y rendait avec sa guitare et un vieux magnétophone, jouait et s'enregistrait. Woody Guthrie, allongé sur son divan, l'écoutait sans rien dire. Tous ceux qui franchissaient la porte de la maison s'arrêtaient. Bob s'asseyait et lançait à la file ses classiques, *San Francisco Bay Blues* de Jesse Fuller, *Jesse James*, *On The Trail Of Buffalo*... Sid et Bob remerciaient l'inconnu d'offrir à leur illustre malade une paix ultime. Guthrie pouvait encore sourire. Il n'essayait même plus de prendre sa guitare ou de chanter. Cela le fatiguait. Mais la musique de Bob, son répertoire puisé aux confins des Appalaches et du Wild Ouest, le transportait dans ce monde de rails et de plaines ensanglantées qu'il avait connu et dont un jeune retrouvait la trace fantastique.

Dylan repartit. Il avait enfin déniché sa petite scène. Le Gaslight l'accueillait. Vous imaginez ? Cette caverne située sur la MacDougal Street. Les spectateurs devaient enjamber des poubelles pour accéder au lieu. Un petit trottoir ne laissait pas beaucoup de places aux piétons entre les voitures garées et les maisons, agrippées les unes aux autres comme un collier de pierres noires, couvertes d'escaliers extérieurs ou d'échelles d'incendie. On montait quelques marches avant de se détacher de l'existence. Les musiciens y barbotaient dans une nuit étouffante, face à un public serré. C'est ici, à l'ombre des lueurs rougeoyantes que Dylan composa *Song To Woody*. Il rôda sa chanson une fois, devant la foule qui discutait et s'enivrait. Pendant l'écriture, il avait ressenti un feu au sommet du crâne, une forte trépidation des membres, la puissance de sa force, la certitude d'y arriver et que son œuvre atteindrait les gens en pleine face comme un uppercut.

Puis, il se rendit à nouveau au Gerde's. Il espérait jouer là-bas et s'y faire remarquer. Mais quel long cheminement... Porco tenait à le garder car il coûtait trois fois rien – quelques dollars, des sandwiches, des boissons – et pouvait, malgré tout, chanter convenablement. Il comblerait les trous. Tiens, justement, une soirée à venir assez importante s'annonçait. Mike Porco saisit Bob au détour d'un couloir.

— J'ai besoin de toi, tu seras disponible dans l'une des deux premières semaines d'avril ?

— Pour jouer ? Seul ?

— Non, bien sûr que non !

Dylan détourna la tête en soupirant

— Non, tu joueras avant... John Lee Hooker !

Dylan passa par toutes les couleurs imaginables, du pâle au rouge vif. Pourquoi ce diable d'Italien à l'accent impossible lui faisait-il cette fleur ? Un émule de Woody Guthrie ouvrirait donc pour le roi du delta blues ? Cette affiche attirerait le public de toute façon, et si Dylan ratait la marche, la foule n'en tiendrait pas rigueur au Gerde's. Elle guettait surtout le seigneur du Vieux Sud. John Lee Hooker, à cette époque, exhalait les fragrances splendides de l'Afrique en un blues très lancinant et primaire. Né en 1917, 1920 ou 1921, on ne savait pas très bien, il avait traîné sa carcasse noire des champs de coton solaire, à Clarksdale, Mississippi, jusqu'à la rutilance des carrosseries automobiles de Chrysler, à Detroit. Avant de travailler sur les chaînes de montage, il avait été souffleur de théâtre... Ce musicien venait d'un monde lointain, de cette campagne sudiste, obscure où l'électricité n'existait pas, où l'on roulait en carriole à cheval, où les Noirs mouraient encore, suspendus à des arbres comme des fruits étranges. Une partie légendaire berçait John Lee comme Woody. Et Bob allait cette fois la toucher de près, la voir en action. Sa bonne étoile se dévoilait peut-être. Le concert serait sans doute curieux : un folkeux blanc et un créateur noir du boogie à l'œuvre conséquente. *Crawlin' King-snake, Sally Mae, Dimples, Burning Hell...* L'auditeur brûlait souvent en enfer quand il entendait Hooker et son chant de terre, la touche gras-seyante de sa guitare. L'artiste faisait frire les notes comme dans une poêle et obtenait du succès auprès de tous les publics. Dylan savait bien que John Lee, l'instinctif, envoyait plus de rage que les intellos pâles, solubles du folk, aux voix légères, à la musique fragile. Hooker, lui, c'était puis-sant, animal, un blues de la terreur et du sexe.

Rien à voir avec les musiquettes du jour, cette Joan Baez par exemple dont le public faisait grand cas. Bien sûr, elle possédait une belle voix et après ? Bob n'aurait jamais acheté son album. Plutôt mourir. Il préférait dépenser son maigre pécule à essayer de récupérer des séances oubliées de Woody Guthrie. Mais Joan Baez ! Elle ne tenait pas la distance. Qu'on donne à Dylan sa chance, et le monde entier allait voir. Peut-être dans quelques jours, en première partie de John Lee Hooker. Le lundi d'avant, il avait animé avec joie et lyrisme le bœuf, jouant plusieurs chansons de Woody Guthrie. Il se sentait grand, porté enfin par un espoir solide, au milieu de cette foule qui le découvrait et continuerait à le découvrir. L'hu-manité remuait la nuit folle bercée d'ivresse, d'ombres, de bruits, de corps féminins allongés et de figures perdues. Quand il avait fini de jouer, Bob vivait des descentes difficiles. Il replongeait dans une mer de souffles chauds, mains, peaux en sueur, chair palpitante qu'il rêvait de mettre à genoux, troublé. En bas, personne ne se souciait plus de son existence, il se frayait un chemin, bousculé, secoué. Et, depuis la terre étouffante, le musicien voyait la scène resplendir comme un nuage sur lequel il avait hâte de remonter, de s'envoler.

Un soir, le courant le ballottait sérieusement quand il tomba sur une jeune femme brune.

— Bob ? Bob Dylan ?

Il s'arrêta, intrigué par la beauté de l'inconnue. Elle portait des colifi-chets autour du cou, et ses cheveux noirs descendaient le long d'un visage très fin au teint mat. Elle venait de la nuit, mais avait vite fait de s'en détacher grâce à sa belle peau de cuivre, et un sourire d'une tendresse infinie.

— Je vous ai vu sur scène l'autre jour. Bravo. J'ai adoré. Mon nom est Joan Baez. Et voici ma sœur Mimi.

Bob embrassa l'autre jeune femme qui était aussi belle, peut-être même davantage. Il s'était retrouvé à leur table comme par enchantement. C'était donc Joan Baez. Et sa sœur. Deux magnificences, nées aux États-Unis et poussées à l'ombre du Mexique. Pourquoi le regardaient-elles ainsi ? Surtout Joan qui semblait vouloir le connaître, savoir d'où il venait. Elle écoutait le moindre de ses propos, le menton dans la paume de sa main, avancée vers lui, tandis qu'il se débattait avec son pauvre langage, sa timidité maladive. Joan continuait à le fixer, émue du trouble qu'elle provoquait chez ce jeune homme. Plus tard, elle écrirait dans ses mémoires *Et une voix pour chanter* :

> « Il n'était pas impressionnant et avait plutôt l'air d'un péquenot, avec ses cheveux courts autour des oreilles et frisés au-dessus. Sautillant d'un pied sur l'autre lorsqu'il jouait, il semblait écrasé par sa guitare. Il portait une veste de vieux cuir de deux tailles trop petites pour lui et avait de bonnes joues rondes de poupon. Mais sa bouche était irrésistible : douce et sensuelle, enfantine, nerveuse et réticente à la fois [20]. »

Joan avait commencé à rêver d'aimer ce garçon qui ne semblait pas avoir d'endroit où dormir et montrait un air constamment embarrassé. Elle le trouvait « absolument exceptionnel et touchant ». Mais elle se rendit compte qu'il regardait surtout sa sœur Mimi et que Mimi, âgée de quatorze printemps, minaudait, trouvant cette marque d'intérêt tout à fait naturelle. Joan sentit monter en elle une colère contre la terre entière, sa sœur, le jeune homme, puis contre elle-même. Enfin, elle était Joan Baez, quand même, la chanteuse en vue du folk. Ce Dylan n'éprouvait-il donc aucune sorte de considération pour elle et le travail qu'elle accomplissait ? Rien. Ni compliment ni phrase d'encouragement. Si au moins, il la critiquait. Elle, bonne poire, l'avait félicité, en toute sincérité d'ailleurs puisqu'elle avait pris de plein fouet cette prose au couteau. Et lui, en retour, gardait le silence. Le comble, c'est qu'elle avait été atteinte par sa réserve. Devant la tournure que prenait la rencontre, elle se leva, emmena sa sœur et quitta le Gerde's.

Bob les vit s'éloigner avec regret. Il pensait à Mimi Baez qui lui avait laissé un long sourire enfantin, comme un appel. Il comptait bien la revoir.

— Le 11, je joue juste avant John Lee Hooker, avait-il lancé, mais Mimi n'avait rien entendu.

Légèrement ivre, Bob n'arrivait pas, à cette heure de la nuit, à prononcer une phrase intelligible. Il avait perdu la plus belle jeune fille qu'il eût vue de sa vie.

Perdu une princesse mais trouvé une légende ! Bob s'arrêta à l'hôtel du musicien noir. Il monta l'escalier et frappa à la porte. Un grand costaud lui ouvrit.

— Qui est-ce ? entendit-il depuis le fond de l'appartement. Si c'est pour la quête, eh bien non...

— Bob Dylan ! Je joue en première partie.

— Ah, entre. Bonne idée.

Il vit, face à lui, le visage madré, brillant de désir et de force, entendit un langage argotique et lyrique. John Lee Hooker déboucha une bouteille de whisky, et ils burent des coups ensemble sans échanger trop de mots. Bob avait surtout voulu fréquenter son aîné noir, sans doute pour en déceler les faiblesses, l'humanité. Au fur et à mesure que le concert approchait, il s'était senti mal tout en s'efforçant de ne pas trahir son trac. Solliciter les conseils de Dave Van Ronk ou Jack Elliott ? Vous n'y songez pas ! Plutôt mourir que d'avouer sa pusillanimité. Mark Spoelstra, ce très bon musicien, l'encourageait, à sa manière, c'est-à-dire qu'il ne prononçait pas un mot de trop, s'acquittait d'un geste, d'une tape sur l'épaule ou d'un sourire. Depuis leur rencontre, ils ne s'étaient jamais beaucoup éloignés l'un de l'autre. Et cela faisait du bien... Bob tiendrait son rôle de baladin impavide, indestructible, en harmonie avec les histoires folles qu'il racontait depuis son entrée dans le monde du spectacle. Rien ne devait le troubler.

En fait, il n'était pas vraiment prêt à donner ce premier grand concert. Mike grimaçait devant son vieux pantalon troué, sa chemise brunâtre lourde de poisse. Il tendit à Bob une pile de vêtements qu'il avait entreposés dans les coulisses, et des chaussures qui avaient peut-être appartenu à un mort.

— Tu as quel âge ? demanda-t-il.

Dylan haussa les épaules. Il l'ignorait ou peut-être affectait-il de ne rien savoir.

— Et tes parents, ils sont là ? Parce que je n'ai pas le droit de te faire jouer si tu as moins de vingt et un ans ?

— Mes parents ? répondit le musicien bien évasif. Ils sont loin, je ne les ai pas vus depuis très longtemps. J'ignore où ils vivent...

Porco comprit qu'il n'en saurait pas davantage. Il signa à la place de Bob.

Son nouveau costume ne lui allait pas. Trop étroits, la veste et le pantalon donnaient à son corps une allure étriquée, ridicule. Sur les deux ou trois apparitions au Gerde's, il avait surgi avec sa guitare d'où pendaient les cordes, et s'était mis à marcher à la manière de Chaplin. Des rires fusaient de la salle. C'était surréaliste car les chansons qu'interprétait ce jeune homme, celles de Guthrie et les rares siennes, n'avaient rien de drôles.

•

Le 11 avril 1961, il arriva sur la scène, dans son apparence de hobo clownesque. La salle, pleine, s'était livrée à une obscurité remuante, une passion magnifique. Tous attendaient John Lee Hooker. Bob, lancé, seul, chercha des yeux Dave Van Ronk, Jack Elliott et Carolyn Hester, à peine plus âgés, et qui l'avaient accompagné jusqu'à présent. Il finit par les trouver et regarda à la dérobée ses mentors. Le patron l'avait informé que le journaliste Robert Shelton se trouvait dans la salle. Dylan le connaissait de vue – bien sûr, tout artiste devait repérer ces gens-là –, et tenta de le débusquer, sans succès.

Il fallait y aller maintenant, trouver une justification à la décision un peu inconsciente de Porco. Et Bob fonça dans son plaisir, ensemencé par l'âme de Woody Guthrie dont il avait presque touché la substance à l'hôpital.

Ce fut une drôle de sensation pour les rares témoins présents cette soirée-là : le Chaplin du folk, le hobo au son métallique et rugueux dessinait les plaines cendrées de l'Ouest lointain, avec cette voix incantatoire qui s'échappait dans l'espace. Un printemps froid pesait encore sur la ville, dehors, et les vieux murs charbonneux du Gerde's résonnaient de cris dans les champs et les lupanars. Bob attaqua une version très plaintive de *The House Of The Rising Sun*. Dave Van Ronk s'en souvenait bien car c'était lui qui avait arrangé ce traditionnel, montré à Bob ses secrets. Et le silence s'imposa immédiatement, sauf peut-être pour Robert Shelton. Dylan l'avait enfin remarqué... Là, dans le fond, le critique préférait discuter avec John Lee Hooker. Ni l'un ni l'autre n'accordaient le moindre intérêt à sa prestation. Mais les autres le fixaient. Peut-être parce qu'il chantait bizarrement, faux, ou alors qu'il ne chantait pas, ne faisait que réciter un long lamento venu des Appalaches ? On ne savait pas. Cette musique-là ne contenait aucune orthodoxie, bien au contraire. Elle ruait, bringuebalait comme une carriole sur un chemin cahoteux, couvert de caillasses, de pierres, de trous. Le public l'écoutait, de toute façon, en se demandant si ce jeune homme aux vêtements de brigand allait, d'un instant à l'autre, verser dans le précipice. Bob chanta ensuite *Song To Woody*, un morceau qu'il avait composé.

Hé, hé, Woody Guthrie, je t'ai écrit une chanson
[...]
Et à tous les gens biens qui ont voyagé avec toi.
[...]
Venus avec la poussière et reparti avec le vent [21]

La salle bruissait de rumeurs. Quelques musiciens s'étaient détournés du spectacle d'un air dégoûté. Bob continua, indifférent, bien dans sa musique. Des regards avides le cernaient désormais, empreints de jalousie. Il le savait. Il chercha le minois amical de Carolyn Hester, crut le voir, et cela le rassura, accroché à son romantisme froid, repoussant ce sentiment d'hostilité qu'il voyait partout. Il sortit de la scène, épuisé, but deux ou trois verres, entendit à peine les félicitations des personnes présentes qui l'avaient trouvé brillant. Ému, Mark Spoelstra le remercia de cette prestation.

Bob se mit en tête de parler à John Lee Hooker une fois que le grand bluesman aurait terminé son spectacle. Il l'écouta, puis se glissa dans la nuit printanière. Des New-Yorkais se pressaient devant la porte du Gerde's. Certains semblaient légèrement éméchés, riaient, parlaient fort. Aucun d'eux ne jeta un regard vers lui, ignorant ce que le garçon maigrichon, agité à quelques mètres d'eux sur le trottoir, venait d'accomplir. Pour la première fois, Bob se sentait bien parce qu'il avait bien joué, bien chanté. Et tant pis si les abrutis ne comprenaient pas sa musique. Hooker devait être rentré maintenant ! Dylan se précipita à son hôtel, frappa à la porte et entra. Hooker, le visage encore luisant de sueur, assis près de la fenêtre, tourna la tête, aperçut Bob, et un grand sourire illumina son visage.

Il se leva, donna au jeune homme une profonde accolade.

— Bravo, mon garçon ! C'était fantastique...

John Lee l'avait donc écouté ou alors s'affirmait comme le plus beau faux cul que la terre avait engendré ! Le bluesman parlait d'une voix chargée et sombre forgée dans ce Mississippi de légende.

— Tu as composé de belles choses, tu sais. C'est toi ? C'est vraiment toi ?

Dylan, fier, acquiesça, sans préciser qu'il avait repris beaucoup de morceaux du folklore traditionnel, puis avala plusieurs verres de suite. Hooker sentait peser sur lui tout le poids de l'admiration que le jeune homme éprouvait à son endroit, et paradait, la tête haute. Il se rassit comme un roi, entouré de ses musiciens, regarda Bob avec intérêt en se demandant d'où pouvait bien venir ce jeune artiste. L'heure tournait. Dylan, oscillant, discutait avec qui voulait bien l'entendre et partager son bonheur. Il ne remarqua pas le départ d'Hooker, parti se coucher, et encore moins l'avancée de la nuit. Il ne sut pas comment il rentra, presque en dérivant, au moment où le ciel commençait à s'éclairer d'un feu glacé par-dessus les cubes de verres. Il traîna dans les rues de New York. Un fol espoir le tenaillait. Et si Robert Shelton lui avait réservé une meilleure place qu'à John Lee Hooker lui-même ? Il avait abusé de l'alcool et n'osait y croire. Et lorsqu'il acheta, aux premières heures de la matinée le *New York Times*, il chercha fébrilement le compte rendu du concert. Mais quoi ? Pas un mot de sa prestation. Rien. Hooker s'étendait sur toute la longueur. Dylan chiffonna le journal. Ce maudit écrivassier souffrait d'un manque de discernement. Il avait glosé sur la vedette sans même dessiner des plans d'avenir. Quelle erreur !

Cette déception décupla sa rage. Il voulait partir, revenir. Cette fois, il possédait quelques atouts en plus. Portant sur son blason John Lee Hooker et sa rencontre avec Woody Guthrie, il retourna à Hibbing, la faconde plus exaltée que jamais, malgré le regard incrédule de ses amis d'enfance. Il livrait pourtant force détails, déployait des couleurs, et surtout il avait changé, s'était durci. À ses parents, il raconta encore et toujours ses aventures. Betty et Abe le regardèrent avec un mélange de fierté et d'inquiétude. Leur fils s'échappait dans un monde lointain. Devant le cadet David ébahi d'admiration pour ce grand frère si libre, Bob plaidait sa cause, assurait ses « bailleurs » en quelque sorte qu'il s'approchait de la vérité.

— Je t'ai dit, papa, que je serai Rimbaud. Je ne suis pas très loin.

Il mit dans cette prédiction une telle conviction qu'Abe lui-même en fut troublé.

— Bientôt, je repartirai et grandirai, j'en suis persuadé puisque le grand John Lee Hooker et Woody Guthrie ont souri à ma musique. Incroyable, non ? N'était-ce pas le meilleur des encouragements ? Si, maman, je te l'assure. Un jour, je serai à leur niveau, tu verras...

Echo Helstrom l'avait appelé, mais aussi Bonnie Beecher, une ex-future actuelle petite amie qu'il chérissait malgré ses infidélités.

— Où étais-tu ? lui demandait-elle. J'en ai assez de t'attendre.

Il répondait :

— Un jour, tu regretteras de ne pas être plus patiente.

Et elle s'esclaffait :

— Quand tu seras célèbre, c'est ça ?

Bob jugeait ces histoires ridicules.

Hibbing le dégoûtait. Quelle étroitesse ! Il ne dormit pas beaucoup et, le lendemain, à l'aube, reprit la direction de New York, cette damnée ville qui, en quelques mois, l'avait transformé et insufflait en lui une profonde chaleur. Depuis son arrivée, Bob ignorait la solitude, les moments de déprime, trop agité et entouré pour réfléchir à la misère de sa condition. Il reverrait ses amis, ses soutiens. Tous les troubadours folks, Dave Van Ronk, Jack Elliott, l'aimaient, et, quand il croisait Carolyn Hester, elle lui adressait un petit signe. La jeune chanteuse avait adoré son concert, le 11 avril.

— Je te promets un brillant avenir, disait-elle.

Bob l'écoutait et la remerciait sans oser toutefois prolonger les discussions.

Il pensait toujours à une chanson, ce qui lui donnait un air vaporeux et hautain. Installé au Gaslight, il vivait de longues nuits épuisantes, de longues nuits de fumée, de chaleur, dormant où il pouvait, dans la rue, des chambres à proximité qu'il payait avec peu de dollars. De toute façon, il ne tenait pas en place, flamboyait comme une lanterne jusqu'aux aurores. Il griffonnait à la main ses chansons, puis frappait les textes sur la vieille machine à écrire qu'un ami lui avait prêtée. Il se rappellerait souvent cette période d'intense créativité, quand il n'avait de temps pour rien d'autre : composer, jouer, composer, boire, rencontrer des gens... Et il parlait à tout le monde. La conversation se déroulait autour d'une bouteille, d'un disque folk, dans ce New York insomniaque jamais complètement obscur. Bob chantait ce qu'il composait lui-même, mais aussi des reprises : *Cocaïne* de son ami Dave Van Ronk, *Baby Please Don't Go*, de son autre « ami » Big Joe Williams qu'il avait soi-disant connu au Mexique autrefois – sans que l'on sût très bien où. Puis, il attaquait un gospel du révérend Gary Davis, *Candy Man*. Le public admirait son érudition acquise sur les chemins de fortune comme un jeune garçon doté de plusieurs vies. On écoutait parce qu'il les jouait avec sa voix incantatoire, grinçante, son jeu carillonnant de guitare. Étrange. Cet adolescent de vingt ans kidnappait des œuvres pensées par d'autres. Puis, il vous déballait un titre de Woody, *Ramblin' Round* ou *Pastures Of Plenty*. Les vétérans du folk avaient beau lever les yeux au ciel, remuer sur leur chaise d'un air las, la majorité des spectateurs restait jusqu'à la fin.

L'été s'annonçait bien. Il faisait chaud. Bob avait gagné quelques dollars, mais cela ne lui suffisait pas. Il travaillait, lisait le journal pour trouver des idées. Il s'amusait à écrire des textes comiques. L'ironie lui plaisait. Le soir, il retrouvait Mark Spoelstra avec grand plaisir. Le duo montait sur scène régulièrement, de plus en plus à l'unisson.

Le mois de juin roulait. Bob ne partirait pas en vacances. Et Mark non plus... Comment pouvaient-ils d'ailleurs s'en aller ? Le Gerde's était rempli de monde, Mike Porco ne les importunait plus. Ce Dylan le faisait même rire, surtout le soir où il était apparu avec sa guitare dont il avait, semble-t-il, étiré les cordes. De longues tresses de métal pendaient le long du manche presque jusqu'au sol. Bob, hilare, s'empêtrait dans les fils.

— Ma guitare a besoin d'aller chez le coiffeur, dit-il.

Cette saillie amusa les spectateurs, en particulier une jeune fille fourrée au Gerde's toutes les nuits, l'une de ces petites abeilles de New York, à mi-chemin des études et du métier, mais au bord de tout plaquer pour devenir bohémienne, musicienne, égérie... Cette adolescente possédait cependant quelques as en plus : la grâce, une sorte de détermination à devenir autre chose qu'un premier prix de beauté ou une intelligence de l'ombre, même si le folk l'attirait ; elle se rendait au Village pour y chercher des émotions, peut-être un amour... Le lundi soir, elle n'aurait jamais raté les hootenannies. Elle aimait voir un inconnu dans la salle, à côté ou loin d'elle, se lever et aller vers la scène. Les musiciens ne savaient jamais effectivement qui se présentait. Un tocard ? Un honnête joueur ? Un génie ? Le suspens culminait. Et quand l'anonyme bafouillait, le public ou ses compagnons musicaux d'un soir se moquaient de lui. Ah, que c'était drôle ! C'est là qu'elle remarqua Dylan pendant l'été 1961, un été plein de lyrisme et de douceur. Elle repéra d'abord Mark Spoelstra, observa la manière qu'il avait de remuer les épaules. C'était étrangement sensuel. Le jeune homme, bien bâti, exhibait toute son allure de musicien des grands chemins. Mais elle porta vite son regard sur l'autre. Un visage de chérubin, un corps maigre et léger, bizarre. Il attira son attention par sa blague sur les cordes longues de sa guitare. Puis, elle entendit son harmonica, et ne le quitta plus des yeux. La sonorité lui entra en plein cœur, comme un prolongement réel de ce qu'elle avait aimé pendant sa jeunesse. Ce petit Blanc à l'allure de hobo avait tout écouté. Pour impressionner Suze Rotolo, cette jeune fille née un jour brumeux de novembre 1943, il fallait le vouloir. Elle se revoyait petite fille, l'oreille collée soit à la radio, soit au gramophone où le vieux disque noir lâchait les notes égrillardes, bucoliques du vieil harmoniciste aveugle Sonny Terry et du grand Sonny Boy Williamson. Elle adorait la musique et avait employé beaucoup de son temps à parfaire ses connaissances. À quatorze ans, elle traînait, les dimanches, au Washington Park afin d'écouter les musiciens. Des artistes pleins de rêves jouaient les morceaux de leurs idoles, Pete Seeger et Woody Guthrie. Elle s'asseyait dans l'herbe, s'allongeait et vibrait, les yeux rivés sur le ciel. Combien de temps restait-elle ? Jusqu'à la fin du jour. Elle était heureuse, parvenait toujours à y entraîner une amie qui se prenait à l'ambiance languide de ces belles fins d'après-midi. Puis, elle rentrait. Le lendemain, l'école l'attendait. Maudite école ! Elle y allait, l'air hagard, et dès qu'elle avait un moment, ouvrait un livre, un recueil de poèmes de Lord Byron. Ou alors, c'était le *Dormeur du Val* de Rimbaud.

— Qu'est-ce que tu lis ?

C'était toujours la même question. Aucun de ses camarades de classe ne pouvait comprendre. D'ailleurs, ils la tenaient à l'écart tandis qu'elle se réfugiait encore davantage dans les livres d'histoire. Elle avait reçu de la part de son père, l'ouvrier d'usine, l'immigré italien, une solide éducation sociale et politique. Elle avait beaucoup aimé cet homme de principes, économe en paroles et dont la passion était de peindre.

— Souviens-toi, disait-il, ce pays part souvent à la dérive. Nous ne devons pas nous soumettre, même si nous sommes des émigrés. L'affaire Sacco et Vanzetti est une leçon à méditer. Le maccarthysme est un cancer que nous combattrons tout le temps...

Lorsqu'il mourut, la jeune fille entamait sa quinzième année. Ce deuil laissa sa mère inquiète, angoissée et sans trop argent. Suze et sa sœur Carla savaient que désormais, elles devraient se débrouiller seules. Les journées à paresser au milieu de la chlorophylle au doux friselis d'une guitare ne dureraient pas éternellement. Elle grandit cependant dans l'espoir que ses études la mèneraient au sommet de la société. Mais pour quelle satisfaction ? Elle n'en savait rien. Bientôt, tout éclaterait, à l'image de cette fleur blanche qui avait éclaboussé le désert du Nevada, le 6 mai 1955. Une bombe expérimentale atomique venait d'exploser. La guerre avec l'URSS semblait imminente. Le père de Suze en avait conçu un violent dépit. La jeune femme ne l'oublierait jamais. Et lorsqu'elle avait aperçu de jeunes garçons devant l'école distribuant des tracs pour l'organisation pacifiste SANE – Sane Nuclear Policy –, elle s'était approchée et avait proposé aux militants de lui donner les documents.

— Je vais les distribuer moi-même entre les murs.

Une immense fierté l'avait envahie à l'idée de rentrer dans l'école munie de ces papiers qui appelaient au bannissement de la bombe, à l'arrêt de toute expérience nucléaire.

— Tu aurais vu la tête des professeurs, raconta-t-elle ensuite à Carla admirative. Et celle des élèves... Surtout quand je leur demandais de signer la pétition...

Cet exploit, elle le savait, ne contribuerait pas à renforcer sa popularité, encore moins à séduire l'autorité. Elle fut convoquée par le directeur de l'établissement. Suze se souviendrait de son bureau froid, de cet homme empâté qui la détaillait comme s'il était en présence d'une folle.

— Mademoiselle, savez-vous qu'il est interdit de faire de la politique dans l'école ? Connaissez-vous le serment de loyauté à Dieu et au pays ? Vous l'avez d'ailleurs signé...

Elle répondit « oui » sur un ton sec. Avant d'entrer à l'école, chaque élève devait parapher une feuille qui l'engageait à une fidèle soumission au Très-Haut et à la nation. Cette signature liait l'étudiant au directeur, et l'autorité se réservait ainsi le droit de renvoyer l'élément s'il sortait du chemin. Suze l'avait signé, par obligation, mais, expliqua-t-elle plus tard, elle avait ajouté au-dessous : « Je signe mais je proteste... » La jeune fille avait simplement envie de dire à ce monsieur qu'elle s'asseyait dessus, que ce bout de papier était illégal, contraire à la constitution, aux droits civils. Elle n'avait cependant pas dit grand-chose – à quoi cela aurait-il servi ? –, et reçu un avertissement.

Suze n'agissait guère par goût de la provocation, mais une force terrible la poussait. Elle réunit autour d'elle quelques jeunes filles déterminées, participa aux piquets de grève devant les magasins Woodworth, à New York parce que, dans le Sud, ils avaient viré plusieurs employés. Quelques jours plus tard, elle se rendit aux manifestations du SANE, adhéra au mouvement. Son père aurait été fier d'elle d'autant que cette activité lui plaisait malgré les regards hostiles. Personne n'aurait pu dicter sa conduite à Suze. Même sa grande sœur ne réussissait pas à la faire changer d'avis, et d'ailleurs elle n'essayait même plus.

Et il y avait la musique. Essentielle chez cette jeune fille amateur d'opéra. Aujourd'hui, les harmonies noires et blanches lui servaient à apaiser ce douloureux sentiment de solitude qui la tenaillait jour et nuit. Une rue vide, quelques visages fermés, l'avancée de la nuit... Heureusement ses dimanches fleuris dans le Washington Park avaient chassé ses angoisses. Et le lundi, le Gerde's Folk City organisait ses hootenannies. Quelle bonne idée ! Enfin un endroit où aller. Comme elle le raconterait plus tard, « à cette époque, on ne buvait pas, on ne se droguait pas, il n'y avait pas tous les problèmes que l'on a rencontrés ensuite. Alors, les mères laissaient leurs enfants sortir, sans difficultés [22]... » Et elle en profita, accompagnée d'amis plus âgés car elle n'avait pas la majorité requise. Les clients s'étaient habitués à voir cette mince fille aux longs cheveux châtains, au visage clair et lisse, rescapée d'un terrible accident de voiture avec sa mère Mary, une journaliste qui écrivait pour des feuilles italiennes. Les deux femmes en étaient sorties gravement blessées et surtout traumatisées. Un très mauvais souvenir : la cellule familiale avait explosé d'un coup. Mary avait trouvé un toit chez des amis du côté de Sheridan Square, Carla était partie de son côté.

Suze aurait bien suivi l'une ou l'autre. Mais elle déchanta, obligée de se débrouiller seule, la peur au ventre, face à sa timidité maladive et à l'hostilité du monde. Un sentiment de révolte l'habitait. Elle en avait plus qu'assez de revêtir le tablier de serveuse dans des bars minables, puis, chaque soir, de contraindre son corps fatigué pour aller écouter de la musique, sa seule passion. Un comble. Son avenir ? Elle ne l'avait jamais vraiment envisagé, s'était laissée vivre d'une musique à l'autre, consciente que ses musarderies lui coûteraient cher. Si rien ne marchait, elle embrasserait la politique, chanterait. Hélas non : elle se sentait tellement inutile... Des mouvements brusques l'agitaient, elle se serait presque livrée à un inconnu, du moment qu'il la protégeât. Heureusement, elle frappa à la porte de Sheridan Square. Carla accueillit sa cadette, et les deux sœurs passèrent la soirée ensemble.

— Je ne veux plus qu'on se quitte.

L'aînée donna des assurances, mais Suze ne les prit pas au sérieux. Elle souffrait trop.

C'est donc pendant cette dérive qu'elle avait aperçu Bob Dylan, sans oser l'aborder. Sa frayeur qu'elle combattait étreignait ses désirs. C'était douloureux, et en tout cas plus facile de s'abriter derrière les calicots du SANE. Un bon soleil incinérait cet été-là. La petite Rotolo avait besoin de musique. Elle ne partirait pas en vacances. À quoi bon ? Et avec quel argent ? Pendant le mois de juillet, elle se gava de sonorités, de douces figures du folk. Au Gerde's, elle avait vu Carolyn Hester, Judy Collins... Un samedi, elle se rendit au New York's Riverside Church où avait lieu un grand bal donné pour financer une nouvelle radio, WRVR-

FM. Vingt-quatre heures de musique. C'était là où elle devait aller, se fondre dans cette foule d'amateurs musicaux. Cela lui changerait les idées. Suze entendit Tom Paxton, Jack Elliott, une blueswoman noire extraordinaire : Victoria Spivey, qui avait commencé au début du siècle à l'âge de huit ou neuf ans, sur les planches des minstrels shows. Cette face brûlée à la bouche édentée traînait sur elle les braises de sa vie passée. Le révérend Gary Davis avait rejoint la fête. Et puis, Suze revit ce jeune homme frêle qui l'avait marquée au Gerde's : Bob Dylan. On l'avait présenté comme un jeune voyageur venu du Nouveau Mexique. La voix de ce garçon ressemblait à celle d'un ventriloque. Jack Elliott l'accompagnait à la guitare.

Il faisait son chemin. Mais Suze s'en moquait, attirée par la sonorité de son harmonica, quelque chose d'élevé et de terrestre à la fois. Elle trouvait amusantes ses mimiques burlesques inspirées des films muets. Elle se planta devant lui, en bas de la scène, essayant d'attirer son regard, et y parvint si bien qu'il ne la quitta plus des yeux. Quand Bob descendit de l'estrade, Mark Spoelstra lui murmura :

— Dis donc, cette fille te cherche. Tu es verni.

Dylan alla au-devant d'elle et la prit par le bras. Suze, surprise, se sentit toute molle et se laissa emmener. L'artiste lui offrit un verre.

— Tu aimes la musique ?

Elle hocha la tête, rougissante.

— J'ai été bercée par Woody Guthrie, mais aussi l'opéra italien et la poésie.

Suze ne révélait pas sa culture pour l'épater, mais bien parce qu'elle était enfin contente de transmettre sa passion. Et ce Dylan semblait l'écouter avec intérêt. Il s'était rapproché en entendant prononcer le nom de Guthrie comme s'il attendait une révélation extraordinaire. Mais elle changea de sujet :

— Je suis déjà allée au Gerde's.

— Je sais, je t'ai vue.

Elle baissa la tête, gênée et flattée.

— Je vois la nuit, tu sais, ajouta-t-il. Cela vient sans doute de mes origines sioux. J'ai été élevé dans le Dakota Nord, et j'ai fugué très tôt.

Il racontait si bien les histoires ! Suze se doutait bien qu'un tel garçon avait dû vivre des aventures fantastiques.

Ils ne se lâchèrent plus et dévorèrent les restes de nuits à gambader, boire, écouter de la musique. Suze lui présenta sa sœur Carla qui tendit une main chaleureuse. Sa cadette avait choisi un bon cavalier, ou du moins elle s'en convainquait. Car pour le reste... un musicien à l'allure de vagabond ! C'était risqué. Mais enfin, cette rencontre soulagerait peut-être la famille. Bob, de son côté, pensait avoir déniché la perle, plus précieuse que toutes les amantes de sa jeune existence. Il ne regrettait pas

Echo Helstrom, Beecher, et les autres qui transportaient avec elles leur cage. Suze n'avait aucune attache, il aimait sa liberté.

Bob et elle se retrouvèrent assez vite sous le toit de la mère de Suze qui, en voyant la « tocade » de sa fille, eut un mouvement de recul. Comment avait-elle pu céder à un garçon aussi dépenaillé et crasseux ? Mary Rotolo ne comprenait pas et se tenait à l'écart.

Mal à l'aise, Bob s'enfermait dans sa musique, se protégeant de sa « belle-mère » dont la méfiance l'intimidait. Il suivait Suze au fond de l'appartement, jouait, récitait ses chansons, et la plus jeune des Rotolo donnait son avis.

— Tu devrais peut-être déplacer ce mot-là...

Elle n'hésitait pas tout en s'excusant, et tous deux veillaient tard, conscients de participer à une aventure, celle de Bob peut-être, mais dans laquelle Suze avait désormais un rôle. « Serai-je un jour célèbre ? » rêvait Dylan tout haut, et il lui parlait de Rimbaud, Walt Whitman, de tous ces poètes dont il espérait suivre l'exemple. Il emmenait toujours un recueil avec lui. Et son amie souriait. Elle gardait le silence, proche de lui, tellement proche de ce garçon qui avait du mal à trouver sa place, comme elle d'ailleurs. Ils la trouveraient ensemble. C'était décidé.

— Viens me voir au Gerde's, lui demanda Bob.

— Je... Je ne sais pas.

Elle hésitait à venir sans ses chaperons. Ce club l'effrayait un peu dans le fond. Manquerait-elle de prudence si elle se rendait seule à l'une des soirées du Gerde's Folk City ? Elle accepta et chuta dans les ténèbres chaudes, accrochée au bar comme à un radeau, regardant d'un sale œil tous les hommes qui venaient réclamer leurs verres. Gare à la première œillade. Elle transpirait, parmi ces habitués braillards, érotiques, dans ce New York infernal. Elle ne reconnut pas l'ambiance qu'elle avait découverte quelques mois plus tôt. Elle serrait contre elle son sac, ses affaires. Puis, elle aperçut dans une lumière presque blanche Bob et sa couronne de cheveux blonds. Et là, toute sa peur s'évanouit. Elle se sentit baignée par une lueur extraordinaire, cette chaleur où passaient tous les vieux fantômes du Sud. Elle avait l'impression, charmante, qu'il chantait pour elle.

Les deux amants traversèrent de belles nuits dans les clubs, même lorsque Bob ne jouait pas. Et il ne jouait pas tout le temps. Ses longs moments d'« abstinence » l'irritaient. Suze tentait de le réconforter, assise à côté de lui, tous deux recouverts d'obscurité et ne se lâchant pas la main.

— Tu devrais lire *En Route Pour la gloire*, disait-il.

Elle écoutait, et, peu après, dévorait les pages de Woody Guthrie. Elle dévoilait sa culture dans les cercles d'amis, et Bob appréciait une compagnie aussi futée, surtout quand il rendait visite à Dave Van Ronk et à sa femme. Suze devinait que son amoureux tirait beaucoup de satisfaction de leur liaison. Bob voyait maintenant Dave presque d'égal à égal, débarrassé de son rôle d'éternel ado sans feu ni lieu, en quête d'amour et sur lequel les regards apitoyés se posaient. On le respectait davantage. Le grand Van Ronk le complimentait. Son « élève » roulait sur la bonne route et ne disparaîtrait pas du jour au lendemain comme il l'avait craint juste après l'avoir rencontré. Le jeune homme avait alors montré un visage instable, fiévreux qui impliquait tant de danger pour la suite de sa carrière et même de son existence. Peut-être ne deviendrait-il jamais une vedette – c'était probable – mais au moins il resterait dans la vie grâce à Suze.

— J'aimerais jouer plus au Gerde's, dit-il.

— Je vais parler à Mike, lui promit Dave Van Ronk.

— Ma sœur Carla, ajouta Suze, va remuer ciel et terre pour que tu réussisses. Elle a été engagée comme secrétaire d'Alan Lomax, tu sais le musicologue. Et tu connais le journaliste Robert Shelton ?

Bob l'avait déjà vu traîner au Gerde's, le soir de John Lee Hooker, complètement hermétique à sa musique. De toute façon, ses amis croyaient en lui et l'aideraient. Alan Lomax, Dylan connaissait évidemment. Tous les amateurs de musique lui devaient beaucoup ainsi qu'à son père John.

Il voulait rencontrer l'archiviste, apprendre de lui. Un nouvel horizon s'élargirait. Bob aimait bien parler aux inconnus, célèbres, anonymes, aux ombres de passage qui auraient dû passer leur chemin, mais ne s'éloignaient plus une fois qu'il avait engagé la conversation. Il montrait tant de douceur, de sérénité, de curiosité, de passion que ses interlocuteurs restaient attachés à lui comme Suze l'avait été irrémédiablement. L'amante s'écartait quand Dave Van Ronk ou Jack Elliott encadraient Bob, amicaux et paternels. Elle avait compris leur rôle tutélaire auprès du jeune garçon. Une femme aux magnifiques cheveux auburn, pleine de douceur et d'attention, venait aussi le voir. Carolyn Hester arrivait accompagnée d'un homme brun ténébreux, Richard Fariña, un chanteur. Elle cherchait la compagnie de Bob :

— Tu m'as l'air de bien connaître la musique. Pourras-tu me conseiller quelques morceaux blues ?

Flatté, Bob contempla Carolyn dont il avait entrevu de loin les belles épaules lors de son arrivée à New York. Il aimait ses yeux mi-clos, à moitié couverts par les longues mèches, sa bouche rieuse. S'il n'avait pas connu Suze, et elle, Richard, il aurait succombé à ses appâts sans coup férir.

— J'aime bien ta manière de jouer de l'harmonica, ajouta-t-elle. Cela te dirait de jouer avec moi ?

— Oui, bien sûr, répondit Dylan en affectant l'indifférence.

Il essaya de deviner la réaction du mari de Carolyn, Fariña qui appuyait chaque propos de sa femme par un signe de tête, un peu en retrait, sans paraître gêné. Parfois, Richard lui prenait la main, Carolyn se détendait et ne disait plus rien comme si un rayon de soleil l'avait caressée. Ils s'étaient mariés dans la cathédrale Saint-John, beau vestige gothique de la Grosse Pomme, elle en robe longue, lui en tenue princière et tellement beau avec son visage brun d'aventurier « cubain ». Le couple avait invité quelques amis et la famille proche. Carolyn ne l'oublierait jamais comme elle n'oublierait pas leurs promenades en forêt, sur le port de New York, face aux bateaux. Richard avait promis de se tenir toujours aux côtés de sa femme, cette grande musicienne folk dont il était si fier. Lui, il serait écrivain et poète. Défis de jeunes gens devant qui la vie s'ouvrait comme une romance excitante. Ce jour-là, ils avaient bu toute la nuit et mangé abondamment, fêtés par leurs amis du métier. Tous ces jeunes chanteurs partageaient à New York le même rêve de réussite. Certains devaient envier l'éclat de la joyeuse Carolyn : Judy Collins, Logan English qui racontait de vieilles histoires du Kentucky dont personne n'avait cure. Il s'occupait de Woody Guthrie, collectait son répertoire, mais veillait aussi sur le vieux Cisco Houston assis dans un coin, bien fatigué. Sous l'effet de l'alcool, Logan stigmatisait la génération benjamine des chanteurs folks :

— Ils ne savent pas chanter... disait-il.

Ces propos tiraient à Carolyn des sourires amusés, mais la belle Hester se demandait comment réagirait son ami si elle devait un jour connaître le succès. Sans doute mal. Le fier du Kentucky avait été tellement blessé par le peu de considération apportée à ses disques. C'était injuste.

— Pourquoi Robert Shelton ne me soutient-il pas ? serinait-il.

Tout à son bonheur d'épouse, Carolyn en avait assez des jérémiades du pauvre English et préférait imaginer son superbe avenir. Malgré son peu d'attirance pour le nomadisme, elle avait suivi Richard dans son existence légère – nuits sous les étoiles, mouvements permanents, gîtes de fortune. Pendant tous ces mois de jeunesse, elle rêverait d'une grande maison et se jurerait de devenir une musicienne « installée » au sens premier du terme, une artiste qui penserait à écrire, à créer, et n'emploierait plus son temps à chercher un toit où dormir. Mais en attendant, elle acceptait de vivre pleinement la bohème. Bob aimait bien leur naturel, d'autant que tous les deux témoignaient au garçon de Hibbing beaucoup de curiosité. Moins Dylan répondait, plus elle le cherchait et jouait la séduction. Richard s'en amusait, préparé à voir sa femme capter toute la lumière et magnétiser l'attention générale. C'était ainsi. Lui, il lisait ses poèmes, le soir, devant des étudiants et des rêveurs. Carolyn et Bob assistaient à ces séances et l'applaudissaient. Puis, les trois amis repartaient ensemble et finissaient la nuit. Au petit matin, Fariña se levait et adressait des lettres à son ami, l'écrivain Thomas Pynchon qu'il avait rencontré sur les campus. Tous deux partageaient les mêmes idéaux. Mais au lieu d'écrire son chef-d'œuvre comme Thomas – aujourd'hui un classique des lettres américaines, auteur de *V* et *L'Arc-En-Ciel de la gravité* –, Richard devait s'habiller pour reprendre son travail dans une agence de publicité. Il en avait

honte et se réconfortait en pensant que le grand Fitzgerald avait aussi col-
laboré à une agence juste après son éviction du collège. Il admirait la
liberté et la joie de Carolyn.

— Viens jouer avec moi, je suis au Club 47, proposa la chanteuse à
Dylan.

Bob prit sa guitare et y alla. Ils se divertirent bien toute la nuit. Richard
empoigna son dulcimer et les rejoignit. Il n'était pas un excellent musicien, il le savait, mais aimait par-dessus tout jouer avec ses copains, partager cette excitation que la littérature ne permettait pas. Et Bob avait
toujours un geste amical à son égard, une tape sur l'épaule, un sourire. Il
faut dire qu'il ne souriait pas à tout le monde. Comment Carolyn, cette
si talentueuse artiste, pouvait-elle l'aimer, lui, le mythomane, le poète
laborieux ? Avec sa guitare, elle lançait d'un jet sa magnifique voix haute
qui jamais ne faiblissait, ne se voilait d'ombre. Derrière, Bob ponctuait
chaque note de son harmonica rocailleux. Les rangées se taisaient, personne ne parlait pendant les tours de chant de la grande chanteuse. Après
le concert, son époux lui touchait les cheveux et murmurait à son oreille
combien il l'aimait. Elle réservait à Richard ses premiers sentiments
d'après spectacle, quand il apportait l'eau et tout ce dont elle avait besoin.

Quand elle débarqua un jour en brandissant son contrat Columbia,
c'est vers son mari poète bien sûr qu'elle vint en premier.

— Regarde, mon chéri, je vais enregistrer mon troisième album, et pas
n'importe où, chez Columbia. C'est enfin le grand départ. Notre grand
départ à tous les deux.

Elle n'oubliait jamais de l'associer à tous les succès. Richard l'embrassa
tendrement.

— Je vais travailler pour John Hammond, tu te rends compte ?

Elle ne disait pas combien il était important pour elle de gravir des
étapes, surtout depuis qu'elle entendait parler de cette Joan Baez, encore
inconnue il y a deux ans. Carolyn avait été stimulée par le succès du premier album de la gitane à la voix de soprano intitulée sobrement *Joan
Baez*. La dame avait grandi depuis le jour où Robert Shelton l'avait découverte sur la scène du premier Newport Folk Festival. John Hammond et
l'homme qui marchait à ses côtés, Albert Grossman, avaient fait une cour
du tonnerre à Joan. Mais elle s'était permise de décliner leur offre pour
signer chez Vanguard. Carolyn n'avait pas compris. Tant mieux finalement car les deux « chasseurs » avaient tenu à se rattraper avec la rivale
Hester qui comptait bien saisir sa chance. Oui, elle rejoindrait Woody
Guthrie, Cisco Houston et toutes ces légendes du folk. Même Buddy
Holly n'aurait qu'à bien se tenir. Pauvre Buddy ! Mort si jeune... deux
ans déjà ! Elle revoyait l'auteur de *Peggy Sue*, son compatriote texan aux
énormes lunettes, jouant de la guitare dans son studio de Clovis au Nouveau Mexique pour son cercle dont Carolyn faisait partie, impliquée dans

les séances de *Scarlet Ribbons*, fatiguée et heureuse. De temps en temps, le rocker lui adressait un clin d'œil. Quel beau souvenir à garder au fond de son cœur ! Mais pour l'heure, elle devait battre Joan Baez, en bonne camaraderie, et avait choisi un cheval puissant.

Avec John Hammond, c'était simple. Il avait aimé « l'album Tradition » de Carolyn, son deuxième, et l'avait tout de suite appelée. Richard Fariña savait juste que l'homme avait travaillé avec Billie Holiday et l'avait révélée au monde. Cela valait bien une couronne pour un magicien né en 1910 à New York. Ce fils de banquier, d'une élégance rare et à l'éducation sans faille, aurait dû continuer des études parfaites, mais préféra suivre les sirènes musicales au grand dam de sa famille, imagine-t-on. Il s'initia au piano puis au violon, passa ses soirées l'oreille collée à la radio qui envoyait dans son paradis satiné la sueur de Harlem. Quel était ce monde qui se tenait là, de l'autre côté ? Chaotique, merveilleux, dangereux ? La voix de Bessie Smith, un soir d'hiver, le plaqua au sol. En quelle année ? 1925 ? 1927 ? Il ne savait plus. Des histoires d'inondations couraient dans le Mississippi, et les chanteurs noirs racontaient si bien cette tragédie... En un tournemain, il abandonna donc ses splendides études à l'université de Yale pour servir la musique. En la jouant ? Non : en l'écoutant ! Il se fierait à ses sens ultra-développés et débusquerait la nouvelle Bessie Smith. Sa vocation marquerait le XXᵉ siècle. Mais il fallait bien commencer. Il proposa d'abord ses services, au pic de la grande crise de 1929, quand l'industrie phonographique manquait de bras, de moyens, de tout. Il finança des spectacles dans sa bonne ville de New York, les enregistra et les vendit au début à Columbia. Mais il n'avait pas oublié Bessie Smith ni le Sud ravagé par le racisme. La musique représentait un moyen pour lui de combattre les pulsions délétères qui venaient d'en bas. Ce grand homme au sourire WASP se mit à rôder dans les travées noires, restant jusqu'à l'aube si un musicien l'intéressait. Calme, encourageant, friendly, il incarnait le héros américain comme on en rêve, avec ce regard droit, ce sourire éclatant, l'homme sans faux pas, à la note toujours juste. Mais c'est à New York qu'il déterrerait sa meilleure arme contre les réactionnaires. John, portant ses deux casquettes de critique musical et de producteur, entra dans un club appelé Covan's parce qu'il aimait beaucoup la voix de Monette Moore. On n'a pas idée de la popularité de cette artiste en ce début des années trente. Hammond s'assit donc, attendant son interprète fétiche, mais il se passa une chose plutôt singulière : Monette ne chantait pas ce soir-là. John ne comprenait pas. À la place, il entendit une complète inconnue, Billie Holiday. Mais ce qu'il vit le marqua profondément et durablement. Face à lui, venait de se révéler une artiste unique à la voix de chatte, sensuelle. John l'emmena à la Columbia. Aujourd'hui, le public a oublié Monette Moore. Hammond aussi l'a oubliée. Son cœur s'est rendu à Billie pour toujours. Une autre histoire a de quoi plaire. Bien plus tard, quand la princesse du jazz commença à chanter *Strange Fruit* – tu sais, Richard, ces étranges fruits suspendus aux arbres dans ce Sud galant – horrible et beau à la fois, non ? – la Columbia s'opposa à l'enregistrement de cette chanson anti-lynchage que les États esclavagistes n'aimeraient sans doute pas entendre. Mais Hammond insista et convainquit la maison de disques. Un homme de principe, imperméable à toute pression. Carolyn Hester racontait tout cela à Richard.

— Un roc, disait-elle, un monument.

Fariña écoutait.

— Et Bob ? ajoutait-il. Il mériterait de rencontrer ce dénicheur...

Carolyn alla voir John Hammond. Le producteur la trouvait jolie et espérait mener un bout de chemin avec elle. Bien sûr, elle n'avait ni l'abattage ni la flamboyance de Joan Baez qu'il avait manquée. Mais enfin, cette jeune femme de « remplacement » possédait un bel aplomb. D'ailleurs, elle le lui démontra tout de suite :

— Si c'est possible, j'aimerais choisir mes musiciens.

John prit l'air amusé.

— Tes musiciens ?

Carolyn avait croisé les bras, assez sûre d'elle-même, devant ce ponte qui lui permettrait d'accomplir enfin son rêve. Pourquoi d'autres n'assouviraient-ils pas leurs désirs en même temps qu'elle.

— Enfin... surtout un. Je l'ai rencontré au club. Un musicien folk qui pourrait tenir l'harmonica sur l'album. Il joue aussi de la guitare.

Hammond se méfiait.

— Comment s'appelle-t-il ?

— Bob Dylan. Il n'est pas à New York depuis très longtemps, mais il joue vraiment bien. Et il a une grande culture musicale.

Le producteur observait la belle jeune femme illuminée dont il humait la fraîcheur, la couleur. Elle plongeait ses grands yeux dans les siens avec l'enthousiasme d'une amoureuse. Seul son amour pour Fariña importait.

— J'aimerais l'entendre.

— Je réunis tout le monde et ce sera vite fait, enchaîna Carolyn.

Elle brûlait d'annoncer la bonne nouvelle au jeune homme, fière d'emmener un musicien anonyme dans son aventure. Un album pour CBS ! Vous vous rendez compte ? Quelle chance ! Et ce John Hammond semblait ouvert à toutes les propositions.

Elle le salua et alla trouver Bob au Gaslight. Quelque chose la poussait irrésistiblement vers lui, toute femme mariée et aimante qu'elle était. Et d'ailleurs, Richard l'y encourageait. Il adorait Dylan. Carolyn aussi, d'une manière sans doute plus ambiguë. Peut-être chérissait-elle sa gracilité de vagabond mal nourri, de garçon du Minnesota souffreteux et acide. Elle pénétra dans le club où Bob écrivait, la main sur une tasse de café, des journaux posés en tas sur le bord de la table. Il n'avait pas dormi et travaillait depuis des heures. Elle s'assit devant lui.

— Tu écris ?

Il soupira.

— Oui, j'ai déjà pas mal de chansons. Je ne sais pas ce qu'elles valent.

— Comment elle s'appelle celle-là ? *Talking New York* ?

— Oui, elle parle de mon arrivée à New York, pendant l'hiver...

Et il se tut. Carolyn comprit que le jeune vagabond ne tenait pas à en dire davantage.

— Eh, tu sais, ajouta-t-elle, j'ai décroché un contrat avec Columbia.

Il leva les yeux de ses feuilles et sourit. Un contrat pour cette chanteuse qu'il aimait bien mais d'une légèreté certaine ? Quelle folie s'était donc emparée de CBS ? Il affecta d'être content. Carolyn se pencha vers lui :

— Et tu pourrais venir jouer sur mon album ? Tu prendrais l'harmonica. Tu m'apporterais ton côté blues.

Il tendit sa main, soulagé.

— Avec plaisir.

C'était ce qu'il attendait sans oser le formuler, même s'il aurait préféré être à la place de Carolyn.

Bob en parla aussitôt à Suze qui proposa une rencontre chez sa mère Mary. Carolyn présida cette réunion et y expliqua comment elle voyait l'album. Dylan avait sa propre idée, mais ce n'était pas son disque. La chanteuse pensait prendre *I'll Fly Away*, un titre de 1932 composé par l'un de ces artistes fermiers qui ne se contentaient pas de bêcher dur la terre mais lâchaient quelques joyaux harmoniques ici ou là.

Ils travaillèrent jusqu'au soir.

— Joue-moi encore des blues, disait Carolyn à Bob.

Et il sortait de son chapeau un titre qu'il lançait sans en avoir l'air, la bouche collée à son harmonica. C'était merveilleux. Bob semblait inépuisable. Suze, Carla et Mary remuaient en rythme.

— Hey, Carolyn, tu connais celui-là ? *Come Back Baby*. Il a été enregistré autrefois par le grand Muddy Waters.

Et il partait, avec une belle foi, dans un autre blues seigneurial.

— Ah oui, s'enflammait Carolyn, je veux celui-là. Retenons-le. Il figurera sur l'album.

Après leur séparation, à quatre heures du matin, Bob ne la revit plus pendant quelques jours. Il attendit dans les bars, la guettant au bout de la rue. Et si elle changeait d'avis ? Pas le genre de Carolyn. Mais le temps lui semblait long.

Pendant ce temps, elle rassemblait l'orchestre.

— Qui va-t-on prendre ? demandait-elle à Richard

Il n'hésita pas.

— Nous avons besoin d'un deuxième guitariste sur l'album.

Hammond accepta, et un habitué du Gerde's, le brillant Bruce Lang-horne, artiste noir polyvalent qui jouait du violon et de la guitare, les rejoignit.

La première répétition se déroula le 14 septembre 1961, dans un grand appartement situé au West 10e Rue, près de la 5e Avenue. Bob arriva à l'heure exacte, suivi de Bruce, et les deux musiciens patientèrent en échangeant des regards complices. Carolyn entra, une grosse guitare recouvrait sa poitrine. Elle salua ses accompagnateurs et grimpa sur un tabouret, puis se retourna et donna le signal. L'orchestre commença à jouer quand un invité surprise apparut dans l'entrebâillement de la porte. John Hammond avait gravi les marches en silence, il traversa le studio et s'assit tranquillement sur une chaise, à l'écart. Bob Dylan aperçut pour la première fois ce grand homme classique, vêtu de son complet cravate et qui se mouvait avec saveur dans la bohème de Greenwich sans jamais renier son milieu. Le « chasseur de talents » resta immobile, les bras croisés. Il voulait superviser le nouveau, l'harmoniciste, comment s'appelait-il déjà, Bob Dylan ? Il avait pris un risque en l'engageant sans même l'avoir écouté. Il écrirait dans ses mémoires, *On Record*[23] :

> « Je suis allé à l'une des répétitions de Carolyn Hester et j'ai entendu cette musique folk dont je ne savais rien. L'un des membres du groupe était Dick Fariña, un écrivain, poète, et parolier... Il y avait deux autres guitaristes. L'un d'eux, un jeune type coiffé d'une casquette, un harmonica accroché devant la bouche, était un ami de Fariña. Je l'ai observé pendant un moment, et je l'ai trouvé fascinant bien qu'il ne fût pas particulièrement bon à la guitare et à l'harmonica. »

John Hammond dessina un signe de victoire.

— Ça me va ! Vous aurez votre studio. Je le louerai dans deux semaines, et nous enregistrerons ce disque...

Puis, il partit...

Le lendemain, Bob apprit que Mike Porco avait décidé de le programmer pendant deux semaines au Gerde's. Il était heureux. L'important, c'était surtout qu'il jouerait. Tout plutôt que l'oisiveté. Tout plutôt que la mort lente.

Mike Porco avait mis Bob Dylan à l'affiche du 26 septembre au 8 octobre, à côté des champions bluegrass, les Greenbriar Boys. Cette formation avait vu le jour en 1958 à New York, née dans la chlorophylle de Washington Park. Vous vous rappelez ? Ces dimanches champêtres dont on a déjà parlé et qui ont fait la renommée de Greenwich. Les Greenbriar jetaient une sarabande de violons virevoltants, de mandolines en fleurs, un bluegrass urbain qui avait la chaleur du soleil, une splendeur dans l'herbe. Cette musique avait assailli le haut des montagnes du Kentucky, l'infini des campagnes, petite sœur du hillbilly, popularisée en son temps, c'est-à-dire les années quarante, par les frères Monroe. La forme moderne du folklore blanc américain, une branche de la country, voilà comment elle se définissait. Et ses artistes n'avaient de cesse que de prouver leur efficacité. Bob Dylan savait à quoi s'attendre. Il devrait se montrer à la hauteur de la virtuosité de ces garçons, Bob Yellin, John Herald et Eric Weissberg. Le vagabond du Minnesota avait assuré la première partie de John Lee Hooker, et rien ne pourrait désormais l'effrayer.

— Robert Shelton vient ! lui annonça Mike Porco.

Dylan continua à accorder sa guitare, la tête penchée, loin de tout cela. Le journaliste n'entendait rien à sa musique.

À l'autre bout de la loge, les Greenbriar affichaient leur confiance. Jack Elliott, qui les avait engagés autrefois comme accompagnateurs, les embrassait. Il en profita pour féliciter du même coup Dylan, son protégé.

— Souviens-toi... répéta-t-il. Joue vrai. Ne t'occupe pas du style, de l'académisme, de la bienséance, de ce que tu dois faire. Fais-le... Un homme t'accompagne là-bas. Woody...

Dylan ignorait quelles chansons jouer et comment s'habiller. Emprunter des vêtements ? Minable. Mais revenons au répertoire. Lequel ? Sans doute mêlerait-il quelques titres traditionnels à des morceaux qu'il avait composés lui-même. Suze l'assistait, sans toutefois pouvoir bien le guider. Elle ne connaissait pas les classiques aussi bien que lui. Peut-être devrait-il annoncer que, dans quelques jours, il participerait à l'enregistrement d'un album pour Columbia ? Non, il valait mieux être discret sur ce coup. On ne sait jamais. John Hammond pouvait changer d'avis, Carolyn aussi d'ailleurs.

Il débarqua le premier soir de sa semaine sous sa casquette de velours noire, vêtu d'un pantalon kaki et d'un pull-over brun foncé qui laissait apparaître une chemise bleue délavée ; une cravate et un gros foulard encadraient son cou. Sans attendre, il joua un vieux blues traditionnel, *The Life Is Killing Me*, plusieurs morceaux que Woody Guthrie lui-même avait popularisés autrefois : *Hard Travelin'* et *900 Miles*, une histoire de train qui avait cheminé dans les régions du Sud. Cisco et Woody bien sûr l'avaient tous deux enregistrée. Puis, il osa bravement plusieurs de ses compositions, le déjà connu *Song To Woody*, ensuite *Talkin' Bear Mountain Picnic Massacre Blues*, *Talking New York*, *Talkin' Havanagilah Blues*... C'était assez incroyable d'entendre cette série qu'on qualifierait de « blues parlés », instillés de comédie et de drame, comme un film américain. Les premiers rangs riaient devant l'ironie mordante qu'ils sentaient chez ce jeune homme à la voix acide, à l'allure mi-rébarbative, mi-séduisante. Les autres n'entendaient pas grand-chose, couverts par le bruit des commandes au bar, les rires, les discussions. Robert Shelton, en revanche, suivait tout. Il se maudissait de n'avoir pas repéré ce jeune homme plus tôt. Comment avait-il pu le rater ? Il ne l'avait même pas écouté en première partie de John Lee Hooker, il avait hasardé quelques lignes après son concert de charité à l'église. Dire qu'il se flattait d'être une sentinelle, de veiller sur toutes les naissances folks de Greenwich ! Cette nuit-là, il écoutait ce jeune paysan égaré à Manhattan faire sonner les notes de sa guitare, grincer son harmonica, agité de soupirs, de râles, de chaos, dans lequel il aspirait et soufflait comme un malade près d'expirer. Et Dylan jetait cette voix nasale sortie d'on ne sait où ! Sur un vieux blues intitulé *Poor Girl*, il sortit de sa poche un couteau de cuisine et le frotta sur les cordes, tirant un magnifique son plaintif, allongé.

Il faisait une nuit étrange.

Le jeune musicien salua et disparut. Robert Shelton courut dans les coulisses, en fait la cuisine du Gerde's Folk City, et aperçut Bob Dylan qui s'épongeait, très calme. Le garçon buvait, s'étirait, sa guitare posée devant lui, l'harmonica sur la table, au milieu des cornets de frites renversés, des cadavres de bouteilles. Il remarqua le journaliste, surpris de le voir, mais continua de boire, de tripoter tranquillement sa guitare. D'ailleurs, peut-être la plume du *New York Times* n'écrirait-il aucun article. Si. Bien sûr que si ! Pourquoi à ce moment-là aurait-il pris la peine de venir ?

— Bob, j'aimerais vous poser quelques questions. Vous avez une minute ?

Dylan sourit. *Et il me demande si j'ai une minute.* Il jeta un regard froid vers les personnes encore présentes dans la pièce, et les intrus disparurent. Même Suze le laissa. Shelton s'assit. Bob avait décidé de frapper un grand coup. Une légende allait s'écrire. Et tous ces péquenots de Denver, de Hibbing et d'ailleurs n'en reviendraient pas. Il tenait sa revanche et narra les plus belles fariboles que les murs graisseux de cette cuisine borgne aient jamais entendues. Shelton rapporterait plus tard cette étrange interview dans sa biographie *No Direction Home* (*Sa vie et sa musique, Like A Rolling Stone*).

— Où êtes-vous né ?

— Je suis né à Duluth, dans le Minnesota, ou peut-être à Superior, dans le Wisconsin, de l'autre côté de la frontière.

— Quand avez-vous commencé ?

— J'avais treize ans, et j'ai commencé par chanter avec un carnaval tout en faisant de petits boulots. J'ai pansé des poneys, travaillé sur des pelleteuses, dans le Minnesota, le Dakota du Nord et puis le Sud.

Robert Shelton appréciait la faconde du jeune homme, sa volubilité mensongère mais si excitante pour un journaliste.

— Un moment, poursuivit Bob, j'ai vécu à Sioux Falls, dans le Dakota du Nord, et à Gallup, au Nouveau Mexique. J'ai habité aussi Fargo, dans le Dakota du Nord et un endroit qui s'appelle Hibbing, dans le Minnesota. Je suis allé à l'université de Minneapolis, mais je n'aimais pas trop. J'ai ensuite joué du piano avec Bobby Vee et les Shadows, un groupe de country rockabilly. Puis, je suis allé dans l'Est en février 1961, et c'est aussi dur que toutes les villes que j'ai vues...

Shelton notait ce flot de paroles où l'absurde se mêlait aux vérités. Il sentait combien Dylan tentait de le manipuler. Incompréhensible de la part d'un jeune musicien qui rêvait de figurer dans les colonnes du prestigieux *New York Times*.

— Où avez-vous appris ce truc avec le couteau de cuisine ?

— Je l'ai appris d'un vieux bonhomme de Gallup, au Nouveau Mexique. Il me l'a montré sur un couteau de boucher. Je me souviens de ce vieux bluesman assez malade et qui avait une pastille sur l'œil.

Il disait adorer Mance Lipscomb qu'il avait rencontré au Texas, mais aussi Ray Charles bien sûr.

— Et vous avez entendu parler de Little Walter ? Il a joué dans le groupe de Muddy Waters. Magnifique harmoniciste. J'ai tout pris de lui. Il m'a donné envie de jouer de cet instrument...

— Avez-vous enregistré ? demanda Shelton.

— Oui, mais ça n'est jamais sorti. C'était une séance avec Gene Vincent, à Nashville.

Il s'interrompit un instant et avant même que Shelton eût dit quoi que ce soit, Bob égrena encore un souvenir bizarre :

— Dans un cabaret à Detroit, j'ai sorti un canif pour obtenir ce son. Mais quand j'ai brandi le canif, six spectateurs sont partis. Ils avaient l'air d'avoir peur. Maintenant, je ne me sers que d'un couteau de cuisine pour que personne ne s'en aille.

Shelton mit fin à la rencontre, gêné. Il sortit de la cuisine et avisa Carla, la solide sœur de Suze.

— Ça s'est bien passé ? s'enquit-elle, enthousiaste.

— L'interview est intéressante, mais je crois qu'il me fait marcher. Tous ces gens célèbres qu'il a rencontrés, ces pays lointains visités. C'est trop beau. Vous savez, on ne parle pas à un journal comme on plaisante avec un gars du village. Il faudra lui expliquer. Cela pourra lui servir par la suite.

Carla ne put dissimuler sa déception, mais aussi un certain sentiment de colère. Quelle stupidité ! Pourquoi Bob se comportait-il ainsi ? C'était irresponsable, suicidaire. Elle s'approcha du jeune musicien qui finissait son verre, d'un air satisfait.

— Écoute, Bob, ce que tu fais n'est pas correct.

Il dévisagea Carla avec son air narquois. Pourtant, il perdit vite son sourire. La sœur de Suze n'avait pas vraiment le cœur à plaisanter.

— Ce que je dis est sérieux, là, c'est sérieux. Monsieur Shelton n'a pas de temps à perdre avec tes histoires. Arrête de dire n'importe quoi. Cette habitude ne servira pas ta carrière si tu en as une.

Il ne disait rien, l'écoutait. Il avait chassé toutes les expressions arrogantes de son visage. Il respectait Carla, parce qu'elle travaillait pour le grand propagateur de la musique folk, le musicologue Alan Lomax, et savait se montrer ferme. Il adressa un signe au journaliste et reprit l'interview.

— Je vais vous parler sans détour. Je ne vous dirai rien qui ne soit vrai.

Et, le vendredi 29 septembre 1961, le critique Robert Shelton donna naissance à Bob Dylan en écrivant le premier article sur le musicien :

« Un styliste original

Un nouveau visage brillant vient d'apparaître au Gerde's Folk City. Bien qu'il soit seulement âgé de 20 ans, Bob Dylan est l'un des stylistes les plus originaux à jouer dans le cabaret de Manhattan depuis des mois. Ressemblant à un croisement entre un enfant de chœur et un beatnik, Monsieur Dylan a une apparence de chérubin et une tignasse de cheveux ébouriffés qu'il couvre en partie par une casquette de velours noire semblable à celle d'Huckleberry Finn. Ses vêtements auraient besoin d'être taillés, mais quand il triture ses guitares, harmonica, piano, compose de nouvelles chansons si rapidement qu'il ne peut se les rappeler, il déborde assurément de talent.

La voix de Monsieur Dylan est tout sauf jolie. Il essaie consciemment de retrouver la rude beauté d'un ouvrier agricole du Sud en train de chanter une mélodie sous son porche. Sa voix enrouée aboie et une intensité d'endurci habite ses chansons. Monsieur Dylan est à la fois comédien et tragédien. Comme un acteur de vaudeville dans le circuit rural, il offre un assortiment de monologues drôles musicaux. *Talking Bear Mountain* tourne en dérision un bateau d'excursion surpeuplé ; *Talking New York* est une satire des difficultés que chacun doit surmonter pour obtenir la reconnaissance ; et *Talking Havanagilah* parodie la folie de la musique folk et le chanteur lui-même. Dans sa sérieuse veine, Monsieur Dylan donne l'impression de jouer un film au ralenti. Les phrases sont étirées comme un élastique au point de faire croire qu'elles vont claquer. Il balance sa tête et son corps, ferme ses yeux comme en rêverie, semble chercher à tâtons un mot ou un état d'âme.

Parfois, il marmonne le texte de *House Of The Rising Sun* en un grognement à peine compréhensible, ou bien sanglote, ou encore il énonce clairement la grande émotion poétique d'un blues de

Blind Lemon Jefferson. "J'ai un service à te demander, regarde si ma tombe reste propre."

La démarche hautement personnelle de Monsieur Dylan dans le folk song continue d'évoluer. Il a absorbé les influences comme une éponge. Parfois, le drame qu'il vise devient mélodrame hors de propos et sa stylisation, dans un excès de maniérisme, menace de le faire chuter. Mais si elle ne s'adresse pas à tous les goûts, sa musique porte la marque de l'originalité et de l'inspiration, d'autant plus remarquable pour son jeune âge. Monsieur Dylan est vague au sujet de ses antécédents, de son lieu de naissance, mais il importe moins de savoir d'où il vient qu'où il va, et cela semblerait tout droit vers le sommet [24]. »

Shelton avait volontairement relégué au deuxième plan les vedettes de la soirée, les Greenbriar Boys, qui occupaient plusieurs paragraphes très élogieux. Le journaliste fut lui-même aidé par un curieux hasard puisque la maquette mit en valeur le titre de l'article, répandu en pleine page sur plusieurs colonnes. Et la photo de Dylan s'étalait, avec sa fameuse casquette, sa guitare énorme, un cliché un peu flou mais très intense. Quel plaisir ! Quelle revanche ! Bob savoura ce moment-là. Ce brillant article parut le jour même où il se rendit au studio Columbia afin d'accomplir ses grands débuts phonographiques. Il le montra à Suze aussi fière que lui.

— Tu as vu ? En plus, il raconte mes chansons... Incroyable !

Il dut répondre à toutes les interrogations que ses amis se posaient, intrigués par ce début d'œuvre, ce « blues parlé » au titre rocambolesque : *Talking Bear Mountain Picnic Massacre Blues.* Comment lui avait-il été inspiré ? Bob souriait d'un air évasif et se gardait bien de trop en dire. Il composait, l'œil rivé sur la rubrique des faits divers. Il avait lu dans un journal de New York qu'un groupe de citadins avait payé d'avance un week-end à Bear Mountain – montagne de l'Ours. Les touristes avaient embarqué sur un bateau avec leur pique-nique, prêts à festoyer au soleil et sous les pins. Mais le navire, trop chargé, avait naufragé. L'accident n'avait heureusement provoqué aucune mort, inspirant à Bob cette chanson au parfum tragi-comique. Il lui avait suffi d'exagérer un peu le dénouement afin de dénoncer la publicité mensongère, les voyagistes avides et inconscients. Le public apprécia aussi l'humour des textes comme *Talking New York* et l'arrivée du jeune immigré Zimmerman un certain hiver 1961. « Le *New York Times* disait que c'était l'hiver le plus rigoureux depuis dix-sept ans. Du coup, j'avais moins froid [25]. »

Le petit monde folk réagit vivement à ces belles lignes, comme en témoignerait plus tard Shelton lui-même. Jack Elliott lut le papier à voix haute, « de sa voix la plus dylanesque », à quelques buveurs d'un bar de

Greenwich appelé Dugout, dans Bleecker Street. Le grand Van Ronk s'approcha un soir de Shelton :

— Bravo, tu as fait une très belle chose.

Le journaliste sentit que ce musicien lumineux de Greenwich s'efforçait d'étouffer, au fond de lui, tout sentiment médiocre. Beau joueur, Dave l'Irlandais s'évertuait à louer celui auquel il avait prodigué les plus ingénieux conseils. Shelton se demandait s'il ne souffrait pas de voir que l'œil du cyclone s'éloignait, qu'il n'évoluait plus au centre de l'univers et que ce jeune garçon était en train d'attirer à lui toute la lumière de Greenwich par des manières un peu étranges, des mensonges, de la séduction, de la folie, de l'instinct et... du talent.

— Voilà, disait Dave à son épouse Terri Thal. Bob est probablement sur les rails. Je suis content pour lui...

La jeune femme aurait bien ajouté : « C'est grâce à toi, n'oublie pas que tu lui as fait découvrir des morceaux comme *The House Of The Rising Sun !* », sans doute pour rassurer son mari au cas où il aurait pris ombrage de la brutale ascension médiatique de Bob, mais elle s'était bien gardée de lâcher cette phrase inutile.

Dave n'aurait pas apprécié que son entourage le plus proche détournât vers lui toutes les gratifications offertes à un autre.

— Pourquoi faites-vous cela ? Ce n'est pas moi qu'il faut congratuler, mais Bob !

Et il aimait beaucoup la musique de Dylan. Personne ne comprendrait une critique de sa part d'autant que Terri, petite brune aux cheveux courts et au visage souriant, manifestait un bel enthousiasme.

— J'adore, j'adore, répétait-elle.

Dave acquiesçait, conscient qu'il aurait davantage à perdre s'il s'abaissait à démolir l'étoile naissante pour une raison – banalement humaine – de basse jalousie. Il accueillait avec plaisir les gens qui venaient le voir et disaient :

— Quelle chance, ce Bob !

Il hasardait alors un sourire modeste parce que beaucoup reconnaissaient, implicitement, son rôle putatif. Dave se posait en défenseur de la nouvelle vedette, refusant qu'un ignorant imputât la réussite de Bob à ses vêtements, à ses amitiés, à la mode, à sa copie de Woody Guthrie, comme il l'entendait dire parfois, ou à n'importe quoi d'autre. *Et toi ? Et toi ? Tu ne seras jamais célèbre.* Le beau Van Ronk haussait les épaules. Quelle importance ? Terri et lui étaient heureux ensemble, et c'était bien l'essentiel. Bob avait un grand talent. Et alors ? Ses qualités n'enlevaient rien à celles de Van Ronk ni à la vie plaisante qu'ils menaient dans ce New York artistique et bohème.

Dans le concert de louanges que Shelton avait entendu comme un essaim d'abeilles folles, il avait bien aimé la réaction d'Izzy Young, le propriétaire du Folklore Center et l'ex-associé de Mike Porco.

— C'est moi qui ai découvert Dylan avant tout le monde. C'est moi...
Gonflé, non ? Mais peut-être vrai. L'aigreur finit cependant par remonter à la surface. Le chroniqueur du *New York Times* n'en avait pas terminé avec les secousses que son article provoqua. Il les énumérerait sans états d'âme : deux musiciens, Eric Weissberg et Marshall Brickman, lui conseillèrent fielleusement d'acheter un sonotone, l'aigri Logan English, en panne musicale, se montra « sarcastique et lugubre ». Quant aux Greenbriar Boys, ils ne supportèrent pas d'avoir été éclipsés par le « gosse ». Son chanteur et banjoiste Bob Yellin ne parla plus à Shelton pendant des semaines. Fred Hellerman, l'ancien guitariste des Weavers, le groupe de Pete Seeger, ne comprenait pas comment un tel ignorant pouvait mériter autant d'éloge. « Tu te rends compte ? Dylan ne sait ni chanter ni jouer. Vraiment, tu as dépassé les bornes », lança-t-il au journaliste. Plus mesuré, Manny Greenhill, l'ancien manager de Joan Baez, assura que la chronique du *New York Times* parlait de « Bobby dans un an ou deux, mais pas aujourd'hui ». Charlie Rothschild, un manager bien en vue à l'époque, prêtait des vertus au jeune artiste, mais prévenait que la route serait longue.

Robert Shelton en entendit de toutes sortes. Lorsque Bob revint au Gerde's, il fut la cible des regards, des attentions.

— Regardez, c'est ce type-là.

Un murmure intrigué traînait derrière lui. Robert rapporta les remerciements que Bob lui adressa :

— Tu es un très bon écrivain, pas que pour la musique, mais un très bon écrivain.

C'est donc en matamore que Dylan arriva à la première séance studio du disque de Carolyn au coin de la 7e Avenue et de la 52e Rue. Il tenait le *New York Times* à la main, prêt à le donner si quelqu'un le lui réclamait. De l'autre, il portait haut sa guitare comme une flamberge au vent. La jeune Hester l'embrassa chaleureusement.

— Bravo, dit-elle, bientôt nous oserons à peine te saluer.

Tous avaient pris connaissance de l'article. Bob le montra à John Hammond qui sourit. Lui aussi l'avait lu. La séance commença. Carolyn Hester, juchée sur un tabouret, les jambes croisées, ressemblait à un joli volatile. Derrière, la nouvelle vedette, le « styliste original », en grande forme et rajeuni, épuisait son harmonica, gesticulait avec sa casquette et sa tenue simple de matelot en bordée. La chanteuse avait félicité Bob pour l'article, mais n'avait guère apprécié par la suite ses rodomontades un peu excessives, comme s'il voulait capter toute l'attention. C'était son disque à elle. La lumière brutale jetée sur son ami l'avait déstabilisée et rendue légèrement paranoïaque. Sur la même longueur d'ondes, Richard, son mari, jugeait Hammond peu présent, laxiste.

— On la refait celle-là ? Je ne l'aime pas.

Et John haussait les épaules.

— Pour quoi faire ? Elle me satisfait.

Il semblait doué pour dénicher les talents. Mais après ? Le perfectionnisme ne l'attirait pas vraiment. Les musiciens l'observaient de l'autre côté de la vitre, la tête penchée, absorbé par ses lectures. Il levait les yeux, mais ne s'intéressait guère au bon déroulement du disque de Carolyn, préférant suivre Dylan, tandis que Fariña s'énervait car le résultat ne le satisfaisait pas. On joua bien sûr le blues *Come Back Baby* sur lequel Bob s'éclaira à l'harmonica, le gospel *I'll Fly Away* que les Five Blind Boys avaient souvent repris... L'orchestre tournait plutôt rondement. Puis, la séance s'acheva. Carolyn respirait, soulagée.

Les musiciens quittèrent le studio.

— Bob, je veux te parler, lança Hammond, sorti de sa torpeur apparente.

Peut-être désirait-il faire part de son mécontentement à un musicien qu'il méjugeait ? Bob allait-il être viré ? John tenait le numéro du *New York Times*. Il paraissait détendu. La suite est sujette à caution. Dylan a toujours prétendu que Hammond lui avait proposé un contrat sur cinq ans sans même l'avoir entendu chanter, sur sa bonne mine et la foi du journaliste Robert Shelton. D'autres jurent qu'une telle personnalité ne peut pas recruter un artiste au hasard. John raconterait qu'il avait proposé à Bob une audition, formalité pour ce médiocre instrumentiste, mais au don réel : il ne savait pas comment s'organiserait cette matière brute, ce désordre lyrique. Il ne le savait pas, mais voulait le savoir.

•

Le grand bonheur promis à Carolyn avait tourné court. Son troisième album – le premier chez une grande compagnie – ne changerait pas la face du monde et encore moins son existence. Une belle illusion. Elle ressortit des séances très amère. John Hammond s'était moqué d'elle en ne la soutenant pas jusqu'au bout. Pourquoi l'avait-il appelée ? Parce qu'il n'avait pas eu Joan Baez ? Pendant ces journées, elle avait chanté, seule, défendu son disque avec pour unique allié un Richard Fariña de plus en plus agacé lui aussi. Le disque sortirait, mais Columbia ne l'aiderait pas, elle le savait. Et puis, elle venait d'apprendre que Bob, au contraire, avait quitté le studio un bon contrat en poche, un contrat comme elle aurait rêvé en obtenir. S'était-il servi d'elle afin de mener à bien son dessein carriériste ? Elle ne voulait pas le croire. Il saisissait juste la circonstance. Comment ce

John Hammond pouvait-il se décider si vite sur un inconnu qu'il avait à peine écouté ?

Elle aurait aimé lui parler, mais John se montrait distant, enfermé dans son bureau carrossé d'or où le personnel de Columbia devait saluer bien bas l'homme qui avait découvert Billie Holiday et Benny Goodman. Personne n'aurait osé le remettre en cause, du moins jusqu'au premier échec retentissant. Le producteur génial aimait la force que dégageait Dylan derrière cette apparence chétive. Cela faisait si longtemps que la vénérable maison de disques attendait un grand coup qui ne venait pas ! Du rock, du pur. Ou quelque chose d'unique. John virevoltait dans le bureau du patron de l'époque, nouvellement arrivé, David Kapralik, confortablement assis dans son fauteuil.

— Tu verrais ce garçon... j'ai lu quelques-unes de ses chansons. C'est de l'or, de la poésie comme on en voit rarement, avec des mots qui accrochent la langue et propulsent leurs images au cerveau. Et c'est une personnalité fascinante. Il peut représenter beaucoup pour la jeunesse.

Kapralik souriait. De toute façon, il écoutait à peine John et balaya de la main, l'air de dire :

— Vas-y, fais ce que tu veux. Je te crois.

Le 25 octobre 1961, Bob arriva dans les bureaux de Columbia afin de signer l'accord : une année de contrat, plus un droit de préférence pendant cinq ans renouvelable chaque saison. Et l'artiste recevrait un millier de dollars d'à-valoir. La maison de disques se réservait le droit d'interrompre les frais si le premier album échouait. Et Bob serait renvoyé à sa vie de vagabond angoissé.

— Il faudrait que tes parents signent car tu n'as que vingt et un ans... dit Hammond. Le garçon arbora une expression étonnée.

— Mes parents ? Mais je n'en ai pas... mentit-il. J'ai un oncle à Las Vegas, c'est tout... Faites-moi confiance !

John lui tapota l'épaule. Tant pis. Bob gagnerait un an de plus. « C'est un artiste suprême, songea le producteur. Mais si difficile à comprendre... » Quelque chose le fascinait, sans doute ce qu'il définirait plus tard dans ses mémoires, *On Record*, comme la volonté d'imposer ce monde fantaisiste au réel, de créer un personnage propre et de le mettre tout entier au service de son art.

De sa première rencontre avec le grand John, le jeune homme sortit avec l'envie de sauter, mais s'efforça tant bien que mal de tempérer sa joie. Il craignait les mauvaises réactions, la jalousie de ses camarades musiciens. Que diraient-ils ? Qu'il ne méritait pas un tel honneur, qu'il avait encore à travailler ? Beaucoup des musiciens de Greenwich erraient dans le Village sans la moindre gratification, et voilà qu'un nouveau venu les devançait en signant chez une prestigieuse compagnie. Certains dénonçaient « la folie de John Hammond », une expression qui allait rester collée à la légende naissante de Bob Dylan. Le vagabond entendait au loin ruminer la foule des mécontents et pensait à Carolyn Hester, la douce Carolyn qui l'avait bien aidé mais désormais nourrissait, peut-être elle aussi, du ressentiment à son égard, à l'aigri Logan English, à ses frères musicaux, à Dave Van Ronk, à Jack Elliott et bien sûr au grand Woody Guthrie. Bob se garderait bien de provoquer les artistes qui n'avaient pas eu sa chance et risquaient d'attendre en vain la fortune. Ah, la bonne blague : il allait rejoindre dans le catalogue Columbia le grand Pete Seeger, dessiner sa figure sur le mont Rushmore de la musique américaine, aux côtés de tous les Seigneurs. Il s'arrêta, s'assit sur un banc de Greenwich et reprit ses esprits. Il devait travailler dur. Columbia ne l'épargnerait pas.

Ce jour-là, ses pas le guidèrent chez Carla. Il ne s'était pas rendu compte que la profonde nuit recouvrait toute la ville. La sœur de Suze lui ouvrit, les yeux mi-clos et décoiffée.

— Bob ? Tu as vu l'heure ?

— Je sais, dit-il, en s'allongeant sur le canapé comme s'il s'installait pour dormir.

Carla l'observait en se grattant la tête.

— Je vais bientôt enregistrer un disque. Peux-tu m'introduire dans le bureau de ton patron Alan Lomax ?

Elle accepta et alla se coucher pendant qu'il lisait un recueil de poèmes. Elle était presque sûre qu'il resterait éveillé.

Bob avait besoin de se frotter au folklore. Il imaginait déjà le tissu qui composerait son album. Il achetait des vieux disques, ramassait tous les livres de poésie et de folk chez les bouquinistes. Et bien sûr, la collection rassemblée par le fils Lomax le passionnait. Le bureau recelait des trésors, les murs cachaient les plus belles histoires américaines. Quand Carla lui ouvrit la porte en l'absence du patron, il regarda les photos et y demeura jusqu'au soir, écoutant les vieux enregistrements, les chants de travail. Il trouva un vieux disque de country blues année 1959, publié en accompagnement du livre de Samuel Charteris, *The Country Blues*. Que de trésors ! C'était comme tirer un fil magique. Il découvrit *Stealin Stealin*, un morceau du Memphis Jug Band, *Preachin' Blues*, un titre de Robert Johnson, le bluesman qui avait, paraît-il, pendant les années trente, vendu son âme au diable à un carrefour du Mississippi, près de Clarksdale. C'était la nuit, sous l'obscure clarté des étoiles, comme l'écrivit un tragique français du XVIIIe siècle, à l'ombre des moires orphéennes du fleuve. Robert, le mauvais guitariste, s'endormit sur la route et fut tiré du sommeil par une ombre que le vent noir venait de déposer à ses pieds. Elle prit sa guitare, l'accorda et s'évanouit dans le grand ciel du Mississippi. Robert devint un virtuose du chant et de la guitare. L'apparition lui avait transmis son génie. En échange de quoi ? De son âme ? Voilà ce qu'il narrait aux paysans de la région. Robert, le Noir de la dépression et de la ségrégation, mourrut empoisonné dans l'une de ces baraques musicales, moites et malodorantes du Sud profond, perdue aux confins des champs et des arbres. C'était en 1938. Johnson avait séduit la femme d'un homme peu compatissant à sa musique, probablement, et amateur de poison raffiné. Robert, assoiffé par l'étouffoir du club, eut le tort de saisir n'importe quel verre. La main criminelle y glissa la substance mortelle. Personne ne sait où son corps repose. Ce soir d'août, dans la chaleur tropicale, il fut jeté aux quatre vents. Mais son répertoire, créé en si peu d'années, au sommet duquel règne le fameux *Sweet Home Chicago*, prendrait le chemin de l'Éternité. L'autre Bob, né juste quelques années après le drame, lisait cette aventure sans se soucier du monde extérieur. Il passa à un autre classique, un joyau, *Fixin' To Die* de Bukka White, brillant dans la pléthore de livres et de compilations folk blues. Le son du vieil enregistrement frappait ses oreilles, la voix fauve de Bukka, son blues lancinant, répétitif, hypnotique. C'était le Delta tel qu'il l'aimait. Du blues coup de poing puisque le vieux White, né dans le Mississippi en 1906, avait été boxeur autrefois, joueur de base-ball, musicien de bouge et voyageur impénitent. On disait qu'il avait tué un homme au cours d'une bagarre. En tout cas, sa violence le mena tout droit au pénitencier de Parchman Farm où les musicologues Lomax le rencontrèrent et enregistrèrent sa musique. Son œuvre plonge dans une nuit moite, sombre, pleine de râles, marquée par le destin implacable du Noir aux États-Unis. Dylan avait tout de suite aimé ce chant caverneux et s'était juré de le faire connaître grâce à la tribune que John Hammond avait la « politesse » de lui offrir. Il se verrait bien devenir une sorte de Bukka White blanc, armé de sa guitare et au jeu aussi intense.

Il repartit de la caverne de Lomax avec des sons, des couleurs, et suivit Carla chez elle où Suze les attendait. Il continua à écouter, dévorer, essaya de dormir, mais ne put que se plonger dans un demi-sommeil et se remit à lire jusqu'à cinq, six heures du matin, à la lueur d'une ampoule. Puis, il s'allongea, réveilla sa fiancée à moitié endormie, et lui fit l'amour, sans un mot. Il demeura étendu la journée suivante, grattant sa guitare et imaginant des thèmes. Le souvenir de son arrivée à New York revenait, lancinant. Il chanta cet air qu'il avait souvent entendu pendant ses voyages, *Hard Times In The Country Working On Kitty's Farm*. Ce traditionnel lui inspira *Hard Times In New York Town*, l'équivalent urbain et une plongée dans cette métropole qui ne laissait pas de l'effrayer.

Il se leva et écrivit dans le silence de la nuit.

Le matin, il repartit, agité, exalté par ce travail d'entomologiste. Il pista à nouveau les chemins broussailleux du Vieux Sud. Il avait du mal à revenir à la réalité, le visage complètement perdu, l'air hagard. Suze le laissait tranquille. Et un jour, il s'élança pour la grande plongée qui, espérait-il, transformerait son existence.

Le bâtiment de la Columbia se dressait avec son air de navire majestueux rôdé à toutes les tempêtes. Bob fut impressionné par ces murs si hauts, recouverts d'or, tous ces disques alignés en rangs comme des boucliers romains. Il y ressentit la même climatisation glaciale qui avait accueilli Joan Baez, convoquée en ces lieux quelques mois plus tôt. Un sentiment d'écrasement et de découragement saisissait tous les artistes au moment de franchir les lourdes portes du temple.

Le producteur lui avait réservé un studio, en plein Manhattan. Quand il pénétra dans l'arène, il parut indifférent au micro, à la vitre, aux murs blancs, à cet univers capitonné qui constituerait son monde. Il portait sa guitare à bout de bras, coiffé de son éternelle casquette. C'était un frais mois de novembre, le 20 de l'année 1961. Le jeune musicien apparut, emmitouflé dans son manteau en daim doublé de fourrure, tenant à la main le répertoire qu'il jouerait. Personne ne lui avait rien imposé. Il n'en revenait pas. John Hammond l'attendait, impatient, avec juste un ingénieur du son.

— Que vas-tu jouer ? lui demanda-t-il.

Bob répondit sans même tourner la tête.

— Des choses que j'ai écrites, d'autres que j'ai découvertes, certaines que j'ai volées.

La décontraction apparente que manifestait le jeune musicien surprit Hammond et lui plut. De toute façon, cet album ne coûterait pas cher à Columbia, moins de cinq cents dollars. Un inconnu, une guitare, juste un micro.

— Veux-tu qu'on t'enregistre d'abord sur un magnétophone pour voir ce que cela donne ?

— Non, cela ira, je commence tout de suite.

Il commença à chanter *She's No Good*, un titre de Jesse Fuller qu'il avait rencontré à Denver. Il pensa à ce bluesman aperçu dans cette boîte avec lequel il avait échangé des propos ordinaires. John Hammond se dressa sur sa chaise. Quelle manière de chanter ! Mon Dieu, pourquoi n'avait-il pas testé la recrue sur bande ? Il descendit dans la pièce du studio et s'approcha de Bob :

— Essaie de mieux prononcer les p, de mieux faire siffler les s, et ne t'éloigne pas du micro.

Le garçon l'écouta ou eut l'air de l'écouter. Mais lorsqu'il attaqua la deuxième prise de *She's No Good*, il commit les mêmes erreurs. Il se moquait de ce que pouvait lui dire John Hammond.

— Plus près du micro, criait le producteur, en colère. Mais Bob flottait où il le souhaitait, sans se soucier de sa position.

Il enregistra une troisième prise du classique de Jesse Fuller et Hammond conserva cette nouvelle tentative, bien meilleure malgré les défauts que Dylan avait refusé de corriger. Plus tard, Bob fanfaronnerait, soignant toujours un peu plus sa légende :

— Vous savez, j'ai joué de la guitare, de l'harmonica, et chanté ces morceaux, c'est tout. John Hammond m'a demandé si je voulais en enregistrer quelques-uns plusieurs fois, et je lui ai dit non. Je ne me voyais pas interprétant la même chanson deux fois de suite.

Les documents du studio attestent pourtant que cinq titres seulement ont été gravés d'un coup. Dylan exprima beaucoup d'énergie, d'angoisse à jouer. Il avait l'impression que chaque intervention extérieure infecterait son style. Balzac n'avait-il pas dit : « Le style, c'est l'homme. » Et Dylan jouait comme il était, jetant un œil vers Suze qui, dans un coin, ne bougeait pas, penchée vers la pièce où son amant jouait. Elle avait peur pour lui. C'était tellement étrange. Il possédait une voix et une intensité qui menaçaient de rompre à tout instant.

Elle se retourna et aperçut, à quelques pas, un très jeune homme. Lui aussi observait les séances. Il portait un blouson de cuir et ressemblait à un acteur hollywoodien, avec son visage carré, ses grands yeux, ses cheveux châtain blond. John Hammond Jr, le fils du producteur, ne ratait pas une note, si passionné par la musique qu'il semblait avoir envie de rejoindre Dylan.

Bob enregistra *Fixin' To Die*, espérant égaler Bukka White. Ses vagues de guitare s'approchent, s'éloignent, il chante, force sur la voix et donne un côté un peu brutal à ce classique. Toute sa musique manifeste une rugosité, un manque de sensualité comme une pierre mal équarrie, aux pointes coupantes, mais qui brûle d'un étrange feu noir. Dylan portait la musique de rue, celle qu'on entendait au-dessus des bouches d'égouts, sous les cieux orageux. Quand il finissait, il ne se reposait pas et attaquait la suivante assez vite, s'appuyant sur son accompagnement primaire à la guitare ou un harmonica strident. Il arracha de somptueuses plaintes sur *He Was A Friend Of Mine*, une vieille chanson du Sud que les prisonniers fredonnaient en rêvant de liberté. Le grand Leadbelly l'avait enregistrée en 1935 sous le titre *Shorty George*. La moiteur des geôles, la froideur des barreaux écorchaient une ballade qui avait la dureté de la pierre et l'illusion du vent. Combien de bagnards l'avaient chantée dans leur cachot ! John et Alan Lomax avaient gravé des dizaines de versions de cet « ami » roucoulé par des voix anonymes dont la plupart hantaient les limbes de la bibliothèque du Congrès. C'est ainsi que Bob l'avait découverte, en retournant, comme on retourne une vieille terre pleine d'ossements magnifiques, la mémoire du fils Lomax. Mais John Hammond ne la retint pas, surtout qu'elle ne lui paraissait pas égaler en poésie la suivante, le célèbre traditionnel *House Of The Rising Sun* que Dave Van Ronk avait dévoilé à Bob. Dylan aimait raconter cette histoire de femme pauvre obligée de se prostituer. Il reprit les arrangements de son bon ami sans vraiment savoir s'il en avait le droit. Il l'avait souvent chantée sur scène, sans que personne ne lui reprochât l'emprunt. De toute façon, il aurait bien le temps de solliciter son autorisation. Et pourquoi le lui interdirait-il ? Cette chanson appartenait à tout le monde, fier de la placer aux côtés de son personnel *Talking New York*, et ce *Song To Woody* que le grand musicien grabataire écouterait sur son lit d'hôpital, entouré de la famille Gleason. Ce mélange donnerait un album riche. La journée s'achevait.

Bob s'assit et but.

Il baissa la tête.

— *In My Time Of Dyin'*, chuchota-t-il.

C'était un vieux blues enregistré en 1933 par Josh White au plus fort des années noires. Ce bon vieux Josh, surnommé le « Singin' Christian », avait traîné sa guitare brillante dans les cabarets de New York depuis la dépression. Un virtuose, compagnon de Leadbelly, Woody Guthrie, et des plus grands maîtres du folk. Bob se devait de hisser son art à la hauteur de ce qu'il avait entendu à trente ans de distance. Il chercha un « bottleneck », littéralement « cul-de-bouteille », car les guitaristes au début du siècle avaient l'habitude de faire glisser sur les cordes un goulot pour créer des notes allongées à la manière des joueurs hawaïens. Bob savait qu'il plongeait dans le vrai blues noir, ouvrait les portes de la nuit, ce mélange de misère et de foi qui hantait la musique noire d'avant-guerre. Mais le matériel lui manquait. Un tube de métal suffisait pour permettre au jeune garçon de franchir le Styx. Dylan se leva, monta les petites marches derrière les vitres, puis se pencha vers Suze.

— Tu peux me prêter ton tube de rouge à lèvres ?

Elle ne comprenait pas, fouilla dans son sac et lui donna l'objet. Bob enfila le capuchon sur son doigt, descendit, et joua *In My Time Of Dyin'*. Un frisson remplit le studio. Les cordes de Bob claquèrent entre aigus et basses, son chant élevé trahit une vive angoisse, comme s'il voyait le spectre du Mississippi devant lui, la guitare parut mourir, un silence semblait s'installer, mais la voix de Dylan revenait à chaque fois du crépuscule, cri d'un moribond au bord de l'abîme. Ce fut un va-et-vient magique entre les dernières lueurs du jour et les vastes champs du Vieux Sud. Une prise suffit pour ce blues court et lugubre. Tous les témoins savaient qu'il sublimerait le disque. Mais c'était fini. Dylan avait chu de sa chaise, épuisé.

— Je reviendrai le 22 et je finirai, dit-il.

Des sentiments bizarres l'agitaient. Avait-il été valable ? John Hammond se contenta de le saluer. Aucun des témoins présents ne jugea bon de commenter sa prestation. Beaucoup l'observaient, tout sourire. Peut-être Hammond appréciait-il finalement cette rudesse un peu maladroite ?

Bob repartit avec Suze qui n'avait pas bougé d'un centimètre pendant toute cette journée. Elle serra son bras très fort, l'embrassa, évitant de prononcer le moindre mot. Les deux amants passèrent la soirée ensemble, dans cette nuit fraîche de novembre. Bob semblait ailleurs, occupé à observer l'océan qui s'étendait sous la blancheur du ressac et des lumières du large. Manhattan avait, ce soir-là, le même air que respirait sans doute Cole Porter après ses succès de Broadway. Il avait la sensation d'appartenir à ces dieux new-yorkais, même s'il devrait à l'avenir fournir bien plus de chansons personnelles pour mériter de s'asseoir au Panthéon de la comédie américaine.

— C'était bien ? demanda-t-il à Suze.

La jeune fille hocha la tête sans très bien savoir. Comment aurait-elle pu ? De toute façon, il n'écoutait personne. Suze trouvait étrange ce personnage qui n'avait pas d'endroit où dormir, rêvait les yeux ouverts, disparaissait de la réalité, et accomplissait enfin son ambition grâce à une légende de la musique américaine. Le couple rejoignit l'appartement de Mary Rotolo. Bob prit son amoureuse dans ses bras et lui parla d'une voix bien douce.

Mais il ne trouva pas le sommeil et, à l'aube, il quitta l'appartement, erra à Greenwich qui émergeait à peine des fonds abyssaux, vit le jour se lever et rejoignit les clubs, désireux de se montrer, joua un peu, dénicha encore des livres chez les bouquinistes. Il ne rencontra pas grand monde, à sa grande satisfaction. Puis, il rentra. Suze l'attendait. Mais elle ne parvint à pénétrer sa pensée, à adoucir ce visage sans sourire.

— Qu'est-ce que tu as ? Réponds-moi, s'énerva-t-elle, le secouant.

— Fous-moi la paix.

Et il s'éloigna dans la pièce voisine. Quelques minutes plus tard, il revint et l'embrassa. Elle avait de plus en plus de mal à supporter cette humeur changeante, à attendre le bon vouloir du prince. Qu'espérait-il ? Le soir, devant Carla et Suze, assises côte à côte, le même sourire sur leur visage, il empoigna sa guitare, joua des morceaux, la bouteille de vin à portée de main. Les deux sœurs se couchèrent, mais Bob continua de rêver près de la fenêtre. Il regarda l'aube rosir le ciel de New York.

Le matin, il s'envola. Suze avait l'impression de partager l'oreiller d'un fantôme, mais Bob avait déposé un mot à l'entrée la prévenant qu'il était parti au studio. Elle s'habilla à toute vitesse, et sortit, consciente qu'elle emploierait sa jeunesse à courir derrière son fiancé talentueux malgré son peu d'inclination pour un tel rôle.

Il faisait froid en cette matinée du 22 novembre. Suze prit le chemin du studio Columbia, ses mains tremblaient, les rues lui semblaient vides, interminables. Elle grelottait. Et s'il ne faisait plus attention à elle, témoignait à son égard la même dureté que l'autre soir ? De toute façon, elle ne resterait pas dans son ombre éternellement. Elle nourrissait ses propres passions, le théâtre, Brecht, la politique, et ne devait rien à Bob, rien du tout. Sur le chemin, elle essayait de se convaincre, mais aucun argument en sa faveur ne chassait pas vraiment ses inquiétudes.

Quand elle l'aperçut, avec sa guitare, son harmonica, elle chercha à capter son regard, mais il ne tourna pas la tête vers elle. Sa distance avait quelque chose de normal au fond, même si elle réveillait les fragilités de Suze. Quant à John Hammond, n'en parlons pas. Il l'ignorait superbement. En se regardant dans la vitre, avec son corps d'allumette, son teint pâle, la jeune femme prit toute la mesure du danger. D'un instant à l'autre, la fiancée de Bob Dylan pouvait disparaître de sa vie. D'ailleurs, l'artiste fréquentait peut-être quelqu'un d'autre, elle ne savait pas.

Toute à son admiration et à sa peur, Suze le vit jouer *Ramblin' Blues*, éliminer ce morceau d'un geste las, puis *Man Of Constant Sorrow*, un vieil air folk du Sud qu'il avait entendu dans la rue, *Pretty Peggy-O*, une comptine écossaise folk repérée sur un disque de Joan Baez. Et tout cela sans même chercher le soutien de sa muse. Elle fut effrayée par la tension qu'il injecta dans *See That My Grave Is Kept Clean* (« Vérifie que l'on garde ma tombe propre ») du guitariste chanteur Blind Lemon Jefferson. Pourquoi chantait-il la mort avec autant de jouissance ? Pourquoi regardait-il toujours les cimetières quand ils se promenaient tous les deux ?

— Tu as vingt et un ans, et tu ne penses qu'à la mort, disait Sue. Regarde devant toi. Pense à la vie, à notre amour...

Mais à chaque fois ses réactions l'angoissaient.

— Notre amour ? murmurait-il d'un air songeur. Quel amour ? N'es-tu pas aveugle sur ce qui nous attend, sur ce que le monde nous réserve ? Regarde Woody Guthrie qui est en train de crever sur son lit d'hôpital. Alors, s'aimer...

— Arrête, je t'en prie...

Elle dormait assez mal, se réveillait la nuit en sueur, le cherchait à tâtons comme pour vérifier qu'il n'avait pas disparu. Elle pensait à ses angoisses tandis qu'il chantait *See That My Grave Is Kept Clean*. Cette tombe évoquait l'épais linceul de lys qui avait recouvert le corps transi de Blind Lemon Jefferson, un soir de décembre 1929 à Chicago. Une tombe propre, effectivement, virginale. Ce musicien aveugle s'était enrichi en quittant le Texas pour chanter et composer au Nord. Avec sa guitare et sa canne, sa sonorité aux flamboyances hispaniques, homme de toutes les frontières, il toucha les populations noires et blanches. *Jack O'Diamonds*, *Matchbox Blues* et cette « tombe propre » le rendirent légendaire. Il aurait pu faire fructifier sa fortune naissante si ce maudit hiver ne l'avait surpris en traître. Blind Lemon, revenu à Chicago afin de graver quelques titres supplémentaires, retrouvait une cité aux sons étouffés, il sentait le froid, les bruits lointains... La neige drapait les toits de la ville. De longues files de flocons tourbillonnants s'écoulaient de l'éther comme si on secouait un gigantesque oreiller au-dessus de la nuit. *Garde ma tombe propre.*

L'aveugle illustre avait accepté l'invitation d'une personnalité, dans cette maison chaleureuse qui étincelait jusqu'au bout de la nuit. On y dansait, on écoutait du jazz, à l'abri du froid. Blind Lemon, assis avec ses lunettes noires, l'air martial, avait sommeil. Il se leva et dit au revoir à ses hôtes.

— Vous voulez qu'on vous raccompagne ?

Mais le grand Blind Lemon tenait à son indépendance.

— Non, je connais le chemin.

Sa chambre l'attendait à deux pâtés de maisons. Mais à peine était-il sorti, les doigts gourds, le corps trempé, qu'il ne sut plus où il allait, incapable de s'envoler, comme enfermé dans une immense glu vénéneuse, une pâte glacée qui engloutissait toute son énergie et le poussait vers la mort. Il marcha, marcha toute la nuit, il avait si froid, il était tellement fatigué ! Enfoui dans son grand manteau beige, il se coucha sur la mousse glacée, croyant qu'un passant le débusquerait. Mais ledit passant retrouva son corps bien plus tard, dissimulé sous une bonne couche de neige. *Garde ma tombe propre*. C'était toute cette misère que Suze entendait dans le chant rageur de son ami Bob Dylan. Il déployait plus d'intensité que dans *Gospel Plow*, autant que pour le *Highway 51*, du pianiste Curtis Jones, un malheureux bluesman qui toucha la gloire avant-guerre et perdit la grâce au milieu des années quarante pour végéter dans une chambre d'hôtel sordide du bas Chicago. Dylan voulait remplir sa mission de sauveur. Cette autoroute 51 défila en un souffle chaud. Suze attendait la suite, un peu fatiguée, heureuse. Comment en sortirait-il ? Joyeux ? Frustré ? En attendant, elle s'était embarquée avec lui dans ce *Freight Train Blues* qui relevait de la pure tradition des blues du rail.

Je suis né à Dixie dans une cabane...
Juste une petite baraque à côté de la voie de chemin de fer
Le fredonnement des mécaniciens était ma berceuse
Et le sifflement du train de fret m'a appris comment pleurer [26]

Bob étonna Suze et John Hammond. Il avait déniché ce vieux titre probablement composé en 1934 par un certain John Blair né au XIXe siècle, et que l'on trouvait sur un enregistrement du musicien country Roy Acuff et de son harmoniciste Sam « Dynamite » Hatcher. Formé dans la nef sombre et joyeuse des églises, Roy, l'ancien champion de base-ball, savait swinguer et popularisa les airs traditionnels de la montagne. Dylan balança un léger marivaudage à l'harmonica, une diction sèche, rapide, suivie de hululements vocaux pour mimer le sifflement du train. Imitant les chanteurs country du temps passé, il mit beaucoup d'humour dans cette parodie du chant des Appalaches.

La besace débordait encore de feuilles que Bob avait apportées au studio. Pourquoi ne pas prendre *House Carpenter* ? C'était une vieille chanson, mais quand on dit vieille, elle venait des profondeurs du temps, écrite par Samuel Pepys en 1685 sous le joli intitulé : « Avertissement pour les Femmes Mariées, comme cette Mrs Jane Reynolds (une femme de l'Ouest), née près de Plymouth, ayant promis sa foi à un marin, épousant finalement un charpentier avant d'être emmenée par un esprit dont on va réciter à présent le comportement. » Bob adorait l'histoire de ce fantôme sorti de la mer pour reprendre la jeune mariée et l'éloigner de la maison du charpentier. Il la chanta à la manière des conteurs...

Il ne prolongea pas son plaisir plus longtemps, le silence revint... Dylan était fatigué mais satisfait. Il regarda John Hammond, toujours droit et imperturbable, puis Suze qui n'avait pas quitté sa place. Il remballa sa guitare, et quitta le studio, détendu, presque heureux. Il avait enfin une œuvre que l'on écouterait. Pourtant, avant de connaître son premier vrai bonheur, il devrait encore patienter avant d'aller quérir les lauriers dans les cafés de Greenwich, auprès de Dave Van Ronk par exemple. Votre Serviteur le cite parce qu'il apostropha Bob ce jour-là.

— Hey, Bob, alors ton disque, cela se passe bien ? demanda-t-il, guilleret.

Un soleil frais baignait la terrasse du café de Greenwich où il était assis. Un poêle réchauffait les clients qui, malgré l'hiver, prenaient du bon temps. Bob se laissa tomber sur une chaise. Il n'avait pas spécialement envie de lui parler, il aurait même plutôt détalé à toutes jambes. Dave avait remarqué l'éclat qui scintillait dans ses yeux, son rose aux joues, dû à l'hiver mais aussi à sa joie, à son exaltation personnelle, malgré le sentiment d'un malaise. Lorsqu'il avait aperçu son compagnon, il avait baissé la tête.

— Alors qu'est-ce que tu as choisi comme titre ? *Talking New York*, j'imagine, ton *Song To Woody*, hein ?

Dylan gardait le silence.

— M'autorises-tu à prendre *House Of The Rising Sun ?*

Le jeune garçon laissa errer son regard au loin, vers la rue où flottaient quelques silhouettes frigorifiées, sans visage.

— Euh... J'aimerais mieux pas, répondit Van Ronk. Tu sais, je prépare un album, et je compte bien mettre la chanson dessus, avec mon propre arrangement. Je suis désolé.

Bob n'osait pas le regarder en face. Il dit, l'œil vague :

— Mais... Je l'ai déjà fait. Elle est sur l'album.

— Quoi ? Tu l'as mise ? Qu'est-ce qui t'a pris ? C'est moi qui te l'ai fait découvrir. Et tu ne m'as même pas demandé. Tu te rends compte ?

Bob observait le bout de la rue, les cafés bondés de gens qui riaient et buvaient. Il aurait aimé saisir ce qu'ils racontaient. Il entendait Van Ronk fulminer, mais se sentait incapable de soutenir sa colère. Il se leva, le salua pendant que l'autre l'insultait et jetait des « trahison » à la volée. La vision de Blind Lemon Jefferson dans la neige le hantait, celle de Woody Guthrie, sur son lit d'hôpital, traversait son esprit, et, face à ces mythes, il n'avait pas de temps à perdre dans les discutailleries de bistrot. Personne ne lui barrerait la route. Greenwich daubait sa forfanterie, ses mauvaises manières, son style maladroit et entaché. Des réflexions lui parvenaient ici ou là, sans doute venues de son entourage proche, des amis de Mark Spoelstra ou John Koerner qui se demandaient comment l'artiste « le moins talentueux » du Village avait pu décrocher un tel contrat chez Columbia. Et Bob pensait à Carolyn Hester. La belle Carolyn, envieuse, lui jetait sans doute des sorts funestes pour le faire trébucher. « Ils me détestent tous », songeait-il. Quels complots tous ces ratés du folk ourdissaient-ils contre lui ? Envoyaient-ils des messages de haine au producteur ? Bob n'oubliait pas que la communauté le baptisait « folie d'Hammond ». Le musicien de Hibbing n'avait jamais été confronté à tant de ragots, de critiques voilées, de mesquineries. Au début du mois de novembre 1961, ces rares amis du Village avaient fait le déplacement cependant pour assister à son premier grand concert solo dans la petite salle du Carnegie Hall. Peu de gens s'y trouvaient. Izzy Young, du Folklore Center, avait organisé la soirée. On le vit ensuite dans une université, quelques bars : il se rôdait. Ce que les gens appréciaient, c'était davantage son allure comique, ses plaisanteries que sa musique. Il amusait la galerie.

Et le disque ne sortait toujours pas ! Noël arriva, l'année 1961 avait vécu. Mais la première œuvre dylanienne demeurait congelée en ces mois de froidure. La maison de disques avait-elle changé d'avis sous la pression ? L'artiste appelait tous les deux jours, mais ne parvenait à joindre John Hammond. Parfois, une voix anonyme lui répondait que l'album naviguait dans on ne sait quel bureau pour d'obscures vérifications. Vérifications de quoi ? Des ayants droit ? Pendant ses errances, il avait rencontré Robert Shelton. Cet homme le rassurait. Bob se rappelait sa chronique, la relisait souvent. Le journaliste lui tendit la main et la serra fort.

— Alors, ton disque ?

— Bientôt, coupa sèchement Bob, ne tenant pas à s'attarder sur le sujet. J'aimerais que tu m'écrives un texte pour la pochette.

Shelton sourit. Il y avait déjà songé, mais craignait de réveiller les langues fielleuses qui l'avaient incendié après la parution de son article.

— C'est d'accord, mais je le ferai sous pseudonyme.

Déçu, Bob ne chercha pas à connaître les raisons de cette discrétion. Peut-être le *New York Times* ne verrait-il pas d'un bon œil cette double casquette ? Bob lui envoya la maquette et Shelton se mit au travail.

Il comptait enfin sur son ami de plume, mais avait besoin de solidarité pendant ces journées vides à attendre. Il appelait souvent Dave Van Ronk pour s'expliquer avec lui. « Oui, j'ai pris *House Of The Rising Sun*, mais je ne manquerai pas de parler de toi. » Peine perdue. Son ami obligeait sa femme Terri à prendre le combiné. « Je n'ai pas voulu le blesser », jurait Dylan. Terri, la voix hésitante, disait : « Désolée, il ne veut pas te parler. » Et elle raccrochait, dépitée, car elle aimait bien Bob, l'admirait, même si elle comprenait la rancune de son époux.

L'hiver 1962 fut une sorte de plaine monotone pour Bob, d'un ennui certain, à l'image de ces routes enneigées, de ce ciel morne, de ce soleil qui avait fondu. Il attendait la publication de son disque afin de convaincre la communauté folk. Les commères du Village devaient s'en amuser. « Dylan ? Oh, il raconte des histoires. Jamais son disque ne sortira. » Bob s'interrogeait. Quand la galette échapperait des fours de la Columbia, cela changerait-il sa vie ? Il l'espérait.

Il ne savait pas que faire. Partir ? Reprendre la route ? Retourner chez lui à Hibbing ? Mais non, comment pouvait-il s'éloigner de New York si près du but ? Il demeurait immobile à compter les jours, à errer entre les congères, paralysé de froid, presque malade. Heureusement, Suze lui tenait chaud. Bien sûr, ce n'était pas toujours facile. Elle le traitait d'autiste, de lunatique, se plaignait de ses manières.

— Tu n'aimes personne. Tu te méfies de tout le monde, tu me fatigues, ce n'est pas mon caractère. Tu vas finir seul si tu continues. Moi, je n'ai pas envie d'être seule. J'aime les gens.

— Ah bon, tu aimes les gens, ajoutait-il avec ce fin sourire qui méritait une bonne paire de gifles. Eh bien, va-t-en, je n'ai pas besoin de toi.

À peine avait-il prononcé ces mots qu'il les regrettait.

Non, il avait besoin d'elle.

Il occupa les blêmes journées de janvier 1962 à écrire. Le visage de Suze obsédait chacune des lignes qu'il couchait sur le papier. Pendant ces journées blanches, elle l'emmena aux réunions politiques du CORE – Congress For Racial Equality. C'était un monde inconnu pour lui, ces cicérons de la gauche américaine escaladant des tables, dans des salles enfumées et bondées. Suze faisait la fière. Regarde, semblait-elle dire, je prépare un monde meilleur. Et elle présentait son « fiancé » à des inconnus dont la curiosité était piquée par ce jeune maigrichon au sourire rêveur, un peu en retrait. Bob s'asseyait et écoutait les récits de lynchage, de ségrégation dans les bus, de tabassages. Le jeune artiste n'avait jamais pris la peine d'approfondir le sujet. Et là, c'était la révélation. Suze l'observait du coin de l'œil. Lui, penché, l'œil fixe ne disait rien.

Il sortait, respirait, sans un mot.

— Tu as entendu ? demandait Suze.

Oui, il avait entendu, et ne pouvait pas en entendre davantage. Quelle folie ! Il ne dormit plus, agité, en colère contre le Sud, cette malédiction qui frappait à l'autre extrémité du Mississippi. Il écrivit son dégoût. Mais son travail n'apaisait pas vraiment la vision de ces rues vides. Il traînait au Gerde's.

— Je vais programmer du blues, lui dit Mike Porco.
— Big Joe Williams ? C'est un grand, s'enflamma Bob.

Et il rencontra le seigneur qui avait agrémenté ses rêves les plus fous, un géant noir à la voix boueuse, marquée par les folies du pays, des yeux de pierre mais tendres. Bob se jeta dans ses bras. Le vieil homme souriait, ravi. Ils passèrent des nuits à boire et fantasmer. On lui demanda s'il était vrai que Bob avait cheminé à ses côtés pendant les années cinquante, au Mexique. Big Joe, remuant son corps épais, se fendit d'un immense sourire.

— C'est exact ! Il était pas plus grand que ça... répondit-il en mettant sa main à quelques centimètres du sol.

Disait-il la vérité ? Les deux hommes se rejoignaient dans leur vie utopique.

Bob abandonna la légende en quête d'autres rencontres. Il courait les soirées de Manhattan au gré des invitations. « Au lieu d'être attiré par l'argent, on était attiré par les autres », dirait-il. Mais l'argent n'était pas loin. Il avait pris la forme de ce petit mot laissé au Gerde's à son intention : « Monsieur, j'aimerais vous rencontrer. Pouvez-vous passer chez moi ? J'organise une petite party. Albert Grossman. »

Dylan avait souvent croisé ce monsieur. Il emmena Suze à la réception, dans un appartement bourgeois, traînant un air maussade. L'album promis tardait, il ignorait la valeur de ses écrits, et se querellait trop souvent avec sa fiancée. Cette invitation l'aiderait peut-être. L'hôte, Albert Grossman, plastronnait devant un buffet coloré de vin. Depuis quelque temps comme un bon génie tutélaire, il naviguait dans le sillage du jeune musicien, prêt à flairer la bonne affaire. Un vieux bonhomme, se dit Suze, dégoûtée par les bajoues et les grosses lunettes de ce notable qui régnait sur ce monde nocturne avec la suffisance des mécènes. Il n'hésitait pas à étaler son importance.

— Tu sais quoi, avait-on dit à Bob, il a misé de l'argent sur toi, il t'aide déjà, il a parlé de ton avenir avec Mike Porco. C'est peut-être grâce à lui que tu as eu cette scène miraculeuse en septembre dernier.

Dylan n'appréciait pas qu'on pût mettre sa réussite sur le compte d'un autre. Il ne croyait pas aux hommes providentiels. Ce gros avait allongé l'argent à son insu tel un marionnettiste. Qui était-il ?

Grossman, né à Chicago en 1926, bon fils d'une famille honorable du Nord, surnommé « l'Ours » pour son air bonhomme, avait étudié l'économie, mais aimait aussi l'art, la chanson, si féru de mélodies qu'il avait même essayé de pousser la ritournelle dans les tavernes, sans succès. Du coup, il avait côtoyé les chanteurs et s'était rendu à l'évidence : il n'arriverait jamais à devenir un roucouleur de haute volée. Il en riait aujourd'hui.

« Je suis trop intelligent pour faire l'artiste », se disait-il. Cette vantardise lui donna une idée : pourquoi ne pas abattre ses as dans ce cirque dévasté par la bohème, le désordre, le manque de perspective ? Au lieu de courir aux conseils d'administration comme ses collègues économistes, lui, le Gros, dont les chiens galeux se gaussaient, mettrait au pas l'artistique. Il s'enrichirait tout en s'amusant, grandirait sur ces jeunes poètes qui déambulaient à Greenwich avec leurs gentils rêves et petits talents. Il avait très vite repéré une promesse, Bob Dylan. Un écorché, ça oui ! On ne l'approchait pas si facilement. Mais Albert, en plus de revendiquer de semblables origines juives russes, possédait un atout. Il avait popularisé la chanteuse folk Odetta que Bob écoutait adolescent. Il avait fondé en 1957 le Gate Of Horn, l'un des premiers clubs folks du pays, connaissait bien le métier, mais gardait secrets certains aspects de sa vie. « Un vendeur de hot dogs », clamaient ses ennemis. Albert aurait fourgué n'importe quoi, de la musique comme de la friture, pourvu que le produit lui rapportât de l'argent. Et au besoin, il vous promettait la lune, sans se départir de son sourire dont personne ne savait s'il s'agissait d'un rictus ou d'un vrai témoignage amical.

Pendant cette réception, Albert passait d'une pièce à l'autre, sans jamais élever la voix, emmenait chaque invité dans le salon où se trouvaient Bob et Suze.

— Écoutez ce garçon, répétait-il à toute personne qui entrait dans la pièce. Il va faire un malheur.

Il s'interrompait et lâchait « Nous avons signé », avant même qu'aucun paraphe n'eût été griffonné. Et il prenait le jeune homme par le bras, lui servait du vin et poursuivait :

— Vous avez vu Joan Baez ? Elle a débuté chez moi, au Gate Of Horn, se vantait-il. Elle était si jeune...

Grossman parlementait avec ses parents. Joan se rappellerait dans ses mémoires, *Et une voix pour chanter*, la faconde d'Albert : « "Vous pouvez avoir tout ce que vous voulez. Vous pouvez avoir n'importe qui. Qui voulez-vous ? Dites-le-moi, et vous l'aurez." Je voulais Marlon Brando, mais désirais par-dessus tout qu'Albert cesse de parler ainsi [27]. »

Il avait suffisamment impressionné les parents de Joan, comme un bateleur de province qui promettait la fortune à des gens simples. Et Joan avait échoué dans ce Gate Of Horn, terrifiée et joyeuse, encensée par les vapeurs de la chanteuse folk aux colifichets et aux robes argentines Odetta, cette femme à la « peau de velours noir comme la nuit », avait remarqué Joan. Et Albert tenait le voile de ces ténèbres musicales, toujours placé là où les pièces de monnaie cliquetaient, et elles avaient cliqueté au festival de Newport qu'il avait contribué à fonder.

Joan entendait dire que le bon Albert assiégeait Dylan. Les rumeurs l'étonnaient. Elle écrivit :

« Une fois de retour à Big Sur, mes amis de la côte Est me dirent que le Gros Albert (Grossman) avait pris contact avec Bob et que celui-ci allait être une star. J'en doutais. "Une star plus grande qu'Elvis Presley", me dirent-ils. "Vous êtes fous", répondis-je en repensant à ce clodo qui avait marmonné ses chansons d'une voix nasillarde. "Ouais, c'est vrai", poursuivit l'un de mes amis. "Et tu sais ce qu'a fait Dylan lorsqu'ils ont commencé à parler fric ? Il est allé tout seul dans un coin et s'est mis à griffonner la liste de ses vrais amis car, s'il devenait riche, il lui faudrait les reconnaître." Je souris, mais ne parvenais pas à imaginer cette mauvaise graine de révolté vêtu de sa veste trop serrée s'intéressant à l'argent [28]. »

Le jeune homme lui plaisait, même s'il avait eu à son égard un comportement de goujat. Mais après tout, comment pouvait-elle lui reprocher d'avoir jeté son dévolu sur sa sœur Mimi ? C'était plutôt la manière cavalière dont il s'y était pris. Pourquoi Dylan cédait-il à ce diable de Grossman ?

Il se moquait bien de ce que la place publique dirait et connaissait la réputation du manager. Le Gros entretenait volontairement la confusion sur ses arrangements pour se libérer d'un contrat peu satisfaisant, et quand il souhaitait éliminer un artiste, il lui prodiguait des conseils fallacieux, prenant un vrai plaisir à l'éjecter du circuit. « Pourquoi ne changerais-tu pas de style, etc. » Il affirmait sa toute-puissance et mettait en relief la faiblesse de son entourage. Chez lui, Bob découvrit une drôle de faune comme ce Howald Alk, toujours un peu défoncé, mais bien sympathique.

— Tu verras, Bob, disait-il, New York sera bientôt à tes pieds, les plus belles salles t'ouvriront leurs portes.

Le musicien entendait son estomac gémir et sentait ses poches vides. Il avait accédé au sanctuaire de Columbia, mais dormait encore, tout habillé et sale, dans un asile de nuit quand la mère de Suze lui interdisait son appartement. Et voilà qu'Albert, tout à coup, l'enveloppait de merveilles !

— Tu ne seras jamais un sex-symbol, disait-il. Nous allons exploiter ton image d'intello, de torturé.

Il rendit visite à John Hammond, et les deux hommes envisagèrent toutes les solutions pour l'aider à vivre.

John l'appela.

— Tiens, je suis allé voir mon ami Lou Levy qui gère les droits d'édition chez Leeds et son dérivé Duchess. Il accepte de t'avancer 500 dollars sur tes futures royalties. Signe chez Duchess. Cela t'aidera en attendant. Tu sais, Columbia est bien décidée à miser gros sur toi...

En promettant le Capitole, John Hammond ne baissa pas les yeux, ces beaux yeux d'Américain pur. Bob en fut reconnaissant et cette disposition le rassura.

John ne le lâchait pas.

— Écris ! Écris ! lançait-il, assiégeant chaque jour le bureau de Kapralik pour hâter la sortie de *Bob Dylan*.

Mais il se heurtait à une force d'inertie qu'il avait rarement connue. Les responsables de CBS se contrefichaient du jeune musicien.

— Ne perdons pas de temps, conseilla le producteur à Bob. En attendant la sortie de ton premier album, il va falloir retourner en studio pour préparer le suivant. Nous finirons par les convaincre.

Bob retourna au travail dans le silence de l'appartement Rotolo. *Ballad For A Friend, Reminiscence Blues...* Il composait malgré sa détresse et avec l'amour de Suze qui, discrète, se tenant à l'écart, vit par mégarde le titre d'une chanson : *Hard Times In New York*. Il l'écrivait alors qu'un voile de brume glacé s'étendait sur la ville, absorbait ses lignes, son océan. Il faisait nuit tôt, et Bob, à la lueur d'une chandelle, comme un écrivain du XIXe siècle, raturait, posait des images de trains, de routes... Suze l'observait, l'admirait, émue car son ami libérait un poids de son cœur. Parfois, Bob se levait dans un grand bruit de chaise, et sans rien dire, descendait malgré la pluie avec ses feuilles de papier. Elle regardait s'éloigner sa pâle silhouette...

Venez, ladies et gentlemen, et écoutez ma chanson

Il aimait bien lancer sa prose ainsi comme un troubadour.

Je prendrai tout le brouillard de Californie
Et chaque morceau de poussière dans les plaines de l'Oklahoma
[...]
Tout cela est beaucoup plus propre que le genre de New York [29]

Il grattait sa guitare et fredonnait sa chanson d'une voix douce. Puis, il s'endormait.

— Tu n'aimes pas cette ville ? demandait Suze.

Et il la regardait avec une expression lasse.

— Oh que si ! Une belle saloperie. Elle démolit les faibles. Rockfeller en haut dans le marbre statuaire, et nous en bas, les millions de personnes qui grouillons à la recherche d'un travail...

Elle lui passa la main sur son front qui bouillait, comme s'il avait de la fièvre. La neige glissait le long des vitres. Suze s'assoupit elle aussi. C'était le silence. Bob écrivait, encore et toujours. Les journées s'étiraient dans l'infini au son de la vieille machine à écrire. On entendait à peine le bruit des voitures à l'extérieur. Tous deux semblaient coupés du monde. Parfois, Dylan levait la tête et ne bougeait plus, les yeux vagues. Il pensait à son disque enfoui quelque part, puis se remettait au travail. Un soir, il montra à Suze une photo trouvée dans un vieux journal, à la bibliothèque : un jeune garçon noir, coiffé d'un chapeau de paille, souriait. Un très joli môme à l'expression pleine de tendresse.

— Regarde... Ces salauds l'ont tué !

Bob parlait comme halluciné, le teint pâle, les yeux rougis par son travail et une colère rentrée.

— Il se nommait Emmett Till. Il n'avait rien fait, et ils l'ont tué. Voilà ce qui se passe dans le Sud. Ce putain de Sud où le blues a vu le jour...

— Que s'est-il passé ?

Bob raconta :

« C'était au cours d'un été torride de l'année 1955. Mamie Till, qui vivait à Chicago, avait envoyé son jeune fils visiter des parents dans le Mississippi. Elle l'avait averti :

"Sois prudent. Si tu dois t'agenouiller et t'incliner devant un Blanc, obéis de bon cœur."

Puis, elle n'avait plus eu de nouvelles. Et ce qu'elle apprit bien plus tard la terrifia. Son garçon était entré dans une épicerie... »

Il reprit son souffle, but un verre. Il avait jeté ses mots à la suite comme un prédicateur. Suze se tenait le cœur, pâle. Bob s'approcha d'elle et raconta que Mamie Till avait exposé son fils dans un cercueil ouvert afin de montrer le corps martyrisé de son garçon, ce trou immense au milieu du crâne.

Les témoins rapportèrent que le jeune Emmett, accompagné de son cousin Curtis Jones, jouait avec des enfants du coin. On imaginait facilement ces cinq gosses noirs assis sur la paille sèche au bord de cette longue route informe que jonchaient quelques vieilles boutiques. Le jeune Till sortit la photo d'une fille blanche.

— C'est ma petite amie, assura-t-il.

Les autres rirent.

— On te croit pas.

Encore une rodomontade d'un enfant du Nord qui venait provoquer ceux du Sud.

— Tu sais quoi, dit l'un des minots à Emmett, on veut bien te croire, mais puisque t'es copain avec les Blanches, t'es pas cap d'entrer dans cette épicerie et de parler à la Blanche qui tient la caisse.

Emmett se leva, tendit sa main, puis il prit la direction de l'épicerie, en amont de la route. Il poussa la porte et se dirigea vers le comptoir où se trouvait la jeune Blanche Carolyn Bryant, âgée de vingt et un ans. Pour les uns, en la voyant, il aurait sifflé, d'autres prétendent qu'en achetant un paquet de chewing gum, il aurait lancé une invitation obscène à la jeune femme. Bryant, le mari coupable, jura lors de son procès qu'Emmett aurait attrapé son épouse par le bras et lancé :

— Les Blanches, ça me connaît.

Dans le Sud ségrégationniste, un Noir qui se permettait une telle privauté envers la race « supérieure » finissait presque toujours au bout d'une corde. Le jeune garçon, en sang, courageusement, refusa de se soumettre tandis que Ron Bryant lui arrachait ses vêtements pour l'humilier tout en le flagellant.

— Te crois-tu encore meilleur que moi ? demanda le Blanc.

Emmett répondit :

— Oui.

Une balle lui traversa la tête, son corps fut attaché à un ballot de coton et poussé à la dérive sur la rivière Tallahatchie, près de la petite ville de Money...

— Cet Emmett, poursuivit Bob, était apparemment un petit farceur. Mais voilà : ce qu'ignoraient ces ordures, c'est qu'un an plus tôt, la Cour Suprême avait mis hors-la-loi la ségrégation, et ils ne se doutaient pas que leur crime sauvage révolterait les Noirs et les Blancs du Nord. Des associations se mobilisèrent pour que l'on juge les meurtriers, le mari de la femme blanche « outragée », Ron Bryant et son demi-frère J.W. Milam... Mais tous deux furent acquittés par un jury composé de douze hommes blancs.

Bob plaça des feuilles dans sa machine à écrire et attaqua une nouvelle chanson. Ce meurtre s'était déroulé il y a moins de dix ans. Et combien d'autres se préparaient dans les chaumières enfiévrées des racistes malgré les lois et la prise de conscience ? Le jeune musicien se sentait investi d'une mission, dénoncer ce Sud agraire, primitif, secoué par des crimes violents. Il se voyait non sans orgueil marcher sur les traces de Woody Guthrie.

La couleur de sa peau était noire et son nom était Emmett Till
Plusieurs hommes l'ont traîné jusqu'à une grange et l'ont battu
Ils disaient avoir une raison mais je ne me peux me rappeler laquelle[30]

Voilà ! Sa musique servirait à abattre les obscurantismes. Bien sûr, *La Ballade d'Emmett Till* n'atteignait pas les sommets de la prose. Bob se contenta de rapporter les éléments entendus sans hauteur de vue ni fulgurances, mais il venait d'écrire sa première chanson contestataire et militante en espérant qu'elle précéderait bien d'autres pamphlets.

Il fumait un joint et se laissait envahir par un total bien être.

•

Il patienta jusqu'au 19 mars 1962. CBS libéra l'album. Sur la pochette, figurait le texte de Robert Shelton sous le nom de Stacey Williams : « Columbia Records est fier de présenter une figure majeure de la musique folk américaine – Bob Dylan. » C'était gentil, mais complètement faux, se dit

Bob, humilié d'avoir attendu tant de mois pour vivre ce bonheur. Columbia n'éprouvait aucune fierté, bien au contraire. La compagnie avait publié ce disque en catimini, si discrètement qu'on aurait pu la croire honteuse de présenter au public – et quel public ? – sa nouvelle signature. « Voici l'un des plus convaincants chanteurs blancs de blues qui ait jamais enregistré, un compositeur de chansons à l'exceptionnelle facilité et intelligence. » Shelton évoquait même sa passion de Charlie Chaplin. Bob savourait l'éloge, et pourtant, en réécoutant l'œuvre après tant de mois vides, il s'assit et lâcha un grand soupir. Quel disque maladroit, infantile ! Il avait erré parmi les chimères, les fleuves, sous la nuit, la lune, et voyait ses visions réduites à une pauvre galette noire, à un chant tremblotant de jeune puceau pubère, à une matière triste à mourir. Non, vraiment, il avait cru apprivoiser le cosmos, et il se retrouvait dans une drôle de prison.

Irait-il rejoindre le mur d'or que Columbia avait édifié dans son hall glacé ? Comment y parviendrait-il, lui, le rêve mal rasé, la ronce du folk, trop épineux pour les palais un peu tendres de ses patrons ? Bob suscitait le mépris. Et comme si ce désamour ne suffisait pas, Kapralik consulterait vite les chiffres de vente. Très moyens. Le *Village Voice* avait cependant parlé de « débuts explosifs », et Bob avait reçu un mot du grand Woody Guthrie : « Bravo. Continuez ! Vous êtes un futur grand ! » L'avait-il vraiment écouté ou naviguait-il dans son monde délirant ? Peu importe : le compliment lui alla droit au cœur.

Cet enthousiasme du maître apaisa ses angoisses. Car le public folk ne trouvait pas grand intérêt à ce répertoire qu'il entendait jour et nuit dans les clubs de Greenwich. Encore un disque inutile. Quelques centaines d'exemplaires partirent. Le vice-président pensait résilier le contrat du jeune garçon. « Une erreur de John Hammond », songeait-il, peu pressé d'annoncer la mauvaise nouvelle. Le producteur déboulait, la mine cramoisie, les bras en avant :

— Pourquoi avez-vous saboté la sortie de cet album ?

Kapralik abhorrait les querelles avec le géant de la musique américaine. Même dans le luxe de son bureau en marbre, il se sentait petit face au seigneur qui avait découvert Billie Holiday. Pourtant, il fallait bien en convenir : John Hammond ne comprenait plus son époque et brûlait probablement ses derniers feux. Le déclin du grand fureteur peinait Kapralik, mais pouvait-il agir autrement ? Pourtant, ce que le vice-président de CBS n'avait pas prévu, c'était la fantastique éloquence de John dont la langue romantique, les prédictions magnifiques vous secouaient.

— Nous allons faire de lui un grand artiste qui sera l'orgueil de Columbia, comme Billie et les autres. Nous ne pouvons l'abandonner...

John se battait dans un vide étrange face à un attentiste. Kapralik n'affichait que mollesse et impéritie. Hammond sortit du bureau après avoir sauvé le contrat de Dylan, mais il ne décolérait pas.

— Écris ! Écris ! avait-il dit à son protégé.

Rongé par ce désamour, Bob se perdait dans le brouillard du Gaslight sur la MacDougal Street, cette rue grasse et noire qui puait la pisse dans ses recoins mais aussi la musique. Il la traversa et s'installa à la table d'un café, le Commons, en face du Gaslight qu'il préférait éviter. Il y connaissait bien trop de monde, et souhaitait écrire dans le calme, sans être interrompu. Bob déballa un paquet de feuilles et coucha tout ce qui lui venait par la tête, en jetant de temps en temps un œil dehors vers ces murs chargés de lignes métalliques, d'escaliers, de fer brillant. Il écrivit très vite.

Combien de routes un homme doit-il descendre
Avant que vous l'appeliez homme
[...]
Le vent, mon ami, emporte... [31]
(The answer, my friend, is blowin' in the wind)

Il demandait aussi combien de mers une colombe blanche devait traverser avant de pouvoir s'endormir dans le sable ou combien de morts l'humanité accepterait-elle avant de dire « assez ! » Et les couplets se terminaient invariablement par cette sentence : « Le vent, mon ami, emporte la réponse. »

La mélodie lui manquait. Bob se désolait de ses difficultés à inventer sa propre étoffe musicale, et il fouillait sa mémoire surchargée de disques, de lectures, de sonorités. Peut-être ce vieil air traditionnel de gospel africain, *No More Auction Block*, qu'il avait entendu sur une anthologie ? Personne ne remarquerait son emprunt, à part les érudits du coin.

Il se rendit au Gerde's pendant cette après-midi un peu morne. Le club de Mike Porco sommeillait tranquillement pendant que ses employés nettoyaient la poussière, rangeaient les tables, vidaient les cendriers. Quelques clients amis sirotaient leurs bières. Le soleil timide coulait sur la vitre empoissée de graisse. C'était étrange de découvrir ce lieu l'après-midi, son parterre brunâtre, sa scène bricolée, ses entrelacs de fils qui serpentaient le long des murs épais. Les serveurs aperçurent Bob avec sa guitare et s'arrêtèrent de travailler. Le musicien grimpa sur la scène et commença à jouer son morceau. Il eut l'impression, à entendre les applaudissements, que le titre plaisait. Il descendit de l'estrade et disparut dans la lumière.

Ce rêve resurgit sur la scène du Gerde's, pendant l'un de ces fameux lundis populeux et joyeux. Le *Blowin' In The Wind* souffla au-dessus de la marée humaine, cette chanson simple, « simpliste », ajoutèrent les ennemis de Bob. Les musiciens folks ne comprenaient rien à cet alignement de questions sans réponses, à part un énigmatique « soufflant dans le vent ». Une autre partie du public adora, ce soir-là, la fin spatiale, presque métaphysique. Bob avait balancé des versets avec doigté, élégance, comme un bateau se balançant sur une mer calme. La chanson tanguait joliment. Pete Seeger, le père du folk, ne savait pas trop quoi en penser. « Facile, peut-être. Mais on retient bien le déroulé », se dit-il. Il encouragea le patron de *Sing Out !*, la prestigieuse et intransigeante revue du folk, à imprimer les versets de la chanson.

Bob Dylan sauta de joie. Lui, le jeune cul-terreux du Minnesota, fils de pauvres parents émigrés, accédait au Saint des Saints. Hier le *New York Times*, maintenant *Sing Out !*. Les barrières tombaient les unes après les autres. Pete Seeger avait apprécié. Et Dave Van Ronk ? Le barbare l'avait entendu lui aussi, caché dans le public. Il avait consenti à revoir Dylan malgré sa trahison et suivi sa progression, partagé entre une certaine irritation et une curiosité devant tant d'inconscience et d'amoralité.

— Tu es sur quoi en ce moment ? s'enquérait Bob.

Dave haussait les épaules.

— Des chansons pas encore prêtes ! mentait-il avant de changer de sujet.

Rien ! Tu ne sauras plus rien ! Il se demandait combien de temps Dylan survivrait sans lui voler ses secrets, et la réponse n'avait pas tardé. En écoutant le *Blowin'*, il sourit d'un air narquois. « C'est... débile ! Pauvre Dylan ! » Le malheureux garçon fait fausse route. C'est fini pour lui.

Deux jours plus tard, après le concert du Gerde's, le grand Van Ronk se promenait dans le Washington Square Park quand une musique l'accrocha, flottant sous les arbres. Un jeune homme jouait sur un banc. Dave ne se rappellerait pas les paroles que l'inconnu lâchait aux quatre vents. Mais jamais il n'oublierait celles qu'il avait ajoutées à la fin : « The answer, my friend, is blowin' in the wind ». Il sut que Bob Dylan toucherait désormais le cœur des gens. De millions de gens.

Du cœur, le jeune artiste en avait, et Dave le pénétrait. Comme beaucoup d'autres, ces *autres* hostiles au vagabond mythomane et voleur, mais qui furent secoués par cette « réponse, mon ami... ». *Blowin'* suscitait, au sein de la communauté folk, le rejet pur ou une passion très forte. Bob ne se rendait pas compte de ces débats. Il venait d'écrire une chanson comme une autre et imaginait déjà la suivante, tourné vers son deuxième disque et sa vie amoureuse.

Il emménagea avec Suze dans un appartement sur la 4e Rue, à l'écart de la vie. Bob était heureux, même s'il reprochait à Suze un peu trop d'empressement à son égard. Elle ne le quittait pas, l'observait sans cesse, craignant sans doute qu'il ne s'envolât. *Blowin' In The Wind*. Le musicien en avait parfois assez, mais son amour l'aidait à supporter les lourdeurs affectives que lui imposait la jeune femme. Bien sûr, elle savait disparaître pour le laisser créer, mais, redescendu de son nuage, l'artiste affrontait des désirs bien palpables. Un enfant, un mariage, et beaucoup de craintes...

Que le monde extérieur lui ravît Bob, le dérobât à son amour ! Le téléphone sonnait. Qui c'est ? Mark Spoelstra ? Je vous le passe. Qui c'est ? Albert Grossman ? Ah, Albert. Il aimait *Blowin'* et courtisait Bob pour prendre en charge l'âme du jeune chanteur. Un prédateur.

— *Blowin'* est génial, dit-il. J'étais là quand tu l'as joué. Tu as une grande chanson. Une très grande chanson.

Bob n'avait pas souvent entendu un tel compliment.

— Il faut la faire tourner, continua le Gros, que des gens la jouent, la fassent connaître. Je veux vraiment t'aider. J'ai les moyens de te mener au sommet et de t'enrichir.

Dylan ne dit rien, prêt à céder. Le Gros dégageait une telle force que l'artiste rendait ses défenses pour apercevoir le château en haut de la montagne, la Rolls et le coffre bien rempli. Albert invitait au voyage. Les parfums de l'été, suaves, transportaient le goût de l'or.

Bob et Grossman signèrent un contrat, le 30 août 1962. Albert devenait le manager exclusif de Dylan pour quatre années, avec une option sur trois printemps supplémentaires, et donnerait au Gros vingt-cinq pour cent sur les revenus générés par les albums. Bob ne prit même pas le soin de lire le contrat. Il avait confiance, et puis sa tête tournoyait devant l'ivresse de la réussite, la promesse de la fortune. Alors, pourquoi s'astreindre à une lecture fastidieuse... ?

Il brandit le contrat...

Et le téléphone sonnait encore. Suze, la voix blanche, le corps tremblant, décrochait. Dès qu'elle essayait d'engager la conversation, les interlocuteurs l'interrompaient.

— Bob n'est pas là ?

Elle n'arrivait même plus à travailler tant son fiancé occupait son cœur. Elle tournait en rond, passait des heures à guetter son retour, planquée derrière les rideaux blancs de l'appartement. Non, cela ne pouvait durer.

— Je pars en Italie me reposer quelques jours, dit-elle, la valise à la main.

Il se leva, l'embrassa, mais à peine avait-elle fermé la porte que l'appartement parut soudainement à Bob trop vaste et silencieux pour lui. Tout à son œuvre, il remarquait à peine la présence de Suze, mais dès qu'elle partait, il la cherchait, l'attendait, souhaitait son retour le plus vite possible. Bob s'apercevait que la jeune femme comptait beaucoup dans sa vie. Et elle l'ignorait sans doute. Comment la convaincre de son attachement ? L'écriture le sauverait encore.

Quelques minutes après le départ de Suze, revenu dans la chambre où flottait encore son parfum, Bob coucha sur le papier les premières lignes d'une chanson dédiée à sa fiancée. Les idées affluèrent, et il écrivit le texte assez vite, un texte cependant dur, qui lui échappa, reflet de son dégoûtfascination pour l'amour : « Je lui ai donné mon cœur, mais elle voulait mon âme [32]. »

Il avouait son envie de partir, mais suppliait sa bien-aimée de l'en empêcher.

Puis, il chercha une mélodie. C'était toujours la même histoire. L'artiste se heurtait à sa sécheresse, à son manque d'idées et finissait toujours par fouiller dans ses disques, souvenirs ou années d'études. Il se rappela un disque de Paul Clayton et un morceau que ce folkloriste avait descendu des Appalaches pour l'enregistrer sous le titre *Who'll Buy Your Chickens When I'm Gone*. Cette mélodie-là conviendrait parfaitement à sa prose. Il adorait ce moment : mettre le point final à un texte, empoigner sa guitare et descendre dans les cafés pour tester en musique sa petite architecture de mots. Il arrivait le matin tôt, devant quelques badauds ensommeillés ou l'après-midi ; parfois un ami lisait le journal. Ce soir-là, il aperçut Jack Elliott, entouré de plusieurs amis, et le salua.

— Regarde, j'en ai une nouvelle que je vais offrir à Suze...

Et il commença à la jouer.

— L'air me dit quelque chose, fit remarquer Jack.

— Je l'ai emprunté à *Who'll Buy Your Chickens When I'm Gone*, un titre de Paul Clayton ! avoua-t-il.

— Tu l'as mis au courant ? Tu vas le créditer ?

— Non ! Cette chanson est dans le domaine public. Je peux signer... Pourquoi pas ? Clayton n'a fait lui-même que la reprendre et l'adapter.

Jack Elliott et ses amis, des musiciens eux aussi, se regardèrent. Une ombre recouvrit leurs visages.

— Tu devras le créditer, Bob, lancèrent-ils en chœur. Paul est très apprécié au sein de la communauté folk.

Le vagabond de Hibbing avait envie d'envoyer promener toutes ces voix qui le sermonnaient. Il connaissait ce Paul Clayton, un homme brun au visage ténébreux, vraiment étrange, mais d'une grande douceur. Né en 1933, descendant d'une famille maritime de la Nouvelle-Angleterre, il avait occupé sa jeunesse à voyager sur toutes les rives américaines, du Mississippi au Canada. La rumeur le prévint que Dylan lui avait emprunté une mélodie. En apercevant un soir le pillard, Paul s'arrêta comme tombé en pâmoison. « Quel jeune homme fin et beau », se dit-il, oubliant sur-le-champ l'indélicatesse dont il avait été victime. Mais s'en serait-il souvenu malgré cela ? Paul aimait l'amour, la beauté plus que ses succès artistiques. Il avait une drôle de démarche, un peu flottante, sans doute à cause des cachets qu'il avalait au point d'en être malade. Bob sut que ce type-là dissimulait quelques chagrins personnels.

Il l'entraîna dans un bar, et ils burent toute la nuit.

— Tu as écrit une très belle chose, lui dit Paul qui regardait Bob avec insistance. J'espère que cette chanson ira loin, plus que...

— Que... ?

Que ma version ! Dylan fixa Paul qui s'efforçait de sourire, tremblait un peu, leva finalement son verre et balaya d'une main ce qu'il aurait pu dire. Sa frustration n'avait pour lui aucune importance. Il passait une excellente soirée et ce seul plaisir lui importait.

Ce fut aux aurores que Dylan revint chez lui, éméché et embarrassé d'avoir abusé son ami. Paul voulut le retenir, mais Dylan n'y tenait pas. Il avait hâte de retrouver Suze « l'Italienne ».

Il la réveilla doucement en lui fredonnant sa chanson. Bronzée, douce, elle avait, semble-t-il, changé. Plus distante. Bob préférait en rire. Il prit sa guitare et lui chanta *Don't Think Twice, It's All Right*.

— C'est pour moi ?

— Oui, pour toi !

Elle se sentit rougir. Bien sûr, elle tiqua sur la mangeuse d'âme. Bob la voyait donc ainsi. Il parlait de départ, d'éloignement.

— Tu le penses vraiment ? lui demanda-t-elle, partagée entre sa joie et une légère amertume devant l'ironie et la tristesse qui émergeaient de ces mots.

Il ne répondit pas. Suze se fit une raison. C'était sa chanson, et elle l'aimait malgré tout. Paul Clayton aussi l'aimait, indifférent à ses amis qui s'indignaient de ce « vol ». Il trouvait Dylan mignon et se sentait plutôt flatté que sa musique inspirât un esprit aussi brillant, même si ses lumières n'éclairaient pas la Grèce antique mais une femme.

Et quelle femme ! La plus heureuse des Muses !

— Je la mettrai sur mon deuxième album, annonça Bob à Suze.

Elle rougit encore et l'embrassa, sans un sourire.

— Tu es triste ? s'inquiéta-t-il.

Triste ? Probablement. La chanson la troublait. Pourquoi cette ligne : « elle voulait mon âme » ? Suze ne parvenait à sonder Bob, à savoir exactement comment il envisageait leur histoire à l'avenir. Et puis, cette chanson *Don't Think* mènerait bientôt sa vie propre, elle lui échapperait. La jeune femme aurait peut-être voulu que l'œuvre demeurât leur secret intime.

— Écoute, lâcha Bob, je vais bientôt rentrer en studio. Cela te dirait de poser avec moi sur la pochette de l'album ?

Un grand sourire irradia le visage de Suze qui vit là une belle preuve d'amour. Jusqu'au soir, Bob joua les morceaux pour sa bien-aimée, ceux qu'il espérait enregistrer dans un ou deux mois, en avril. Le musicien avait étalé des coupures de presse partout, les feuilles jonchaient la corbeille, le lit. Suze s'amusa en entendant le *Talkin' John Birch Paranoid Blues*. Le maccarthysme dont Pete Seeger et Carolyn Hester lui avaient parlé obsédait Bob dans ce qu'il avait de ridicule, de docteur Folamour. Et il eut l'idée de ce pamphlet.

— Tu veux l'écouter ? C'est l'histoire d'un membre de la société John Birch qui voit des communistes partout.

En la chantant, Bob l'accompagna de ses mimiques chaplinesques :

— Tu sais, ma chanson raconte l'histoire de ce gars qui a rejoint la société John Birch vouée à la chasse aux communistes. Bien sûr puisque les communistes nous cernent, ils sont partout, dans les airs, la terre... John Birch est d'accord avec Hitler. Bon, Adolf a anéanti six millions, mais au moins il n'est pas communiste. Chaque matin, notre membre éminent de la société regarde sous le lit, inspecte la cuvette des toilettes afin de débusquer les Rouges qui se cachent jusque dans la boîte à gants de sa voiture...

Bob débitait son histoire d'un ton morne, poussant sa voix à mi-chemin du chant et du blues.

— Ce type, poursuivit-il, soupçonne même les rouges de s'être glissés dans les bandes rouges du drapeau américain. Il voit le mal partout. Pour lui, le Grand Eisenhower est un espion russe, tout comme Lincoln et Roosevelt. Seul George Lincoln Rockwell hait vraiment les communistes parce qu'il a mis un piquet de grève devant le film Exodus [33]...

Suze trouva Bob en forme malgré ses heures de travail, les milliers de mots qu'il avait couchés en si peu de temps. Il vidait des bouteilles de vin, et avalait des tasses de café à la file. Il pouvait se lever, se rendre au bureau de tabac pour acheter de cigarettes et revenir avec une chanson.

Il traversait l'appartement ouvrait le journal, allumait la radio...

La Guerre froide menaçait à nouveau depuis la prise du pouvoir de Fidel Castro à Cuba en 1959. Imaginez un pays communiste à quelques brassées des États-Unis. Bob suivait les soubresauts de l'actualité, passionné. Le conflit le hantait, surtout dans ses aspects grotesques et inquiétants comme le cafouillage de la baie des Cochons, le 17 avril 1961. Ce jour-là, une troupe de réfugiés cubains mal préparé débarque, croyant possible de virer la dictature cubaine. Mais l'armée de Castro les massacre. John Kennedy a écouté les édiles de la CIA qui se sont trompés et accusent pourtant le jeune président d'incompétence. Son image n'en sort pas grandie, et l'irascible Khrouchtchev profite de ce fiasco américain pour construire un mur à Berlin tandis que Kennedy essaie d'assassiner Castro, en lui envoyant des cigares empoisonnés.

Fidel se rapproche de l'Union soviétique.

Bob, comme beaucoup d'autres, sentait que le troisième conflit mondial grondait. Le ciel cachait peut-être des avions ennemis. Le monde exploserait en une boule de feu, il y croyait. Le jeune musicien restait parfois deux jours immobile dans l'appartement, les yeux fixés vers le plafond ou la fenêtre. Il avait peur. La mort l'obsédait plus que jamais, comme s'il était persuadé de vivre ses derniers instants.

— Je ne veux pas mourir à cause de ces imbéciles, disait-il à Suze qui se raccrochait à son militantisme antinucléaire.

Il sortit, marcha, hagard, le long des rues. Il respirait avec peine. Il rentra et se mit à écrire. Cette crise avait instillé en lui une sève brûlante, et *A Hard Rain's A-Gonna Fall* coula comme une source venue de l'éther. Qu'a vu son fils aux yeux bleus ?

Oh, qu'as-tu vu, mon mignon petit ?
J'ai vu un nouveau-né cerné de loups sauvages
J'ai vu une autoroute de diamants que personne ne foulait
[...]
Et une pluie dure va tomber [34]

C'était un monde où les branches saignaient, où les chambres n'étaient plus occupées par des enfants mais des hommes armés de marteaux sanglants. Les enfants, eux, brandissaient des épées aiguisées et des revolver. Dans ce monde-là, il ne fallait pas être trop bavard car les langues trop bien pendues étaient coupées... Le narrateur rencontrait une femme dont le corps prenait feu, une jeune fille qui offrant un arc-en-ciel, un homme blessé d'amour, un autre de haine. Tout ce merveilleux finissait emporté par ce poison qui nous submergeait. Bob s'en prenait aux mensonges de la propagande, secoué d'hallucinations, baigné de grâce. À peine avait-il terminé qu'il descendit et, comme toujours, se rendit dans la rue MacDougal, au Gaslight, où il la joua au grand plaisir des buveurs de la nuit tardive ou du petit matin. Bob lança ses métaphores, avec son panache, sa rage habituelle. Personne ne parla. Les clients privilégiés observèrent un silence léger. Les uns souriaient, leurs voisins en oubliaient presque de boire, les yeux grands ouverts. Comment ce jeune gars avait-il pu pondre un texte aussi sublime ? Il rompait avec le folk que les clients du Gerde's, du Gaslight et de tous les clubs de l'Amérique lointaine avaient l'habitude d'entendre. Finis le social, la simple route ! Place à l'arborescence, aux étoiles, à la nuit. Certains n'y comprenaient rien, mais trouvaient les images splendides. Le journaliste David Horowitz écrivit bien plus tard un article célèbre paru dans la revue *Peace News*, le 11 novembre 1964 :

> « Les problèmes artistiques liés au traitement de tels sujets du moins sérieusement semblent insurmontables. Mais Dylan l'a fait de la seule manière possible : par une approche toute symbolique. Seul un langage symbolique peut soutenir un événement aussi

absolu et apocalyptique que la destruction totale de la vie sur terre. La conscience instinctive de Dylan des capacités du symbolisme donne lieu, dans cette chanson, à une utilisation brillante. »

Horowitz évoque ces images arrêtées d'une apocalypse en attente : la jeune fille lui offre un arc-en-ciel ? Un homme tient un chien noir ? Et après ? On ne saura pas la suite du mouvement. Le champignon atomique ou sa menace semblent figer ces courtes scènes de vie pour l'éternité comme la lave a glacé Pompéi. Toutes ces histoires s'effilochent sans dénouement ni conclusion comme des morceaux de faïence répandus dans le ciel. Mais c'est ce qui en fait toute la beauté. Sur la note de la pochette du futur album, Dylan écrivit : « Chaque ligne qui y figure est le début d'une chanson entière. Mais quand je l'ai écrite, j'ai pensé que je n'aurais pas assez de temps à vivre pour composer toutes ses chansons, ainsi j'ai tout mis dans une seule [35]. »

Quoi qu'il en soit, Horowitz avait lâché le mot : symbolisme. Il propulserait Dylan chez les grands poètes, Rimbaud, Verlaine, et les autres. Van Ronk, première sentinelle qui veillait sur cet « enfoiré de Dylan », fut cette fois très clair : « Une révolution artistique était en marche. »

Le 24 avril 1962, Bob, pour son deuxième album, apporta au studio Columbia un matériel de haute tenue, son propre répertoire. Albert Grossman, tapi dans l'ombre comme un gros poussah avide mais brillant, se réjouissait. Hammond, lui, pouvait respirer et clouer le bec à toutes les pies qui jacassaient du côté de Greenwich, ces coteries jalouses d'intellectuels folks prêts à l'emmener au funérarium. Pauvre Hammond ! Devenu fou... et sourd ! Il tenait aussi sa revanche face à la morgue de Kapralik : Tu vois ? Regarde ces chansons ! Bob continuait sans se retourner, supportant une pression énorme, malgré le succès des deux ou trois titres testés sur scène. Un échec, et tous ces amis de circonstance l'abandonneraient. En entrant dans le sanctuaire, il avait l'impression d'avoir grandi. Le plafond ne lui paraissait plus aussi haut, le matériel si écrasant. Des musiciens l'attendaient à la demande de John Hammond comme ce Bruce Langhorne, le guitariste noir connu au moment du disque de Carolyn Hester. Il aimait bien cet homme, surtout quand il saisissait son grand tambour et frappait des rythmes jusqu'à l'aube.

Grossman, lui, fort de son accord avec Dylan, critiquait le contrat de Columbia, complotait pour pourvoir au remplacement de John Hammond tant il le jugeait dépassé, incapable de corriger les erreurs de Bob.

— Si tu veux franchir un cap, lui disait Albert, change ton entourage.

Dylan l'écoutait. Le Gros ne cessait de pointer, souvent avec justesse, les défauts des uns et des autres.

Dylan y réfléchissait, un peu étourdi, d'autant que la vénérable maison s'éveillait enfin au talent de sa jeune découverte dont deux chansons – la dernière était *A Hard Rain's A-Gonna Fall* – avaient fait le délice des lecteurs de *Sing Out !*. Le jeune homme prenait son temps, laissait les choses en plan et ne revenait pas avant plusieurs semaines. Les responsables de la firme ne lui disaient rien. Bob voulait pousser sa musique dans le blues, non loin de Robert Johnson qui était lui aussi un artiste folk. Il avait convié le spectre Kokomo Arnold, enregistrant son *Milk Cow Blues*, mais il ne le garda pas tout, comme sa *Ballad Of Emmett Till*, parce qu'il jugeait le texte un peu en dessous des autres.

Il créa une œuvre épurée, taillée, sans graisse, iridescente. Bien sûr, *Blowin' In The Wind*, *A Hard Rain's A-Gonna Fall*, avec son air inspiré du traditionnel anglais *Lord Randall*, portèrent l'album sur les cimes. La radio égrenait ses infos dramatiques. Fidel se rapprochait du Kremlin jusqu'à accepter sur son territoire l'installation de missiles nucléaires soviétiques : « Je défends l'intégrité de Cuba », déclara-t-il.

Souhaitant repousser au large les navires soviétiques, Kennedy décréta en octobre 1962 le blocus de Cuba... C'est dans cette ambiance que Bob commença *Masters Of War*.

Approchez, maîtres de guerre
Vous qui construisez les canons
[...]
Je peux voir à travers vos masques[36]

Il nourrissait cette chanson brute débarrassée de tout ornement, de tout enjolivement, attaque précise et directe contre le complexe militaro-industriel. Il en expérimenta une première version au Gerde's le 21 janvier 1963, sans savoir s'il la joindrait au disque, désireux de placer le comique *Talkin' John Birch Paranoid Blues*. Ce serait amusant. Ce soir-là, il faisait froid encore. Et le garçon chantait devant ces yeux avides, hostiles et curieux. Il ne vit pas la silhouette qui se faufilait dehors. Depuis le trottoir chenu, mou comme un gâteau glacé, le club de Mike Porco donnait une drôle d'impression à travers la vitre : de la fumée, des rires, une lumière noire et bleue. Il devait faire bon à l'intérieur ! C'est ce que pensa le jeune Français chaudement vêtu égaré dans l'hiver coupant de Manhattan. Il avait quitté sa bonne ville de Neuilly pour prendre la route et devenir musicien. Il errait à la surface du globe depuis tant d'années, un parcours illuminé par le visage des célébrités qu'il avait connues, Humphrey Bogart, Ava Gardner, tous ces endroits sombres et anonymes où il avait joué. Ses aventures l'avaient mené au Blue Angel, un piano bar proche situé entre la 3ᵉ Avenue et la 53ᵉ Rue. Le voyageur s'était payé de belles soirées au Bitter End, dans tous les lieux du Village, et maintenant il aurait bien voulu assister aux concerts du Gerde's, mais n'avait pas assez d'argent pour s'offrir le sésame d'entrée. La plus grande partie de son cachet gagné en jouant chaque soir au Blue partait vers sa femme en France.

Il s'approcha, gelé, colla son œil à la vitre et tenta de voir par un trou que n'avait pas recouvert la buée. Et il vit ce jeune musicien dont il entendit à peine le son étouffé, lointain, un corps mince, un visage tendu et rugueux dégageant une force comme il en avait rarement vue. Il demeura quelques minutes sans se préoccuper du froid. Hugues Aufray – c'était son nom – repartit sans très bien savoir où, hésitant devant l'étendue blanche, vide. Il gardait dans sa tête l'invitation que lui avait adressée Peter Yarrow, du très jeune trio Peter, Paul and Mary, l'un de ces groupes vocaux qui fleurissaient autour de la Grosse Pomme. Peter, diplômé en psychologie, très attachée au social, animait la communauté folk de Greenwich, avec ses deux amis, Mary Travers, lasse de ses rôles éphémères au théâtre, et Noel Stookey (« Paul »), un autre rêveur passionné.

C'est Albert Grossman qui les avait repérés et convaincus de lâcher leurs activités pour se consacrer à la musique. Une création pure du manager de Bob. Leur apparence glamour et douce, sublimée par la blondeur de Mary Travers, séduirait l'Amérique profonde et intellectuelle, le Gros en était persuadé. Et il avait eu la bonne idée de leur confier le *Blowin' In The Wind* de Dylan, expliquant à Bob tout le bénéfice de cet arrangement.

— Tu sais, ce trio n'effraie pas le pays. Et je pense qu'il connaîtra vite le succès. Ces trois musiciens sont engagés tout en demeurant assez consensuels. Si *Blowin'* marche, nous ramasserons la mise, toi et moi.

Une vraie stratégie. Il les invita ainsi dans son bureau et leur fit entendre les bandes que Dylan avait enregistrées de *Blowin' In The Wind*. Peter Yarrow écouta le texte. Quelle poésie incroyable avec juste ce qu'il faut de mystère, d'énigme ! Il ignorait comme beaucoup le sens du poème, mais ces mots lui procurèrent un étrange sentiment de paix et de richesse. Le rendez-vous avait été pris. Le trio sortirait le titre à peu près au même moment que le disque de Bob, véhiculerait l'artiste dont chacun pressentait la grandeur. C'était l'époque des belles soirées, de toutes les promesses, des amitiés.

Programmés au Blue Angel, heureux de leur nouveau contrat, Peter, Mary et Noel « Paul » avaient donc accueilli Hugues, ce Français esseulé débarqué sans un sou dans ce club de la 3ᵉ Avenue et qui se tenait à l'écart.

— Viens, nous organisons demain une petite réception à l'hôtel, dirent-ils. Viens ! Cela nous fera plaisir.

C'était un palace près de Washington Square. Les invités s'égaillaient dans les deux ou trois chambres louées. Hugues entra et plongea dans un bain de fumée, traversa la pièce tel un somnambule, croisa des dizaines de visages inconnus. Pourquoi avait-il accepté cette invitation ? Il venait d'un autre pays et ne parlait presque pas anglais. Il ne comprenait rien et s'ennuyait poliment lorsque soudain il remarqua, au fond d'une chambre, le jeune homme aperçu la veille, derrière la vitre du Gerde's, ce chanteur au visage anguleux qui lui avait fait ignorer le froid. Bob Dylan ! Ce garçon d'une si grande jeunesse magnétisait toute l'attention de la pièce, la lumière des lampes et chaque nouveau venu qui entrait se dirigeait immanquablement vers lui comme aimanté. « C'est Rimbaud », songea Hugues.

— Ça fumait beaucoup, je ne fumais pas, je ne buvais pas et parlais mal l'anglais. Je n'étais pas à ma place. Le choc a été fort. Sans décrypter un mot de ce que disait Dylan, j'ai vite compris que j'étais en face d'un artiste majeur.

Ce jour-là, les amis de Bob jouèrent du banjo, de la guitare douze cordes et chantèrent... Hugues l'observa sans détourner son regard. Il oublia la nuit et les flocons suspendus au dôme noir, se balançant comme des petites danseuses en tutu. Le prodige disparut. Hugues partit. Son séjour américain s'achevait. Il laissa à Peter Yarrow son adresse en France. Il garderait un souvenir ému de ces journées de Greenwich. Un cordon invisible le liait à Bob par-delà l'océan et la langue.

Ceux qui avaient vu Bob comme le sieur Hugues, parti retrouver son quotidien, ne l'oubliaient pas.

Ce soir-là, le musicien de Hibbing n'avait pas regagné son logis. Peut-être l'envie de voir le jour se lever. Il errait dans la neige en pensant à Blind Lemon Jefferson.

Pendant l'hiver, il écrivit et aima Suze qui ne le lâchait pas de peur de le perdre. Bob l'emmena dans une rue avec un photographe. Leurs chaussures craquaient la glace. La fiancée lui tenait le bras, la tête posée sur son épaule, et Bob, les mains dans les poches, se protégeait du froid. Le monde entier la verrait bientôt sur la pochette collée à l'artiste, souriante et belle. Son amoureux avait tenu sa promesse. La photo saisirait – c'est ce qu'elle espérait – son bonheur, sa jeunesse, sur le trottoir enneigé de Greenwich, dans la lumière déclinante de l'hiver new-yorkais. Elle attendait aussi.

Combien de journées passèrent-ils ensemble ? Ce fut une belle et inquiétante saison. Suze, serrée contre son amant, sentait que l'œuvre chassait peu à peu, loin d'elle, l'esprit de Bob.

Elle avait raison car, au printemps, le premier soleil l'emporta. Une nuit ou le jour même – l'artiste ne savait plus tant les journées le portaient en un flux ininterrompu – le vagabond, plus argenté qu'autrefois, sauta dans un train et remonta jusqu'au Nord. Un grand souffle lui traversa l'esprit, loin des petites peurs. Chicago luisait au bord du Grand Lac en ce mois d'avril 1963. Le temps était plutôt doux. La « windy city » représentait un aimant pour tout amateur de blues, et Bob n'y échappait pas, inondé de visions, comme si chaque escale, là-haut, le ressourçait. La Michigan Avenue avait été le témoin de ses errances, devant la prestigieuse maison Chess, le long des rues humides presque léchées par l'eau noire. Il écrivait, peaufinait son *Masters Of War*... Plus il se déplaçait, plus les phrases s'enchaînaient avec une précision insolente. Le mouvement régénérait son réservoir à idées.

Tout à sa création obsessionnelle, l'esprit enchaîné à son nouvel album, il ignorait que ce détour bouleverserait sa propre vision musicale. Grossman lui avait réservé quelques soirées. Beaucoup de monde l'attendait, « amis » – mais ils chassaient sa solitude –, garde du corps, quelques jeunes filles en villégiature... Bob joua dans un club assez populaire devant la foule des Chicagoans, travailleurs noirs, ouvriers en goguette, jeunes étudiantes, c'était un beau plaisir d'affronter les yeux, les regards, les corps en bas de la scène. Après le concert, il traversa la rue pour aller dîner dans un restaurant. Beaucoup de camarades l'encadraient et voulaient discuter avec lui. Il buvait, s'ennuyait un peu. La scène qu'il venait de quitter lui manquait déjà. Et il avait tellement envie de jouer que le reste paraissait bien fade...

C'est alors qu'un jeune homme échappa de la foule. Il appela Bob, le toucha à l'épaule, se glissa au cœur de la tablée. Le prodige se retourna et, d'un geste, fit taire ceux qui parlaient. L'inconnu, apparemment de Chicago, portait sur lui la douceur et la lumière de la ville, avec des traits assez ronds, un regard perçant, une chevelure en hauteur et des pattes sur les joues. Il était beau, tranquille.

— Enfin, je peux vous parler, dit-il. Cela fait longtemps que j'ai envie de vous rencontrer, de jouer avec vous. Je vous ai vu tout à l'heure. J'ai adoré.

Dylan l'écouta. Il se mit à sourire, ce qui était rare. L'inconnu ne devait pas être tellement plus jeune que lui, mais sa passion éclatait à travers ses yeux baignés de nitescence et de désir. Bob aurait pu l'envoyer promener. Après tout, de guitaristes, il n'en avait pas tellement besoin ! Cependant, celui-ci avait grandi à Chicago et même s'il n'y pouvait rien, un tel pedigree méritait une oreille attentive. Non seulement cette situation amusait Dylan, mais il avait envie de montrer à ses commensaux comment il recevait les musiciens.

— Ton nom ?

— Michael Bloomfield.

— Qu'est-ce que tu as fait jusqu'à présent ?

Le jeune homme se contenta de sourire. Bob apprendrait à reconnaître cette mimique désarmante lorsque le garçon avouait son embarras car il n'avait rien accompli d'extraordinaire jusqu'à présent, mais son air naïf révélait une profonde sincérité. Il remarqua sa guitare dans le dos.

— Peux-tu nous jouer un morceau ?

— Ici ? Dans ce restaurant ?

— Oui, ici !

Bob se leva et approcha une chaise. Mike s'assit, déballa une magnifique guitare et, sans se soucier des regards intrigués, des curieux qui s'étaient massés à quelques mètres, commença à triturer les cordes. Il attaqua un blues de Sonny Boy Williamson que Dylan connaissait, enchaîna sur un morceau de Big Bill Broonzy, l'exécutant avec velours et saveur. Ce garçon-là possédait une poésie rare, lyrique et toujours tendre, déclenchait – si le désir venait – les flammes, voilà ce qu'était Mike Bloomfield. Le novice s'arrêta et promena ses yeux d'une personne à l'autre, se gardant bien de regarder l'emblème du folk :

— Où est-ce que je peux te joindre ? demanda Bob.

Mike griffonna son adresse et partit, tout heureux. Lorsqu'il s'éloigna du restaurant, il sauta de joie. Bob Dylan lui avait lancé un message par les yeux : « Toi, je ne t'oublierai pas », ne se doutant pas cependant que le musicien solitaire de Chicago l'emmènerait dans un autre monde. Peut-être rentré chez lui, une fois l'excitation passée, Mike ressentit-il quelques craintes ? Et s'il ne l'appelait jamais ? Non, il ne pouvait envisager l'échec. Ou alors retrouver sa pauvre et aliénante histoire familiale qu'il avait à peine eu le temps d'esquisser...

Bob gardait en tête Bloomfield, son futur compagnon des belles nuits. Il y pensait pendant que l'avion se balançait au milieu des nuages noirs. Les valises, l'aube blafarde... Direction le fameux Town Hall de New York, un engagement que lui avait trouvé un allié, Harold Leventhal, un ancien manager de Woody Guthrie amusé à l'idée de jeter le garçon dans le grand bain. Le 12 avril 1963, Bob y posa sa guitare, son harmonica, sans savoir si le public l'accueillerait et paierait un ticket pour voir un inconnu. Les spectateurs se rappelleraient le lustre brillant dans la nuit, le gouffre que transperçait le chant agressif de ce vagabond. *Masters Of War...* et le scintillement de son harmonica. Au-dessus, tous les princes du Gaslight et de Greenwich, Pete Seeger et les amis de Woody Guthrie applaudirent ce musicien hypnotique, immobile comme une pierre froide. Quelque chose le soulevait fort, peut-être l'hallucination de ces journées sans fin, de cet œil ouvert sur l'éternité. Fascinant. Et là, obscur artiste, il se hissa à la table de maîtres. Puis, il rangea ses instruments et retrouva les rues, les ténèbres de sa bonne ville. Où irait-il ? Le studio ou le club. Un appartement où des amis l'avaient convié pour jouer ? Non, le studio. Du travail l'attendait. Il joua sans même s'allonger, journées réduites aux notes, boissons, écritures, puis l'enregistrement des *Masters Of War*. Toujours pas de sommeil. Une gorgée de café et plusieurs verres de vin. Il n'avait pas de temps à perdre. C'était bien à Chicago ? Oui, très bien...

Avec ses « Maîtres de guerre » le 24 avril 1963, Bob créa, devant témoins, un autre grand morceau dont la force tragique, rendue par ce motif lancinant et stridulent de guitare, cette voix granuleuse, tremblante, touche encore maintenant le cœur, quarante ans après. Le ton ressemble à celui d'un guerrier, d'un imprécateur, formidable d'émotion, de violence. Les *Masters Of War* désignaient peut-être aussi les hautes figures qui dévoraient ses splendeurs artistiques : John Hammond, fatigué, avait appelé un jeune producteur noir venu du jazz, Tom Wilson, espérant se protéger d'Albert Grossman. Bob finissait son deuxième album dans une drôle d'ambiance. Le Gros, désireux de prendre le pouvoir absolu auprès du jeune artiste, envoyait des missives aux dirigeants de Columbia pour les convaincre de remplacer le découvreur. Mais Kapralik ne bougeait pas. Le Gros s'énervait.

— J'attaquerai ailleurs !

Puis, il prenait Bob à part :

— Avec moi, tu gagneras bien plus, ne sois pas stupide. Je peux te filer 2 000 dollars.

— Cela veut dire quitter Columbia ? demandait Bob en se mordant la lèvre.

— Non, renégocier le contrat, afin de quitter Hammond qui est de la vieille école. Nous ne sommes plus à l'époque de Billie Holiday... Columbia sera bientôt contente de t'avoir. Il faut faire fructifier ton succès futur. Car tu auras un grand succès futur, j'en suis persuadé.

Dylan ne dit rien. C'était la première fois qu'il entendait pareil hommage et c'était bien doux à ses oreilles.

— Tu sais ce que nous allons faire, enchaîna Albert en prenant le bras du jeune homme. Comme je n'ai rien reçu des dirigeants de Columbia, ni proposition, ni rien, nous allons dénoncer le contrat qui te lie à John Hammond. Tu l'as bien signé alors que tu étais mineur, non ?

— Euh... Oui ! hésita Bob en détournant la tête.

Il se sentait incapable de résister à ses promesses. Le musicien écrivit une lettre qu'il adressa à l'avocat de la maison de disques, Clive Davis, et à son producteur héros.

> « Étant donné que j'ai signé ce contrat avec Columbia Records alors que je n'avais pas 21 ans, je tiens à récupérer les masters, enregistrements et autres et je déclare ce contrat nul et sans intérêt. BOB DYLAN [37]. »

Ce Clive Davis la lut. C'était un jeune homme ambitieux entré chez Columbia pour secouer les vénérables murs. Il s'occupait de toutes les questions légales et ne plaisantait jamais trop sur ce sujet. Il décrocha son combiné et joignit John Hammond :

— Saviez-vous que Bob Dylan n'avait pas la majorité quand il a signé son contrat avec vous et la compagnie ?

Il n'entendit qu'une respiration à l'autre bout du fil. John ne répondit pas. Bien sûr qu'il savait. Bob avait promis de ne rien dire et le trahissait en dénonçant cette faveur qu'il lui avait accordée deux ans plus tôt. Hammond n'avait jamais vécu pareille mésaventure avec tous les artistes dont il s'était occupé, en trente ans de carrière. Mais Clive se moquait bien de ses arguments sentimentaux et lui reposa la question de cette voix sèche propre aux techniciens du droit :

— Est-ce que Dylan a enregistré en studio depuis sa majorité ? lui demanda l'avocat.

— Oui, six ou sept fois, répondit Hammond.

— Alors, son contrat est bien valable, et sa lettre n'a aucune valeur.

John Hammond mit un terme à la conversation. « C'est un coup de Grossman », se dit-il, sentant la présence du Gros qui l'obsédait. Mais il tenait la partie.

— Non seulement, ajouta Clive, nous allons démolir cette lettre mais renforcer le contrat qui lie Dylan à Columbia.

Il envoya son argumentaire blindé à Dylan qui accepta contre son gré et signa les deux options demandées. Albert Grossman fit alors le siège du studio, accompagné d'un assistant. Bob regardait cette bagarre sans rien dire. Le Gros débarquait, l'air narquois, posait son corps énorme dans un coin et inondait le jeune musicien de suggestions.

— Approche-toi du micro, ne chante pas ce morceau !

— Tais-toi ! hurlait John Hammond depuis la console comme un capitaine sur son navire.

Grossman, le pirate, partait à l'abordage de la légende. C'était toujours ainsi qu'il procédait, par ruse ou force.

— Mais tu fais fausse route, assénait-il au producteur. Jamais tu ne vendras un album avec ton savoir-faire dépassé.

Puis, quand Albert ne venait pas, son assistant se pointait et demeurait à un ou deux mètres de l'artiste, jamais davantage. Un soir, Hammond prit l'homme par le bras et le tira vers la porte. « Je ne veux plus vous voir ici ! » Bob sourit. Quel plaisir de voir ce grand bourgeois en costume endosser le rôle de videur. Après son coup d'éclat, John afficha un vrai et beau sourire. Et pourtant, une légère inquiétude affleurait son expression d'homme du monde, juste imperceptible, sauf pour ceux qui le connaissaient bien. Il s'épongea le front, fatigué de neutraliser, en haut, Kapralik et, en bas, de museler Grossman. Heureusement, entre les deux la musique de Dylan lui inspirait de plus en plus de ravissement. Le jeune homme commençait à comprendre ce qu'était une bonne œuvre : rêves de jeunesse, *Bob Dylan's Dream*, amour de jeunesse, *Girl From The North Country*, noble littérature... Les brûlots politiques en feraient la grandeur : *Masters Of War*, *A Hard Rain's A-Gonna Fall*, *Talking World War III Blues*, et ce bijou, *Oxford Town*, avec sa simplicité évidente :

Deux hommes sont morts sous la lune du Mississippi
Faudrait que quelqu'un fasse bientôt une enquête [38]

Seule frustration : David Kapralik l'avait prié de retirer du prochain album, intitulé *The Freewheelin'* (« En roue libre »), les délires de son anti-communiste paranoïaque, *Talkin' John Birch Paranoid Blues*, et il avait dû se soumettre. Le musicien ressentirait, malgré tout, une très bonne ambiance sur ce disque, irradié par le sourire juvénile et amoureux de Suze qui écoutait « sa » chanson, *Don't Think Twice, It's All Right*.

L'œuvre sortit en mai 1963, sans que Bob prît le temps de contempler le résultat, à nouveau déçu. Encore une fois, il avait tutoyé les nuages, apprivoisé l'air, le vent, la poésie. Et après ? Tous ses rêves gisaient enfermés dans une petite boîte, une crêpe noire qui ne changerait pas sa vie, ne le rendrait guère plus heureux. Suze, elle, l'était. Tant mieux. Il n'en avait que plus d'estime pour la jeune femme dont il aurait pu partager le bonheur.

Il devait se réjouir car le succès frémissait à sa porte.

Peter, Paul and Mary avaient sorti leur reprise de *Blowin' In The Wind*, et le single brûlait sur les étalages. Bob aimait bien Mary avec ses cheveux qui descendaient jusqu'à sa taille. Peter et sa barbe. Et leur douceur à tous les trois. Sous leur impulsion, *Blowin'* soufflait vraiment de toute sa légèreté si bien que le public se précipita en masse et connut le morceau avant d'en identifier son auteur. Grossman avait vu juste. Le folk languide du trio avait touché la cible et cette réussite finirait par atteindre Dylan-le-redoutable. Car lui-même ne s'aidait pas. Il commit un esclandre à la télévision, au « Ed Sullivan Show » ! La grande émission populaire. Vingt millions de téléspectateurs. Peu d'artistes folks s'y étaient produits. Il rencontra des messieurs empesés et au ventre rebondi qui lui posèrent des tas de question dans la chaleur du studio.

— Quels morceaux jouerez-vous ?

Bob cita avec enthousiasme *Blowin' In The Wind* et *Talkin' John Birch Paranoid Blues*.

— *John Birch*, c'est l'histoire de ce type qui est un partisan de Hitler ? demanda une voix angoissée.

— Euh oui...

Un silence.

— Nous préférions que vous preniez une autre chanson. Cela pourrait choquer les gens et nous valoir des poursuites...

— Eh bien je participerai pas au spectacle ! protesta Bob en colère, remballant ses affaires.

Et il quitta l'émission en pleine répétition, prêt à sacrifier l'audience. Personne ne l'obligerait à choisir son répertoire. Les patrons de Columbia tentèrent de le raisonner, en vain. « Tu n'as aucune idée de ce qu'est le

Ed Sullivan Show. Tu pourrais gagner un public formidable ! » Mais il refusa.

Cette nouvelle censure sur John Birch, après l'interdiction de Columbia, lui arracha des cris de fureur. Bob sortit et partit le soir avec sa guitare. La route et les rencontres l'apaisaient. Il voulait jouer, encore et toujours, composer, abolir les nuits, déposait les feuilles en chemin. Son *John Birch*, il le sèmerait ailleurs. Aucun obstacle n'endiguerait son torrent de mots, d'images, ses prurits musicaux. D'autres chansons s'imposaient déjà à son imaginaire débordé, énorme comme un fleuve en crue. Il ne pouvait rester en place, et la chance lui offrait des océans à voir, des soleils à admirer. Ce mois de mai justement, il avait été invité à participer au festival folk de Monterey, de l'autre côté du pays, parmi d'autres musiciens folks plus connus que lui à cette époque, les Greenbriar Boys, les Weavers et Bill Monroe... Un vrai plaisir : il retrouva Joan Baez devenue presque divine face à l'océan noyé de parfums californiens.

— Mimi n'est pas là, dit-elle en riant.

Et il sourit. La chanteuse d'origine mexicaine se demandait s'il n'avait pas peur, elle le désirait fort.

Bob grimpa sur la scène, comme au Town Hall, avec sa seule guitare et son harmonica. Il ne se rendait pas vraiment compte, manifestant une certaine inconscience. Deux heures sous le grand ciel sans voir la foule immense qui ignorait tout de lui. Mais lorsqu'il joua *Blowin'*, une clameur s'éleva. Les gens pensaient à Peter, Paul and Mary et ne se doutaient pas que c'était lui, l'auteur. Il vivait le succès d'un autre...

Il avait été pris dans la beauté d'une autre. Après le festival, Joan Baez l'invita dans sa maison de Carmel. Il était heureux, jeune, aimé.

— Nous allons chanter ensemble ! lui promit Joan. Je vais te rendre célèbre, tu vas voir...

•

Le bel été 1963. Le *Blowin'* de Peter, Paul and Mary menait une carrière remarquable. Un million d'exemplaires vendus en juillet, numéro deux au Billboard. Les musiciens de talent travaillaient pour Dylan. Les amis l'invitaient à tous les festivals, et Joan, qui semblait l'apprécier, voulait se battre pour lui. Cet amour – si cela en était un – l'aiderait bien.

Il revint donc à New York pour affronter le traditionnel rendez-vous du folk, repasser dans les airs en portant le suc de la belle Mexicaine, annonciateur des succès futurs.

Oui, le bel été ! Le plus bel été peut-être de Bob. Celui du début, des frémissements. Désirs. Plaisirs...

Newport semblait voué à l'éternité. Bob observait les yachts qui brillaient paresseusement sur l'eau. En venant, il avait longé des propriétés opulentes, avec leurs jardins fleuris, petits clochers, courettes de pierres. Et au milieu erraient les vagabonds du folk en voiture, train ou à pied. Le parc Freebody débordait de monde, de bruit, de rumeurs, de musique, là où plus loin, la mer semblait si calme. Bob – cela n'était pas coutume – avait peur de décevoir et se cachait derrière des lunettes noires, une morgue qu'on prendrait longtemps pour de l'antipathie. Le Newport Folk Festival représentait le Sanctuaire. Bien mieux que Monterey. Un jeune musicien n'avait pas le droit d'y être mauvais. Et puis Joan serait présente. Elle ne le quittait plus.

Bob fut heureux de retrouver Peter Yarrow qui le regardait avec des yeux pétris d'admiration et balançait des « grands poètes par ci, des grands poètes par là ». Pourquoi bouder son plaisir ? Bob aimait qu'on l'admire. Et il félicita en retour le bon Peter pour son travail sur *Blowin'*.

La foule s'était massée du bord de la scène jusque sous les arbres, agitée. Suze errait dans le parc, excitée, mais tremblante. Bob ne lui avait pas demandé de l'accompagner et elle l'avait mal pris. Il n'en avait pas fallu davantage pour réveiller sa peur, un sentiment fréquent depuis sa première rencontre avec le jeune artiste. Que risquait-elle ? Elle affichait davantage son indépendance. Son travail sur la pièce de Brecht, ses activités de peinture et d'écriture la rassuraient. On lui avait dit que Joan Baez courait après Bob. Elle ne voulait pas y croire. Et si c'était vrai ? La jeune femme ne pouvait évidemment rivaliser avec la magnifique artiste aux yeux noirs, à la flamboyance latine et qui chantait si bien. Pourtant, comment Bob, dont elle connaissait l'égocentrisme, supporterait-il la popularité de Joan ? Impossible. Les deux artistes s'entre-dévoreraient. Suze n'avait probablement rien à craindre. Et puis Bob ne l'avait-il pas affichée à la face du monde entier en choisissant de parader à son bras sur la pochette de *Freewheelin'* ? Il avait exhibé le visage de sa muse et indirectement son grand amour. Elle lui avait aussi inspiré cette si belle chanson, *Don't Think Twice, It's All Right*. Dans quelques minutes, il la jouerait pour elle, ce serait son jour de gloire. Sans doute désirait-elle y voir deux preuves fortes de son attachement à tout ce qu'elle lui avait apporté, la politique, l'engagement, sa force actuelle ? Il lui en était certainement reconnaissant. Peu de femmes vivent un tel sacrement, et, quoi qu'il advînt, elle avait marqué l'existence du musicien. Cela suffirait-il ? Non, bien sûr, elle était très amoureuse de lui et désirait que leur histoire continuât.

Mais, en ce beau jour d'été, elle errait, ombre parmi les ombres, en bas de la scène, parmi tous ces visages anonymes, ne se doutant pas qu'ils côtoyaient la jeune fille un peu pâle de *Freewheelin'*. Elle jetait par-dessus les épaules des coups d'œil vers la scène, de plus en plus nerveuse au fur et à mesure que l'heure approchait. Elle se demandait s'il dirait un mot sur elle. Peut-être. Peut-être pas. Était-ce important ? Évidemment que non. Des enfantillages. Peter, Paul and Mary apparurent. Yarrow annonça *Blowin' In The Wind*, par « l'un des plus grands poètes actuels, Bob Dylan », et joua le morceau. Une rumeur parcourut la foule, Suze se sentit emplie de fierté. Tous ces gens réclamaient son « fiancé », elle croyait entendre chuchoter son nom, étreinte de plaisir et d'impatience. La jeune femme frissonnait de tous ses membres. Mais au lieu de Bob, c'est Joan Baez qui apparut, la Magnifique, avec ses longues nattes, sa peau mate. En la voyant, Suze éprouva un vrai choc qui ne reposait sur rien. Allons ! Tu te fais des idées ! Joan devait posséder un caractère difficile. Pas le genre de son fiancé. Elle joua une chanson de Bob, puis une deuxième, et entre deux titres, parlait de manière lente, douce. Sa voix résonnait dans le parc, sous le grand ciel mauve.

— Ce sont les œuvres d'un jeune artiste appelé à un grand avenir, disait-elle.

C'était étrange. Et lui, qu'attendait-il pour apparaître tandis que Joan remuait la foule, la chauffait, avec son grand sourire, ses gestes de madone gracieuse. Elle balança une petite anecdote, l'air de rien, que Suze entendit à peine.

— Et maintenant, je vais jouer l'un ses plus beaux titres : *Don't Think Twice, It's All Right*.

Suze faillit s'effondrer. C'était sa chanson, la sienne. Comment osait-elle ? Pourquoi Bob ne la jouait-il pas lui-même ?

— Vous savez, cette chanson, continua Joan Baez, a été inspirée par une histoire d'amour qui a duré trop longtemps.

Des rires fusèrent du public. Suze sentit que ses jambes ne la portaient plus. Elle s'appuya sur un jeune homme et lui demanda pardon. Son cœur frappait sa poitrine à grands coups. Elle s'était mise à transpirer, elle voulait hurler, monter sur scène pour parler au public, se défendre, mais elle n'en avait pas les moyens. Elle quitta la scène au bord de la nausée. Et c'est Carla qui la récupéra en pleine nuit, comme ivre.

— Tu sais ce qu'ils m'ont fait ? Tu sais ce qu'ils m'ont fait ? répétait-elle.

Puis, elle s'allongea en délirant et s'endormit.

La sœur avait appris ce qui s'était passé. Elle demeura aux chevets de Suze une bonne partie de la nuit, épongeant son front fiévreux, essayant de calmer ses délires. Carla fulminait contre Bob, Joan Baez, Albert Grossman, toute cette clique aux grands principes, mais qui profitaient de leur position pour démolir une jeune femme parce qu'elle gênait leur arrivisme. Elle voulut joindre Bob puis changea d'avis. Il serait plus prudent de tenir la jeune femme éloignée de son tourmenteur.

Après le départ de Suze, Bob était apparu sur la scène de Newport, fragile, sombre. Il avait entendu les propos de Joan et avait été choqué. Mais il n'avait pas protesté. La grande Baez lui donnait une consistance, un peu d'éclat sur scène, il était illuminé par les mouvements de sa robe, la pureté de son sourire. Le public l'applaudissait surtout quand il se trouvait à côté d'elle. Il profitait du charme de la belle, lui dont la musique touchait une élite, et encore, c'était incroyable de penser que *Blowin' In The Wind*, sa chanson, avait été le succès d'un autre groupe. Mais lui ? Seul, il ne brillait pas, trop blême, trop tragique, marqué par la mort, mais, lové dans les moires parfumées de Joan comme lors de leur duo, ce fameux soir de Newport où il s'était senti porter par le nacarat, le soleil de la chanteuse, il recouvrait la vie, et le monde semblait devenir amoureux de lui. Ils avaient joué *With God On Our Side*, dans une liesse générale. En sortant de scène, elle lui avait proposé : « Nous allons organiser une tournée ensemble. »

Et il avait accepté, conscient qu'une telle proposition aiderait sa carrière. Joan Baez était bien plus populaire que lui. La suivre, c'était l'assurance de jouer dans des salles combles. Seul, il courait à l'échec.

Joan avait gagné. Elle ne parla jamais de l'incident de Newport et de sa sortie déplacée. Elle avait « simplement » voulu éliminer cette espèce d'allumette blonde au teint pâle qui collait Dylan. Quand elle les voyait ensemble, elle était prise de rage, persuadée qu'il méritait mieux. Suze, grotesque, ne lâchait pas Bob d'une semelle et, à cet égard, *Don't Think Twice*, remplie de rancune, de frustration, amusait Joan. Le jeune compositeur avait signifié en substance à son amoureuse : « Lâche-moi ! ». Mais Suze n'entendait rien. Eh bien elle, Joan avait exaucé ce vœu pieux, emmener Bob sur son territoire, le posséder tout entier, vivre ensemble la plus belle aventure du monde.

Il était heureux, enthousiaste. Sa vie prenait un tour fantastique. Le lendemain, il appela Suze :

— Je vais faire une tournée avec Joan pendant plusieurs mois.

Il y eut un grand silence.

— Tu vas... ?

Bob ne savait pas quoi dire. Il avait les mains légèrement moites et n'arrivait plus à prononcer le moindre mot. À l'autre bout du fil, il sentait la respiration saccadée et courte de la jeune femme. Il avait pitié d'elle et éprouvait de la tendresse à son égard, mais ne parvenait pas à le lui montrer. Il devrait rentrer dans leur petit appartement et s'expliquer avec elle. En avait-il les moyens ? Le soir, en ouvrant la porte, il fut surpris de trouver les lumières éteintes, une forte odeur de gaz lui sauta au visage. Il buta sur un corps allongé.

— Suze...

Il se pencha vers elle, la releva. Elle était encore vivante. Il la transporta jusqu'au lit, puis décrocha le téléphone et appela Carla.

— C'est Bob. Il vient d'arriver quelque chose de... terrible. Suze a tenté de se suicider.

— Quoi ? J'arrive.

Bob devinait ce que Carla allait lui dire. Dès qu'on touchait à sa sœur chérie, elle ne plaisantait plus. À peine avait-il raccroché le combiné qu'il se retourna et aperçut Suze devant lui, pâle, le visage creusé par la fatigue. Il la prit dans ses bras, longuement, et la serra fort. Elle s'abandonna, le corps frissonnant. Mais Carla survint, après avoir presque enfoncé la porte. Elle ne s'occupa pas de Bob et enlaça Suze.

— Cela va ? Tu es bien ?

Puis, elle se tourna vers le musicien :

— Va-t'en ! Tu lui as fait assez de mal comme ça.

Il s'éloigna, le corps tremblant.

Peu après, Suze quitta l'appartement du West 4ᵉ Rue, et retourna dans sa famille. Bob, lui, rejoignit Joan Baez. Il essaya d'oublier, mais y parvint difficilement. Il vit bien que certains le considéraient comme un arriviste prêt à toutes les infamies pour réussir sa carrière. Il voulait se défendre, en vain.

Il suivit la belle dans sa parure de nuit, devant des milliers de personnes, à l'Hollywood Bowl de Los Angeles. C'était curieux. Joan recevait toutes les acclamations, l'amour d'un peuple et quand il arrivait, c'était le silence. Le public ne comprenait pas, quelques sifflets partaient même. Elle avait beau le présenter comme un grand poète, peu de spectateurs s'enthousiasmaient. Bob essayait de ne pas voir les visages interloqués, parfois hostiles. Souvent, Joan chantait *Blowin' In The Wind*, et tout de suite, appelait Bob.

— Voici l'auteur, disait-elle.

Et la chanson, très connue, déchaînait toujours un vibrant accueil, même si beaucoup de spectateurs espéraient entendre la sonorité de Peter, Paul and Mary. Cette ballade commençait à devenir un hymne des droits civiques. Elle possédait une force intrigante qui faisait son chemin malgré les rumeurs de vol dont elle était l'objet. La rumeur prétendait que Dylan avait entendu la chanson d'un certain Lorre Wyatt et qu'il lui avait proposé d'acheter les paroles. Des jalousies tout cela ! Cette polémique jetait un peu d'ombre sur son succès. Il entendait d'ici la communauté folk débattre sur sa moralité et l'authenticité de son talent, le principal sujet de cette année-là. Bien sûr, Bob empruntait au folklore traditionnel, mais cela ne faisait pas de lui un voleur. D'ailleurs, l'affaire Wyatt se dégonflerait assez vite.

Il poursuivit sa route, loin de ces frustrations...

La stratégie de Joan marchait bien, elle qui avait sans doute spécialement mis sur pied cette tournée pour faire connaître son protégé. Ils virent du pays, allèrent jusque dans le Massachusetts, puis revinrent à New York, au Queens. Les Oscar Brand, Dave Van Ronk, Jack Elliott, se gaussaient de cette alliance d'intérêts pécuniaires. Baez ressemblait à une mère poule gonflée d'orgueil à l'idée de présenter son plus beau poussin. À côté, Bob paraissait bien jeune, s'efforçait parfois de chasser l'impression étrange que les deux amants ou supposés tels donnaient. La chanteuse jouait un rôle tutélaire, comme elle le rappellerait dans ses mémoires : « Il avait un regard vieux comme le monde mais était fragile comme une feuille d'automne. C'était un enfant habillé en dimanche, allongé sur ce sofa et vêtu d'une veste trop grande pour lui… et j'étais la mère. » Bob cependant commençait à ne plus cacher son agacement devant une comédie qui lui pesait.

C'est au cours de la tournée qu'il avait écrit et lancé une nouvelle chanson, *The Times They Are A-Changin'*. En la composant, il pensait à ses parents qu'il affirmait ne plus connaître. Abe, Beatty et le cadet David souffraient de voir que leur fils et frère balançait des anathèmes dépourvus de sens. David, surtout, admirait Bob, mais n'appréciait pas ses provocations. Il avait voulu le rencontrer. Impossible. Depuis combien de temps ses parents et lui ne l'avaient-ils pas vu ? Le plus jeune aurait aimé dire à son aîné combien il l'aimait, il se rappelait leurs prédictions d'enfants. « Nous deviendrons des personnalités. » Et tous deux riaient de bon cœur avant d'aller chiper des fruits dans les jardins avoisinants. Maintenant, Bob s'apprêtait à tenir leurs promesses et David, adolescent, ne désespérait pas de le rejoindre un jour. Mais pour faire quoi ? Il n'en savait rien. Pour l'heure, il se contentait de lire les quelques interviews que son grand frère donnait aux journalistes. Cette Joan Baez n'était jamais loin. David la trouvait splendide.

Mais les temps changeaient. Bob aussi. La chanson *The Times…* stigmatisait la cassure entre les générations dont il était témoin. Le poète n'avait rien à dire à ses parents et ne tenait pas trop à les voir. Il procédait par apostrophes, interjections, une technique facile mais ô combien efficace. Il s'adressait aux sénateurs, députés, pères et mères, les enjoignait à entendre l'appel de la jeunesse, à comprendre le changement sous peine d'être impitoyablement mis hors jeu :

Au-dehors, une bataille fait rage
Bientôt elle secouera vos fenêtres
Et ébranlera vos murs [39]

Certains observateurs remarquèrent les allusions bibliques, les références à Babylone, à l'apocalypse. Dylan se plaçait dans la lignée d'un protestantisme halluciné. Il était aussi traversé de ce courant révolutionnaire que Suze et Joan Baez lui avaient enseigné. Et d'ailleurs, les premiers auditeurs qui eurent la chance de l'entendre applaudirent. Certains y décelèrent une prophétie sur les troubles à venir dans cette société américaine de plus en plus instable.

Le public se retrouvait dans ces paroles, cet esprit-là, et le prouvait en achetant *Freewheelin'* dont les ventes avaient augmenté au cours de cet été 1963. Plusieurs milliers s'étaient écoulés. Peter, Paul and Mary continuaient de puiser dans le répertoire de Bob et de remporter des succès, au grand plaisir du manager Albert Grossman qui s'occupait également d'eux. *Masters Of War* et *Blowin' In The Wind* séduisirent des jeunes et une nouvelle audience. Dylan ? Allons l'écouter. C'est ce nouveau prodige qui écrit des chansons incendiaires contre le système. Le porte-parole d'une génération. Bob ne s'attendait pas à cette étiquette. Pourquoi ne pas prononcer des discours pendant qu'on y est ? Mais qu'avaient-ils tous à le réveiller chez lui, à lui envoyer du courrier, à le convier à des conférences, à édicter les dix commandements de l'écrivain contestataire. « Engage-toi physiquement ! Descends dans la rue avec nous ! » Le long de ces rues où syndicalistes, militants civiques lui sautaient dessus : « Rejoins-nous ! Viens à notre tête ! Défendons Kennedy ! Poussons-le à réformer ! » Ils inondaient les feuilles musicales de messages le concernant. On le voyait partout et on l'attendait partout. Les opposants au gouvernement ne tarissaient pas d'éloge sur *Masters Of War* et l'encourageaient à poursuivre son « combat ». Tout cela par la faute d'un disque sans doute applaudi pour de mauvaises raisons. Lui parlait-on de ses qualités artistiques ? Non, bien sûr. Il avait refusé des propositions que lui soumettait Albert Grossman, mais en avait accepté une : se rendre dans le Mississippi, à Greenville, à la demande de Theodore Bikel, un ami, membre du Comité de coordination des étudiants non violents. D'abord, c'était le Mississippi, le pays du blues et de la ségrégation. Bob se rappelait Emmett Till et les paroles d'une chanson qu'il venait d'écrire sur le meurtre à Jackson, par le Klan, de l'activiste noir Medgar Evers. Il avait aussitôt pris la plume et rédigé d'une traite *Only A Pawn In Their Game*. Il y dénonçait la corruption des politiciens et des policiers du Sud, les lois iniques antinoires. Medgar, responsable du NAACP (National Association for the Advancement of Colored People), à Jackson, Mississippi, s'était battu de longues années pour élucider les disparitions des Noirs et déclencher les procès contre leurs meurtriers blancs. En 1955, il avait ainsi retrouvé les témoins de l'assassinat du petit Emmett Till. Son activisme déplaisait aux racistes et le 11 juin 1963, le jour même où le président Kennedy annonçait une nouvelle législation sur les droits civiques afin de bannir la ségrégation (« la race n'a pas de place dans la vie ou dans la loi américaine »), le grand Evers tombait sous les balles devant son domicile. Il fut enterré une semaine après au cimetière d'Arlington tandis que Kennedy soumettait sa loi au Congrès.

Le meurtre de ce militant avait autant révolté Bob que celui d'Emmett. D'autres combats attendaient... Cette région pauvre du Sud, le Mississippi, l'appelait, et il s'y rendrait avec plaisir afin de soutenir ceux qui soutenaient l'inscription des Noirs sur les listes électorales. Et puis, paraît-il, Pete Seeger était au programme. Bob arriva à la lisière d'un champ de plumes blanches, comme il en avait tant vu dans ses fantasmes. Des bouts de nuages s'étendaient sous un ciel humide. Du coton. Il faisait moite. Des flics, quelques groupes de Blancs erraient de l'autre côté de la route. Bob monta sur scène, s'attendant à recevoir une balle, et joua *Only A Pawn...*, devant un public noir qui l'acclama. *Blowin' In The Wind* avait soufflé dans ce Vieux Sud, au-dessus de ces visages pleins d'espoir et de cette confiance que leur avait donné l'âme encore chaude de Medgar Evers. Lorsqu'il descendit des planches, les activistes l'entourèrent, le saluèrent amicalement :

— Monsieur Dylan, nous sommes heureux de votre participation. Vous avez désormais des responsabilités à l'égard de notre mouvement. Vous participerez à nos concerts et...

Bob n'écoutait plus. Il recula.

— Je ferai ce que je veux, je suis un homme libre !

Et il partit alors que des voix tentaient encore de le retenir.

Il n'oublierait pas cette visite dans le Vieux Sud ni sa peur. Confronté aux démons malsains et, comme chaque fois qu'il irait au-devant du maléfice, il se sentait mal, transpirait, avec l'envie de fuir et de se réfugier dans son monde imaginaire. Il n'avait plus envie de voir personne, désirait simplement travailler selon son gré et son plaisir, et surtout échapper aux importuns.

— Le Mississippi t'a perturbé ! lui dit Grossman. Tu peux te reposer dans ma nouvelle maison.

Le Gros avait fait de bonnes affaires et s'était acheté une propriété dans les Catskill Mountains, à quelques centaines de miles de New York. Un beau soleil dansait cet été-là, la piscine de la grande propriété avait de quoi séduire. Bob appela Joan Baez.

— Je vais chez Grossman. Tu me rejoins ?

Et elle n'hésita pas, débarqua avec sa sœur Mimi et son nouvel ami Richard Fariña. Ces deux-là semblaient décidément bien proches. Dick s'était séparé de Carolyn Hester. Qu'était-elle devenue ? Oh, elle jouait toujours, elle charmait son auditoire, les soupirants se bousculaient sûrement à sa porte.

— M'en veut-elle ? s'interrogeait Dylan.

— Non, bien sûr, répondait Fariña, elle t'admire, tu sais. Elle est fière de toi ! Je suis resté en bons termes avec elle, nous nous aimons toujours beaucoup...

Ils vécurent de douces journées, à se baigner, à paresser dans la chaleur. Avec l'argent gagné sur sa tournée, Dylan avait acheté une superbe moto Triumph. Une réminiscence de ses folles acrobaties à Hibbing. Il demandait à tout le monde d'admirer l'engin. Joan grimpait sur la selle, l'agrippait et tous deux roulaient à vive allure, ballottés par le vent, tandis que les arbres noirs défilaient au-dessus de leur tête.

Le soir, ils regardaient des films dans la salle obscure que Grossman avait aménagée. Souvent, Bob s'absentait, écrivait, au bord de l'eau, après déjeuner ou la nuit. Joan enviait sa facilité. Elle lui parlait, mais il n'écoutait pas, le regard vague, une feuille volant à ses pieds, sur laquelle il avait aligné plusieurs mots : *The Lonesome Death Of Hattie Carroll*. Quelques heures plus tard, il avait entendu à la radio :

— Le jury finalement n'a reconnu que l'homicide involontaire. William Zantzinger a été condamné à six mois de prison.

« Six mois..., songea Bob. Six mois... » Et il leva un visage humide vers Joan. Sa main tremblait, un nœud lui serrait la gorge. Il pensa à tous les seigneurs du blues qu'il aimait et l'avaient influencé, à ce pays noir là-bas où il s'était rendu, il y a plusieurs semaines. Le Mississippi continuait de couler dans ses veines. Dans quel pays vivait-il ? *Six mois...* Ce William Zantzinger, fils d'une grande famille du Maryland, avait tué de plusieurs coups de canne, dans un hôtel de Baltimore, Hattie Carroll, une serveuse noire de cinquante et un ans, le 8 février 1963. Pourquoi ? Parce qu'elle ne le servait pas assez vite. Les témoins l'entendirent pendant qu'il frappait la malheureuse sur la tête :

— Quand je commande à boire, je veux être immédiatement servi, sale négresse !

Transportée à l'hôpital, elle décéda sans avoir repris connaissance. Quelques heures après le meurtre, William Zantzinger tenta de briser sa canne contre un mur, les policiers remarquèrent son étrange attitude. *Sans doute un ivrogne...* Et ils l'appréhendèrent. Mais l'autre résista, fut enfermé avant d'être libéré sous une caution de six cents dollars. Quand le lien fut établi entre la mort de Hattie et ce Zantzinger, il retrouva la prison. Le meurtre de Hattie Carroll expédierait peut-être son opulent meurtrier blanc dans l'au-delà. Même les anciens n'avaient jamais vu cela. Le Maryland tout entier fut secoué. Mais on connaît la suite. Homicide involontaire, six mois de prison... Bob abandonna sa chanson en cours et se mit tout de suite à composer un hommage à cette pauvre femme. Les feuilles, les mots volaient autour de lui. Son cœur battait, il avait le front brûlant. Puis, il s'interrompt. C'était trop difficile. Il ne cessait d'y réfléchir, de réfléchir à toutes les autres.

La nuit, il se réveillait et écrivait sans se préoccuper du sommeil ou du lendemain. Pour tenir, il fumait des joints, buvait du vin rouge ou roulait sur sa moto. Joan s'efforçait de lui rendre la vie facile. « Je ne lâcherai rien ! », répétait-il, décidé à briser la mentalité rétrograde du Mississippi et de ces états moyenâgeux du Sud. Une vraie force les réunissait tous les quatre, Bob, les deux sœurs Baez et Fariña. Ils écrivaient, échangeaient des opinions. La plus active physiquement, Joan, semblait prête à toutes les chevauchées.

— Il y a la marche sur Washington du docteur Martin Luther King, lui dit-elle. Tu viens ?

Dylan grimaça.

— Je n'y tiens pas. On va encore me demander des trucs, à moi, « le porte-parole de notre génération »...

Il avait prononcé cette dernière phrase avec une ironie mordante.

— On ne te demandera rien, j'y veillerai.

Et s'il rencontrait Suze ? Peu probable. Il accepta ce « voyage » pour les Emmett Till et Hattie Carroll, même si les sorties l'éloignaient de son travail, de sa passion. De toute façon, cette manifestation lui serait profitable. Il chanterait encore avec Joan, après tout, il aimait. Il n'imaginait pas encore ce que cette sortie aurait d'historique.

Ils s'envolèrent vers la capitale américaine. Arrivé là-bas en ce 28 août 1963, Bob fut surpris. Quelle foule ! Incroyable. Toute l'Amérique semblait s'être donné rendez-vous sous les fastes du Capitole. Les calicots pendaient aux arbres, les oriflammes blanches dansaient dans le vent. Des dizaines de bus se bousculaient et déversaient des corps exaltés. Un avion affrété par Harry Belafonte avait déposé aux pieds du monument le florilège des artistes, les comédiens Marlon Brando, Sidney Poitier, Paul Newman... Toutes les pelouses se remplissaient de jeunes filles et garçons étendus, les yeux levés vers l'obélisque de George Washington que certains tentaient d'escalader. Les manifestants avaient installé le pique-nique, buvaient, chantaient. Le ciel leur appartenait, l'avenir aussi. Le public reprenait en chœur *We Shall Overcome*, l'hymne de Pete Seeger. Une estrade se dressait au milieu de la foule. Des chanteurs de negro-spirituals et de folk se succédaient. Puis, Joan Baez grimpa comme elle aurait escaladé un podium, sous la clameur générale, et entama *Oh Freedom*. Peter, Paul and Mary la rejoignirent sous ce dur soleil, et enfin Bob Dylan, si peu connu, rendit hommage à Medgar Evers. Joan et lui chantèrent ensemble, devant les caméras de télévision, tandis qu'à plusieurs mètres, un jeune pasteur noir montait sur la tribune, acclamé par des milliers de citoyens. Impressionnant. Bob, noyé dans la foule, entendit les premières phrases du discours :

— J'ai fait un rêve...

Martin Luther King, avec à ses côtés la chanteuse de gospel Mahalia Jackson, avait calmé la foule dans un geste apaisant. C'était une belle journée. Bob regardait, ému, les vagues de gens, Noirs, démocrates, progressistes, qui semblaient envahir le ciel et bouchaient l'horizon. Ces rallyes à pied l'épuisaient.

Mais la journée les avait si bien portés que les deux jeunes artistes continuèrent ensemble en avion leur chemin jusqu'à la maison de Joan, dans la Vallée de Carmel...

Ils partageaient alors chacun ce sentiment d'évoluer en plein cœur de ces magnifiques années soixante. Elle était physique et lui dans l'art. Elle agissait, il contemplait l'espace, les montagnes au loin. Conscients que leurs œuvres respectives marchaient comme des machines de guerre. Lui dans le rêve, la création, elle dans le monde, tous deux en colère. Et ils s'étaient profondément attachés l'un à l'autre, surtout Joan. Le meilleur été 1963 semblait ne jamais vouloir finir. Bob, installé chez Joan, devant la nature chaude, n'atterrissait plus. Il peaufina sa « mort solitaire de Hattie Carroll ». Il avait découpé le poème avec rigueur – le meurtre, le portrait du bourreau, celui de la victime, le verdict – tracé des lignes au couteau. Et surtout, il conseillait à ses auditeurs d'attendre avant de pleurer, que le moment viendrait bien assez vite face à cette injustice annoncée...

Il ressortait de la pièce hagard, exsangue, les yeux ensanglantés. Une pile de feuilles de papier s'entassait sur son bureau, en désordre. Il se rendait dans la cuisine, prenait une bouteille de vin rouge et buvait de grandes rasades. L'alcool l'aidait à tenir... Joan avait fait venir un piano. Il avala des « choses » en lui tournant le dos.

— Qu'est-ce que c'est ? lui demanda-t-elle.

— Rien, lâcha-t-il sans même la regarder.

Elle n'osa pas insister, mais cette seule question avait irrité Bob. Après les importuns, l'infirmière... Il observait son visage avec ses longs cheveux. Un profond sentiment le liait à elle, et pourtant, ses qualités de cœur, sa vertu commençaient à l'ennuyer. Un jour qu'elle s'extasiait sur les paroles d'une chanson et le félicitait pour son audace, il avait répondu sur un ton froid :

— Oui, comme ça, elle va se vendre...

Joan se pinça les lèvres.

— Bob, voyons...

Elle était choquée. Comment se comprendraient-ils ? Bob jeta un regard las sur les grandes pièces vides de la maison de Joan. Non, ce n'était pas encore là où il voulait être.

— Je dois retourner à New York, annonça-t-il.

Elle ne répondit pas, fixant la vallée devant les fenêtres.

— Tu... Tu as du travail ?

Quelle question stupide ! Il se garda bien d'ajouter quoi que ce soit.

— J'ai mon troisième album en cours. Je voudrais le terminer cet automne.

Il reprit l'avion, tôt le matin, sauta dans un taxi et arriva au studio. Il avait enregistré quelques titres durant l'été et poursuivrait sa tâche à la tombée des feuilles. Il retrouva l'atmosphère confinée de la cabine, sa perfection aussi. Il se mettait au piano, jouait de l'harmonica ou empoignait sa guitare, répétait, rectifiait les versets à la main, sur le papier, tout en exprimant de longs soupirs. Les derniers événements, le voyage dans le Mississippi, ses tourments sentimentaux le perturbaient. Il n'arrivait pas à se concentrer, à cause du bruit, des rumeurs dehors et du remue-ménage joyeux d'Albert Grossman.

— Tu sais où tu vas aller jouer ? lui dit-il. Au Carnegie Hall. Dans la grande salle.

— La grande salle du Carnegie Hall ?

Bob demeura presque aphone. Billie Holiday, Woody Guthrie avaient joué là-bas. Aussitôt, il prit le téléphone et appela sa mère. Quand elle reconnut sa voix, Beatty Zimmerman ne sauta pas de joie. Elle avait cru perdre son aîné, Abe et elle souffraient beaucoup de cette absence qu'ils n'arrivaient pas à expliquer. Peut-être la rancœur d'un fils livré à lui-même ? Enfin, des nouvelles leur parvenaient, ils étaient rassurés.

— Je vais jouer au Carnegie Hall !

Pour Beatty, ce nom avait une résonance assez lointaine. Elle voyait un palace avec des rampes en or, des sièges en velours cerise. L'enthousiasme de Bob lui fit, malgré tout, plaisir, et elle se dérida en l'entendant s'agiter depuis cette grande cité lointaine :

— Venez ! Je vous invite. C'est un grand jour.

Il leur envoya les billets de train, les tickets, le plan. Beatty et Abe débarquèrent ainsi à New York et se retrouvèrent au pied du Carnegie, un endroit différent de celui que Beatty avait imaginé, avec ses hautes fenêtres rondes, ses lourdes pierres ambrées, ses drapeaux qui flottaient sur la corniche. Une foule se pressait dehors, sur le trottoir, des gens dansaient, mangeaient. Et tous avaient fait le chemin pour voir leur fils. C'était presque un rêve, même si quelques garçons et filles jetaient sur eux un air amusé. Que fabriquaient là ces deux vieux ? Abe, lui, ne parlait plus. Il pensait à son propre père, Zigman, l'émigré, arrivé sans un sou et qui avait dû plonger ses mains dans la boue pour gagner une place. Et voilà que son petit-fils s'ouvrait grand les portes du Carnegie Hall ! Il était fier, fier de lui avoir envoyé des sommes d'argent chaque mois et honteux de ne pas s'être vraiment porté garant de son talent. Les deux parents se sentirent noyés dans la foule sombre quand Bob apparut au loin, minuscule, pâle, avec sa guitare. Dès les premières notes, il grandit vite. *Blowin' In The Wind, Don't Think Twice*...

Le jeune musicien se rappellerait longtemps son concert au Carnegie Hall, 26 octobre 1963. Une vague de spectateurs avait afflué contre la scène, et il avait vu leurs visages en sueur, leurs yeux éclatants, énormes, prêts à le dévorer. Ils hurlaient, dansaient, juchés les uns sur les autres, devant les fenêtres, sur les escaliers, grondant dans le noir comme une bête excitée par le désir. Il faisait chaud. La foule effrayait Bob. Il avait senti monter l'adrénaline, la passion au fur et à mesure qu'il égrenait son jeune répertoire. C'était une sensation incroyable, exaltante, il avait toujours travaillé pour vivre ce genre d'émotion. La suite aussi ? Il avait sans doute si bien chanté qu'il s'éclipsa par la porte de service, et ne chercha même pas à voir ses parents. Pourquoi suscitait-il soudainement une telle passion qu'il n'avait pas vu arriver ? Les souvenirs de l'été vibraient encore frais dans sa mémoire. C'était alors Joan la plus célèbre, immense sous le soleil de Monterey et de Newport, il n'aurait jamais imaginé toucher quelques mois après le cœur de la population. Et il n'y était vraiment pas préparé. Le public l'aimait juste parce qu'il avait griffonné quelques lignes dans des cafés...

Ce concert au Carnegie l'éleva à un grade inconnu. Il n'avait pas prévu le succès de *Freewheelin'* ni la réaction de ceux qui prétendaient l'aimer.

— Des journalistes veulent te parler.

Cette phrase, désormais, il l'entendrait souvent, une vie entière. *Les journalistes voulaient lui parler !* Il ne tenait pas à rencontrer cet écrivassier du *Newsweek* qui avait appelé le bureau d'Albert Grossman soir et matin, et cédait à la colère. Mais le Gros avait refusé. Pas d'interview ! Bob n'appréciait pas cet exercice putassier. Alors, pourquoi brusquement Albert était-il revenu sur sa décision ? Difficile de le savoir. Comment lire dans l'œil matois du poussah ?

Dylan descendit dans un restaurant, en bas, après s'être arraché à son œuvre. Une petite récréation ne lui ferait pas de mal. La petite salle débordait de clients et de badauds. Il s'installa un peu à l'écart, suivi par une longue file de regards énamourés ou fascinés, parfois même hostiles. Que dirait-il ? Le passé quotidien d'Hibbing, de sa famille traînait son relent d'ennui, de grisaille. Il avait envie de se cacher, de cultiver son personnage bluesy romantique.

— Mon passé est si compliqué que vous ne le croiriez pas.

Ses parents ?

— Je ne les connais pas, et ils ne me connaissent pas. J'ai perdu le contact avec eux depuis des années.

Le folk ?

— Oh, je déteste ses aspects commerciaux.

Il en avait assez et se leva.

— Où allez-vous ? demanda la jeune fille Andrea Svedburg.

— J'ai du travail, je remonte.

— Mais nous n'avons pas fini...

Il ne répondit pas et s'éloigna, fier de son discours parce qu'il avait un peu plus embrouillé les choses et que les livres d'histoire – si livres il y avait – ne manqueraient pas de tracer un portrait fantastique de lui.

Il remonta donc dans son studio, un peu gêné malgré tout. Il fallait le comprendre. Il avait si peur de décevoir, il craignait tant la réalité, même s'il n'osait pas se l'avouer. Parviendrait-il dans son troisième disque intitulé *The Times They Are A-Changin'* à surpasser *Freewheelin'* ou simplement à l'égaler ? Comment ses prochains concerts se dérouleraient-ils ? Ce soudain bain d'amour qui l'enveloppait ne se transformerait-il pas en haine ? Le 4 novembre, il se rua sur l'article de *Newsweek*, en espérant lire d'aussi belles choses que celles autrefois de Robert Shelton.

« Il a un langage branché ponctué d'obscénités. Quand il chante, sa voix écorche et crie de manière si discordante que son succès semble d'abord invraisemblable. Déjà, son truc pour émouvoir le public est clair. En 200 chansons, de simples mots qui enfoncent toutes les portes ouvertes – inégalités, dangers, tromperies des années soixante – et les enfoncent à coups de marteau. Son *Blowin' In The Wind* est un énorme succès, et ses concerts – la semaine dernière au Town Hall de Philadelphie et au Carnegie Hall – drainent des foules remplissant les salles, pour la plupart des étudiants des hautes écoles et collèges qui considèrent Dylan pratiquement comme une religion. Il a souffert, il a été complexé, mec, sans fric ni petite amie... Ses spectateurs partagent sa douleur et semblent jaloux parce qu'ils ont grandi dans des maisons conformistes et des écoles conformistes. L'ironie de l'histoire, c'est que Bob Dylan, aussi, a grandi dans une maison conformiste et il est allé dans une école conformiste. Il enveloppe son passé de contradictions. Mais il est le fils aîné d'un vendeur d'appareils domestiques de Hibbing, dans le Minnesota, Abe Zimmerman, et de Beatty Zimmerman, il a étudié à l'école Supérieure de Hibbing ; ensuite brièvement à l'université du Minnesota... »

Bob ne disait rien. Il avalait les lignes, la bouche sèche, les doigts crispés sur le journal.

« L'IMAGE. Pourquoi Dylan – il a emprunté le nom par admiration pour Dylan Thomas – devrait-il prendre la peine de nier que son passé est un mystère ? Peut-être a-t-il le sentiment que cela gâterait l'image qu'il s'est évertué à cultiver – avec son accoutrement, sa manière de parler, avec la grammaire et les prononciations délibérément atroces dans ses chansons. Il dit qu'il déteste le côté commercial de la musique folk, mais il a deux agents qui rôdent autour de lui, protégeant ses mots, et engraissant ses contrats. Il méprise l'intérêt que lui porte la presse, mais il tient à savoir combien de temps une histoire à son sujet peut tenir, et s'il y aura un photographe. C'est un jeune homme complexe entouré de rumeurs compliquées. Une rumeur circule même selon laquelle Dylan n'a pas écrit *Blowin' In The Wind*. L'auteur est un étudiant de la haute école Milburn (New Jersey), Lorre Wyatt, qui l'a ensuite vendu au chanteur. Dylan affirme qu'il a écrit la chanson et Wyatt nie toute paternité, mais plusieurs étudiants de Milburn clament qu'ils ont entendu la chanson de Wyatt avant que Dylan ne la chante. »

C'était un tissu de méchancetés. Cette ordure avait voyagé jusqu'à Hibbing et enquêté sur son passé afin de le désacraliser. Abe et Beatty avaient répondu à ses questions. Il leur en voulait alors qu'il s'efforçait, par son imagination, de les protéger. Pourquoi la presse ressortait-elle l'affaire Wyatt ? Bob appela Billy James, l'attaché de presse de Columbia :

— C'est fini, hurla-t-il, nous n'avons plus rien à voir ensemble. On ne se connaît plus. Je ne vous connais plus.

L'autre marmonna des paroles incompréhensibles, mais Bob raccrocha.

À quoi une telle forfanterie avait-elle servi ? Jamais on ne le reprendrait à servir de pâture à une petite Robespierre qui se croyait maligne. Albert lui avait dit de ne pas s'inquiéter, qu'il en entendrait d'autres tout au long de son ascension.

Bob, froissant le journal, avait cependant compris qu'il ne pouvait se permettre de livrer une œuvre moyenne ou ordinaire. Et si elle atteignait le sommet ? De quoi l'accuserait-on ? Pourtant, ses textes manquaient de hauteur littéraire, de poésie. Les chansons ne le satisfaisaient pas complètement, à part *The Times They Are A-Changin'*. Elles exhalaient un contenu protestataire – uniquement protestataire – et sa poésie avait chuté. Ni les vilenies des journaux, ni les pressions ne l'éloigneraient de la ligne qu'il voulait suivre, de cette route vagabonde et libre incarnée par le poète, Allen Ginsberg. Il l'avait devant, lui, presque un rêve, barbu, énorme, là, l'auteur de *Howl*, près de la porte qui menait aux coulisses. Bob venait de jouer dans cette salle du New Jersey. Il s'était arrêté net en voyant Allen. Sans doute éprouvait-il la même joie qu'après avoir rencontré Woody Guthrie. Ginsberg souriait comme un gamin.

— Ce que j'ai vu est énorme, lui dit le poète. Je te suivrai toute ta vie. Tu es beau... Tu es un Dieu...

Pendant le concert, il s'était rêvé à la place de Bob et l'enviait du bonheur que le jeune musicien avait procuré au public et à lui-même.

— Viens à San Francisco voir mon ami Lawrence Ferlinghetti. Nous discuterons.

Bob prit dans ses bras celui que Jack Kerouac avait dépeint sous les traits de Carlo Marx dans *Sur la route*.

— Je viendrai !

Allen, le teint rosi par le plaisir, ne le quitta pas des yeux, puis se fondit dans la multitude.

C'est en pensant au propos de Ginsberg qu'il retrouva son studio, heureux de travailler. Le silence régnait. Le froid pétrifiait New York. Il sortit, fourbu. Quelle heure était-il ? Il n'en savait rien, tard sans doute. Il gagna un hôtel proche, monta dans une chambre pour se reposer, alluma la télévision. Des images d'un petit quartier de Dallas, repassaient :

« Le président John Kennedy a été assassiné. »

Quel jour était-on ? Le 22 novembre 1963... Comme beaucoup d'Américains, Bob n'oublierait jamais cette date. Il se leva du lit, tourna en rond dans la chambre, en se frottant les bras. L'homme qui avait tenté d'imposer la loi anti-ségrégation au Congrès... Sa mort survenait deux mois après l'explosion dans une église de Birmingham où quatre fillettes noires avaient été tuées et une vingtaine de personnes blessées.

Pendant les jours suivants, Bob resta planté près du poste de radio et dévora les informations télévisées. Il pensait au Klan. Et puis, un visage apparut, mal rasé, celui d'un illuminé, Lee Harvey Oswald, présenté comme le meurtrier. Du bruit, de la foule... Bob n'avait pas envie de sortir ni de jouer en public. Mais un concert, prévu depuis longtemps, l'attendait, et il n'avait pas les moyens de s'y soustraire, craignant de déchaîner un cirque autour de lui. Alors qu'en pensez-vous ? Qui l'a tué ? Des voix le submergeraient de questions, de doutes. *Le porte-parole d'une génération.* Quelle plaisanterie ! Et quels titres jouerait-il ? *Masters of War ?* Il fâcherait les va-t-en-guerre persuadés que l'assassinat de Kennedy étaient le fait des communistes et qu'attaquer le complexe militaro-industriel exposait le pays au défaitisme. *The Times They Are A-Changin'* ? Les temps changent... Même ses partisans y verraient une provocation.

Les jours suivants, Bob se réfugia derrière les murs ouatés de son studio. Il but du vin, se demandant à quoi il servait. Il rentrait la nuit de nouveau chez Suze qui ne lui parlait pas et l'observait comme une malheureuse. Puis, il repartait tôt, sans avoir beaucoup dormi. Lee Harvey Oswald ! Cet assassin ne lui paraissait pas si antipathique, avec son air de chien perdu que tout le pays s'était mis à flageller en chœur. La haine qui l'entourait aurait vite fait de l'expulser du monde des vivants. Peut-être l'auteur de *Freewheelin'* pouvait-il exprimer au moins cette idée, peut-être ses interlocuteurs comprendraient-ils ?

Une cérémonie lui en donnerait l'occasion, organisée par le Emergency Civil Liberties Committee (ECLC). « Encore un coup de Grossman », songea-t-il. Quelle curieuse chose ! On voulait lui décerner le prix Tom Payne. Il n'en avait jamais entendu parler. C'était qui, ce Tom Payne ? Un écrivain d'après ce qu'il avait pu entendre. Un révolutionnaire du XVIIIe siècle qui avait prêché ses théories entre le Nouveau et le Vieux monde. Née en 1737, fils de Quaker, cette forte tête n'aimait pas son pays natal, l'Angleterre, et émigra en Amérique, la remuante colonie en bisbille avec la couronne. Installé à Philadelphie, il écrivit un livre important en

168

1776, *Common Sens*, qui attaquait la monarchie britannique et justifiait l'indépendance américaine. Il publia de nombreux articles contre les Anglais dans le *Pennsylvania Magazine*, défendit l'abolition de l'esclavage. Puis, il rejoignit l'armée de Washington, voyagea en France pour lever des fonds et soutenir la lutte des patriotes américains. Après la guerre, il retourna en Angleterre où ses anciennes victimes ne semblaient pas trop lui en vouloir, du moins jusqu'à la publication d'autres ouvrages. Et le voilà de nouveau parti au combat, en 1791, avec son pamphlet le plus commenté, *The Rights Of Man* (« Les Droits de l'homme »). Il attaquait le pouvoir héréditaire, demandait la pratique égalitaire en politique, le droit de vote à partir de vingt et un ans, l'instauration d'allocations familiales, de pensions pour les personnes âgées, une subvention donnée aux maternités et la suppression de la Chambre des Lords. Cette dernière proposition entraîna pour l'infortuné Tom Payne le bannissement. Qu'à cela ne tienne : il se rendit à Paris, agité par le chaos révolutionnaire, se fit naturaliser français et décrocha un poste à la Convention. Il ne demeura pas longtemps bien en cour puisque Robespierre le jeta en prison. Il en sortit et mourut en 1809. Voilà quel genre d'homme était Tom Payne. Bob appréciait ce penseur détesté par tout le monde et il se plaçait dans la lignée de cet esprit libre du XVIIIe siècle. Il se rendrait à la remise du prix d'autant que l'année d'avant, les responsables de cette organisation avaient récompensé un intellectuel pur, Bertrand Russell. Le garçon de Hibbing ne se sentait pourtant pas à sa place là-bas. Pourquoi des notables aussi respectables avaient-ils choisi un si jeune lauréat d'à peine vingt-deux ans ? Incroyable. Il fallait y aller, cela pouvait être amusant.

C'était une nuit bien froide, à 18 h 30, un vendredi 13 décembre. L'hôtel Americana étincelait de tous ses lustres. Un buffet débordait de fruits, d'alcools, de citrouilles vermeilles, de choses merveilleuses. Bob était entré sur la pointe des pieds, vêtu d'une veste longue au col relevé et boutons fermés. Il fut accueilli par des messieurs aux lèvres pincées, ce Clark Foreman, le directeur du comité Emergency, enfant de l'intelligentsia américaine, qui était heureux de donner un éclat juvénile à son prix. En gratifiant Dylan, la leçon, pensait-il, serait profitable aux générations futures indifférentes aux combats pour les droits civils. S'il mobilisait la communauté folk, son travail et celui de ses compagnons auraient un joli retentissement. Pourquoi pas ?

Bob serra la main d'un écrivain noir, James Baldwin, invité au dîner. Plusieurs voix le cernèrent, il ne savait plus où tourner la tête, voyant le plafond osciller au-dessus de lui. Il but des verres afin de se donner du courage. Mais son esprit s'égarait. Il vida un autre verre, puis un troisième. Une excitation et une envie de rire le saisirent en voyant tous ces visages valétudinaires qui attendaient un mot du jeune et le regardaient avec une curiosité maladive.

— Vous pourrez prononcer un petit discours ? lui demanda Foreman.

Il accepta, mais maintenant, il regrettait son imprudence. Il n'aimait pas causer en public. Il s'avança devant le micro tandis que Clark lui tendit le portrait de Payne, un homme au visage marqué par la volonté et la force. Bob saisit les quelques lignes qu'il avait griffonnées à toute allure. Il allait leur en mettre plein la vue à ces notables...

— Je n'ai apporté aucune guitare, je vous remercie... Je suis fier d'être jeune. Je regrette seulement de ne pas voir à votre place des visages avec des cheveux sur la tête. De toute façon, ce monde n'est pas fait pour les vieilles personnes. Les vieux préfèrent se relaxer plutôt que de faire bouger les choses.

Et il continua, citant Cuba sans que l'on comprît bien pourquoi. Quelques personnes rirent dans le public, persuadées que Bob avait un grand sens de l'humour. Bien sûr, il s'efforçait d'amuser l'audience, mais l'alcool l'emmenait à la dérive.

— Regardez l'homme qui a tué le président Kennedy. Je dois admettre que je trouve un peu de moi en lui...

Des huées et des sifflets partirent du public. Clark Foreman fixait Bob sur le côté de l'estrade, sa bouche tombait et ses yeux ne bougeaient pas.

« Ce type est fou », songeait-il. Venir excuser l'assassin du président Kennedy ici même.

— Sifflez, sifflez..., enchaîna Bob protégé par sa brume d'alcool. Mais j'ai accepté ce prix au nom des gens qui sont venus à Cuba !

Il évoquait la baie des Cochons et le massacre des assaillants cubains qui n'avaient pas reçu de renforts de Kennedy. Sans doute Bob avait-il voulu exprimer sa rancœur à l'égard du président américain, malgré sa reconnaissance pour sa lutte contre le racisme. Un mélange d'applaudissements et de huées monta sous les lambris du vieil hôtel. Bob ne tenait plus trop debout. Il partit, enveloppé par les regards amicaux ou hostiles des spectateurs. Il se moquait de tout ce qu'on pourrait dire à son sujet, et les langues fielleuses en disaient du mal, daubaient ce jeune irresponsable dont le discours trahissait un esprit tordu, vicieux. Sa provocation avait déchaîné les foudres contre lui. Des voix exigeaient qu'il renonçât au prix.

Il reçut le soutien de Corliss Lamont, le président du Comité, qui adressa cette lettre à ses collègues :

> « 19 décembre 1963
> Chers amis,
> Beaucoup d'entre vous ont désapprouvé notre choix de Bob Dylan pour le prix Tom Payne. Sans défendre son discours de réception, j'aimerais vous dire pourquoi nous pensons qu'il mérite le prix... ECLC sent qu'il est urgent de reconnaître la protestation

de la jeunesse actuelle et de l'aider à se faire comprendre de la géné-ration plus ancienne. Walt Whitman et Woody Guthrie, les ancêtres en culture de Bob Dylan, n'étaient guère appréciés de leur société jusqu'à ce qu'ils devinssent très vieux. Nous avons pensé qu'il serait préférable d'essayer de faire un effort pour comprendre ce que Bob Dylan dit à et pour la jeunesse. Il est exact qu'il n'est pas aussi respectable que Lord Russell, le récipiendaire du prix l'année dernière, mais Tom Payne ne l'était pas non plus, et notre histoire est pleine de ce mépris qu'elle a porté aux importants mes-sages jugés alors non respectables [40]. »

•

La presse avait répercuté son affaire, et Bob s'enferma dans son studio pour se prémunir des conséquences. L'Amérique, prise de folie, pouvait le détruire. La sortie de *The Times They Are A-Changin'*, le 13 janvier 1964, le soulagea. Ce troisième disque le replaçait comme un musicien et un artiste qui s'adressait à la jeunesse. Le meilleur de sa génération ? Il réfléchissait en regardant les rues froides de New York car, depuis quelques jours, une musique entêtante lui trottait dans les oreilles. Elle avait flotté au-dessus de l'Atlantique comme le faisceau d'un phare, avant de venir se couler entre les murs américains. Les Beatles. Un fantastique groupe anglais. Né on ne sait pas trop comment. Mais quelques images remontaient jusqu'à lui, des foules en liesse devant des salles de concert. La folie. Surtout, leur musique possédait vivacité et fraîcheur. Il aimait beaucoup et savait qu'il devrait s'employer pour tenir son rang face à ce quatuor volatile et lustral. « Peu importe, je le tiendrai », se dit-il. On annonçait leur arrivée en terre américaine, le mois suivant. C'était sur-venu si vite. Peut-être cette bande-là repartirait-elle aussi rapidement ? Il ne le souhaitait pas vraiment et voulait plutôt partager de bons moments avec eux ou leur montrer ses textes les plus enlevés, que tous les talents britanniques lui envieraient.

Les Beatles n'avaient pas encore écrit leur *Lonesome Death Of Hattie Carroll* présent sur le troisième album de Dylan ni la *Ballad Of Hollis Brown*. Ce blues raconté à la deuxième personne, dépeignait un fermier du Dakota Nord avec des enfants affamés aux regards de fous, des rats autour, un flingue pendu au mur... Une vision d'herbe noire... Et elle se terminait par cette chute : « Il y a sept morts dans la ferme Dakota... » Pour *The Times They Are A-Changin'*, Dylan avait écrit des nouvelles très réalistes et caustiques. C'était sa réponse à toutes les déconvenues qu'il avait endurées. Mais ce qui le gonflait d'orgueil, c'était son texte, un long discours poético-pamphlétaire appelé *11 Outlined Epitaphs* et joint à l'intérieur de la pochette, où il se défendait des accusations et tentait de se faire comprendre.

La critique fustigea ces étranges épitaphes, bavardes, excessives et surtout d'un égotisme sans nom. « Lugubre », écrivit la plume de la *Little Sandy Review*. Ce langage acéré avait un visage bien moins glamour que *Freewheelin'*, sur la pochette du nouvel album : cet homme sorti de l'hiver, muré de gris, au visage tendu, courroucé, les yeux mi-clos. Sa bouche, serrée, partait vers le bas, comme pour mieux exprimer l'intense dégoût qu'il éprouvait à l'égard du monde... En observant la photo qui ornait la couverture, la meilleure des âmes aurait eu envie de se détourner de l'œuvre et de se demander : « C'est donc cela, ces temps qui changent ? » Le disque assemblait un bouquet de chansons originales. Bob chantait bien mieux, il le sentait. Il se dégageait des fantômes qui formaient son amicale compagnie depuis son départ de Hibbing. C'était jouissif d'imaginer à la guitare le motif lancinant de *Hollis Brown*, de faire sentir les arbres chenus d'un hiver du Nord, *North Country Blues* où une femme de mineur raconte la fermeture des puits, une réminiscence des visions de jeunesse à Hibbing, avec cette terre dévastée, de graver *With God On Our Side* qu'il avait souvent joué aux côtés de Joan Baez sur scène.

Le texte de cette chanson frappa les esprits. Car Dylan y énumère dans chaque strophe toutes les conquêtes américaines, la guerre de Sécession, la première et deuxième guerres mondiales, où chaque camp « a Dieu pour lui ». Il dénonce la religiosité imbécile du discours politique et surtout augure de la rédemption américaine, son auto-flagellation lorsque la défaite du Vietnam se profilerait.

Ce contenu plaça *The Times They Are A-Changin'* comme un disque essentiel de son époque, et permit à Dylan de grandir, grandir, malgré l'avis partagé de la critique... D'ailleurs, il commençait à dépasser en succès Joan Baez, autrefois plus avancée que lui et maintenant derrière. Pourquoi lui adressait-on des lettres entières avec autant de déférence ? Il pouvait presque lire entre les lignes « Majesté ». Quelle étrangeté ! Quelle rapidité ! Bob observait depuis la fenêtre les silhouettes dehors, les inconnus dans le froid. Il avait peur de sortir. Qui étaient ces gens ouverts à sa musique jugée par la presse austère, parfois peu attrayante ? Dès qu'il mettait le pied sur le trottoir, des ombres le suivaient, il se hâtait, se réfugiait sous un porche. Les autographes, passe encore ! Mais il ne souffrait pas que des parents lui présentent leurs enfants comme s'ils devaient les bénir, ou que des jeunes gens de son âge sollicitent ses conseils. Cette responsabilité l'angoissait et le jetait dans la rue, en pleine nuit.

Il frappait très tard à la porte de Suze qui n'avait pas eu le courage de le chasser de sa vie, vivait cette relation en pointillé comme une grande souffrance. Elle lui ouvrait en se gardant bien de le dire à Carla toujours remontée contre Bob. Et le cirque recommençait : la jeune ex-présente fiancée n'aimait pas le voir partir le lendemain alors qu'il avait à peine dormi, notait des phrases sur une feuille, buvait et surveillait la rue avant de partir.

— Des gens me suivent, disait-il.

Suze l'écoutait sans savoir que faire. Lorsqu'il la quittait, elle se demandait s'il reviendrait. Peut-être disparaîtrait-il dans ce halo de gloire qu'elle ne pourrait toucher comme ce buisson ardent de la Bible ? Peut-être se contenterait-elle de le voir à la télévision pour le restant de ses jours et de dire à ses amies :

— Vous savez, j'étais sa fiancée, c'est moi qu'on voit sur la pochette de *Freewheelin'*...

Et elle ressortirait l'ancienne pochette vieillotte, pleine de poussière. Voilà à quoi se résumerait son heure de gloire. Ce qu'elle vivait le plus mal, c'étaient ses anciens camarades qu'elle n'avait pas vus depuis si longtemps et qui la rappelaient :

— Suze ? C'est moi, Tom. Je ne savais pas ce que tu étais devenue. Et puis, je t'ai reconnue sur la pochette de *Freewheelin'*. Eh bien dis donc... Tu as bien réussi. Tu sais, j'écris moi aussi des chansons. Est-ce que tu peux me présenter à ton ami Dylan ?

Ce genre de belle surprise lui arrivait quatre fois par jour. Elle rencontrait un homme charmant dans une soirée, elle l'appréciait jusqu'à ce qu'il lui lançât :

— Et Bob Dylan ? Tu m'inviteras avec lui ? J'aimerais bien le connaître...

Les premières fois, elle s'était sentie portée par un enthousiasme débordant, prête même à livrer des détails intimes, sans que son interlocuteur eût besoin de la pousser beaucoup. Bien sûr, même si elle s'arrêtait à temps, les quelques images de Bob livrées ici ou là, la remplissaient de honte. Elle ne devait pas trahir son célèbre fiancé. Il fallait qu'elle apprenne... Puis, l'histoire avec Joan Baez avait compliqué les choses. La regarderait-on avec compassion, moquerie ? C'était ce qu'elle redoutait au point de renoncer à toute vie mondaine ou politique. Comment continuerait-elle à supporter l'image flatteuse de « fiancée de Dylan » si leur liaison prenait un tour grotesque ou partait en quenouille ? Comment pouvait-elle continuer à travailler avec ses amis du théâtre qui ne disaient rien mais n'en pensaient pas moins ? Elle essayait d'évacuer toute pression, mais elle vivait mal les absences de son amoureux. Bob savourait pleinement les joies de son succès, voyageait, rencontrait du monde et la retrouvait quand ça lui chantait. Sans doute avait-elle tort de l'attendre, de maigrir à vue d'œil, de blêmir en espérant un geste, un signe ? Bien sûr, rien ne venait. De l'autre côté, elle devait supporter la colère de Carla et de sa mère Mary.

— Regarde la figure que tu as ! Laisse-le tomber, cela n'en vaut pas la peine. Pense à toi !

À toi ! C'était vrai. Depuis qu'elle connaissait Bob, son existence patinait. Elle n'arrivait pas à mener à bien ses projets, à prendre son avenir en main. Non, elle l'attendait... Sans parler ni même jeter un œil vers l'extérieur qui ne l'intéressait plus. Suze avait alors déménagé afin de s'éloigner de lui. Mais Bob l'avait rattrapée. Drôle, non ? Que lui voulait-il à la fin ? Pourquoi ne la laissait-il pas tranquille ? Il redoutait la solitude. On avait beau être artiste et grimper la pente à toute allure, on n'en restait pas moins craintif.

C'était encore à côté d'elle qu'il commençait de nouvelles chansons, lui laissait entrevoir les premières lignes d'une œuvre. Celle-là avait un drôle de titre : *Mr Tambourine Man*. Depuis quelques jours, l'image d'un tambour géant traversait ses nuits. L'homme qui le transportait avait un visage : Bruce Langhorne, le guitariste noir qu'il connaissait depuis ses premières heures et évoluait dans son paysage musical. Il avait joué sur *Freewheelin'*. Après avoir assuré ses parties, il s'amusait sur la peau de son tambour avec un grand sourire, et les autres musiciens l'entouraient. Il jouait pendant quelques heures puis remballait son monstre. Il l'emportait partout, le mettait au pied de son lit, préférait sa compagnie à n'importe quelle autre, du moins, c'est ce qu'on pouvait soupçonner...

Bob l'observait de loin, fasciné. Il avait tout de suite pensé à une chanson.

Voilà ce qu'aimait Suze au point d'hypothéquer sa propre existence, dès qu'elle entendait ceci :

Hey, M. Tambourine man, joue-moi une chanson
Je ne suis pas endormi et je ne vais nulle part
[...]
Emmène-moi pour un voyage sur ton bateau tourbillonnant[41]

La chanson disait qu'il n'avait plus toute sa raison, lâchait prise.

Suze aussi songea qu'elle n'avait plus sa raison et voulait disparaître dans le prisme coloré de Bob. Où avait-il rencontré ce Mister Tambourine ? Dans la fumée des joints qu'il roulait et fumait ? Elle le voyait souvent prendre des « choses » bizarres. Bob les avalait puis passait des heures à rêver, délirer, l'œil vide. Elle ne disait rien. Souvent, il prenait sa moto et s'emmenait au loin, à toute allure, là où personne ne pouvait le suivre. Et il disparaissait vraiment lorsqu'Albert Grossman, sans prendre la peine d'adresser quelques mots gentils à Suze, téléphonait.

— J'ai organisé une tournée dans l'Ouest, le Sud, peut-être seras-tu invité dans une émission de télévision...

— Partir si longtemps ? Je dois préparer mon quatrième album...

— Non, tu ne peux pas y couper. Tu commences à avoir un public qui t'attend. Le feu ne doit pas refroidir. Il faut sillonner le pays. J'ai engagé un homme dévoué qui t'accompagnera, Victor Maymudes.

Bob ne pouvait y échapper. Il prévint Suze qui ne protesta pas. Comment aurait-elle pu faire valoir ses sentiments ? Elle imaginait des femmes sur la route pour dispenser leurs charmes, des beuveries nocturnes... Elle n'appartenait pas à ce monde-là. *Tu vas voir Joan Baez ?* Elle n'avait pas osé poser la question, elle n'oserait plus.

En partant, Bob avait ressenti un certain vague à l'âme. Il ne pouvait se résoudre à la fin de cet amour. Et pourtant... Il n'aimait plus comme avant. Sa passion musicale le consumait à vif et l'empêchait de s'attarder. Il choisirait une femme silencieuse qui accepterait tout, dont il disposerait à loisir une fois revenu au port et qu'il quitterait pour d'autres aventures sans risquer des explications ou des scènes.

Il pensait à tout cela tandis que le bus cahotait sur la route du soleil, vers le grand océan bleu et la lumière sucrée de Californie. Maymudes conduisait. À l'arrière, Bob dormait ou écrivait. Paul Clayton se tenait à ses côtés. Le garçon de Hibbing avait proposé au vieux « folkeux » de se joindre à la caravane parce qu'il traînait le poids de son indélicatesse, tout en se répétant qu'il n'avait pas volé, mais alors là, pas du tout, *Don't Think Twice, It's All Right.* Paul avait accepté et, depuis leur départ, couvait des yeux le jeune chanteur qu'il aurait bien aimé mettre dans son lit. Ce compagnon agréable apportait à boire à ses amis, payait des verres. Et tous deux étaient là, dans l'obscurité de la route, au plus profond de la nuit, presque rivés l'un à l'autre.

Paul se souviendrait longtemps de ses voyages, dans l'arc-en-ciel coloré et extatique de mardi gras à La Nouvelle-Orléans. Les hôtels débordaient de monde, de figures peintes, de fanfares voyageuses. Les trois hommes trouvèrent une seule chambre et durent s'y entasser, Victor se coucha près de la fenêtre, Bob et Paul s'allongèrent l'un en face de l'autre. Sous une petite lueur, Bob raturait sa chanson, *Mr Tambourine Man*, dont il poursuivait la rédaction, parmi les fleurs, les masques, les tambours de soie qui secouaient l'air parfumé d'encens jusqu'à l'aube. Il emportait avec lui ces images du poète John Keats, *Ode To Nightingale*, écrit en 1818 et 1819. On y évoquait la lune, la poésie sublime, on y trouvait *Tendre est la nuit* qui avait jadis inspiré Scott Fitzgerald.

Dans quel monde était-il ? Clayton apercevait Dylan sans parvenir à atteindre cet elfe surnaturel, marchait, épuisé, le crâne en feu, le cœur retourné, incapable de parler. Tous trois buvaient, fumaient des joints, dormaient peu. Le bon Paul avait maigri et se taisait, la tête prostrée dans un coin. Le soir, il se bourrait de pilules qui l'éblouissaient, lui faisaient approcher les terres noires de la mort dans ces ténèbres moites de Louisiane.

Ils quittèrent les rives fangeuses du Grand Fleuve pour la Californie. Bob, heureux, songeait à Kerouac. Il vit se dessiner la grande baie de San Francisco, source d'eau et oasis de pins perdus aux confins du désert, avec son pont de clown, ses rues ivres qui ne marchaient pas droit, son soleil incliné et doux. Il aimait bien. Il entraîna sa petite troupe dans la boutique City Lights Books que tenait Lawrence Ferlinghetti, le pape de la *beat generation*, poète lui aussi. Né en 1919 à New York, il avait participé au débarquement allié en 1944, avant de s'adonner à la liberté, aux nuits étoilées et de publier une trentaine de livres dont le fameux *Coney Island Of Mind*, en 1955. Il avait ouvert cette City Lights pour en faire le cœur du mouvement beat. Chaque recoin résonnait encore des réunions enfumées des poètes, écrivains, Kerouac, Ginsberg... On pouvait presque entendre leurs voix, querelles, soûleries.

Il faisait sombre sous ce toit bas de vieux navire échoué, parmi les piles de livres, les photos de Kerouac. Le maître des lieux se dressait à la lueur de la loupiote comme un marin sur sa proue, imposant, homme grand, barbu, la tête carrée, le front haut.

Il embrassa Dylan.

— Bienvenue le grand poète, dit-il. Nous sommes honorés de ta visite. Tu as bien secoué le monde depuis ton apparition fracassante, et ce n'est pas fini.

Lawrence s'interrompit, but un verre d'alcool.

— Tu devrais écrire. Pourquoi perds-tu ton temps à jouer au chanteur folk ? Deviens écrivain, consacre-toi au livre. Tu feras un vrai malheur.

Bob y songeait, mais il n'avait pas envie de renoncer à sa vie nomade de musicien. Lawrence Ferlinghetti faisait tonner sa voix énorme dans la nuit de San Francisco.

Bob s'était assis en regardant les livres. Paul Clayton attendait, appuyé sur un pilier, dans l'ombre.

Dylan se tourna vers Lawrence :

— Je joue à Berkeley le 22 février, au Berkeley Community Theater... Viens me voir ! Joan va me rejoindre.

Ferlinghetti lui serra fort les mains.

— J'y serai.

C'est ainsi que Dylan remplissait sa caravane de héros, d'admirateurs, d'amantes... Le 22 février, Joan Baez le rejoignit. Elle l'invita dans sa maison de Carmel où se trouvaient Richard et sa récente épouse Mimi. Revoir Richard faisait plaisir à Bob. Jamais ce seigneur ne prononçait un mot plus haut que l'autre, et il posait beaucoup de questions comme si sa propre carrière, ses projets personnels n'avaient aucun intérêt.

— Dylan est le meilleur, répétait-il à Mimi qui veillait sur lui et le protégeait.

Bob enviait leur amour comme il avait toujours envié les amours de

Richard. Ce garçon simple aimait simplement, et il était aimé. Dylan, lui, n'avait pas appelé une fois Suze depuis son départ, et ce n'était pas chez Joan qu'il enverrait un message. Sa petite fiancée lointaine ne lui manquait pas. Il n'y songeait guère pendant ses voyages ou alors imaginait sa figure comme désincarnée, sans le poids de la souffrance, des complications, juste inspiratrice de son œuvre, et certainement satisfaite de hanter ses chansons. Mais tout cela ressemblait à un jeu de l'esprit, déconnecté de la réalité.

Il abandonna la thébaïde de Carmel pour le fracas brumeux de Los Angeles, avec ses rues bordées de palmiers qui filaient droit vers la mer. Idéal pour écrire d'autres chansons. Il avait reçu une invitation à une émission de télévision. L'hôte, Steve Allen, avait déjà reçu Kerouac et bien d'autres, et il avait invité Dylan pour la soirée du 25 février 1964. Bob s'y rendit sans enthousiasme, les mains moites, sous la chaleur des projecteurs et le regard, en pleine lumière, des inconnus. Il ne savait jamais quoi répondre :

— Depuis combien de temps écrivez-vous votre propre musique ?
— Seulement deux années... Et sept années avant cela...
— D'où vous est venue l'idée de la chanson *Hattie Carroll* ?

Il soupirait et marmonnait :

— Trop long à expliquer... J'ai pris ça dans un journal et j'ai juste changé les mots.
— Vous avez changé les mots ?
— Oui...

Steve Allen commençait à s'angoisser de ce qu'il considérait comme une interview ratée, un spectacle manqué. Bob avait des crampes aux mains à force de les fermer. Il avait hâte que le spectacle se termine. Quand il joua son morceau, peu de spectateurs dans la salle réagirent. Il finit, respira un bon coup et remballa ses affaires. En partant, Dylan jura qu'on ne l'y reprendrait plus de sitôt. Quelques années plus tard, Steve Allen, lui, adresserait une lettre à Robert Shelton :

« Je n'avais pas entendu Dylan jusqu'à l'instant où il est entré sur notre scène. Je dois avouer que son génie a échappé à mon observation ce jour-là. Ce qui m'a frappé alors, c'est que d'une certaine manière il n'est pas taillé pour la télévision et que son public sera toujours limité aux jeunes. Il chantait tellement en douceur et son attitude était si désinvolte et peu professionnelle que, devant le public de notre studio, il avait l'air d'un mystère plutôt que d'un nouveau talent éblouissant... »

« Moi ? Un mystère ? » Il avait renoncé à se faire comprendre. Cette société prosaïque pouvait-elle saisir un garçon qui aimait, ne voulait plus aimer, cherchait à la fois la solitude et le groupe, désirait grandir, ici, en Californie, et là-bas à New York ? Il n'était bien nulle part, sauf dans ce miracle imaginaire perpétuellement renouvelé où il ne rencontrait que des silhouettes lunaires et erratiques, un peu comme lui. Suze en était devenue une, l'image qui lui inspira sa chanson *Ballad In Plain D*.

Une fois, j'ai aimé une fille, sa peau était de bronze
[...]
Je l'ai courtisée avec orgueil, mais maintenant, elle est partie
Partie comme la saison qu'elle a occupée [42]

Il terminait ainsi son histoire avec Suze, plein de tristesse. Bob savait que sa liaison mourait, et il en souffrait, heureux malgré tout, parce que cette séparation servirait ses chansons. Il avait commencé à rompre avec elle dans *Don't Think Twice*, et parachevait le travail en écrivant *Ballad*. Mais il ne lui avait rien dit officiellement tant il redoutait de perdre sa source, la force vive de ses émotions, cette douleur chronique dont il conservait les cendres au chaud.

Il traçait les lignes rageusement. Carla en prenait pour son grade. Il ne l'aimait pas, et le clamait : il avait dérobé la douce et créative Suze « à travers la brise d'un jeune été » jusqu'à ce que sa grande sœur « parasite » et « insignifiante » ne sabotât leur histoire par jalousie. En rédigeant ces lignes, il avait ressenti une boule dans la gorge et eu comme un accès de fièvre. Suze ne lui était pas si indifférente, après tout. Mais l'aimait-il cette chanson ? Il n'en savait rien, conscient d'avoir péché par excès, aigreur. *Ballad In Plain D* ressemblait à un règlement de comptes...

Cette rupture laisserait un grand vide en lui. Comme toujours, il penserait à sa mort. Il chercha des amis, fréquenta les soirées, certain qu'une nuée de parasites l'entourerait et l'embaumerait de sucre et de fleurs. C'était l'avantage de la célébrité, et ces imbéciles agiraient exactement comme il l'attendait. Les tartuffes n'auraient même pas daigné jeter un œil sur lui autrefois et n'hésiteraient pas, si d'aventure il sombrait, à lui marcher dessus de nouveau. Et s'il mourait, ces gens-là iraient agripper une autre vedette pour lui soutirer des profits. Mais pour l'instant, Bob se sentait bien dans la fumée, l'ivresse de ces réceptions. Ces nuits-là, il avait pris quelque chose sans très bien savoir quoi et la tête lui tournait plaisamment, le sol dansait un peu, il avait envie de rire, de baiser. Face à lui, se tenaient, vacillants, les compagnons d'un soir, le producteur Paul Rothchild, Bobby Neuwirth, un peintre mais surtout un glandeur provocateur, et ce jeune homme, Howard Alk, un étudiant féru de cinéma, un ami de Grossman. Qu'attendait-il de Dylan ? Bob le trouvait néanmoins sympathique... Allez, laisse-toi aller à la sympathie...

Il trouvait toujours un moyen de fuir les fausses amitiés. Son statut lui offrait des bottes de sept lieues, et il comptait bien en profiter. Accompagné de son garde du corps et ami Victor Maymudes, il débarqua sur le sol anglais pour des concerts au Royal Festival Hall, dans les collèges et les petits clubs. Albert Grossman lui avait réservé des dates bien choisies et des lieux appropriés. Bob apparaissait dans la nuit, avec sa casquette, sa voix rugueuse, ses cordes argentées, ses routes. Les spectateurs avaient l'air de statues, ils ne bougeaient qu'une fois la chanson terminée, et applaudissaient à tout rompre. Le garçon aimait l'Angleterre parce qu'on le recevait bien, que sa musique intriguait et surtout que ce pays avait enfanté ces musiciens de son âge, les Beatles. Il chercha John Lennon, fier à l'idée de rencontrer un héros de sa dimension et non ces fausses valeurs qui le suivaient à la trace. Il se demandait simplement comment leur découverte mutuelle se déroulerait. John et Paul lui lanceraient-ils un regard de défi, le jaugeraient-ils ? Des oreilles indiscrètes avaient rapporté ce que John avait dit à son propos, de bonnes choses ! Il ne se souvenait plus trop, mais pour une fois, il acceptait les compliments. Une rencontre avec eux prendrait la forme d'une réunion au sommet entre seigneurs. Hélas, John avait quitté le pays. Les Beatles partiraient bientôt aux États-Unis, Bob s'empresserait d'y retourner pour les attendre et les voir enfin.

Avant, il souhaitait se rendre en France, la patrie de ses poètes adorés Rimbaud, Baudelaire... Il conservait depuis plusieurs années l'adresse de ce Français, Hugues Aufray, que Peter Yarrow lui avait laissée. Bob ne connaissait pas ce grand garçon qui, paraît-il, l'avait vu au Gerde's. Il lui envoya un télégramme. « Peux-tu venir me chercher à l'aéroport du Bourget ? » La réponse ne se fit pas attendre. « Avec plaisir. »

Hugues, dans son petit appartement de la rue Censier, écoutait *Freewheelin'* que lui avait envoyé Peter Yarrow. Il adorait. Depuis deux ans, il avait bien travaillé. Un voyage en Turquie, bien payé, et au retour, le frémissement, des commandes, articles, un public de plus en plus large... Il s'était même amusé en créant son « skiffle group » (sorte de fusion du jazz et du folk très populaire à la fin des années cinquante), et surtout l'argent rentrait. Le pauvre exilé de New York transi de froid et qui n'en avait pas assez pour s'offrir l'entrée du Gerde's s'estompait. Il était heureux, avec sa femme et ses enfants. Il avait apporté *Freewheelin'* à Daniel Filipacchi qui présentait l'émission « Salut les Copains ».

— Tiens ! Écoute ça ! C'est formidable !

Le journaliste avait demandé aux techniciens de passer le disque, mais dès les premières notes, il bondit de son siège, la bouche tordue, comme s'il avait une crise de foie :

— Jamais je ne passerai ça. C'est horrible, mon pauvre Hugues !

Le « pauvre Hugues » avait repris l'album, bien décidé à convaincre cette France gaullienne du génie de Dylan. Et lorsqu'il reçut ce télégramme, il sauta de joie. Le pays de Rimbaud devait le savoir. À cette époque, le sieur Aufray alimentait en anecdotes une rubrique de *France-Soir* intitulée les « Potins de la commère ». Régulièrement, le lecteur y lisait des histoires sur les vedettes, les personnalités connues. Hugues appela le journal et tomba sur une secrétaire.

— Vous savez, il y a Bob Dylan qui arrive. Vous voulez que je vous envoie des informations à son sujet ?

— Attendez... Ne quittez pas, je vous prie...

Il entendit qu'elle parlait à un responsable de la rubrique en bouchant le combiné.

— Désolé, monsieur Aufray, on ne le connaît pas !

La route semblait infinie. En attendant, Hugues se retrouva presque dans un rêve à l'aéroport du Bourget devant Dylan qui avait atterri « comme Lindbergh », accompagné de son ami et garde Victor Maymudes. Il tendit à son idole américaine une gourde basque en peau de chèvre remplie de bon vin et le pria de « parler lentement » car son anglais n'avait rien de formidable.

— Viens ! Nous allons déjeuner chez moi ! proposa Hugues.

Bob accepta. Il découvrit le petit appartement de la rue Censier et surtout alla directement vers le piano dans le coin du salon.

— Est-ce que je peux avoir un papier et un crayon ? demanda le musicien.

Et Hugues lui fournit le matériel. Dylan s'installa sur la grande table et écrivit pendant deux heures. Le déjeuner attendrait.

— Ça, c'est tout lui, raconterait le Français plus tard. Il faut le prendre comme il vient... Un véritable esprit créatif.

Les heures s'envolaient sans importance. Toute notion de temps avait disparu dans ce Paris de songe, à la Lubitsch.

— Veux-tu aller sur le boulevard Saint-Michel ? lança Hugues.

Et ils se promenèrent après avoir posé les bagages de Bob et Victor à l'Hôtel Cujas, dans le Quartier latin. Hugues ne pouvait pas héberger Bob et son ami. Les enfants, sa vie de famille... Mais ce petit « palace » conviendrait. Hugues les emmena le long des vieilles rues parisiennes. Il débordait de joie. Bob regardait toutes ces lumières, ces fringues, se laissant aller à une longue flâne sous le soleil printanier de Paris, les arbres parfumés de miel, le brasillement des feuilles sur le boulevard Saint-Germain. Il se sentit libre, à contempler aux terrasses des cafés, le visage offert à la douce lumière, les jambes des femmes, les peaux bronzées, les yeux rêveurs qui parfois le caressaient. À une mer de distance, en Angleterre, il aurait provoqué un attroupement autour de lui. Mais là, dans ce Paris de mai 1964, il était complètement inconnu et se promenait tel un touriste américain en goguette. Il admira les tours de Notre-Dame, se perdit en contemplation devant la Seine, joua au jeune étudiant dans la cour d'honneur de la Sorbonne. Les jeunes filles adressaient des coups d'œil rieurs à ce musard venu de l'océan qui contemplait les hautes fenêtres de l'université, s'asseyait au bord des fontaines, s'amusait avec l'eau et, la nuit, goûtait du bon vin dans les bars. Bob se rappellerait longtemps cette étrange impression de vide, de silence. Il avait remarqué, dans un magazine, la photo d'une jeune femme ravissante au visage d'enfant, une Française gracieuse aux doux yeux et aux longs cheveux dorés... Françoise Hardy ! Elle lui paraissait loin et proche à la fois. Peut-être la rencontrerait-il ? Il n'osait imaginer que cette belle figure, dont le charme familier semblait lui sourire, devînt réalité d'un instant à l'autre. Sa réussite avait au moins cela de bon : Bob Dylan pouvait tout se permettre, faire sortir des pages glacées les plus magnifiques icônes. Il portait sa lampe merveilleuse, même si, à Paris, son pouvoir restait limité.

Françoise s'élevait parmi les jeunes que la France découvrait, les yé-yé, ce Johnny Hallyday qui l'amusait bien, Sylvie Vartan. Et Charles Aznavour ? Traînait-il dans la région ? Il l'ignorait, mais aurait bien aimé voir le héros de *Tirez sur le pianiste*, et le chanteur de *La Bohème*.

Il entra dans un magasin qui vendait des vestes en cuir.

— Celle-là te plaît ? demanda Hugues, en sortant les billets. Bob la prit et l'enfila. Il garderait ce vêtement très longtemps. C'est curieux parce qu'un photographe de rue les capta sans très bien savoir à qui il avait affaire.

— Y a-t-il des clubs folks où on peut jouer, écouter des types avec des banjos et tout ça ? demanda Bob.

— Non, malheureusement ! Il y a surtout des clubs de jazz ici.

Le musicien américain soupira, déçu. Le jazz l'intéressait peu. Paris ne possédait aucun quartier comme Greenwich, et cela lui manquait.

Les deux artistes regagnèrent l'appartement de Hugues, et la vie se poursuivit en rires et musique. Bob frappait sur les touches du piano, se levait, empoignait sa guitare, le Français aussi, et tous deux se livraient à de petites joutes. Hugues prit un harmonica et souffla.

— Non, pas comme ça, lui disait Bob, il lui empruntait l'instrument et jouait.

Un autre son en sortait, plus aérien, lyrique. C'était étrange. Dylan montra à Hugues les petits trucs pour mieux faire vivre les notes. Puis, les deux amis retournaient dehors avec leurs guitares, se rendaient dans les parcs, grattaient en observant les amoureux. Bob sortait des feuilles et écrivait. Hugues l'observait sans rien dire. C'étaient des poèmes. Son ami avait écrit F.H. sur le devant du papier. Françoise Hardy. La jeune femme, emblème du charme français, l'obsédait, il la voyait partout dans ses déambulations parisiennes, Mais elle demeurait un rêve pour ce jeune artiste anonyme dans ce pays voltairien que son pouvoir n'avait pas encore atteint. Pour l'heure, il se contentait d'écrire.

— Qu'as-tu ? demanda Bob à Hugues qui le regardait fixement.

Le Français respira.

— J'aimerais... adapter ton œuvre en français ici. C'est possible ?

— Bien sûr, répliqua Bob.

Il voyait bien la passion du Français. Hugues aimait beaucoup ses chansons et tenait à les populariser en France, certain de leur succès de ce côté-ci du monde.

Hugues et lui vécurent ainsi sans se soucier du lendemain, passant des soirées avec l'écrivain Mason Hoffenberg, un cousin de la famille Aufray. Bob demandait aux invités si Françoise Hardy arriverait bientôt, mais personne ne savait.

Au hasard de ces nuits, il rencontra l'inverse de la Française, une beauté plus glacée, là, dans un salon d'Américains expatriés, d'artistes entre deux alcools, de femmes énamourées mollement alanguies au fond des sofas. Droite, un peu flottante, se tenait cette fille complètement décalée, aux longs cheveux et aux yeux allongés. Sa figure pâle, sa grâce se doublaient de quelque chose d'inquiétant. Bob eut l'impression de voir un visage de mort. Mais tout en elle l'attirait, et sans qu'il sût très bien comment, ils marchaient dehors, non loin de la Seine, serrés l'un contre l'autre. Elle disait s'appeler Nico [43]. Née en Allemagne, elle avait vécu en France et décroché un petit rôle dans le grand film de Fellini, *La Dolce Vita*. Elle l'avait tout de suite reconnu, lui avait donné à fumer et à boire, et avait chuchoté, à son oreille, quelques phrases charmantes. Ils s'étaient embrassés, tenu la main, promis de se revoir, le genre de promesse qu'on ne tient pas forcément.

— Tiens, prends. Je viens de l'écrire. Je te l'offre, dit-il.

Nico s'empara de la feuille et lut ces lignes. *I'll Keep It With Mine*. Il lui offrait une chanson assez romantique dans l'esprit. Quel poète ! Elle espérait qu'il en écrirait beaucoup d'autres ainsi et l'embrassa avant de s'éloigner.

Bob avait gardé de cette rencontre l'excitation du plaisir interdit dont il ne se serait pas vanté mais qu'il était prêt à revivre, en secret bien sûr. En cet instant, il avait pensé à sa chère Suze qui le rassurait au moment où il côtoyait les zones d'ombres du spectacle, sa face lunaire et dangereuse.

Il se réveillait fatigué, dans ce Paris de désirs et d'amour. Nico s'était évaporée comme un étrange rêve. Du coup, les rues lui semblèrent vides. Il proposa à son ami Maymudes de partir en Allemagne, et Victor loua une voiture. Bob grimpa l'escalier de l'appartement de Censier et sonna à la porte de Hugues qui ouvrit et sourit en l'apercevant :

— Tu viens avec nous ? Nous allons en Allemagne.

Le Français aurait bien aimé, mais il chantait le soir au Don Camillo. Bob le savait parce que la veille, il avait voulu aller voir son ami mais un cerbère lui avait refusé l'entrée. Il traînait des frusques dont seul un mendiant pouvait s'encombrer, et ne portait pas de cravate. À la fin du concert, quelqu'un avait prévenu Aufray.

— J'ai compris que c'était Dylan. Mais personne ne le connaissait.

Et voilà que le héros partait. Oh, il aurait pu demander un remplacement pour deux ou trois soirs. Difficile. Il gagnait enfin sa vie et c'était peut-être imprudent de lâcher la scène. Il refusa et le regretta tout de suite en voyant les deux Américains s'éloigner. Les reverrait-il un jour ? Oui, car il comptait bien se rendre à New York pour arracher à Grossman la permission d'adapter en français les chansons de Dylan. L'accord oral de Bob lui donnait bon espoir.

Il avait passé de bien belles journées...

Dylan aussi avait passé de belles journées, conservant un joyeux souvenir de Hugues. Il souhaitait connaître un peu l'Europe, s'arrêta aux pieds du mur de Berlin, arpenta les rues. Chaque pierre portait encore les cicatrices du mal, des monstres comme Adolf Eichmann qu'on venait de pendre en Israël. Il écrivait ses pensées, *Some Other Kinds Of Songs*, tout en marchant, les mains moites, la gorge serrée. Il songeait à son père qui avait traversé les bûchers antisémites plus à l'est, il sautait au bord des ruines, presque vacillant, partagé entre la satisfaction de voir sa raison d'être artistique justifiée et son malaise devant cette folie. Et la folie sombrait dans la banalité d'une ville sur laquelle s'étendaient une nuit morne et les lueurs vulgaires des night-clubs. Il partit alors vers le beau Sud, le pays des îles et d'Alcibiade. Les magnificences grecques l'inspirèrent. Ce n'était pas tant le spectacle qu'il avait sous les yeux que le parfum, la chute de la lumière, des dorures, l'amour tragique.

— Suze aurait été bien ici, disait-il à Maymudes.

Et il se laissait aller à la rêverie.

— Je n'ai pas été bien, répétait-il, je lui ai fait du mal...

Vrai dépit ? Coquetterie ? Victor Maymudes s'interrogeait.

Bob essaya de la joindre, mais elle ne répondit pas, il s'irritait de son silence. Il ne souffrait pas que sa femme lui échappât et fréquentât un autre homme. C'était pourtant ce qui arrivait, là-bas, en Italie. Des indiscrets lui avaient rapporté le nom de l'amoureux. Enzo Bartoccioli. Cette information le tourmentait, le jetait dans des abîmes d'angoisse, de désespoir. Quand il rentrerait au pays, il se retrouverait seul comme un damné. Elle n'était donc pas disposée à lui pardonner ses frasques, à tout supporter pourvu que le grand Bob Dylan lui fît l'honneur de rester son fiancé ? Eh bien non, génie ou pas, Suze prenait le large avec un homme moins brillant mais qui saurait l'aimer.

Alors, il écrivait, il écrivait, face aux colonnes lumineuses du Parthénon, à la mer bleue éclatante, à ce soleil pur et sanglant. Il se réinventait en tragédien de l'amour, faisait tinter sa lyre romantique. Ce qu'il n'avait pu dire ou suggérer, il le mettait dans son œuvre, *Some Other Kinds Of Songs*, qu'il publierait – cette fois, c'était décidé – sur la pochette de son prochain disque.

Je haïssais Enzo
Je le haïssais tellement
Que j'aurais pu le tuer[44]

Il jetait ses mots en raturant tandis que le vent ensoleillé des Hélènes cuivrait sa peau, ses cheveux bouclés. Il ressemblait à un Grec antique implorant le Dieu de l'Amour.

— Mais qu'est-ce qu'il a ce type ? Comment a-t-elle pu le préférer à moi ? Elle va voir, elle le regrettera...

Maymudes ne disait rien. Bob faisait fausse route, et il le savait.

Quand il rentra à New York, il avait laissé en Europe beaucoup de cœur, de tranquillité, de souvenirs... et acquis de nombreux enseignements ! Chaque jour l'océan, depuis l'Europe du Nord, apportait un joyau. Les Beatles avaient lancé le mouvement, mais d'autres suivaient. Cet été-là, galopait *The House Of The Rising Sun* des Animals. Une sorte de valse bluesy tournoyante, emmenée par cet excitant et délicieux motif à l'orgue. Une vraie réussite. Évidemment, Bob s'amusait de voir que ces plaisantins d'Anglais avaient découvert le morceau traditionnel en écoutant son premier album. Il avait eu raison d'insister pour intégrer *The House* malgré l'hostilité de Dave Van Ronk, le bon vieux Dave qui pensait s'être approprié le titre et ruminait toujours devant l'ascension de son ancien protégé. Maintenant, ce classique parcourait le monde. Savoir que son travail, vieux de trois ans, inspirait de nouveaux venus le gonflait d'orgueil... Cette reprise prouvait son influence sur la musique et c'était bon à entendre.

Son voyage lui avait également permis de s'éloigner du douloureux conflit racial qu'il avait contribué à mettre en relief et de réfléchir à son art. Il était rentré à l'intérieur de lui-même, de ses visions, désirant se libérer de toutes les contingences pour atteindre une vraie liberté, une hauteur poétique. Il poussait son œuvre vers le purement artistique et le drôle. Des chansons avaient vu le jour au-dessus de l'océan, mêlant l'humour anglais et le symbolisme français. Dans l'un de ses morceaux, *My Back Pages*, il annonçait son retrait du parti pris :

Le Bien et le Mal, je les séparais
De manière très claire, sans le moindre doute
Mais j'étais bien plus vieux alors en ce temps[45]

Il avait rajeuni. Sa prose échapperait à la notion du bien et du mal et laisserait place à la romance, à l'amour, à la mort, à tous les grands thèmes chers à Rimbaud et aux grands poètes.

Les deux pièces, écrites pour une partie en Europe, *Ballad In Plain D* et *To Ramona*, où surgissait la figure de Suze, donneraient le ton de son nouveau disque plein d'amertume, d'auto-flagellation, mais aussi, d'humour noir. Bob se rappelait ce film sorti deux ans avant et qui l'avait fasciné, *Psychose* d'Hitchcock. Il lui avait inspiré *Motorpsycho Nitemare* (« nitemare » pour « nightmare », « cauchemar »), une parodie : un médecin, fourbu, cherche un endroit où dormir après une longue route. Il avise une ferme, s'approche, espérant obtenir le gîte et le couvert, quand le propriétaire le menace de son fusil. Notre héros s'agenouille, supplie.

— Ne tirez pas ! Ne tirez pas !

Devant tant de courage, le paysan permet à l'intrus de dormir, mais y met deux conditions : la première, c'est qu'il ne doit pas toucher Rita, sa très belle fille tout droit « sortie de la *Dolce Vita* ». Ensuite, il devra traire les vaches... aux aurores ! Le voyageur, peu rassuré, essaie immédiatement d'amadouer le père :

— Oh, quelle jolie, charmante ferme vous avez !

Le paysan répond :

— Qu'est-ce que les médecins connaissent aux fermes... ?

La journée s'achève, le visiteur s'endort « comme un rat » et se réveille brusquement en entendant un bruit : Rita se dresse devant lui, le regardant comme Anthony Perkins, et lui lance :

— Aimeriez-vous prendre une douche ?

Ce texte porte toute l'ambivalence de la prose dylanienne devenue largement européenne (allusion à la *Dolce Vita*, charge contre la mentalité américaine, celle des porte-flingue et des psychopathes...). L'humour social finit par se teinter de surréalisme, enrichi de références. Rita aurait pu rester cette fille aux formes campagnardes, mais elle ressemble à Perkins-Norman Bates, le tueur cinglé de *Psychose*. Les relations se dégradent lorsque l'« invité » déclare aimer Fidel Castro et sa barbe. C'en est trop : Le fermier lui jette à la figure un exemplaire du Reader's Digest et le traite de félon... Pendant que le paysan l'agresse, le médecin entend Rita marmonner « quelque chose au sujet de sa mère sur la colline ». Fantasmes, délires individuels, saccages des relations sociales... Bob s'amusait à travers l'écriture de ces récits, cédant à ce sourire que personne ne surprendrait jamais : conversation impossible, dialogues qui n'en sont pas entre deux personnages aveuglés par leurs préjugés, narcissisme et obsession. Dépeindre à la manière de Voltaire les turpitudes humaines lui semblait plus efficace et jouissif que la dénonciation directe, presque journaliste des faits. Il avait compris cette belle vérité pendant ses superbes journées parisiennes, le séjour en Grèce et ses fréquents voyages au cœur du ciel qui suspendaient le temps.

Mr Tambourine Man appartenait à cette nouvelle ligne esthétique. En ce 9 juin 1964, il avait quitté cette belle fin d'après-midi sur le port de Manhattan à la lumière mourante, avec sa provision de vin, ses visions. Bob joignit son vieil ami Jack Elliott pour enregistrer l'histoire de l'homme tambourin, mais il ne connaissait pas les paroles. Aucun de deux musiciens n'excella d'ailleurs dans cette version qui fut laissée de côté. Bob ne tint même pas à donner corps à la chanson *I'll Keep It With Mine*. La diablesse Nico l'avait emportée quelque part de l'autre côté du Mur ou dans une île des Cyclades... Il n'avait pas encore envie de s'approprier sa prose comme s'il s'interdisait de profaner un tabou, ce présent confié à un succube.

Bob, le teint hâlé par ses récents voyages, avait retrouvé l'effervescence du studio de Columbia qu'il rejoignit avant même d'avoir défait ses bagages. Ce soir-là, il joua jusqu'à une heure du matin ses œuvres vives. Le producteur Tom Wilson avait proposé le titre, *The Another Side Of Bob Dylan*, afin de prévenir ceux qui s'attendaient à rencontrer l'inspiration politique. Eh bien non, l'auteur de *Freewheelin'* offrait – une fois n'est pas coutume – son intimité.

— Tom, je n'aime pas ce titre, s'agaça Bob. J'ai toujours donné mon intimité. Il suffit de me lire, de me comprendre... De même que mes deux disques précédents ne se limitaient pas à la simple protest song. Mon œuvre va au-delà de la révolte, Mon ambition est qu'elle soit poétique, politique, littéraire.

Le brave Wilson ne comprenait pas. Il écoutait en remuant la tête puis disait toujours :

— Oui, mais...

Et il revenait à sa première idée. Trop habitué au monde du jazz, il ne saisissait rien au folk, se moquait bien de ce que pouvait penser Bob. L'autre face de Bob Dylan ? Non, une même figure simplement kaléidoscopique, nuancée, celle qui rédigeait les pamphlets lyriques et le texte ambivalent, à la fois politique et intime, également composé en Europe, *Some Other Kinds Of Songs*. Comme promis, il avait joint au disque ces « autres genres de chansons », chargées de toute sa douleur et de ses amours. Sa haine pour Enzo, le compagnon de Suze, côtoyait le Paris rêvé et le visage de la jeune Française aperçue en photo, Françoise Hardy, à qui il dédiait son beau poème. Il ne la connaîtrait peut-être jamais, mais lui adressait sa prière.

Sur le bord de la Seine
L'ombre géante
De Notre-Dame

186

Cherche à attraper mon pied
Les étudiants de la Sorbonne
Tournoient sur de minces bicyclettes [46]

Le soleil descendait sur la douce rivière tandis qu'il jouait de la guitare et que les amoureux pêchaient, s'embrassaient, passaient sur des vélomoteurs. Il se souviendrait longtemps de ce voyage à Paris. Le plaisir, la romance gouvernaient ses sens...

C'est un Dylan en pleine mutation qui joua au festival folk de Newport. Il n'y déchaîna pas les passions, conscient que ses introspections déconcertaient le public. Au bord de cette mer sereine, devant la foule bigarrée, dépenaillée, qui était la sienne, il joua *Mr Tambourine Man*, plutôt applaudi malgré tout, sous l'œil de Joan Baez.

Elle l'attendait. Il descendit de la scène pour la rejoindre lorsqu'il entendit cette voix caverneuse à côté de lui :

— Je suis fier de te rencontrer, lui cracha un géant, un ancien militaire, un dur à cuire, celui-là, à la voix tonnante dans un souffle brûlant. C'est moi qui t'ai écrit ces lettres, l'année dernière.

Bob regarda ce Seigneur qui avait grandi sur la terre aride, frappé par les flots du Mississippi, reçu des coups un peu partout, erré à la surface du monde, le nez cabossé, les joues marquées de cicatrices, une bible à la main : le grand Johnny Cash. Un jour de 1954, sa voix de baryton avait commencé à gronder, au temps glorieux du rock and roll. Sam Phillips, le patron des disques Sun, avait lancé cet homme en noir à la rythmique bringuebalante, et, depuis dix ans, il tournait, chantait dans les prisons, pour les minorités. Johnny Cash écrirait dans son autobiographie :

« Dès que le premier album de Bob Dylan est sorti, j'ai noté son nom, et je l'ai sans cesse écouté jusqu'à *Freewheelin'* en 1963. J'avais un tourne-disque portable que j'emmenais toujours avec moi sur la route, je mettais *Freewheelin'* en coulisse, ensuite, je sortais de ma loge, faisais mon spectacle et dès que j'avais fini, je remettais le disque. Après avoir attendu pas mal de temps, j'ai écrit une lettre pour lui dire combien j'étais fan de lui. Il m'a répondu presque tout de suite, disant qu'il suivait de près ma musique depuis *I Walk The Line*, et ainsi nous avons entamé une correspondance [47]. »

Les deux hommes parlèrent de musique, le grand Cash raconta à Bob quelques belles histoires croustillantes sur leurs amis musiciens, et décrivit son milieu, la country, parce que son nouvel ami lui posait beaucoup de questions. Johnny conserverait toute sa vie leurs longues lettres dans un coffre, mais aussi un souvenir, peut-être encore plus cher à son cœur : lors de ce festival de Newport en 1964, ils se retrouvèrent dans une chambre d'hôtel, Johnny, sa femme June, Joan Baez, et Bob Dylan, si heureux de se voir qu'ils sautèrent ensemble sur le lit. Tous les quatre s'aimaient beaucoup.

Bob avait envie de partir avec le diable alors que la vertueuse Joan le guettait. Il promit à Cash de le revoir bientôt et rejoignit Joan. Depuis son retour aux États-Unis, la chanteuse ne le lâchait pas, accrochée à son bras, très amoureuse, et le suivit jusque dans la maison d'Albert Grossman. L'ex-fiancée célèbre tenait compagnie à Bob et chassait son sentiment de vide. Le musicien prenait sa moto, sillonnait les routes jusqu'au soir. Cela du moins lui évitait de penser.

— Viens avec moi te promener, j'ai des choses à te dire..., disait Joan.

Et il ne venait pas. Bob avait en réalité décidé de séjourner chez les Grossman pour une raison bien précise. Son intérêt s'était porté sur quelqu'un d'autre. C'était une amie de Sally, l'épouse d'Albert, une jeune fille gracieuse, élégante, et à la peau très pâle. Ses beaux cheveux bruns ondoyaient sur ses épaules, ses yeux en amande, mais d'une mélancolie infinie, pouvaient séduire le plus glacé des êtres humains. En un an, Bob l'avait croisée deux ou trois fois à Woodstock et ne cessait de penser à elle.

Quand il partait, il emportait le souvenir de la jeune femme avec lui, peut-être parce qu'elle incarnait la vie au soleil, en plein jour, et cette image de sérénité le tentait parfois dans ce New York obscur où il testait ses limites de fatigue, d'endurance, entre écriture de poèmes et beuveries à outrance. Il la vit, eut juste le temps de lui dire qu'il l'appréciait et elle partit. Bob n'avait plus de raison de demeurer dans la propriété d'Albert. Il prit le train et revint à New York, appela l'homme-nuit. Johnny Cash. Combien de délires partagea-t-il avec ce brigand ! Bob repensait à ses lettres : des messages si exaltés qu'il imaginait leur auteur, un fou mystique, un idéaliste. Johnny Cash avait soif d'absolu, d'aventures, associé à la country, mais si proche de l'esprit folk. Il témoigna à Dylan une amitié qui ne tolérait pas la tiédeur. Leur première soirée fut très intense.

— Quand fais-tu un disque western ? demandait Cash. Je t'aiderai...

Bob souriait. Plus la nuit avançait, plus Johnny s'assombrissait et ressemblait à une sorte d'imprécateur mystique marchant à l'alcool et aux amphés, presque dangereux tant il invoquait la mort, la fin du monde. Et puis, il s'interrompait, éclatait de rire, vous serrant dans ses bras immenses. Le privilégié en ressortait un peu étourdi et investi d'une certaine force.

Puis, les deux musiciens se quittaient. Bob errait dans Manhattan la nuit. À qui songeait-il ? À la jeune inconnue des Grossman ? À Joan Baez ? À la fin de son engagement folk ? Il passa quelques belles soirées estivales, toujours en quête de rencontres, d'images. Sa vie bouillonnait en un flux ininterrompu, sans nuits, sans sommeil. Tiens, les Beatles, qu'il avait ratés en Angleterre, arrivaient ! Il l'apprit à l'aube dans un bar de Greenwich, tandis qu'il écrivait de nouvelles chansons. Bob espérait voir à quoi ressemblaient ces jeunes Anglais. Leur musique de jeu et d'amour avait ébranlé toute l'Amérique et venait encore une fois de faire chavirer une arène, à Cincinnati, et le 28 août, le stade de Forrest Hills, dans le Queens.

•

Les « fab four » tournaient aux États-Unis devant des milliers de fans surexcités. Les salles chaviraient, les femmes s'évanouissaient. L'émission du Ed Sullivan Show, où s'étaient produits quelques mois plus tôt les garçons de Liverpool, avait rassemblé soixante-treize millions de téléspectateurs et provoqué une émeute. Des milliers d'amateurs avaient essayé d'entrer sur le plateau. New York accueillit John, Paul, George et Ringo qui devaient jouer au Paramount Theater. Bob chercha à les joindre et, le 29 août, il reçut un message d'Al Aronowitz, « le journaliste », comme il le surnommait pour bien lui dénier toute qualité d'écrivain et le tenir à un niveau inférieur. Cet Al avait beau être sympathique (trop sans doute), il n'était pas grand-chose, à part la plume du *New York Post*. Bien sûr, Bob avait profité de lui, passant quelques bons moments dans sa maison de Berkeley Heights, mais son hôte en avait tiré tous les bénéfices. Quel privilège d'accueillir chez soi le phénomène de la musique, le grand Bob Dylan ! Il pouvait être fier. Et maintenant, son entrisme qui approchait le parasitisme énervait le musicien. Ses prunelles s'illuminaient d'amour lorsqu'il regardait Bob.

— Tu es l'homme le plus séduisant, le plus excitant que je connaisse, le roi du monde qui change la société et toute notre perception des choses, disait-il.

Dylan laissait dire...

Les Beatles s'étaient arrêtés à l'hôtel Delmonico.

— John Lennon veut une rencontre, affirma Al à Bob.

Quelle bonne blague ! Ayant gagné la confiance de Lennon, Aronowitz jouait les entremetteurs. De quel droit, lui, le scribouillard, s'immisçait-il dans cette rencontre au sommet entre les deux plus merveilleux talents de la musique actuelle et peut-être du siècle ? Comment avait-il réussi à grimper sur l'Olympe des génies, là où l'oxygène se fait rare ?

— Je vais faire les présentations...

Sa présence agaçait, d'autant qu'Al bombait le torse et que, on pouvait en être certain, il se répandrait dans la presse sitôt la rencontre terminée. Plus tard, à la question d'un journaliste, « Qui pourrait sauver le monde ? », il avait répondu : « Al Aronowitz bien sûr ».

— Vous venez me chercher, ajouta le bon Al, et nous irons à leur hôtel car ils n'ont pas les moyens de le quitter. Il y a trop de monde...

Pourquoi Bob acceptait-il de l'emmener ? Parce qu'il avait de la bonne herbe. Bob se rappelait sa franche rigolade avec cet imbécile un an plus tôt. Il sauta dans sa Ford bleue conduite par Victor Maymudes, passa prendre Al chez lui, et, comme un magicien, se retrouva devant la façade défraîchie de l'hôtel Delmonico et son architecture 1929.

Dylan et ses deux « amis » franchirent les cordons de policiers qui entouraient l'hôtel, encombraient le hall et tentaient de contenir la foule des fans massés derrière les barrières. « Comme des chefs d'État », songea-t-il. Trois mille amoureux avaient envahi la nuit et oscillaient d'une rue à l'autre, depuis l'aube, telles des sentinelles, forçant même les Beatles à venir en hélicoptère. Bob entendit des cris, des hurlements, quelques uns reprenaient en chœur les chansons de Lennon-McCartney. Des voix l'interpellèrent, il ne répondit pas. À l'intérieur, c'étaient des tentures de velours rouge, des miroirs, de la moquette épaisse. Toujours ces éclats de couleurs. Bob, Al et les autres patientèrent au pied de l'ascenseur quand Malcolm Evans, le « tour manager » des Beatles, apparut et les accompagna à l'étage. Dylan se sentait humilié de subir attentes, détours pour rencontrer les Dieux. Lui aussi appartenait à cette pléiade, et en plus, il était chez lui, à New York, condamné à aller quérir les faveurs de quatre Anglais. Une marée d'uniformes bleus semblait noyer le sixième étage, journalistes, photographes se pressaient dans le salon, un peu plus loin, tenus à l'écart, pendant que l'attaché de presse Derek Taylor surveillait la bonne tenue du buffet, acheminait bouteilles, vins, fruits. Il grimaçait, alimentait la conversation.

En passant, Bob aperçut Peter Yarrow, et ses deux complices, Paul et Mary, qui eux aussi demandaient audience, allongés sur des canapés. Plus loin, le Kingston Trio trépignait. « Il n'y en aura pas pour tout le monde », pensa Bob. Et, débarquant dans la suite, il les vit, tous, John Lennon, Paul McCartney, George Harrison et Ringo Starr autour d'une table remplie de victuailles. Les Anglais terminaient juste de dîner et ne manifestèrent pas d'émotion particulière en voyant arriver Bob Dylan. Ils se contentèrent de sourire comme s'ils lançaient un défi. *Nous ne nous lèverons pas ! À toi de venir !* Un homme s'avança, d'une élégance précieuse, avec sa veste en tweed, ses manières de lord britannique. Dylan reconnut le grand Brian Epstein, le manager des Beatles. Cet homme doux, plein de grâce, vous enveloppait de sa chaleur.

— Tu veux boire quelque chose ? proposa-t-il à Bob.

— Du vin normal !

— Nous avons de l'excellent vin français.

John Lennon avait consenti à bouger et tendit un verre, heureux d'approcher enfin cet artiste solitaire qu'il était le seul, dans le groupe, à étudier et analyser. Paul avait entendu sa musique sans formuler d'opinion claire à son sujet. George et Ringo ne la connaissaient pas. C'était donc lui, le phénomène, l'auteur du magnifique *Freewheelin'*, de *Masters Of War* et de bien d'autres superbes chansons ! Après les avoir écoutées, John s'était senti différent. Il aimait ce son de métal qui cinglait l'air, cette attitude hautaine et agressive... John enviait la liberté du jeune artiste alors qu'eux pliaient encore l'échine devant leurs coiffeurs et les familles du Royaume. Il y a an, le compositeur chanteur des Beatles n'aurait jamais organisé cette entrevue tant il redoutait de ne pas être à la hauteur, soumis – quelle offense – au joug du marketing. Mais maintenant, sa popularité grandissante lui avait donné assez de confiance pour affronter le rebelle. Bob leur montrait la voie d'une musique plus abyssale dans ses recherches verbales. Les comptines adolescentes héritées du rock and roll et dont Paul et John avaient prolongé la douce ferveur, avaient vécu. Les auteurs de *Twist And Shout* devraient désormais chercher des images poétiques, du symbolisme, des histoires socialo-surréalistes. Une vraie révolution. Mais John ne comptait pas révéler sa dette ou alors avec parcimonie, craignant d'alimenter l'ego démesuré qu'il devinait chez Dylan. En attendant, son admiration amusait Paul parce que son complice en chansons dispensait habituellement ce genre de sentiment au compte-gouttes. Et le génie était là, devant eux, aucun des quatre garçons ne se doutait que Bob avait été lui aussi, quelques années plus tôt, ébloui dans le désert du Colorado par les perles de Liverpool envoyées en haut des charts avec la régularité d'un métronome. Le folk singer américain s'était juré de ne jamais dévoiler son intérêt pour le groupe anglais et voilà qu'il arpentait la moquette de cet hôtel entouré de milliers de fans, un verre de vin à la main.

— Tiens, prends.

Bob aperçut des pilules multicolores dans la main de Brian.

— C'est bon pour la fatigue, plaisanta le manager.

Lennon sourit. Il était heureux de ce qui se passait. Mais Bob rejeta le cadeau.

— Non, je ne prends pas ce genre de choses. Je préfère l'herbe. Vous en voulez ?

Bob avait désigné Victor Maymudes et Al qui en avaient les poches pleines. Brian Epstein hésita et regarda les garçons.

— Nous n'avons jamais fumé d'herbe, avoua-t-il, en détournant le regard.

Harrison et Lennon s'échangèrent un clin d'œil. Tous deux en avaient déjà fumé. Victor sortit son paquet et commença à la rouler. Ringo se leva, entraîna John, Bob, Victor et Al dans une pièce plus reculée. Les autres suivirent.

— Oui, mieux vaut être discret si quelqu'un entrait... On roule de l'herbe entouré d'une armée de flics, de dizaines de journalistes, avec 3 000 fans en bas. On a bien choisi notre moment.

Et ils rirent. Bob donna le joint à Lennon qui le transmit directement à Ringo.

— Tiens ! Mon goûteur !

Bob avait l'impression d'assister à un pow wow entre deux tribus indiennes s'échangeant le calumet de la paix.

— Cela me rappelle le morceau de *I Want To Hold Your Hand*, quand vous chantez : « I get high ! I get high ! »

Et il répéta, en se haussant sur la pointe des pieds : « Je m'élève ! Je m'élève ! »

— Mais non, ce n'est pas ça du tout, coupa John. Nous disons « I can't hide ! » Je ne peux me cacher...

L'accent faubourien anglais de Lennon avait rendu la phrase incompréhensible pour Bob qui achevait de rouler un autre joint. Il regardait du coin de l'œil Al. Le « journaliste » s'esclaffait toutes les deux minutes, vivant le plus beau jour de sa vie. Il avait présidé à la rencontre au sommet de la pop music, et aurait des histoires à raconter pendant le reste de son existence. Il promenait son œil étincelant de John Lennon qui tirait sur le joint et l'inspectait, avec un mélange d'amusement et de méfiance, à Dylan, très flottant, les yeux brumeux, mais très attentif aux réactions des uns et des autres. Tous s'ouvraient de nouveaux horizons.

— Cela ne me fait rien, dit George, toujours très calme et qui pompa une grande bouffée.

— Cela me rappelait une plaisanterie, coupa Paul. Je me souviens de l'homme de ménage du théâtre Hammersmith Odeon, à Londres, qui avait dit un jour : « Ce salaud de Ray Charles, il doit vraiment sous-payer ses musiciens. J'en ai surpris deux aux toilettes qui se partageaient une cigarette ! »

John éclata de rire, Bob aussi. Ringo errait, regardant avec inquiétude le plafond qui semblait s'approcher de lui. George, lui, sentait le sol se dérober sous ses pas. Aucun ne savait très bien quelle heure il était. Brian Epstein se servait du bon vin tandis que John, Al, Bob, Paul, George, Victor pleuraient de rire en se tenant les côtes.

« Nous avons ressenti de la fierté, écrirait plus tard Paul McCartney, d'avoir été initié à l'herbe par Dylan, ce qui était un beau coup, comme si nous avions été initiés à la méditation et avions reçu notre mantra du Maharishi. »

Leur musique allait changer et la face du rock aussi. John et Paul en étaient certains. Lennon et Harrison avaient déjà fumé mais pas aussi intensément, ils comprirent soudainement que Bob Dylan les emmenait sur une autre rive où leur apparaîtrait un jour cette Lucy dans le ciel avec ses diamants, et la brume fantastique d'*Un jour dans la vie (A Day In The*

Life). Plus tard, *A Little Help From My Friend* et sa phrase « I get high with a little help from my friend » (je m'élève, quelque peu aidé par mon ami) sembleraient se référer à cette soirée de l'hôtel Delmonico.

Il était temps de partir. John et Paul serrèrent la main de Bob, George l'embrassa, Ringo lui tapota l'épaule.

— On se reverra chez vous, en Angleterre, promit Dylan.

Leurs yeux, échangeaient toutes sortes de pensées : « Au revoir, disaient les uns, tu as intérêt à faire de très grands disques pour nous suivre... » Et le solitaire répondait : « Je vous admire, mais j'atteindrai un tel niveau que personne ne pourra rivaliser avec moi, même vous... »

Aucun ne se doutait que le meilleur de leur œuvre restait à venir. Une fois Bob parti, John se retourna vers ses compagnons :

— Je vous l'avais dit, ce type est un grand... Mais nous le dépasserons...

En disant cela, il savait cependant que Dylan avait pris de l'avance et poussé un peu plus loin ses explorations. Mais il ne s'inquiétait pas. Les « fab four » avaient bien saisi la leçon.

Sur le chemin du retour, Al ne cessait de parler. C'étaient des propos incohérents empreints de joie profonde. Bob avait été impressionné par Lennon, cet œil perçant et vif qui comprenait tout très vite. Il aimait bien... « Ce gars-là m'admire. Ce gars m'admire ! », se répétait-il en hâtant le pas. Puis, il s'arrêtait : « Mais c'est normal. Je suis le meilleur ! » Et le « meilleur » avait gardé son avance : les jours suivants, la presse rapporta la rencontre en disant que Dylan avait initié les Beatles à la drogue. Ces informations courroucèrent Bob encore une fois, mais il en avait l'habitude avec les journalistes. Et cet Al en rajouterait. Le musicien folk n'aimait pas voir son nom associé aux substances illicites, surtout quand les « informateurs » refusaient de regarder ce qui s'était passé au-delà du fait sensationnel. Dans le salon de l'hôtel, il avait été question d'horizon, d'art, d'esthétisme. Et qui le disait ?

Bob avait ressenti de l'amitié pour Lennon et Harrison, et souhaitait les revoir. À la fin de l'été, il se rendit au Paramount Theater, le 20 septembre, à New York, ultime date de la tournée américaine du grand groupe, avec des billets bon marché. Bob n'oublierait jamais ce qu'il vit. Des fans se jetaient contre les barrières, les jeunes filles s'évanouissaient et poussaient des cris stridents. On n'entendait rien. Comment le quartet pouvait-il s'entendre ? Les chansons du binôme Lennon-McCartney disparaissaient dans un hourvari continu. Quelle folie ! Ses concerts n'excitaient pas la foule à ce point. « Si c'est cela, pensa-t-il, cela ne durera pas longtemps. »

Lui, il voulait que sa musique dure longtemps. Plus que ses amours fragiles comme un été. Il venait de vivre l'un de ces instants dont il avait toujours rêvé, au moment où son nouvel album, *Another Side Of Bob*

Dylan, sorti pendant le mois août, recevait un accueil réservé. Ce demi-échec le désespérait surtout après sa rencontre avec les Beatles et cette joute entre « grands » qu'ils s'étaient promis. La critique ne lui témoigna aucune tendresse. En novembre 1964, Irwin Silber, le sévère et pur patron de la revue sacrée du folk, *Sing Out !*, publia une « lettre ouverte à Bob Dylan ». Le gardien du temple disait regretter l'abandon par l'artiste le plus doué de sa génération de la protest song. Était-ce bien le moment, un an après l'assassinat de Kennedy et au moment où la guerre du Vietnam prenait de l'ampleur, de préférer son nombril au grand combat idéologique ? Où était passé l'auteur de *Masters of War*, de *Hattie Carroll* ? Cette lettre fit grand bruit. Même si la revue *Sing Out !* ne tirait pas à plus de trente mille exemplaires, elle n'en restait pas moins la Bible du milieu folk, très écoutée, très lue en ces années soixante. La leçon irrita Bob, il la jugea assez condescendante, mais dans le même moment, il était satisfait de déchaîner encore la polémique. De tels débats le maintenaient à flots, et c'était le principal.

Pourtant, la rupture avec la communauté folk se précisait. Beaucoup avaient une fâcheuse tendance à dénoncer son accoutrement, ses manières de « star », ses interviews absurdes, bref un manque de sérieux contraire à l'image du militant.

— Je n'ai de compte à rendre à personne, se justifiait-il.

La maison de Grossman représentait un refuge quand Joan, elle aussi mise à l'index, ne venait pas l'importuner avec ses demandes d'amour, son inquiétude chronique.

— Qu'as-tu ? C'est la lettre de Silber qui te mine ?

Non, rien ne le minait, sinon demeurer à la même hauteur que les Beatles et au-dessus de tous ces groupes que l'on voyait surgir ici ou là. Les esprits simples ne toucheraient jamais son rêve. Joan n'y parviendrait pas non plus. Elle n'arrivait pas à sentir son désamour.

— Pourquoi ne nous voyons-nous plus ? Que se passe-t-il ? Tu as une autre fille dans ta vie ?

Mais elle n'insistait pas. Sans doute mettrait-elle ce silence sur le compte de son étrangeté ? C'était bien pratique.

Une autre fille dans ta vie ?

C'était toujours l'amie de Sally Grossman, la jeune fille gracieuse au teint pâle qui lui trottait dans la tête. Combien de fois, en cette fin d'année 1964, prit-il le train ou la voiture, interrompant son écriture et ses projets ? Il allait rêver dans cette campagne de Woodstock en observant le ciel. Parfois, il entendait le rire des invités au loin. Les Grossman recevaient. Bob se levait, et cherchait l'inconnue des yeux, tout de suite. Lorsqu'il ne l'apercevait pas, il était déçu. Mais si par hasard il la voyait à côté de Sally, il courait auprès d'elle ou alors il affectait de ne pas lui prêter d'attention. Elle se nommait Sara...

On sentait qu'elle avait traversé quelques moments de doute et de détresse. Elle se montrait discrète en toutes circonstances devant ces gens que les Grossman invitaient, producteurs, managers, artistes et lui-même. Sara écoutait les histoires du spectacle, et n'osait rien ajouter de peur de passer pour une idiote.

Elle n'avait pas cru à la possibilité que Bob la remarquât un jour. Elle ne s'y attendait guère, et de toute manière, avoir une relation avec ce musicien si connu ne l'avait même effleurée. Elle se souviendrait des premiers instants où elle entra dans le cercle des Grossman.

— Tu viens, nous allons regarder Bob à la télévision, avait proposé Sally, son amie.

Sara s'installa devant le poste, et vit Dylan sans très bien savoir qui il était, l'un de ces nombreux artistes dont s'occupait Albert. La jeune femme ne suivait pas bien la musique et s'en moquait un peu.

— Il est pas mal, dit-elle à Sally qui souriait.

— Je sais, nous te le présenterons.

Sara ne répondit pas. Elle n'y tenait pas spécialement.

Depuis longtemps, elle avait organisé sa vie différemment, en compagnie de sa petite Maria qu'elle avait eue d'un premier mariage avec le photographe juif allemand Hans Lownds. Les années cinquante touchaient à leur fin, et Sara avait beaucoup cru à sa destinée en venant à New York. Sa rencontre avec le Juif allemand Hans, bien plus âgé (il était né en 1914), avait représenté sa plus belle chance. Emballée par ce qu'il lui proposait, elle avait pris la pose devant son objectif, orné de nombreux reportages pour le *Harper's Bazar* et autres belles feuilles, jusqu'à son divorce et la grossesse, arrivés si rapidement, avec le retour à un présent moins lumineux : un poste de secrétaire chez Drew Associates, une boîte qui produisait des films. Elle ne se plaignait pas, travaillait dur afin de nourrir sa gosse.

Lorsqu'il débarquait chez les Grossman, Bob saluait Sally et sa très mignonne amie. Cette inconnue timide, un peu secrète, arrivait vers lui sans très bien savoir quoi dire. Un jour, elle s'enhardit, d'une voix très douce :

— J'ai entendu une chanson de toi, dit-elle en luttant pour ne pas détourner les yeux. C'est une très jolie chanson... *Hello Dolly*.

— *Hello Dolly* ? Tu es sûre que c'est moi ?

Il n'avait jamais composé une chanson aussi fleur bleue. Sara le confondait avec ce jeune play-boy qui chantait des airs romantiques, Bobby Darin, un roucouleur plus âgé que lui et dont la carrière avait commencé au milieu des années cinquante. Bob sourit. Cette jeune femme l'excitait. Vraiment. Avec elle, il ne s'embarrasserait pas d'une admiratrice de plus car elle ignorait tout de son œuvre, et il devrait lui prouver sa qualité. Tant mieux. Quelle bonne stimulation !

Quand elle commença à fréquenter Bob Dylan, elle vivait dans un appartement sur la rue MacDougal, à New York, avec l'une de ses amies. Elle s'efforça de ne jamais empiéter sur ce qui pouvait être sacré chez lui, de ne pas déranger le moins du monde ses espaces de rêverie. Elle parlait peu, sans doute par peur d'être impudente ou, l'on s'en rendrait compte ensuite, craignant de trahir une histoire personnelle qu'elle ne tenait pas à raconter. Née dans le Delaware, le 28 octobre 1939, elle s'était sentie proche de Bob, le fils d'immigrés de l'Est comme elle l'était de son père, Juif biélorusse qui n'avait jamais pris le temps d'apprendre l'anglais, et avait manqué de temps tout court : il était mort bien tôt. La mère de Sara n'avait pas longtemps survécu à son mari, elle était décédée quelques années plus tard. L'orpheline avait dû se débrouiller seule, conservant de ces tragédies une inquiétude chronique, un fond de tristesse permanent. Son mariage lui avait apporté quelques moments de bonheur avant une séparation bien difficile que Hans ne digérait pas. Le photographe voulait récupérer leur fille, mais surtout il l'aimait.

— Elle voit quelqu'un d'autre, répétait-il de manière obsessionnelle.

Il essaya de connaître l'identité de son « remplaçant », l'endroit où elle le retrouvait, la suivit...

Bob emmenait Sara et la petite Maria de logement en logement, que ses amis lui prêtaient tout autour de Manhattan. Ils occupèrent un temps l'appartement des Grossman.

— Ne t'inquiète pas, serinait Bob, je m'occuperai de Maria comme si elle était ma propre fille, disait-il.

Sara le tenait par le bras.

— Tu ne m'en veux pas ? disait-elle en pensant à sa méprise sur Bobby Darin.

Sally, la femme de Grossman, l'avait informée de sa méprise en riant, et elle s'était laissée choir sur le fauteuil, la tête entre les mains.

— Quelle idiote !

Sara avait une grande confiance en Bob, indifférente à sa célébrité. Elle n'en voyait d'ailleurs pas la plus infime partie car Dylan, visiblement, la tenait à l'écart. Souvent, il partait pendant plusieurs jours et la laissait non sans l'avoir couverte de cadeaux et assurée qu'à son retour, ils boiraient, feraient l'amour, visiteraient les plus beaux palaces.

Il revenait et l'emmenait à la campagne. Il lui montrait les fermes inondées de soleil.

— J'écris une chanson sur le travail, la dureté de ce travail, l'aliénation qu'il produit. Pete Seeger l'avait fait avant moi avec le superbe *Penny's Farm*. Mais je serai plus dur et plus lyrique.

Il se souvenait aussi du traditionnel *Hard Times In The Country Working On Kitty's Farm* qui lui avait inspiré *Hard Times In New York Town*. Cette fois, il comptait bien s'approcher de l'original, créer son grand texte social sur le travail paysan, l'exploitation... La lettre d'Irwin Silber, le patron de la revue folk *Sing Out !*, l'avait touché. Il infléchissait à nouveau son orientation : il ne renoncerait pas au social, et garderait en ligne de mire son feu poétique. Son œuvre embrasserait tous les horizons, elle serait diverse, universelle, et, n'en déplût aux esprits chagrins, elle tordrait le cou aux clichés, torpillerait cette route linéaire par laquelle tout le monde s'attendait à le voir passer. Des milliers d'idées, de sensations, débordaient de son esprit, de ses paroles. Il méditait un disque rock and roll, dans l'esprit des Beatles, des Rolling Stones et maintenant des Animals. Il pressentait le déclin du folk. Cela ne pouvait durer éternellement. Les groupes anglais faisaient glisser sur la musique une brise vivifiante. Bob ne devait pas les laisser s'échapper, surtout que les Beatles avaient reconnu leur dette à son égard, annonçaient avoir retenu la leçon de ses textes et comptaient bien se lover dans son étoffe musicale. Un duel sans merci les opposerait pour ravir le cœur des publics et s'asseoir sur la plus haute marche.

Il était entré en studio un 13 janvier par un climat glacé, après avoir appelé à ses côtés John Sebastian, à la basse, ce « clochard céleste » qui montait son propre groupe, les Lovin' Spoonful. Plus loin, Bruce Langhorne, assis, pensif, les jambes allongées, attendait de recevoir les parties à jouer. Personne ne le savait encore, mais ce musicien avait ouvert la longue liste de guitaristes prestigieux qui croiseraient la route de Bob Dylan. Il se sentait bien, ne sachant cependant pas trop ce que le « maître » préparait. Un album un peu électrique d'après les indiscrétions. Et il patientait.

Bruce avait cheminé longtemps, depuis les rues de son enfance. À l'âge de dix ans, il s'était associé à un comique. Son rôle consistait à jouer les meilleurs morceaux pour attirer le public et le convaincre d'écouter les sketches de son partenaire. L'expérience de la belle étoile l'avait formé comme tant d'autres et Dylan lui-même. Sa rencontre avec Bob sur le disque de Carolyn Hester avait été sa meilleure chance, d'autant qu'il était devenu une figure historique, inspirateur de *Mr Tambourine Man*. Il s'apercevait aussi de son incapacité à juger l'œuvre. Si elle marchait, elle l'élèverait au rang de légende. « Non, quelle stupidité ! C'est de l'orgueil ! Pense à ton boulot ! », se disait-il.

Bruce se pencha et ferma les yeux. Il respira un bon coup. On regardait son élégance, sa cravate, son grand corps souple et ce sourire qui vous faisait fondre. À côté du grand Langhorne, parmi les proches de Bob, grandissait John Hammond Jr, le fils du légendaire producteur qui avait progressé depuis le jour où, à côté de Suze Rotolo, il assista à l'enregistrement du premier disque de Dylan. Il était fier d'annoncer la parution prochaine de son premier album. John Hammond senior regrettait son éducation. Le junior aimait Elvis Presley ? Senior lui dit :

— Non, fils, je vais te présenter un homme qui est mieux encore : Bo Diddley. Presley lui a tout piqué.

Bo Diddley, pionnier du rock, avait inventé le son jungle, avec ses guitares rectangulaires et sa sonorité très moderne. Pendant les années cinquante, le père emmena l'adolescent, alors âgé de quinze ans, dans les festivals. John junior y découvrit Muddy Waters, tous ces grands de la musique noire, il contemplait les lustres de l'Apollo, ses scènes magiques aux rideaux cramoisis d'où surgissaient les baladins et le vieux Mississippi. La passion commença à lui serrer le cœur. Au College Antioch où il était entré pour mener des études convenables, il se morfondit, tout à son désir.

— Papa, je veux chanter et jouer le blues.

John Hammond senior ne comprit pas tout de suite la gravité du mal, même en voyant son fils s'affubler de lunettes noires d'aveugle et descendre dans la rue pour jouer le blues. Il l'écrirait plus tard dans ses mémoires : « Pour un Blanc élevé à New York, chanter avec honnêteté et persuasion la musique des Noirs pauvres du Sud, une musique non commerciale et pour une grande part inconnue de ses contemporains, était vraiment une prouesse[48]. » Junior quitta le collège, voyagea en auto-stop et travailla dans une station d'essence du côté de San Francisco. Le père ne comptait évidemment pas le laisser tomber malgré son peu d'entrain pour sa vocation. Il alerta ses relations et vanta le talent musical de son fils auprès de ses amis producteurs, à la condition que Junior arpente les scènes, joue et joue encore. Il trouva un engagement dans un club en 1962, en Californie, un coin paumé, mais John le suivit, les mains moites, le cœur battant, et quand le producteur le vit sur scène, il eut l'étrange impression de revoir Dylan, sans doute parce que son fiston portait la même casquette. C'était bizarre, mais il ne serait pas Dylan, il avait choisi une voie plus escarpée, le blues rural, et se contentait d'interpréter les classiques, ne montrant pas – mais cela viendrait, espérait le papa – de disposition pour la composition. Cette nuit-là, Senior se frotta les mains de nervosité sous la table, but en douce deux verres d'alcool malgré sa fatigue. Il n'avait jamais ressenti un pareil trac en voyant son fils incapable de regarder l'audience en face, le nez sur les cordes de sa guitare. Mais John Junior n'avait pas été mauvais, loin de là. Il ne demanda plus jamais l'aide paternelle et réussit à gagner de l'argent, en ces temps assez miraculeux pour le folk et le blues. Et surtout, John senior n'exerça aucune pression sur Bob qui l'engagea pour son nouvel album. Dylan l'avait adopté et rendait au fils toute l'affection du père qu'il avait sentie au commencement de sa carrière. En plus, John junior et le Prodige partageaient des passions communes : la moto et le blues.

— Ton disque avance ? demandait Bob qui s'amusait à jouer un rôle paternel.

— Il sortira bientôt, répondit Hammond junior, visiblement heureux de ce qu'il lui arrivait. John senior m'encourage. Je travaille et il ne sera pas déçu...

Son père, têtu, aurait malgré tout préféré qu'il poursuivît ses études. Bob n'était pas de cet avis, bien sûr. Car John junior et Bruce éclairaient les mélodies avec leur touche écorchée, aiguë, et leur humour. De franches parties de rire parcouraient la petite brigade légère réunie autour de Bob. Les deux guitaristes avaient fait la route, comme on dit, sous la tutelle de Kerouac, et ne furent pas surpris lorsque Bob leur soumit l'étrange *Subterranean Homesick Blues*. Depuis toutes ces années, Dylan avait conservé le bréviaire, sans chapitres ni sommeil, du grand Jack, *The Subterraneans*, qui l'avait élevé aux belles nuits étoilées et aux splendeurs de la jeunesse. « Ils sont au poil sans être crâneurs, ils sont intellectuels sans être casse-pieds... Ils sont taciturnes... » Combien de fois il avait ressassé ces phrases ! Et ces phrases avaient peut-être aussi influencé sa manière de chanter, son flux verbal, les lignes sèches et râpées de *Subterranean Homesick Blues*, jetées lors de ces nuits de Greenwich.

Rends-la heureuse, rends-le heureux, offre des cadeaux
Ne vole pas
[...]
Ne porte pas de sandales
Essaie d'éviter les scandales [49]

Bob chantait haut, tenant fermement la tension sur ses lèvres. Son personnage s'y trouvait pressé, écartelé entre ses devoirs, son obéissance, prêt à écouter le message de Kerouac : jetez les amarres, libérez vos chaînes et filez sous la nuit de soie. Son rêve tissait chaque mot de ce disque jusqu'au titre des chansons comme *On The Road Again* et sa cohorte de figures grotesques, avec un père, le visage caché par un masque de Napoléon, un laitier en chapeau melon... Et une question : « Tu m'as demandé pourquoi je vis ici ? »

Bringing It All Back Home – bientôt renommé *Subterranean Homesick Blues* – portait la douleur terrestre, son poids de ridicule mais aussi d'oppression que traîne la sombre *Maggie's Farm* :

Non, je n'irai plus travailler dans la ferme de Maggie
C'est une honte la manière dont elle m'obligeait à récurer le sol [50]

L'ouvrier au bord de la folie se réveille le matin, la peur au ventre à l'idée de retourner bêcher la terre. Le frère de Maggie le torture entre sourires sadiques et châtiments.

De ce sentiment d'écrasement, naît l'aspiration au ciel, à la fuite, au rêve suprême de *Gates Of Eden*. Là, des cow-boys ailés chevauchent sur les nuages ; soldats sauvages, chasseurs sourds attendent le bateau qui les emmènera aux portes du paradis ; rois, Aladin à la lampe merveilleuse, créature en moto obsédée par le péché s'interrogent et imaginent, derrière le Grand Portail, le bonheur ou le châtiment, la convoitise ou le dépouillement. Mais ces fantasmes, comme le rappelle la dernière ligne de chaque strophe, se fondent dans l'inanité de l'Éden. La mort reste la seule vérité indépassable et absolue. Bob ne chercha pas à taire son scepticisme, assemblant ici un disque païen, barbare, pétri d'étrangeté et de révolte à l'image du flamboyant *Outlaw Blues*. Arrêtons-nous une minute sur ce morceau. Dylan n'est pas un chanteur classique de blues, mais comme tous les musiciens nourris au folk, il joue le blues de manière plus vraie, plus profonde, que les purs spécialistes peu avares en clichés. Un riff strident de guitare essaie de déborder le chant de Dylan, très haut, très tendu, qui semble raconter une cavalcade névrotique sur les pierres glacées d'une étrange lagune. Il fait neuf en dessous de zéro. La mort rôde. Celle du légendaire hors-la-loi.

> *Je ne suis allé accrocher aucun tableau*
> *Je pourrais ressembler à Robert Ford*
> *Mais je me sens juste comme Jesse James* [51]

Bob s'était rappelé ce blues de Sonny Boy Williamson n° 2, *Nine Below Zero*, de même que le hantait cet autre blues d'Arthur Crudup, *That's All Right Mama*, premier succès d'Elvis Presley dix ans plus tôt. C'est en pensant au King qu'il avait écrit la chanson *It's Alright Ma (I'm Only Bleeding)*.

Emmenée par cette lutte de la prison et de la fuite, l'œuvre navigue elle-même le long de cette ligne incertaine, ni réellement électrique, ni vraiment acoustique, cahotante sur ce chemin à moitié vicinal, à moitié bétonné où s'engageait l'auteur folk sans vraiment connaître sa destination. Les visiteurs qui passaient – et des visiteurs ont toujours assisté aux séances studio de Bob – en ignoraient eux aussi le sens. Ce jour-là, Hugues Aufray et Johnny Stark, alors manager de Johnny Hallyday et Sylvie Vartan – et qui créa plus tard Mireille Mathieu –, s'étaient glissés derrière la vitre. Ils avaient traversé l'océan afin de négocier les droits des traductions pour le très prochain album *Hugues Aufray chante Dylan*. Aucun d'eux n'oublierait cette expérience.

— Stark, se rappelle Hugues, a regardé l'enregistrement de Dylan comme s'il voyait les Papous. Il croisait des gens qui ne disaient pas bonjour, il vit un Noir sortir une guitare d'un sac en plastique de supermarché, s'installer dans un coin et jouer, on ne savait pas quand la bande tournait, d'autres buvaient du whisky, ça bavardait, ça fumait... Et Johnny Stark m'a dit : « Tu veux faire un disque de chansons de ce type-là ? Tu es fou. » Il le prenait pour un SDF. Il faut dire que Dylan trimba-lait en permanence son porte harmonica autour du cou, qu'il avait les doigts jaunes à force de fumer. Johnny Hallyday, c'était l'école Presley, ultra-clean.

Mais Hugues aimait Bob, prêt à le suivre sur ces routes fantômes, jus-qu'à l'enfer.

— Mais c'est qui le traducteur ? demanda Grossman à Stark, présent au rendez-vous en guise d'interprète.

Johnny se tourna vers son ami qui n'avait pas dit un mot toujours en délicatesse avec son anglais. Mais la passion pure de Hugues sautait aux yeux. De surcroît, Bob avait touché un mot au manager de son hôte pari-sien si généreux et surtout habité par l'œuvre dylanienne.

— C'est d'accord ! dit-il.

Hugues aurait bien aimé l'embrasser. Après tant d'années d'errances entre les États-Unis et la France, alors que la célébrité l'effleurait, il péné-trait enfin le sérail d'un grand musicien. Le plus beau jour de sa vie. Il avait choisi de s'associer à Pierre Delanoë, le parolier de Michel Sardou – mais aussi plus tard, de Polnareff.

— Ce n'était pas un bon choix, reconnaît-il aujourd'hui. Il m'avait dit que Dylan chantait mal, il trouvait ses idées embrouillées et ne les aimait pas parce qu'elles n'avaient selon lui aucun sens. Delanoë venait de l'ad-ministration, il était inspecteur des finances, trop cartésien pour saisir l'auteur de *Subterranean*...

Johnny et lui savaient bien que si Bob avait connu le tempérament réactionnaire de Delanoë, l'artiste ne lui aurait jamais confié ses chansons. À Hugues de garantir la hauteur, la splendeur des textes ! Grâce à lui, la France découvrirait le génie qui avait bouleversé l'existence d'un jeune bourgeois de Neuilly.

Les Français quittèrent le rivage, chassés par la nouvelle marée. Le va-et-vient se poursuivait dans le sanctuaire. Chacun, comme Hugues, repartait avec un petit bout de Dylan, de son génie, sans bien connaître le sens d'une œuvre décidément bien riche. Bob, lui, le savait.

●

Sa nouvelle destination, il sembla l'atteindre le 15 janvier 1965 après trois jours de vin et de musique. Son cinquième disque. C'était terminé, et peu lui importait l'accueil. Un seul rêve – le premier et non le 115ᵉ – le soulevait. Il voulait retrouver sa fée au plus vite. Il avait fait promettre à Sara de ne rien dévoiler de leur liaison. Il ne tenait pas à ce que la presse harcelât cette jeune femme peu habituée à la lumière médiatique. Beau-coup de journalistes continuaient d'ailleurs – et c'était savoureux – à l'as-socier à Joan qui s'obstinait à le relancer.

Toujours dans le feu de *Subterranean*, Bob emmena sa nouvelle conquête et la petite Maria au Chelsea Hotel. Érigée au siècle dernier, cette haute maison de briques rouges et de pierres brunes avait dominé pendant longtemps le firmament new-yorkais. Elle avait subi plusieurs métamorphoses, construite d'abord comme un prestigieux théâtre avant de devenir un hôtel.

Bob avait réservé la chambre n° 211. En chemin, il s'arrêta devant la 205.

— Tu vois, dit-il à Sara, c'était celle de Dylan Thomas. C'est là que grand poète est mort... après avoir avalé dix-huit whiskies ! Il s'était disputé. Le coma a été immédiat. Fatal.

Cette histoire le fascinait. La jeune femme écoutait le profond silence du lieu. Elle sentait l'effervescence, l'érotisme caché derrière chaque porte. On disait que certains peintres s'acquittaient de la note avec leur peinture, que leurs tableaux décoraient ensuite le hall en bas. Cette serrure, que voyait-elle le soir ? Peut-être le fantôme de Sarah Bernhardt qui y avait vécu au tournant du siècle ? Entre ces murs, au printemps 1964, l'écrivain de fiction Arthur C. Clarke avait composé son livre le plus connu, *2001 : L'Odyssée de l'espace*. Bien des années auparavant, le roi des beatnicks Jack Kerouac y avait tapé sur sa vieille machine à écrire son chef-d'œuvre *Sur la route*. Quelques années plus tard, dans la chambre des princes, le poète canadien Leonard Cohen aimerait, l'espace d'une nuit, la chanteuse américaine Janis Joplin. Il en rapporterait la chanson *Chelsea Hotel N° 2*.

Bob était fier d'approcher les légendes passées et futures du lieu, ces souvenirs magnifiques dont il voulait faire partie. Il en jetait plein la vue à Sara qui serrait contre elle la petite Maria et goûtait cette ambiance de bohémien. C'était presque un rêve pour elle, jusque-là circonscrit dans les livres ou les films.

— Sara, nous allons demeurer là assez longtemps. Tout sera bien organisé pour ta fille. Tu ne t'occuperas de rien. Mais je ne pourrai t'emmener dans les endroits où je vais, au moins pendant un certain temps.

Elle le regarda, prête à entendre des explications à cette attitude étrange. Bien sûr, elle devinait ses raisons, mais ne pouvait s'empêcher de se demander s'il n'avait pas honte d'elle. Pourquoi la cachait-il ainsi ? Il souhaitait la protéger, respecter son anonymat.

— Tu verras, le jour, où cela se saura, tu n'auras plus un moment de tranquillité. Pour toi et Maria, je préfère être discret.

Ne couvait-il aucune autre arrière-pensée ? Elle décida cependant de lui accorder toute sa confiance. Peut-être avait-elle envie de goûter un peu de la célébrité de Dylan pour mieux comprendre sa vie, ses sentiments ? Mais elle savait qu'il avait raison et qu'une fois le secret dévoilé, elle le regretterait vite. Après tout, la situation l'amusait, leur cachotterie excitait l'esprit enfantin qu'elle avait conservé au fond d'elle-même.

Le secret ne fut pas gardé pour tout le monde. L'enquête de Hans, le mari, et ses filatures l'avaient mené au Chelsea Hotel. Le photographe reprendrait sa jeune épouse et l'enfant ! C'était décidé ! Mais sa détermination s'envola quand il vit, à ses côtés, la nuit, presque dissimulé, un homme qui ressemblait à cette étoile dont toute la bonne société parlait : Bob Dylan ! C'était donc lui ! Comment le vieux Hans pourrait-il rompre le charme dans lequel sa douce Sara s'était enveloppée ? « Ces deux-là, le chanteur et la mannequin, ou plutôt la secrétaire, forment un si beau couple », pensa-t-il, ironique. Si jeunes, si brillants. Elle avait été abusée par un saltimbanque. Ce clown l'avait sans doute poussée à rompre son mariage, à embarquer la petite pour mener une existence clandestine au Chelsea. Que c'était étrange ! Lui, Hans, pourrait les surprendre, et, pourquoi pas, occire ce Zimmerman. Un Juif comme lui ! Il se sentait trahi. Il demeura plusieurs jours, sans savoir quoi faire, et finit par repartir.

Sara, elle, ignorait que son ex-mari connaissait sa nouvelle vie. Elle était heureuse. Bob avait fait monter un piano. Et il écrivait le soir, tard, en lui jetant un œil. Sara trouvait curieux de se retrouver seule avec un musicien à qui, apparemment, des milliers d'admirateurs vouaient un culte profond. Il était là, avec sa cigarette, son verre de vin, dans le silence de la suite. Parfois, il sortait, promettait de rentrer assez tôt. Il traînait dans les bars de Greenwich, elle le savait. Et puis, il revenait, le visage rosé, illuminé, accompagné de cet ami, Bobby Neuwirth, un charmeur celui-là, mais qui avait le chic pour repérer les fragilités et les exciter.

— Tu devrais surveiller ton mari ou ta femme..., disait-il avec un sourire sadique à des interlocuteurs qui tentaient de cacher leur doute.

Sara se méfiait de lui. Par chance, elle n'avait pas encore été la cible des provocations de Neuwirth. Elle trouvait Bob différent en sa présence, moins souriant, plus ricanant, agressif. Bobby commettait les bêtises, et l'autre Bob, le célèbre, riait des bonnes blagues de son petit démon. C'était étrange de les voir ensemble. Le binôme classique du roi et de son bouffon. Les deux amis s'étaient connus il y a trois ans. Sara ne comprenait pas pourquoi son fiancé passait autant de temps avec ce glandeur, un peintre – raté ? – paraît-il. Mais elle se gardait bien d'intervenir.

Même en musique, la fiancée évitait toute observation. Et qu'aurait-elle pu ajouter ? Aimait-elle le nouvel album ? Sans doute, même si l'amour commandait son goût. En tout cas, elle partageait ses combats.

Bringing It All Back Home, délivré en mars 1965, plut à la critique et se hissa même au sixième rang des meilleures ventes, ce qui n'était jamais arrivé au musicien. La pochette dévoilait un intérieur assez chic, antique et bourgeois, celui d'une vieille demeure victorienne. Bob, pétri d'élégance et d'insolence, semblait émerger d'une pile de journaux, un jeune homme de la rue perdu au milieu du raffinement. Ce fouillis poussait sur la rive le *King Of The Delta Blues* de Robert Johnson, le nom de Jean Harlow, la blonde platine des années trente, le groupe de soul Impressions, *le folk blues d'Eric...*, au patronyme noyé par l'abondance de pages. En retrait, alanguie, habillée de rouge et tenant une cigarette en l'air, une jolie brune observait Bob comme une tentation impossible. Sally, la femme d'Albert, s'était prêtée de bonne grâce à ce jeu. Personne ne savait ce que représentait ces images, bien éloignées du jeune homme en colère, solitaire, marcheur, dans le New York hivernal, que les albums précédents avaient propagées. L'artiste hésitait, à la manière de ce disque délicieux mené au hasard des fantaisies.

Les observateurs du folk murmuraient comme toujours, ce qui renforça Bob dans son mépris des puristes. Joan Baez confia au journaliste Robert Shelton sa méfiance envers le cynisme de celui qui demeurait son bel amour :

— Je critique la société et lui la critique, mais il conclut en disant qu'il n'y a rien à faire, qu'il vaut mieux laisser tomber. Je dis exactement le contraire. J'ai peur que son message soit : « Rentrons tous chez nous et fumons de l'herbe, puisqu'il n'y a rien d'autre à faire... »

L'herbe que Bob ingurgitait à l'époque faisait couler de l'encre. Ces substances avaient enfumé le disque mi-parodique, mi-lyrique, où fusait le mitraillage verbal de *Subterranean Homesick Blues*. Kerouac l'avait inspiré, Chuck Berry l'accompagnait et la poésie surréaliste le sublimait. Il approchait peu à peu le sommet qu'il s'était fixé, au bras d'une femme à laquelle il avait décidé, en secret, de consacrer son existence. Il était jeune, se sentait vigoureux. Par le titre *Bringing It All Back Home*, il avait envoyé un message aux Anglais : messieurs Animals, Beatles, vous jouez cette musique, mais elle nous appartient, et j'en suis le gardien. Bob, toujours virulent envers son pays, jamais à court d'une contradiction, se posait comme sentinelle du terreau musical américain, lui, le passionné des cultures européennes et des poètes symbolistes.

— Il est temps de retourner en Angleterre, lui proposa Grossman. Je vais t'organiser une tournée qui marquera les consciences, et nous allons la filmer.

Bob jugea l'idée formidable. Revenir sur l'île en triomphateur ! Bob en parla à Sara dans l'atmosphère nocturne et silencieuse du Chelsea.

— Tu sais, lui dit-il, j'ai pensé que ce pourrait être moi le réalisateur, comme Fellini, Truffaut, tous ces gens que j'aime bien. Il faudra bien que je me décide un jour. Mais en serais-je capable ?...

Sara réfléchit et hasarda une suggestion :

— Tu sais, je connais quelqu'un pour le film, lui dit-elle. Je l'ai rencontré chez Drew. C'est un ingénieur très doué, Don Alan Pennebaker, un fantastique... Il t'écoutera. Il est vraiment bien...

Dylan avait entendu parler de cet artiste, et il accepta. Sara avait raison. Le Gros mit en place rapidement la tournée avec l'efficacité habituelle, et le projet fit rapidement le tour du landernau musical. Joan Baez réagit très vite, les pommettes rouges d'excitation :

— Tu vas en Angleterre ? Il paraît que vous allez filmer le voyage. Je viens avec toi. Cela sera un triomphe.

Et elle se serra contre son bel indifférent, immobile, qui gardait les muscles tendus, le coin de la bouche relevé, en signe de dégoût. Leur histoire appartenait à l'Histoire. Bob essayait de la convaincre, et elle ne comprenait pas. *Joan, j'ai une autre femme dans ma vie. Tu ne la connais pas. C'est Sara... Je veux vivre avec elle. Je l'ai cachée au Chelsea. Elle m'y attend.* Comment aurait-elle saisi ? Elle voulait continuer leur romance en Europe devant le monde entier. S'agissait-il vraiment de romance ? Un certain intérêt motivait certainement son trouble désir. Bob commençait à la dépasser en célébrité, elle le savait, et dissimulait mal son angoisse. Les Anglais acclameraient le baladin dès sa descente d'avion. Joan espérait bien en profiter, vivre une aventure fantastique comme elle n'en connaîtrait peut-être plus jamais, et surtout qui lancerait sa carrière en Europe où ses ventes d'albums restaient modestes. Joan avait aidé Bob au commencement de sa carrière, et elle en attendait maintenant le retour.

Dylan accepta malgré ses soupçons sur les motivations de son amie, peut-être parce que la présence de Joan le rassurait, et qu'à la veille de s'embarquer pour ce voyage royal, il avait besoin de sa bonne fée. Elle ne le gênerait pas. C'était lui que les caméras sanctifieraient, même si la belle Joan avait des arguments filmiques à faire valoir. Non, il réussirait à la contenir – en douceur, espérait-il – Bob songeait à son magnifique avenir, glissant dans la lumière mouvante, au-dessus de l'Atlantique, si proche du soleil, plein de force, immense. Il avait emmené son ami bouffon Bobby Neuwirth, promu manager. Non loin, se trouvait l'équipe de cinéma qu'Albert avait invitée sur les conseils de Sara. Bob observait discrètement cet homme en cuir, le visage carré, assez costaud : Don Alan Pennebaker avait une quarantaine d'années et déployait une tranquillité à toute épreuve, promenant fièrement dans l'avion son grand corps et un air légèrement borné. Ce genre de personnalité ne cédait à aucune pression, dure à la tâche et sûre de son fait.

Bob contemplait les caméras, les touchait, retirait vite sa main, et imaginait tout ce qu'il aurait inventé grâce à ces instruments. Mais il devrait patienter. Grossman avait engagé, selon ses mots, l'inventeur du « cinéma vérité ». Comment rivaliser ?

— Tu verras, avait dit le Gros, ce type va nous offrir un superbe film.

205

Ta popularité deviendra énorme si tu es présent partout, en particulier à l'écran.

L'étoile de Pennebaker, l'ancien ingénieur en électronique, brillait au firmament depuis la belle année 1960. C'était un jeune aventurier de l'image, prêt à toutes les innovations, le meilleur talent des productions Drew Associates (où il avait rencontré Sara). Sa grande œuvre, *Primary*, avait fait progresser d'un siècle la technique du documentaire. Il y avait suivi, caméra à l'épaule, les élections primaires démocrates entre John Kennedy et son adversaire Hubert Humphrey. Pour la première fois, le public avait accès aux coulisses du monde politique et à ses petites histoires. L'année suivante, il avait épousé les pas de l'actrice Jane Fonda qui s'apprêtait à ouvrir les portes de Broadway.

Don Alan ignorait complètement le sens de son nouveau film. Il se souvenait juste d'explications floues, confuses. Grossman n'avait donné aucune directive, aucune idée, indifférent au fond pourvu que le document coûtât peu et rapportât un maximum. Pennebaker trouverait lui-même son angle, son histoire, et le titre : *Don't Look Back* (« Ne regarde pas en arrière »). Bob aimait. Cette profession de foi lui correspondait assez bien surtout s'il tenait à montrer l'ascension rapide et l'épanouissement insolent d'un jeune artiste.

— J'aimerais que l'on ouvre sur une chanson, avait dit Bob qui refusait de perdre trop de vue le film.

Pennebaker, assez malin, se montra d'accord avec cette suggestion. Il savait que le remue-ménage autour de Dylan, en Angleterre, le laisserait libre de ses mouvements et qu'il travaillerait à sa guise.

Le théâtre commença en ce soir d'avril 1965, sur le pavé luisant de pluie et de nuit, à l'aéroport de Heathrow, avec ce jeune homme en cuir moiré, sec et nerveux, qui s'avançait sous les lumières blafardes. Des milliers de mains s'ouvraient devant lui comme des fleurs, prêtes à le happer. Une marée humaine exhalait sa chaleur dans les rues noires, intriguée par ce ludion qui tenait à la main une ampoule. On essayait de le toucher, d'agripper sa toison. La presse était là, aux anges. « Raide, froid et mortel », écrivit Maureen Cleave, de l'*Evening Standard*. Robert Shelton fut cependant témoin de la gêne de ses confrères britanniques. Cette Maureen lui dit :

— Qu'est-ce que j'en fais ? Comment on le fait parler ? Il ne dit que oui ou non et se dandine comme s'il était en train de se masturber.

La conférence de presse se déroula sous les lampions. Les questions fusèrent, lancées à la volée.

— À quoi est dû tout ce succès ? lui demanda un journaliste.

Il se retourna et sourit.

— Je ne sais pas, je ne me rends pas compte, je n'ai rien changé.

Il avait été surpris par l'accueil, cette foule à l'aéroport. Grossman avait mis l'un des grands palais londoniens aux pieds de Bob Dylan. Le Savoy.

— Je suis venu il y a trois ans, et j'étais dans la rue, commença Bob. Dans trois ans, vous parlerez à un autre.

Un journaliste du *Daily Mail* lui demanda pourquoi il logeait au Savoy.

— Je ne peux pas habiter une cabane !

Ces questions irritèrent Grossman qui prit le reporter à part et lui asséna ses vérités :

— Nous ne sommes pas ici pour vendre des poupées gonflables ni pour donner du spectacle à la presse. Les reporters sont agacés par les artistes car ils sont stupides en face d'eux. La musique pop vit au-dessous de la ceinture depuis trop longtemps. Il est temps qu'elle s'adresse à l'esprit. Bob est l'une des plus importantes personnalités, pas seulement de la pop, mais de la vie américaine.

— Pourquoi semblez-vous contrarié et vieux ?

— Sur certains de mes premiers disques, répondit-il, j'avais une voix contrariée parce que j'étais pauvre. Je vivais avec deux cents par jour à ce moment-là. Maintenant, je suis contrarié parce que je suis riche.

Et la route du jeune homme vers son sacre se poursuivit le lendemain. Quand Bob se leva, il se pencha légèrement à la fenêtre. Le Savoy resplendissait dans cette matinée larmoyante du printemps anglais. De la musique friselisait entre les couloirs de velours. Du jour au lendemain, le cœur serein de l'hôtel avait volé en éclats sous le courrier, les corps frémissants, les prières. On voulait LE voir. La rue en face chavirait de jeunesse avide, de filles énamourées perdues sous les fenêtres guettant chaque frémissement de rideau. « Il est là, il est là, il m'a vue. C'est le plus beau jour de ma vie... » Il entendait des cris, des appels. Les Beatles – et c'était bien eux qu'il attendait en premier – rendirent visite au maître. John Lennon arborait un fin sourire. En un an, quel chemin le baladin avait-il parcouru ! Paul et lui, à leur tour, patientaient pour accéder au salon des miracles.

— Voilà mon nouvel album.

Il le tendit. John le prit, l'examina et remercia son auteur. *Bringing It All Back Home* aurait une influence sur les grands groupes anglais, Beatles et Rolling Stones, avec une découverte essentielle, la rencontre savoureuse du folk lyrique – cette légèreté à guitare, poésie fantastique – et du brut rhythm and blues. Bob suivit John Lennon dans sa belle propriété de Kenwood. Ils burent, discutèrent, écoutèrent leur musique.

Un peu plus tard, l'Américain salua les Rolling Stones, Mick Jagger, Keith Richards et toucha la soie des foulards de leur coryphée, Brian Jones. Ses vêtements chamarrés portaient le soleil, les mille et une nuits. Mais derrière cette lumière, se cachait un être qui tremblait, arpentait à pas mesurés la suite en regardant à droite et à gauche. Brian ne se délectait pas de la gloire. Jamais. Toute cette grâce fragile semblait menacée dans la musique chthonienne des Rolling Stones. Bobby Neuwirth malmena le guitariste blond.

— Tu sais, tes amis, Mick, Keith, trouvent que tu es un mauvais musicien, médiocre...

Et Jones perdait de sa jolie couleur.

— C'est vrai ? Ils ont dit ça ?...

Après s'être bien amusé, Bobby décidait alors d'arrêter la plaisanterie. Et Dylan riait, riait tandis que Brian passait de sa petite peau dorée au rubicond. Si Neuwirth n'avait pas été l'ami du grand troubadour folk, il l'aurait massacré.

Joan Baez avait rejoint la caravane et occupait un fauteuil défraîchi, au milieu de l'agitation, attendant qu'on s'intéressât à elle, peut-être ce journaliste sous les caméras même de Pennebaker :

— Quel est votre nom ?

— Joan Baez...

Elle l'épela.

— Oh ! Pardonnez-moi, dit le reporter, je ne vous avais pas reconnue...

Elle sourit, mais parvenait difficilement à masquer son trouble. Peut-être avait-elle mal entendu ? De toute façon, elle avait traversé l'Atlantique pour affaires et amour, espérant au final récupérer son fiancé maintenant qu'il s'était délivré de Suze.

Elle tentait à tout moment de retenir l'attention de Bob sans s'apercevoir que sa présence l'encombrait. Le grand musicien n'avait plus besoin d'elle. Son immense popularité, qui l'avait cueilli à son arrivée, l'affranchissait de toute tutelle et reconnaissance. Bien sûr, c'était Joan qui avait lancé sa carrière et tout le mérite revenait aujourd'hui à la belle Mexicaine. Mais, comme le disait la phrase dylanienne, les temps changeaient. Joan s'accrochait à lui, et les journalistes, ignorant tout de l'existence de Sara, cachée au sommet du Chelsea à des milliers de kilomètres, continuaient de les interroger, Joan et lui, comme un couple. Elle resplendissait, seul éclat de rouge, de peau bronzée, de technicolor dans la troupe fatiguée et grisâtre de Dylan, jetait sa lumière de gitane sur l'œil noir et blanc de Pennebaker. Pourtant, au fur et à mesure que le voyage se déroulait, Bob, ricanant, agité, imprécateur, s'obstinait à délaisser celle qu'il avait aimée afin de la faner. Et Joan, de plus en plus perdue, exhibait de manière encore plus provocante ses apprêts merveilleux que Bob, le dos tourné, sur sa machine à écrire, ne remarquait plus.

— Regardez, elle a mis cette robe moulante transparente pour séduire, se moqua Bobby Neuwirth avec sa moue préférée.

La chanteuse se sentit déchoir et, humiliée, disparut derrière une porte.

Ces deux-là, songeait-elle, étaient impossibles. Elle ne pouvait les voir ensemble. Neuwirth se croyait obligé, devant la caméra, voyant que Bob riait de ses facéties, de ridiculiser tous les sujets de la cour. Et il singeait le musicien comme une ombre.

Bob laissait son mauvais ange traduire ses pensées profondes. Et il ne monterait pas sur scène avec elle, alors Joan chantait dans la chambre d'hôtel et le regardait avec ses grands yeux, mouillés de désir et d'incompréhension, comme une martyre, son rôle préféré, pensait Bob. Elle ne saisissait pas le message et s'obstinait à guetter un signe de retour en grâce.

Joan appartenait à ses deux passés, amoureux et musical. Il abandonnait le folk pour le monde électrique, alors que la belle Mexicaine restait prisonnière du vieux style et n'y échapperait sans doute jamais. *Bringing It All Back Home* jetait le pont entre les deux rives, et personne ici, ni Joan, ni les plumitifs, ne semblaient s'en rendre compte. Le jeune homme avait l'impression de ne pas parler la même langue que ses suiveurs. Son cortège jacassait, et ne comprenait rien de ce qu'il racontait.

Et la sarabande des questions stupides reprenait. Bob allait au-devant des journalistes, les poings serrés.

— Ceux qui achètent vos disques comprennent-ils les paroles ? Et il répondait :

— Bien sûr.

Et la répartie fusait :

— Qu'en savez-vous ?

Puis, c'était une autre :

— La colère dans vos chansons a-t-elle une cible particulière ?

Et il répondait, sous l'œil de Pennebaker :

— Je ne suis pas en colère.

Encore une obsession :

— Quel est votre message ?

Il soupirait. Il n'avait ni message ni solution à offrir... Bob lisait, à la bouche incurvée, au silence, la déception sur le visage de ses interlocuteurs. D'autres vomissaient le mot « folk » à tout bout de champ. N'avaient-ils donc pas écouté son dernier disque ? Quel rôle voulait-on lui faire jouer ? Il affichait une certaine morgue, mais au fond de lui, ces échanges le dévastaient profondément. Pourquoi, par exemple, cette jeune fille critiquait-elle son morceau *Subterranean Homesick Blues* ? Seul morceau électrique, il ouvrirait le documentaire *Don't Look Back* en une première scène restée légendaire : Dylan, devant une ruelle noire de suie, y jetait à la volée des cartons sur lesquels étaient griffonnés des mots sybillins (*Pavement, Government, Did, Trench Coat...*). Sur le bord de l'image, contre le mur, apparaissait la barbe noire du poète Allen Ginsberg. Bien des années plus tard, l'acteur réalisateur Tim Robbins pasticherait cette célèbre scène dans sa charge politique *Bob Roberts*. Ce « blues des souterrains », unique flambée électrique apparue sur les images très folk en noir et blanc du film de Pennebaker, n'en finissait pas d'annoncer l'ère nouvelle, un artiste nouveau.

Mais pourquoi la jeune fille n'aimait-elle pas *Subterranean* ?

— Ce n'est pas ton genre, je vois, dit Bob.

Elle ajouta :

— On ne dirait pas que c'est vous.

— Mais mes amis jouent avec moi, tenta-t-il d'expliquer. Je dois penser à eux. Ils peuvent quand même jouer de la guitare avec moi, n'est-ce pas ?

À chaque fois, il jetait un regard insistant vers sa fan déçue qui souriait et insistait :

— C'est juste que ce n'est pas vous. On dirait que vous riez.

Il gardait son calme, très proche de son interlocutrice, refusant de céder :

— Et ça t'embête que je ris de temps en temps ?

— On risque de ne pas vous prendre au sérieux.

Le mot « sérieux » le hantait. Il naviguait entre les dithyrambes exagérés et le mépris de la bonne société qui ne prêtait aucun crédit à sa musique comme sûrement cet envoyé du *Time*, Horace Judson, un spécialiste en biologie, un homme à la bouche pincée, l'œil froid. Bob avait cependant accepté de le rencontrer, ne voulant pas être reconnu seulement auprès de la jeunesse. La perspective d'apparaître dans des colonnes institutionnelles, d'y décliner ses pensées, l'enchantait secrètement. Le moment avait quand même été mal choisi, la veille du sacre dans le prestigieux Royal Albert Hall. La salle aristocratique bruissait de respirations, de cœurs, de regards.

Les Beatles avaient promis d'honorer le concert de leur présence. Dylan piaffait à l'entrée du palais et n'aurait pour rien au monde accepté l'échec. Il avait du mal à respirer, quelque chose le mettait mal à l'aise. Ses ennemis l'attendaient en embuscade. Il espérait au moins que le grand journal lui accorderait sa confiance.

Mais en s'asseyant, il repéra tout de suite, chez ce Judson, le dédain au regard en coin et au sourire condescendant. Bob sentit ses plaies se rouvrir. Il avait mis tant de temps à les panser, depuis son départ de Hibbing jusqu'aux humiliations de Denver et aux acerbités du milieu folk. Et il devait maintenant se battre afin d'imposer son point de vue.

— Vous ne pourrez pas écrire un bon article sur moi, attaqua-t-il. Vous ne savez rien : je vais vous dire pourquoi, je ne suis pas un chanteur folk, mais vous ne comprendrez pas.

Le combat ne l'effrayait pas, même s'il devait étouffer en lui la rage que ce bon Anglais n'admettrait jamais, cette rage de réfugiés juifs, victimes de pogroms, qui avaient dû se retrousser les manches pour vaincre leur misère. Bob, fier de son œuvre brûlante, de ses mots, de son chant, aspirait à entendre des jugements justes et voulait arracher la reconnaissance qu'il pensait mériter. Mais il ravalait si souvent ses déceptions...

— Je peux vous dire que vous allez mourir demain, dans vingt ans, et moi aussi, continua-t-il. Vous ne serez plus là, et la terre tournera toujours. Vous décidez de l'importance que vous vous accordez, j'en fais de même. Rien de ce que vous publierez ne me touchera.

La mort ! Elle venait encore à son secours, l'aidait à prendre de la hauteur sur ce monde petit dans lequel il se débattait.

— Vous aimez ce que vous chantez ? lui demanda cet imbécile de Judson.

Bob fixa le journaliste droit dans les yeux. Il avait la bouche sèche, une boule dans la gorge, et il tremblait.

— Comment pouvez-vous avoir le culot de me poser une question pareille ? L'auriez-vous posée aux Beatles ?

— Et vous, vous doutez de mes...

— C'est faux. Je n'attends rien de vous.

Le jeune musicien ne décolérait pas, mais conservait sa verve pugnace.

— Je ne suis pas un chanteur pop, ajouta-t-il, se justifiant encore et toujours.

— Prenez Caruso, coupa le journaliste, il s'adressait à un certain public.

— C'est aussi un chanteur pop. Je suis aussi bon que lui. M'avez-vous entendu chanter ?

— Je préfère Caruso.

Dylan sentit une chaleur lui remonter jusqu'à la tête, une profonde douleur. Tout son travail, ses certitudes se brisaient sur le conformisme ambiant, le non-regard de ceux qui traitaient « le poète autodidacte à la voix dure » comme une simple mode.

Il se leva. Ce duel avec le journaliste magnétise le film de Pennebaker tout comme une autre scène très forte, survenue dans la suite du Savoy remplie de « débiles », comme le résuma Bobby Neuwirth. Dylan s'y agite, comme une pile électrique, traverse les ombres musicales comme un démon.

— Mais qui a jeté ce verre dans la rue ? crie-t-il.

Personne ne répond. La veille, Bob a assisté à la querelle entre le responsable de l'hôtel Savoy et Albert Grossman qui l'a traité de « sinistre imbécile ». Le documentaire montre combien le Gros ne plaisantait pas, promenait son poids et sa table à calcul dans le sillage du feu follet. Il exploiterait cette tournée au maximum. Après tout, combien d'années Dylan avait-il devant lui ? Des clients s'étaient plaints du bruit, et la direction menaçait de chasser la mauvaise troupe de saltimbanques. Déjà, un pingouin l'avait prévenu que s'il souhaitait manger dans le restaurant de l'hôtel, il devrait porter une cravate. Bob n'était donc guère plus grand que cette demeure royale ?

Et voilà qu'un verre avait voltigé par la fenêtre, au risque de blesser un passant. Un deuxième, peut-être un troisième tournoierait dans le ciel londonien... Et cela finirait mal. Le musicien appréhendait un accident dont il assumerait toute la responsabilité. Et les journalistes – il le savait – se rueraient sur ce fait divers en reléguant dans les limbes sa musique.

— Je veux savoir qui a jeté ce verre dans la rue ? Dites-le moi ou vous sortez d'ici et ne revenez plus...

Bob, sans le savoir, brandit la menace du paradis perdu : *Vous sortirez d'ici !* Les mortels qui naviguent dans ce cortège fantôme frissonnent : quitter l'empyrée après l'avoir goûté est chose impensable. Car *sortir d'ici* signifie ne plus revenir, retrouver le quotidien prosaïque, la pluie, le travail, les amours déçues...

— Je ne ferai rien au coupable. Je veux juste savoir qui l'a fait.

Il empoigne un jeune homme éméché.

— C'est toi qui l'a fait ? redemande-t-il.

— Non...

— Qui ?

Il pense tenir la bonne personne. Ce garçon brun, heureux d'assister à l'événement, a bu un coup de trop. Il a jeté le verre et refuse de l'avouer de peur d'être chassé de l'éden. Il aperçoit les dizaines d'yeux posés sur lui, dans l'attente de la mise à mort. Personne ne réagit.

— J'en connais des milliers comme toi... lui assène Dylan.

Cette phrase révolte le garçon déjà passablement écrasé par sa situation d'anonyme qui rend sa vie si difficile. Il flotte entre son dépit profond et l'ivresse du verre de trop. Quel crime a-t-il commis ? Il le sait et aimerait bien l'effacer.

— Pour qui tu te prends ? ose-t-il dire à Dieu.

— Pour quelqu'un de plus grand que toi ! tranche Bob.

Le garçon veut montrer la cruauté de Dylan et susciter la pitié.

— Oui, c'est ça, je suis tout petit...

Bob n'en attend pas tant.

— Exactement, si tu dis que tu es petit, je te crois.

Le jeune homme blêmit. Il ne peut lutter contre le musicien et se sent profondément malheureux.

— Écoute, tu es Bob Dylan, une vedette internationale. Moi, je ne suis rien, et je n'ai pas jeté de verre dans la rue. Tu dois me croire.

— Alors qui ?

— Si tu veux la bagarre pour un putain de verre, alors vas-y !

Les visages dans l'assistance expriment une sorte de dégoût devant ce jeune homme « de rien », presque en larmes, prêt à laver son indignité à coups de poing. Il retournera dans l'obscurité éternelle d'où il resurgit de temps en temps quand le film *Don't Look Back* danse sur l'écran avec ses images tremblantes, sa caméra sur l'épaule, sa belle confusion. Ainsi demeure pour l'éternité la comédie humaine que montre ce formidable documentaire. Dans une interview ultérieure, Pennebaker livrerait le sens de son œuvre [52] :

— Ce que donne à voir mon film, ce sont des relations entre des gens qui s'approchent comme des loups. Très vite, s'opère une sélection : on voit surgir celui qui sera le plus fort parmi les loups, celui qui exercera le pouvoir...

Déçu par loups, journalistes, parasites, Dylan imposait sa loi sur une jeunesse qui l'aimait. Dans son petit paradis du Savoy, où les sujets lui rendaient hommage, il ne vit pas seulement des animaux sauvages mais aussi tout ce que l'Angleterre comptait de rêveurs, de poètes, de romantiques. Et lui traversait les nuages, dominant ce monde de fourmis, monarque alangui sous les dorures rococos. La foule se pressait aux portes de l'hôtel jusque dans l'escalier, les salons, les halls, journalistes, femmes, nomades, hérauts de la vieille Angleterre, musiciens, voyageurs... Dylan se permettait de renvoyer d'une main les déplaisants, de garder le silence ou alors de lancer des phrases cabalistiques puisées dans les brumes amphétamines.

En souvenir de l'accueil chaleureux qu'il avait reçu à Paris, Bob avait invité son ami parisien Hugues Aufray en lui offrant une chambre spacieuse au Savoy, puis un billet pour le concert du Royal Albert Hall. Le timide s'était retrouvé face à ces loups dévorés par leur ego. Les vannes en anglais fusaient autour de lui, rapides, sèches. Il sentait le poids des regards. Certains sujets de la cour devaient le trouver étrange, déplacé. Il méritait autant que les autres d'occuper le champ, même pour quelques brefs instants, lui qui avait traduit en français, avec Pierre Delanoë, vingt-six chansons du maître. Le disque *Hugues Aufray chante Dylan* (*La Fille du Nord, la Mort solitaire de Hattie Carroll, Dieu est à nos côtés, l'Homme-orchestre* adapté de *Mr Tambourine Man...*), devait sortir enfin très prochainement et le légitimait.

— On me voit dans *Don't Look Back*. J'y apparais quelques instants, raconterait-il fièrement.

Heureux.

Heureux comme tous les poètes, comme toutes les amoureuses qui gravitaient autour de Bob. D'où venait cette jeune fille blonde apparue devant lui ? Il n'avait pu s'empêcher de vouloir l'attirer à lui malgré Sara. Sa fiancée n'en saurait rien. Comment pouvait-il résister à son prurit brûlant ? Sa jeunesse passerait et avec elle, l'intensité de cette grâce, ce pouvoir dont il était entré en possession et qui finirait par perdre de sa vigueur un jour ? Parfois, sa magie ne suffisait pas. La femme aux cheveux solaires, au corps souple, avait reculé devant ses avances. Plus tard, Marianne

Faithfull écrirait dans ses mémoires au titre inspiré de Maupassant, *Une Vie* :

> « Le 26 avril, Dieu en personne est descendu au Savoy Hotel. Bob Dylan était en ville : lunettes à la Phil Spector, tignasse en auréole, pétillant d'ironie. Dylan à cette époque était tout bonnement l'être le plus hip au monde. Le *zeitgeist* le traversait comme l'électricité. Il était mon héros existentiel, le Rimbaud dégingandé du rock, et je mourais d'envie de le rencontrer. Je n'étais pas une simple fan : je lui vouais un véritable culte[53]. »

Elle avait accédé à cette pièce d'artistes, de thuriféraires joyeux, avec un Dylan qui entrait et sortait, perdu dans ses rêves. Il s'asseyait et, la cigarette aux lèvres, gravait une ligne sur sa Remington. Marianne ne savait pas où se mettre et se gardait bien de prononcer le moindre mot. Surtout se lover dans un coin, observer... Elle écoutait son ami le poète beat se vanter d'inspirer toutes les chansons de Dylan. Plus loin, Joan Baez fredonnait un vieil air sur sa guitare, *Long Black Veil*, un morceau de Hank Williams. Elle interprétait cette chanson, promenant une expression triste. Marianne fut impressionnée par l'éclat de sa peau, de ses lèvres. Plus loin, Bobby Neuwirth frappait le plancher en rythme.

Le jour se levait. Marianne Faithfull était restée la dernière. Pourquoi ? Elle n'en savait rien. La louve s'était montrée la plus forte, involontairement. Bob brancha le tourne-disque et lui fit écouter son nouvel album, *Bringing It All Back Home*. Elle connaissait l'œuvre, l'avait achetée dans une petite ville anglaise, et ses chansons l'accompagnaient sur la route, emplissaient ses moments de solitude. Elle avait toujours su qu'elle rencontrerait Dylan, un jour, et avait médité sur cet instant. Elle avait songé au sexe, à son puissant désir, et le bonheur était enfin arrivé. Marianne pouvait éployer son long corps et se laisser aller comme tant d'autres. Mais voilà : elle était enceinte et devait se marier quelques semaines plus tard. Risquerait-elle son projet pour garnir son armoire aux souvenirs ? Et pourtant, Dylan l'attirait, avec sa large chemise, ses bottes espagnoles, son œil ironique. Mais elle n'avait pas le droit, tandis que sa musique flottait, quelque part dans la pièce. Elle recula. Il ne comprit pas et la dévisagea avec une expression qui disait : « Quoi ? Tu es venue jusqu'ici dans cette nuit royale pour te refuser ? Tu te moques de moi ? » Et il répéta :

— Tu te moques de moi ? Comment peux-tu me faire une chose pareille ? Aller, dehors ! C'est ma chambre ici. Disparais !

Et elle sortit. Marianne raconte comment son futur mari, John Dunbar, suscita du coup un vif mouvement d'intérêt. Tout le monde souhaitait voir l'amant merveilleux pour qui la courtisane avait repoussé Dylan.

Et les loups découvrirent un jeune homme, le visage mangé par de grosses lunettes d'écaille.

— Merde alors, ce n'est qu'un putain d'étudiant, lança Bob. Comment peux-tu épouser un type pareil ? Comment peux-tu prendre au sérieux un type qui a des lunettes ?

L'entourage du roi projetait des bêtises de carabins.

— Et si nous jetions une bouteille sur la tête de ce Dunbar ?

Et tous riaient tandis que Marianne protestait :

— Je l'aime ! Je l'aime ! J'ai bien le droit de l'aimer, non ?

Aujourd'hui, celle qui fut plus tard l'amante de Brian Jones et de Mick Jagger des Rolling Stones, la chanteuse brechtienne, auteur de *Sister Morphine* et de ce superbe album, *Broken English* (1979), revenue de tout, du sexe, de la drogue, se rappelle cette période des années soixante qu'elle pourrait appeler leur Renaissance. Un mélange de décadence, de cruauté et de raffinement dont Dylan, et un an plus tard Brian Jones et Anita Pallenberg, furent les catalyseurs. Chacun de ces artistes glamour domina la mode et l'art, tint son salon anglais comme Madame Récamier au XVIIIe siècle en France.

Cette brillance avait aussi sa part de cruauté. Le jeune vassal, Donovan, que Dylan vit un moment comme un rival, apprit vite les règles du jeu. La musique de ce clone folk, avec une face d'ange aux cheveux bouclés, jetait des frémissements éthérés sans conséquence.

— Il voudrait bien être moi, et il n'y arrivera pas, riait Bob. Ses chansons sont bien trop gentillettes.

Qui était-il ? Un Écossais, paraît-il. Son succès, *Catch The Wind*, ressemblait à s'y méprendre au Dylan de 1961. Et Bob riait de ce jocrisse qui essayait de se ménager une place au soleil. Mais où ? Dans les jupes de Joan Baez, elle-même répudiée ? Ce pâle imitateur s'épuiserait pendant des années avant de composer une chanson comme *Blowin' In The Wind*. Dans sa chambre, le roi l'avait prié d'interpréter quelque chose. Et que joua-t-il ? La mélodie de *Mr Tambourine Man*. Seules les paroles avaient changé. Marianne Faithfull, présente, se rappellerait surtout une ligne, « *My darling tangerine eyes...* ». Elle avait envie de rire en écoutant ces mots d'un romantisme adolescent, nappés d'une mélodie si proche de la chanson que la cour connaissait par cœur, sauf apparemment Donovan. Elle remarqua le sourire narquois de Bob et les grimaces de Neuwirth qui pouffait. « On aurait pu croire que Donovan se payait notre tête, écrirait-elle. Mais il en était incapable. » Dylan interrompit le supplice.

— Tu n'as pas besoin d'en chanter davantage.

Il se tourna vers Donovan, c'est toujours Marianne Faithfull qui le raconte, et dit :

— Tu sais, on m'a parfois accusé de ne pas écrire mes chansons, mais celle-là est bien de moi.

L'autre musicien folk rougit.

— Ma foi, je ne savais pas, mon vieux... j'ai entendu ça, tu sais. C'était quelque part dans un festival. J'ai cru que c'était une vieille chanson folk.

Dylan sourit.

— Non, ça n'est pas encore une vieille chanson folk.

Ce qui restera de ce voyage filmé et abondamment commenté, c'est toujours ce petit bonhomme dans son halo de lumière face à l'ombre noire d'un public aux applaudissements mesurés. Il produisait ses tours de chant, à mi-chemin du sketch et de la chanson, sous l'œil incrédule de la presse anglaise qui se demandait comment il tiendrait pendant deux heures. Le Royal Albert Hall l'avait bien sacré, les 9 et 10 mai. Certains soirs, il n'avait pas envie de chanter, et pourtant, partait bravement au-devant de l'épreuve physique. Il joua à Sheffield, Liverpool, la patrie des Beatles où Bob, particulièrement attentif aux réactions d'un public qui aurait pu vouloir lui montrer combien ce terrain était chasse gardée, reçut un bon accueil. Il atterrit à Leicester, puis à Birminghan, accueilli par des hordes de jeunes filles qui tentèrent de cerner sa limousine. Newcastle, Manchester se remplirent des mêmes sujets énamourés.

Don't Look Back ne sortirait pas tout de suite. Bob tenta d'y apporter quelques modifications ou changements comme la bagarre dans l'hôtel, mais Don Alan tint bon.

Cette tournée avait laissé Bob énervé, malgré l'arrivée discrète de Sara. Joan Baez n'exprima rien de moins que son ressentiment en voyant tout l'intérêt qu'il témoignait à cette femme. Pendant tout ce parcours anglais, Dylan s'était battu avec les journalistes, et il leur en voulait.

La pauvre Laurie Henshaw supporta la rancœur que l'artiste éprouvait à l'égard des « plumitifs » et de leurs questions stupides. Il donna l'interview le 12 mai 1965 dans le *Disc Weekly*, parue le 22 :

— Pouvez-vous me dire quand et où vous êtes né ?

— Non, trouvez-le vous-mêmes. Ces informations existent dans les nombreuses biographies.

Laurie insista :

— J'aimerais l'entendre de vous.

— Je ne vous le dirai pas.

La journaliste ne se démonta pas :

— Il est évident que vous devez gagner beaucoup d'argent aujourd'hui ?

Bob serrait les lèvres, au bord de clore l'entretien :

— J'ai tout dépensé. J'ai six cadillacs, quatre maisons, une plantation en Georgie. Je travaille aussi sur une fusée. Une petite fusée. Pas une grosse fusée, du genre de celle qu'on trouve à Cap Canaveral. Je ne connais pas ce type de fusée.

Puis il s'interrompit et se pencha vers la jeune femme, la fixant dans les yeux :

— Avez-vous écouté mes chansons ?

— Oui. *Masters of War, Blowin' In The Wind...*

— Et *Spanish Leather* ? La connaissez-vous ? Pourquoi ne l'avez-vous pas écoutée ? Vous voyez, je me fous de ce que votre journal va écrire sur moi. Il peut publier tout ce qu'il veut. Les gens qui m'apprécient ne lisent pas votre journal. Pour être aimé, je n'ai pas besoin d'être connu de votre journal.

— Vous êtes déjà connu. Pourquoi êtes-vous si hostile ?

— Parce que vous m'êtes hostile. Vous m'utilisez. Je ne suis qu'un objet pour vous... Il n'y a rien de personnel. Je n'ai rien contre vous... Je ne veux pas être ennuyé par votre journal, c'est tout.

Laurie essayait de soutenir son regard.

— Pourquoi ne dites-vous pas que mon nom est Kissenovitch, et que je viens d'Acapulco, au Mexique, que mon père est un voleur qui a fui l'Afrique du Sud. Vous pouvez dire ce que vous voulez.

Laurie perdait pied. Elle commit la même erreur qu'au début de l'interview.

— Quand avez-vous commencé à enregistrer des disques ?

— J'ai commencé à enregistrer des disques en 1947, c'était mon premier disque. Un disque ethnique. Je l'ai fait dans le Sud profond. En fait, mon premier disque date de 1935. John Hammond est venu et m'a enregistré. J'ai été découvert en 1935 assis devant une ferme. L'homme qui a découvert Benny Goodman m'a vu en train de descendre la rue...

— Avez-vous une guitare favorite ?

Pourquoi posait-elle ce genre de questions ? Quel intérêt ?

— J'ai 33 guitares ! lâcha-t-il.

Il finit par clore brutalement l'interview et partit. Il aspirait à reprendre son souffle, à rentrer chez lui...

●

Son épuisante tournée anglaise avait pris fin, et il voguait de nouveau à travers les nuages, vers les États-Unis. Tout au long du vol, Bob Dylan ratura son cahier. Il pensait à l'histoire d'une vagabonde, une *Rolling Stone* et, en écrivant les premières lignes, il réfléchissait à son orientation musicale future. *Bringing It All Back Home* l'avait mené à un point de non-retour. Désormais, des musiciens l'accompagneraient. Mais qui ? Il n'avait pas oublié ce superbe guitariste de Chicago, Mike Bloomfield, qu'il avait rencontré il y a deux ans. Oui, il l'appellerait ! Sa musique bougeait, et Bob avait besoin de talents pour la faire évoluer. Mike l'aiderait ! C'était le moment car d'autres musiciens contribuaient à enrichir son œuvre ou du moins la perception qu'on pouvait en avoir. Sous la bonne lumière du printemps, il entendit une fraîche version de *Mr Tambourine Man*. Déjà ? Il avait souvent chanté ce morceau et, bien avant son nouvel album *Bringing It All Back Home*, ce personnage s'était rapidement animé d'une existence propre. Le groupe qui le reprenait avait un drôle de patronyme... Les Byrds ! Les *Oyseaux* !

Dylan savait que sa musique rencontrait bien des sensibilités – Peter, Paul and Mary, Donovan, et récemment ce beau français Hugues Aufray. Il n'allait pas toujours voir ceux qui désiraient entrer chez lui. Mais pour une fois, il avait tenu à suivre de près ces mélodistes aériens. L'affaire remontait au mois de juillet 1964, au festival folk de Newport. Un nommé Jim Dickson tint à voir, comme beaucoup d'autres gens, la jeune étoile. Mais contrairement à la plupart des mélomanes présents dans la foule ce jour-là, cet homme avait parcouru pays, mondes éloignés, depuis l'armée jusqu'à la photographie et le cinéma où il avait travaillé comme assistant cameraman. Ses pérégrinations l'avaient amené à la musique, et il commençait à s'y faire respecter. Ses goûts le poussaient vers le jazz, le rock, la country... Il avait pris en main un jeune groupe appelé The Jet Set (on aurait pu trouver meilleur nom, il vous l'accordait), et il cherchait. Quoi au juste ? Une inspiration, une idée ? Ou tout simplement un morceau qu'il aurait pu donner à moudre à ses jeunes poulains faméliques. Il se rendait donc là où s'exhibaient les muses, dans cette Californie du Sud baignée par les anges. Il ouvrait ses grands yeux, à l'affût d'une bonne surprise.

Jim débarqua ainsi dans le festival folk de Monterey en cette belle année 1964. Il ne se souviendrait pas vraiment de la première partie, un groupe nommé Hillmen qui avait gagné un concours et le droit de fouler la scène, non loin du maître. Jim, lui, bâillait et s'impatientait. Un véritable miracle l'avait posé là, au pied de la scène : quelques mois plus tôt, il n'éprouvait à l'égard de Dylan qu'une vague indifférence. Bien sûr, des amis s'extasiaient à un moment ou à un autre sur le premier album de ce jeune artiste, sans très bien comprendre, mais il fallait à tout prix écouter le phénomène de mode. Et tant pis si l'on n'entendait rien à ce qu'il chantait ! Le réticent Jim Dickson, porté par le courant collectif, avait ingurgité la musique du prodige. Il s'était pris à apprécier, comme tant d'autres, ce pâle baladin aux bouclettes tristes, toujours en quête d'une loufoquerie.

Ce soir-là, Bob joua plusieurs titres inédits, et c'est ce que Jim attendait. Fraîcheur, nouveauté jaillissaient de ce Dylan insolent qu'il ne pouvait s'empêcher d'admirer. Dickson s'arrêta sur une chanson, *Mr Tambourine Man*. La mélodie, les paroles lui insufflèrent d'étranges sentiments sans qu'il sût vraiment les définir. Le morceau avait quelque chose d'évident, mais d'une évidence à laquelle on ne pensait pas, une certaine lisibilité, une imagerie de carnaval pervers, un truc vraiment bizarre dont le refrain vous restait en tête longtemps après qu'il fut passé. Dickson savait que le lendemain, il ferait le siège de l'éditeur afin d'obtenir les bonnes feuilles de la chanson et qu'il les donnerait à ses Jet Set. Mais le cadeau fut reçu sans grand enthousiasme. Le nommé Gene Clark, vocaliste du groupe, essaya et chuta. Cela ne rentrait pas. Il laissa tomber. Comment Dylan s'arrangeait-il pour chanter cette mascarade et produire un tel effet ? C'était comme si le fils du Minnesota avait le code d'accès à ses propres œuvres, mais que leur porte restait obstinément close devant autrui.

— On n'y arrivera pas, clama Gene. Ce morceau ne doit pas être un si bon... Mais c'est peut-être moi... Je n'aime pas ce que j'ai fait.

Il était dépité, s'assit dans un coin et ne prononça plus une parole. Parfois, il détestait Dylan de mettre en valeur ses limites. Dickson soupira.

— Essayez encore..., répliqua-t-il, debout, face à « ses » musiciens médusés. Si vous maîtrisez cette chanson, on en parlera pendant longtemps, et cela rejaillira sur Dylan, vous verrez...

L'un d'eux, Roger McGuinn, guitariste et chanteur, sourit.

— Comment peut-on dire *Hey Mr Tambourine Man* ? Ces paroles ne veulent rien dire...

Ces mots, si étranges et lyriques dans la bouche de Dylan, lui résistaient. Mais Roger sentait quelque chose. En prononçant cette phrase, il avait apporté une grâce aérienne insoupçonnable et qui demandait à être approfondie.

Roger avait vu le jour à Chicago, un certain 13 juillet 1942, de parents journalistes et voyageurs. Il avait visité les écoles de la région tandis que la radio égrenait les notes funèbres et rageuses de *Heartbreak Hotel*, la bombe d'Elvis Presley de cette année 1956. À treize ans à peine, il découvrait la musique populaire, ce mélange de force païenne et de fond spirituel, de glas lyrique et de provocation obscène. Roger en serait marqué à vie. Cette musique réfléchissait sa propre dualité, lui qui avait été élevé dans le catholicisme, mais n'avait pas le courage de regarder en face son désir mystique. Il avait si peur d'être ridicule. Le rock and roll de Gene Vincent et de Carl Perkins possédait sans en avoir l'air toute la richesse humaine faite de colère, d'illuminations, de dégoût, dans laquelle il se reconnaissait. Roger supplia ses parents de lui acheter une guitare pour son quatorzième anniversaire. Il se rappellerait longtemps les entraînements, les soirs d'hiver, seul, alors que la neige recouvrait la Michigan Avenue et que les immeubles années trente s'évanouissaient dans la brume. Il travaillait dur en se demandant si une oreille, autre que la sienne, appréhenderait ses progrès. À cette époque, l'un de ses professeurs avait invité un musicien folk en classe, un jour d'automne 1957. Il avait joué pendant près d'une heure, se montrant si bon que cette musique devint la nouvelle religion de Roger.

Quand il penserait à Dylan bien plus tard, il se dirait qu'il n'aurait peut-être jamais croisé la route de *Mr Tambourine Man*, sans cet enseignant, et aurait regretté ce rendez-vous manqué. Tous deux semblaient avoir de nombreux points communs. Ils avaient écouté Leadbelly, Pete Seeger, la même came, comme on dit, vécu une existence proche, celle des coffee houses, entre New York et Los Angeles, et ressenti beaucoup de solitude, surtout au début. Quant à la religiosité, chez Dylan, qu'il sentait envahissante, débordante même, et étouffée d'une manière bizarre, elle l'attirait.

À l'aube des années soixante, au moment où la beatlemania éclairait le monde, Roger McGuinn rêvait d'être célèbre. Et pourtant... Il avait eu tant mal à convaincre les tauliers de ses capacités, surtout au Troubadour, ce club de Hollywood où sa belle aventure commencerait. Il éprouva beaucoup de difficultés à s'y installer et à convaincre. Il sentait bien les rires sous cape. Ses copies des Beatles suscitaient davantage l'ironie que l'admiration. Les observateurs le trouvaient ridicule, emprunté. Il était marri de cette incompréhension, quand un jeune homme vint le voir après un concert. « Je m'appelle Gene Clark, j'aime ton style. Nous pourrions nous associer... » Roger le dévisagea. Il venait de déclencher l'envie d'un musicien qui appréciait son jeu avec sa douze cordes, disait adorer la country and western, le folk et plein de bonnes choses. Et comme un bonheur n'arrive jamais seul, un autre garçon se présenta, David Crosby, un dragueur, un fêtard, issu des meilleures écoles d'Hollywood, riche et doué. L'ossature de Jet Set venait de se constituer. Ses membres avaient tous les cheveux mi-longs, des airs d'adolescents un peu frondeurs, des corps légers et fins, et l'avenir devant eux. Ils imaginaient déjà ce rock californien, illuminé par les langueurs du Pacifique, imprégné d'océan et de ciel. Roger espérait beaucoup de la musique, trop peut-être, caché derrière ces fines lunettes de soleil et un air légèrement teinté d'amusement.

Lors de cette après-midi tourmentée, c'est lui qui débloqua la situation parce qu'il avait trouvé le ton juste malgré les réticences des autres, en particulier du râleur David Crosby.

— Vous croyez qu'on ira loin avec cette chanson ? Pas assez commerciale. Je n'y crois pas. Ce *Mr Tambourine Man* traîne en longueur, et on n'y comprend rien.

Il n'appréciait pas l'intervention de McGuinn qui se flattait de réussir là où les autres échouaient et surtout ambitionnait de dépasser Dylan lui-même ! Le bon Roger avait sans doute mal vécu l'explosion fulgurante du petit Juif américain et l'aura dont il jouissait depuis son apparition. Et voilà qu'il pouvait saisir sa revanche. Le battre sur son propre terrain, même si la chanson en question resterait la propriété de Dylan. Pourquoi ne pas réussir quelque chose de mieux, de plus élevé, de plus noble ? Qu'on finisse par croire – et cela arrivait parfois – que l'auteur était

McGuinn lui-même ? Quoi qu'il en soit, ce brave *Tambourine* fut l'objet d'un violent débat au sein de Jet Set, abandonné puis repris, de nouveau abandonné.

— On ne le répétera pas, assénait Crosby.

Et Gene Clark renchérissait :

— À quoi cela sert ? J'ai ma propre matière, et elle n'a rien à envier à celle de Dylan...

Roger tentait de convaincre ses petits camarades, Dickson se fâchait et menaçait de tout plaquer. Il devait vaincre les esprits tièdes qui menaçaient d'enliser son projet.

Mais avant cela, il adressa une invitation à Dylan à peu près en ces termes : « Cher Monsieur, nous répétons l'un de vos morceaux, *Mr Tambourine Man*, au studio World Pacific, à Hollywood. Nous serions ravis et honorés si vous assistiez à la répétition. Jet Set est un groupe qui sonne comme les Beatles, fait le pont entre le folk et le rock... » Bob reçut le message un matin, via sa maison de disques – et fut intrigué par ce mot bien poli et sage. Il sentait que si d'aventure – et il l'espérait – des artistes reprenaient à l'avenir ses morceaux, seule une minorité d'entre eux se fendrait d'une invitation pour obtenir le blanc-seing. Mais dans le fond, il s'en moquait un peu. Chacun avait le droit d'arranger ses titres. Seulement ce Dickson, dont il avait d'ailleurs déjà entendu parler, citait un nom qui lui inspirait les plus beaux sentiments : les Beatles ! Voilà qu'un groupe, en Amérique, sonnait peut-être comme les ingénieux Anglais (il songeait également aux Animals). Cela valait le coup d'aller voir. La musique le passionnait, et il craignait de manquer une bonne recette. Dylan se rendrait donc à l'invitation de Dickson.

Il déboula par la grande porte, taquin, aimable, disant un petit mot à chaque employé du studio, entouré de roadies et d'amis derrière lesquels il se cachait sans doute pour masquer sa timidité. David Crosby stupéfait, jeta à Bob un œil noir et esquissa un petit geste de mauvaise humeur. Roger McGuinn ne montra pas davantage de chaleur. Il s'était battu pour imposer *Mr Tambourine Man*, et ne tenait pas à ce que l'auteur ramenât ses grands airs. Aucun membre du groupe n'afficha un vrai sourire à l'endroit de ce créateur admiré et détesté dont chacun fixait, comme s'il n'en croyait pas leurs yeux, la maigreur. Bob observait ces musiciens qui allaient reprendre son titre, indifférent à leurs œillades en coin, cent pas autour de la pièce, incapacité à parler... Bob avait lui aussi envie de se lever, de bouger.

En entendant les premières notes, le beau soleil qui resplendissait dehors se mit à briller à l'intérieur. Ce fut un vrai choc. Dylan observa de près le chanteur Roger McGuinn. « Une vraie merveille, ce type », se dit-il. Il remarqua à peine les changements comme ces quelques versets en moins, s'amusa d'entendre la guitare tintinnabulante dont le son se dandinait au milieu du morceau, comme un carillon. Le tout était plus rythmé, plus gai et léger. L'ensemble partait vers le haut. Quand le dernier son mourut, il se leva d'un bon et s'esclaffa :

— Superbe ! Bien balancé ! J'aime beaucoup !

Bob félicita les musiciens, un grand sourire aux lèvres. Il était flatté, réellement, devinant que les reprises parfaitement exécutées de ses morceaux pouvaient donner un réel coup d'envol à ses albums. Mais ce n'était pas que cela : musicalement, Jet Set ne l'avait pas trahi, bien au contraire. Son art avait repris de la fraîcheur, du panache. C'était quoi, cette musique : un mélange de folk et de rock électrique. Une vraie nouveauté. Personne ne s'en rendait compte, mais le rock moderne prit vraiment naissance ce jour-là.

De leur côté, McGuinn, Crosby, Clark avaient vu fondre toute leur réticence, jalousie, énervement. Dylan parti, ils se regardèrent, sans dire un mot, emplis de sérénité. Dickson avait gagné. *Mr Tambourine Man* figurerait dans leur répertoire, et personne n'aurait à le regretter.

Le projet traîna cependant encore quelques mois. Dickson avait réussi à convaincre le producteur Terry Melcher, connu aussi pour être le fils de l'actrice Doris Day, du talent de ses... Byrds ! McGuinn et ses copains avaient entre-temps changé de nom, préférant la douceur oiselière à l'âcreté Jet Set (ils avaient simplement changé le i en y de peur qu'on les confonde avec « Birds », ce mot d'argot désignant des femmes de petite vertu). Melcher rôdait dans les couloirs de CBS, une démo à la main. Il faisait du porte-à-porte, et s'acharnait à séduire les indécis. Mais peu de monde croyait à la valeur de ces Byrds. Les Beach Boys enchantaient déjà l'Amérique. À quoi bon s'encombrer d'une nouvelle formation de pop coulée et haute ? Dickson et lui insistaient. *Mr Tambourine* lancerait leur carrière à tous. Dylan avait apprécié, et c'était bien le plus important. L'adoubement du Seigneur pouvait-il suffire ? Jim se rappellerait que le grand John Hammond, trois ans auparavant, avait mis sa réputation dans la balance pour imposer Dylan à la compagnie Columbia alors sceptique. Comme le prodige du Minnesota, les Byrds passeraient en force ou s'arrêteraient là, rejoignant le cimetière des rêves avortés. Dickson adressa des messages au manager de Dylan, Albert Grossman. Il se démultiplia.

La décision, favorable, tomba, due certainement à la personnalité de Melcher, qui continuait d'être le fils de Doris Day, l'une des grandes stars de la Columbia pendant vingt ans. Elle avait été aussi favorisée par une lettre de Miles Davis, une recommandation tombée fort à propos dans laquelle le splendide trompettiste préconisait à ses employeurs de tendre l'oreille vers ces Byrds magnifiques. Et, le 20 janvier 1965, ils enregistrèrent enfin *Mr Tambourine Man*. Autour des trois sifflets volatiles, Clark, Crosby et McGuinn, vinrent se poser d'autres musiciens, dont un banjo. C'était mieux que leur version du World Studio à Hollywood, même si

Columbia traîna encore les pieds, laissa s'égrener les semaines, voire les mois avant de décider s'il fallait ou non ouvrir la cage aux oiseaux. Roger McGuinn était angoissé.

— Ils ne nous aiment pas, répétait-il, la tête basse, la voix tremblante, lui qui secrètement en appelait à Dieu souvent et considérait de plus en plus la musique comme une quête spirituelle.

— Nous ne les intéressons pas. Ils ne sortiront jamais le disque. Les Byrds, c'est un échec...

Il se sentait lâché. Dickson avait envoyé l'enregistrement à Bob Dylan qui, d'abord, ne reconnut pas le morceau entendu au studio et affiche son embarras :

— Je ne sais plus qu'en penser. C'est étrange. Cela n'a rien à voir avec moi ni ma musique.

En face, son vieil ami Bobby Neuwirth trépignait.

— Non, c'est formidable ! Il faut l'encourager. Tu verras, cette version ne t'apportera que du bon.

Bob souriait tandis que son camarade racontait comment il voyait le paysage imaginaire des Byrds.

— Ok, je vais dire à Albert de donner son assentiment.

Il s'était mis à apprécier cet univers comme il aimait toutes les bonnes expériences musicales.

Et il eut raison. Car ce fut sans doute là, pendant la première semaine de juin 1965 que le mythe Dylan commença vraiment : les radios envoyèrent la fraîche rosée d'un nouveau groupe au sommet du classement Billboard : *Mr Tambourine Man* par les Byrds ! Devant le succès, le message passa dans le landernau musical : Dylan porte chance. Et la belle comédie des reprises ferait vite florès : on entendrait Cher attaquer *All I Really Want To Do*, The Turtles décrocheraient leurs lauriers avec *I Ain't Me, Babe* (numéro 8). On ne comptait pas les pastiches, les copies dylaniennes qui encombreraient les ondes estivales. Mais aucun autre groupe que les Byrds n'eurent des liens aussi serrés avec Dylan. Le baladin folk les aimait et eux étaient fiers de surprendre ses expressions incrédules devant leurs audaces.

Les Byrds s'envolaient et Bob aussi... En amour. Sara avait quitté le Chelsea. Ils avaient conçu leur premier bébé, dans la chambre silencieuse de l'hôtel.

— Nous ne resterons pas ici. Nous allons acheter une maison pour y installer notre enfant.

Et il se mit en quête du château, son premier grand investissement immobilier. Il chercha du côté de Woodstock et trouva une demeure au nom étrange, Hi ! Lo Ha, à Byrdcliffe, une localité voisine. Il aimait cette région enchantée par la Bohème, voyageurs et dormeurs à la belle étoile. Dès novembre, cette lumière automnale, arrosée d'humidité, inspirait les peintres et les artistes. Les plus anciens avaient frôlé les ondulations de la robe d'Isadora Duncan qui dansaient sous les arbres ou le fantôme de l'écrivain Thomas Mann. Rien n'avait bougé depuis un siècle lorsque le fondateur de la colonie, Ratcliffe Whitehead, avait aménagé cette oasis et accueilli les rêveurs qui trituraient le bois et concevaient leurs chefs-d'œuvre parmi ces feuillées dorées, ces collines de cendres. Meubles, poteries, vieilles maisons en chêne...

— Tu vois, disait Bob, c'est notre mister Tambourine qui nous offre ce toit.

Il répétait ce miracle comme s'il n'y croyait pas.

— La maison te plaît ? demandait-il, et Sara acquiesçait.

Il la déposerait en ce lieu, avec leur futur enfant, et elle attendrait son retour comme elle guetterait un marin. La jeune maman n'avait pas conscience de l'existence qui l'attendait. Elle se contentait d'admirer ce refuge en bois posé au milieu de la végétation tandis que Bob demeurait attentif à ses réactions, la suivait pas à pas.

— Tu seras bien là, non ?

Il avait songé à ce projet pendant son séjour en Angleterre. Il l'épouserait. C'était décidé. Il lui en fit part. Sara se retourna et l'embrassa tendrement. Sa vie s'était transformée si vite. Comment croire à son bonheur ? Et pourtant, la chance lui souriait, enfin.

Durant l'emménagement, Bob n'avait pas cessé de travailler. Depuis son retour d'Angleterre, il emportait partout un cahier sur lequel il avait noirci une vingtaine de pages. Il trouva enfin le *Like A Rolling Stone*.

Comment se sent-on
Quand on est seul
Sans avoir de maison où aller
Comme un complet inconnu
Comme un vagabond[54] *?*

Ces quelques lignes lui étaient venues en premier. Il les avait griffonnées, raturées jusqu'au plus parfaitement dépouillement, au meilleur rythme. Puis le reste avait coulé comme un long « vomi » selon son expression. Cette chanson représentait une expérience intense et passionnante. Il s'était laissé déborder par le torrent, les images. Sara eut la primeur de l'entendre, étonnée que son futur mari se vécût toujours en voyageur sans feu ni lieu. *Rolling Stone*. Ne ressentait-il aucune sorte d'intérêt pour la magnifique chaumière de Byrdcliffe ? Pourquoi rêvait-il toujours à l'errance, au firmament étoilé ? Elle se méfiait, mais n'osait rien lui dire, plongée d'un coup dans la soie, l'abondance. Elle accepta facilement leur première séparation. D'ailleurs, avait-elle le choix ? Elle s'apprêtait à convoler avec un musicien et devait admettre que ses journées d'épouse seraient bien souvent solitaires. De toute façon, la jeune femme ne tenait pas à le suivre, préférant lire, se promener dans la nature, loin de la foule et de ce milieu musical dont elle n'était pas vraiment éprise.

Elle avait été choquée par la misogynie de la chanson. De qui parlait-il ? De ses fiancées précédentes, de Joan Baez ?

Le poème décrivait le déclin d'une femme fortunée et fière qui perd tout et devient mendiante. Au-delà du simple drame, Bob racontait l'histoire d'une société, comme le comprirent tout de suite beaucoup de ses exégètes passionnés. Une magnifique chanson. Bob décida même d'enregistrer *Like A Rolling Stone* en single. De belles aventures l'attendaient. Tous les rivages se montraient accueillants. Fatigué, il pouvait retourner auprès de sa famille naissante, dans sa nouvelle maison, et se régénérer. Calme, il continuerait à créer son folk sombre. Énergique, il creuserait encore plus profondément le sillon qu'il avait entamé avec *Bringing It All Back Home*. Or, voilà : il ne ressentait aucune fatigue, bien au contraire, et n'était pas d'humeur calme. Il voulait libérer son bouillonnement intérieur, durcir un peu sa musique, lui conférer une touche plus métallique. « Je tiendrai la promesse faite en Angleterre. » Il se rappelait sa petite phrase lancée sous l'œil de Pennebaker :

— Je ne suis pas un joueur folk.

Il avait aussi affirmé plus tard :

— Je ne suis pas un chanteur pop.

Qui était-il alors ? Il n'en savait rien, et cette incertitude l'excitait au moment où il approchait un territoire inconnu, épreint de sensations contraires, étranges. Quelle était cette musique à laquelle il songeait ? Elle tournerait le dos au folk de ses débuts, prendrait la couleur de *Subterranean Homesick Blues* ou de ce que les Byrds avaient commencé à montrer avec leur version de *Mr Tambourine Man*. Elle aurait la lumière de ce sourire que lui avait reproché la jeune fille en Angleterre.

Bob cherchait les hommes pour accompagner ce changement et avait rappelé cet inconnu rencontré deux ans plus tôt à Chicago, Mike Bloomfield, dont il conservait un souvenir que peu de monde apparemment partageait avec lui : les deux petits blues joués tendrement dans ce restaurant de la « windy city ». Comment un doigté aussi délié demeurait-il si confidentiel ? Bob s'évertuait à croire qu'il avait les moyens de pousser Mike à la lumière. Quand il le revit après ces deux ans qui en paraissaient dix, le guitariste n'avait peut-être pas gagné la célébrité, mais il portait une histoire incroyable. Et Bob découvrirait un vrai frère. Le monde du guitariste ressemblait à celui de son enfance. Même judaïsme, mêmes obstacles, mêmes lectures.

Le jeune inconnu était arrivé au monde en 1944, à Chicago comme Roger McGuinn, et il avait passé presque toute sa vie à l'ombre des vents et du Lac. Son père et son oncle Harold concevaient des fournitures pour les hôtels, hôpitaux, restaurants : casseroles, salières... Le géniteur disait à son jeune fils :

— Tu prendras ma suite, j'espère. C'est un métier sûr. On aura toujours besoin d'ustensiles de cuisine. À quatorze ans, tu sais ce que je faisais, je travaillais dans une station service. J'espère que tu retiendras la leçon...

Michael partait dans sa chambre et se posait devant la fenêtre pendant des heures. Son père le rejoignait.

— Assez ! J'ai à te parler !

Et il racontait, avec de grands gestes, l'arrivée, au début du siècle, du grand-père Sam Bloomfield, un Russe qui avait vendu des tartes sur les trottoirs de Chicago. L'immigrant avait enseigné à ses descendants la vertu de l'effort, de l'argent, de la morale. Mike s'était ainsi acquitté des cours de religion juive car son père y tenait pour honorer la mémoire de l'ancêtre Sam. Mais le reste ne lui convenait pas. Quel ennui ! Son regard plongeait sur la route, le jardin de leur petite maison. Une voiture passait de temps en temps, un chien aboyait... Et puis rien. Encore une voiture... L'hiver, le poids de la glace, du froid et toujours l'ennui.

Pour approcher son désir, il croyait beaucoup à ce bel objet brillant posé près de son bureau : sa guitare. Il se souvenait du jour où son frère Allen et lui avaient entendu leur cousin Chuckie jouer. Ce garçon faisait se pâmer les filles de la famille. « S'il en est capable, nous aussi », se dirent les deux jeunes Bloomfield. Mike avait juste treize ans. Avec son argent de poche, il acheta une guitare et déploya plus d'aptitude qu'Allen, mais le paya cher.

— Pense à tes études, hurlait le père, laisse tomber cette guitare ou je te la casse.

Il entrait en furie dans la chambre de son fils et renversait tout.

— Tu es un bon à rien.

Mike pleurait, criait, mûrissait les vengeances les plus raffinées contre le tyran. Le pauvre homme confisquait la radio qui égrenait le rock d'Elvis Presley et le jeu de son guitariste Scotty Moore. Mike s'accrochait au poste, tempêtait, insultait son vieux et quittait la maison en claquant la porte, avec sa guitare. L'instrument lui permettrait de déserter ce petit quartier provincial, de voir du pays comme il en rêvait. Son père aurait beau opposer toutes les objurgations du monde, il finirait par s'incliner. C'est donc avec cet espoir-là qu'il accepta de participer à la bar-mitsva, sous le regard fier de la famille, Harold, Allen, et, au premier rang, le père bien sûr. Nous étions en 1956. Sur les photos, vêtu d'un costume cravate, les cheveux coupés courts, le jeune Bloomfield sourit, le cou ceint d'une écharpe blanche. Il lut un passage en hébreu, récita le haftorah en ajoutant quelques effets de théâtre qui l'amusaient. Il fut même drôle. Après la cérémonie, le père de Mike lui donna l'accolade.

— Tu es un homme maintenant.

Il croyait avoir convaincu son fils d'abandonner sa maudite guitare. Mais Mike ne voulait rien lâcher. Il rêvait de s'envoler par la fenêtre comme les personnages du roman de Kerouac, *Sur la route*. Depuis qu'il avait lu ce texte, il refusait de se lever aux aurores et de mener une existence d'esclave.

Et c'est ainsi qu'un petit garçon juif de Chicago rencontra un autre garçon juif du Nord des États-Unis. Tous ces souvenirs avaient une bonne fraîcheur dans l'esprit de Mike au moment où il s'apprêtait à livrer combat dans le monde difficile de la musique.

— Je deviendrai bluesman !, répétait-il.

Quoi de plus naturel pour un jeune musicien né dans la cité bleue ? Mais on se moquait de lui comme on s'était gaussé de ses piètres performances athlétiques à l'école. Un soir, il apprit que le grand Muddy Waters jouait dans un club de la ville. C'était au Pepper's Show Lounge. Mike savait qu'il ne pouvait entrer à cause de son jeune âge, mais s'approcha le plus près possible du feu dont il apprécia la tiède chaleur. Des gens comme le superbe guitariste Jimmy Reed, le légendaire harmoniciste Little Walter formaient le couronnement d'une soirée habituelle et pourtant ici, à Chicago, jamais comme les autres... Une ouverture, minuscule, dans la pierre, laissait filtrer des sonorités magiques de guitare hawaïenne, des parfums de bois madré, de clairière. Promenant ses grands yeux ouverts, Mike, le jeune garçon juif, s'était senti petit aux portes de ce monde noir, avec ses villes de forêt, ses scieries mythiques, ses montagnes immenses et ses champs à perte de vue. Il était alors retourné chez lui et avait travaillé dur sa guitare. Il souhaitait devenir le meilleur. Pendant les années suivantes, il avait traîné dans tous les clubs mal famés du southside de Chicago jusqu'à devenir le gérant du Fickle Pickle. Il était heureux dans la nuit, à passer sa musique favorite, à rencontrer des gens comme Big Joe Williams ou côtoyer Muddy Waters qu'il avait suivi à son domicile pour l'interviewer comme un gosse émerveillé. À l'occasion, Mike grattait avec eux. Mais c'était désespérant. Comment un garçon juif pouvait-il ressentir le blues ? Sa musique – du moins il en était persuadé – gardait quelque chose de raide, de dur là où ses modèles atteignaient la plus parfaite souplesse. Alors, il avait cherché et puis avait découvert par hasard, sur un étalage, le disque de Dylan. Il adorait. Peut-être était-ce ce folk-là qui lui convenait ? Quelle merveille ! Sa vie s'en trouva changée. Mike avait tenu à rencontrer le créateur de ces chansons pures à la sonorité tranchante qui semblaient se suffire à elles-mêmes. Mais demain ? Peut-être évoluerait-il dans sa propre musique ? Mike sentait Bob proche du blues évidemment, seulement proche car ce jeune maître n'avait pas grandi dans le Mississippi, mais il trouvait sa propre identité, entre la poésie, le folk parlé et une certaine noirceur. Un bel exemple pour le jeune Bloomfield. C'était donc possible. Qu'un Juif blanc jouât une musique roots, noire, agressive ! Et pourtant, le secret demeurait encore bien gardé. Des clefs lui manquaient. Mike devait approcher Dylan le plus rapidement possible, lui parler afin d'obtenir toutes les réponses à ses angoisses. En attendant, il savourait son bonheur.

Pour ce qui est de l'histoire, Mike avait accompli le rêve de Bob. Cheminer aux côtés du légendaire bluesman Big Joe Williams. Et il ne mentait pas car il sortait des photos comme preuves.

— Nous sommes remontés jusqu'à Saint-Louis. Une bonne école...

Mais ce que Mike omettait d'ajouter, c'est que Big Joe, un jour, ivre, l'avait égratigné d'un coup de couteau. Les deux hommes n'avaient pas mené une route des plus sereines, se produisant au festival folk de Chicago le 31 janvier 1964.

— Il ne savait pas lire ni vraiment écrire, racontait Mike. Mais c'était un type génial.

Puis, Mike avait poursuivi sa route. Son nom commençait à circuler. Lorsque Dylan reprit contact avec lui, il venait juste d'intégrer un groupe de blues, un drôle de combo emmené par un dingue d'harmoniciste, Paul Butterfield, un violent. Les nuits du Grand Lac étaient dangereuses, et comme Paul le chanterait : « Je suis né à Chicago, mon père m'a dit : alors achète-toi un flingue. » Ce « flingue » bosselait sa veste, il le planquait sous l'oreiller, comme pour se défendre des démons ténébreux. Mais le revolver ne lui servait pas. Doté d'une force incroyable, Butterfield préférait utiliser ses poings, et n'importe quel prétexte suffisait à expurger sa brutalité. Il éructait, passait ses nerfs sur les chaises, les verres... Il ne cessait de houspiller l'autre guitariste, Elvin Bishop, son ami pourtant. Ensemble ils avaient écumé les clubs de blues, s'étaient battus à coup de tables, de bouteilles. Mike Bloomfield avait peur de Paul, car l'autre fou dégainait son arme, l'air de dire : « Si tu m'emmerdes... » Des balles perdues menaçaient le fragile équilibre d'une association qui n'aurait jamais dû voir le jour. Bloomfield avait simplement répondu à une invitation du patron d'Elektra, Paul Rothchild.

— J'ai quelque chose pour toi... Un vrai groupe de blues qui s'apprête à enregistrer son premier album. Vous allez faire des étincelles. Cela te dit ?

Bien sûr que cela lui disait ! Il allait rejoindre son ami Nick Gravenites qui n'appartenait pas au groupe, mais leur avait composé le merveilleux *Born In Chicago*. Le Paul Butterfield Blues Band existait depuis plusieurs mois, et Mike se glissa parfaitement entre ces musiciens forts en gueule qui occupaient leurs nuits en beuveries.

— Tu te souviens quand on a joué avec Muddy Waters. Et le grand harmoniciste Little Walter [55] ?

Paul et Elvin avaient accompagné tous les grands maîtres noirs de la région. Mike attendait beaucoup de ce projet, sans doute aussi parce qu'il n'en avait pas d'autre sous la main.

— Je ne sais pas où nous allons, disait-il. Nous allons enregistrer notre premier album avec Elektra, sans doute un disque de blues classique alors que nous sommes blancs. À quoi cela nous mènera d'imiter les Noirs ?

Il comptait beaucoup sur la rythmique noire que Paul avait réunie : le bassiste Jerome Arnold jouait avec le grand bluesman Howlin' Wolf (Loup Hurlant), et le batteur Sam Lay manifestait beaucoup de souplesse jazz. Butterfield, lui, envoyait à toute volée son chant et ses notes d'harmonica. Sa violence, pour une fois, éclaboussait leur blues qui avait la dureté de la pierre et des champs calcinés. Ils reprenaient les classiques, *I Got My Mojo Working* de Muddy Waters, *Last Night* de Walter Jacob qu'ils jouaient de manière plus rapide, sèche. Paul et Mike avaient même composé un morceau, *Thank You M. Poobah*... Bloomfield tentait d'atteindre, avec sa guitare, la note juste, la note sensuelle, et se désespérait de ne pas pouvoir toujours y parvenir. Il ne changeait pas, et cette quête inlassable plaisait à Bob qui avait déniché son homme de confiance.

— Viens avec moi. Nous allons enregistrer l'une de mes nouvelles chansons.

Quand Dylan l'avait appelé, Mike avait cru à une plaisanterie. Il n'en revenait pas. Quel honneur ! Quelle fierté ! Il n'hésita pas et prévint ses nouveaux partenaires de sa petite infidélité. Il crut déceler dans le regard de Butterfield une certaine ironie, mais le « fou » se garda bien de dire quoi que ce soit. Il avait été assez malin pour apprécier le talent du guitariste juif, et que Dylan le mandât rejaillirait sur leur groupe.

— Tu ne nous lâches pas, hein ? lança simplement Paul, accompagnant sa vague mise en garde d'un regard où se mêlaient à la fois la supplication et de la dureté.

Mike s'était retourné et avait souri.

— Ne t'inquiète pas !

Il s'envola pour New York. À l'aéroport, Bob l'attendait. Il emmena son « invité » qui gardait le silence dans une demeure en vieilles pierres. Un jardin fleuri s'étendait à ses pieds, traversé par l'eau bleue d'une piscine. Sur le perron, Mike crut reconnaître un homme imposant, assis, le visage pensif et fermé. Bob le rassura :

— C'est Albert...

Bloomfield le jugea tout de suite assez hermétique, étrange, et ne pourrait jamais vraiment pénétrer l'âme de cet ours qui portait lui aussi sa part de violence. « On dirait un cumulo-nimbus, songea-t-il. Un homme opaque. »

Cette vision ne gâchait en rien son privilège. Maintenant, il lui faudrait répondre aux espoirs de Dylan, approcher ce monde folk très éloigné, malgré tout, de sa culture. Leur communion judaïque ne suffirait peut-être pas à fondre ensemble les deux sensibilités artistiques de Chicago et de New York. Cette incertitude l'empêcha de dormir. Il se réveilla mille fois pendant la nuit. Et s'il se plantait ? Paul se moquerait de lui, certainement, et il risquerait de perdre sa place au sein du Butterfield Blues Band. Oh, il pourrait toujours accuser ce milieu folk au langage complexe, expliquer combien il n'avait pu saisir une forme de musique née dans les coteries distinguées de Greenwich. Paul, qui n'avait jamais vraiment apprécié ces gens-là, rirait bien de sa mésaventure et ne l'en estimerait que davantage. Peut-être finalement se sentait-il plus familier avec le « fou » et son revolver qu'au sein de cet aréopage intello new-yorkais ?

Mais il n'avait pas le droit de décevoir Dylan.

Et il réussirait...

Bob avait fixé le rendez-vous un 16 juin 1965.

Le ciel noir de New York crachait une soupe liquide, les rues miroitaient d'eau. Le jeune guitariste de Chicago apparut dans le studio Columbia, les vêtements trempés, portant à l'épaule sa Telecaster qui ressemblait à une épuisette. De longs filets de gouttes pendaient du manche. Il prit une serviette, essuya longuement l'instrument. Puis il le brancha et, tout sourire, attendit, jetant des regards vers le maigre public présent, pour repérer les réactions et voir si on le remarquait. Du pur narcissisme, il le savait bien. Il respira un bon coup, prit connaissance de ce qu'il allait jouer, lut le texte de la chanson. *Like A Rolling Stone*, évitant de regarder Dylan ou surtout de l'entendre. Le malheureux Russ Savakus se plaignait.

— Mais je n'ai jamais joué de basse électrique. Pourquoi veux-tu m'y mettre ?

— Parce que je le dis ! répliqua Dylan.

Le pauvre musicien inspectait son instrument comme un apprenti mécanicien face à un nouveau moteur. Il transpirait, adressa un sourire crispé au jeune guitariste, cherchant auprès de lui un peu de réconfort. Mike fut presque rassuré de voir que les autres membres de l'orchestre exploraient eux aussi l'inconnu. Il redoutait la catastrophe. Dylan tentait des expériences qui pouvaient les mener au précipice. Tous les accompagnateurs convoqués ce jour-là devinèrent chez le poète chanteur, à ses répliques sèches, ses courses incessantes du piano à la guitare, une véritable excitation. Changer les musiciens comme des pions, les placer dans des situations à risques l'amusait. Seul le producteur Tom Wilson contestait les choix, traînait du pied, bougonnait, de plus en plus en retrait, conscient que la direction lui échappait. Il ne parvenait à saisir les lubies de Bob et son visage se creusait. La vitalité du musicien, sa fougue insomniaque l'avaient épuisé, vidé. Et il s'efforçait de survivre.

Au fond de la pièce, un hippie gracieux aux cheveux bouclés noirs, habillé d'une veste fourrée blanche, ne cessait de toiser Bloomfield. Le guitariste de Chicago s'était ouvert à ce jeune homme tout juste âgé de vingt et un ans, avant de s'apercevoir que les relations ici n'étaient pas aussi simples. Ce musicien de Brooklyn, Al Kooper, arrivait, précédé d'une flatteuse réputation. Il avait entamé son parcours professionnel dès son quinzième anniversaire, puis s'était rapidement fait connaître comme bon guitariste et compositeur chanceux, plaçant un tube, en ce printemps 1965, au sommet de la popularité : *This Diamond Ring*. Le chanteur se nommait Gary Lewis, le fils du comique Jerry. Mais les petites formations qu'il avait accompagnées, ses bricolages velléitaires, même couronnés de dollars, ne lui suffisaient plus. Il espérait d'autres batailles plus importantes encore.

Bob Dylan ?

Il se posait la question depuis que son ami, le producteur Tom Wilson, l'avait invité à assister aux séances de *Like A Rolling Stone*... En simple visiteur. Mais Al avait pris soin d'emporter sa guitare. Un remplacement, un musicien malade, et il proposerait ses services. Des rêves de palace éblouissaient déjà ses yeux au moment où il prenait le chemin du studio Columbia. Et voilà qu'en franchissant la porte sacrée, il avait appris qu'un autre garçon, un certain Mike Bloomfield, tenait la guitare. Raté. Il ne jouerait donc aucun rôle dans cette séance historique, ne sachant pas où s'asseoir ni quelle attitude adopter. Repartir ? Rester ? Finalement, il avait préféré attendre. Quoi ? Peut-être que son suppléant se blesserait... Non ! Car il ne tenait pas rigueur à ce Bloomfield de s'être approprié la place tant convoitée. En plus, son « rival » l'avait tout de suite séduit. Il était drôle, racontait des histoires, s'amusait sans cesse. Et quel bon guitariste ! Sa notoriété finirait par déborder le cercle restreint du blues de Chicago, Al en était persuadé.

Et puis, il l'entendit sur la première prise de *Like A Rolling Stone*. Une merveille. Mike possédait des tonnes de joie et de romantisme dans les doigts. Les craintes que Bloomfield avaient nourries en pénétrant dans le studio s'envolèrent dès les premières notes. Dylan et lui se comprirent parfaitement. C'était incroyable. Le joueur de Chicago créait les notes que Bob attendait, au meilleur moment. Ces deux-là n'eurent guère besoin d'échanger des paroles inutiles ni de répéter plusieurs heures avant de lancer la machine. En découvrant cette superbe chanson, ému par le bonheur des musiciens, le jeune Kooper regretta décidément sa mise à l'écart. Il piaffait, curieux de voir comment Dylan travaillait. C'était fini... La grande et belle chanson n'avait pas réclamé plus de labeur qu'il n'en fallait. Eh bien si... Bob interrompit la séance.

— Non... Cela ne va pas...

Il s'agita et traversa le studio. Al n'aurait pas osé imaginer un désaveu de Bloomfield qui déployait ses délicates touches bleues de guitare et décourageait n'importe quel musicien. « Je ne jouerai plus jamais de guitare », songea le bon Kooper qui éprouva un grand vide à l'image des murs vierges du studio, et perdit tout intérêt pour la suite. Chaque impression reçue ce jour-là fut pour Al d'une violence extrême. Il commença à remballer ses affaires...

— Non..., enchaîna Bob se grattant la tête, agité en diable. L'orgue... Ça ne va pas. Pas assez intense. Le jeu est trop léger...

Il se tourna vers le fautif, Paul Griffin, gêné d'être ainsi pointé du doigt, persuadé que ses erreurs lui vaudraient le licenciement.

— Va plutôt au piano.

Paul obéit. Ses gestes empressés trahissaient un réel soulagement : Dylan continuait de lui faire confiance. Mike, lui, buvait et continuait d'égrener des souvenirs improbables sur ses aventures avec Big Joe Williams. La mutation de Griffin avait laissé un siège vide : celui de l'orgue. Bob avait besoin de cet instrument, et le temps manquait pour convoquer un autre musicien. Il examina ses accompagnateurs, promena ses yeux partout. C'est alors que son regard accrocha celui d'Al assis derrière la vitre de contrôle debout, et sur le départ.

— Dis donc toi là-bas ! Al, hein ? viens prendre l'orgue !

Le ton ne tolérait aucune contestation. Kooper se retourna, croyant que l'ordre s'adressait à un voisin ou un artiste proche. Mais non, c'était bien à lui que parlait Dylan. En bas, dans la « chambre » musicale, Tom Wilson s'était avancé, pâle.

— Mais... Bob ! Il n'a jamais joué d'orgue !

— Et alors, si je dis qu'il peut jouer de l'orgue, il peut en jouer !

Ce Tom Wilson l'irritait : stupide, terre à terre, incapable d'inventer quoi que ce soit, de prendre des risques. Leur histoire commune s'achevait. Tout en noir, Bob, seul maître à bord, n'admettait plus aucune contradiction. Ses derniers succès et son aura lui permettaient d'échapper aux esprits médiocres, et il comptait bien en profiter.

Effectivement, Al n'avait jamais joué d'orgue. Et alors ? Il connaissait le piano pour l'avoir appris à l'âge de sept ans, mais cet instrument nécessitait une technique différente. Pourtant, il fonça sans réfléchir. « Je suis médiocre sur l'orgue, songea-t-il, mais Dylan n'a rien d'un Gershwin qui utilise des harmonies subtiles, éloquentes. Il vient du blues, de la musique primaire, et seuls comptent l'intensité, le sentiment. » C'est avec cette conviction-là, faite pour le rassurer, qu'il s'installa sur le siège vacant puis libéra son énergie, frappant les dures touches, plein de cœur, de blues. Pendant toute la séance, Al eut le *sentiment*, celui d'une ampleur, d'une force, il se laissa emmener par ses propres et assez étranges vagues d'orgue dont le courant paraissait vouloir l'emporter. Les notes de Bloomfield, derrière, instillaient cette douce lave qui éclairait la musique comme un âtre doux. Tout cela était chaleureux, enlevé. La musique grimpait toujours vers le haut, dans le sillage de la voix très aiguë de Bob.

Dylan le savait. Il avait encore tiré sa musique hors de l'attendu en engageant un jeune guitariste obscur et en invitant l'autre guitariste à se reconvertir, puis un bassiste à se moderniser. Tous ses musiciens, portés par leur émotion, le sens de l'inconnu, s'étaient livrés à la joute sans rien maîtriser.

— Nous allons poursuivre notre travail au festival folk de Newport ! proposa Dylan.

Mike et Al se regardèrent alors qu'ils redescendaient à peine de cette intensité. Ils avaient la sensation d'avoir accompli quelque chose d'immense, mais n'eurent même pas l'occasion de savourer leur œuvre que Bob voulait déjà repartir. Mike se tenait en retrait, perplexe. Son groupe, le Paul Butterfield Blues Band, devait déjà participer à ces journées magnifiques dont il avait tant entendu parler, et se trouvait même en première ligne puisque leur maison de disques Elektra était partie prenante du grand festival. Les deux dirigeants de la compagnie, Jac Holzman et Paul Rothchild publiaient, chaque été, un recueil des artistes folk invités (aux ventes excellentes), mais surtout ils intervenaient régulièrement auprès des responsables de Newport qui écoutaient leurs doléances. Car depuis sa naissance, la petite compagnie indépendante œuvrait beaucoup pour le folk et y avait gagné un profond respect au sein de la communauté. Elle diffusait des artistes comme Cynthia Gooding, la vaillante Judy Collins, jugée cependant, à son arrivée, trop proche de Joan Baez, et bien d'autres. Jac Holzman s'intéressait même au blues. Il avait sorti un album du duo Sonny Terry, l'aveugle, (harmonica) et Brownie McGhee, le boiteux (guitare), mais ces deux oiseaux jouaient un blues très rural, à l'esprit évidemment folk. Pour finir et avoir une idée presque exhaustive du catalogue Elektra, nous serions mal inspirés d'oublier le grand artiste folk Josh White. Ce brillant musicien, qui avait passé son existence à guider dans la rue, avec sa guitare, les chanteurs aveugles, incarnait la force du folk. Il déployait d'ailleurs tant d'humanité que le comité McCarthy le plaça en 1953 sur la liste noire et que la future maison de disques des Rolling Stones, Decca, jugea plus prudent de se séparer de lui. Josh refusait en vérité de témoigner contre son ami le chanteur noir engagé Paul Robeson. Jac saisit l'occasion et le recueillit, prêt à défier la commission des activités anti-américaines. Il apprit la chute du sénateur McCarthy avec un violent éclat de rire. Elektra avait tenu bon, solide, même si, quelques années plus tard, Jac éprouva toutes les difficultés à maintenir son entreprise à la lumière tandis que les années soixante prenaient leur envol. « New York, c'est fini », pensa-t-il, tournant aussitôt son œil bleu vers les rives languides du Pacifique. C'est ainsi qu'à l'instant même où il migrait, un génie tombait du ciel pour lui, et il le manqua dans ces bars de Greenwich où tant de belles soirées l'avaient épanoui. Bob Dylan. Quel premier album ! Il assurait l'avenir du folk. Ce jeune homme devint une obsession à tel point que Jac rapatria son bureau à New York et qu'en 1963, il publia deux amis proches du futur grand artiste, John « Spider » Koerner et Tony Glover. Mais ces artistes ne lui apportaient pas grand-chose, juste bons à enchanter la scène de Newport qui d'ailleurs se laissait gagner par une certaine léthargie. Le grenier avait besoin d'un bon coup de balai. Et Jac, bientôt rejoint par son nouveau producteur Paul Rothchild, se prirent à rêver de secouer cette torpeur. Alors les deux hommes prospectèrent et découvrirent, au fond d'un bar, le rugueux Paul Butterfield. Ce garçon signerait l'entrée d'Elektra dans le blues et le monde électrique. Une vraie révolution. Jac et son lieutenant savaient d'ailleurs fort bien l'endroit où cette révolution prendrait le maximum de résonance : dans leur beau jardin de Newport. Jac et Paul, convertis à la nouvelle musique, commencèrent donc à militer pour inscrire au programme les nouveaux bluesmen blancs, persuadés que leur présence secouerait le puritanisme folk et les populariserait.

Grâce à leur influence, les deux patrons d'Elektra parvinrent donc assez facilement à inclure Paul Butterfield dans l'atelier blues de Newport, et ils placèrent tout de suite, sur la compilation du festival, le titre que ces diaboliques Chicagoans venaient d'enregistrer, *Born In Chicago*. Le morceau avait conquis, du moins pour ceux qui l'avaient entendu, les différents mondes, blues, folk, et rock. Ce miracle assurerait peut-être la fortune d'Elektra. Jac et Paul purent même se sentir en veine lorsqu'ils virent des liens se tisser entre Dylan et Bloomfield. Encore une offrande inespérée. Évidemment, Mike se montrait assez peu disert sur l'enregistrement du nouvel album de Dylan, mais quelques indiscrétions les avaient informés d'une musique intense, électrique, celle entrevue dans *Bringing It All Back Home*. Il se préparait quelque chose à Newport.

Bloomfield, lui, trouvait formidable d'être engagé sur deux fronts à la fois, avec Paul Butterfield et Bob Dylan. Même dans ses plus beaux rêves, il n'aurait osé imaginer se produire sur la scène du légendaire Newport Folk Festival, en invité de luxe aux côtés de Bob et, plus tard ou plus tôt, avec sa propre formation, lui, qui, plusieurs mois auparavant, vivotait sur la branche instable du blues et cherchait un toit. Incroyable.

De toute façon, ils resteraient tout l'été ensemble, lui, Dylan, Al Kooper et les autres... Cela ne durerait pas, mais ils avaient trois mois pour joindre leurs forces et repousser leurs limites. Un défi passionnant sous le regard attentif des patrons d'Elektra et de Columbia.

•

Newport n'avait pas beaucoup changé en six années d'existence, avec son air humide, ses auto-stoppeurs dépenaillés, sa scène qui flottait au bord de l'eau comme un navire. Ce 24 juillet, le soleil dardait sa lumière blanche que réverbérait la mer et absorbait la colline. Les musiciens apparaissaient sur une nappe blanche, silhouettes étranges, minuscules, sous le grand ciel et le haut roc. Mais la foule attendait quelqu'un d'autre. Elle avait vu les affiches qui montraient le visage émacié, mal rasé de Dylan en treillis. Une idée de Grossman. Les espions évoquaient le nouveau disque, un « truc » électrique, assez tonique, hostile à ceux qui aimaient le folk spectral des grands chemins. Mais que réservait Dylan ? Vous le saurez dimanche, le dernier soir. Patientez... Les rumeurs prétendaient qu'il s'était entraîné en secret, dans une demeure de la ville, accompagné de musiciens étonnants ou choquants. Dans l'après-midi, Joan Baez s'était montrée aux bras d'un jeune garçon. Dylan ? Non, simplement Donovan, le petit prince du folk ! Personne n'avait pu les toucher, et ils s'étaient envolés aussi vite. Richard Fariña, avec sa femme Mimi, John Koerner, le vieux compagnon de Bob, étaient du voyage devant cette foule immense. Chacun aurait bien aimé retrouver Bob, mais ils n'en avaient plus le pouvoir. Leur ancien camarade naviguait parmi les étoiles, cloîtré dans son château et son mystère.

« Où était-il ? », se demandaient les familles, clientèle du festival revenue en force. Comme l'an passé, elles voulaient revivre les douces nuits de Newport, dans des sacs de couchage, à la lueur d'une chandelle, sous le friselis des guitares. Certains habitués occupaient le hall de l'hôtel Viking en espérant voir, comme autrefois, Dylan et Joan Baez serrés l'un contre l'autre. Mais les amants mythiques avaient disparu...

Les journées s'annonçaient bien. Samedi, le vent se leva. Un homme s'avança. Alan Lomax, le musicologue bien connu, prit le micro. Il ne paraissait pas dans son état normal, les cheveux en désordre, massif, le teint rubicond. Il parla d'une voix puissante. Les plus cultivés savaient que ce monsieur-là s'était assis sur une montagne d'enregistrements, de musiques, de chants, et qu'il parlait du haut de ce patrimoine. Il se montra ironique, appuyait chaque mot en serrant le poing.

— Mesdames, messieurs, il fut un temps où un pauvre fermier noir ramassait une boîte de cigare, nouait dessus des cordes de fil métallique, s'asseyait sous un arbre et jouait une musique splendide. Bref, nous avons là une bande de types, avec de gros amplificateurs et plein de puissance : Le Paul Butterfield Blues Band. Nous allons pouvoir vérifier si ces Blancs de Chicago savent ce qu'est le blues.

Des huées accueillirent Paul Butterfield, Mike Bloomfield, Elvin et les autres. Ils n'étaient pas dans leur assiette après cette introduction pour le moins étrange d'Alan Lomax qui n'avait pas choisi la meilleure manière de les présenter. Mais bon, ce public folk commençait à s'habituer, dansait comme une vague immense face aux cinq bluesmen, prêt à les engloutir et à les rejeter sur le rivage. Il fut vite impressionné par ce dingue de Paul Butterfield qui mordait rageusement son harmonica. Derrière, les flèches lumineuses de Bloomfield élevèrent le groupe vers le dôme comme s'ils voguaient sur un tapis volant et que leur énergie les grandissait. La multitude noire et colorée se tut. Il fallait voir Mike Bloomfield. C'était un beau spectacle de le regarder, penché sur sa guitare, comme une liane, bougeant doucement son corps d'avant en arrière, tel un toréador, toujours collé à l'instrument qui se perdait dans ses longues mains, sa grâce. L'homme se demandait s'il pouvait apprivoiser le blues, mais il le jouait mieux que personne, Mike le magnifique. Des nuages avaient jailli, poussés par le vent, un soleil timide, bientôt éclatant tandis que la foule continuait à se balancer. Les musiciens de Butterfield ressortirent, ivres de plaisir et satisfaits, et encore plus étonnés parce qu'on leur avait raconté. Pendant qu'ils jouaient, en bas de la scène, Albert Grossman s'était approché de Lomax.

— Espèce de fils de pute, c'était quoi ton introduction à la con...

Le manager de Dylan, sur le point de signer un contrat avec le Paul Butterfield Blues Band, n'avait pas apprécié le discours d'Alan, mais le musicologue s'en moquait bien, et il ne cessait de provoquer Grossman, la tête haute.

— Mon introduction ? éructa-t-il. Elle s'adresse à tous les trous du cul.

Albert lui balança une gifle puis un coup de poing au visage qui déséquilibra le musicologue, et il se précipita sur lui en le frappant au ventre, à la tête. Mais Lomax, costaud, parvint à repousser les assauts et à étouffer Albert quand des spectateurs les séparèrent, formant une mêlée de jambes, de bras. Grossman, ébouriffé, rouge, se débattait, Lomax saignait légèrement, se remettant debout comme si rien ne s'était passé. Il déplissa ses habits, se recoiffa. Il ne ressentait que mépris pour ce vendeur de hot dogs qui ignorait tout de la pureté et cédait à une violence ridicule pour régler les désaccords. Albert s'éloigna, séparé de son ennemi par la foule, tout en continuant à déverser ses insultes.

Resté digne et affectant l'indifférence à ce qui venait de lui arriver, Lomax quitta le site du festival, des larmes au bord des yeux, la gorge nouée. Le gardien de la pureté folk se sentait seul devant cette révolution dont il était devenu le témoin impuissant. Il n'aimait pas ce qui se passait et l'avait dit à ses risques et périls.

— Je suis mille fois plus respectable que cet imbécile de Grossman.

La musique, le blues perdaient de leur côté sacré par la faute de gens comme Paul Butterfield et sa clique. Alan avait peur d'abandonner son monde qui avait été celui de son père et où il avait vécu les plus beaux moments de sa vie, pendant les belles années trente, lorsque tous deux parcouraient les prisons, les campements à la recherche du vieux folklore noir. Il avait la sensation désagréable d'appartenir au passé et le refusait. Il demeura les jours suivants à ronger son angoisse dans ce festival qui ne semblait plus être le sien.

Il se tenait non loin de Pete Seeger, autre gardien du folk, rassurant pour tout le monde.

Bob s'apprêtait à entrer lui aussi dans l'arène. Il apprit la bagarre entre Lomax et Grossman, sans trop y croire, et il en riait bien. Le Butterfield Blues Band avait lancé les premières flammes, et le public ne s'était pas jeté sur la scène pour les pendre. C'était de bon augure. Bob avait tenu à emprunter les musiciens du groupe de blues, Mike Bloomfield en tête. Il avait engagé leur batteur Sam Lay et le pianiste Barry Goldberg.

— Trouve-moi Kooper ! demanda Bob à Grossman qui tomba sur Al, quelques heures après, par hasard dans les allées du festival.

— Eh, Bob te cherche partout ! Il veut que tu rejoignes le groupe !

Al écarquilla les yeux.

— Ah bon ?

Il avait acheté des tickets pour assister en simple spectateur aux concerts, les revendit aussitôt dans la minute qui suivit la proposition du manager. Jamais il n'aurait espéré que Dylan le réclamât. Visiblement son improvisation à l'orgue sur *Like A Rolling Stone* avait plu. Un an plus tard, au cours d'une tournée, Al entendrait dans un hôtel une sonorité d'orgue.

— Écoute, Bob... Ce type joue comme moi. Ça, c'est la meilleure, non ?

Dylan arrêterait toute conversation.

— Mais c'est vrai !

Et tous deux se mettraient à rire. Lors de la fameuse séance, le grand Kooper n'avait jamais bien su ce qu'il avait fabriqué. Il avait joué comme il avait pu, et des musiciens l'imitaient. Quelle blague ! Et il fut lui-même surpris par le résultat qui tomba juste avant Newport. Grandiose ! Il ne s'en serait jamais douté. On lui parla de chef-d'œuvre...

Le 20 juillet 1965, le single *Like A Rolling Stone* frappa tout de suite les esprits. Il attirait l'auditeur comme une dune hypnotisante, avec ses vagues ensablées, son soleil âcre. Tout était abrupt, dans cette chanson, et il était difficile de résister à ses éboulements. Ce qui fascinait alors, c'était sa longueur. On n'avait jamais vu de ballade qui durait six minutes. Dylan ouvrait une autre dimension.

— *Like A Rolling Stone* a tout changé, dirait-il à Nat Hentoff dans ce qui resterait peut-être sa meilleure interview, donnée au magazine *Playboy*, en mars 1966. Après, je me suis complètement moqué d'écrire des poèmes, des bouquins ou autre chose.

Il sentait qu'il venait d'imaginer une œuvre presque parfaite et qu'elle assouvirait largement ses désirs. Bien plus tard, le rocker Bruce Springsteen, alors adolescent en 1965, évoquerait un souvenir personnel lié à la chanson. Il roulait en voiture avec sa mère :

— C'était la voix la plus dure que j'avais jamais entendue. Elle était efflanquée et réussissait à paraître je ne sais comment, jeune et vieille à la fois. Elle m'a fait sentir irresponsablement innocent. Dylan était un révolutionnaire. Bob a libéré nos esprits comme Elvis avait libéré nos corps.

Les Beatles louangèrent ce merveilleux premier rock and roll moderne, qui explorait plus loin les possibilités musicales entrevues avec *Bringing It All Back Home*. John, Paul, George et Ringo, préparaient pour la fin de l'année un album qui annonçait une musique plus complexe, sur les traces de Dylan.

C'est donc portés par le sirocco *Like A Rolling Stone* que Bob, Mike, Jerome Arnold, Sam Lay, Barry Goldberg, Al Kooper répétèrent pendant une nuit sous les colonnes madrées d'un vieux manoir. Une pelouse de fleurs noires chutait dans les ténèbres, les arbres. Il faisait chaud. Et les musiciens étaient enfermés avec leurs instruments étincelants, dans la chaleur électrique. Ils burent, s'amusèrent, travaillèrent trois morceaux : cela suffirait, et, à l'aube, ils s'égaillèrent, prêts pour le grand jour.

Le succès de *Like A Rolling Stone* préservait Dylan des puristes. Mais en existait-il encore ? Les ultimes bastions déposaient les armes. Paul Butterfield et les Chamber Brothers avaient devancé Bob en présentant, un jour plus tôt, une musique électrique, et ni l'un ni l'autre n'avait reçu des tomates. L'historien pouvait même se reporter à l'année dernière. Muddy Waters, la légende du blues, avait lui aussi sacrifié au royaume électrique, sans susciter davantage de colère. Et les Byrds, qu'avaient-ils créé sur son propre morceau *Mr Tambourine Man* ? Une nouvelle forme. Maintenant, c'était à son tour. Il rompait bientôt lui aussi bruyamment avec la musique de son passé. Ce concert l'exaltait beaucoup. Il regardait Mike Bloomfield et sentait chez le guitariste de Chicago une même excitation, lui qui avait été brillant au début du week-end, derrière Butterfield. Fort d'un pareil soutien, Bob ne craignait rien. Tout au plus, les spectateurs, en le voyant arriver, poussèrent une rumeur gigantesque de stupéfaction. Dylan en groupe ! Et ces musiciens ?... Ne les avait-on pas déjà vus ? Deux ou trois appartenaient à ce combo blanc qui avait séduit l'audience. Mais de là à accompagner le maître du folk ! Le poète emblématique ! Jusqu'au dernier instant, il avait caché la surprise, bien entretenu à son insu par le grand Pete Seeger dont le discours fleurait bon l'âge d'or, pourtant bientôt passé de mode, de la protest song.

— La guerre du Vietnam, déclara-t-il, a atteint un degré de paroxysme insupportable. Une nouvelle offensive a été lancée contre le Nord-Vietnam tandis qu'à l'intérieur du pays, le mouvement des droits civils est bafoué...

Bien sûr, Johnson avait signé le projet de loi de Kennedy bannissant la ségrégation, mais il restait encore tant à accomplir, et ce même Johnson venait d'autoriser le bombardement du Vietnam...

Après avoir applaudi cette diatribe, les spectateurs s'attendaient à des chansons sociales très dépouillées. D'ailleurs, les autres artistes programmés ce soir-là avec Dylan relevaient du folk le plus traditionnel : Georgia Island Sea Singer, le magnifique Son House, inventeur du Delta Blues et qui finit son existence au volant d'un tracteur pour survivre, le moite et violent griot de la jungle mississippienne Robert Pete Williams pinçaient les cordes écorchées de leurs guitares au plaisir des amateurs. Tous furent acclamés, très écoutés. Mais aucun, malgré l'importance que deux d'entre eux (Robert Pete et Son) occupaient dans l'histoire de la musique, ne soulevait le même courant d'espoir – en raison de sa jeunesse – que ce solitaire tant espéré : Bob Dylan ! Et l'artiste de vingt ans glisserait entre les vieux éléphants sa nouvelle musique électrique. Son effet de surprise l'avait contraint à annuler la balance. Bob apparut avec un haut orange et, par-dessus, un cuir noir, mince, affûté. Il jeta tout de suite une version électrifiée de *Maggie's Farm*. Revenu de sa surprise, le public commença à s'agiter, des applaudissements dispersés furent emportés par une huée ténébreuse qui s'éleva du gouffre où toute cette passion s'entrechoquait, bouillonnait, montait, montait et finit par emplir tout le ciel noir. Le son était fort, saturé, les micros mal réglés. Bob se tourna vers Mike Bloomfield comme pour accompagner et exciter le flot de notes du guitariste qui vibrionnaient dans l'air.

Dans les coulisses, Pete Seeger tomba presque sur son fauteuil. Quelle horreur ! Il n'en revenait pas. Dylan était fou. Pete se précipita vers la console pour éteindre la musique, couper le son. Plus tard, ses amis le défendraient, arguant qu'il n'avait pas l'intention de censurer Dylan, mais qu'il souhaitait baisser le volume, le réguler afin de sauver ce qui pouvait l'être. Il se heurta à Paul Rothchild, excité, et qui protégeait la console.

— Baisse ! Baisse ! lui ordonna Seeger.

Paul refusa. S'il avait pu, il en aurait même rajouté... Albert Grossman lui porta secours, ainsi que Peter Yarrow.

— Touchez cette console, et je vous poursuis en justice, menaça le Gros.

Avec le manager, les querelles se réglaient, soit au tribunal, soit à coups de poings. Et pendant ce temps, le public hurlait :

— Ordure ! Traître ! Reviens au folk ! On n'entend rien ! Tu es bon pour l'Ed Sullivan Show...

Effectivement, personne n'entendait rien, même les partisans du nouveau Dylan convenaient que le spectacle partait en quenouille. Les musiciens ne jouaient même pas ensemble, parfois le son de la basse ronflait tellement qu'elle se mélangeait à la guitare de Bloomfield. Mike s'était rendu compte du chahut autour d'eux, mais, tout à ses ondulations blues, à son nombrilisme, il croyait que le public hurlait sa joie et s'était laissé hypnotiser par sa propre virtuosité. Il jouait fort, jetait des notes dans tous les sens, gonflé d'orgueil à la pensée d'être au cœur du désir populaire. Il couvrait même la voix de Dylan et attirait les hurlements d'une foule qui s'était mise à injurier ce guitariste tonitruant dont elle se demandait pourquoi il occupait tout l'espace sonore. Mike avait perdu contact avec la réalité.

Al Kooper l'avait senti et tentait d'endiguer le désordre. Trop tard. Il regardait du coin de l'œil le batteur Sam Lay complètement perdu et qui n'arrivait pas à donner un rythme à cette musique en lambeaux. Il suait à grosses gouttes et promenait un œil suppliant sur les autres musiciens. *Like A Rolling Stone* fut presque inaudible, et le groupe s'éclipsa après seulement quinze minutes de concert. Les sifflets augmentèrent, emplissant la nuit. Bob s'assit juste derrière les coulisses. Mike Bloomfield plongeait son regard effrayé dans ce puits noir qui grondait.

— Eh, retourne jouer ! cria Peter Yarrow.

Il se jeta sur Bob. Dylan ne comprenait pas. Que se passait-il ? Pourquoi cette bronca ? Toutes les figures semblaient creusées par la nuit, la fatigue, l'angoisse.

— Mais, nous n'avons répété que trois morceaux... dit-il à Peter.

— Tant pris, prends ta guitare et joue seul. Donne-leur ce qu'ils demandent. Tous ces gens ont payé pour te voir. Ils te réclament. Ne les déçois pas.

Bob avait envie de tout envoyer promener. Il digérait avec peine ce sentiment de défaite qui l'alourdissait. Pourquoi y retournerait-il ? Pourtant, Peter Yarrow disait la vérité. Sa carrière se jouait peut-être ce soir-là. Il s'était leurré par suffisance, persuadé que la sonorité rock comblerait ces gens comme tout ce qu'il avait entrepris jusqu'alors. Eh bien non : il était blessé et n'osait plus regarder les témoins passifs de sa chute icarienne, il fuyait l'expression de Peter Seeger, là-bas, en bas des escaliers, sa figure déformée – il l'imaginait sans mal – par la colère, la haine. Il avait l'impression de se retrouver entre deux pelotons d'exécution. Seul Albert Grossman semblait se repaître du scandale. Il se frottait les mains.

Bob rencontra un peu plus loin le sourire amical de l'homme-nuit, son diable sympathique, Johnny Cash qui en avait vu d'autres et, les poings serrés, brandis, prodiguait de loin ses encouragements au jeune musicien. La chanteuse Maria Muldaur s'empressa auprès de Dylan. Elle lui tint plusieurs propos qu'il ne saisit pas. Bob l'avait croisée dans les allées, et elle l'avait, plus d'une fois, remerciée pour sa musique, elle adorait, elle adorait aussi Paul Butterfield et Mike Bloomfield. Elle détestait ce public partisan capable d'applaudir Muddy Waters et de honnir le poète folk alors que les deux artistes tutoyaient le même rivage électrique. Quelle injustice ! Et toutes ces ombres attendaient, chuchotant dans la nuit, étouffant de chaleur et de plaintes. Les étoiles semblaient avoir disparu.

Peter Yarrow avait replongé dans la gueule du dragon grande ouverte devant lui :

— Écoutez, cria-t-il dans le micro qui résonnait. Bob Dylan va revenir… si vous vous calmez ! Vous souhaitez qu'il revienne ? Alors, appelez-le !

Et une clameur grimpa, ample, presque lyrique, magnifique.

Bob consentit à revenir sur scène, armé de sa seule guitare, le visage presque ailleurs, devant ce pouls monstrueux qui s'était calmé mais dont il pressentait la gigantesque respiration prête à le happer corps et âme. Il essuya quelques larmes autour de ses yeux. Il ne se sentait pas bien. Un silence profond s'appesantit sur le village comme si un sort avait statufié la bête. Il joua *Mr Tambourine Man*, seul comme autrefois, comme toujours, puis termina par le mélancolique *It's All Over Now, Baby Blue*. C'était fini. Il venait de dire adieu à son ancienne musique. Il ne reviendrait plus en arrière. Il avait traversé le miroir et découvert un autre monde…

Ce 25 juillet 1965 marquerait durablement la carrière de Bob Dylan mais aussi l'histoire de la musique. Ce qui avait surtout été un concert raté passa dans la légende comme la fondation d'une nouvelle musique : le folk rock. Ce style deviendrait le rock moderne, celui qui exploserait à la fin des années soixante. Il reléguerait le rock and roll des « fifties », encore parfumé de country blanche et de vieux blues, au rayon des belles naïvetés. Le folk rock, c'était l'arrivée de la poésie, du surréalisme, de la violence. À Newport, Bob Dylan n'eut bien sûr pas conscience de cette révolution, puisque, comme on l'a dit, d'autres créateurs avaient déjà commencé à franchir le pas, mais l'énormité du ratage ce soir-là, qui donna tout de suite une vision gargantuesque, exagérée de la musique électrique, et la popularité du jeune artiste ébranlèrent une population très intransigeante envers son idole. On dit que d'autres avaient *commencé à franchir le pas*. Mais Dylan, lui, acheva l'œuvre. Il ne lui manquait rien – alors qu'il manquait peut-être à un Muddy Waters le surréalisme.

Bob ressortit de cette édition de Newport très ébranlé. Sans doute se promit-il qu'il n'y retournerait plus et que cette scène-là appartenait au passé comme sa vieille peau du folk… Il avait vécu son retour sur les planches, à la demande de Peter Yarrow, comme une humiliation.

Il retourna à New York afin de poursuivre l'élaboration de son nouvel album qu'il espérait puissant, orgiaque. Tous les grincheux se taisaient. Mike Bloomfield comptait bien finir le travail puis retourner auprès de Paul Butterfield. Avec le recul, il ressentait une certaine gêne en se rappelant sa prestation à Newport. Dylan avait été sifflé à cause de lui et de son orgueil démesuré. Que s'était-il passé ? Le guitariste de Chicago n'en savait rien. Quelque chose lui avait échappé. Il n'osait même pas demander aux autres comment il avait joué par crainte de subir regards au ciel et silences. Il espérait bien se rattraper, et le nouvel album en chantier de Dylan représentait une autre chance si Bob évidemment voulait bien de lui. Qu'Albert Grossman s'occupât à la fois du Paul Butterfield Blues Band et de Dylan arrangeait bien ses affaires. Mike croisa Al Kooper, touché par la catastrophe de Newport, et qui se réjouissait également d'aller jusqu'au bout de cette aventure. Tous désiraient prendre leur revanche.

Bob ignorait aussi qu'un homme le cherchait et rêvait de travailler avec lui. C'était un jeune producteur qui errait dans les arcanes de Columbia depuis le début de l'année, sans un mot plus haut que l'autre. Il se souvenait de son enfance auprès d'une grand-mère et mère auteurs de chansons et d'un oncle pianiste. Cette ambiance familiale lui avait donné envie de chanter, et depuis des années, il composait, Elvis Presley avait même repris plusieurs de ses chansons, dont *It Hurts Me*, en 1964.

Bob Mercy, l'arrangeur de Barbara Streisand, avait appelé chez Columbia le dénommé Johnston qui avait séduit par sa correspondance admirative, sa fougue et son envie :

— Tu veux travailler pour moi ?

Et le nouveau venu avait répondu :

— Avec vous plutôt !

Le bon Mercy se mit en quête d'un bureau chez Columbia. Aucun n'était libre. Il trouva finalement une pièce au fond du couloir à l'odeur de renfermé, remplie de poussière.

— Voilà ! Tu travailleras ici.

Mais peu importait au fond l'exiguïté et la saleté du lieu. Johnston s'était ouvert les portes du sanctuaire, et il comptait bien prolonger son séjour chez les Seigneurs. Fin des vaches maigres, des projets inachevés. Tant de prestigieux créateurs s'offraient à lui. Dès son intronisation, il eut le privilège de pousser la populaire Patti Page dont les chansons occupaient régulièrement, depuis une dizaine d'années, les premières places des charts. Seulement, la vedette, nouvelle recrue de Columbia, avait un peu ralenti son activité, et il était chargé de la relancer, sans grands risques d'ailleurs. Il produisit sa chanson *Hush Hush Sweet Charlotte*, qui illustra le film du même nom avec Olivia de Havilland et Bette Davis. Un vrai succès.

Depuis son entrée dans la compagnie, Johnston fréquentait la constellation comme on dit, mais ne se satisfaisait pas de ses petits exploits, même si son poste l'amènerait à produire les Byrds, Aretha Franklin, à chasser sur le territoire de Nashville. Il y avait rencontré Johnny Cash et concevrait avec lui le merveilleux *Folsom Prison Blues*, en 1968. Au milieu des années soixante, il travaillait la matière sonore d'un nouveau duo, à la sonorité très pure héritée des Everly Brothers et de tous ces couples au chant limpide. Ceux qui avaient entendu l'un des titres enregistrés par ces deux jeunes gens en mars 1964 se répandaient en compliments. La chanson s'intitulait *The Sound Of Silence*, et les rossignols se nommaient Paul

Simon et Art Garfunkel. Bob Johnston, passionné de musique, aimait les artistes, et souhaitait leur offrir la lune...

Mais tous ces noms n'auraient jamais suffi à le combler s'il n'avait pas réussi à pénétrer l'univers du seul artiste Columbia qui le magnétisait vraiment. En franchissant la porte de la vénérable maison, il avait surtout espéré rencontrer Bob Dylan et donner forme à ses visions. Bob Dylan, c'était un géant ! Un roi ! Un prophète !

— Si la guerre du Vietnam doit s'arrêter un jour, dirait-il, on le devra à Dylan.

Hélas, combien de marches, devrait-il gravir pour apprivoiser l'idole ! Sa première réussite l'avait rapproché du but, sans pour autant le libérer de son placard et alléger ses horaires d'esclave.

Il devait agir vite car les rumeurs prétendaient que Tom Wilson était en disgrâce. Bientôt, cet homme retournerait à ses premières amours, le jazz, la direction lui chercherait un remplaçant, et les candidats se bousculeraient aux pieds du prodige. Terry Melcher, l'actuel manager des Byrds, possédait de grandes chances. Le talentueux Terry affichait de belles références depuis qu'il avait produit la merveilleuse reprise de *Mr Tambourine Man* dont Dylan était si fier. Une telle préférence semblait logique. Pourquoi Johnston n'irait-il pas plaider sa cause auprès de Dylan lui-même ? Non, quelle erreur ! Il bafouillerait, rougirait comme un gosse et ne réussirait qu'à déchaîner les forces contraires. Passer par le haut lui semblait plus intelligent. Le jeune producteur investit le bureau de John Hammond qui avait évidemment de l'influence auprès de l'idole. Il avait sollicité un rendez-vous et, chose curieuse, quand il se présenta au légendaire découvreur, Bill Gallagher, le président de Columbia, occupait un coin de la pièce. Cette mobilisation des hauts responsables impressionna Johnston. Que se passait-il ? Allait-il être viré au lieu de voir son vœu le plus cher exaucé ? Heureusement, Bob Mercy assistait lui aussi à l'entrevue. Sa présence amicale et souriante rassura Johnston. L'arrangeur, mis au courant du souhait de celui qu'il avait engagé, s'était montré sous un jour assez brutal :

— Mais pourquoi veux-tu à tout prix travailler avec lui ? avait-il demandé à Johnston. Il a les ongles des doigts sales et il n'arrête pas de casser les cordes de sa guitare.

Le jeune producteur ne répondit pas. Il ne se souciait pas de la réputation du musicien. Il se savait assez adroit pour ménager le poète et ne pas entrer en conflit avec lui. Finalement, John Hammond et Bill Gallagher se levèrent :

— Ok, il est à toi !

Jamais phrase ne lui procura plus de plaisir, même si, la minute d'après, un gros poids oppressa son cœur. Cette tension portait un nom : angoisse. Oui, maintenant, il lui faudrait tenir son engagement...

Il faisait chaud à New York ce jour-là, en ce mois de juillet 1965. La mer immobile autour de la Statue ressemblait à une cuirasse étincelante sur laquelle, au loin, les voiliers semblaient faire du surplace. Bob avait plongé dans la rumeur du Bronx, les échoppes chaudes des commerçants, la circulation étouffante, les crieurs de rue. Il aimait cette ambiance impitoyable. Il se rendait dans son studio avec ses feuilles, ses chansons écrites à la va-vite au Chelsea Hotel ou dans la rue. Il avait retrouvé du bonheur, moins de cinq mois après la réussite de *Bringing It All Back Home* et s'accrochait à la réussite de *Like A Rolling Stone*. Il essayait d'oublier Newport. Les idées irriguaient à nouveau son esprit, il se ruait sur sa vieille machine à écrire, persuadé d'accomplir son plus grand album. Sa jeunesse demeurait éclatante, sa force vive, il défiait le diable, qui ricanait dans son sillage, et la mort. Albert Grossman le priait d'éviter les drogues, de tout faire pour garder son énergie, sa vitalité. Il savait hausser le ton, Albert.

— Tu m'as entendu ? Pas de drogues.

Comme toujours, Bob affichait un sourire narquois.

Mais il n'avait pas envie de prendre quoi que ce soit. Peut-être juste de boire dans cette pièce sans air. Il se demandait si les musiciens sentiraient sa musique. Les mêmes interrogations allaient et venaient en lui, incessantes.

Bob Johnston était arrivé, pâle, rasant presque les murs du vieux studio de la 52e Rue. Avant d'entrer, il avait repris son souffle. Il se sentait déjà fatigué parce qu'il n'avait pas fermé l'œil de la nuit, imaginant, jusqu'à la névrose sa première rencontre avec le roi. Que lui dirait-il ? Comment le nouveau producteur réagirait-il aux accès de colère ou à la morgue du maître ? Serait-il réduit à l'état de pantin, de faire-valoir ? Il l'avait voulu et débarquait là, au milieu de tous ces inconnus, ces dizaines d'yeux – la bande de Dylan – qui semblaient fouiller le fond de son cœur.

Johnston afficha un grand et large sourire, désireux de se montrer le plus sympathique et décontracté possible. Bob lui serra la main. Il paraissait détendu et le producteur crut même déceler une légère mimique rieuse. Pourtant, cette vague impression s'effaça assez vite, et le visage de Dylan se verrouilla comme une porte blindée. Johnston, heureusement, avait tout prévu. Et il avait laissé filtrer, sans la moindre retenue, l'admiration qu'il vouait au musicien. Une manière de le mettre en confiance et de lancer le message. « Ne t'inquiète pas. J'aime ton œuvre, je suis de ton côté... » Bob le sentit. Il avait compris. « Celui-là ne m'emmerdera pas ! »

Et Johnston s'assit, un verre d'eau à la main. Il respira et essuya son front trempé de sueur. Il était soulagé.

— Tu sais, j'ai des accointances à Nashville, dit-il. Je peux t'avoir d'excellents accompagnateurs qui ne rechignent pas au travail, sont remarquables et peu chers.

— Qui ? demanda Dylan.

— Un type du nom de Charlie McCoy. Un harmoniciste. Un guitariste. Il joue.

— Préviens-le... J'aurai peut-être besoin de lui !

Johnston dissimula à peine sa joie. Dylan l'avait écouté. C'était une première victoire.

Il faisait toujours aussi chaud dans cet accablement des projecteurs, l'entrelacs de fils, ce plafond morne et blanc. Bob s'était installé au piano, il lisait les paroles de ses chansons. Peut-être essayait-il de les apprendre ? Tout le monde attendait derrière, dans un silence pesant. Quelques chuchotements écornaient le silence. Les techniciens observaient le maître, sans un mot, se déplaçant avec la prudence des sentinelles. Bob n'avait aucune raison de ménager ses collaborateurs. Il était le roi, celui qui apprivoisait la création, le son. Non loin, se trouvait Bobby Neuwirth, tenant son appareil photo d'une main. Il prenait des clichés à tout bout du champ, derrière, devant. Grossman ne ratait pas une miette de la séance, fixant l'ami de Dylan dont il n'ignorait rien des activités : la drogue qui échauffait le grand musicien passait par lui. Albert l'avait prié instamment de cesser son petit trafic au moins le temps de l'enregistrement et de vérifier que Dylan ne trouvait pas d'autres « bonnes âmes » pour l'approvisionner. Et il s'assurait que Neuwirth tenait sa promesse. Quelques personnes triées sur le volet avaient franchi la porte du studio. On pouvait reconnaître le poète beat Allen Ginsberg, assis dans un coin. On attendait le grand spectacle, le film. Et pourtant, c'était ennuyeux, sauf quand Dylan jouait, envoyait sa voix, gémissante, traînante qui partait vers le haut, emmenant toujours ce panache extraordinaire.

Il joua *Tombstone Blues*, l'un de ces pochades délirantes dont il avait le secret. Ses musiciens le suivirent sans savoir où allait celui qui venait d'imaginer son cirque flamboyant. Mais le morceau est un chef-d'œuvre d'envolées, de douce folie, avec ses traversées grinçantes de guitare, son rythme frénétique. Le meilleur que Dylan pouvait offrir à cette époque. Et tous le savaient, guidés à l'unisson dans un monde inconnu. Et il chantait une histoire insensée brassant le fantôme de Belle Starr, de Jack L'Éventreur, une histoire où Beethoven et la chanteuse de blues Ma Rainey partageaient le même lit.

Comment avait-il écrit tout cela ? Sous l'effet de quelque substance ? Ce texte n'avait délicieusement aucun sens. Ou peut-être si, lorsqu'il évoquait les soldats du roi des Philistins, sans doute Lyndon Johnson, et la guerre du Vietnam. Il en parlait avec son lyrisme absurde, son surréalisme hérité de Dada. Ce qui frappe chez le Dylan de ces années-là, c'est son flux, un flux torrentiel, virulent mais toujours empreint de merveilleux.

Il écrivait comme cela venait, inspiré par le Grand Ouest, le mythe de la frontière, le désert, le western.

Bob avait rêvé aussi de Belle Starr, la femme bandit qui venait visiter ses nuits comme celles de Woody Guthrie vingt ans plus tôt. Le maître folk de Dylan avait écrit l'épopée des grands brigands de l'Ouest, des Dalton et bien sûr de Belle Starr en 1940, et Bob partageait les mêmes songes.

Née en 1848 à Carthage (Missouri), Myra Belle Shirley grandit au sein d'une famille opulente jusqu'à la guerre de Sécession qui ruina son père, un riche éleveur de blé et de chevaux, et tua son frère Bud engagé dans les rangs sudistes. Belle, mûre pour les cavalcades sauvages, la rébellion, elle s'enfuit, épousa un voleur de chevaux texan, Jim Reed, que les forces de l'ordre exécutèrent. Elle aima beaucoup, ayant une petite préférence pour les pilleurs de trains et une tendance à l'infidélité : elle séduisit Cole et son cousin Bruce Younger, complices du mythique Jesse James. Elle les quitta et convola avec l'Indien Sam Starr, son deuxième mari, avant de succomber à son frère Jim. Excellente cavalière, revolver à la main, habile, elle parcourait le pays sur son cheval, tuait, volait, escroquait. Une balle arrêta sa course folle, et son corps fut retrouvé dans un fossé, quelque part en Oklahoma. Le meurtrier ne réclama jamais la prime. Sa tombe existe : on trouve dessus un cheval gravé...

Bob avait choisi le nom légendaire de Tombstone, théâtre du fameux règlement de compte à OK Corral le 26 octobre 1881 entre le shérif Wyatt Earp, le dentiste alcoolique Doc Holiday, et les cow-boys d'Ike Clanton. S'agitaient, sous la plume de Dylan, fantômes drôles, créatures carnavalesques dans une palette si large où se croisaient le sourd compositeur Beethoven et la lesbienne du blues aux dents en or, la grosse diva noire, ceinte de serpents et de bijoux, Ma Rainey qui, au début du siècle, avait mené une compagnie minstrel. L'une des figures colorées de la comédie américaine...

En recevant en pleine figure le texte de *Tombstone Blues*, les musiciens n'en comprirent pas vraiment le sens, mais ils suivaient, Mike Bloomfield en tête, soldat fidèle du blues blanc, aux coups de génie.

— Essaie de t'approcher du son de McGuinn, tu sais dans sa version de *Mr Tambourine Man*..., lui conseillait Dylan.

Mike acquiesçait et Bob écoutait avec admiration ses glissements de bottleneck [56] tandis qu'il sentait les poussées d'orgue d'Al Kooper dans son dos et qu'il voyait l'expression hilare de Ginsberg. Mais le bassiste Russ Savakus s'était noyé, incapable de suivre le rythme. Et il transpirait à grosses gouttes, hasardant un œil anxieux sur Dylan qui ne lui adressa aucune remarque. Peut-être Russ aurait-il préféré une bonne dispute, conscient de ses erreurs répétées. Mais au lieu de le réprimander, Bob se tourna vers Al Kooper :

— Je ne veux plus de lui. Tu peux me trouver un autre bassiste ?

246

Al décrocha aussitôt son téléphone. Lui non plus ne faisait pas de sentiments. Son vieil ami Harvey Brooks rejoignit le studio tandis que Russ remballa ses affaires et quitta la scène dans l'indifférence générale. Il ne salua même personne.

Ce musicien tombé venait d'abandonner son rêve. Les autres le tenaient et bien. C'était une ambiance masculine. Pas de femmes, ni Suze, ni Joan Baez, ni muse apparue. Sara reposait en son manoir de Byrdcliffe comme la captive des *Hauts de Hurlevent*.

Bob Johnston hésitait sur l'endroit où se tenir, quittant son fauteuil pour y revenir la minute d'après, toujours un peu à l'écart. Sa première journée s'achevait, et il se sentait joyeux. Il n'avait pas échangé deux mots avec Bob et peut-être n'y tenait-il pas davantage tant la tension l'avait refroidi. Mais il avait adoré assister à ce travail. Un visiteur impromptu se serait peut-être demandé si ce grand homme placide, immobile derrière la console, ne dirigeait pas plutôt le fan-club de Dylan que la production d'un futur grand disque rock. Il ne cessait de dire sans que l'on devinât quelle était la part de plaisanterie et de naïveté :

— C'est le plus grand prophète depuis Jésus !

Johnston étendait quand même peu à peu son influence. Bob écoutait ses conseils et comptait sur lui pour imposer sa discipline : être à l'heure, et ne pas contester ses choix. Le jeune producteur savait obtenir ce que le créateur voulait, des techniciens, du personnel et des musiciens évidemment. *Highway 61 Revisited* ressemblait à un pays totalitaire assujetti par le roi Bob, avec, à ses côtés, le prudent conseiller Johnston. La première version d'une chanson intitulée *Desolation Row* révolta Dylan qui l'abandonna en pestant.

— Nous la reprendrons dans quelques jours...

Personne n'osait protester ou donner son avis. Bob avait raison, il arrivait au sommet de son art, et préparait son grand album à la densité blues. Des titres comme *From A Buick 6* ou *It Takes A Lot To Laugh, It Takes A Train To Cry* réveillaient les fantômes noirs mais les projetaient crûment dans le surréalisme.

Le 2 août 1965, quand Bob Dylan, l'enfant mutant, sortit un objet cylindrique, une sirène de voiture de police, et se mit à la faire tourner, la terre vacilla. *Highway 61 Revisited* nous emmenait sur cette grande route qui traversait le pays, depuis Minneapolis, Duluth jusqu'au sacré Mississippi, le pays du blues où Bob avait rêvé grandir. La nouvelle route musicale avait la dureté des hommes, l'éclat des corps violents, ces corps serrés sous la touffeur du studio, la jungle des lumières, du matériel électrique dont la chaleur remontait. Comme si un feu brûlait. Le titre évoquait ce *Highway 51* que le garçon du Minnesota avait chanté à ses débuts, mais décidément il changeait de route, 51 et maintenant 61, sans pour autant tourner le dos aux sentiers noirs. Beaucoup de bluesmen avaient longé cette bande de bitume comme le pianiste Roosevelt Sykes en 1932 ou Fred McDowell, le vieux bluesman amoureux de ce chemin qu'il avait tant chanté et sur lequel il achèterait une station-service, quelques jours avant sa mort, en 1972. Le blues de Dylan, lui, était un drôle de boogie minéral, porté par la Bible et l'hérésie. « Et Dieu dit à Abraham : « Tue l'un de tes fils ! » Et Abraham demanda : « Où veux-tu que je le tue ? » Dieu dit : « Sur l'autoroute 61 ». » Le sacré ordonnait donc un sacrifice sur la matière, la route et la déesse automobile à la carrosserie clinquante. Dylan naviguait entre profane et besoin de spiritualité, incapable de choisir. Mike Bloomfield participa au voyage comme il pouvait, tissant ses lignes discrètes. Oubliée l'erreur de Newport ! Le guitariste goûtait à pleines dents cette nouvelle musique.

Bob employait ses journées à écrire. Il continuait de lire ses poètes préférés, des Français comme Baudelaire, *Les Fleurs du mal* qui embaument *Queen Jane Approximatively* :

> *Maintenant que toutes les ladies en fleurs*
> *Veulent récupérer ce qu'elles vous ont prêté*
> *Et que le parfum de leurs roses ne reste pas*

Un vif sentiment d'amertume affleure ces quelques lignes. Le moral de Bob connaissait des hauts et des bas. Sa mélancolie débordait une prose de plus en plus délirante jetée au rythme de ces clowns morts sur le champ de bataille.

Mais ce jour-là, il donna le merveilleux *Ballad Of A Thin Man*, introduit par ses notes carillonnantes de piano, avec son rythme lent de fausse valse, son atmosphère poisseuse. Un pur chef-d'œuvre de musique poétique et romantique. Dylan arrivait au sommet de sa grâce, de sa verve, et il y resterait un an et demi...

> *Car quelque chose se passe ici*
> *Mais vous ignorez ce que c'est*
> *N'est-ce pas, Monsieur Jones* [57] *?*

L'homme de la chanson entre dans une pièce et aperçoit un homme nu. « Qui est-ce ? » demanda-t-il.

Dylan ignorait que pendant des années le public essaierait de savoir qui se dissimulait derrière le mystérieux monsieur Jones, ce candide incapable de saisir le monde environnant. Des journalistes ? Horace Judson, le reporter du *Time* que le musicien avait secoué en Angleterre ? Pour sa part, Robert Shelton nia être ce personnage, mais il pencha pour Pete Seeger qui n'avait rien compris à la musique électrique de Dylan. Pourquoi pas Tom Wilson aussi, l'hermétique producteur ? Mais « M. Jones » symbolisait tous les esprits obtus auxquels s'était heurté Bob depuis ses débuts.

Les quatre séances de *Highway* s'achevaient. Bob songeait souvent à Rimbaud, cet écrivain qui avait abandonné son œuvre à dix-neuf ans pour s'en aller à l'aventure. Le poète français avait tout écrit, tout achevé pendant sa jeunesse. Et lui, le musicien américain pourrait-il un jour renoncer à la musique ? Non, il en était incapable. Il riait bien trop en décrivant Einstein déguisé en Robin des Bois ou les poètes Erza Pound et T.S. Elliot qui entamaient une querelle littéraire dans une cabine du Titanic (*Desolation Row*). Le message était évident : l'engagement politique servait-il encore à quelque chose puisque la mort, le naufrage nous guettaient ?... Ce poème, long (plus de 11 minutes), nous initie à la destruction. Dylan y dépeint un cirque du vieillissement et de la mort, et, en mêlant de manière absurde et illogique toutes ces grandes figures de la culture occidentale, attaque cette société du spectacle où s'agitent, dans un même maelström confus, le cri des ambulances, la drogue, la religion toujours en embuscade, le lynchage, les catastrophes, et qui précipite vers la décrépitude les mythes comme Ophélie, transformée en domestique âgée... À la fin de *Desolation*, il remet du sens en évoquant des gens réels :

Tous ces gens dont tu parles
[...]
J'ai dû transformer leurs visages
Et leur donner à tous un autre nom [58]

Pour cette chanson difficile, reprise plusieurs fois, couchée si tard dans la nuit, Bob avait appelé l'homme que Johnston lui avait suggéré, Charlie McCoy. Il avait une allure de bon vieux Charlie ! Un accoutrement de touriste. Le chapeau noir, le gilet de cow-boy. Il promenait ses yeux malicieux un peu partout, son sourire moqueur, sa trogne de dur à cuire. Et il jouait de tout, guitare, harmonica, cuivres, un homme-orchestre.

Le morceau fut enlevé comme il l'attendait.

Il était épuisé et pensait déjà, comme toujours à la suite. Repartir, toujours...

— Vous êtes... prêts pour la tournée ? demanda-t-il.

Il posa un regard lourd sur Mike Bloomfield qui ne paraissait pas avoir entendu, perdu dans ses songes. Mais il revint à lui. Que Bob voulût le garder le flattait, surtout après la houle de Newport dont il n'aurait jamais pensé se relever et les tensions du disque. Il avait vu Russ Savakus chassé sans ménagement, et ce souvenir le poursuivait. Pourtant, le lien qui s'était tissé entre Bob et lui rendrait difficile sa décision.

— Non, Bob... Tu sais, je suis un bluesman pur. J'ai été très fier de travailler avec toi, mais j'ai le Paul Butterfield Blues Band. Je ne pourrai pas, dans ta musique, trouver mon identité. Je suis désolé car j'ai vraiment été heureux de te tenir compagnie pendant ces quelques mois. Je n'oublierai jamais cet été...

Il s'était bien gardé d'évoquer Newport devenu implicitement tabou. Bob ne disait rien. Il comprenait la décision de Mike. Après tout, son guitariste jouait dans un bon groupe, et leur premier disque sortait juste, tenant lui aussi de cette révolution électrique dont la presse parlait. Comment aurait-il pu saborder ce jeune combo au moment où il prenait son envol ? Bob ne savait pas s'il devait croire à cette notion de « bluesman pur », persuadé surtout que Bloomfield montrait une certaine élégance envers ses partenaires. Il apprendrait plus tard que le guitariste de Chicago avait dit la vérité, déjà inquiet à l'idée de ne pas jouer le blues de manière assez authentique. Alors, le folk rock... Il avait cru y trouver la solution avant de déchanter : trop éloigné du blues !

Cette séparation ne réjouissait pas Dylan. Pendant ces quatre jours, Mike avait déployé tant d'habileté, de sensibilité que personne n'avait noté un désarroi identitaire.

Bloomfield tira un bout de papier de sa poche.

— Écoute... J'ai un guitariste à te proposer. Il est très bon. Tu verras. C'est aussi un fan de blues, mais il tire vers le rockabilly. Il est Canadien. Il a le parfait profil pour toi. Son nom est Robbie Robertson. Il joue avec un groupe qui s'appelle les Hawks.

— Il est disponible tout de suite ?

Cette question arracha un sourire à Mike. Il n'imaginait pas Robbie refuser une offre de Dylan.

— Oui, tu peux avoir tout le groupe avec ! ajouta Mike.

Bloomfield avait raison. Bob Dylan, le franc-tireur, le solitaire, devrait, maintenant qu'il avait changé de style, engager une bande permanente chargée de jouer sa musique sur scène. Pour *Highway,* il avait bricolé une formation dont le noyau avait fondu sitôt la dernière note enregistrée. Les musiciens partaient dans toutes les directions vers d'autres engagements.

— Charlie McCoy, tu reviendras si je t'appelle ?

Le cow-boy esquissa un salut de la main comme un militaire.

— Pas de problème.

Puis il rentra à Nashville. Et Al, que voulait-il faire ? Son brillant organiste n'en savait rien. Cet instinctif pouvait disparaître d'un instant à l'autre. Mais Bob sentait qu'il voulait bien rester. Son plaisir avait été absolu. Peut-être rappellerait-il John Sebastian ? Impossible. Ce guitariste chanteur lançait son propre groupe, les Lovin' Spoonful.

Et Mike Bloomfield s'effaça de l'horizon. Bob ne reverrait presque plus ce grand guitariste qui l'avait aidé à pulvériser sa musique... en cinq jours seulement !

Cinq jours seulement et beaucoup plus longtemps. Bloomfield se réincarnerait dans un autre personnage, prolongeant l'esprit dont Bob Dylan avait été animé.

Il n'avait pas de temps à perdre car un engagement l'attendait à la fin du mois. Il appela le numéro que lui avait indiqué Mike.

Une voix répondit.

— Bonjour, Bob Dylan à l'appareil !

Un silence.

— Euh... Levon Helm. Je suis le batteur des Hawks.

Levon Helm et Robbie Robertson n'avaient jamais beaucoup écouté Dylan. Le roi du folk restait pour eux un mystère, une valeur lointaine, et pourtant sa voix résonnait à l'autre bout du fil. Comment croire à ce miracle ?

Levon, le cœur battant, s'entendit répondre :

— Oui, que puis-je faire pour vous ?

— Cela vous dirait de jouer à l'Hollywood Bowl ?

— Qui d'autre sera à l'affiche ?

— Juste nous.

Le batteur du Band n'avait pas compris que Bob Dylan avait recruté son groupe.

Juste nous ! Le Surréaliste ignorait tout de ces joueurs que Mike lui avait conseillés. Les Hawks venaient de ces orchestres à costumes qui faisaient encore florès à la fin des années cinquante : musiciens aux sourires hollywoodiens, complets anthracites, gestuelles tendres envers un public conquis. Face à la rude concurrence, chaque artiste devait inventer un « gimmick », quelque chose pour se distinguer, attirer la foule énamourée du samedi soir. Les spectateurs de cette époque adoraient les sarabandes à l'orgue de Bill Doggett (*Honky Tonk* en 1956), le rock léger d'un Roy Orbison, plus évidemment un jeu de scène excitant. Les Hawks y excellaient, avec, à leur tête, ce diable de Ronnie Hawkins, un Américain de Toronto. Ce fils de barbier chantait du rockabilly, aimait jouer sur des planchers vernis, et l'audience acclamait sa « danse du chameau ». Un feu de joie, ce Ronnie, l'un de ces spectaculaires brigands musicaux qui, inlassablement, descendaient du Grand Nord vers le Sud, puis remontaient. Parfois, il embarquait en chemin un tout jeune garçon plein d'allant et de vigueur. Ainsi avait-il repéré son batteur Levon Helm, un fils de fermier de l'Arkansas, adolescent alors placide, mais au jeu passionné. Égaré dans la petite cité de Forrest City, non loin du Mississippi, Levon jouait dans un grand orchestre scolaire, il errait à travers les clubs de la région. Dès qu'il voyait un siège de percussionniste ou une guitare, il s'asseyait, frappait sur les peaux ou pinçait les cordes du mieux qu'il pouvait. Voilà comment le jeune Ronnie, à peine plus âgé, avait remarqué ce drôle de feu follet hybride.

— Viens avec moi, nous remonterons jusqu'au Canada, et nous jouerons sur ma terre d'adoption. La musique rockabilly y est florissante...

Levon n'avait pas hésité après avoir juste arraché une permission de sortie à ses parents. Et il était devenu bien vite l'homme de confiance de Ronnie, l'ancien champion de plongée aux déhanchements obscènes, aux plaisanteries de caniveau. Mais ils riaient bien ensemble tandis qu'ils roulaient en voiture, avec les autres musiciens du groupe, le long des plaines enneigées. Le soir, ils se précipitaient dans l'obscurité pour jouer *Caledonia* et Ronnie s'envolait au-dessus du public comme un diable. La ville de Toronto les absorbait, avec ses prostituées, joueurs, aventuriers. Et ça criait, hurlait. Levon Helm savait que leur récréation prendrait fin un jour, que le rockabilly n'amuserait plus les foules. Mais en attendant, le Canada en redemandait, et les exécutants profitaient pleinement de leur jeunesse jusqu'aux premières prises de conscience : le guitariste de Ronnie, Jimmy Ray Paulman, se rendit compte qu'il avait une femme et que jouer de la musique pour son propre plaisir et celui d'un public enthousiaste ne pouvait être une vie d'homme responsable. Il s'arrêta...

Ronnie Hawkins n'avait pas l'intention de renoncer. Il se rappela qu'il avait, comme à son habitude, tiré des glaces, là-bas, au Nord, un autre jeune fan. Tout juste âgé de quinze ans, ce garçon au corps allongé, aux yeux sombres portait les guitares, le café, le matériel, et ne demandait rien, sinon vivre une aventure. Helm et les autres membres du groupe avaient juste repéré l'étui qu'il transportait partout avec lui. Apparemment, le gamin rêvait de monter sur scène et rêvassait pendant des heures peut-être à la gloire. Cette propension aux songes l'avait aidé à tromper l'ennui de Toronto, entre ses envies de départ et ses leçons de guitare. Dès l'âge de treize ans, le jeune Robbie Robertson avait fondé des groupes de rock, indifférent aux études, à tout ce qui le détournait de son désir. Il abandonnait sa mère pour découvrir le monde. Le monde des concerts. Son seul voyage. Repérer les musiciens qui se produisaient dans le mois à Toronto et aller voir leurs spectacles. Il aimait Muddy Waters, tous ces génies du blues, mais aussi, le pur, le vrai rock and roll d'un Carl Perkins, l'auteur fantasque du célèbre *Blue Suede Shoes*. Il s'imaginait mener cette existence, en toute liberté. Un jour, il avait osé approcher les Hawks, un groupe dont il appréciait la vitalité, la joie et, avec Levon, Ronnie, Jimmy, il avait parlé musique noire et rock, partageant bien des goûts. Depuis, il ne les avait plus quittés, devenant en quelque sorte leur mascotte.

Robbie avait saisi tout le bénéfice qu'il pouvait tirer du retrait de Paulman, c'était l'occasion. Ronnie, de toute façon, voulait l'essayer, et il n'en revint pas. Ce gosse avait un sacré talent ! Il était jeune bien sûr, mais son enthousiasme leur permettrait de coller au goût du public adolescent. Engagé, Robbie téléphona aussitôt à sa mère généreuse, l'informa de sa nouvelle vie et la remercia de l'avoir autorisé à tenter sa chance. Il l'appellerait bien souvent afin de lui raconter les pays visités. Levon Helm raconterait plus tard que lors de sa première escapade loin du Nord, en Arkansas où il faisait très chaud, même en décembre, Robbie était emmitouflé dans un long pardessus très épais.

— Tu ressembles à un immigré albanais, lui dirent les musiciens qui le prirent en mains.

Ronnie rasa l'embryon de barbe de l'adolescent, le plongea dans un bain et lui acheta des vêtements. Il ne cachait pas sa joie cependant, et son bonheur ravissait les autres membres du groupe, surtout pendant ces heures passées dans le bus, devant des paysages souvent mornes.

— Je n'ai jamais vu autant de Noirs que dans cette région du Mississippi, répétait Robbie, la bouche ouverte et les yeux ronds comme des billes. Levon s'amuserait longtemps de ces étonnements.

Les années défilèrent ainsi en musiques et en amusements. Robbie grandit, acquit assez de l'autorité et s'imposa au sein des Hawks grâce à son talent et à ses idées. Il s'intéressait à tout, voulait composer, essayait d'écrire sans parvenir à concilier son activité de guitariste et de créateur. Il se montrait sérieux, et, sans qu'il en prît véritablement conscience, sa renommée grandit autour du pays, mais la qualité de Robbie était de ne jamais prêter attention à ce qu'on disait de lui. La route semblait encore si longue, et il avait tant de choses à prouver. Peut-être ne resterait-il pas éternellement à jouer ce rockabilly un peu limité, derrière un chanteur sautillant ?

Les Hawks décidèrent pour lui. Levon Helm et les autres commencèrent à réclamer des parts plus importantes sur les cachets. Refus catégorique. Ronnie joua l'orgueilleux et prétendit pouvoir trouver un autre orchestre. Leur chemin se sépara, mais le chef, bon prince, ne récupéra pas le nom des Hawks. C'était en 1964, et le groupe, constitué alors de ce qui deviendrait son ossature historique, Robertson, Levon Helm, Rick Danko (basse, chant), Garth Hudson (orgue), Richard Manuel (piano, chant) avait conquis sa liberté, presque dix ans après ses débuts. Les cinq hommes retournèrent à Toronto, mais Robbie, heureux de jouer chez lui, en avait cependant assez de courir le cachet. Il valait mieux que ces soirées à bière, parmi tous les braillards de la terre. Musicalement, il souhaitait revenir au vrai blues, enterrer ce rockabilly naïf qui vraiment commençait à sentir le sapin. Voilà, c'était vers cette rive-là qu'il espérait se diriger. Les autres seraient-ils d'accord ? Il le croyait. Sa prière fut exaucée au-delà de ce qu'il espérait. Un jeune homme de passage les remarqua : John Hammond junior. Robbie n'aurait jamais cru qu'une telle rencontre arriverait en un lieu aussi reculé que le Canada. Le fils du grand producteur de la Columbia, musicien lui-même, avait, de son côté, fait le choix du blues contre toute pression. Les Hawks avaient écouté et aimé le premier album de John junior, *Big City Blues*, en 1964, un vrai mélange blanc d'esprit folk et de pur blues, légèrement électrifié. Quelque chose de neuf. Tous étaient à peu près de la même génération, nourrissaient des rêves semblables. Robbie, Levon et lui burent des verres et parlèrent musique toute la soirée.

— Je prépare mon prochain disque, cela vous dirait d'en être ? proposa Hammond junior.

Robbie regarda Levon pour tester sa réaction, en espérant qu'il accepte. De toute façon, il aurait répondu à l'invitation malgré tout. Le batteur des Hawks tendit sa main à John junior. C'était gagné. Le disque portait – encore une coïncidence – le nom d'un blues rendu célèbre par un certain Otis Rush, *So Many Roads, So Many Trains*. Et ils se retrouvèrent à New York, au Chelsea Hotel. La Grosse Pomme vibrait de lumière, de bruit, de passion. John Hammond Jr leur présenta un jeune et brillant guitariste qui jouait avec un tout nouveau combo de blues assez dur : Mike Bloomfield.

Le répertoire de ce troisième album de John junior puiserait dans le florilège du blues, Muddy Waters, Willie Dixon, Robert Johnson... Robbie aimait le blues sans toutefois connaître tous les noms. Et il ouvrait grand les yeux, très affamé de connaissances. Il avait devant lui de vrais spécialistes.

— Je vous emmènerai à Chicago, dit Bloomfield, c'est là d'où je viens, je vous présenterai tous ces grands musiciens.

— Vrai ? fit Robbie comme un enfant à qui l'on avait montré un superbe jouet.

Il n'y voyait aucune forfanterie de la part de Mike, tout au plus le bonheur de rencontrer des musiciens à l'écoute, passionnés comme lui. Et puis, surtout, il était intimidé, même si cela peut paraître incroyable aujourd'hui de la part de ce très grand guitariste. Il craignait Robbie dont la réputation avait grandi sans que l'intéressé ne s'en aperçût. Levon le racontera souvent. Bloomfield avait apporté aux séances studio sa guitare, mais, très intimidé à l'idée d'en jouer face à Robbie, il préféra, plutôt que de risquer le duel, se reporter sur le piano (l'album en tout cas le crédite au piano)... Son tempérament glacé d'inquiétude, de doute, l'avait encore paralysé. Et il s'en voulut. Finalement, le seul musicien rassurant pour lui demeurait ce cinglé de Paul Butterfield. Les frustrations de Mike, nées de son questionnement incessant sur lui-même, éclateraient un certain mois de juillet 1965, provoqueraient des effets désastreux à Newport pour Dylan et lui-même mais influeraient durablement sur l'histoire musicale. En attendant, *So Many Roads*, publié en cette magnifique année 1965, rejoignit la liste des œuvres qui exploraient les lignes à haute tension, avec *Mr Tambourine Man* des Byrds, *Paul Butterfield Blues Band*, et le célèbre *Highway 61 Revisited*, pierre de touche de la révolution, l'*Hernani* du rock. « Robbie, Levon et les autres seraient de bons clients pour Dylan. »

C'est ce que pensait John, satisfait de leur travail sur *So Many Roads*, aujourd'hui l'un de ses disques préférés.

Mike Bloomfield, malgré son complexe et sa triste démission, s'était pris d'amitié pour Robbie et invita les Hawks à Chicago. Le groupe dormit chez lui et plongea dans les nuits fiévreuses de la « windy city », ces clubs borgnes saturés de musiques, de chaleur, de joie funèbre. Mike et Paul Butterfield jouèrent les guides derrière les palissades enfumées, les impasses éclairées au néon rouge. On descendait des marches, on poussait une porte en bois, et à l'intérieur, régnait le clair-obscur comme un tableau de l'école néerlandaise, rempli de visages noirs pressés les uns contre les autres ou étalés sur des banquettes cramoisies. Mike leur présenta Muddy Waters, Otis Rush. Robbie n'avait jamais vu tant de douceur de la part d'artistes assis comme des rois, entourés de leur cour, mais qui conservaient une attention pour chaque amateur désireux de leur parler. Et pourtant, la vie ne les avait pas épargnés. Un soir, les musiciens des Hawks entendirent le grand Howlin' Wolf. Le prestigieux bluesman excitait de sa voix caverneuse les ivrognes et empoignait les mains des jeunes femmes. Derrière, Mike et Paul l'accompagnaient. Quelle splendide nuit ! Robbie n'oublierait jamais. « Ah, si j'étais Otis Rush ! », songeait-il. Otis Rush incarnait la quintessence du blues électrique. Des morceaux comme *I Can't Quit You Baby* ou *All Your Love*, enregistrés vers 1956/1958, le fascinaient par leur incandescence, leur modernité. Cette sonorité de guitare qui coulait en cascades fumantes, cet art écorché...

Lorsque Bob les appela sur le conseil de Mike, les Hawks étaient fin prêts, fatigués de leur passivité, las de se voir comme groupe sans avenir, en roue libre, privé d'un vrai leader. Mais cela changerait. Des gosses émerveillés, qu'ils restaient à leur corps défendant, ils grandiraient. Ils ne savaient pas grand-chose de Dylan et n'avaient pas vraiment écouté sa musique ou alors de temps en temps à la radio. Son folk racé des premiers albums les ennuyait. Robbie et Levon n'auraient jamais imaginé un seul instant pénétrer l'univers de ce musicien très éloigné de leurs préoccupations. À cette époque, les Hawks s'intéressaient au jazz, au rhythm and blues et au blues. « Nous n'avions aucune idée de son importance », raconterait Levon dans ses mémoires *This Wheel's On Fire*[59]. Mais ses amis et lui s'y mettraient, en bons professionnels. Le problème, c'est que Dylan voulait seulement Robbie et Levon, un guitariste et un batteur. Il avait déjà sous la main Al Kooper et le bassiste Harvey Brooks. Les autres Hawks soupirèrent, voyant bien qu'il faisait son marché comme bon lui semblait.

— Mais c'est super pour nous, tenta d'expliquer Levon.

— Nous ? Pour VOUS, certainement ! répondit Richard Manuel. Il ne nous trouve pas assez bons, c'est ça ?

— Nous ne partons pas pour très longtemps, ajouta Robertson, et vous pouvez compter sur nous. Dès que possible, nous vous intégrons.

Rick Danko, Manuel, Garth avaient confiance dans la droiture de Robbie qui tenait ses promesses et se montrait fidèle en amitié.

— Et nous attendons ? interrogea encore Richard.

— Oui... Ne vous inquiétez pas !

Robertson et Bob Dylan se plurent dès la première rencontre. Levon Helm montrerait sur quelle passion commune fut construite leur amitié. Bob regardait une brochette de guitares électriques en vitrine, pratiquement disposé à pousser la porte du magasin pour en acheter une ou deux, mais il n'arrivait pas à choisir entre toutes ces merveilles. Passé au voltage, l'artiste folk manquait de connaissance sur le sujet. Robbie le tira par l'épaule. C'était sa spécialité, les guitares branchées, et il venait d'ailleurs de s'en offrir une superbe.

— Celle-là, elle est vraiment super, conseilla-t-il. Par contre, à côté, celle-ci est toc.

Et ils terminèrent sur un matelas à jouer ensemble.

Ils ne jouèrent pas tout de suite à l'Hollywood Bowl. Leur histoire commencerait à Forrest Hills, New York, le 28 août 1965. Peu avant, ils avaient rencontré Albert Grossman :

— Nous nous apprêtons à accomplir une grande tournée d'au moins un an qui débordera sur l'année 1966, leur expliqua le Gros. Nous irons en Océanie, en Europe. Nous jouerons mi-électrique, mi-acoustique afin de ne pas effrayer le public. Nous suivons une ligne dangereuse. La prudence est de mise. Mais de toute façon, le changement est irrémédiable.

Ils dévisageaient le manager de Dylan, cette énorme voix dans ce corps monumental. Son ton ne tolérait pas vraiment la contradiction.

— Vous avez entendu ce qui s'est passé à Newport ?

Robbie et Levon acquiescèrent. Bien sûr, ils avaient entendu.

— Mais vous savez que j'ai été hué ?

Oui, ils savaient.

— Vous vous rendez compte de ce que c'est ?

Robbie devina les dégâts moraux que les secousses de Newport avaient laissés chez Bob malgré le succès du single *Like A Rolling Stone*, classé numéro 2 des charts pendant la semaine du 14 août. Jamais Bob n'avait atteint un tel niveau, du moins en tant qu'interprète. Curieusement, certaines de ses chansons avaient réussi à se hisser aux premiers rangs, sans lui. Les passeurs se nommaient Byrds, Peter, Paul and Mary, Sonny and Cher et d'autres. Bob se demandait pourquoi il n'apportait pas lui-même la victoire à ses propres œuvres, et cette incapacité l'inquiétait. Il était temps que le miracle arrive.

Le succès commençait à poindre. Sur la scène de Forrest Hills, Robbie et Levon comprirent ce que Dylan voulait dire en évoquant les huées de

Newport. Déjà, ils n'avaient jamais joué devant autant de monde. Grossman leur apprit qu'il ne restait plus une place vacante dans l'arène et que seuls deux autres artistes avaient réussi, cet été-là, à remplir à bloc le stadium : Barbara Streisand et Frank Sinatra. Le manager avait blêmi en entendant un DJ, Murray The K, présenter Dylan.

— Ce n'est ni du folk... ni du rock ! Une nouvelle chose.

Le Gros ne cessait de pester, de menacer, prêt à jouer des poings quand les autres manquaient de déférence envers son poulain.

La première partie acoustique se déroula de la meilleure manière : en chemise à rayures, chaussé de boots noirs à petits talons, l'artiste vedette tissa en solo ses lignes mélodieuses en noir et blanc, comme un film élégant, raffiné, pétri d'honnêteté et de vigueur. *Gates Of Eden, To Ramona* et bien sûr *Mr Tambourine Man*. Il donnait son eau de source fraîche et pure. Les clameurs envahirent le ciel. Robbie les entendit et sourit. Lorsque Bob regagna les coulisses, il réunit Robbie et Levon.

— Cela va être à nous maintenant. Ne vous fiez pas aux applaudissements que vous venez d'entendre. La foule change comme le temps. Ne vous inquiétez pas si elle remue et hurle. Concentrez-vous sur le jeu. C'est tout.

Robbie, Levon et les autres posèrent le pied sur l'estrade, attaquèrent *Tombstone Blues* et entendirent immédiatement s'élever du gouffre une formidable bronca, ils eurent un mouvement de recul, conscients de basculer dans un grand monde où les cœurs battaient plus fort, les ressentiments aussi. En rejoignant Dylan, les petits cachetonneurs accomplissaient un pas géant, à la condition de supporter la tempête, ce mouvement de colère auquel les jeunes Hawks n'étaient guère préparés. Le scandale de Newport poursuivait Dylan et par là même atteignait les nouveaux accompagnateurs. Robbie et Levon furent déstabilisés de voir que Bob seul avait suscité les acclamations et qu'à leur arrivée, ce public si attentif s'était transformé en dragon. Leur en voulait-il personnellement ? Non, impossible. Cette haine visait la notion de groupe, de musique électrique. Ils jouèrent *From A Buick 6, Ballad Of A Thin Man, Like A Rolling Stone...* Et pendant toutes ces envolées électriques, la foule ne cessa de s'agiter comme une mer sombre.

— Dégage de la scène !

— Nous voulons le vieux Dylan !

— Traître !

— Reviens au folk !...

C'était étrange. Les musiciens ne voyaient rien, éblouis par les projecteurs, et la foule était loin, perdue dans la nuit. Bob, les cheveux gonflés de vent, enchaînait les morceaux sans se soucier de ce chaos invisible et presque fantastique devant lui, s'appuyant sur son orchestre qui roulait dans son dos tel un orage de fer. Des fruits volaient au-dessus de la scène et éclaboussaient les baffles. Robbie, de temps en temps, se tournait et rassurait Levon prêt à lâcher ses baguettes et à s'enfuir dans les coulisses. Al Kooper, debout derrière son orgue, se balançant de droite à gauche, gardait son calme en bon ancien combattant de Newport qu'il était. Les musiciens aperçurent des ombres sur la verdure du sol entre la lumière et l'obscurité. Des jeunes gens sortis des ténèbres, s'étaient approchés. Le service d'ordre essaya de les repousser, mais quelques-uns parvinrent à grimper sur la scène, et Al Kooper se retrouva par terre. Un individu l'avait éjecté de son tabouret. Mais le groupe continua à jouer. Bob avait remarqué l'échauffourée, il riait en racontant les absurdités de « M. Jones ». Al se remit en place tandis que les silhouettes tombèrent de la lumière comme des chauve-souris.

Bob et les siens quittèrent cette nuit de délires et de peurs. Personne ne prononça le moindre mot. « Qu'ils aillent se faire foutre ! », songea Dylan. « Ils n'aiment pas ma nouvelle musique, eh bien je leur en foutrai plein la gueule. » Neuwirth, l'ombre fidèle, s'amusait beaucoup de cette atmosphère délétère. « Enfin... De l'aventure ! » Bob ne cachait pas, malgré tout, sa satisfaction. Il aimait bien le style de Robbie, assez différent de Bloomfield. Le Canadien contrôlait ses soli, ne les laissait jamais s'échapper, contrairement à l'Américain toujours sur la corde sensible et le romantisme. Sa rigueur, le soin que le guitariste des Hawks apportait à ses parties de guitare s'avéreraient précieux.

Le chahut du concert laissait craindre un mauvais accueil pour le chaud *Highway 61 Revisited* arrivé cet été-là. Et pourtant, beaucoup d'observateurs le considérèrent comme le meilleur album de Dylan à ce jour, d'autres s'étonnèrent de sa sonorité barbare, le milieu folk le rejeta par la voix de son gardien du temple, Irwin Silber, l'éditeur de *Sing Out !* : « Les chansons, les unes après les autres, délivrent toutes le même message : la vie est un absurde conglomérat d'événements encapsulés sous un vide artificiel provoqué par la naissance et achevé par la mort. Nous vivons tous sous une perpétuelle condamnation à mort, et chercher un sens à la vie est aussi ingrat qu'inutile ; la civilisation moderne ne fait rien d'autre qu'éloigner l'homme de son prochain et de la nature. » Cet article dut amuser Bob. Irwin Silber avait terriblement bien jaugé son œuvre, sauf que pour le défenseur traditionnel, cette « absurdité », ce « vide » représentaient des défauts irrémédiables. N'empêche, peu d'observateurs parleraient aussi bien de son art. Quelle ironie ! Même son ennemi intime n'avait pas trouvé de reproches plus graves. Près d'un an après, Bob dirait :

— Je ne serai pas capable de faire un disque meilleur que celui-là. *Highway 61* est simplement trop bon. Il y a beaucoup de choses dessus que j'écouterai toujours.

Il avait porté un coup très haut. *Highway* flottait au fronton des années soixante, au cœur de la bataille esthétique. L'exemple à suivre. Bob continuait de dominer la musique, devant les Beatles, les Rolling Stones et tous les satellites anglais qui foisonnaient. Il fallait du génie pour suivre la cadence. Brian Wilson, le maître à jouer du grand groupe Beach Boys, qui avait placé au mois de mai un numéro 1, *Help Me Rhonda*, écrirait dans ses mémoires, *Wouldn't It Be Nice* : « Pendant l'été 1965, mon principal souci fut de rester au sommet du champ artistique, comme les Beatles et Bob Dylan qui influençaient et transformaient la pop music [60]. » Les Beach Boys tutoyaient la cime avec leur rock and roll ludique et florissant baigné par le soleil limpide de la Californie. En juin, ils avaient publié *The Summer Days*. Brian, le romantique, ne voulait pas que l'été finît un jour.

Bob partageait cette joie du génie, et il se rendait au combat, bravement, avec suffisance et provocation. Robbie et Levon suivaient. L'ombre de l'œuvre, la polémique les écrasaient un peu, mais ils s'accrochaient, rêvant d'emmener le groupe dans l'aventure. Ils ne désespéraient pas de convaincre le maître. Leur position n'avait rien de facile. Ils incarnaient les suppléments, les hommes de scène qui recevaient crachats et injures, et n'avaient même pas participé au chef-d'œuvre. Pourtant, c'était leur espoir : reprendre les chemins du studio assez vite, intégrer le cœur de la musique dylanienne. Ils redoutaient simplement de subir le pire et de ne jamais connaître le meilleur : s'arrêteraient-ils à l'entrée du sanctuaire, là où Bob concevait sa grande musique ? Ils en retireraient une profonde blessure. Ils avaient lu une interview de leur leader publiée dans le *New York Post* :

— Certains chanteurs folk américains – Carolyn Hester par exemple – disent que ce que vous faites actuellement, le nouveau son, le folk rock, les libère.

Bob sourit. Il aimait toujours bien la belle Carolyn et savait qu'elle admirait son parcours depuis qu'il avait débuté sous sa bannière comme harmoniciste timide.

— Carolyn a dit ça ? Dites-lui qu'elle peut m'appeler et passer me voir quand elle veut, maintenant qu'elle est libérée.

Lui-même essayait de se libérer des chaînes comme Prométhée qui s'en était allé voler le feu. Et il avait déchaîné la colère des Dieux.

Ce feu, il irait le déposer partout où il pouvait. Le 3 septembre 1965, comme promis, Bob ouvrit aux Hawks les portes du prestigieux Hollywood Bowl. Le public californien s'emporta moins que les New-Yorkais, au déplaisir du maître d'ailleurs. La joie n'atteignit pas l'hystérie qui avait entouré le spectacle des Beatles ici même, cinq jours plus tôt. Alors, à défaut d'enthousiasme mystique, l'auteur de *Highway 61* aurait bien voulu entendre une bordée de huées, de cris, se distinguer encore une fois des gentils Beatles en jouant les artistes dérangeants. Cette guerre entre les puristes et lui l'arrangeait bien finalement. Une bonne publicité. Sa seule préoccupation était le batteur Levon qui souffrait très mal les insultes et la violence de la foule. En sortant du stadium de Forrest Hills, Bob avait remarqué sa pâleur, ses tremblements, et cette fragilité l'inquiétait. Tiendrait-il le coup ? Robbie ne le quittait pas et lui parlait sans cesse.

Il en faudrait de la longanimité car la tournée continuait. Grossman et la « folie d'Hammond » appréciaient la collaboration des deux Hawks. Ils souhaitaient la prolonger.

— Oui, mais, vous savez, nous avons un groupe, dit Robbie. Nous ne pouvons les laisser tomber. Cela fait pas mal d'années que nous sommes sur la route ensemble.

Bob réfléchit.

— Quand est-ce que je peux écouter le groupe ? demanda-t-il.

Levon prit son courage à deux mains et posa le marché entre les mains de Grossman :

— Soit vous nous prenez tous, soit vous ne prenez personne.

C'était s'exposer aux récriminations du Gros, à des menaces, insultes, perspectives de poursuites judiciaires où on ne sait quoi d'autre (il avait toujours beaucoup d'imagination). Mais il accepta. Bob se rendit à Toronto pour écouter les Hawks au grand complet dans leur lieu fétiche, Friar's Tavern. Garth, Rick et Richard s'appliquèrent. L'illustre visiteur goûta ce mélange de rock assez souple au parfum jazzy, et demeura plusieurs jours avec eux. Oui, il les engagerait, satisfait de « posséder » enfin son groupe, un rêve que ce solitaire des grands chemins caressait depuis longtemps.

— J'y pense depuis mon départ du Minnesota, avoua-t-il à Levon.

Il les emmena sur la route sans attendre, au Municipal Auditorium d'Austin, Texas, le 23 septembre. Levon et Robbie avaient bien sûr prévenu leurs amis de ce qui les attendrait peut-être. Mais au grand soulagement de Levon, le public ne céda à aucune folie, leur musique électrique parut même le séduire. Quelques jours plus tard, le concert à Dallas fut calme lui aussi.

— Les Texans sont les seuls à comprendre ce que je fais, dit Bob à Levon.

De retour à New York, les sifflements et injures reprirent. Quand ils descendirent dans le Mississippi, la foule gronda terriblement fort.

— Vire le groupe !

Les Hawks se regardaient en espérant que Bob ne prendrait pas au mot ces injonctions. Quelle absurdité ! Robbie Robertson raconterait au biographe Howard Sounes la tournée : « Dans tous les endroits où nous allions, nous étions hués. C'était un processus intéressant d'entrer dans une ville, de s'installer, de jouer. Les gens arrivent, vous sifflent. Vous remballez. Vous allez dans la prochaine ville. Vous jouez. Les gens vous sifflent. Et ainsi de suite. Vous parcourez le monde avec juste les gens qui vous sifflent chaque soir. »

Beaucoup de spectateurs ne savaient même pas pourquoi ils sifflaient. Ils se laissaient entraîner par le rite, comme une matière inflammable, se donnaient le mot de bouche à oreille avant même l'apparition des Hawks qui résistaient à la houle, aux projectiles, à la haine. Levon Helm raconte que, dans les coulisses, des membres du personnel abordaient Dylan et n'hésitaient pas à dire – même en présence de Robbie et des autres :

— Débarrasse-toi de ces minables. Ils sont en train de te couler ! Pourquoi pollues-tu la pureté de ton folk avec ce vulgaire rock and roll ?

Levon, choqué, ne disait rien. Mais il savait que Bob ne renoncerait pas à son orientation et que chaque insulte le renforçait dans son choix. Sa carrière vacillait, mais le public continuait à venir nombreux, poussé par des motivations douteuses. Personne ne prétendra que pendant ces années de turbulences, l'« impur » ne fut pas à deux doigts de virer son groupe comme les extrémistes le lui demandaient. Un artiste sait que sa carrière peut s'arrêter à tout moment et que le décideur reste le public. Bob, cependant, s'accrochait au succès de *Like A Rolling Stone* et à la brillance de *Highway 61 Revisited*. La nuit, il écrivait, exorcisait le diable qui le pourchassait. Les feuilles s'empilaient, sa petite machine crépitait parfois jusqu'à l'aube. Robbie et Levon n'avaient pas manqué d'observer sa créativité infinie. L'imaginaire de Bob lui permettait de maintenir sa ligne. Jusqu'à quand ? Il n'avait pas le droit d'être médiocre. Cela tombait bien car il se sentait fort, aidé de la sonorité solide, métallique de Robbie, très en vue. Derrière, les autres membres du groupe se tenaient prudemment en retrait, privés de confiance, de ce qui aurait pu être leur récompense au bout de cette tournée : la gloire.

Levon Helm voyait de plus en plus la scène comme un échafaud. L'idée de jouer devant ce public haineux l'empêchait de dormir. « Quelle vie ridicule ! », se disait-il, enfermé dans le silence, prostré. « Nous n'avons jamais connu ça »... Robbie lui rafraîchissait la mémoire :

— Dans les tavernes à nos débuts ? C'était pire, rappelle-toi !

Mais Levon sombrait. Il attendait les réunions avec Grossman et Dylan qui les encourageaient à persévérer et promettaient pour bientôt la fin de ce cirque. Heureusement, les rencontres effaçaient les tracasseries : les Hawks reçurent la visite du grand bluesman John Lee Hooker venu assister aux concerts de l'ancien faire-valoir du Gerde's Folk City, et ils n'oublieraient jamais la poignée de main chaleureuse de Marlon Brando, le « tramway nommé désir », ni son expression un peu éthérée mais souriante. Ils se rappelleraient les saltimbanques barbus, écrivains de renom, une constellation comme sorte de récompense à leur avanie. On a dit que ces rencontres effaçaient les tracasseries. Pour un temps seulement. Car la houle du public faisait chaque fois renaître le doute. Maudite foule...

« Régulièrement, quand je pensais que Bob ne regardait pas, je brandissais un doigt dans la direction des spectateurs », se rappellerait Levon. S'il avait attrapé l'un de ces imprécateurs de l'ombre, il l'aurait massacré. Et puis, il craignait de recevoir un mauvais coup. D'être assassiné. Des milliers de fantasmes lui traversaient la tête...

Le concert à Boston ne leur ménagea aucun répit. Huées encore et toujours. Et la presse relayait la colère de la rue. Les journalistes ne comprenaient pas pourquoi le grand Dylan traînait avec des péquenots comme eux. Le soir, Helm revenait en se demandant s'il n'allait pas quitter pendant la nuit la tournée. La terre entière méjugeait de leur talent. Peut-être avait-elle raison ? Quand ils avaient abandonné le circuit des petites tavernes et des cachets, les Hawks ne s'étaient-ils pas attaqués à une montagne trop haute ? Cette idée passait et repassait dans l'esprit de Levon qui s'accrochait à la logique : s'ils ne possédaient pas le niveau, alors pourquoi Bob persistait-il à les emmener ? Et surtout, Dylan les avait convoyés à New York jusqu'au studio de Columbia, dans le plus grand secret. Les Hawks n'osaient trop s'enthousiasmer. Ils allaient graver un disque, leur premier depuis plusieurs années et la période Ronnie Hawkins. Et avec le meilleur musicien actuel ! Trop beau !

Ils débarquèrent entre les murs vétustes de la 52e Rue. Robbie observait un silence respectueux, Levon promenait son regard partout, Rick, Richard et Garth, à l'écart, gardaient leur discrétion de scène, comme s'ils craignaient qu'un vigile les remarquât et leur demandât de sortir. Ils ne savaient rien des futures chansons, sinon que Bob – c'était une évidence – se souciait d'égaler, voire de surpasser *Like A Rolling Stone* et consorts. La perfection des œuvres précédentes le minait. Aucun projet d'album n'avait encore émergé de son âme, d'autant que donner un successeur au magnifique *Highway 61 Revisited* réclamait des milliers d'heures de travail, de méditation. Qu'il baissât le niveau, et la foule l'emporterait dans sa fureur, le détruirait... Seul son génie le sauverait en confondant ses détracteurs. Il réfléchissait au dernier volet de sa trilogie électrique ou semi-électrique puisqu'il avait jusqu'à présent mélangé les deux formules. Mais, en cette fin d'année 1965, il pensait surtout à graver un ou deux singles. Cette tactique lui avait plutôt bien réussi. Et, chose importante, il testerait les Hawks en studio. Le 5 octobre, Dylan et ses séides se retrouvèrent tapis entre les hauts murs de la chambre capitonnée comme un conglomérat de pensées contradictoires, de folie rentrée, de désordre apparent. Tu parles d'un groupe ! Bob aimait ça. Une vraie matière organique dont il organiserait les différentes pièces. Le maître la sentait bouillonner, l'observait avec ce regard peu amène que ses plus fidèles reconnaissaient et détestaient. Dylan conduirait son groupe au chef-d'œuvre, mais la route s'étendait devant eux, infinie, pleine de chausse-trapes.

D'abord, la méthode de travail : Robbie regardait Rick Danko, et Rick fixait Al Kooper, après avoir reçu les feuilles du maître, écrites au hasard d'un vol ou dans une chambre d'hôtel peu avant l'aube, juste des fragments... Certaines paroles manquaient, les idées musicales ressemblaient à des mailles effilochées. Quel sort donneraient-ils à ces embryons ? Bob expliquait les lignes, improvisait des paroles dans le micro et montait vers la console pour vérifier la tonalité, notait ce qu'il avait dit et imaginait toutes sortes de loufoqueries, un arrangement par ci, par là.

— Tiens, je pourrai peut-être coller mon harmonica...

Puis, il repartait dans l'arène et chantait à nouveau. Il essaya et proposa aux Hawks son *Medicine Sunday*. À la fin du morceau, Bob se tourna vers eux, le visage impassible, mais apparemment peu satisfait.

— On la refait.

Ils reprirent le morceau. Dylan se leva du pupitre et leur tourna le dos. « Quel ratage », se disait-il. Il donna alors les partitions et textes de *Can You Please Crawl Out Your Window ?* Il plaqua sa voix sur les notes qui lui échappaient. Le son, la mise en place, la cohérence... Rien ne semblait convenir ! Les Hawks avaient perdu force et saveur dans le sépulcre de Columbia. L'atmosphère du studio les avait rapetissés. Bob n'adressait aucun reproche à Robbie, toujours excellent guitariste, sobre, bien en place, ni à Levon. Non, l'ensemble cafouillait. Rick Danko, à la basse, naviguait bien loin du niveau minimal. De quelle couleur se parerait son futur album ? Il ne savait plus rien de cette œuvre élevée à laquelle son âme aspirait. Il interrompit la séance. Après tout, les Hawks n'avaient pas décliné si vite.

— Tu n'aimes pas ce qu'on fait ? demanda Robbie, toujours inquiet.

— Ce n'est pas ça. Quelque chose ne fonctionne pas. On va retourner en studio le mois prochain.

Robertson se sentit rassuré, désireux d'apporter sa sève à un album très prometteur malgré le cafouillage et les incertitudes de Dylan qui semblaient hésiter sur les méthodes de travail, les chansons, la musique. Bob planait haut depuis *Bringing It All Back Home* et *Highway 61 Revisited*. Et si toutes ses idées se fracassaient en désordre, chaos, une énergie brûlante jaillissait sous ses pas, dans ses gestes et paroles. Avec Robbie, Levon et leurs trois camarades tout aussi ébahis qu'angoissés, il grava plusieurs autres morceaux, *I Don't Want To Be Your Partner* et *Jet Pilot*. Puis, le 20 du même mois, il mit en boîte deux prises de *I Wanna Be Your Lover*.

De toute évidence – mais comment leur en vouloir – les Hawks manifestèrent plus d'une fois leur surprise devant les fantaisies de Bob. Levon avait apprécié, et aurait aimé en savoir davantage sur le futur album et les dates des prochaines séances studio. Peut-être les Hawks n'auraient-ils pas droit à une seconde chance ? C'était plus que probable au vu des critiques formulées à leur encontre. Et pourtant, l'avenir de ces jeunes musiciens, en particulier de Levon, semblait lié à ce nouveau grand disque tant attendu. Quand ? Après cette fichue et malheureuse tournée ! Que le chemin s'annonçait difficile !

Reprendre la route des Enfers au milieu des jets de tomates s'avéra éprouvant, surtout après les deux journées difficiles au studio Columbia. Apparemment, Bob n'avait pas été très satisfait d'eux, et à l'extérieur, le public le pressait toujours de les renvoyer. « On n'aurait jamais dû quitter notre rue Yonge, à Toronto, et nos amis », songeait Levon qui regardait sa valise jamais complètement vidée, regrettant sa vie passée avec Ronnie Hawkins, le jeune Robertson, Rick, Richard et Garth. La joyeuse bande avait encore tant de choses à accomplir ensemble, des disques, des chansons... Cette ascension trop rapide menaçait leur amitié. « Je vais partir, quitter cette vie de fous », se dit Levon. « Je préfère ne pas révolutionner la musique et rester en vie, croire de nouveau en moi... » Au fur et à mesure qu'il y songeait, sa décision prit peu à peu corps. Bientôt, il n'appartiendrait plus au groupe de Dylan, tout en continuant, du moins il l'espérait, à animer les Hawks, ce qui était un joli défi. Qu'en penseraient Robbie, Garth, Rick et Richard ? Bien sûr, il hésitait, conscient que sa carrière de musicien pouvait s'arrêter d'un coup. Il eut le temps de bien y réfléchir car Bob avait interrompu la tournée pour... se marier ! Eh oui, l'improbable survenait ! Il épousait dans le plus grand secret une amante que personne ne connaissait vraiment : Sara Lownds. Bob vivait avec elle depuis plusieurs mois déjà, et la jeune femme attendait un enfant.

●

La noce se déroula le 22 novembre 1965, promesse du musicien voyageur à une Pénélope qui se languissait de ne pas voir son fiancé. Bob n'avait pas eu beaucoup de journées à lui consacrer, mais elle n'adressait aucun reproche à l'absent, enfermée dans sa maison de Byrdcliffe et la solitude, tandis que son ventre enflait. Que pouvait-elle dire ? Rien. Elle avait accepté le marché. En revanche, quel bonheur de retrouver Bob ! Pendant ces quelques jours, il la choya et l'emmena par la main sous un petit arbre, devant un maire à Long Island. Albert Grossman assista à la cérémonie, en compagnie de quelques proches de la future mariée. Bob s'était bien gardé de prévenir ses parents. À quoi bon ? Abe et Beatty critiqueraient sa décision en regrettant qu'il n'eût pas choisi une fiancée juive. Le musicien avait d'ailleurs si bien gardé le secret qu'aucun journal n'avait dépêché de reporters. La presse l'apprendrait bien plus tard. La figure de Sara émergeait peu à peu des limbes. Même les vieux amis de Greenwich comme Dave Van Ronk ou Jack Elliott avaient croisé Bob, accompagné de cette femme ravissante, et s'étaient bien gardés de poser la moindre question. Sara, la rougissante, la discrète, incarnait une sorte de mystère.

Contrairement à Joan Baez, la flamboyante, ou à Suze Rotolo qui rêvait de théâtre, personne ne connaissait de passion particulière à la nouvelle élue. Ce milieu de matamores qu'étaient le folk et le rock n'intéressait pas beaucoup Sara. La jeune épousée désirait mener une existence de femme et de mère avec l'homme qu'elle aimait, dans l'ombre. Peu lui importait.

— Tu repars ? lui demanda-t-elle juste après la cérémonie.

Sa voix laissa paraître une légère anxiété. Elle craignait de retrouver la maison de Byrdcliffe, bien résolue cependant à ne pas trahir sa déception.

— Il le faut ! dit-il. Mais... Pas pour longtemps ! Je dois finir cette tournée qui ne se passe pas très bien.

Elle le savait. Et lui tentait de la rassurer en mentant plus ou moins. Cette situation l'avait mis souvent bien mal à l'aise et continuait de le torturer. Concilier vie de voyage et vie de couple : quel pari ! Mais il voulait réussir, cette fois. Et les enfants l'y aideraient. Il s'était marié comme un voleur, décidé à fuir l'inquisition des journalistes, la colère du public. Son nouveau statut d'époux ne le tranquillisait pas.

De retour sur le « front », il soupçonna une baisse de motivation chez Levon Helm. Le batteur avait médité pendant ces quelques jours, hésitant malgré tout à prendre sa décision. Un événement le décida : juste après le dernier concert à Washington, dans le tunnel qui menait aux loges, il aperçut l'éclat blême d'une lame. Sur le côté, une fille sortit du public comme une furie et tenta d'accrocher avec une paire de ciseaux la tête de Bob. La pointe passa tout à côté. Elle voulait rapporter chez elle quelques cheveux de l'idole ou tout bonnement le tuer. Le musicien s'échappa en courant pendant que le service d'ordre essayait de contenir la foule. Bob était pâle. Il se tenait les côtes puis s'assit sans rien dire. Robbie regardait dans le vague. Quant à Levon, il détaillait le mur défraîchi de la petite pièce. Cette fois, il partirait pour de bon, annoncerait sa décision en primeur à Robbie. Peu importe ce que lui réserverait l'avenir. Il n'avait pas choisi la musique pour finir poignardé. La gloire ne méritait pas un tel sacrifice.

C'est à New York qu'il alla voir Robbie. Il frappa à la porte de sa chambre.

— Tiens, Levon ! Tu viens boire un coup ?

— Je pars ! lui dit-il.

Robbie ne répondit pas et tapota l'épaule de son camarade. Il se doutait de ce que Levon allait lui dire.

— Quand j'ai commencé, je voulais que nous ayons notre propre groupe. Je ne rêvais que de ça. Tu partageais cette ambition aussi, n'est-ce pas ?

Robbie prit l'air désolé.

— Oui, bien sûr. Mais tu sais, grâce à Bob, nous rencontrons des tas de gens importants, nous apprenons beaucoup sur la manière dont il faut organiser les tournées, autant de choses que nous n'aurions pu faire tout seuls. Et puis, ce qui est essentiel, c'est que nous ne jouons que trois soirs par semaine au lieu de six quand nous étions des galériens. Gain de temps et d'énergie.

Levon comprit que Robbie n'avait pas envie de quitter Dylan. Il l'avait espéré sans trop y croire.

— D'accord, mais et nous là-dedans ? Est-ce que nous nous y retrouvons ? Nos souhaits, notre ambition de départ ne se sont-ils pas dilués dans cette vie-là ?

Robbie réfléchit.

— J'entends bien ce que tu me dis. Mais penses-tu à la musique ? Nous sommes en train de participer à quelque chose d'incroyable !

— Cette musique n'est pas la nôtre. Je ne peux l'écouter. Nous ne l'avons pas choisie. Elle est trop puissante. Ce n'est pas celle que je veux faire. Souviens-toi, quand nous avons quitté notre taverne le Tony's Mart. Les gens nous embrassaient et pleuraient de nous voir partir... J'ai envie de retrouver cette ambiance chaleureuse, même si c'est au détriment de la célébrité...

— Nous avons trouvé notre musique ! coupa Robbie. Et une manière de la rendre.

Levon comprit qu'ils ne parlaient plus le même langage.

— Ce sera sans moi, Robbie !

Le guitariste haussa les épaules en soupirant.

— Quand pars-tu ?

Cette question blessa Levon. C'était donc si facile d'abandonner le groupe. Même son vieux camarade le laissait.

— Mon ambition n'est pas d'être le batteur d'un autre musicien. Je pars dans l'heure. Dis aux garçons que je leur souhaite du bon temps, et que je les verrai quand nous serons de nouveau ensemble. Si tu veux me joindre, appelle mon père dans l'Arkansas.

Et il partit sans amertume, plein de reconnaissance envers Dylan qui avait refusé de céder à la dictature du public. Il emportait de beaux souvenirs et regrets comme cette rencontre avec Marlon Brando dont un musicien, né dans cet État pauvre de l'Arkansas n'aurait jamais osé rêver. Ou la perspective de ce grand disque. Un rendez-vous manqué. Jamais il ne figurerait sur un album de Dylan. Un deuil difficile à assumer. Mais, de l'autre côté, Levon pourrait se targuer de ce qu'il avait apporté pendant cette tournée. Il avait mis au point la rythmique sèche, nerveuse, si souvent détestée des puristes, mais que Bob utiliserait longtemps.

Et le bouillant Levon disparut du paysage à la grande surprise des autres Hawks. Les uns imaginaient une brouille avec le lunatique Albert Grossman. D'autres croyaient qu'il souffrait d'avoir perdu le leadership du groupe. Mais partir à cause des huées ? Impensable. Dylan, Robbie,

Richard, Rick, eux non plus, ne prisaient guère les insultes, et pourtant ils ne démissionnaient pas.

Eh bien Levon, si ! La preuve : il se sentit d'abord libéré d'un poids, puis, une fois le soulagement passé, un frisson parcourut son corps. La musique était-elle terminée pour lui ? Jamais une maison de disques ne l'engagerait sans les Hawks. Non, le grand Helm se persuadait que leur histoire commune, interrompue provisoirement, reprendrait bientôt. Parfois, il haïssait Robbie, Rick, Richard et Garth de s'illusionner ainsi. Quatre accompagnateurs avaient sacrifié leurs valeurs à l'argent, au show-business, à une existence artificielle. Bien sûr, Levon avait ressenti la même exaltation, mais il s'était ressaisi. « Ça leur passera ! », espérait-il, souhaitant déjà revoir ses vieux complices. Comment ces amis efface-raient-ils d'un trait tant d'années communes... ?

Il retourna dans l'Arkansas.

« Je suis allé à Mexico, raconterait-il, et j'ai vécu sur la plage jusqu'à ce que je dépense tout mon argent. » Ce que Helm rapporte de sa vie sans Dylan reste proprement hallucinant : il a joué à La Nouvelle-Orléans, et, redevenu un musicien ordinaire, connut les bars à gangsters où il touchait des cachets minables. Le batteur historique de Dylan fut même engagé comme aide serveur dans un restaurant et viré sans ménagement : il man-geait en douce les entrées ! Puis, il accepta un travail de construction, ins-talla des tuyaux dans le Golfe du Mexique. Mais il ne déployait pas la même efficacité que ses collègues. Alors, il jouait de la musique, la nuit, ou se livrait à d'endiablées parties de pokers avec ses nouveaux amis qui ignoraient tout de son existence passée. Au loin, la radio grésillait. C'est ainsi qu'un soir, il entendit le merveilleux et carnavalesque *Rainy Day Women n° 12 & 35*. Le chanteur était Bob Dylan...

●

Bob avait repris la route avec ses musiciens. Pendant les tournées, il ne s'endormait jamais, comme une sentinelle qui, la nuit, veillait, les yeux ouverts. C'est ainsi que surgirent de son âme les *Visions Of Johanna*. Il l'appela d'abord *Freeze Out*. Même s'il avait emprunté l'idée à Jack Kerouac, à *Visions Of Gerard*, son livre de 1963 sur un enfant malade agité de rêves, la nuit était belle, étoilée, idéale pour avoir des visions pendant que sa caravane magique dormait et que lui, le seigneur, éclairait la route sombre. Il avait sa bouteille de vin posée à côté, son thermos de café chaud, et il écrivait en buvant, la main tremblante, l'œil fixe.

Seulement Louise et son amoureux enlacés si fort
Et les visions de Johanna qui envahissent mon âme[61]

267

Il imaginait les nuits avec Sara. C'étaient ses propres visions de solitude à deux, mais aussi de romantisme. Sa femme lui manquait. Et il avait le sentiment d'écrire ses visions pour la réveiller ou ressusciter quelques moments de calme. Il avait composé une chanson pleine de mots, de faconde, héroïsée par deux figures féminines, cette Louise de chair que l'on saisit à bras le corps, et la Johanna, spirituelle, Sara, sans doute, dont il raconta qu'elle ressemblait à la Vierge. « Trop claire, trop proche, délicate, comme un miroir », dit-il de Louise qui tente de saisir une poignée de pluie, autant dire rien.

Cet amour ne sera pas fixé, vous filera entre les doigts. Johanna, l'absente, ne promet rien, assez pure, mais ses visions conquièrent votre âme. La chanson évoque aussi, dans la quatrième strophe, l'art et son devenir à travers l'image de Mona Lisa, la Joconde, enfermée dans un musée parmi les « giroflées gelées, et les visages congelés des femmes » qui viennent la visiter et éternuent. Où est la vie ? « Je tiens à vous dire à ce propos que Mona sourit », écrit-il. C'est ce que craignait Dylan pour son œuvre : la pétrification. Une seule issue le sauverait de la dessiccation, le voyage, le mouvement. « Le joueur de violon, maintenant, écrit-il, marche vers la route. » *Visions Of Johanna* est l'un des plus beaux textes de Dylan, une œuvre symboliste qui balance sur le rivage ses mots et images par vagues et marées... Indéfiniment.

Le jour se leva. Il n'avait pas fermé l'œil une seule seconde. La route s'étendait devant lui, en plein soleil. Il s'allongea, pensa à sa vie, à la musique. Un morceau de Ray Charles lui revint : *Let's Go Get Stoned*. Il l'avait entendu on ne sait où. Il se redressa, prit une feuille, rédigea ces quelques lignes : « Everybody must get stoned ». Il la rangea soigneusement dans la doublure de son vêtement. Cette idée pourrait toujours servir.

Il avait une belle ambition pour son prochain album, un groupe à sa disposition, tout ce qu'il fallait pour danser sur les sommets grâce aux puissantes *Visions Of Johanna*. Le 30 novembre 1965, il convoqua les Hawks, ravis de reprendre le chemin des studios, prêts à saisir leur deuxième chance. Mais Rick, Garth et Richard ne parvinrent pas à entrer dans cet univers. Bob soupirait. Quel saut de géant les joueurs « canadiens » devaient-ils donc effectuer pour élever leur niveau à la splendeur que réclamait le maître ? Ils n'en savaient rien et n'eurent pas la réponse. Car ils étaient repartis sur la route.

Le 2 décembre, une dernière date à San Francisco devant le florilège des poètes beats, Allen Ginsberg et Lawrence Ferlinghetti, plaça Bob encore sous la lumière de cette riche année 1965 malgré tout. Et c'était la douce radiance de Californie d'où s'échappa Joan Baez comme toujours. La chanteuse emblématique folk n'avait pu se résoudre à fuir Bob malgré son mauvais comportement lors de la tournée anglaise. Elle n'arrivait jamais à se détacher de lui, comme une drogue néfaste et eut du plaisir à voir son ancien amant qui se montra chaleureux. Elle croisa Sandy Konikoff, le nouveau batteur de Dylan qui remplaçait Bobby Cregg, lui-même suppléant de Levon – que n'avait-il pas persisté ! – Bob l'avait pêché dans l'entourage de Ronnie Hawkins. Encore un. Joan aperçut un jeune homme timide plongé brutalement dans l'éblouissement de la gloire et qui en avait presque le vertige, les yeux rougis à force de regarder ces arènes noires de monde bruyant, palpitant, sous ce soleil coloré. Ce fut à son tour d'accéder à la cour des rois.

Le Berkeley Community Theater vibrait de passions anciennes et présentes.

Maintenant que la tournée prenait fin, Bob pensait à son album et à sa vie. Les fêtes passèrent. Il rejoignit Sara qui donna naissance, le 6 janvier 1966, à leur premier enfant, un garçon, Jesse. Il n'aurait jamais cru en ressentir une joie aussi intense que la musique. Son épouse, un peu pâle, était heureuse. Elle espérait, sans trop y croire – et d'ailleurs, y tenait-elle vraiment –, que la paternité maintiendrait Bob à la maison. Mais à peine avait-il tenu le bébé entre ses bras qu'il regardait dehors, tournait en rond. Il s'assit sur le lit, caressa la joue de Sara. La jeune maman cherchait les mots. Si elle était trop mélodramatique, il se moquerait d'elle ; collante, il la fuirait ; froide, il partirait... Donc, elle préféra se taire. Comme toujours. La musique l'appelait, sa machine à écrire l'obsédait.

— C'est le plus beau garçon de la terre, dit-il en le berçant.

Mais, ses yeux erraient au loin. Il méditait son septième album. À la fin de la journée, il quitta l'hôpital, presque en courant, avide de plonger à nouveau dans la musique. Cette passion le brûlait.

Bob ressemblait à une abeille vibrillonnante qui digérait dix mille idées à la minute et dont chaque mot ou essai sonore dessinait un bouquet multicolore. « Je vais mettre tout le monde d'accord », songeait-il secrètement, comme si la beauté de *Highway 61 Revisited*, vieux déjà de quelques mois, ne suffisait plus à assouvir son insatiable appétit. Il pensait aux groupes anglais, Beatles, Rolling Stones, et à tous ces grands musiciens se bousculant dans l'éclat de ces mirifiques années soixante. D'ailleurs, il imaginait un album de lumière, une œuvre aussi pure que du Mercure. Il s'accrochait à ses *Visions Of Johanna*, et à sa beauté littéraire comme si elle répondait à cet article paru dans le raffiné *New York Times* :

New York Times – 18 décembre 1965.
« Bob Dylan – est-il l'héritier de Faulkner et de Hemingway ? »

L'écrivain Thomas Meehan observait les critiques littéraires américains qui depuis la mort, trois ans plus tôt, du prestigieux romancier sudiste William Faulkner fouillaient l'horizon, espérant dénicher son successeur et celui d'Hemingway, disparu lui en 1961. Les étudiants avaient répondu : Bob Dylan, cette « combinaison de Harpo Marx, Carol Burnett et Beethoven ».

Bob soupira, d'abord flatté, avant de reprendre ses esprits : « Ils sont fous ». Il n'avait pas écrit de roman et n'en composerait sans doute jamais. Ses textes n'atteindraient pas la qualité de l'étouffant *Sanctuaire* de Faulkner, qui racontait le drame d'un enfermement ou de *Pour qui sonne le glas*, de Hemingway, beau récit d'amour au temps de la guerre civile espagnole. Que dirait Meehan dans vingt ou trente ans quand l'enthousiasme retomberait ? Le monde, habitué à sa présence et déçu, le traiterait de vieillard, fustigerait ses courbatures ? Les deux fantastiques pages du *New York Times* jauniraient dans un placard avec leur encre à moitié effacée. Pourquoi tous ces observateurs se laissaient-ils déborder par leur pulsion du moment et ne se vieillissaient-ils pas en pensée de trente ou quarante ans ? Bob n'en doutait pas : ces chantres qui s'extasiaient aujourd'hui sans retenue n'hésiteraient pas à lui jeter des pierres à la première déconvenue.

Il apprécia probablement, dans la revue *Broadside*, les propos d'un homme qui l'aimait, Phil Ochs, ce musicien assez marginal, marqué par le tragique : « Écouter Dylan, ces temps-ci, c'est presque comme grimper à une échelle : on regarde ça comme on regarderait une peinture... »

Cette gloire exposait le jeune génie à de nombreuses déconvenues. Bob supportait de plus en plus mal la pression, n'arrivait pas à bien travailler, assiégé par les sollicitations, les demandes d'interviews. Il ne parvenait plus à se recueillir à New York. C'était trop le cirque. Les musiciens arrivaient, passaient, repartaient, les « amis » aussi. Les journalistes fouillaient son âme à la recherche d'un secret que Bob ne tenait pas à dévoiler si tôt. Peu d'observateurs avaient appris son mariage et la naissance de Jesse au début du mois. Les « inspecteurs » découvriraient tout bien assez vite d'autant qu'il téléphonait souvent à l'hôpital et que ce manège finirait par s'ébruiter. La solution : s'éloigner de New York. Faire diversion. Sa musique n'en respirerait que davantage. Le nouveau disque devrait répandre une sonorité différente. Bob ne se reposait pas sur ses visions électriques, il préparait un autre virage.

Au courant de cette volonté de changement, le producteur Bob Johnston se rappela qu'il gardait des liens forts avec Nashville. Et Columbia possédait un studio là-bas.

— Tu y seras plus tranquille. Et les musiciens du coin sont très bons.

Bob réfléchit.

« Chez les péquenots country ? » songea-t-il, peu enthousiaste. Il chercha une autre ville. Quel drôle de disque imaginerait-il dans cette Amérique profonde ? Pourquoi ne descendrait-il pas vers le Mississippi après tout ? Puis, il se dit que, probablement, Johnston n'avait pas tout à fait tort. Et il se rendit à sa proposition. Le producteur remporta une nouvelle victoire, persuadé que le musicien n'aurait pas à le regretter.

Mais qui Bob emmènerait-il ? Les Hawks resteraient à la maison. Rick, Richard et Garth tombèrent de haut, même s'ils craignaient inconsciemment l'éviction depuis leur prestation moyenne – ou en tout cas éloignée des souhaits de Bob – dans les studios de New York à la fin de l'année 1965. Ils s'étaient voilé la face. Et voilà que le Maître les larguait sans explications.

— Levon a eu raison, dit Rick. Nous aurions dû partir avec lui. Cela nous aurait évité de recevoir ce camouflet.

Ils ne comprenaient pas, mortifiés d'échouer à la porte du Sanctuaire. La blessure n'aurait cependant pas été aussi vive si Robbie les avait accompagnés dans la disgrâce. Or, il était resté. Parce qu'il déployait plus de talent ? Que Dylan l'aimait bien et se sentait en parfaite communion avec lui ? Les Hawks voyaient souvent les deux hommes se concerter à l'écart, presque en secret, comme deux amants en musique. Bob, il est vrai, appréciait de plus en plus le jeu du Canadien. Ses notes ne débordaient pas, gardaient leur ligne droite, présentes mais jamais accaparantes, sorte de « son mathématique », comme un jour Dylan décrivit l'art du guitariste de Toronto. Cela ne voulait pas dire grand-chose en soi, simplement une manière de définir un style moderne, précis et qui ménageait les nerfs, toujours fragiles, de Bob.

— Tu viens Robbie ?

Le chouchou souriait et partait. Tant pis pour les autres maintenus cependant en réserve.

— Attendez-moi ! leur conseilla Robertson. Votre tour viendra ! Bob compte toujours sur vous !

Quel culot ! Le préféré devait pressentir le malaise, mais il semblait n'y accorder aucun intérêt.

— Installez-vous à Los Angeles, et nous vous rejoindrons ! continuat-il.

Et Rick, Richard, Garth acceptèrent, par faiblesse ou manque de projets. Qu'auraient-ils espéré, livrés à eux-mêmes, privés de leur sang vif ? Sacré Robbie... Dylan avait besoin d'un homme de confiance tel que lui. Al Kooper fut aussi du voyage.

L'enregistrement de ce disque se déroula en pointillé. Bob n'avait pas renoncé à la scène et il s'engagea pour plusieurs concerts en Amérique du Nord pendant le mois de février 1966. Puis, il s'installa vers le 14 à Nashville, loua une chambre au Ramada Inn. Trois journées s'offraient à lui. Il souhaitait se hâter malgré des idées en lambeaux, un matériel en désordre.

Il apprécia la grande capitale country, avec ses bars à guirlandes, ses fausses barrières de rodéo, ses saloons de pacotille. Il apprit que Charlie McCoy tournait dans le coin. Une bonne surprise. Bob avait aimé son travail sur *Desolation Row*. L'homme au chapeau débarqua de sa cambrousse,

— Hey Charlie ? apostropha Dylan. Comment tu vas ? Je voudrais que tu me ramènes les meilleurs musiciens du coin.

— Tu sais qu'ici, l'heure, c'est l'heure, le prévint Charlie. Tu vas avoir des types formidables, mais ils auront l'œil sur l'horloge, et si tu dépasses, faudra les payer plus.

Le bon McCoy appela les professionnels de la région rodés à toutes les épreuves, à tous les voyages. En général, leur question, en arrivant, ne variait pas d'un iota :

— Qui on accompagne aujourd'hui ?

Et Charlie répondait :

— Bob Dylan.

Tous prenaient l'air étonné.

— Bob qui ?

— Oui, un type de New York.

Ils n'avaient jamais entendu parler de ce musicien, et le nom de la grande ville leur arrachait toujours des grimaces. Encore un arrogant qui se croirait tout permis ! Aucun problème ! Des gars comme McCoy ou le guitariste Wayne Moss avaient joué avec Elvis, Roy Orbison, les rockers des années cinquante, et contribué largement au prestige de la capitale musicale. Dieu en personne ne les aurait pas effrayés !...

Ces durs à cuire investirent le studio Columbia, ignorant tout de leur tâche, s'installèrent derrière les micros, répétèrent les gestes qu'ils avaient tant de fois accomplis, en silence. De toute façon, ils ne lambineraient pas, toucheraient leurs chèques et rentreraient à temps pour dîner. C'était la méthode de travail de Nashville. Mais sans le savoir, sauf McCoy plus habitué, ils arrivèrent chez le Magicien d'Oz, comme si un génie leur avait fait perdre la notion de l'heure. Ils n'entendirent plus les bruits de la ville, que le silence et les soupirs d'un artisan compliqué. Le genre new-yorkais !... Si vous voyez ce que je veux dire. Tant pis le dîner attendait...

Bob avait pris ses quartiers. Il parlait aux employés du studio, plaisantait, se lia d'amitié avec le concierge de l'immeuble, un gaillard plutôt imposant qui se prétendait auteur de chansons.

— Tu écris alors ?

— Oh, j'ai composé pas mal de chansons. Mon but, c'est de chanter, je voulais devenir écrivain, mais je n'ai pas encore réussi à convaincre les éditeurs.

Bob voyait le garçon qu'il avait été quelques années plus tôt. Le même désir, la même angoisse de ne pas réussir, à une différence près : l'âge. En face de lui, se tenait un homme plus vieux, un bourlingueur.

— Quel est ton nom ?

— Kris !

— Kris ?

— Kristofferson...

Depuis son Texas natal, ce fils de général avait voyagé, jusqu'en Angleterre, avant de revenir au pays pour endosser l'uniforme de l'armée et piloter des hélicoptères. Bob aimait bien sa bouille carrée, ses mains en forme de battoir, sa voix aussi, très posée. Après le récit de ses aventures où il avait élevé la voix, brusqué ses gestes, Kris, armé de ses plumeaux et aspirateur, repartait chasser la poussière. Dylan pensait qu'il devait glisser ses chansons dans la poche de tous les musiciens et producteurs de passage.

— Viens nous voir, lui lança-t-il.

Kris n'hésita pas et s'avança timidement derrière la vitre. Il entendait des notes, tout en continuant à nettoyer la saleté, à vider les cendriers, l'œil fixé sur les musiciens de Bob. Plus tard, les témoins se souviendraient de ce géant, auteur du classique *Me And Bobby McGhee*, repris par Janis Joplin. Mais, en ce mois de février 1966, il attendait comme les autres le bon vouloir du grand Dylan. Et les heures semblaient parfois durer une éternité.

— Quand commence-t-on ?

Al Kooper, l'homme aux cheveux noirs ondulants, toujours vêtu de vestes fourrées en mouton, répondait :

— Ce soir.

Mais quand ce soir ? L'organiste n'en savait rien. Et les impatients devaient profiter de sa présence car il passait une partie de la journée dans la chambre d'hôtel où Dylan, au milieu des papiers, du linge sale, devant un lit défait, écrivait sa prose. Le maître avait même commandé un piano à l'intention d'Al qui s'asseyait et, sur les indications de Bob, construisait à tâtons les mélodies. Les deux hommes échangeaient peu de paroles. Puis, Al enfilait son manteau, prenait sous le bras le paquet de feuilles, regagnait le studio et soumettait aux exécutants les lignes harmoniques, la structure des morceaux inachevés.

— Il arrive, disait-il, mais en attendant, vous pouvez répéter ces pièces...

Jusqu'au déclin du jour, Bob composait, raturait ses chansons. Il arrive... Combien de fois les musiciens entendirent-ils cette promesse ? Tous les jours. Et les horaires syndicaux ? La vie de famille ? Tout cela avait volé en éclats depuis belle lurette...

Puis, à la tombée du soir, le maître apparaissait, avec ses lunettes noires, ses cheveux en broussaille, son visage de lune un peu froissé. Les accompagnateurs quittaient alors leurs parties de cartes, leurs rêvasseries et empoignaient les instruments. Aux joueurs, Dylan lançait en pâture des morceaux intrigants. Robbie réagissait au quart du tour, il se sentait proche de Bob après tant de mois passés à ses côtés, Charlie McCoy s'adaptait, lui aussi, très admiratif du jeu de Robertson, l'un des plus grands guitaristes qu'il avait jamais entendue, et il parlait en connaisseur. Les autres attaquaient ces œuvres étrangères, rétives, qui sautaient au visage, ricanaient ou au contraire invoquaient la mort. Les mercenaires de Nashville avaient réussi à pénétrer cette matière grâce à leur musicalité innée, leur polyvalence, et une unité insoupçonnable.

Après les séances, ils repartaient dans la nuit fraîche. Ils savaient qu'ils reviendraient le surlendemain, décolleraient en jouant des merveilles aussi chamarrées que *Leopard-Skin Pill-Box Hat*, un blues dru aux guitares cinglantes comme des fouets qui ridiculise la mode à travers cette toque de léopard grotesque, *4 th Around*, et *Sad-Eyed Lady Of The Lowlands*, deux ballades romantiques à l'ambiance d'alcôve chaleureuse, le sublime *Stuck Inside Of Mobile With The Memphis Blues Again*, dont le pas rythmé et sa ronde chaude à l'orgue semblent aller vers les hautes prairies. « Oh Mama... », le cri nous berce encore...

Bob avait aussi gravé une troisième version de *Visions Of Johanna*, cette merveille dont seuls des musiciens en état de grâce parviendraient à rendre le symbolisme. Cette dernière prise approcha le plus près du soleil. Que dire encore de *Pledging My Time* parti sur un roulement de batterie ? Un homme souffre d'une migraine empoisonnée dans une pièce si mal ventilée qu'on peut à peine respirer. « Viens, ma petite, viens, reste, avec moi. » Il est ivre, fatigué. C'est la nuit, la chaleur délétère du night club... et le blues sur lequel navigue une musique oppressante partagée entre les éclats d'harmonica de Bob, la guitare moite de Robbie et les échos sombres du pianiste aveugle Hargus Robbins. Lorsqu'il l'écrivit, Bob eut une vision, mais ce n'était pas celle de Johanna. Il avait cru se voir dans un fossé, en sang ? « Il a eu de la chance, mais c'était un accident... », écrivit-il en devin. L'harmonica de Dylan et la guitare moite de Robbie développèrent quelque chose de transpirant et d'oppressant.

L'étouffement venait aussi de cette justice que Dylan ridiculisa souvent à travers l'image du juge comme autrefois dans *It's Alright, Ma*.

Il stigmatisait les vieilles femmes juges, voyeuses, envieuses, frustrées de sexe et à la morale dévoyée.

Dans *Most Likely You Go Your Way And I'll Go Mine*, le champion de la liberté décrivait un juge mal bâti et en équilibre sur des échasses, bref ridicule.

Moins étouffant était *Rainy Day Women n° 12 & 35*, gravé non loin des premières douceurs printanières. Il se rappelait la sentence de Ray Charles : *Everybody Must Get Stoned*. Mais les temps avaient changé. Ray parlait de l'alcool ; le terme « stone », en ces années soixante, renvoyait à la drogue. Bob se sentait prêt à sacrifier le morceau à la radio. Il voulait un rythme de marching band, une couleur de cirque, et avait pensé prendre l'orchestre de l'Armée du Salut, mais cela n'aurait pas convenu à l'ambiance de joyeux désordre qu'il souhaitait installer. Il avait dit à ses musiciens :

— Apportez boissons, marijuana, prenez tout ce que vous voulez. Nous allons faire la fête.

Ce fut la plus étrange session de ce voyage curieux que révéla *Blonde On Blonde* (puisque tel serait le titre). Les musiciens riaient, apostrophaient le coryphée et Bob se lançait dans une ronde bohème et lyrique. Les anecdotes sur cet enregistrement sont assez nombreuses. Charlie McCoy sortit sa vieille trompette, et il appela un ami à lui, un certain Wayne Butler, tromboniste. Bien sûr, à deux heures du matin, ce musicien dormait. La production le réveilla.

— Dylan enregistre un superbe morceau. Tu te joins à nous ?

Wayne bondit hors de son lit, et arriva au studio à trois heures, en costume cravate, très soigné. Il joua une trentaine de minutes puis tira sa révérence. Il était de retour à quatre heures chez lui où son lit chaud l'attendait. *Rainy Day* fut enregistré à toute allure. Trop vite, au goût de Robbie qui raconterait avec humour :

— Je crois que je suis allé chercher des cigarettes ou un truc de ce genre, et le morceau était déjà en boîte quand je suis revenu.

On peut imaginer comment ils se couchèrent cette nuit-là, ou plutôt ce jour-là car un ciel blafard découvrait Nashville quand ils sortirent. La nuit avait passé comme un rêve. Bob errait dans un état second à force d'avoir bu et fumé de la marijuana. Des hallucinations coloraient ses yeux agrandis par la drogue que Bobby Neuwirth lui glissait en riant. Les bouteilles clinquaient aussi, les rires fusaient. Le musicien en avait besoin. Il voyait le paysage déformé, violacé et rougeoyant, il méprisait la fatigue, la lassitude, gonflé d'énergie et de vie. Le sommeil était un luxe qu'il ne pouvait se permettre. Allez, encore un peu d'arôme dans le cerveau... Et il bandait, fluide, tout proche de la sensualité absolue. Son ami démon avait raison. Neuwirth, le fournisseur, trouvait là sa vraie utilité. Il infusait dans le sang de l'artiste la semence extatique...

L'œuvre avançait, lentement, brillamment : mais il restait tant à produire, à imaginer. Aucun acteur ne s'endormait, échauffé par l'énergie intense de la musique et de ces feuilles qui tombaient comme cette chanson qu'Al découvrit, dans la chambre d'hôtel, *I Want You*. « Quel trésor ! », se dit-il, impatient de modeler ce nuage qu'il avait entre les mains. Bob disait :

— Oui... On la fera. Oui...

Mais il ne donnait toujours pas vie à ce désir. Les heures défilaient, le jour ou la nuit, qui sait ? Dylan, passant de la colère, de la froideur mortelle, à l'enjouement, remplissait l'album si bien qu'il ne demeurait plus beaucoup d'espace, d'émotion à glisser. Comment parler au maître ? Parfois, Bob sentait monter en lui des bouffées d'acide. Aucun de ses collaborateurs n'était aussi si léger que lui, aussi lucide malgré la brume pourpre qui l'enveloppait. Quand le soir venait, il perdait sa carapace griffue et redevenait le Rimbaud à face d'ange. Il ne se heurtait plus à ce blindage inaccessible qu'était la perfection, l'œuvre imaginée. La musique roulait comme sur une mer de tranquillité avant le prochain récif. Al profitait alors de la disponibilité du créateur afin d'imposer ses idées. Comme il le dirait plus tard, « je devenais complètement obsédé par ce morceau... Je disais : faisons *I Want You*. À chaque fois, il le repoussait, juste pour m'emmerder. Je savais qu'il allait le faire, mais je continuais d'insister parce que j'avais pas mal d'idées pour les arrangements et que je craignais que l'œuvre ne soit pas enregistrée. » Une nuit, Al prit la liberté de montrer la chanson aux musiciens et en informa Dylan qui sourit et dit juste :

— Ouais, on va la faire.

Il s'était rendu compte qu'il n'avait pas assez de chansons pour compléter le déjà riche album. Il n'en pouvait plus. Depuis cinq mois, il planchait sur cette œuvre qui commençait à lui peser sur l'estomac.

En mars, il retourna dans les studios de Nashville, rassembla ses musiciens. Bob y arriva, aussi blême qu'à l'accoutumée. Il était fatigué, et malgré tout, tentait un peu de donner de la légèreté au travail, ce qui n'était pas dans ses habitudes. Il avait envie de terminer en beauté, rapidement, sans fioritures, querelles ou tergiversations. Ce disque fleuve l'avait harassé. Et les folles soirées recommençaient, avec ces accompagnateurs, le pied posé par terre et qui, bouillonnants, pleins de chaleur, se lançaient à l'arrivée de Dylan. Il était 22 heures, parfois on approchait minuit. Souvent l'aube...

Pour *I Want You*, le grand Kooper avait préparé les arrangements, mais il se passa quelque chose d'étrange. Wayne Mose balança cette brillante intro à la guitare et emmena tout le monde vers le ciel. La poésie lui échappa, leur échappa.

Je te désire, je te désire
Je te désire si violemment
Chérie, je te désire [62]

Ce désir charrie un flux si puissant que le monde s'anime : le joueur d'orgue pleure, le croque-mort s'énerve, les cloches, fêlées, et les cors sonnent, tonnent jusqu'à épuisement, les saxophones d'argent le supplient de mettre fin à son amour...

I Want You, avec sa cascade d'harmonica, ses roulements de batterie, ses notes bondissantes et souples de guitare, est un rayon de soleil, l'une de ces chansons qu'on aime entendre, réentendre, et qui défie le temps, balayant la pièce comme un coup de lumière, un dernier... Cette œuvre de jeunesse raconte un triste romantisme sur un amour finissant. La prose du musicien orchestre sa propre solitude et le chaos du monde. Le texte brasille dans les mouvements de cet enfant en costume chinois qui danse, de cet accordeur solitaire en pleurs ou de ce croque-mort coupable. Bob reste fidèle à son théâtre magique de personnages tous fabuleux que l'on retrouve au long de son œuvre.

À ce stade, Dylan apparaissait comme un merveilleux écrivain de femmes. On retiendrait de *Blonde On Blonde* sa grâce à l'image des belles lignes de *Sad-Eyed Lady Of The Lowlands* :

Avec votre bouche de mercure dans les époques missionnaires
Et vos yeux semblables à de la fumée et vos prières comme des rimes
Et votre croix d'argent, et votre voix qui sonne comme des carillons
Oh, qui, parmi eux, songerait à vous enterrer[63] *?*

Qui était cette lady aux yeux tristes ? Suze ? Echo ? Joan Baez ? Ou une autre ? Bob ne voulait pas répondre. Il souriait en coin tandis que la nuit noire avait enveloppé Nashville, qu'il était trois, quatre, peut-être cinq heures du matin, et que les musiciens attendaient le point final de la belle marche nuptiale. L'œuvre avait la splendeur d'un palais, mais aussi sa longueur puisqu'elle semblait ne jamais se terminer et qu'à chaque fin de couplet les accompagnateurs s'apprêtaient à conclure, Bob aspirait son joint et remettait alors du bois pour attiser le feu et continuer la route. Quelle mouche l'avait piqué ? Un morceau de onze minutes. Ce n'était pas l'habitude d'alors.

Bob avait savouré les sessions, entouré d'amis. Johnny Cash s'était joint aux chœurs par camaraderie, à moitié soul et engoncé dans son costume noir d'imprécateur.

Le disque avait approché cet éclat de mercure dont rêvait Bob. L'œuvre était joyeuse mais dans le meilleur sens, de cette joie de nuit qui sublimait les plus belles des fanfares. *Blonde On Blonde* est la contradiction même des légendes selon lesquelles l'art ne brille que sur le malheur. Ici, il traversait l'enchantement malgré des paroles souvent amères et mélancoliques. Nous écoutons là un « show », pour reprendre une expression chère aux Américains et non plus un simple album. Une caravane passe devant nous, un manège tourne sous nos yeux. Bob avait égalé et peut-être dépassé *Highway 61 Revisited*, semant un authentique chef-d'œuvre musical qui, près de quarante après, n'a pas pris la moindre ride. Comme tous les grands disques de Dylan d'ailleurs.

Il en était ressorti épuisé, plus solitaire que jamais, déprimé comme toujours. Partir dans les rues vides le glaçait après ses visions de carnaval, de fanfares. Il retomba lourdement sur terre et détestait cette impression. Alors, il fumait encore plus, avalait des cachets, de l'alcool et s'endormait. Il ne voulait voir personne. La mort le rongeait. Les amphés collaient à lui comme des sirènes ensorceleuses. C'était difficile. Il était absent la plupart du temps, haineux, et revenait à la réalité juste dans le but de créer ses merveilles. Puis, il retournait à ses fantasmes. La couleur tango prise par sa musique contrastait avec son visage gris. Il se réjouissait aussi de l'album que venait de publier le Paul Butterfield Blues Band, *East-West*. Un pur chef-d'œuvre. Mike Bloomfield, le guitariste juif amoureux du blues, inquiet de ne pas toucher la vérité, avait trouvé sa couleur. Le groupe aussi. Imaginer un blues qui unirait l'Occident et l'Orient, tel un carrosse des Mille et États-Unis franchirait le Bosphore, cavalerait dans les palais du Sultan. Mike et l'autre champion, Elvin Bishop, se livraient à de grands duels de guitares. C'était beau de voir le fantôme de Robert Johnson danser autour du cobra. « Oh, Mike, tu as eu raison de me quitter... »

L'écoute d'*East-West* lui redonna de l'énergie après le marathon de *Blonde*. Jamais, même au plus fort de sa fatigue, malgré les nuits blanches, il n'avait cessé d'écrire, de penser à sa création prochaine. La musique constituait son unique raison de vivre, le seul lien qui le rattachait à la vie.

Il retrouva les Hawks et donna quelques concerts dont un à Denver le 13 mars. Mais il replongeait dans une formation qui, pour tromper l'ennui, l'angoisse et l'attente, avait largement et dangereusement approché les rives de l'ivresse. L'éviction de *Blonde On Blonde* avait eu un résultat désastreux : Richard Manuel oscillait au bord de la dépression ; Danko était irritable surtout sous LSD et regrettait l'affaiblissement du groupe, sans véritable existence, condamné à revivre quand Dylan claquait des doigts ; Rick en voulait à la terre entière, à Robbie qui les avait abandonnés, préférant le sublime à la fidélité. Mais pouvait-il lui parler ? Hélas non ! Le guitariste, consommait aussi beaucoup d'alcool.

Seul Garth paraissait conserver son sang-froid.

Bob aimait cependant bien les Hawks. Mais la sonorité électrique de la scène, la lourdeur de son groupe l'éloignaient du lyrisme léger et cuivré de *Blonde On Blonde*. L'audience réagissait de manière illogique : huées, sifflets, applaudissements... Parfois tout en même temps. Dylan jouait des morceaux de son nouvel album dont la sortie était prévue en mai. Un ou deux singles mesureraient la température du public, et Bob ne fut pas déçu. *Rainy Day Women*, cette chanson de carnaval qu'écouta un jour Levon Helm pendant un jeu de cartes nocturne avec ses collègues ouvriers, occupa la deuxième place aux États-Unis. Quel bon présage ! Il entendait beaucoup gloser sur la conception du futur disque. Bien sûr, les rares témoins en disaient plutôt du bien, mais la plupart évoquaient à demi-mot la drogue, les putes... Combien de rumeurs circulaient !

— Je ne conseillerais à personne de prendre des drogues, et certainement pas des drogues dures, déclarerait-il à Nat Hentoff dans le magazine *Playboy* (mars 1966).

Bob avalait des pilules, des « trucs », mais savait s'en libérer, du moins le croyait-il. La drogue l'aidait à alléger la pression, les nuits abolies et les voyages au long cours, lorsque le Gros l'envoyait au bout du monde. Albert Grossman avait cette fois négocié une tournée en Australie puis en Europe du Nord. Bob dit au revoir à sa femme Sara que Robbie entrevoyait comme un fantôme. La jeune épouse ne demeurait jamais longtemps en place, sans doute pour éviter que les photographes ne la repèrent. Le musicien l'escamotait vite comme un secret jalousement gardé. Il avait réussi à la préserver. Et la mariée se prêtait à ce jeu de bonne grâce. Tant qu'elle se tiendrait à l'écart, elle ne risquerait pas de commettre des gaffes, de déplaire à Bob. Donc, elle préférait la discrétion.

Elle l'avait quitté peu avant ses deux concerts un peu houleux à Hawaï. Puis, il se rebalança au-dessus du grand océan. Bon, un nouveau voyage ! À la bonne heure. Bob projetait de réaliser un second film sur l'une de ses tournées. Il venait de revoir *Don't Look Back*, le témoignage de ses pérégrinations anglaises, toujours en attente de sortie, qui, décidément, ne lui plaisait pas. « Je donne l'image d'une ordure », songeait-il. L'œil de Pennebaker ne l'avait pas gâté. Grossman ne s'était rendu compte de rien. Sa première grosse erreur. Une mauvaise idée. Que dirait le public ! On le détesterait un peu plus. Cela changeait-il quelque chose ? Il finirait par perdre ses partisans, las de son cynisme torturé, mais il savait que d'autres le soutenaient. Il n'avait encore rien laissé paraître de sa déception, et pourtant il devait s'empêcher de démolir ce légendaire documentaire quand il sortirait, sans doute l'année prochaine ? Autant se tirer une balle dans le pied. Il jugea plus habile de préparer un autre regard sur lui afin de montrer ses différentes facettes et surtout de mieux contrôler une image un peu floue ces temps-ci. Il rappela même Pennebaker, le meilleur du métier qui n'avait d'ailleurs peut-être pas volontairement mis l'accent sur ses défauts. Bob prendrait, cette fois, quelques précautions :

— Nous nous organiserons différemment, prévint-il. C'est moi cette fois qui le réaliserai. Nous avons mis ABC sur le coup.

La chaîne de télévision se montra intéressée par le projet intitulé au début *Stage 66* (Scène 66) et avança sur la table 100 000 dollars d'avance. Pennebaker n'en revenait pas. De prime abord, la proposition le choqua. Dylan l'engageait simplement pour pallier ses lacunes et l'aider ? On croyait rêver. Pourtant, il accepta et décida de rejoindre Bob sur le tour européen.

Ils s'envolèrent pour le bout du monde, avec les Hawks, Bob, la tête pleine de pensées, d'idées, *Blonde On Blonde*, le film..., Sara, son enfant. Pendant le trajet, il ouvrit un petit carnet et griffonna quelques lignes d'un poème. Un éditeur lui avait proposé d'écrire un recueil. Un livre littéraire ! Son talent trouverait enfin le Panthéon qu'il méritait. Il avait été sensible à ce grand honneur et y pensait jour et nuit, n'importe où, à toute heure de la journée malgré ses yeux qui se fermaient de fatigue.

Non, non... Il fallait continuer. Écrire, écrire. Vivre avant le déclin et la mort !

Il se réveilla de son livre en Océanie. La foule avait envahi le tarmac de l'aéroport et tombait à ses pieds. Bob recula. Ce pays sentait le serpent, la violence.

— L'Australie n'est pas un endroit très plaisant pour les Orientaux et les Nègres, lança-t-il lors de la conférence de presse.

Il était fier de son attaque, et ses ennuis avec les journalistes recommencèrent de plus belle. Il ne répondait pas aux questions ou soupirait. Un soir, quelques témoins virent de la drogue circuler dans les chambres d'hôtel. Les pilules permettaient à Bob de supporter le décalage horaire, le travail harassant, à Robbie, Rick, Richard et Garth de mener à bout de bras l'épuisante vie de tournée et un groupe à l'existence filandreuse. La vie sans Dylan ? Elle arriverait bien assez vite, mais aucun n'y pensait.

Ils repartirent pour un interminable voyage vers l'Europe du Nord. Avec son orchestre, Bob visita ces régions glacées qu'il ne connaissait pas où l'attendaient peut-être de merveilleux publics. Il s'en moquait, tout à sa fatigue, seulement porté par l'éclat généreux de *Rainy Day Women n°12 & 35* qui dansait sur les ondes. Les journalistes voulaient en savoir plus sur le futur album, mais l'auteur de *Blonde* ne disait rien. Pennebaker l'avait rejoint avec son matériel et filmait en couleur les concerts, la vie de tournée. Bob intervenait davantage.

— Prends la caméra et nous verrons bien ce que nous ferons.

C'était étrange. Dylan ne savait pas comment s'y prendre, et il donnait des ordres en quémandant des conseils.

— Nous allons faire un film expérimental, se vantait-il.

Et Don Alan obéissait. Nouveau vol splendide parmi les nuées. Toujours pas d'heures de sommeil. Et Dylan écrivait en enfilant les tasses de café. Il entendit *La Ballade des bérets verts* composée par le Sergent Barry Sadler qui se voulait une réponse aux chansons pacifistes de Bob Dylan. Quelle plaisanterie ! Cette bêtise militariste, qui justifiait l'intervention américaine au Vietnam, s'était cependant vendue à plus de quatre millions d'exemplaires. Les journalistes évidemment voulaient en savoir plus :

— Sadler a-t-il demandé à vous rencontrer lors de sa prochaine permission ?

Bob souriait d'un air las, mais offensif.

— Ce n'est qu'une rumeur, mais elle peut-être fondée. Je n'ai rien à dire à cet homme. En 1966, la guerre est une honte, et si elle est nécessaire pour le président Johnston, rien ne la justifie à mes yeux.

Il ne s'abaisserait pas à rencontrer ce va-t-en-guerre. Il venait d'atterrir à Londres. Pennebaker saisit Dylan et John Lennon dans une limousine complètement livrés aux vapes hallucinogènes. Le délire avait commencé la veille, au Mayfair. Les Rolling Stones avaient prêté la voiture et leur chauffeur Tom Keylock.

— Je suis malade, répétait Dylan. Quand arrive-t-on ?

Il avait envie de vomir et luttait contre la nausée. Il ne se souviendrait de rien. John ne comprit jamais pourquoi il avait accepté d'entrer dans ce film, et s'inquiétait de la mine de papier mâché que Bob traînait : son visage ressemblait à de la cendre. Bob avait bien vu qu'il effrayait ses proches, rêvant de s'allonger, de tout balancer et de rentrer chez lui.

— Non, Albert, je n'honorerai pas ce concert...

Mais il ne pouvait décliner ses engagements. Un procès le ruinerait, et la voix du Gros le poursuivrait jusqu'à sa mort. Alors, il ingurgitait pilules, fortifiants, cafés...

Et les voici dans un autre pays. Où déjà ? Au Danemark. Bob, au lieu de se reposer, tint à s'arrêter devant le magnifique château de Kronberg parce que Shakespeare y avait médité et créé son Hamlet qui semblait parler aux fantômes. En fait de chuchotement, le vent gémissait. De hautes tours s'élevaient au bord d'une forêt d'encre. Bob respira, soudain, il crut apercevoir des ombres, la mort, celle d'un ami de jeunesse.

ÉPITAPHE N° 3 – LES AMIS FOLK DE JEUNESSE – FARIÑA, CLAYTON...

Richard Fariña, Le doux menteur, le romantique s'était donc effacé un jour d'avril 1966, dans un accident de motocyclette. Il avait emprunté la route le long de cette splendide côte pacifique, avec ce soleil limpide, ces montagnes qui chutaient dans l'océan azuré nappé de brume, les pins de guingois, Tout était vertige. Sa femme Mimi l'avait vu partir sur sa machine, un grand sourire éclairant son visage. Habituel. L'ultime sourire. Il n'avait pas voulu prendre la voiture et avait chevauché son deux-roues le long de la corniche à toute allure. Il emmenait un passager trop lourd et avait manqué un virage, s'était fracassé la tête contre le rocher.

Mimi Fariña, la sœur de Joan dont Bob avait été jadis légèrement amoureux, dut reconnaître à la morgue le corps de son époux. « J'ai grandi d'un coup », dit-elle, consciente que ses belles années d'insouciance étaient terminées. Joan, en tournée lointaine, n'avait pu se rendre aux obsèques et s'effondra. Bob l'apprit le lendemain de sa visite au Château et ne dit rien, pensif. Il ne pourrait pas aller à l'enterrement de son cher ami de jeunesse. À quoi bon ? Le cadavre s'en moquait. Il ressentait une profonde tristesse, n'oubliant pas que Richard, au tout début, l'avait soutenu, défendu au prix, souvent, de tomber dans la mauvaise foi. C'était un chic type, comme on dit.

Bob cachait sa peine. Il affichait un cynisme qui le protégeait. La mort accompagnait ses pas. Un jour son tour viendrait et peut-être très bientôt. Voilà pourquoi tout ce cirque imbécile autour de lui l'irritait. Personne ne le comprenait. Les journalistes, fans, observateurs semblaient croire à leur

immortalité. Pendant ces terribles journées, le chanteur folk Paul Clayton sui-
vit dans la tombe Richard Fariña. La drogue l'avait détruit. Un personnage
de Greenwich s'éclipsait encore. C'est à lui que Bob avait emprunté l'air de sa
chanson d'amour Don't Think Twice, It's All Right, lui même pris sur une
mélodie traditionnelle appalache. Il avait « oublié » de mentionner sa source,
Clayton. Beaucoup de proches le lui avaient reproché. Mais à l'époque, il dou-
tait encore, aussi incroyable que cela puisse paraître. Il ne lâchait rien, il vou-
lait réussir. Et aujourd'hui, il vivait, et son ami était mort. Clayton avait
assisté à l'ascension de Bob en même temps que lui déclinait, perdait argent,
inspiration, espoir. Il n'avait jamais compris pourquoi sa musique ne mar-
chait pas. Ses meilleurs amis l'avaient abandonné pour se rapprocher de Bob,
aveuglés. Pourquoi ? La solitude et le succès de Bob, injuste à ses yeux,
l'avaient détruit, et il s'était noyé dans les hallucinations. Il voulait mourir.
Comme ce Geno Foreman, un autre visage de Greenwich, dont la figure éma-
ciée, effrayante, creusée par la drogue, apparut collée contre la vitre qui emme-
nait la limousine de Dylan.

— Bob, donne-moi à manger. Je n'ai plus rien. Je crève.

Mais la voiture avança et disparut.

— Tu le connais ? demanda Neuwirth qui n'avait plus envie de rire.

— Non ! répondit Bob.

Il garderait longtemps l'image de ce spectre devant la vitre. Cela aurait pu
être lui. Il ne lui avait rien donné de peur d'être contaminé. La nouvelle de
la mort de Foreman ne le surprendrait pas. Le navire de Greenwich dérivait
et sombrait. Bob essayait de s'en éloigner, en vain. Il avait peur. Et puis ce fut
au tour de Peter Lafarge, un autre ami de jeunesse. Bob se rappelait sa ren-
contre avec ce musicien passionné comme lui, au chevet de Woody Guthrie
dans la maison des Gleason. Ils avaient échangé leurs rêves, leur idéal. Mais
seul Bob les avait accomplis. Ceux de Peter étaient restés en rade. Il fut assez
généreux pour encourager Dylan, mais lui aussi avait été rongé par son propre
échec face à la brillance de son ancien camarade dont il n'aurait jamais cru
qu'il atteindrait un tel niveau. Chapeau, Bob ! Mais combien c'était difficile
à admettre ! Et pour l'admettre, il s'était, comme les autres, étourdi dans les
drogues, jusqu'à l'overdose fatale !

Bob n'assistait pas aux enterrements. Il redoutait cette confrontation
avec le passé, la douleur dont il était involontairement le détonateur. Sans
confier ses peines à qui que ce soit, il poursuivit sa route, le voyage, heureux de se retrouver en France. Il n'avait pas effacé de sa mémoire le joli
visage de cette icône française, Françoise Hardy. Il l'avait ratée deux ans
plus tôt et comptait bien profiter de sa gloire pour qu'on l'amenât devant
lui. Il mesurerait sa puissance. La France s'était couchée à son tour. Le
jeune chanteur folk qu'il avait rencontré, il y a plusieurs années, Hugues
Aufray, l'avait bien aidé. Son disque, *Aufray chante Dylan*, remportait un

certain succès. Plus question cette fois de se balader seul dans la rue comme en 1964 ! Il le regrettait quelque part. En deux ans, sa notoriété avait fait un bond immense. La romancière à succès, Christiane Rochefort, qui avait écrit le célèbre *Repos du guerrier*, lui dédiait son nouveau roman : « À monsieur Bob Dylan, parce qu'il est poète, musicien et philosophe. » Les journaux le découvraient.

Deux mois auparavant, en avant-goût de sa tournée française en mai, *Le Figaro* lui avait consacré un article étrange, le 8 mars 1966 :

> « Dylan et son cirque voudraient bien repeindre les chambres du Crillon.
>
> Qu'ils ne sachent pas encore dans quelle salle Bob Dylan donnera, le 24 mai prochain, son unique concert parisien n'est pas le point d'interrogation le plus cruel posé aux managers du prophète. Il leur faut aussi dénicher un hôtel qui accepte le chanteur et son "cirque". Entendez par là une vingtaine de personnes aussi chevelues que lui et comprenant six poètes faméliques, un cameraman particulier, trois peintres méconnus, une porteuse de magnétophone, quelques secrétaires, un imprésario et un barbier (on se demande pourquoi !...). L'année dernière, à Londres, la présence du "cirque Dylan" avait créé quelques perturbations au Savoy. Il convient de savoir que lorsque Dylan se déplace, il ne sort pratiquement de l'hôtel que pour chanter. Toute la journée, lui et sa suite se promènent en haillons dans les couloirs, jouant de l'harmonica et du trombone, prenant à partie la clientèle et le personnel. Les repas pris au restaurant mettent également à rude épreuve le flegme des maîtres d'hôtel : le "cirque" commande invariablement du potage, des sandwiches, et trempe vigoureusement les seconds dans les premiers en agrémentant le brouet de grandes rasades de beaujolais. »

Les barbares campaient dans nos murs. Un dessin de l'humoriste Piem caricaturait une rock star avec ses cheveux longs pendant sur les épaules. Et le roi des débauchés commandait, en guise de petit déjeuner, « un café au lait avec cinq kilos de blanc gélatineux, un bidon de térébenthine et une échelle double ». L'article rappelait qu'au Savoy « Dylan et ses comparses » avaient décidé de repeindre totalement leurs appartements. La star, n'avait-elle pas annulé son gala parce qu'elle venait de s'acheter un studio à New York, qu'elle avait commandé des rideaux dont elle tenait à surveiller personnellement la pose ? Et que pouvait-il comprendre, le journaliste de l'année 66, au surréalisme du grand musicien. L'homme du *Figaro* ajouta :

« À la dernière conférence de presse où il accepta de se rendre, il se borna à déclarer sans rire que sa boisson préférée était le tabac gelé et sa plus grande ambition de posséder un camion sans roue. Bref, de quoi rédiger un article mais dans une revue psychiatrique uniquement. Isolément, les journalistes ne peuvent prétendre à la faveur rarissime d'une interview que s'ils sont aussi dépenaillés que lui. Dylan arrive dans sept semaines. J'ai tout juste le temps de prévoir quelques essayages au Carreau du Temple... »

Sous le bon régime du général de Gaulle, Dylan fascinait, intriguait, déplaisait et il s'en moquait bien. Son humour chaplinesque, son désespoir nihiliste échappaient aussi aux Français. Pourquoi en aurait-il été autrement ? Pourtant, il voulait choyer ce pays, patrie de Rimbaud, Baudelaire, Charles Aznavour qu'il avait découvert plus tard. S'il existait un lieu où il espérait convaincre de son talent poétique, c'était bien dans la nation des muses, à Paris. Bob comptait sur Hugues Aufray qui avait persuadé Bruno Coquatrix de l'engager.

— Tu verras, disait le jeune folkeux Français, c'est un phénomène, toute la jeunesse l'aime.

Et Dylan arriva ainsi dans une position étrange : célèbre peut-être mais sûrement très méconnu. Le 23 mai, il sacrifia à la traditionnelle et ennuyeuse conférence de presse à l'hôtel George V, à la veille de son concert à l'Olympia et une semaine après la sortie aux États-Unis de son disque *Blonde On Blonde* dont il attendait les réactions avec impatience. Mais en ce jour de printemps, la France se présentait sur sa route, nouvel atoll perdu dans l'océan de ses voyages aériens, de ses jours sans fin. Beaucoup de monde s'agglutinait sous les lambris du palace des Champs-Élysées. Journalistes, curieux, souhaitaient voir et entendre ce jeune homme à la réussite insolente dont la musique venait d'entrer par effraction dans la variété convenue de la vieille Europe. Il portait sa jeunesse comme une fleur au parfum capiteux, tenait haut sa morgue, un œil pétri d'ironie qui envoûtait l'auditoire. Parmi les témoins, se trouvait le musicologue Jacques B. Hess, l'envoyé d'une nouvelle revue qui ferait parler d'elle, *Rock & Folk*. La une de son numéro zéro, en août, serait consacrée à Bob Dylan. Le magazine publierait la célèbre photo de *Bringing It All Back Home* où l'on voit Dylan et, assise un peu plus loin, la femme de Grossman, Sally, vêtue de rouge, dans le manoir du manager. Hess jouait les interprètes auprès, écrirait-il, « de ce phénomène créé accidentellement par l'absence aux États-Unis d'un Jean-Paul Sartre et d'une Billie Holiday ». Dans cette France de 1966 où le rock balbutiait, les journalistes affichaient leur doute. « Le divo est beaucoup plus sympathique que je ne le pensais », poursuivrait Hess. « Il a l'air intelligemment inquiet et sûr de lui. Sa coiffure est extraordinaire. Comme il est beaucoup plus petit que moi, je ne vois de lui, sauf quand il lève son visage vers moi, qu'une espèce de chicorée un peu trop foncée pour être appétissante. Si l'on y mettait quelques croûtons frottés d'ail, peut-être... »

Le spirituel Hess, comme beaucoup de journalistes en France, traitait Dylan sur le mode ironique. Chacun essayait de rendre proche cette « tête d'oiseau à l'accent bizarre », né à Duluth, sorte de « Saint-Étienne en plus triste », « Prévert du Middle West ».

« Conférence de presse de Bob Dylan au George V [64]
— Que pensez-vous de votre première nuit à Paris ?
— Très sombre.
— Avez-vous quelque chose de spécial à exprimer quand vous chantez ?
— Non.
— Quelle musique aimez-vous à part la folk music ?
— La folk music ne m'intéresse pas particulièrement. J'aime la musique traditionnelle.
— Aimez-vous le jazz ?
— Non.
— Vous considérez-vous comme un écrivain ?
— Non.
— Que faites-vous de tout votre argent ?
— Je le porte sur moi (et il montre ses vêtements).
— On vous reproche de gagner de l'argent sur la guerre du Vietnam alors que des personnes sont tuées dans cette même guerre. Qu'en pensez-vous ?
— Je ne gagne pas d'argent sur le Vietnam.
— Quels sont votre poète et votre philosophe préféré ?
— Je ne connais pas de philosophes et peu de poètes – François Villon.
— L'intérêt artistique de vos œuvres justifie-t-il le déplacement des foules que vous suscitez ?
Bob soupira. « Quelle question stupide ! »
— Je ne sais pas très bien ce que veut dire « artistique ».
— Quels sont vos rapports actuels avec Pete Seeger et Joan Baez ?
Le musicien fit un geste de la main pour montrer son agacement.
— Ni l'un ni l'autre n'ont rien à voir avec moi.
— Aimez-vous le luxe ?
— Naturellement.
— Pensez-vous rencontrer Hugues Aufray à Paris ?
— Je ne sais pas... Mais j'aimerais bien rencontrer Brigitte Bardot !
— Qu'est-ce qui vous a donné l'idée de chanter du folk song ?
— En 1959, il y avait des réclames partout : chantez du folk song !
— Quelles sont vos joies dans la vie !

— Fumer et chanter !

— Fumer quoi ?

— N'importe quoi !

Les journalistes étaient intrigués par la figurine de cire que portait Bob comme l'ampoule l'année d'avant en Angleterre.

— Pourquoi avez-vous une poupée à côté de vous ?

— C'est la poupée qui me suit partout.

— Avez-vous une influence sur l'Américain moyen ?

— Je ne connais pas d'Américain moyen.

— Aimez-vous les filles ?

— J'aime tout le monde.

— Que pensez-vous de la mort ?

— Très intéressant, passionnant.

— Est-ce que vous reconnaissez être le chef de file des chanteurs engagés ?

— Je ne sais pas ce que cela veut dire. Ce sont les mots des journalistes, pas les miens.

— Êtes-vous libre ?

— Oui, libre de vous. Libre de croire, libre vis-à-vis de moi-même.

— Qu'est-ce que la célébrité et la richesse ont changé chez vous ?

— Rien du tout.

— Que pensez-vous de la politique américaine au Vietnam ?

— Ce n'est pas aussi simple que ça.

— Que pensez-vous de la politique américaine en 1944 lors de l'intervention américaine en Europe ?

— Est-ce que c'est facile pour vous de poser cette question ?

Le journaliste, surpris, répondit :

— C'est très facile pour moi.

— Je ne réponds pas aux questions faciles.

— Pensez-vous que les stupéfiants aident à l'improvisation ?

— Prenez-vous, vous-mêmes, de la drogue ? demanda Bob.

Le journaliste sourit.

— Parfois.

— Alors vous devriez savoir !

— Quels sont vos prochains sujets d'inspiration ?

— Je ne suis pas inspiré.

— Que pensez-vous de Yul Brinner ?

— J'aime beaucoup sa coiffure.

— Avez-vous conscience d'être compris lorsque vous venez en France ?

— Non.

— Quels sont les chanteurs américains qui vous intéressent le plus ?

— Bessie Smith, Memphis Slim, Billie Holiday, Nancy Sinatra.

— Aimez-vous les chanteurs folkloriques ?

— J'aime tout le monde.

Bob poussa un soupir de lassitude. « Que les messieurs de la presse qui ne connaissent rien à mes chansons s'abstiennent de poser des questions touchant à ces questions. »

— Avez-vous conscience d'avoir fait école ?

— Non.

— Avez-vous conscience que votre musique devient de plus en plus commerciale ?

— Je ne m'en suis pas aperçu.

— Êtes-vous marié ?

— Je mentirais si je vous répondais à cette question.

— Si le public vous abandonnait, quel métier aimeriez-vous faire ?

— Je voudrais être un excellent plombier.

— Quelle chanson choisiriez-vous pour terminer cette conférence de presse ?

— *Hello Dolly.*

— Est-ce que vous vivez toujours comme un beatnik ?

— Qu'entendez-vous par beatnik ?

— Quelqu'un qui se moque de l'argent, des honneurs, qui voyage quand il en a envie.

— Merci beaucoup de m'avoir appelé beatnik dans ce cas-là.

— Le bonheur selon vous ?

— Recevoir un bon coup de pied dans les côtes par un ami.

— Êtes-vous heureux ?

— Comme peut l'être un cendrier.

— Étiez-vous bon élève à l'école ?

— Très mauvais. Je ratais tous mes examens.

— Y a-t-il quelque chose dont vous soyez sûr ?

— Je suis sûr de l'existence des cendriers, des boutons de porte, des vitres aux fenêtres.

— Quel est le montant de votre cachet à l'Olympia ?

— 350 milliards de dollars. »

Le lendemain, il parada sur la moquette rouge de l'Olympia, face à un public agité. Pourquoi ? Peut-être les huit minutes que Dylan prit à s'accorder. C'est long, huit minutes ! Sans doute aussi le drapeau américain dressé sur le mur noir, derrière le groupe. Personne ne comprenait. Était-ce de la provocation ? Comment ce rebelle osait-il ? Le concert déçut le jeune public qui siffla, frappa la scène. Le jeune artiste ne paraissait pas dans son état normal. Il avait fumé de l'herbe, bu trop de vin. Sa loge ressemblait au dernier salon à la mode où des artistes comme Johnny Hallyday s'étaient rendus pour le saluer. La boisson avait coulé abondamment. Un peu trop.

Entre chaque morceau, une bronca s'élevait. Bob soupirait.

— J'ai autant envie que vous de rentrer chez moi, dit-il. Vous n'avez pas un journal à lire pour vous occuper ?

Il tremblait de colère froide et craignait le pire. Le souvenir de cette femme aux ciseaux ne le lâchait pas. Il lisait la haine dans les yeux. Puis, il disparut dans les coulisses pendant l'entracte. Les spectateurs et les organisateurs craignaient le pire...

Près de quarante ans après, deux amis échangeaient encore une correspondance après ce fameux premier concert parisien du maître. « J'ai lu avec intérêt ton texte sur Dylan, qui relate assez bien ce fameux concert du 24 mai 1966, jour des vingt-cinq ans de Bob. Comme tu le sais, j'y étais mais au balcon, pas avec les VIP. Bob avait passé près d'une demi-heure à accorder sa guitare. Je n'ai pas le souvenir d'un mauvais concert, plus celui d'une deuxième partie "électrifiée, amplifiée" qui surprenait par rapport à la première partie basique, guitare, harmonica et voix. Je sais en tout cas que j'avais payé ma place une fortune, que pour rien au monde, je n'aurais raté ce premier concert dont tout Paris parlait comme l'événement incontournable. J'avais pour ma part le sentiment que la grande majorité des gens qui en parlaient n'avait pas mesuré la véritable importance des chansons de Dylan, mais étaient là parce qu'il le fallait. »

Bob ne revenait pas. Il devait jouer une deuxième partie. Mais pourquoi tardait-il ? Et le public s'impatientait, sifflait, huait, frappait du pied. Quand le concert se poursuivrait-il ? Bob s'était enfermé dans les coulisses, l'œil narquois.

— Je ne rejouerai qu'après l'avoir vue, là, en chair et en os, à l'entrée de cette loge.

— Mais nous ne savons pas où elle est !

— Eh bien tant pis ! Vous allez avoir une émeute sur les bras.

L'émissaire partit. Silence. Bob entendait les huées au loin. Il riait. Et les minutes s'égrenaient. Personne n'osait rien dire. Le seigneur se retourna. Elle se tenait là, droite, presque immobile, aussi surprise que lui. Elle n'avait rien perdu de cette beauté enfantine qui l'avait frappé sur les photos des magazines français. Une sorte de familiarité émanait d'elle comme un halo charmeur. Bob l'avait manquée en 1964, et il s'était juré de déployer tout son pouvoir d'Aladin pour la faire apparaître. C'était le moment. « Finalement, quelqu'un est venu des coulisses me dire que Dylan ne remonterait pas sur scène tant que je ne serais pas allée le voir dans sa loge, raconte aujourd'hui Françoise Hardy. Pour moi c'était le monde à l'envers, mais j'ai suivi cet inconnu le cœur battant et j'ai pénétré derrière lui dans le saint des saints. En voyant Dylan de près, j'ai eu l'affreux pressentiment que sa vie ne tenait qu'à un fil. Il m'a semblé avoir devant moi un mort vivant, tout au moins quelqu'un de très malade. J'ignorais absolument tout de la drogue à cette époque. Je ne me souviens plus du tout de ce que nous avons pu nous dire. Comme je parle mal l'anglais et que la salle tempêtait, ça a dû être limité. Quoi qu'il en soit, il a fait sa deuxième partie qui s'est avérée aussi décevante que la première : sa guitare était fausse, il ne chantait pas bien et son aspect était très éloigné de l'irrésistible jeune homme qui figurait sur ses pochettes de disques [65]. » Comme beaucoup d'autres, elle n'avait pas apprécié. « Nous étions plusieurs chanteurs, journalistes et autres à être venus l'applaudir et, malgré notre déception, nous sommes tous allés – je ne sais plus comment ni pourquoi – à l'hôtel George V où notre « idole » était descendue, comme de vulgaires groupies – qu'en l'occurrence nous étions bel et bien. À un certain moment, alors que nous devisions tous dans une partie de sa suite, il a entrouvert la porte de sa chambre pour que je le rejoigne et je me suis retrouvée seule avec lui dans une grande pièce austère et sombre. Là, il a mis sur une platine un disque en vinyle et j'ai eu la primeur de *I Want You* et surtout de *Just Like A Woman*, des chansons pas encore sorties en France [66]. »

Elle aime bien évoquer ce souvenir, ce regard admiratif d'un grand artiste passionné qui laissa la jeune icône française dans son étrange inaccessibilité. « On m'a dit plus tard – c'est probablement Jean-Marie Périer qui me l'a dit, qu'en venant en France, Dylan avait déclaré que les deux seules personnes qu'il avait envie de rencontrer étaient Brigitte Bardot et moi. Je ne crois pas qu'il ait rencontré Brigitte Bardot. Dans les années soixante-dix, David Mac Neal m'a envoyé un poème que j'avais inspiré à Bob Dylan au début des années soixante, avant sa venue à Paris en tout cas. Il ne connaissait pas, je crois, mes chansons qui, à l'époque, n'avaient pas grand intérêt, surtout comparées aux siennes ! Il avait juste dû fantasmer sur une photo. Quelque chose dans ce genre. De mon côté, j'avais également fantasmé sur sa pochette, mais avec les chansons en plus. Une différence qui fait tout [67]. »

Elle avait beaucoup aimé *Bringing It All Back Home*, s'était prise de passion pour cet auteur original. « J'adorais surtout *She Belongs To Me*, qui commençait par *She's got everything she needs, she's an artist, she don't look back* – elle a tout ce dont elle a besoin, elle est une artiste, elle ne se retourne pas. Auparavant, je connaissais les titres chantés par Peter, Paul and Mary, *Blowin' In The Wind* et *Don't Think Twice, It's All Right*, entre autres. J'avais d'ailleurs dîné plusieurs fois à New York avec Peter. Cet artiste très chaleureux m'avait fait rencontrer son imprésario qui était aussi celui de Bob Dylan. Mais c'est vraiment cet album, *Bringing It All Back Home*, qui a provoqué le déclic. Par la suite, j'ai adoré d'autres chansons de lui : *Like A Rolling Stone*, bien sûr, mais aussi *Lay Lady Lay, Girl From The North Country, Knockin' on Heaven's Door* et plus récemment l'album produit par Daniel Lanois, avec une mention spéciale pour *Most Of The Time* [68]. »

C'était donc lui, le freluquet aux cheveux en broussaille qui avait écrit toutes ces merveilles ? Elle ignorait alors qu'une phrase sur l'album *Blonde On Blonde* l'aiderait à surmonter une rupture difficile. *Just Like A Woman*. « Lorsque j'entendais *She breaks just like a little girl* – elle rompt juste comme une petite fille –, je m'identifiais totalement à la chanson et sanglotais encore plus éperdument [69]. » La qualité de la mélodie et la teneur du texte, songeait-elle, ne pouvaient laisser aucune femme indifférente. Françoise profita pleinement de ce moment, dans cette loge étroite, alors que le public vociférait de l'autre côté des murs. Elle ne se doutait pas non plus qu'il ne l'oublierait jamais. « Il y a un an, j'ai lu dans le journal *Libération* que Bob Dylan, de passage à Paris, avait demandé de mes nouvelles. Cela m'a sidérée. En même temps, j'ai imaginé que c'était à cause de cette foutue photo de moi qui l'avait marqué dans sa jeunesse et je me suis félicitée de ne pas être allée à son concert. J'aurais dû le congratuler ensuite, me montrer telle que je suis aujourd'hui. Mieux vaut qu'il garde en tête la photo de ce que j'étais autrefois. Il ne faut pas briser les rêves de qui que ce soit, encore moins des personnes qui vous ont fait rêver, elles aussi. »

Bob devrait s'habituer à Paris sans Françoise. Et il ne reproduirait pas chaque année son caprice afin donner réalité à son fantasme. Il ne l'avait même pas touchée, il n'avait pas essayé. C'était étrange. Comment avait-elle vieilli ? Il s'interrogerait souvent.

Pour ce qui est du poème publié sur la pochette de *Another Side Of Bob Dylan*, Françoise Hardy l'avait curieusement oublié. « J'ai téléphoné à David qui ne se souvient de rien. J'ai ensuite contacté Étienne Daho qui en sait plus long que moi-même sur ma personne. Il me dit qu'un extrait du texte est publié dans un livre [70] qu'il m'a consacré. Comme quoi je ne lis pas trop ce qui me concerne [71] ! »

À Paris, Bob avait aimé de manière platonique, rêvé, mais son passage à l'Olympia (il ne reviendrait plus) laissa surtout des blessures secrètes. Bruno Coquatrix s'en prit à Hugues Aufray.

— Votre chanteur n'est pas professionnel. C'est un voyou. Je ne veux plus voir ça sur la scène de l'Olympia. C'est une honte...

Hugues l'écouta, mais il bouillonnait intérieurement.

— J'ai rayé Coquatrix, dit-il aujourd'hui. J'ai pensé qu'il ne comprenait rien aux artistes. Il avait eu un jugement bourgeois. Il m'en voulait parce que je lui avais vanté Dylan et qu'il l'avait pris sur mes conseils... Pendant longtemps, je ne me suis plus produit là-bas. À l'Olympia, sur un mur, figurent les mains de tous ceux qui sont passés, sauf celles de Dylan et les miennes...

Dylan entamera un parcours assez guerrier mais fidèle avec la France.

Le classement du « hit parade » illustrerait d'ailleurs l'une de ses meilleures années chez nous. Le palmarès de juillet/août 1966 suit :

1. *Strangers In The Night*, Frank Sinatra
2. *When A Man Loves A Woman*, Percy Sledge
3. *Yellow Submarine*, Beatles
4. *L'Amour avec toi*, Michel Polnareff
5. *Le Temps des Pleurs*, Claude François
6. *I Want You/Just Like A Woman*, Bob Dylan
7. *Marie-douceur, Marie-colère*, Marie Laforêt

— J'accepte le chaos, avait-il dit un jour.

Le chaos semblait effectivement le suivre. Deux jours après l'Olympia, le 27 mai, au Royal Albert Hall qu'il visitait pour la deuxième fois, une humeur d'orage planait dans la prestigieuse salle. Des huées couvraient chaque note électrique de Dylan et de son groupe les Hawks.

— Vendu ! Judas !

John Lennon et Paul McCartney, glissés dans l'ombre du public, furent choqués tandis que Bob grimaçait, se tournait vers ses musiciens et les exhortait :

— Allez ! Mettez le paquet ! On va les lessiver !

Parfois, étouffée par les sifflets, la musique ressemblait à une lasse mélopée qui tournoyait dans le vide. John Lennon les défendait.

— Continuez ! Nous allons raisonner ces gens. Je ne comprends pas...

Pour Richard Manuel, Rick Danko et Robbie, serrer la main des Beatles, devenus familiers avec le temps (c'était un miracle de Dylan !) représentait toujours un honneur, et ils voyaient bien que les « fab four » estimaient leur musique. Ils retrouvaient aussi les membres des Rolling Stones. Bob se chamaillait souvent avec Keith Richards. Il ne semblait pas éprouver le même respect pour le grand groupe de rhythm and blues.

— Tu sais, lui asséna Dylan. Un morceau comme *Satisfaction*, je pourrais l'écrire. Mais vous ne seriez pas capable d'écrire *Mr Tambourine Man*.

Keith le regardait, vacillant, plein d'hallucinations. Il avait trop bu ou trop pris d'héroïne, et n'aurait pu répondre quoi que ce soit. Dylan, l'esprit embrumé par les sucres, dardait sur lui un œil noir.

C'était l'œil de l'arrogance, de la fierté que gonflait la certitude du chef-d'œuvre. La presse avait applaudi *Blonde On Blonde*. Dylan aurait pu placarder la formule que Jon Landau écrivit dans Crawdaddy, « l'une des plus brillantes démonstrations de rock jamais enregistrées ». Paul Nelson, dans le songbook de l'album parla de « la singularité et de la dualité que nous attendons de la musique d'illusionniste et d'halluciné de Bob Dylan – avec le clochard dans le rôle d'explorateur et le clown dans celui de la victime consentante. » Le musicien heureux qui y avait participé, Al Kooper, dirait bien des années après :

> « Je crois que *Blonde On Blonde* est mon album préféré. C'est un disque fascinant. Je sais qu'à une époque l'une des propositions les plus saugrenues qui avaient été envisagées était de mettre un bandeau sur le disque : "Enregistré dans le Sud"... Parce que c'était vraiment un choix bizarre pour Dylan, à l'époque d'aller enregistrer un album à Nashville. C'était impensable, en fait – nous avons oublié cela à cause de *Nashville Skyline* et d'autres choses. Mais Dylan représentait la quintessence du New-Yorkais branché – qu'est-ce qu'il allait faire à Nashville ? Ça n'avait aucun sens. Pourtant, on a pris ces deux éléments, on les a mis dans une éprouvette et ça a explosé[72]. »

Le chef-d'œuvre n'est ainsi absolument pas marqué par le Nashville Sound, contrairement à *Nashville Skyline*, comme s'il avait fonctionné par lui-même, combinant des énergies insoupçonnées. *Blonde* innova dans les grandes largeurs. Premier double concept album de l'histoire du rock, bel objet par conséquent assez cher, il proposait de véritables voyages musicaux. *Sad-Eyed Lady Of The Lowlands* durait même une face entière, long poème parmi d'autres que les exégètes, intellectuels, candidats aux explications freudiennes s'amusaient à décrypter. « Sa manière d'utiliser la musique populaire comme une sorte de journal intime dans lequel il consignait ses croyances, ses opinions, ses pensées, ses souvenirs, ses rêves, ses fantasmes, était sans précédent », écrit Charles Gillett dans son livre *The Sound Of The City, Histoire du rock and roll*.

Mais *Blonde* l'avait tellement épuisé qu'il ne parvenait à finir son film *Eat The Document* et que son recueil *Tarantula* naviguait vers son terme, bringuebalant, gavé de non-sens, livre inachevé et perpétuellement achevé. Bob devait rencontrer son éditeur Macmillan, repoussait les rendez-vous comme s'il n'avait rien à lui montrer, et pourtant, tant de poèmes, de lignes, de chansons naissaient pendant ses nuits, dans les bars. Il regardait le jour se lever, le soleil coiffer les toits de Greenwich, et il fallait repartir en tournées. Il avait tant de dates retenues, de concerts, de voyages à accomplir que Grossman empilait avec la sécheresse d'un commandant d'armée !

— Je n'ai pas envie de repartir, confiait Bob à son épouse, mais il ne veut rien entendre.

En attendant, il sortait tard, buvait, prenait toutes sortes de choses, cafés, Mandrax, pilules, marijuana, amphés, qui le faisaient trembler son cœur battait, et il s'hallucinait avec ses amis dont il oubliait les visages, tandis que le chef d'œuvre mercurien *Blonde* dansait sur la plus haute marche du rock, et qu'il était devenu un mythe, tout juste bon à mourir, entrer au paradis, c'était ce que la presse devait murmurer dans son dos, mais ses paupières se fermaient, il avait besoin de repos, Sara le calmait, et tous deux partirent se reposer à Woodstock, dans la maison de Grossman, à Bearsville, avec Sara, au cours de ce mois de juillet 1966, où les arbres jetaient leur verdure épanouie, il sillonna les routes à moto, une vieille moto qu'il avait récupérée et retapée, un vrai plaisir, et il roula pendant ce bel été, seul, au milieu des parfums sucrés, puis il revenait le soir, et Sara le laissait, mais un jour il lui demanda de le suivre en voiture car il devait changer l'une de ses roues au garage, elle se mit à son volant, lui devant avec sa Triumph 500, et il roulait vite, vite, entre les arbres qui défilaient comme dans un film, il allait vite, c'était toute l'histoire de sa vie, cette vitesse, il roulait malgré le sommeil et l'échauffement de son crâne quand en passant une bosse, un rayon de soleil l'éblouit à travers les arbres, il perdit de vue la route, le sens, et chuta par-dessus le guidon de l'engin qui s'en alla agonir au bord du fossé, la roue en l'air, et Bob gisait un peu plus loin, mort, Bob Dylan était mort, mort, il entrait au Panthéon des grands martyrs, le Parfait, le Pur, le Génie dévoré par l'industrie de la musique, juste après son pur chef d'œuvre comme Achille, Rimbaud, James Dean. Dylan était devenu l'Artiste Idéal. Parfait. Mort au sommet de sa gloire. Donc sans défauts !

Deuxième Partie

Après l'accident

« *Quand j'étais petit, dans la ville de La Hoya..., nous assistions, chaque année, le 4 juillet, à un défilé, et je revois très bien l'image de ces vétérans de la guerre de Sécession descendant la rue soulevant la poussière avec leurs pieds. La première fois que j'ai entendu Bob Dylan, ce souvenir m'est revenu, et j'ai pensé à lui comme un homme sorti de la guerre civile, un troubadour du XIXe siècle, un esprit américain de franc-tireur. L'aigu de sa voix et la sécheresse de ses mots s'adressent directement au cœur de l'Amérique*[73]. »

Gregory Peck, 1997

Chapitre premier

La Maison Rose

« Ici repose Bob Dylan
qui courut
après
un fantôme pour le saisir
et découvrit que le fantôme aussi
était plus qu'un être »

Épitaphe personnelle
Bob Dylan, *11 Outlined Epitaphs*, 1964.

C'est malheureusement un homme plein de défauts que Sara ramassa sur le bord de la route et chargea dans sa voiture. Bob, choqué, ne disait rien. Il se tâtait le cou endolori, les muscles durcis. L'épouse le tenait près de lui, choquée elle aussi. Elle l'emmena à l'hôpital pour un examen. Bob ne souffrait que de petites contusions au visage et au dos. La presse l'avait déjà donné pour mort. Le génie s'était brisé le cou. Après ces rumeurs, d'autres articles s'interrogeaient sur la réalité de l'accident qui avait eu comme témoins Sara et Dylan seulement.

« Ci-gît Bob Dylan assassiné... »

C'est ce qu'il avait écrit en s'amusant dans son futur recueil *Tarantula*.

La mort n'avait donc pas voulu de lui. Encore une fois. Dommage ? Peut-être... Il ne savait pas que la Camarde venait de lancer à travers son prodige, un avertissement aux arrogantes années soixante qui défiaient l'apesanteur et le sens.

Bob s'enferma dans son château de Woodstock avec Sara. Il avait peur et ne tenait plus trop à courir la route. La mort continuait de l'attirer, et il craignait de se laisser tenter. Peut-être se suiciderait-il ?... Malheureusement, il ne pourrait assister à la cérémonie funèbre ni à sa postérité. Donc, il ne mourrait pas et continuerait à subir ses angoisses de pauvre mortel, de pantin disloqué, réduit un jour à décevoir ses proches (le vieillissement constituerait une vraie déception). Son ascension avait été brutalement interrompue. L'accident de moto l'avait peut-être transformé en un autre homme, moins splendide, moins lyrique. Peut-être en mordant la poussière tel un ange abattu, avait-il perdu la grâce ? Quand il sortait de sa retraite, très rarement, il enfilait sa minerve et se déplaçait avec lenteur. Il souffrait. Des douleurs lancinaient son crâne. Les médecins ne parvenaient pas à le soigner. Et surtout une immense fatigue l'écrasait. Comment retournerait-il sur scène ? Il avait prétexté l'accident pour justifier son absence, l'annulation de ses engagements. C'était cela ou mourir. Les tournées incessantes, la drogue, l'alcool l'avaient poussé au bord de l'abîme. « Vais-je continuer, disparaître, changer de vie ? » Le contrat avec Columbia s'achevait. Il lui faudrait signer un nouveau bail et... recommencer. En avait-il le courage ? Dans ses pires moments de fatigue, il voyait Grossman comme un cauchemar. Quand son manager arrivait et étalait sur la table soixante propositions de concerts, soixante contrats, Bob vidait une bouteille de vin à lui tout seul. Il partirait sur les routes dans la nuit, avec sa machine à écrire et plusieurs boîtes de médicaments anti-sommeil. Une fameuse trouvaille ! Cette chimie le grandissait, le préservait des faiblesses humaines, du repos, et les journées comptaient double. Maîtrisant ses deux existences, sans les petites morts qu'était le sommeil, il avait pris de l'avance sur le commun mortel. Mais son corps hoquetait, recrachait la fatigue lasse. Heureusement, le mois de juillet 1966 et cette chute étaient venus à point nommé pour le sauver.

Quand Grossman apprit l'accident et les annulations de concert, il éclata :

— Pourquoi me fait-il ça à moi ? Il s'est cassé le cou ? Mais il devrait être remis sur pied dans deux mois. Nous avons un programme chargé.

Il ne demanda pas au musicien des nouvelles de sa santé ou alors pour s'assurer qu'il tiendrait bien les premiers engagements de la tournée à venir.

Au cours de ces longs mois d'inactivité, Bob continua en pointillé les poèmes qui composeraient son futur livre, *Tarantula*. La presse le soupçonnait de vouloir se retirer. Au point même de nier la réalité de l'accident. Les visiteurs de Dylan ne décelaient d'ailleurs aucune trace du gadin, à part psychologique. L'artiste dormait simplement mal.

L'éditeur Macmillan l'attendait, mais Bob n'arrivait pas à mettre un terme à l'ouvrage. Quelle drôle d'idée ! Son enthousiasme avait fait place à un certain désenchantement. Il avait perdu de vue l'intérêt d'un tel livre.

— Je ne suis pas un écrivain, soupirait-il, lisant cet enchaînement de mots qui n'avait aucun sens.

Comme sa vie. Puis, il lâchait ce travail et reprenait les textes de ses chansons, là, sur sa table en bois, devant sa fenêtre, ces bosquets dont l'ombre désordonnée le dissimulait au monde. Il prenait son bébé et restait plusieurs longues minutes à le contempler, émerveillé tandis qu'il revoyait sa mort sur la route ensoleillée de Woodstock.

Il n'avait jamais pensé un jour trouver un quelconque intérêt à l'immobilisme, à la pétrification. Il se tâtait les côtes pour vérifier s'il respirait bien, et s'endormait... Sara venait déposer son parfum dans la pièce, puis repartait. Sa Johanna assouvissait tout ce qu'il avait désiré, femme presque magique portant sur elle le bonheur. Elle ne demandait rien à la vie que de s'occuper de ses enfants et de son mari. Bob aurait pu entendre cette phrase de Patti Smith : « Il est comme le duc de Windsor – vous savez, cette façon de renoncer à la couronne pour la femme qu'il aimait. »

Sara n'aurait jamais espéré que Bob abandonnât ses voyages de Sindbad pour jouer les pères attentionnés, s'allonger sur l'herbe face aux étoiles et laisser les heures passer... L'auteur de *Blonde* redécouvrait la joie de vivre et réfléchissait à son avenir. Un soir, Sara le surprit en pleine lecture. Appuyé contre un arbre, il tournait les pages d'un gros livre. Une bible. Il se plongeait dans l'Ancien et le Nouveau Testament avec ferveur et oubliait tout le reste.

— Quels textes énormes ! répétait-il, impressionné par la masse d'idées, d'actions que ce monument contenait.

Il racontait les épisodes à Sara et lui demandait :

— Tu crois que la vie existe après la mort ?

Il avait failli le savoir, mais s'était arrêté à temps, et cette pensée l'obsédait. Et s'il avait franchi le point de non-retour ? Bientôt, il obtiendrait ses réponses aux questions et ne cessait de les chercher dans le Livre Saint.

Cette découverte spirituelle hantait chacun de ses mots tapés sur la machine à écrire. Le prétexte de l'accident le sauvait de la pression. Bob se coupait des rumeurs dehors, loin, travaillait au documentaire intitulé *Eat The Document* que Pennebaker l'avait aidé à tourner pendant la tournée australienne et européenne, au moment de ce calamiteux Olympia, du Royal Albert Hall et du doux Danemark. Il supervisait le montage, tentait de donner une structure à cette œuvre décousue. Impossible. Une vraie catastrophe. Il n'avait plus envie d'honorer son contrat avec la télévision ABC et se planquait derrière le prétexte de l'accident. Albert Grossman, lui, râlait, mais s'en prenait plutôt à Pennebaker.

— Aide Dylan à terminer ce film. Il n'y arrive pas !

Don Alan répondait qu'il devait respecter d'autres engagements et puis Bob lui avait simplement proposé un rôle d'assistant. Dylan adressait beaucoup de reproches à Don Alan. Son ami l'avait trahi et le laissait tomber. Mais surtout, il se désolait de ne pouvoir égaler l'adresse du grand documentariste. *Eat The Document* ne possédait pas l'impact de *Don't Look Back*... Dommage, dommage ! Ce film représentait pour lui une soupape, une manière d'échapper à son rôle de porte-parole, de penseur politique, de jeune homme arrogant et sûr de lui. Sa défroque de héros lui pesait, et il souhaitait brouiller son image. Mais quelle image : *Eat* n'était que chaos, destruction, morbidité. L'œuvre donnait une vision apocalyptique de la vie de rock star, celle que Bob avait connue, et il en était même effrayé pour lui. Il pensait aux propos de Brian Wilson dans le *Melody Maker* en cet automne 1966 où les Beatles et Dylan s'étaient une nouvelle fois retrouvés associés :

— Que pensez-vous de Lennon et McCartney ?

— D'incroyables compositeurs.

— Et Dylan ?

— Grand avec les mots, mais il pourrait détruire la musique.

Brian se désolait de devoir répondre aux éternelles mêmes questions.

Destruction : ce mot revenait souvent, surtout au moment de sa propre tentative d'autodestruction.

Et les Hawks ? Robbie, Rick, Richard, Garth... Ils patientaient dans leur hôtel de New York comme des orphelins.

— Que va-t-on devenir ? demandait Rick. Nous nous sommes consacrés à Dylan et voilà qu'il nous claque entre les doigts.

Robbie ne disait rien et baissait la tête, tout étonné de retrouver leurs conciliabules d'antan. Depuis deux ans, ses amis jouaient ensemble, derrière le maître, et le guitariste, devenu proche de Dylan, en avait presque oublié leur présence. Et aujourd'hui ? Sorti de l'extatique *Blonde On Blonde*, le privilégié réintégrait son ancien groupe, mal à l'aise. Qu'allaient-ils devenir ? Continuer ? S'arrêter ? Attendre ?

— J'ai vu Albert Grossman, enchaîna Robbie. Il m'a assuré que Bob voulait continuer avec nous. Mais il est mal en point, et le Gros nous a demandé de nous rapprocher de lui, d'être à ses côtés.

— Emménager à Byrdcliffe ?

— Non, nous allons louer une maison pas loin.

Ce projet les enchanta à moitié. Les Hawks ne formaient toujours pas vraiment un groupe à part entière comme l'avait voulu Levon Helm, et cette décision ne faciliterait pas leur ambition personnelle. Mais c'était plus fort qu'eux : Dylan les appelait, et ils prenaient le premier avion ! Leurs aventures dans l'ombre du maître les excitaient plus qu'ils ne voulaient bien le dire. Rick et Richard poursuivaient une idée fixe : enregistrer un disque avec Dylan ! Seul Robbie avait assouvi son désir.

Ils entendirent parler d'une superbe demeure à West Saugerties, dans la région de New York, non loin du refuge de Bob. L'Hudson coulait le long des berges cendrées plantées d'arbres aux branches fines comme des traits d'encre, surtout l'hiver quand les feuilles disparaissaient. Là, au milieu de cette étendue verdoyante, se dressait un petit palais aux murs roses comme une apparition féerique. Des fenêtres, l'habitant pouvait admirer les montagnes grises, la vaste nature. Un grand sous-sol permettrait aux musiciens d'installer le matériel et un studio. On y accédait par un petit escalier. Il faisait sombre et chaud à l'intérieur. Robbie commença tout de suite à l'aménager.

À peine les Hawks s'étaient-ils installés que Bob leur rendit visite. Il venait de déposer la petite Maria, la fille de Sara, à l'école, et débarqua avec son chien, un énorme molosse qui veillait sur la propriété de Byrdcliffe. Les musiciens se tinrent à l'écart sans oser dire quoi que ce soit. Bob n'arrivait pas à tenir la laisse, et l'animal remuait, bondissait. « Plein de gens veulent profaner ma maison », pensait-il. « Ce chien me protège... » À quoi passait-il ses journées ?

— À regarder les grilles de son jardin, expliquerait Robbie à un journaliste.

Affolé, Dylan se rendait fréquemment à l'hôpital car il sentait des douleurs un peu partout. Mais les médecins ne détectaient aucune maladie, aucune séquelle de l'accident. Son harassement l'avait sérieusement ralenti, il voulait s'en débarrasser et n'y parvenait pas. Parfois, son cœur s'emballait, le souffle lui manquait, et, pris de panique, il se retenait pour ne pas appeler ses proches qui lui semblaient lointains, incapables de comprendre son état, comme s'il était passé de l'autre côté.

Son teint gris, sa maigreur avaient quelque chose d'effrayant. Robbie lui présenta la maison qu'ils avaient appelée « Big Pink ». Richard Manuel avait enfilé son tablier de cuisinier et préparait le déjeuner. Dominique, une Française, se reposait près de l'eau. Bob la reconnut. Robbie l'avait rencontrée pendant la tournée européenne, mais personne ne se doutait qu'elle resterait dans les valises du guitariste. La jeune femme se montrait discrète, éblouie d'habiter une maison rose et de partager la table de Bob Dylan. Rêvait-elle ?

Un paradis. Les Hawks savourèrent ces belles journées de repos après tant de mois sur les routes. Bob assurait même le loyer de la maison. Parfois, Sara débarquait et les écoutait. Elle aimait bien ce groupe. Robbie avait remarqué son ventre arrondi. Elle attendait le deuxième enfant de Bob et semblait si heureuse que sa présence procurait de la sérénité aux musiciens. Elle les encourageait, toujours aussi respectueuse des impératifs musicaux.

Les Hawks passèrent les longs mois de l'année 1967, six jours sur sept, à jouer dans le sous-sol de Big Pink. Ils y retournaient, noircissaient des pages de chansons, inventaient leur musique. Ils attendaient Bob, occupé en mai 1967 par la sortie du fameux *Don't Look Back*. Au moment de juger le documentaire, la critique hésitait entre l'intérêt et une certaine frustration. « Le film est incomplet, écrivit le magazine

Life. Ce que nous ne voyons ou ne sentons pas, c'est ce qui se passe à l'intérieur de Dylan. » Le *New York Times* voyait là un « travail d'artiste mais un peu flatteur sur les bords ». Le critique du *Kansas City Star* le détesta : « Le pire film que j'ai vu, aussi organisé que la chambre d'un petit garçon... » Les observateurs des quatre coins du pays rivalisaient de fiel pour démolir l'œuvre. Ainsi l'*Atlanta Journal* : « Film de famille ennuyeux, et sans couleur par le plus grand mioche du quartier qui se mouche pendant 90 minutes... » *Don't Look Back* fut traité de « saleté ».

Bob essayait de considérer ces jugements par le mépris. Il s'était attendu à être accusé d'arrogance, au lieu de la cuisine habituelle, il se retrouvait traité de « mioche ». Sa dignité en fut affectée. Il n'aurait jamais pensé que les critiques s'acharneraient sur lui à ce point. Maudit film !

Après la première à San Francisco, il retourna dans sa réclusion. L'année 1967 se déroulait sans sa voix. Un nouveau groupe vendait des disques par milliers. Les Monkees. Il faisait beau dehors. Les rêveurs envahissaient les rues, les parcs, les forêts. C'était l'année de toutes les grâces. Bob savait que les Beatles l'avaient désormais rattrapé. Leur album *Sergent Pepper's Lonely Heart Club Band*, sorti le 1er juin, était une merveille, un astre coloré, parfumé, dans un ciel d'harmonie. Un grand concept album. Toute cette musique s'enchaînait comme un manège fantastique, avec des thèmes interdépendants, des images surréalistes comme lui seul l'avait appris aux « fab four ». Ah, *Lucy In The Sky With Diamonds*... Eux aussi venaient d'offrir aux Dieux leur album de légende. Grâce à la drogue. Dylan adorait car il ne pensait qu'à la musique et le Sergent Poivre n'était que musique. Cette année-là, il s'était également envolé à travers les nuages du Jefferson Airplane et de leur *Surrealistic Pillow*. Les Rolling Stones tentaient de suivre la cadence psychédélique avec l'un de leurs moins bons albums, *Their Satanics Majesties Request*. Le rock s'emballait tel un cheval de bronze galopant dans les cieux dorés. Et au milieu, flambait cet homme aux yeux en amande, hérissé de lances rouges, de cheveux noirs. Jimi Hendrix. Il venait de torpiller le blues avec plusieurs titres éthérés, languides comme *Purple Haze*, numéro trois des charts, une sonorité d'ailleurs envoyée depuis l'Angleterre où Jimi avait lancé sa carrière. Dès décembre 1966, il avait déjà créé le merveilleux *Hey Joe*, puis l'aérien et poétique *The Wind Cries Mary*. Sa sonorité sanglante et dadaïste de guitare avait flotté au-dessus de l'Atlantique et atteint Bob dans son repère. « Quel monstre ! », songeait-il, pensif. Voir le génie chez les autres produisait toujours en lui un drôle d'effet, un sentiment d'admiration et d'irritation. L'auteur de *Blonde* voulait être le meilleur, mais aimait trop la musique pour rester insensible à la grandeur. Il ignorait alors que Hendrix, bientôt élevé au Panthéon des guitaristes du siècle, emportait partout avec lui le deuxième disque de notre héros, *Freewheelin'*. Jimi l'avait acheté encore simple guitariste chez George Odell puis Little Richard. Le fait parviendrait assez vite à Bob qui en concevrait une grande fierté.

« J'aime Dylan. Je l'ai rencontré une fois il y a trois ans, dirait Jimi Hendrix dans une interview donnée au jeune magazine *Rolling Stone*, en 1969. C'était au Kettle Of Fish sur la rue MacDougal. C'était avant que j'émigre en Angleterre. Je crois que nous étions tous les deux fins soûls à ce moment, il ne doit pas se souvenir de cette rencontre. »

Non, Bob ne se souvenait pas. Dans le Kettle Of Fish, haut lieu du folk, situé à deux pas du Gaslight, combien de personnages colorés il avait aperçu ? Jimi, alors inconnu, l'avait donc approché, rêvant sans doute d'échanger quelques paroles avec son idole. Il venait d'écouter *Like A Rolling Stone* et adorait ce titre. Malheureusement, l'alcool avait empêché Bob de repérer ce grand afro-américain pétri de sensualité. Quel dommage ! Les deux hommes se sentiraient toujours proches l'un de l'autre, même sans se voir beaucoup : leur passé de vagabond dans La Mecque du folk, Greenwich, leur naissance au fin fond de l'Amérique, Hibbing-Minneapolis pour l'un, Seattle pour l'autre, les liait fortement.

« Oh, il est trop, déclara Jimi dans le *Melody Maker*, le 28 janvier 1967, Dylan a beaucoup de sentiment. On parle de lui comme d'un chien... Mais c'est parce que personne ne comprend ses paroles, mec. Si les gens veulent vraiment piger qui il est, ils devraient aller acheter un livre pour bien découvrir ce qu'il dit. Un livre contenant les paroles. Je me suis procuré un ou deux 45 tours qui ont été retirés des magasins juste après leur sortie. L'un d'eux parle d'une poupée de quinze ans. Trop, mec ! »

La poésie dylanienne avait ébloui Hendrix.

« J'ai entendu dire qu'il avait un bloc de papier pour noter ce qu'il voyait autour de lui. »

Jimi pensait à Donovan qu'il appréciait humainement. Mais l'artiste, l'ennuyait, parce qu'il avait toujours le mot « amour » aux lèvres et ne possédait ni la truculence ni la vie de Dylan. Que lui avait apporté Donovan ? Rien. Alors que le créateur de *Highway 61 Revisited*, et de son morceau favori, *Juste Like Tom Thumb's Blues*... Une délivrance ! Au début de sa carrière, se rappelait Jimi, il priait ses producteurs de noyer sa voix dans l'accompagnement. Surtout, qu'on ne l'entendît pas ! Il mourait de honte. Par sa faconde relâchée mais vraie, Bob avait donc libéré Jimi, détruit cette pusillanimité qui paralysait le chant du guitariste. Être soi-même ! Voilà l'enseignement du grand Dylan. Et encore merci !

Chapitre II

L'Absent

« Woody Guthrie fut ma dernière idole
Il fut la dernière idole parce qu'il fut la première
idole que j'ai rencontrée et qui m'a enseigné en
face que les hommes sont des hommes...
Et ces hommes ont leur raison derrière chaque acte
ou parole[74]*... »*

Épitaphe n° 6

Tous ces artistes qui éclaboussaient les rives musicales, de la Californie à New York, pensaient à Bob Dylan, au cours de cet été fleuri où les corps nus, les sylphides s'allongeaient dans le Golden Park de San Francisco. Parmi cette constellation, Bob aurait peut-être aimé agir, tenir son rôle. Il aurait aimé sortir *Blonde On Blonde* en 1967, afin de participer à la belle bataille. Mais on ne choisit pas.

— Écoute-moi bien, lui avait dit Grossman. *Blonde On Blonde, Highway 61, Bringing It All Back Home*, et ton recueil *Greatest Hits*, sorti en mars, sont tous disques d'or. Tu as bien gagné ton repos.

Le manager se frottait les mains. En cette année-là, Bob se montrait inaccessible. Les journalistes qui essayèrent de l'approcher se heurtèrent aux chiens. Sara, la gardienne de ce chalet en bois au-dessus des nuages, veillait à leur tranquillité et menaçait de lâcher les molosses si l'intrus s'obstinait. Elle accoucherait bientôt, et redoutait les intrusions répétées des plumitifs et des fans. Bob ouvrait sa porte selon son humeur, puis la claquait de colère. Il sentait la foule gronder de plaisir à ses pieds, et il ne le supportait plus. Des assassins en puissance se dissimulaient au sein de la multitude. Qu'il cédât, et l'artiste succomberait sous les coups. Ces hystériques voulaient lui arracher les yeux, les cheveux, la peau et les exhiber en trophées dans leur chambre.

— Il y aura des morts, confia-t-il à Sara. Tiens bien les chiens. On pourrait être tenté de me tuer...

Le soleil lyrique de l'Amérique berça la grande réunion musicale du 11 juin, en pleine montagne (Mont Tamalpais) pour la « Fantasy Faire and Magic Mountain Music Fest ». Les vieux amis de Bob, Byrds, Jefferson Airplane, un nouveau groupe, les Doors qu'une autre vieille connaissance, Paul Rothchild, du label Elektra, avait engagé, Country Joe & The Fish chantèrent sous le ciel, devant un public allongé sur l'herbe, parmi les tentes. Comme à Monterey, cinq jours plus tard. Monterey... Ils avaient tous investi la petite mission espagnole sur le Pacifique bleu, là où Steinbeck écrivit son roman *Cannery Row* (*Rue de la sardine*) : Jimi Hendrix, la grande chanteuse texane de blues Janis Joplin, les Who, Byrds, le chanteur de soul Otis Redding que Bob aurait pu rencontrer à cette occasion, le formidable groupe de blues blanc Canned Heat emmené par le poète Alan Wilson, auteurs lancinants du classique *On The Road Again*... Et la liste s'allongeait : Animals, Buffalo Springfield, ce groupe de pop aux chansons limpides, pures, avec un jeune compositeur doué, Neil Young... Bob se serait bien plu en leur centre. Mais voilà : ce qui fait sa caractéristique dans les grands festivals des années soixante, c'est son absence. Par coquetterie, refus du combat, indifférence, ignorance, individualisme forcené d'un artiste refusant de partager la célébrité ? Quelle ironie : jusqu'alors, il avait publié un album par an et tenu le haut de l'affiche sans escale. Et lors de l'explosion 1967, pendant la plus iridescente saison du rock, il s'était retiré. Le goût du paradoxe. Il aimait surprendre d'autant qu'il n'avait pas déserté le débat. Son nom revenait régulièrement dans les gazettes, les conversations, les interviews d'artistes. Peut-être cette absence lui permettait-il également de mesurer la portée de ce qu'il avait accompli depuis ses débuts six ans plus tôt ?

Et voilà où il avait échoué : dans une cave lyrique ! Il savait qu'elle deviendrait une légende. Comme tout ce qu'il entreprenait ! La Maison Rose occupait son subconscient.

Bob y rejoignait les Hawks puis s'esquivait. Chaque musicien se demandait ce que Dylan avait en tête. Lui-même l'ignorait probablement. Albert Grossman les prévint que le chef ne tournerait pas de sitôt. Cette information déçut les Hawks qui ne se voyaient pas ensevelis toute leur vie dans cette cave humide malgré leurs rires et la joie d'être ensemble. Et quel sort donneraient-ils à toute cette œuvre gigantesque imaginée sous terre ? La perdraient-ils aux quatre vents ? Les bons amis avaient même rappelé Levon Helm.

— Viens, lui dirent Robbie et les autres, Bob se remet de ses blessures. Et nous jouons ensemble pour notre plaisir. Tu ne peux pas rater ça. On descend les marches et on joue, tous les jours à la même heure. C'est le pied.

Levon accepta, heureux de les retrouver après des aventures assez rocambolesques autour du pays. Sa vie n'avait guère été brillante loin du groupe. Et il s'étonna de trouver Richard Manuel aux baguettes. « Richard jouait de la batterie, raconterait-il dans ses mémoires. C'était la première fois de ma vie que je l'entendais, et j'étais pétri d'admiration. C'était comme une force, et il devint immédiatement mon batteur favori. Je jouais un peu de mandoline et chantais. J'étais tendu car je n'avais pas joué depuis longtemps, mais ils m'ont fait travailler dur, il n'y avait rien d'autre à faire. » Dans cet atelier, les musiciens changeaient d'instrument au gré de leurs caprices.

Levon s'enthousiasmait. Enfin, Robbie et les autres dirigeaient leur propre carrière, cherchaient une sonorité bien à eux.

— Et Dylan ? demanda le batteur en arrivant.

Ses amis haussèrent les épaules.

— Viendra, viendra pas... T'occupe ! On s'éclate !

Souhaitaient-ils sa venue ? Ils n'en savaient rien. Son absence leur permettait de travailler pour une fois seuls, libres de toute influence. Mais Dylan les poussait loin. Les Hawks descendaient les marches, ouvraient la petite fenêtre puis jouaient...

Le magnétophone tournait, et les amis gravaient des perles musicales à la lueur d'une ampoule jaunâtre et devant seulement quatre micros. Ils se moquaient du son qui se fracassait contre les murs épais, durs de la cave et résonnait dans la cavité de la cheminée au milieu. Rien ne les détournerait de leur splendeur.

Puis, un jour, la porte s'ouvrit, et la lumière inonda la pièce.

En haut, se tenait Bob, portant sa guitare.

— Je n'ai pas pu résister..., murmura-t-il, d'un air timide qu'on ne lui connaissait pas.

Son gros chien descendit quatre à quatre et se coucha près de la fenêtre. Robbie ne manifesta aucune surprise. Il s'y attendait. Rien ne comptait plus pour Bob que la musique. Jouer, encore et toujours... Dylan salua Levon avec un grand sourire.

— Content que tu sois revenu...

Et il empoigna sa guitare. Ce fut une musique directe, tranchante, comme si le démon du vieux rock and roll s'était réveillé, dans cette campagne tranquille, cette petite maison rose hantée. Naturellement, les compagnons de route imaginèrent mélodies, textes, s'interrompaient pour rectifier une ligne et continuaient.

Rick travaillait sur une chanson intitulée *This Wheel's On Fire*. L'image de ces roues en feu avait été inspirée à Bob par un vers du *Roi Lear* de Shakespeare. Attentif à ses idées, Dylan le conseillait, et le bassiste se sentait gonflé d'orgueil. Puis, Bob s'absentait. Il tapait à la machine quelques lignes et les donnait à Richard Manuel.

— Tiens, finis le verset.

Le morceau s'appelait *Tears Of Rage*. Les jeunes accompagnateurs, les sans-grades que le public avait coutume de siffler se métamorphosaient en artistes fins et apprenaient à écrire une belle prose. Les feuilles s'entassaient dans un coin, les bandes tournaient. Les cinq Hawks jouissaient de leur bonheur. Ils avaient tant attendu pour vivre ce moment, sculpter leur son. Bob s'était intégré au groupe, intelligemment, comme un joueur de rue à la recherche du plaisir, et une musique étrange, onirique, exsudait de cette maison rose chimérique...

Si les nuages ne tombent pas et si le ne train ne s'arrête pas
Je bondirai à la rencontre du soleil[75]

Acapulco, désir, nuages... Bob allait à la rencontre d'une fille pour avoir juste du plaisir et voguait bien haut. Il se rappelait ses déclarations dans la fameuse interview de *Playboy* donnée à Nat Hentoff en mars 1966 :

> « La musique traditionnelle vient des légendes, des bibles, des épidémies, et tourne autour des légumes, de la mort. Personne ne pourra faire disparaître la musique traditionnelle. Toutes ces chansons au sujet des roses qui sortent du crâne des gens et sur les amants qui sont, en fait, des oies et des cygnes bientôt métamorphosés en anges ne disparaîtront pas. Ceux qui vont mourir sont tous ces gens paranoïaques persuadés qu'un individu va venir voler leur papier toilette. Des chansons *Which Side Are You On ?* et *I Love You, Porgy* ne sont pas des chansons folk mais des chansons politiques. Elles sont déjà mortes... La musique traditionnelle est trop irréelle pour mourir. Elle n'a pas besoin d'être protégée... Je pense que son manque de sens est sacré. Chacun sait que je ne suis pas un chanteur folk. »

Il connaissait bien l'enjeu de cette fin de décennie soixante, la bataille contre la guerre du Vietnam, les idéaux dont il avait été autrefois le porte flammes. Mais c'était fini : il se promenait parmi elfes, rois, jeunes amoureuses... Il musardait du côté de la mort, des royaumes célestes et se posait beaucoup de questions sur l'avenir. Comment guiderait-il ces contes à la surface du monde, devant un public fasciné par le rock sanglant de Jimi Hendrix ? On rirait...

Mais les rumeurs riaient-elles ? Les séances de Big Pink avaient filtré les vieux murs. Dylan préparait un album magnifique, complètement fou. Le monstre bouillonnait en bas des marches, dans l'obscurité. Les journalistes affirmaient détenir le secret de cette nouvelle œuvre splendide. Les observateurs cependant – même les mieux informés – n'avaient pas idée de la joie qui animait ces musiciens tenanciers de leur propre club.

Les admirateurs devraient pourtant patienter longtemps avant de recevoir ces trésors, réunis sous le titre *The Basement Tapes*, pirate officialisé qui sortirait en juin 1975. Une trentaine de chansons assez douces, très éloignées de la rudesse des concerts. Bob revenait à la musique traditionnelle. Les Hawks, tous éduqués dans les folk songs canadiennes ou irlandaises, aimaient sa voix, sa chaleur. Cette musique ranimait leur enfance comme ils n'auraient jamais cru. Surtout, Dylan chantait en riant. Certains exégètes de l'œuvre dylanienne considèrent ce travail comme étant le meilleur de Bob.

« Vous savez, c'est la seule manière d'enregistrer un disque, dirait-il à Jann Wenner, le journaliste de *Rolling Stone* : s'aménager un environnement de paix, de repos, dans la cave de quelqu'un, avec les fenêtres ouvertes et un chien allongé sur le sol. »

Un mal étrange le poussait aux excès, à la pression alors qu'il appréciait finalement, par-dessus tout, le calme. Et il s'en était rendu compte pendant sa convalescence...

— Nous sortirons ces bandes bientôt, promit-il à Robbie. N'oubliez pas : vous êtes le plus grand groupe du monde !

Et lui, il dominait encore la montagne. Le 1er juillet, il avait resigné avec Columbia pour une durée de cinq ans. Ce nouveau marché lui offrait des royalties de 20 % sur les ventes d'albums, une avance de 200 000 dollars, et la commercialisation de ses anciens disques lui rapporterait davantage. Dernier privilège, il contrôlerait son travail comme il le souhaitait. La maison de disques avait craint de perdre son grand artiste et s'efforçait de le retenir ou au moins de le rattacher à la vie. Pari gagné. Le président de CBS Clive Davis avait cependant pris soin de demander en échange à son protégé un album dans les six mois.

Et Bob tiendrait l'engagement. Il avait repris des couleurs en respirant l'air frais de Byrdcliffe. Les rares visiteurs l'apercevaient sur un banc, adossé contre un amas de bois, grattant sa guitare. Il surveillait le petit Jesse, évitait de boire, repoussait la drogue avec dégoût, et voyait grandir sa famille. Sara donna naissance à leur deuxième enfant, Anna, le 17 juillet 1967. Bob en ressentit peut-être encore plus de bonheur que dans la musique. Il n'avait jamais connu pareille excitation. Lui, le vagabond, un père de famille ! Comme dans un rêve. En cinq ans seulement. L'espoir d'une vie normale, sereine avec en plus la passion de la musique. Qu'aurait-il espéré de mieux ? Sara surveillait les attentions de son mari, ses attentions envers leurs gosses, le musicien n'avait pas failli à sa tâche. Elle était rassurée.

Régulièrement, il quittait sa table de travail pour promener avec ses enfants dans le jardin. Puis, il les redonnait à leur mère et repartait composer. Les chansons grimpaient en pyramide sur son bureau. Quelques-unes le satisfaisaient. *All Along The Watchtower*. Peu de mots, une vision courte. Mais quelle passion ! Écrite en une demi-nuit.

L'automne tombait autour de lui comme une chute sidérale quand il apprit la nouvelle :

ÉPITAPHE N° 3 – *LES AMIS FOLK DE JEUNESSE* – WOODY GUTHRIE

Le père des troubadours et de la contestation musicale Woody Guthrie s'éteignit des suites de sa longue maladie pendant ce triste mois d'octobre 1967. « D'abord, Woody, écrivit Irwin Silber dans Sing Out !*, finalement mort après treize ans de cette mort vivante qu'est la chorée de Huntington. Et quelques jours plus tard, Che Guevara (on veut croire que pour une fois les informations dans les journaux sont vraies), également assassiné par la maladie – la maladie de l'impérialisme. »*

Beaucoup s'étonnèrent que Woody Guthrie eût vécu jusqu'au milieu des années soixante. On le croyait au moins enterré depuis les années quarante. La disparition du maître émut terriblement Bob qui demeura allongé dans sa maison. Des images lui revenaient. L'hôpital, le refuge des Gleason. La peur aussi. Il se rappelait tous ces jeunes idéalistes du folk dont il avait fait partie. Réunis au chevet du père, les élèves partageaient la frayeur du lendemain et remettaient leur foi dans ce vieillard remuant et moribond. La mort avait semé ses désordres et désillusions parmi les utopistes. Bob s'était sauvé... de peu ! Mais combien de temps lui restait-il à vivre ?... Avait-il pris la place de Woody dans le cœur de milliers de musiciens ? Croupirait-il un jour sur un lit devant un novice comme le musicien folk des années trente, presque en prières ?

Non, il mourrait bien avant. Dès les premiers jours de 1968, il proposa d'organiser un concert hommage à Woody.

— Je vous donnerai de mon temps. Je le dois bien à Woody.

Il n'imaginait même pas que ce concert constituerait son grand retour sur scène après tant de mois inactifs. Il voulait célébrer le vieillard au langage incohérent et à l'œil perçant qu'il avait rencontré jadis et dont il avait tout appris. Les bénéfices seraient reversés à la recherche contre la maladie de Huntington. Oui, c'était une bonne idée. Et il reçut le soutien de ses coreligionnaires, Pete Seeger, Dave Van Ronk...

La mort de Guthrie infléchit très légèrement le travail de Dylan sur son prochain disque. Il orchestrerait un retour folk, à l'imagerie typiquement américaine, vagabonde... Au moment où les hippies redescendaient du « Summer Of Love » de San Francisco, où le rock écartelait ses formes, Bob retrouvait l'intimisme, une certaine sérénité. Ni flambées électriques, ni fanfares de cirque. La mort, la foi étaient devenues ces valeurs simples, dépouillées, auxquelles il avait été confronté dans le silence de sa maison. « Je n'ai jamais fait la même chose », songeait-il. « Et ce n'est pas maintenant que je commencerai. » Jusqu'à cette année, il avait toujours tournoyé, papillonné, changé comme la chenille ou le ramage d'un paon. Il se laissait aller à ses humeurs changeantes du moment, indifférent à la mode.

Il préparait une œuvre majeure, avec les mêmes interprètes que pour *Blonde On Blonde*. Le joueur country Charlie McCoy répondit à son appel. En le voyant, le musicien de Nashville resta comme interdit. Il eut l'impression de rencontrer un autre homme. Plus détendu, plus léger. Bob avait convoqué un minimum de participants. Charley pour la basse, Kenny Butrey à la batterie et un tout nouveau Peter Drake à la steel guitar. Ce fut tout. Il préparait un album gracieux et subtil. Ce nouveau disque, *John Wesley Harding* n'avait pas la magnificence de *Blonde*, mais son charme westernien agissait comme un aimant. L'une des plus belles chansons, *As I Went Out One Morning*, menait une jolie course romantique, avec le rythme léger et serré de la batterie. La courte et fugitive *All Along The Watchtower* prit place, sorte de conversation bizarre entre un bouffon et un voleur, deux facettes du saltimbanque (Dylan se voyait peut-être ainsi).

Puis, ce fut la chanson titre, l'hommage aux voleurs, *John Wesley Harding* connu pour n'avoir jamais blessé d'innocent.

John Wesley Harding
était l'ami des pauvres
Il voyageait, un revolver dans chaque main à travers le pays[76]

Bob s'était rappelé l'existence de ce hors-la-loi texan John Wesley Hardin (sans g). Cet homme se fit connaître après la guerre de Sécession (1865). Il refusa la loi du Nord et tua beaucoup de policiers : le plus rapide tireur du pays, prétendaient les gazettes. On l'arrêta, il fut condamné à vingt-cinq ans de prison, purgea sa peine et eut à peine le temps de savourer sa liberté qu'un homme l'abattit dans un bar. Bob aimait bien réécrire l'histoire, tisser la légende. Tout le disque fleurait la poussière, l'épopée, le paradis... Il avait intégré au disque, *All Along The Watchtower, Dear Landlord, I Am A Lonesome Hobo*... Toutes ces chansons reprenaient le mythe de la route, du voyage, pendant la période la plus sédentarisée de Dylan. Les critiques remarquèrent *I Pity The Poor Immigrant*[77] (« J'ai pitié du pauvre immigrant »).

J'ai pitié du pauvre immigrant
Qui patauge dans la boue
[...]
Et bâtit sa ville avec du sang

Évoquait-il la guerre du Vietnam ? C'était toujours mystérieux. En fouillant l'œuvre de Dylan, le chercheur aura du mal à trouver le terme de Vietnam plutôt absent. Le poète décrivait l'humain, tricheur, menteur, cupide, au lieu de dénoncer le fait. C'est peut-être pour cette raison que l'œuvre de Bob atteint une certaine universalité qui se rapproche de la spiritualité.

Il avait écrit aussi *The Ballad Of Frankie Lee And Judas Priest*, un morceau inspiré de sa nouvelle lecture, la Bible. Il appellerait ce disque, bien plus tard, son « premier album biblique torturé par la peur ». Et cette peur semblait d'ailleurs tarir les mots. *John Wesley Harding* ne possédait pas la faconde habituelle de Dylan. *The Ballad Of Frankie...* demeurait la chanson la plus bavarde de l'album, parmi toutes ces saynètes miniatures. Judas montre la route à Frankie Lee en prononçant le mot « Éternité ! ». Frankie Lee s'en étonne. Mais si, insiste Judas, cette route pourrait tout aussi bien s'appeler « Paradis ». C'était une ode au voyage, à la jeunesse mystique inspirée par Kerouac.

Quatre jours et neuf heures suffirent à graver le joyau. Les tourments de *Blonde On Blonde* s'étaient éloignés. Pendant les périodes d'attente, Bob parlait de la religion. Il voyait bien que son nouvel intérêt surprenait.

— Que croyez-vous que j'ai fait dans mon refuge ? demandait-il. J'ai lu, médité, réfléchi...

Et s'il décelait de l'incompréhension dans les yeux de ses interlocuteurs, il haussait les épaules. Qu'ils aillent au diable ! Il agissait pour son salut. Il voulait vivre ou du moins ne pas mourir comme la chouette nocturne qu'il avait été.

Chapitre III

Nos meilleures années

> « *La nuit passe vite pour moi maintenant...*
> *Ne laissant qu'une aube nue... Me laissant*
> *conscient avec un million de pensées endormies*
> *intactes*[78]. »

Épitaphe n° 10

Les musiciens s'arrachaient ses chansons, souvent inédites, À la fin de l'année, le duo formé par Brian Auger et la chanteuse Julie Driscoll popularisa *This Wheel's On Fire*. Peter, Paul and Mary secouèrent les charts avec *Too Much Of Nothing*. Les Byrds reprirent *You Ain't Goin' Nowhere*, et Manfred Mann, *The Mighty Quinn*. C'étaient des chansons méconnues, voire jamais publiées. Bob et Grossman invitaient les artistes à chasser le trésor. Le musicien se rendait bien compte de son impact, et cet engouement le soutenait, au moment où il s'apprêtait à publier *John Wesley Harding*.

Le disque parut en décembre 1967. Bob le pensait inachevé, mais Robbie lui conseilla de n'y apporter aucune transformation. Était-il bon ? Représentait-il un digne successeur de *Highway* et de *Blonde* ? Peut-être une œuvre mineure dans la carrière brillante du musicien. Oui, sans doute. Il avait d'ailleurs prié Columbia de ne pas surcharger cette sortie de messages publicitaires. La simplicité devait accompagner ce *John Wesley Harding*. Et, puis, Bob le savait : l'époque rougeoyait, flamboyait, s'éclairait de psychédélisme, de sauvagerie. Comment un petit disque intime pourrait-il être entendu ? Sa pochette en noir et blanc, représentant des baladins de cirque en chapeaux, dans ce paysage hivernal, ne jouait-elle pas la provocation face aux prismes colorés de *Sergent Pepper* des Beatles, *Axis : Bold As Love* de Jimi Hendrix ? Alors, pourquoi tenter le diable, risquer le ridicule ? Le public viendrait à lui si le désir l'y poussait.

L'album surprit vraiment les amateurs et critiques. Pourquoi ces allusions à la Bible ? Quelle étrange lubie saisissait le fier auteur de *Blonde* ? Il n'avait pas changé, pourtant. Son amour pour Woody Guthrie demeurait intact et éternel.

Il apparut effectivement sur la scène du Carnegie Hall le 20 janvier 1968, pour l'hommage à Woody Guthrie, le visage mangé par une barbe, vêtu de nippes achetées dans les boutiques de Carnaby Street. Des artistes comme Judy Collins, Arlo Guthrie, Peter Seeger l'entourèrent et entonnèrent *Bound Of Glory*. Accompagné de ses fidèles Hawks, Bob se plaisait à rejouer, sous les mannes célestes de son idole. Mais il fut beaucoup moins satisfait de voir que son retour éclipsait l'hommage au maître. Les journalistes braquèrent leurs regards sur lui. Le public se rua devant la scène. Cet enthousiasme avait quelque chose d'étrange après le remue-ménage des deux dernières années. Il ne comprenait pas la foule, toujours pressée à ses pieds, hésitant entre l'insulte et l'extase.

— Alors, Bob, c'est reparti ? lui demandaient ses vieux amis, Dave et Jack Elliott.

Il souriait :

— Non, pas tout à fait. Je joue ce soir pour Woody, mais c'est tout. Je n'ai plus envie de partir sur la route. J'ai une famille, deux enfants que je veux voir grandir. Donc, je ne me produirai pas en public avant un moment...

En attendant, il lança des versions enlevées de *Grand Coulee Dam* et *I Ain't Got No Home*.

Aux dernières notes du concert hommage, il empaqueta ses affaires et repartit chez lui, dans sa maison de Byrdcliffe. Il brûlait de retrouver sa femme, ses enfants et se demandait parfois si cette nouvelle passion n'allait pas complètement transformer sa vie en le convainquant d'abandonner la scène.

Avait-il besoin de jouer, de se montrer ? D'autres s'en chargeaient pour lui. Le 2 mars 1968, le génial guitariste noir Jimi Hendrix reprit, au Hunter College, *Like A Rolling Stone*.

— Voici une chanson écrite par un type nommé, euh, Robert Zimmerman, plus connu que... euh, la grand-mère de Davy Crockett... Parfois, il se fait connaître sous le nom de Bob Dylan.

Like A Rolling Stone deviendrait la marotte du grand Jimi. Chaque fois que le guitariste cherokee rejouait ce morceau, il se sentait bien. Et Bob aussi. Il ne verrait pas souvent Hendrix, son ami de cœur dont la musique lui apportait un bouillonnement de vie, de flamme qui l'atteignait jusque dans sa retraite.

Le monde se déroulait sans Dylan, avec ses chaos et sa haine. Le 5 juin, il apprit l'assassinat à Los Angeles du sénateur Robert Kennedy, le frère de John, qui venait de remporter les primaires de Californie et semblait un candidat sérieux à la Maison Blanche. Beaucoup de militants se rappelaient que ce bon Robert avait assisté à l'enterrement de Martin Luther King, et qu'il représentait un véritable espoir pour le pays. Et maintenant, il mourait lui aussi. Sa mort choqua Dylan. Bien sûr, le sénateur ne s'était pas montré tendre envers le musicien dans son livre, *Vers un monde nouveau*, publié deux mois avant sa mort :

> « Bob Dylan, troubadour de sa génération, balaie aujourd'hui nos déclarations comme autant de manœuvres de propagande. Pour lui, tout est du vent. Où nous voyons le plus nettement ce refus, cette négation, c'est dans le développement d'une culture juvénile clandestine dont les idées maîtresses semblent être que la participation aux affaires publiques est la fin de tout, que le pouvoir corrompt irrémédiablement, que le salut ne peut se trouver que dans un style de vie complètement nouveau... Une culture qui produit des fantasmes nés de la drogue... Cette petite minorité ne se contente pas de prêcher une rupture totale, elle la vit[79]... »

Kennedy avait fait part de ses regrets envers la jeunesse que symbolisait Dylan, mais pourtant Bob appartenait malgré tout à son camp. Cette rupture, l'artiste la vivait depuis son accident, retiré, absent, plein d'idées de mort.

Le mois même de la disparition de Kennedy, un cataclysme secoua toute son existence :

ÉPITAPHE N° 4 – LE PÈRE, ABE ZIMMERMAN (1911-1968)

Il reçut un coup de téléphone. Son visage demeura impavide. Il jeta un œil vers Sara, puis partit dans la chambre. Elle suivit.
– Que se passe-t-il ?
Il lâcha tandis qu'il rangeait sa guitare dans la housse :
– Mon père vient de mourir.
Une crise cardiaque avait emporté Abe Zimmerman un jour de juin 1968, au début de l'été. Il avait cinquante-six ans.
Il ne dit rien à personne. Ses silences, croyait-il, le protégeaient. Et tant pis si des imbéciles l'accusaient encore de sécheresse ! Il n'avait pas d'autres moyens de supporter sa peine et surtout ses remords. Pendant toutes ces années de gloire et de réussite, Bob n'avait pas souvent visité Abe et Beatty à Hibbing. Il ne les avait pas associés aux grands événements de sa vie, de son mariage secret à l'accident que Beatty avait découverts en lisant le journal. Il avait considéré son « vieux » comme une personne d'un autre temps un peu ennuyeuse et qui n'aurait jamais pu comprendre son style de vie, sa musique. Puis, les deux hommes s'étaient querellés.

— *Tu n'existes plus ! criait le père.*

— *Ah bon, eh bien tant mieux...*, *répondait le fils.*

Ce genre de choses...

Et, là, tandis qu'il suivait le cercueil, enfermé dans sa grande limousine noire, derrière les vitres fumées, l'œil fixé sur son frère David, et sa pauvre mère Beatty, toute blanche, il apprit que le défunt épluchait les informations sur son célèbre fils qu'il appelait Dylan, et exhibait sur les meubles et les murs de son salon les pochettes des albums. L'immigré s'était montré si fier, et le disait à toute la bonne société, mais jamais il n'aurait confié quoi que ce soit à Bob lui-même. Trop orgueilleux. Un rendez-vous manqué. Le cercueil fut maintenu ouvert dans la crypte.

La « folie d'Hammond » priait en silence, à l'abri des regards. La Bible l'aidait à combler le gouffre qui s'était ouvert sous ses pieds. Ses mains tremblaient. Il avait peur de mourir et rien, pas même la coque de cette voiture, ses richesses, ne le préserveraient du néant. Toute sa musique volerait en poussière. Car elle vibrait, respirait tant qu'il vivait. Mais une fois mort ? Cela valait-il le coup de travailler autant ? Ces idées le hantaient depuis l'adolescence, il avait rempli son espace d'épitaphes fictives comme pour chasser le mal. Belle illusion ! Il apercevait les regards, dans la procession, lourds de reproche — d'après son interprétation personnelle — celui du rabbin, qui se tournait vers sa voiture. Mais personne n'osa venir le tirer de son refuge. Sans doute ce public (le public ? Il ne savait plus ce qu'il disait ou pensait) devinait et sentait sa douleur. Aucun cependant n'aurait soupçonné l'activité à laquelle il se livrait : il écrivait, puis enregistrait sur un petit magnétophone ses idées. Ainsi donc il ne pouvait s'arrêter, il ne s'arrêterait jamais, même à l'enterrement de son père. S'arrêter, c'était mourir ou penser à la mort. Il sortit, s'approcha de la foule, des larmes coulaient le long de ses joues. Puis, il rentra dans la voiture, adressa un signe à son chauffeur, longea le gazon fraîchement coupé du cimetière et disparut. Abe fut enterré à Duluth dans le cimetière juif.

Bob retourna à Byrdcliffe, et il s'allongea sans dire un mot tandis que Sara lui caressait les cheveux et orientait les journalistes ou amis dans une autre direction. Bob errait au milieu des pièces vides. Son lien à l'ailleurs, au pays lointain que représentait son père, s'était rompu. Woody Guthrie avait précédé Abe de quelques mois. Bob avait perdu ses origines, son identité qu'il espérait perpétuer grâce à Sara de nouveau enceinte. Leur troisième enfant, né le 30 juillet 1968, porterait le nom de Samuel Abraham Isaac, en hommage au père Zimmerman. La famille représentait pour le musicien un unique salut avant le Grand Saut. Et il gardait jalousement ce trésor, prêt à renoncer à la scène, aux voyages, à tout ce qu'il considérait maintenant comme ses anciens péchés. Il élèverait son héritier et celui d'Abe. Il se rendit à l'hôpital, berça le nouveau né, embrassa la mère. Il éprouva une joie intense, invita même sa mère Beatty à Hi ! Lo Ha. Malgré sa peine, madame Zimmerman restait vive, caustique, comme la jeune fille qu'elle avait été au volant de son Essex. En arrivant, elle se jeta dans les bras de Bob et pleura.

— Il était si fier de toi ! répéta-t-elle.

Les journées s'écoulèrent, tranquilles. Beatty jouait avec les deux enfants, Jesse, Anna et observait, pleine d'admiration, le petit Samuel. La mort d'Abe avait permis à la mère de revoir son fils, après un éloignement si douloureux.

La famille recomposée vécut de belles journées édéniques. Les arbres flottaient au loin sous ce ciel informe. Protégé – ou du moins le croyait-il – par ce mince mur végétal, dans sa maison en bois de trappeur de Byrdcliffe, Bob Dylan passait son temps à réfléchir. Sara respectait sa tranquillité. L'épouse s'occupait de leurs enfants pendant que son mari artiste écrivait à son bureau, la cigarette aux lèvres, avec ses lunettes d'étudiant. Le soir, Bob se mettait devant la fenêtre et pouvait apercevoir les feuillages blanchis par la lune, entendre le silence. Il écrivait en buvant du café, se promenait la nuit tombée. Il se sentait bien, ici. Peut-être avait-il le sentiment de vivre ses meilleures années avec Sara ? Le soir, la maison de Byrdcliffe résonnait de rires, de chants, de bruits de verres. Les invités venaient et se divertissaient jusqu'à l'aube. Bob s'étourdissait dans le vin et la musique, il passa sans doute là les plus heureux moments de sa vie. La mort fut repoussée derrière les visages gais et tendres de Jesse et d'Anna, la douceur de Sara et la verve de Beatty. Le monde l'entoura comme jamais, remplissant les heures creuses, le calme infini de la campagne. Johnny Cash et sa femme June arrivaient, George Harrison sortait... Et puis, jaillissaient les Hawks qui s'étaient rebaptisés le Band et avaient pris une nouvelle dimension dans cette Maison Rose comme touchés d'un coup de baguette magique. Ils s'apprêtaient à sortir un grand album issu des séances marathoniennes avec Dylan dans le sous-sol. Albert Grossman avait écouté les bandes et les avait vendues à Capitol. L'album s'intitulerait *Music From Big Pink*. Bob les encourageait. Il leur rendit de fréquentes visites, avec sa guitare. Il bouillait d'impatience :

— Je peux jouer avec vous si vous voulez !

— Merci Bob, répondirent Levon et Robbie en chœur. Mais nous nous croyons capables de nous en tirer.

C'était leur disque après tout, et ils devaient bien finir un jour ou l'autre par se détacher de Dylan. Ils considéraient cependant la proposition de leur mentor comme une belle preuve de générosité, ignorant combien le prurit musical démangeait l'auteur de *Blonde*. Ce que Bob avait observé le séduisait diablement : le Band trouvait du plaisir à jouer. Un véritable ensemble.

Il adorait entendre son groupe étinceler ainsi. Cette joie effaça un temps ses soucis personnels. Albert Grossman réclamait une augmentation de ses droits, et haussait la voix pour couper court à toute contestation. Il ressemblait de plus en plus à une sorte d'Ubu Roi, alourdi par ses richesses clinquantes, son portefeuille énorme, sa panse bringuebalante. À la mort d'Abe Zimmerman, le Gros s'était fendu d'un petit message de condoléances, vite écrit, vite oublié. En vérité, il n'avait cure de la tragédie chez les autres. Sa cupidité écœurait Bob. Il ne voulait plus voir cet oiseau de proie et, comme toujours, face aux histoires de gros sous, il avait envie de fuir. Fuir chez son ami Johnny Cash à Nashville pour se taper de bonnes grosses cuites. Le musicien country démolissait des pianos en frappant sur les touches, hurlait fort. Et Bob riait car ce fou défiait la mort. Mais il fallait bien rentrer. Et se heurter à Ubu !

Bob souhaitait démanteler Dwarf Music, une société co-créée avec Grossman. Ses conseillers le lui défendirent car la moitié de cette affaire appartenait au manager. L'artiste projeta de monter d'autres petites filiales qui lui permettraient de s'en dégager, mais cela prendrait des années. Et combien lui en restait-il ?

Combien de temps restait-il aussi à Jimi Hendrix ? Alors que Bob s'était arrêté, partagé entre l'amour de sa famille et l'hostilité d'un manager encombrant, le grand guitariste continuait de foncer, emmenant dans ses bagages l'œuvre déjà classique de Dylan. Quel magnifique cadeau, cette superbe version de *All Along The Watchtower* par Jimi ! Peut-être la plus belle étoffe qu'on ait placée sur une chanson de lui. Dans la plupart des cas – et on pourrait citer *Mr Tambourine* – le repreneur sublimait la mélodie, la coloriait de sa peinture, mais une fois le courant d'air frais passé, le morceau original reprenait sa saveur un peu piquante, et poursuivait son chemin un peu plus brillant. Pour *The Watchtower*, Bob savait que personne et lui en particulier, ne pourrait rejouer cette chanson de la même manière. Jimi y avait imprimé sa marque définitive, avec ces notes chaudes de guitare, ce lyrisme aérien et doux comme du miel. Aujourd'hui, près de quarante ans après, la version hendrixienne de la chanson *All Along The Watchtower* s'est inscrite dans le patrimoine américain. Elle reste certainement la reprise la plus connue de Dylan, au point que certains en oublient même son compositeur.

— Parfois, je reprends une chanson de Dylan, confia Jimi, et elle me va si bien que j'ai l'impression de l'avoir écrite.

Le plus gros succès de Hendrix aux États-Unis. Un vrai plaisir. Le grand guitariste cherokee venait de rendre au centuple ce que Bob lui avait apporté.

La chanson brillait au firmament du chef-d'œuvre *Electric Ladyland*, paru en octobre 1968. Al Kooper avait participé à une séance sur *Long Hot Summer Night*. Enthousiaste, il rapportait à Bob les folies du studio le nombre d'« amis » et de parasites qui s'y trouvaient. Jimi ne savait pas dire non. Il avait bâti son château sans en fermer les portes ouvertes à tous les vents.

Hendrix était un seigneur noir, habitant *Red House* comme le montrait son blues sorti en 1967, dans sa planète. La grande figure des années *flower*. Bob sentait le jaillissement de sa musique érubescente bien appropriée à l'époque. Là où lui poétisait, l'art de Jimi charriait de manière brute toutes les violences du temps, le corps de Martin Luther chutant sur ce balcon en ce 4 avril 1968, les émeutes qui avaient suivi et dévasté les ghettos, semblables à celles de Watts trois ans plus tôt. « Quel pays effroyable ! », disaient les deux artistes. Bob, lui, pensait à John Kennedy, Hattie Carroll, Medgar Evers, martyrs de la cause noire qu'il avait portés si haut. Et maintenant ? Étrange... Ce drame l'atteignait. De vieux souvenirs revinrent à la surface comme la marche sur Washington, son concert dans le Sud, sa révolte... Contrairement à Hendrix, il créait, en cette fin d'années soixante, une musique déconnectée de la réalité. Devait-il poursuivre ? Tout cela n'avait aucun sens. Il ne pouvait redevenir le protest singer de 1962. Il avait évolué au sein d'une société prisonnière de ses éternels conflits. Rien n'avait changé. À quoi servait-il ? Alors, il continua, plancha sur des textes plus doux.

— C'est le genre de chansons que j'ai toujours eu envie d'écrire, déclarerait-il plus tard dans Rolling Stone, en 1969, et j'ai profité de mon isolement pour le faire. Elles reflètent plus mon moi profond que les précédentes.

Il mettait la dernière main à deux morceaux appelés *I Threw It All Away* et *Peggy Day*... Cette dernière chanson, il l'expédia en une heure, la retravailla, mais elle ne fonctionnait pas. Fatigué de la raturer, d'en changer les lignes, la mélodie, de lassitude il la laissa. Elle irait bien ainsi ! Il savait qu'un tel abandon le rongerait pendant longtemps et qu'il dissimulerait la médiocrité de sa créature sous des plaisanteries douteuses. Il préférait peut-être *Tonight I'll Be Staying Here With You*... Puis, le téléphone sonnait.

— Alors, tu viens, mec.

Ah, Johnny Cash... Le Barbare l'appelait deux fois par jour, et avait réussi à le convaincre de s'installer à Nashville. Le producteur Bob Johnston soutenait évidemment cette idée. Et puis l'air de cette région avait bien réussi à *Blonde On Blonde*. Mais il lui faudrait vite rassembler la matière. Et c'était difficile. Les idées lui manquaient, il se sentait aride.

Le téléphone sonna à nouveau.

— C'est John Schlesinger à l'appareil. Je suis sur le projet d'un film qui s'appelle *Macadam Cowboy*. J'aimerais que vous me composiez une chanson pour le générique.

Bob souriait. Le cinéma, son vieux rêve, l'approchait. Il se mit au travail, mais éprouva les plus grandes difficultés. Il commença – une fois n'est pas coutume – par la musique, plaçant un canevas sur quatre accords. Quelle heure était-il ? Il avait le temps. Puis, il plaça des mots. Il avait trouvé une belle idée.

Étendez-vous, Madame, en travers de mon grand lit en cuivre.
[...]
Et vous êtes la meilleure chose qu'il ait jamais vue [80]

Point d'amertume ici. Un simple bonheur. Hormis ce lit en cuivre, Bob avait couché des lignes banales, éloignées du niveau littéraire auquel il s'était hissé jusqu'à présent. Il eut toutes les peines du monde à terminer alors que Schlesinger s'impatientait, l'appelait, pour finalement renoncer. Le temps pressait, et il solliciterait les lumières d'un autre compositeur. Au moins, la lenteur de Bob permettrait au chanteur country folk Harry Nilsson de se distinguer. Dylan fut cependant déçu, mais se consola vite : il intégrerait cette Lady Lay à son nouvel album. Sa valise l'attendait, il embrassa Sara et les enfants et disparut.

Quand il prit l'avion pour Nashville en février 1969, il n'avait pas dans son escarcelle plus de quatre chansons finies. À l'arrivée, il tomba entre les bras de son ami Johnny Cash visiblement heureux de l'initier en personne aux vertus de sa « ville » que Bob connaissait un peu. L'homme en noir lui donna de grandes bourrades, l'entraîna dans ses bars favoris. Les jours et les nuits se confondirent à nouveau. Bob ne savait plus l'heure. Plus rien.

— J'enregistre en ce moment, lui apprit Johnny. On sera dans le même studio. On pourra faire un truc ensemble. Tu vas faire un album gai, léger pour une fois, cela te changera.

Et il éclata de rire.

C'était si bon de retrouver l'air. Trois ans après *Blonde*, Dylan investit le studio Columbia de Nashville dont le responsable n'était autre que ce jeune homme rencontré pendant l'enregistrement du chef-d'œuvre de 1966 : Kris Kristofferson. Le gaillard n'avait pas changé depuis le temps où il vidait les cendriers, toujours aussi serein malgré son ascension surprenante. Il avait déjà écrit sa célèbre chanson, *Me And Bobby McGhee*, et en attendait encore les fruits.

Il salua Bob, entouré des musiciens présents sur *John Wesley Harding*, le « pedal steel [81] » guitare Peter Drake, Charlie McCoy, le batteur Kenneth Buttrey. Mais il y avait ajouté plusieurs autres solides garçons du coin. La tonalité de l'album s'annonçait plutôt country. Le patron de la Columbia, Clive Davis, avait prié Johnston de lui envoyer les démos. Peut-être l'audace anti-mode de *John Wesley* l'incitait-il à davantage de méfiance ? Pourtant, il devinait bien que Bob ne se pliait jamais aux ordres. La première démo, *Lay Lady Lay*, enregistrée le 14 février 1969, le combla d'aise.

— Formidable ! dit-il. Un futur classique. On va en faire un single.

Il avait vu juste. Cette « Lady dans son lit de cuivre » devint le 45 tours le plus vendu de la carrière de Dylan, et le premier à frémir au sommet des charts depuis *Rainy Day Women n°12 & 35*. Ensuite, Bob joua ce morceau qu'il dédia au rocker Jerry Lee Lewis, *To Be Alone With You*, et l'envoya même à l'intéressé déjà très courtisé, puisque le cosmonaute Charles Conrad avait aussi emporté une cassette de Jerry Lee sur la lune à bord de l'Apollo XII. Avec son style inimitable, Nick Tosches résume dans son livre *Country* la réaction du rocker : « La routine : Jerry Lee a égaré la démo de Dylan et jeté un vague coup d'œil à la pleine lune. »

Quoi qu'il en soit, Bob fréquentait le frère du furieux Jerry Lee Lewis, l'auteur des « grandes couilles de feu » (*Great Balls of Fire*). Johnny Cash enregistrait lui aussi dans le studio voisin. Le 18 février, il arriva chez Dylan, bouscula presque la porte, portant avec lui l'odeur des prisons, la merde, la folie. Ce fut à peine si l'orage ne grondait pas, si la nuit n'était pas descendue brutalement. L'homme en noir s'assit, posa sa bouteille, balança des plaisanteries aux techniciens, promena sur l'assistance ses yeux à la fois sanglants, fous et généreux, souleva sa grosse guitare et n'eut besoin que d'adresser un signe à son ami. Bob apprécia de le voir tant il se sentait un peu seul, lassé de ce projet country sans réelles bonnes chansons, hormis *Lay Lady Lay*. Johnny et lui jouèrent à fond pendant deux heures. Dix-huit chansons y passèrent, tandis que les bandes tournaient et que le public des studios de Nashville s'était massé derrière la vitre de contrôle. Les deux artistes avaient-ils décidé de graver un album entier ensemble ? Ils reprirent des vieux Dylan comme *Don't Think Twice, It's All Right* et puis une constellation de morceaux puisés partout, *Careless Love*, *One Too Many Mornings*, *Matchbox*, *Big River*, le fameux titre de Cash que Bob adorait *I Walk The Line*... De toute cette séance, le duo ne garderait que *Girl From The North Country*. Johnny reposa sa guitare.

— Tu es le plus grand.

Bob le remercia. Il s'était toujours montré reconnaissant envers l'homme en noir de l'avoir soutenu à ses débuts, avec une belle ardeur.

Quand Johnny s'engageait, Cash fonçait, remuait ciel et terre pour élever celui qui avait la chance d'être son ami. Il écrivit un poème en hommage à Bob sur la pochette de *Nashville Skyline* – Clive Davis détestait le titre –, assumant le rôle d'éminence grise qu'il tenait à cette époque :

> « Cet homme peut faire rimer le tic-tac du temps
> Le fil de la douleur... saisir le bien chez les hommes, le mauvais chez les hommes peut faire sentir la haine du combat, l'amour des droits... la douleur de l'aube... »

Si ce n'est cette belle amitié ou *Lay Lady Lay*, l'album, sorti le 9 avril 1969, n'a pas grand intérêt. Un peu mou, gavé de compositions faiblardes, il déçut les partisans du grand artiste qui attendaient, après l'assassinat de Martin Luther King, une flambée de violence. Mais il n'en était rien. En pleine époque hippie, Bob chantait son bonheur, le foyer domestique, sa paternité, alors que les autres grandes stars du rock tympanisaient la guerre du Vietnam et la politique de Johnson. Bien sûr, Bob avait largement pris sa part, mais pourquoi cette chute, ce déclin, l'affaiblissement spectaculaire de son exigence ? Ed Ochs écrirait dans le *Billboard* du 12 juillet 1969 : « Dylan, l'homme satisfait parle par clichés et rougit comme si c'était tous les jours la Saint Valentin... Au revoir donc, Bob Dylan, je suis content que tu sois heureux même si tu comptais plus pour moi quand tu étais perturbé comme tout le monde. » Heureux et en crise artistique sans doute. De toute façon, quoi qu'il décidât, le public, les journalistes lui donnaient tort. « Que veulent-ils à la fin ? songeait Bob. Que je meure dans un fossé ? ». Devenu la propriété des gens, il s'imaginait mort dans son accident de moto. Pure bravade évidemment. N'empêche que sa culbute avait fait de lui un homme différent. Il avait perdu la grâce, et devait s'y résoudre. Il chantait différemment, écrivait autrement. Moins bien ? C'était à voir ! Aujourd'hui, les séides dylaniens regrettent la rapide faconde, le romantisme brûlant de *Highway* et *Blonde* et cette manière de chanter, toute en joie, en urgences. Même si peu de gens savaient comment le classer (rock, pop, country, folk déguisé), *Nashville Skyline* occupa la troisième place aux États-Unis et la première en Grande-Bretagne.

Bob ne savoura pas vraiment son succès, empêtré dans sa bagarre avec Albert Grossman. Il voulait vraiment échapper aux griffes du Gros. Il avait consulté des avocats, réfléchissait au meilleur moyen de se libérer car Albert ne perdrait pas son butin sans réagir. La guerre serait rude avec ce père putatif, dont la cupidité les avait servis un moment tous les deux. Bob lui devait beaucoup.

— Pourquoi ne créerais-tu pas tes propres compagnies d'édition ? lui conseilla un proche.

C'était une bonne idée. Il fonda donc Big Sky Music, mais ces précautions ne suffisaient pas à le rassurer. Bob appréhendait de regagner Byrdcliffe, de tomber sur des sbires de Grossman. Bien d'autres peurs le hantaient tandis que ses ailes de Lawrence d'Arabie avaient été coupées. Les fans... Il croyait les voir cachés dans les arbres. Des silhouettes attendaient de l'autre côté de la rue, sans sommeil, comme des statues prêtes à l'agripper. Des intrus le suivaient à la jumelle. Il sentait autour de lui envie et désir. Il n'avait pu garder longtemps son adresse secrète. Quand il traversait son jardin, il croyait voir les feuillages trembler sur le passage d'ombres fugitives. Sara était inquiète.

— Ils sont là, disait-elle.

Alors, il l'emmenait avec les enfants, en vacances, au fond du ciel ou au bord de la mer. Il avait assez de fortune pour accomplir dix fois le tour de la terre. Mais il laissait sa propriété frémir sous les pas furtifs. Un soir, le gardien entendit un bruit. Il foula le sol humide. La lune étincelait de blancheur au-dessus de la maison hantée. Il grimpa le talus, poussa la porte, monta l'escalier. Son cœur battait, et il bougeait sa lampe de poche sur les murs, les tableaux, les rangées de livres. Il entra dans la chambre de Bob et Sara, gêné à l'idée de profaner le sépulcre bien protégé. Le lit bougeait, les draps flottaient comme des voiles. Le faisceau du gardien attrapa le visage blême d'un homme nu. À côté, une blonde, nue elle aussi, sauta en bousculant le meuble et s'échappa comme elle put vers le jardin. Les deux fans, qui avaient élu domicile dans le lit des deux époux célèbres, disparurent aussi vite.

En l'apprenant, Bob soupira. Il ne pourrait rester entre ces murs qui ressemblaient à de vraies passoires. Pourquoi n'irait-il pas au cœur du Pacifique mettre entre sa famille et les amoureux des brassées d'eau et de requins ?

Le musicien avait ordonné à ses gardes du corps de resserrer leur surveillance.

— Ma vie est en jeu, répétait-il.

Sans prendre le moindre repos, le mois de la sortie de *Nashville Skyline*, il décida d'enregistrer un nouveau disque. Le travail le calmerait et effacerait ses soucis. Une insatisfaction aussi dont il ne parvenait pas à déceler la cause. Son réservoir à idées tarissait. L'auteur de *Blonde* avait envie de jouer et restait privé de bonne matière. Sec, las, il occupa ses journées sur son lit à compulser des livres, des songbooks. Pourquoi n'enregistrerait-il pas un disque de reprises country ? Oui, cette facilité lui épargnerait bien des souffrances, pourrait l'amuser, plaire au public. Ses séances avec Johnny Cash composaient un très bon souvenir. Et peut-être que l'inspiration finirait-elle par lui revenir ?

Les séances commencèrent au mois d'avril 1969 et durèrent presque un an, jusqu'en mars 1970.

Dylan retrouva un peu de plaisir, engageant un orchestre à cordes et des chœurs. Le choix se partagea évidemment entre des titres personnels et des reprises comme *Take A Message To Mary* des Everly Brothers. Sur ce classique, il posa un arrangement sirupeux, baigné de chœurs de Noël, et un rythme un peu mou. Pour la version du *Blue Moon* d'Elvis, il singea son héros, le King. Son imitation de crooner au clair de lune, devant un paysage de pastel rosâtre, atteignit le sommet dans la chanson *Take Me As I Am (Or Let Me Go)*, avec ses glissements de guitare hawaïenne, une marche de sabots péquenots. Les observateurs les plus fins de Dylan s'interrogeaient pour savoir à quel point le musicien avait gravé une pure parodie de la musique américaine dans ce qu'elle avait de plus kitsch. Il retint ce classique *Let It Be Me*, souvent entendu. La chanson, française à l'origine, s'appelait *Je t'appartiens*, écrite par Pierre Delanoë et Gilbert Bécaud. Bob l'intégra à l'album qui s'intitulerait *Self Portrait*. « Gilbert, raconte son fils Gaïa Bécaud, est assez connu aux États-Unis. Une chanson comme *Le Jour où la pluie viendra* est même apprise dans les écoles, à tel point que ma belle-mère, américaine, n'a jamais cru que l'homme qu'elle avait rencontré il y a trente-cinq ans, en était le compositeur. Elle avait appris cette chanson à l'école et pensait que son auteur était un vieux monsieur. Concernant *Let It Be Me*, tout le monde se l'approprie là-bas. Beaucoup croient qu'il s'agit d'un vieux standard country de Nashville, les Noirs, eux, pensent qu'elle a été composée par un Noir. Il faut dire que Sam & Dave, James Brown, Otis Redding l'ont chantée[82]. »

Deux ou trois rencontres rapprocheront Bécaud et Dylan. Gaïa assista à l'une d'elles. « Nous l'avons croisé au Scandia, un restaurant de Los Angeles. Il était juste à la première table à droite en entrant, tout maigrichon, pâle, seul. Je l'ai toujours vu seul, sans femme ni enfants. Il est timide et drôle. Mon père et lui se sont vus à plusieurs reprises pour boire des coups[83]. »

Bob noya *Let It Be Me* à son tour dans une mélasse. Il reprenait aussi un morceau de son vieil ami, Paul Clayton, *Gotta Travel On*, mais aussi beaucoup de titres originaux.

Nashville Skyline et *Self Portrait*, en chantier, représentaient son pass pour accéder au cœur de la country si bien que Johnny Cash l'invita à un spectacle en public, dans le sanctuaire du Grand Ole Opry, le fameux festival télévisé. Le grand chanteur Hank Williams l'avait précédé. Bob monta sur les marches du petit théâtre Ryman de Nashville. Pour une fois, il se sentait petit, les murs l'écrasaient, le plafond noir dégageait une chaleur intense, avec le feu des projecteurs, les fils et l'œil des caméras. Bob essuya ses mains moites sur son pantalon. Il n'avait jamais ressenti un tel trac. Pourquoi ? La télévision le terrifiait. Il regarda son groupe appelant au secours comme un gosse. Il avait perdu l'habitude de voir du monde. À ses côtés, Cash déployait une puissance presque diabolique, toujours en noir, tandis que la foule de ses adorateurs hurlait à ses pieds. Bob et lui interprétèrent plusieurs chansons. *I'll Threw It Away, Living The Blues, I Am Irrevelant...* La blonde Joni Mitchell avait elle aussi été invitée :

— Il était bien meilleur quand il était plus jeune, dirait-elle ensuite dans une interview. C'était un jeune homme en colère. Il vous aurait crié dessus s'il avait trouvé vos questions stupides ou dénuées de sens artistique. Maintenant il sait qu'il ne peut plus être un gosse en colère. Il reste silencieux et explose à l'intérieur...

Une partie du public devait l'aimer ainsi car le spectacle recueillit un beau succès, et Cash félicita Bob :

— Une belle réussite ! Viens vivre à Nashville ! lui proposa Johnny. Tu vas renaître.

Vivre à Nashville ? Bob n'y songeait pas. Mais il cherchait à quitter Hi' Lo Ha, ces arbres qui contenaient de mauvais fruits : des fans, encore des fans ! On le suivait en voiture. Parfois, il en saisissait un par le bras et le gourmandait :

— Laissez-moi vivre ! Je ne vous ai rien demandé.

L'inconnu manifestait d'abord sa surprise, puis une sorte de joie arrogante qui aurait effrayé n'importe qui. Bob partait bravement à l'affrontement. Et ces braves gens qui nageaient nus tranquillement dans sa piscine ? Toute une famille. La femme, les enfants, le mari.

— Allez-vous-en !

Il ne passerait pas le reste de son existence à chasser les admirateurs. Là, une clôture enfoncée avec un trou béant... Ici, des traces de pas sur l'herbe humide jusque dans la maison. Les fantômes le cernaient...

Chapitre IV

Beau temps à Wight

« La presse :
— Monsieur Dylan, vous pourriez faire une meil-
leure réponse.
— On dirait une menace.
— Votre réponse pourrait juste être ah ah ah.
— Quelle sera ma punition ?
— On contera des rumeurs à votre sujet.
— Quel genre de rumeurs ?
— Vous verrez, Monsieur Dylan, vous verrez[84]. *»*

Épitaphe n° 9

Non, il ne s'installerait pas à Nashville, mais partirait un peu loin, à l'autre bout de la ville. Il loua un chalet en bois, isolé, à l'abri, bien protégé des indiscrets. Sara pourrait se promener sans entendre des cris, des chuchotements. Mais le voyage semblait toutefois la meilleure solution. Bob avait entendu qu'un grand festival de musique illuminerait bientôt la région. Sara se réjouissait déjà de l'accompagner. Ces trois jours de paix et de musique auraient lieu tout à côté, à Woodstock. En se promenant dans la ville, le visiteur traversait une drôle d'atmosphère, anges alanguis, boutiques fleurant bon l'encens, rues livrées aux couleurs, à la musique. On pouvait voir déambuler la grande Janis Joplin et ses bagues orientales, ses fanfreluches violettes. Elle avait rejoint l'équipe d'Albert Grossman qui semblait au sommet de son « art ». Son bureau était devenu une sorte de palais bourdonnant, décoré de tableaux, de mobiliers précieux. Le long des rues, des échos de tambours et de chants se prolongeaient jusqu'à l'aube, et les discussions éclataient matin et soir. Un festival ? Oui, après Monterey, après ceux de San Francisco ! Il ferait connaître la cité. Mais les habitants de Woodstock n'étaient pas chauds pour accueillir une messe rock chez eux, s'appuyant sur les exemples des autres villes organisatrices.

Combien de voitures avaient brûlé ? Combien de dégâts ? Les villes qui avaient reçu les festivals pansaient encore leurs blessures. Non, pas ici ! Alors, les hommes d'affaires avaient cherché un autre emplacement. Un terrain offrait des avantages : celui du fermier Max Yasgur, dans la ville de Wallkill, à soixante miles de Woodstock (une centaine de kilomètres). Ce vaste pré pourrait absorber les centaines de hippies.

Sara, derrière la vitre fumée de la voiture qui l'emmenait chez le coiffeur, s'excitait :

— Ils vont t'appeler...

Bob, appuyé sur le siège, haussa les épaules.

— Sans doute ! Mais je n'irai pas.

— Pourquoi ? demanda-t-elle, déçue. S'il y a bien un festival où tu dois jouer, c'est ici, à New York ou Woodstock.

Il soupira.

— Non, pour supporter la pression, l'hystérie de tous ces gens qui sont prêts à me sauter dessus ? Je préfère rester à la maison. J'ai besoin de calme.

Il pensait à cette famille dans sa piscine, au couple nu. Pourquoi irait-il perdre son temps avec une affaire mal organisée ?

— Et puis j'ai...

Il hésita.

— On m'a proposé bien plus d'argent pour aller à l'île de Wight ! Je ne peux pas faire les deux, je n'en ai pas envie.

Il sourit, et Sara aussi. Elle évitait de questionner son mari sur ses revenus.

— Le plus important, murmura-t-il, c'est d'être présent.

Il s'interrompit, pensif, et se pencha vers son épouse :

— Tu sais qu'Elvis Presley fait son grand retour sur scène. Je ne peux m'absenter plus longtemps...

C'était la vraie raison, même si traverser l'Atlantique, s'éloigner de la pression pendant quelque temps le rassurerait.

— Tu connais Alfred « Eccentric » Lord Tennyson ?

— Non, fit Sara d'une voix timide.

— Un poète qui a vécu en Angleterre au siècle dernier. Il faut lire de *Idylls Of The King*. C'est un grand texte qui raconte le roi Arthur. Eh bien, il a vécu sur l'île de Wight avec sa femme Emily. C'est là qu'il a beaucoup écrit. J'en profiterai pour aller voir sa maison.

La jeune femme acquiesça. D'où tenait-il ce savoir ? Elle lui posa des questions sur ce poète, mais il ne répondit pas, ailleurs, perdu dans ses fantômes. Seules comptaient la littérature et la musique, et personne n'aurait pu lever le voile qui le séparait du monde à ce moment-là, ce monde dont l'ennui lui pesait.

— Le seul problème, c'est que je vais devoir gérer ce concert avec Albert...

À cette idée, un bouillonnement de rage l'envahit. Il enverrait au Gros des émissaires, des courriers, mais ne tenait plus à approcher ce corbeau.

Et il rit.

— Nous allons aller en Angleterre avec les enfants... J'emmènerai le groupe.

Bob avait exposé ses conditions aux organisateurs, Ray et Ron Foulk. Il emmenait ses enfants et ne tenait pas à descendre dans un hôtel. Les deux frères lui avaient aussitôt adressé des photos de l'île, et de la ferme ancienne où Bob séjournerait pendant le festival. Il remarqua la piscine, et une grange qui servirait de local pour les répétitions.

Les Hawks ne refuseraient pas une tournée de plus avec lui, surtout qu'ils avaient davantage confiance en eux. Levon ne craindrait plus les huées.

Bob éprouvait du plaisir à ce retour. Il ne voyait plus dans la musique autant de sens qu'autrefois. C'était un joli moyen de gagner de l'argent. Et après ? Peu importe. Il refusait de se torturer comme le malheureux Brian Jones dont la presse avait relaté la mort tragique en ce poisseux mois de juillet. Les musiciens des Rolling Stones, le groupe qu'il avait fondé huit ans plus tôt avant d'en être chassé pour incompatibilité d'humeur, le célébrèrent dans la verdure de Hyde Park. L'image de Mick Jagger, tout en blanc, lisant un poème de Shelley, resterait au crépuscule des années soixante. Un tel panache ne pouvait que plaire à Bob. C'était morbide et beau.

La mort de Brian lui laissa une drôle d'impression. Il repensait à son accident de moto. Devait-il revenir, risquer sa vie, sa santé ? Une force le poussait irrésistiblement.

Le premier jour de Woodstock, le 14 août, Bob embarqua sur le *Queen Elisabeth II*, à destination de l'île de Wight pour le festival prévu une semaine plus tard. Il désirait ralentir le temps, remonter le siècle. C'était sa décision. Un voyage en bateau ! Un vrai plaisir. Sara, à nouveau enceinte, lui tenait le bras, et tous deux portaient les trois enfants, Jesse, Anna et Samuel. Mais le bateau, même à quai, balançait un peu trop, et Jesse vomit avant de heurter sa tête et de perdre connaissance. Le médecin conseilla à Bob de débarquer d'autant que le navire n'avait pas encore quitté le quai. Le musicien prit son garçon dans ses bras, et retourna sur terre avec sa famille. L'enfant se remit après deux journées passées à l'hôpital Lenox Hill. Mais le bateau avait quitté le port sans Bob et sa famille, donnant lieu tout de suite à une rumeur folle. Dylan ne viendrait pas à Wight ! Il avait annulé. Une catastrophe. Tant de billets avaient déjà été vendus.

Il ne viendrait pas à Wight et on avait espéré le voir à Woodstock, le 15 août 1969, l'autre grand festival organisé en son honneur, à la porte de son domicile. Et pourtant, le musicien emblématique avait préféré disparaître. Il aperçut la file de voitures qui serpentait sur la petite route. Des milliers de fans avaient répondu à l'appel – les organisateurs n'en avaient pas attendu autant –, et débordé les clôtures pour entrer sans payer. Il pleuvait, la nuit était humide, les corps, sculptés par la boue, la glaise, s'agitaient de plaisir. On dormait sous des tentes de campagne comme une armée de vagabonds nés là pendant ces trois jours. Bob n'oublierait jamais l'image de Jimi Hendrix dans cette aube blanche, vêtu de sa tunique indienne, son bandana autour des cheveux, triturant sa machine de guerre. Puis, ce fut aussi Joan Baez, la magnifique, avec sa peau de pêche dorée. Elle prêcha contre la guerre du Vietnam et rendit hommage à son mari emprisonné... Des rumeurs prétendirent que Dylan allait surgir par surprise. On l'avait soi-disant aperçu dans l'enclos des artistes... À Woodstock, des êtres humains trouvèrent la mort, deux enfants naquirent. Levon et Robbie jouèrent devant une foule somnambulique à force d'avoir bu et veillé. Ils racontèrent à Bob leur voyage sur la drôle de planète. Ils crurent déceler dans son œil un peu d'envie, de regret, mais jamais Dylan n'aurait avoué son erreur. De toute façon, la vision de ce public massé contre les grilles et s'étalant presque jusqu'à la lune l'effrayait. Il n'aurait pu le supporter. Et l'humidité aurait lanciné son corps toujours endolori.

Il avait donc abandonné Woodstock afin de rejoindre l'Angleterre. Une semaine s'était écoulée depuis le départ raté en bateau, et il débarqua à l'aéroport de Heathrow, quatre ans après sa fameuse tournée anglaise. Il rejoignit avec Sara et les enfants la petite ville de Ryde, en pleine mer, au milieu du vent. L'affluence donnait au lieu un petit air de Newport. Les spectateurs étaient venus de loin, par bateau, avion ou train, pour voir Bob Dylan. Ils marchaient fièrement, sarabandes multicolores, chemises vertes, tango, fleurs dans les cheveux.

Que de monde ! En voyant, le long des rues de Ryde, cette humanité venue le fêter, Bob eut l'impression que ses jambes ne le portaient plus. La peur le paralysait, comme s'il ressentait un vertige jusque-là ignoré. Sa jeunesse était passée, son inconscience aussi. Pendant combien de temps encore serait-il poursuivi par le souvenir de son accident ? Les séquelles psychiques avaient été bien plus importantes que prévu, et son absence depuis quatre ans lui avait rendu le public étranger et les concerts bien compliqués. Il ne savait plus comment se tenir, marcher, ni quel discours prononcer.

Il y songeait pendant la conférence de presse du 27 août sur le rivage tandis que les vagues affouillaient le sable. Les journalistes se pressaient autour de lui, guettaient la moindre formule magique, un éclair de poésie, une hallucination, attendaient le concert du siècle, mais Bob n'avait rien de tout cela à leur offrir et, encore une fois, étourdi, il fournissait des réponses brèves, la gorge sèche.

— Je veux juste faire un bon show, leur dit-il, le cœur serré, le visage fermé pour enfouir sa terreur.

Et personne ne le comprit.

— Vous exposiez souvent votre avis sur des événements, comme le Vietnam, et on remarque que vous n'avez pas récemment donné votre point de vue sur des faits importants politiques et internationaux ? Est-ce une attitude délibérée de votre part ?

Les légendes à son sujet avaient la vie dure.

— Non... répondit Bob, Je pense qu'il s'agit plus d'une rumeur que d'un fait. Vérifiez dans vos vieux journaux, vous ne pourrez trouver beaucoup de discours sur ces faits.

— Sentez-vous que votre période de protestation est finie ?

— Je ne veux plus protester. Je n'ai jamais dit : je suis un jeune homme en colère.

— Pourquoi ne poussez-vous plus ces plaintes crues qui caractérisaient votre chant avant l'accident de moto ?

— Avoir des enfants vous apprend à chanter de manière plus douce...

Il abandonna les journalistes et alla se reposer dans la gentilhommière mise à sa disposition, avec son entourage dont le journaliste Al Arono-witz. La petite bande se reposa. Le personnel de la ferme se rappelle que Bob bougeait sans cesse, incapable de tenir en place, qu'il se nourrissait de sandwiches. Le magnifique jardin recevait du joli monde en permanence : musiciens, promoteurs, les Beatles, George Harrison, Ringo Starr et John Lennon, un Stone, le batteur Charlie Watts... On disait qu'Élisabeth Taylor devait venir. Bob regardait partout, irrité. Il demanda aux propriétaires de virer une employée de la ferme qui écoutait aux portes et prenait des notes.

Bob emmena Sara dans une abbaye pour entendre les moines chanter. Il se frotta aux épopées imaginaires de Lord Tennyson, visita sa maison de verdure, le long de cette allée fleurie. Il s'allongea et rêva. Il eut le plus grand mal à quitter le passé afin d'affronter ce qui l'avait amené ici : sa propre royauté musicale ou du moins la projection du public.

Était-il encore le meilleur ? Peu probable.

Comme le montrèrent Woodstock et l'île de Wight, bien des groupes menaient joliment leur barque. Les Who, Joe Cocker et les Pretty Things excitèrent la foule. Le vieux folk de Greenwich n'avait même pas réussi à s'évaporer et tremblait encore dans l'air chaud à l'image de Richie Havens qui avait triomphé à Woodstock la semaine précédente, ainsi que Tom Paxton. La jeunesse, enflammée par tous ces talents, espérait un seul homme. Partout, le même vœu, jusque dans la zone VIP où George Harrison attendait la prestation de son ami Dylan. Là-bas, derrière les palissades, les regards suivaient la belle Sara, la silencieuse. Beaucoup la découvraient, avec ses croix qui pendaient en haut de sa robe d'étudiante comme une madonne. Elle passa et s'éclipsa à la tombée de la nuit.

Le public gronda car Bob n'arrivait pas à l'horaire prévu de dix-neuf heures trente. Des feux s'élevèrent dans la nuit. Les clôtures brûlaient, l'ivresse enduisait les visages de rêves et de désir. Des fruits volèrent par-dessus la scène. Les journaux avaient écrit tout et n'importe quoi, que les Stones, George Harrison et Dylan joueraient ensemble, que Bob tiendrait la scène pendant au moins trois heures, les jeunes avaient eu l'esprit enflammé par ces contes, et s'épuisaient au fond de la nuit moite et l'attente.

À vingt heures trente, Bob, assis tranquillement dans sa loge, tapotant ses doigts sur une table, se tourna vers Aronowitz :

— Il est vingt heures trente passés, non ? Je n'entends pas le Band. Il ne joue pas ?

Il se leva.

— Mais c'est incroyable ! Le Band devait être sur scène à vingt heures trente. Que fait-il ? Allez voir pourquoi le Band ne joue pas.

Al se précipita sur la scène.

— Un problème avec le son, rapporta-t-il.

— Va voir si tu ne peux pas les bousculer. Que les techniciens se dépêchent.

À vingt et une heures trente, Dylan poussa un hurlement.

— Mais c'est impossible. Cela fait une heure que le Band devait jouer. Il va être dix heures. Si Robbie et les autres ne sont pas sur scène dans quelques minutes, je rentre me coucher. Je cherche toujours à attraper la foule au sommet de son énergie. Et là, nous allons être arnaqués.

Il craignait d'attraper une foule lasse. Comme le raconterait Al Aronowitz, Sara calmait Bob. Dès qu'il la voyait, il baissait le ton immédiatement. La jeune femme l'apaisait.

À vingt-deux heures trente, le Band entra enfin et joua trois quarts d'heure pendant que le public scandait le nom de Dylan. Et puis, le maître apparut enfin, vêtu d'une chemise blanche, devant une foule en transe. La musique, plombée par une sonorité grisâtre, n'atteignit pas des sommets ce soir-là. Bob et son groupe jouèrent des chansons de *Nashville Skyline* et des séances de la Maison Rose comme *I Pity The Poor Immigrant*, avec une sonorité country. La grâce n'était pas revenue comme tant de gens l'espéraient. Et Bob le sentait. Il avait atteint son apogée en 1965 et 1966 et maintenant il brillait d'une bien pâle lueur. Où était le ludion lyrique, le diamant noir que l'on avait vu ici même quatre ans plus tôt ? Il ne jouerait pas pendant trois heures, les Beatles ne se glisseraient pas à ses côtés. Le rêve avait joué son rôle de putain, et Bob n'y pouvait rien, tristement humain et bien solitaire.

On l'aperçut, conduit par George Harrison dans une Mercedes blanche, jusqu'à l'aéroport de Heathrow. Il quitta l'Angleterre, très amer. « Je n'ai rien réussi de bon ici, se dit-il. Comment ai-je pu descendre aussi vite ? »

Il était remonté dans le vaste bleu du ciel. Au-dessus de l'Atlantique. En rentrant aux États-Unis, il avait bien l'intention de ne plus grimper sur scène avant longtemps. Il voulait s'occuper de lui, de sa famille, éloigner ce cauchemar d'un public au bord de l'hostilité – il en était persuadé. Il aspirait à connaître enfin la tranquillité, à se couper du monde. L'Amérique vibrait encore au souvenir de Woodstock alors que Bob avait décidé de quitter ce paradis.

Il ne pouvait plus vivre à Woodstock et il acheta une maison à Greenwich, sur la MacDougal Street. C'était étrange. Il plongeait dans la foule, les rumeurs, les regards. Cette demeure, avec sa terrasse, son espace ouvert, ses appartements qui donnaient sur le bitume, semblait encore plus proche du public que celle de Byrdcliffe. Bob désirait seulement le frottement des conversations intellos de Greenwich, les sonorités tremblant dans l'air, tout ce qu'il aimait de la grande ville. Les enfants pourraient fréquenter les meilleures écoles new-yorkaises. Et surtout, il n'entendrait plus parler de Grossman et de sa capacité à dévorer son argent. Il traiterait avec lui grâce à des intermédiaires et finirait par décoller la sangsue de sa peau. « Autant donner l'argent que me prend Grossman à mes gosses », songeait-il.

Greenwich représentait un nouveau départ, un espoir aussi pour son inspiration. Il cherchait le bon fluide qui lui avait permis de créer en ces lieux *Blowin' In The Wind*. Mais aujourd'hui ? Le vide ! Pourtant, les sujets ne manquaient pas : le massacre par la secte de Charles Manson de la jeune comédienne Sharon Tate et de ses amis dans la belle maison solaire sur les hauteurs de Beverly Hills. La victime attendait un enfant du cinéaste Roman Polanski. Cette folie aurait pu frapper sa famille à Woodstock.

— J'ai vu l'ordre de tuer en écoutant les chansons des Beatles, avait dit le meurtrier.

Bob pensait à John Lennon et à son sentiment de tristesse devant une telle horreur. Pendant ce temps, au Vietnam, les soldats américains continuaient de creuser leur tombe. Le musicien n'avait cependant plus envie de s'engager. Avec quelles armes de toute façon ? Sans idées ni idéaux ? Bob devait se reconstruire, terminer son disque *Self Portrait*, même si le projet ne l'amusait plus. Et après ? La scène ? Avait-il le droit de risquer à nouveau le déséquilibre, une chute peut-être fatale ?

ÉPITAPHE N° 3 – LES AMIS FOLKS DE JEUNESSE – JACK KEROUAC (1922-1969)

Amis ? Pas vraiment. Les documents ne mentionnent pas de rencontres entre Jack Kerouac et Dylan. Mais on sait que l'écrivain laissa une marque profonde sur l'art du grand musicien à travers ses merveilleux livres. Sur la route, The Subterraneans, Visions Of Gerard, *ou encore* Desolation Angels... *autant de titres et concepts que l'on retrouve tout au long de l'œuvre dylanienne. Si le jeune Zimmerman ne les avait pas lus, il n'aurait peut-être pas pris la route, seul avec sa guitare, plein d'espoir. Et voilà que Jack venait de mourir d'une hémorragie abdominale, en octobre 1969, deux ans jour pour jour après Woody Guthrie, alors que Woodstock, rêve d'une génération dont il avait été l'initiateur, venait d'éteindre ses puissants feux de camp. Jack avait quarante-sept ans. Il fut enterré le 24 octobre au cimetière catholique de Lowell...*

Le 9 décembre, le petit Jakob venait de rejoindre la famille, désormais, riche de cinq enfants en comptant Maria, la fille de Sara. Il voulait s'occuper de lui, l'élever. Non... Se retirer encore quelques mois était plus sage.

Chapitre V

La panne

« Toutes les chansons retournent à la mer
Et il fut un temps où il n'y avait aucune langue
pour l'imiter
Et faire de nouveaux sons à partir d'anciens sons
De nouveaux mots à partir d'anciens mots[85] *»*

Épitaphe n° 8

La moto qui chute ! Pendant longtemps, il verrait cette image. Mais le souvenir de son accident s'éloignait, le laissant vide, privé d'imaginaire, la peur au ventre.

Peu avant Noël, le 9 décembre 1969, son quatrième enfant, Jakob, avait vu le jour. Bob le portait dans ses bras ou le surveillait assis en lisant de la poésie. Puis, il posait son livre de Walt Whitman, confiait le bébé à Sara et sortait. L'hiver passait tranquillement. L'artiste aimait se promener, remuer avec ses pieds la neige de New York, non loin de l'endroit où Suze avait tenu son bras pour la couverture de *Freewheelin'*. Que devenait-elle ? Sans doute mariée. Il avait voulu la joindre, mais une voix l'avait arrêté. « Laisse-la ! Elle refait sa vie comme elle peut ! » Il avait renoncé. La neige cessa de tomber. Lors d'une promenade, Bob s'arrêta devant une église nimbée de blanc. La petite estrade, le porche, les fenêtres en triangle l'attiraient. Quelques hommes perchés sur des échelles installaient des anges avec des guirlandes. Bob tira son carnet de sa poche et griffonna *Three Angels*. Une bouffée de chaleur lui parcourut les jambes, le dos, le cœur. Il se sentit bien et demeura immobile malgré le froid. Le désir revenait, et il pensa à des anges qui jouaient des cuivres dans l'indifférence. Puis, il rentra chez lui, réfléchissant déjà à l'album qui succéderait au laborieux *Self Portrait*, toujours en chantier.

Il devait pourtant terminer son autoportrait. Bob laissait à Bob Johnston et à la pléthore des musiciens – une cinquantaine de choristes, cordes, cuivres – le soin d'arranger les morceaux comme le titre *All The Tired Horses* où il ne chantait pas et laissait le sirop couler. Le cheval fatigué, c'était bien lui ! « Voilà l'album qui va me faire détester, songeait-il. On n'achètera plus mes disques, et je serai enfin tranquille. »

Ce matin-là, il prit l'avion pour le Tennessee, sans enthousiasme, obligé de terminer un travail pesant. Jamais il ne ressentit plus de solitude que cette semaine-là : il s'étirait, bâillait, et quand le crépuscule commençait à teindre le ciel, il sortait puis rentrait au Ramada Inn, s'enfermait et demeurait immobile sans allumer la lumière, observant juste, par la fenêtre, les lumières de Nashville et écoutant le bruit diffus des voitures au loin. Il s'éveillait, prenait son carnet, couchait des lignes, les raturait, chiffonnait le papier et composait sur une autre feuille blanche. Il regardait une photo de Sara et des enfants qu'il emmenait partout avec lui, laissait errer son regard lentement du salon obscur d'où jaillissait la brillance d'un verre ou d'une guitare, à la fenêtre. En bas, les phares sillonnaient la nuit en tous sens comme des furoles ivres. Au bout de cette obscurité (combien d'heures avait-il passé ? Il l'ignorait), il n'avait toujours rien écrit et pensait à New York, à sa maison. Il appela Johnny Cash, mais l'homme en noir ne répondit pas. Sans doute parti pour quelque voyage lointain. Il raccrocha, se sentant bien seul, dans les murs mêmes où il avait composé son chef-d'œuvre *Blonde On Blonde*. Il y a trois ans à peine, Al Kooper occupait le coin du salon, assis au piano. Il le revoyait en pleine lumière avec ses longs cheveux bouclés, sa veste en peau de mouton et ses idées qu'il lançait vers lui comme autant de diamants rares. Bob se rappelait les bouteilles, les plateaux remplis de verres, les visites impromptues, les chants... Tangué par ce bouillonnement, il composait vite, écartait les importuns ou lambins, vivait à toute allure. Hélas, cette verve avait disparu, et, aujourd'hui, englué dans cette obscurité visqueuse, Bob songeait à ses belles années, tandis qu'il relisait un poème de Walt Whitman, : « La présence de celui que j'aime sa présence caressante / J'ai beau me pencher scruter la nuit scintillante elle a totalement disparu... »

Il s'envola vers New York, heureux de retrouver sa famille et ses amis comme George Harrison qui l'avait prévenu de son arrivée. L'été approchait. Le guitariste des Beatles s'installa chez la famille Dylan. Il trouva Bob assez silencieux, peu bavard, et lorsque l'auteur de *Blonde* parlait, il laissait paraître quelques incertitudes sur son avenir. Il ignorait où aller.

— Fais ce nouveau disque. Les idées vont revenir.

— J'ai deux ou trois chansons prêtes...

Il récita les deux premières lignes de *Watching The River Flow*, qu'il venait d'inventer :

334

Quel est le problème avec moi
Je n'ai pas grand-chose à dire[86]

Il avait pensé raconter son aridité créatrice, ses promenades à travers la ville sur le sable, le long de cette rivière, ses nuits dans les cafés grands ouverts. George aima bien cette chanson.

— Et si je faisais un autre album de reprises ? s'interrogea Bob. Mais j'ai l'impression que Columbia n'en veut plus. Clive Davis changera peut-être d'avis si les ventes de *Self Portrait* sont bonnes. Mais...

Il s'arrêta.

George Harrison se taisait. Il sentait que son ami hésitait, en proie aux doutes. Bob, le fier, trahissait ses angoisses par des gestes un peu agacés de la main ou des yeux.

— Et *Self Portrait* ? demanda Harrison.

Bob haussa les épaules. Il n'avait pas envie de parler de ce pensum.

— J'aimerais que tu joues sur celui que je prépare en ce moment. Ce sera un vrai album personnel.

Il manqua d'ajouter : « Si j'y arrive ! »

George accepta et enlaça son ami. La sérénité du Beatle apaisait Bob qui en avait bien besoin pour essayer de reprendre son chemin, un Bob incapable de tenir en place, partagé entre ses enfants, sa femme et ses soucis, qui jetait un œil las vers un dossier administratif. C'était tout le litige avec Grossman. Le musicien s'épuisait à le lire et préparait, avec ses avocats, un agrément pour modifier le contrat de 1966 – il donnait au Gros une belle mainmise sur les droits des chansons pendant dix ans. Il voulait le réduire à sept ans, et œuvrait dans ce sens.

Mais où était le sens ? Heureusement, George l'arrachait aux sables mouvants dans lesquels son ami semblait s'enliser. Toux deux jouaient de la guitare, chantaient devant les enfants et Sara. Les jours défilaient. Bob reprenait le large peu à peu.

— Comment s'appellera ton nouveau disque ? demanda George.

— Il illustrera ma renaissance... et la naissance de mes enfants, de ma nouvelle vie, des années soixante-dix... *New Morning !*

— À Nashville ?

Bob esquissa une grimace. Non ! Il ne tenait pas à retourner dans sa chambre d'hôtel obscure. Quelques heures plus tard, il avait annoncé sa décision.

— J'enregistrerai à New York !

Le bon Charlie McCoy adressa des demandes d'explication, en vain. Pourquoi, après tant d'années, un chef-d'œuvre, *Blonde*, et un grand disque, *John Wesley*, Bob les boudait-il et ne se souciait même pas d'argumenter sa décision ? Mais devait-il sans cesse se justifier, traîner des amitiés dont il ne voulait pas ? Ils étaient professionnels, et se plieraient à sa loi, ne leur en déplût. Un jour Nashville, le lendemain à New York... Sa musique avait besoin de retrouver son terreau initial. À Nashville, traînait encore *Self Portrait*, toujours inachevé. Bob avait prévu d'y intégrer une reprise du *Boxer* de Paul Simon. Il préféra même l'enregistrer à New York. Bob avait tellement noyé sa voix qu'on la reconnaissait à peine, bien alourdie par les clichés du crooner. Peu importe. Combien de chansons avait-il mises en boîte pour cet autoportrait ? Suffisamment sans doute. Et Bob Johnston finirait le travail.

Place enfin à *New Morning*. Au nouveau départ.

Bob appela son génie tutélaire Al Kooper. Peut-être les deux hommes ne reproduiraient-ils pas la perfection de *Blonde On Blonde* ? Mais Al lui donnait confiance et possédait une telle adresse avec les instruments qu'il savait tirer les musiciens de l'impasse.

— Qu'as-tu comme matière ? demanda le hippie sur le seuil du studio Columbia.

— Ce qu'il faut..., répondit Dylan.

Bob avait réussi à composer plus d'une dizaine de morceaux, puisés dans sa vie personnelle. Les chansons rendaient hommage à Sara (*If Not For You*, repris plus tard avec succès par la chanteuse Olivia Newton-John) et à la famille (*Sign On The Window*). L'image du père correspondait à ses sentiments. Et il écrivit *Father Of Night*, ce « père de l'amour et de la pluie, du jour et de la nuit[87] ».

Il savait bien que ces textes n'atteignaient pas la valeur littéraire des *Visions Of Johanna*, mais au moins il avait réussi à sortir de la plaine aride où ses pas avaient erré pendant trop de mois. Le plaisir de l'écriture revenait par la famille, la joie de rendre hommage à la vie, à ses enfants, à sa femme, même si ce bonheur affaiblissait sa créativité. Était-ce si grave ? Il repensait au jeune homme à la langue bien pendue, la mitrailleuse au bec, au lyrisme brasillant qui l'étonnait aujourd'hui. Mais ce garçon-là, si malheureux, n'existait plus...

C'est donc bien loin de ce ludion poétique d'autrefois, pendant la préparation et les premières séances en studio de *New Morning*, que sortit *Self Portrait*, en juin 1970, avec en couverture une peinture de Bob lui-même. Son auteur n'avait pris aucun plaisir à l'enregistrer, mais face aux critiques, il se révolta parce que les journalistes abusaient encore une fois de leurs privilèges.

— Qu'est-ce que c'est que cette merde ? hurla Greil Marcus, pourtant fan de l'artiste.

Les observateurs eurent la curieuse sensation d'une absence. Les uns parlèrent d'« Abyssinie », de « contemplation molle ». L'*East Village Other* écrivit : « Cet album nous pompe. » Comment avait-il osé reprendre *Blue Moon* d'Elvis Presley tout en singeant le King ? Dylan se moquait du monde.

Bob aurait pu en rire, car *Self Portrait* lui apporta son septième disque d'or. Il avait peur cependant qu'un indiscret lui fît part de sa déception sur l'orientation tranquille de son œuvre. Les honneurs continuaient cependant de pleuvoir autour de lui. Toujours marqué par le souvenir de son vide créatif, il se rendit à l'université de Princeton. Les étudiants recevaient leurs diplômes, et le doyen avait invité le grand artiste. Bob devait recevoir un doctorat de musique honorifique des mains de l'ancien président. Il hésita et demanda à David Crosby, des Byrds, et à Sara de l'accompagner.

— Ils me gonflent. Je n'irai pas à leur dîner en cravates.

Il s'énervait et regardait partout en se mordant les lèvres, presque dissimulé derrière ses amis. Personne n'évoqua *Self Portrait* et ne l'interrogea sur le choix des reprises. Qu'aurait-il répondu ? « Je n'ai plus d'idées » ? Cette peur le tint tout au long de la cérémonie. Bob vira au jaune. Il avait envie de vomir tandis qu'il fuyait le regard du public silencieux. Non, il ne devait pas s'inquiéter car le doyen loua son art comme « l'authentique expression de la conscience inquiète et soucieuse de la jeune Amérique », raconta sa réclusion, son indépendance et s'amusa de l'âge périlleux auquel Bob arrivait. Le musicien n'aimait pas ce genre d'allusion. Vieux ? Et alors ? À quoi bon le mentionner ? Il soupira. Une fois la cérémonie terminée, il se rua dehors, entraînant ses deux soutiens. Il respirait enfin face aux feuillées noires, dans cette nuit douce. Il longea les arbres et s'arrêta. Un concert de criquets l'enveloppait. Amusant. Il nota quelques idées sur son carnet. *Day Of The Locust*. Une étrange mélodie...

J'ai reposé ma robe, pris mon diplôme
Serré ma bien aimée et nous avons roulé au loin
Droit vers les collines, les noires collines du Dakota
Sûr que j'étais heureux de m'en sortir vivant[88]

Le titre lui avait été soufflé par sa lecture de la Bible et de l'épopée de Moïse contre l'Égypte du Pharaon. Le *Jour des Locustes* rejoignit l'album *New Morning*, presque terminé – il n'y avait pas intégré *Watching The River Flow*) – paru très vite, en octobre 1970, plus de trois mois après *Self Portrait*. Et la critique se rattrapa. Le *Village Voice* était aux anges : « *New Morning* est similaire à l'anachronisme lumineux qu'était la musique folk quand Dylan l'éleva au pinacle d'un art visionnaire. » Greil Marcus pensa que Dylan venait de livrer son meilleur album depuis *Blonde On Blonde*. En réalité, ce disque, pour être supérieur à *Self*, demeure assez moyen, inégal, coloré de gospel et d'une touche un peu douceureuse. Bob avait aussi eu le soulagement de voir paraître *Tarantula*, l'Arlésienne en chantier depuis 1965, et publié cette année-là. C'était un texte ou plutôt une série de fragments difficiles, gorgée de références cinéphiles, littéraires, surréalistes, avec des pensées qui s'entrechoquaient et la fameuse épitaphe. « Ici, repose Bob Dylan... » Le public apprécia parce qu'il y trouvait la faconde sans répit de *Subterranean Homesick Blues* et ces rencontres de personnages mythiques brassant dans un même maelström Elvis Presley, Charlie Chaplin, Vivaldi... Le Dylan de notre jeunesse resurgissait par la grâce de Gutenberg alors qu'il avait disparu des disques. Mais il avait eu tant de difficultés à finir *Tarantula*, l'avait arrêté mille fois le jour, repris la nuit...

Son ultime incursion littéraire.

Peut-être n'écrirait-il plus rien d'ailleurs ? La fatigue l'accablait, et il préférait écouter les chansons des autres. Ses vieux amis Byrds ignoraient la panne. Leur album *Untitled* créait ce folk rock léger qui dansait, virevoltait. La chanson que vous auriez aimé écrire ? Dylan n'hésitait pas.

— Ouais, *Chestnut Mare*. C'est ce con de McGuinn qui l'a faite. Me demande bien comment !

Il se souvenait de Roger, Crosby, et des autres éperdus d'admiration devant le grand Dylan et son *Mr Tambourine Man*. La beauté de *Chestnut Mare* n'aurait pas déparé dans le beau répertoire de Bob. Comment les Byrds avaient-ils pu imaginer un tel joyau ? C'était insensé. La grâce était sans doute venue de ce professeur écrivain Jacques Levy, l'auteur des paroles. Bob ne le connaissait pas, mais il écrivait bien. Ce qui le mortifiait, c'était d'entendre une aussi belle chanson pendant une période si tourmentée. Roger... Il se souvenait de ce qu'il avait répondu lorsque l'acteur Peter Fonda lui avait proposé de composer la musique du film de Dennis Hopper, *Easy Rider*, qui racontait l'errance de deux motards hippies. Il avait refusé, ne se sentant pas prêt, mais s'était fendu d'une attaque :

— File ces deux lignes à McGuinn, on verra bien s'il est capable d'en tirer une chanson.

Chestnut Mare parlait d'un cheval à attraper, d'une course vers le soleil, d'amour, de lumière. Elle avait remis de la vie dans l'âme en deuil de Bob. Ce « con de McGuinn » lui avait fait du bien en chassant les puanteurs de la mort.

ÉPITAPHE N° 5 – LES ANNÉES SOIXANTE *(1960-1971)*

La riante décennie finissait d'une manière saisissante. Bob aurait pu, il y a quelques années, disparaître. Il aurait, dans ce cas, inauguré la longue liste de martyrs. Et son aura aurait brillé au firmament, si haut que personne n'aurait réussi à le rejoindre. Au lieu de cela, le premier coup avait frappé Brian Jones, flottant dans sa piscine, les cheveux blonds en auréole, un soir étouffant de juillet 1969...

Le deuxième tour de piste fut effectué, un 3 septembre, par le guitariste et chanteur aux grosses lunettes, Alan Wilson, le poète écolo du groupe de blues blanc californien Canned Heat, trouvé mort dans son sac de couchage. Il pensait que le monde courait à sa perte. La pollution humaine le tuait à petits feux. Le troisième émeut encore aujourd'hui les rêveurs musicaux : le grand Jimi Hendrix mourut un jour de septembre 1970, étouffé dans son vomi par un abus d'alcool et de barbituriques. Bob se désolait de ne pas avoir mieux connu ce génial guitariste qui aimait tant ses chansons. « Un énorme gâchis, dirait-il au journaliste Kurt Loader. J'ai vu Jimi, bon Dieu, c'était sinistre. Il était assis sur le siège arrière d'une limousine, et, en le regardant, on se demandait s'il était vivant ou mort. »

Trois morts seulement ?... Moins d'un mois plus tard, c'est une chanteuse populaire qui accomplit le quatrième grand saut en octobre : Janis Joplin, la blueswoman tomba après une overdose. Elle avait ressuscité le Ball And Chain de la légende Big Mama Thornton et remit la lumière sur la musique noire. Le cinquième tour de piste demeura peut-être le plus beau : Jim Morrison, le Rimbaud du rock, le chef en cuir des Doors, s'éteignit dans sa baignoire parisienne un matin de juillet 1971... La mort rôdait autour de Bob, l'effleurait, et il s'accrochait à sa Bible, à l'espoir secret d'un Dieu. Dylan savait qu'il représenterait l'un des derniers grands survivants des années soixante, avec les Rolling Stones et les Beatles. Mais s'il leur arrivait quelque chose ?... Que représentait une œuvre musicale, si brillante fût-elle, face au néant ? Ces stars avaient eu le monde à leurs pieds, les femmes, les biens, les louanges possibles. Et pourquoi ? Pour une petite tombe blanche au bord d'un chemin comme Brian Jones ? Bob sentait ses mains glacées. Et les Beatles ? Eux aussi n'existaient plus, acceptant de livrer une ultime image, celle d'un groupe vidé, las d'avoir régné pendant si longtemps. Let It Be avait été leur chant vespéral.

Maintenant, les historiens parlaient de postérité. Les années épargneraient les disparus ou leur enfonceraient un pic en plein cœur. Bob avait la tête qui tournait. Qu'allait devenir sa musique ? Sa propre matière ? Il appela les gens, ses proches, des amis, il désirait être entouré. Ne jamais rester seul. Ne plus penser. Et surtout ignorer cette comédie ridicule dont il était le témoin malgré lui !

Il pensa à Richard Fariña, à ses amis et surtout à son père mort lui aussi. Il regardait le ciel, ces visages inconnus qu'il croisait. Beaucoup de questions le lancinaient à propos du néant. L'esprit d'Abe rôdait quelque part, et Bob avait besoin de l'entendre, de retrouver ses racines juives que le vieil immigré de Hibbing avait enterrées avec lui. Parfois, un frisson courait le long de son corps. Il se levait et repensait à son enfance, à la bar-mitsva, aux fêtes anniversaires... Il souriait. Peut-être pourrait-il retourner à Hibbing, faire un pèlerinage là où il avait vécu ? Non. Sa visite donnerait lieu à une émeute et se transformerait en cirque. Et pourquoi pas Israël ? Son ami Harold Leventhal lui avait offert un livre sur ce pays. « Tu devrais y aller. Abe était rempli de cette culture. Tu sentiras sa présence là-bas... » Il avait raison. Bob comprenait que l'âme de son père avait certainement émigré à Jérusalem. En tout cas, elle y était partie.

— Viens, Sara ! Nous allons en Israël. Ne le dis à personne... Je veux voir ce qui se passe là-bas...

Elle ignorait ce que « là-bas » recouvrait. En guise de réponse, il murmura :

— Ils meurent tous... Je suis seul...

Chapitre VI

De nouveau en quête de quelque chose

« Qui se bat ? Derrière quelle fenêtre ?... Puis, le
coup m'a secoué... Car je n'avais jamais entendu
un son pareil avant[89] *»*

Épitaphe n° 1

Il observait Sara à côté, la nuit. Son épouse l'aimait, mais il savait qu'au moment du Grand Passage, il devrait l'accomplir seul, que personne ne pourrait l'aider, sinon, peut-être Dieu. Il répétait ces phrases de Walt Whitman comme pour s'encourager : « La caresse merveilleuse de la mort, son apaisant engourdissement, sa brève persuasion. » Brian Jones, Janis Joplin, Jimi Hendrix, Fariña, Abe Zimmerman, Paul Clayton... Pourquoi autant de monde ? Pourquoi ?

Dans ce cimetière, Israël brillait comme un salut au fronton d'une existence devenue un peu décousue, incertaine. « Je reverrai Père. » Il s'y rendrait – c'était décidé – à la condition de préserver l'intimisme de cette escapade consacrée à la mémoire du grand Zimmerman ! Il partit discrètement, évitant l'attroupement permanent devant sa maison, au 94 MacDougal Street. On y campait, on mangeait, on distribuait des prospectus, on jouait de la musique, des tambours. Pour son anniversaire, le trentième, la cohorte fantomatique des Dylaniens avait préparé une vraie fête. De la foule surgit le nommé Weberman qui suivait Bob depuis des années en secret. Il planta des écriteaux délirants – « FREE BOB DYLAN » – sur le trottoir et somma Dylan de sortir. Mais la maison était vide.

— Dylan nous méprise ! hurla-t-il. Ou alors, il a peur !

Et il entonna dans son mégaphone *Blowin' In The Wind.* La foule se mit à hurler, siffler.

— Reviens vers nous ! Redeviens humain.

Weberman aimait Bob au point de vendre à la sauvette des copies de son livre, *Tarantula.* Il reprocha à l'artiste son apathie politique.

341

— Non, Bob, cria-t-il, le combat ne sert pas à rien. Il y a toujours des solutions !

Un grand gâteau d'anniversaire fut dressé sur le trottoir. Quelques dollars avaient été plantés dans la crème, des seringues servaient de bougies. Jeunes filles et jeunes garçons dansèrent en claquant leurs mains... La police débarqua et voulut disperser les manifestants. Quelques interpellations provoquèrent des remous.

— Dylan, viens parmi nous ! Sauve-nous !

Mais le musicien avait traversé les terres, l'océan, fuyant l'amour et la névrose collective. Où qu'il allât, son désir d'incognito n'était cependant jamais exaucé. Le Jérusalem Post avait annoncé son voyage : « Joyeux anniversaire Bob Dylan, où que vous soyez. Si vous le sentez, appelez-nous. CBS Records Israël. »

Bob jeta le journal.

— Ils peuvent toujours rêver.

Il joua à cache-cache avec une journaliste de CBS.

— Non, je ne tiens pas à vous parler. Je suis ici avec ma femme, tranquille...

Le 22 mai 1971, à deux jours de ses trente ans, Sara et lui posèrent leurs valises au Sharon Hotel de Jérusalem, puis ils se glissèrent par la porte dérobée, semant l'agent dépêché à leurs côtés. On ne les revit plus pendant quelques jours. Ils se baignèrent, goûtèrent les spécialités du pays, admirèrent les vieilles pierres, errèrent le long des murs crevassés. Dylan avait oublié ses angoisses de mort.

Il réapparut afin de rencontrer des religieux et de les questionner sur la foi. Avec Sara, il visita le Mount Zion Yeshiva, une école théologique où l'on enseignait l'interprétation des Écritures. Il faisait un beau soleil. Des enfants jouaient dans la rue, soulevant la poussière. Plusieurs rabbins accueillirent le couple sans dire un mot, enlacèrent Bob et Sara, et les emmenèrent. Seuls le bruit des pas, des chuchotements troublaient le silence. Quelques étudiants américains écarquillèrent les yeux en voyant arriver le cortège. Bob Dylan ! Aimable et détendu. Le musicien n'avait plus connu une telle sérénité depuis son premier voyage en France en 1964. Les jeunes gens se mirent en rond et l'artiste attendit leurs questions :

— Pourquoi vous efforcez-vous toujours d'éluder vos racines juives ? demanda une jeune fille.

Pour la première fois, une interview ne l'agaçait pas.

— Je suis Juif, dit-il d'une voix très douce. Cela touche ma poésie, ma vie, et je ne peux décrire comment. Pourquoi devrais-je proclamer cette origine qui est si évidente.

Puis, il partit et, le jour de son anniversaire, il se rendit devant le Mur des lamentations. Un homme mitraillait avec son objectif les touristes en bloc et, sans le savoir, captura l'image de Dylan tandis qu'il réajustait sa kippa, assez pratique pour se fondre dans la foule et affirmer son attachement à la culture israélite. Quand le photographe s'en rendit compte, il vendit la photo au plus offrant, elle fit le tour du monde et enfanta les rumeurs d'un rapprochement de Bob Dylan avec la Ligue de défense juive. La résonance de ce voyage l'avait déjà dépassé alors que son implication dans cette culture s'avéra bien plus profonde qu'il ne l'aurait cru.

« Et si je m'installais ici. J'habiterai un kibboutz avec Sara et les enfants ? » Il y songeait sérieusement.

— Où pourrai-je aller ? demanda-t-il.

— Au kibboutz Givat Haim qui veut dire « Colline de vie », lui répondit un rabbin.

Il se retrouva donc à la porte de cette belle « colline », embarrassé, les mains dans les poches. De petites maisons couraient sur un terrain sableux séché par le soleil. L'eau d'une fontaine fluait sous des arbres. Sara ne disait rien. Elle avait confiance en Bob. À peine étaient-ils arrivés qu'un attroupement troubla la quiétude du « village ». Bob cherchait une maison d'hôtes et avait repéré quelques belles demeures où les enfants seraient heureux. Il se retrouva face à la responsable, la chef des Volontaires, qui ne sembla pas le moins du monde impressionnée de recevoir la star. Aucun sourire n'affleurait son visage.

— J'aimerais mener une expérience, dit Bob. Nous aimerions rester un an ici, mais sans travailler.

La chef l'écouta. Elle sentait bien que recevoir un artiste aussi connu avec sa famille, bénéficiant de surcroît d'un régime spécial, dérangerait la quiétude des Volontaires et l'organisation du kibboutz.

— Désolée, monsieur Dylan, nous ne pouvons pas vous octroyer ce que vous demandez.

La déception creusa le visage de Bob. Un séjour prolongé dans cette colonie, la vie trépidante de la communauté, sa solidarité auraient effacé de sa mémoire ces images de mort qui le hantaient et la solitude. Son statut de vedette ne lui donnait pas un blanc-seing pour accéder au sacré. Le refus de la chef des Volontaires avait réduit à néant ses tentatives d'engagement auprès des Juifs d'Israël. Il était découragé.

Il rentrerait aux États-Unis sans avoir vraiment résolu son tourment, trouvé une explication au mystère. La tristesse se saisit de lui, dans l'aéroport, seul, assis au milieu de ses bagages. En reprenant l'avion, il imagina la tête de son père. « Il aurait été fier ! » Depuis qu'il était célèbre, Bob n'avait pas souvent vu Abe, mais il le « voyait » davantage mort. C'était curieux.

Pour compenser sa panne, ses angoisses dues au souvenir de l'accident, il cherchait la religion, la foi, un nouvel engagement. Juste après son retour, il demeura très proche de George Harrison qui avait connu aussi une petite mort avec les Beatles.

— La vie continue, dit-il. Nous étions tous quatre bien fatigués. Mais plus moi. Je prépare ce concert au Madison Square Garden en août prochain pour le Bangladesh. Tu es toujours d'accord ?

Il rosissait de plaisir comme un enfant plein de vie, bien décidé à montrer sa valeur, à jouer, inventer, découvrir. L'auteur du sensible et enlevé *While My Guitar Gently Weeps*, le timide artiste à l'humour discret qui avait introduit les instruments orientaux dans la pop music, échappait enfin à l'ombre étouffante où l'avait maintenu le duo Lennon-McCartney. Il témoignait de la curiosité sur tout ce qui l'entourait, le monde, les pays lointains, les voyages, fier de son premier disque solo paru en 1968, *Wonderwall Music*, conçu à New Delhi. En 1970, il avait publié *All Things Must Pass*, considéré comme une œuvre très aboutie, riche en bijoux pop (*My Sweet Lord*) et en expériences sonores un peu jazzy. C'était cet homme-là, si jeune, si débordant que Bob fréquentait au plus bas de son inspiration.

— Alors, raconte-moi ton voyage en Israël.

Dylan racontait, et George écoutait, assis en tailleur, ponctuant d'un :

— Superbe ! Je t'aurais rendu visite dans le kibboutz... Mais tu as raison de ne pas vouloir y travailler... Pense au futur. Ces années vont être formidables, pas moins que celles que nous venons de vivre. Tu n'as même pas trente ans.

Bob savait que George avait invité John Lennon au Madison. Tous retrouveraient un peu de ces défuntes années soixante, ces « années formidables » qu'ils avaient contribué, Dylan peut-être un peu davantage, à définir.

« Il est l'homme qui me fait le plus de bien en ce moment », se disait Bob, touché par la grande douceur, les délicatesses de son ami George.

Il le recevait souvent rue MacDougal et se désolait de le voir partir puis il essayait de se reposer avec ses enfants. Le téléphone sonnait. L'un des appels fut signé Weberman. Comment ce cinglé avait-il pu avoir son numéro ?

— Reprends-toi. Libère-toi de tes mauvaises ondes. Arrête la drogue. Elle t'avachit...

Bob ne le laissa même pas terminer. Il aurait pu raccrocher mais la fuite n'aurait pas servi à grand-chose.

— Écoute... Fous-moi la paix !

Lorsqu'il sortit, il entendit le mégaphone de l'imprécateur.

— Dylaaaaan ! Libère-toi, frère !

Il se retourna, et aperçut, juché sur une poubelle, ce prophète de comptoir dans son large costume et ses grandes chaussures. Bob s'avança et dit au fan :

— Viens chez moi ! On va parler !

Weberman se tut et baissa son mégaphone. L'invitation l'avait laissé pantois. Il ne savait pas quoi dire. Bob l'emmena chez lui. L'homme observait le salon, les meubles. Il s'assit sur un coin de canapé.

— J'aimerais que tu arrêtes d'ameuter le quartier, de provoquer des attroupements en bas de chez moi... C'est toi qui as piqué certaines bandes que tu fais circuler ?

Bob avait entendu parler de disques pirates. Son œuvre fantomatique était encore plus imposante que la production réelle. Certains techniciens avaient dû revendre des bandes à bon prix. Il ne pouvait surveiller ce commerce. Un Dylan vivait à côté de lui, souterrain, qui tentait d'entraîner son petit frère dans l'abîme. Et Weberman, ce fouilleur de poubelles, n'y était peut-être pas étranger. Il ne répondit même pas, posant ses yeux de loup sur le musicien. Une fois revenu de sa surprise, il se leva.

— Viens avec moi dans la rue. Regarde où tu vis. Tu as trahi tes idéaux. Tu as perdu l'oreille du peuple, des gens comme moi. Pourquoi ne participes-tu pas à des concerts humanitaires ?

Bob l'écoutait, fasciné. Le fan n'ignorait rien de sa vie, depuis son enfance jusqu'au voyage à Denver. C'était impressionnant. On aurait dit qu'il avait assisté à l'enregistrement de son premier album et qu'il l'avait suivi dans la rue, en Angleterre, en France, et récemment sur la petite île de Wight. Il livrait des détails que seuls un proche, un intime, une femme, pouvaient connaître. Mais son discours avait quelque chose d'implacable, de dur. Bob ne le comprit pas et arrêta la conversation.

— Bon, ça suffit ! Reviens me voir quand tu seras calmé et mieux disposé.

Et il tapota l'épaule de l'imprécateur.

— Tu sais où tu vas me voir bientôt ? dit Bob.

— Non, je ne sais pas...

— Tu me parles des concerts humanitaires. Eh bien, je participe à un spectacle de bienfaisance pour le Bangladesh.

Weberman sourit. Dylan avait donc écouté ses reproches. L'annonce de sa participation au concert du Bangladesh apaisa les fans. Le grand musicien retrouvait une scène politique, une occupation réelle en aidant le petit État de l'Inde qui souffrait de la famine et de la guerre civile. Le joueur de sitar Ravi Shankar avait alerté l'attention de George Harrison sur ce désastre humanitaire, et l'idée d'un concert avait vite germé dans l'esprit du Beatle. Deux grands spectacles se dérouleraient le 1er août 1971, au Madison Square Garden, enregistrés et filmés, et les bénéfices tomberaient dans l'escarcelle de l'Unicef. Bob accomplirait un vieux rêve, partager la scène avec deux membres des Beatles, George bien sûr, et le batteur Ringo Starr. Pendant toutes les années soixante, ils avaient rivalisé à distance, concevant les uns pour l'autre un immense respect. Et ils joueraient ensemble.

En arrivant au stade, les trois hommes s'enlacèrent, et rirent. Ils rirent bien après. Ce concert fut tout simplement magnifique. Quand Dylan s'avança seul, sur la scène, avec son harmonica et sa guitare, rappelant ses plus belles heures des années soixante, il vit une foule se lever comme un vent déchaîné, une immense onde noire venue du sol qui le portait. George l'avait présenté :

— Notre ami... Bob Dylan !

Le grand musicien, revenu en franc-tireur folk, avait compris que la rareté depuis l'année 1966 avait frustré une audience toujours amoureuse et emplie de désir. Puis, le rejoignirent George Harrison et Ringo Starr au tambourin. Ils jouèrent entre autres *Just Like A Woman*... Bob chanta de sa voix retrouvée, pleine de hargne, de violence comme jadis. *Blowin' In The Wind, Mr Tambourine Man*...

Ces journées demeureraient inoubliables. Le concert pour le Bangladesh annonça les grands spectacles humanitaires des années à venir, mais aussi la renaissance des seigneurs que la décennie disparue avait révélée.

Chapitre VII

Ne jamais rester seul !

« Noyé dans les poumons d'Édith Piaf
Et dans les mystères de Marlène Dietrich
[...]
Les chansons d'amours d'Allen Ginsberg
[...]
Les tons allongés de Modigliani
[...]
Les pleurs de Charles Aznavour
[...]
Le feu tranquille de Miles Davis
Les visions beat de Johnny Cash
Et la sainteté de Pete Seeger [90] *»*

Épitaphe n° 11

Le concert pour le Bangladesh tira un peu vers le haut Bob Dylan qui gisait toujours aux pieds de sa motocyclette, entre son désir d'immigrer en Israël et de rester aux États-Unis, son envie de voyage et sa peur du mouvement, ses hésitations musicales.

Par un curieux miracle, Bob était redevenu le musicien folk d'autrefois, l'engagé, le protestataire, celui qui épluchait les journaux en quête de colères. Il avait recommencé à travailler la matière, le sens. Juste après le Bangladesh, cette ligne s'empara de lui :

« Meurtre de George Jackson le 21 août. »

Sans doute les mots de Weberman l'avaient-ils titillé tandis que le bon Harrison ne cessait de l'exhorter à reprendre son combat. Sara n'avait pas vu son mari aussi enthousiaste depuis des années. Il compulsait livres, journaux. Comme jadis, c'est le vieux monde noir qui aimanta sa plume.

« Meurtre de George Jackson le 21 août. »

Un petit air de Hattie Carroll, Medgar Evers, Emmett Till... George

Jackson, le jeune militant des Black Panthers, avait passé dix ans dans une prison de Soledad pour un vol de soixante-dix dollars. Il avait écrit un livre, *Le Frère de Soledad : Lettres de prison* que la combattante noire Angela Davis brandissait à la face du pays. En août 1970, Jonathan, le propre frère de George, armé d'une mitraillette, avait fait irruption dans le prétoire et pris en otage le juge Harold Haley : il réclamait la libération de son frère. La police avait donné l'assaut et envoyé tout ce joli monde dans l'au-delà, Jonathan Jackson, le juge Haley... George Jackson, à son tour, venait donc de mourir, tué par balle. Sa main gisante tenait encore son 9 mm automatique. La version officielle inscrivit : tentative d'évasion...

Bob traça les premières lignes, sa plume courait à nouveau, leste, les images venaient... En l'écrivant, il espérait se remettre dans le bouillonnement des années soixante, son cyclone disparu mais encore tourbillonnant. Il s'apercevait que rien n'avait changé : « Je me suis réveillé ce matin / Il y avait des larmes dans mon lit / Ils ont tué un homme que j'ai réellement aimé[91] [...] »

George Jackson, enregistré en single, formerait une lune solitaire, accrochée à rien.

Après avoir gravé sa ballade politique, il n'avait pas bougé du studio afin de préparer son *Greatest Hits, Volume II*, où figureraient quelques inédits comme *Watching The River Flow*. Ce double album, sorti en novembre 1971, demeure la meilleure vente de l'histoire Dylan, avec cinq millions d'exemplaires écoulés aux États-Unis.

Il quittait le sanctuaire, étourdi, la tête farcie de sons et de désirs, rejoignant les soirées dans des appartements enfumés où son ami Allen Ginsberg déclamait des vers. Les deux hommes sortaient beaucoup, buvaient et veillaient tard. Allen adorait se montrer aux côtés de Dylan, profiter de sa célébrité. Bob réclamait la présence permanente du poète parce qu'elle comblait son vide. Il ne voulait absolument pas rester seul et cherchait à nouer d'autres amitiés. Tiens, allons voir le Grateful Dead ! Je voudrais connaître Jerry Garcia, le guitariste. Le Mort reconnaissant ! Ce groupe, emblème de la génération hippie et de sa communauté baroque, produisait une musique éthérée, de nuages, assez étrange. C'était encore une occasion de revenir aux années soixante, de rajeunir. Bob frappa à la porte de la loge de Jerry Garcia surpris de cette visite. Les deux artistes ne se dirent pas grand-chose, mais Bob était assuré de compter un ami de plus. Il allait aux concerts, repartait, venait, et pensait à déménager, perpétuellement afin de fuir ces rues new-yorkaises où l'air était devenu irrespirable, étouffant de poussière, de chaleur, de folie. Il dépenserait son argent pour s'offrir des refuges aux quatre coins du pays. Ses fans pourraient le chercher, ils ne trouveraient pas Dylan qui laissait des maisons fantômes derrière lui, des baraques vides et noires où les chercheurs d'or erraient à sa recherche. Il ramassait Sara, confiait les cinq enfants à des amis, et les deux époux s'envolaient. D'un claquement de doigts, Bob la déposait derrière les verrières ensoleillées de sa nouvelle maison à Long Island ou dans le ranch qu'il venait d'acheter en Arizona, au cœur de ces plaines ocres et chaudes. Il aimait la surprendre, agissait vite, en quête de silence et de sécurité. « Là, ils ne me trouveront pas ! » C'était une obsession, peut-être un jeu. Entre deux passages sur la terre, il avait réussi à signer l'agrément avec Grossman qui affaiblissait les prérogatives du manager et les réduisait à sept ans au lieu de dix (depuis la première signature en 1966). Puis, il repartait se cacher, inventer, aimer, profitant de la fortune que son talent lui avait accordée. Il survolait le pays, atterrissait et jouait sur l'album des amis folks, Allen Ginsberg l'avait convaincu de participer à une séance OVNI, en compagnie de poètes, de déclamateurs payés de sa poche. Ces artistes avaient chanté et ri, complètement ivres. Personne ne sait ce que les bandes sont devenues. Pour être tranquille, Bob prenait un pseudo. La musique représentait finalement son seul et vrai plaisir.

« Peux-tu venir jouer avec moi ? » lui demanda le chanteur Doug Sahm, un vieil ami des années soixante. Le héros accepta, adorant se prendre pour un simple accompagnateur sans pression. Il venait, saluait les techniciens, s'installait, jouait et repartait dans le ciel avec sa bien aimée.

Pendant ses promenades célestes d'une terre à l'autre, il reçut au passage un coup du turbulent Weberman qui lâcha la rumeur insidieuse :

— Bob Dylan a donné de l'argent à l'organisation sioniste la Ligue de défense juive !

En colère, il téléphona à Weberman, mais cet imbécile enregistra leur conversation. Ce mensonge le mortifia.

— Je vais me retirer ! répétait-il. Je vais me retirer, j'en ai assez de cette célébrité...

Pourquoi devait-il en permanence défendre son honneur ? Faudrait-il toujours se cacher ? Pourquoi ne pas assister à un concert d'Elvis Presley ? Il acheta deux billets et se promena dans la foule, tout heureux de sa liberté.

— Partons, disait Sara. Si Weberman est là ?

— Je n'ai pas peur. Je lui casserai la tête.

Une fois, il l'avait poursuivi et balancé par terre. Le fan s'était cogné la tête et avait poussé un hurlement. Bob en riait encore.

— Tu sais ce qu'il a déclaré ? Qu'il avait été heureux que je lui coure après !

Mais son divertissement n'avait pas duré, et souvent, Bob regardait derrière lui, se croyant épié par ce dément.

La nuit, il s'agitait en tous sens, persuadé d'entendre des bruits. Et quand Sara se réveillait, les valises attendaient dans l'entrée. Bob marchait en rond, près de la fenêtre. Il venait de prendre une décision en apparence subite :

— Nous allons au Canada, au festival folk de Mariposa. Dépêche-toi, dit-il à son épouse.

Ils s'envolèrent après avoir serré tendrement Maria, Jesse, Ann, Samuel, Jakob. Pour aller où ? Dans une foule en furie. Cris, évanouissements, jets de projectiles, barrières effondrées... Au retour, la police escorta un Bob moustachu jusqu'à l'aéroport. Sara avait l'impression d'être une poupée que l'on emporte avec les valises. Elle ne travaillait pas, élevait les enfants, les conduisait à l'école et suivait son mari. Elle préférait l'accompagner plutôt que de rester à se morfondre, et, à sa grande surprise, arrivait à supporter cette vie insensée.

Bob regagnait son ranch puis le quittait très vite. Il ne savait plus où vivre. Dans le firmament, au milieu des océans ? Tant de courriers, de paquets, d'appels, de demandes débordaient de sa boîte à lettres. Il pouvait choisir sa vie, arrêter, changer de pays, exaucer tous ses désirs.

Il reçut un colis par la poste pendant le mois d'octobre 1972. Un gros paquet bien ficelé. Il l'ouvrit. C'était le script d'un film. Tiens ! Il avait toujours rêvé de jouer la comédie depuis ses premiers pas dans les salles obscures de Hibbing. Sa célébrité le lui permettrait enfin. L'envoi portait la signature de Rudy Wurlitzer, un jeune romancier qui travaillait pour le cinéma et avait rédigé un scénario intitulé : *Pat Garrett And Billy The Kid*. Cet homme-là avait déjà œuvré à un long-métrage imprégné de culture hippie avec James Taylor et Dennis Wilson, *As Two Lanes Backtop*.

Bob sourit se plongea dans la lecture, s'attendant à ce qu'on lui demandât d'en composer la musique. C'était la logique des choses, lui qui avait déjà narré les cavalcades fumantes de Jesse James, Belle Starr, John Wesley Harding dont il proposait une romance presque liturgique. Billy The Kid manquait à son florilège de bandits, de grands sacrifiés libertaires. Il aimait bien l'histoire de ce jeune homme qui commit son premier meurtre à quinze ans, s'évada de prison en tuant le policier Ollinger avant d'être poursuivi, rattrapé au Mexique et abattu dans l'obscurité par le shérif Pat Garrett, son ancien ami. Cette épopée révéla aussi la figure du procureur écrivain Lew Wallace, futur auteur de *Ben Hur* et qui avait traqué Billy.

Bob devait effectivement en composer la musique. Mais peut-être espérait-il mieux ? Celui qui jouait le Kid l'appela. Une vieille connaissance. L'auteur du classique *Me And Bobby McGhee*, Kris Kristofferson. Promis au rôle.

— Viens sur le tournage. On va se marrer.

— Tu crois que je pourrais avoir un rôle ?

— Un rôle ? Oh, on verra bien. Mais viens toujours. On va se marrer. On va se saouler et reluquer les Mexicaines.

Bob se mit au piano et écrivit *Billy*. Il n'avait pas vu le film, mais son esprit était coloré par le sable rouge du Mexique, le firmament éblouissant de la frontière. Il s'installa sur son canapé, l'œil fixe, tandis que Sara l'observait.

— Et si nous y allions ?

Il parlait seul. Son rêve de cinéma le reprenait très fort, dissipé dans le projet étrange de *Eat The Document*, et la déception de *Don't Look Back* avec son image de saligaud. Après tant d'années concentrées sur la musique, il voulait vraiment venir au grand écran. Faire l'acteur le récréerait un peu.

Le nom du réalisateur, Sam Peckinpah, ne lui était pas inconnu. Une forte tête d'après ce que prétendaient les gazettes. Il joignit Rudy.

— Tu aurais un rôle pour moi ?

— J'y ai pensé. Tu sais, je lisais les mémoires de Pat Garrett, *The Authentic Life Of Billy The Kid*. Il écrit : « Un complice de Billy devait avoir un nom légal à lui, mais on l'appelait de manière si différente qu'il était impossible d'en retenir un plus que l'autre, alors Billy l'appelait toujours "Alias". » Tu vois ce que je veux dire ? Tu t'appelleras Alias...

— Génial, dit Bob avant de se demander ce qu'il pourrait bien faire de ce rôle.

Rudy garda le silence.

— D'abord... Il faut en parler à Peckinpah.

Et c'est ainsi qu'il se retrouva dans un avion en partance pour Durango, au Nouveau Mexique, toujours épuisé par son manque de sommeil, ses virages à 100 degrés, en quête d'une chanson et d'une autre. Il traversa la nuit chaude du Sud tandis que les haciendas aux façades citron glissaient dans la nuit, sous les montagnes blanches. Il chancelait presque sur les sentiers lunaires, asséchés par le souffle torride que le désert expurgeait depuis l'horizon comme une chaudière. Se dressait une maison aux murs en chaux, chauds au toucher, à l'intérieur, ces bouteilles de tequila alignées sur une table. Un grand homme lui avait ouvert, complètement soul, Sam Peckinpah.

Rudy Wurlitzer salua à peine Bob. Il fulminait dans son coin.

— Cet enfoiré réécrit toutes mes scènes... avoua-t-il. Il change tout. Il a complètement démoli mon script. J'avais prévu que Garrett et le Kid ne se rencontrent pas avant la fin, et il a tout chamboulé...

Peckinpah tempêtait.

— Et comment que j'ai tout changé ! Rudy a un grand talent d'écrivain. Mais si je gardais ce qu'il a fait, ce film ne s'arrêterait jamais...

Puis, il se tourna vers le nouveau venu, et se détendit :

— Qui c'est ce gosse ? demanda-t-il.

Peckinpah n'avait jamais entendu parler de Dylan malgré sa notoriété planétaire. Plus loin, le comédien James Coburn[92], « Pat Garrett », buvait lui aussi et souriait. Bob n'aimait pas trop cette ambiance. L'alcool lui brûlait le gosier. Ils mangèrent avec force rires et délires.

— Hey, toi, gamin, tu vas nous jouer quèque chose, tonna Peckinpah, allongé sur son fauteuil, l'œil en feu.

Bob empoigna sa guitare et joua plusieurs titres. Coburn se tut, Sam aussi. Il avait perdu son sourire et écoutait en se balançant légèrement de droite à gauche, sous l'effet de l'alcool. À la fin, Peckinpah bondit de son siège et se tourna vers les invités présents :

— Z'avez-vu, le gamin, ce qu'il a fait ? Génial. T'es engagé... Tu feras la musique. Hein, tu la feras ? Et t'auras le rôle avec.

Tous les proches acquiescèrent, même ceux qui n'avaient peut-être pas apprécié la musique de Bob. Le roi Sam régnait en maître. Que la production ne voulût pas de Dylan, il les aurait envoyés au diable. Si les responsables du lion avaient donné un avis favorable sur Bob, il aurait sans doute viré le musicien par esprit de contradiction. Dylan en profita pour admirer les œuvres précédentes du grand réalisateur, ses westerns, *Major Dundee* (1965), et le baroque *La Horde sauvage* (1969) ou *La Ballade de Cable Hogue* (1970), l'œuvre d'un vrai Don Quichotte. Cet individualiste adorait les perdants et les marginaux.

Dylan avait appelé aussitôt Kris.

— La *Horde sauvage* m'a complètement estomaqué, dit-il.

— Tu vas participer ? demanda Kris.

— Et comment ? J'ai un rôle et je ferai la musique. J'ai écrit une chanson.

Il était vraiment exalté.

C'est ainsi qu'il avait chuté dans la profondeur de cette nuit moite, luisante de moustiques, entre les murs de craie des mesas, les cactus serpentins, les puisards ténébreux. Sara l'avait accompagné, avec leurs enfants, prête encore une fois à cette fonction fantomatique et silencieuse à laquelle la destinait sa condition de bonne épouse. Mais elle était heureuse de participer à cette aventure. Le Mexique l'attirait. La famille Dylan loua une maison à quelques lieues du tournage. Sara essaya de s'organiser, mais elle s'aperçut vite que le temps se figerait. Tant pis. Elle considérerait ce séjour comme de simples vacances. Elle avait désiré suivre cet homme, partager sa vie, construire quelque chose avec lui malgré les obstacles, les dangers, et la bonne fortune l'avait servie au-delà de toute espérance, depuis le jour où elle l'avait rencontré chez les Grossman.

Ils arrivèrent sur le théâtre des opérations. Bob trépignait à la pensée de retrouver Kris Kristofferson qui jouait Billy.

— Tu vois, Sara, disait-il, ce type-là a beaucoup de talent. C'est lui l'auteur de la chanson *Me And Bobby McGhee*...

Peut-être se targuait-il intérieurement de ce qu'on l'eût cherché personnellement pour écrire la musique du film. Son vieil ami aurait pu tout aussi bien s'en charger. En le voyant, Kris lui donna une profonde accolade et présenta sa compagne, Rita Coolidge, actrice et chanteuse à ses heures.

Peckinpah avait installé une grande table dans son patio, débordante de bouteilles et liqueurs de toutes sortes. Sara se rappellerait longtemps ces soirées d'enfer. Un feu brûlait sur la prairie noire et, autour, les hommes chantaient, se saoulaient, pissaient partout. On riait, on hurlait. Kris Kristofferson était allongé par terre, James Coburn renversait des tables, les figurants braillaient sous la lune. La jeune épouse de Bob se demandait ce qu'elle faisait là, seule femme perdue dans ce royaume masculin. La belle actrice mexicaine Katy Jurado, devant laquelle toute beauté se sentait pâle, ne participait pas toujours à ces agapes, mais lorsqu'elle apparaissait, le silence se répandait sur le plateau.

— Pourquoi m'as-tu emmenée ? demandait Sara à Bob.

Et lui, devant son désarroi, ne pouvait que hausser les épaules, tout aussi égaré, menant, sans savoir où, son énigmatique personnage d'« Alias ».

La journée, c'était à peine mieux : le soleil faisait saigner la caillasse sur la petite ville de Chupaderos, les heures s'allongeaient sans activités, Peckinpah allait et venait, le teint rouge d'avoir trop bu et de s'être querellé avec James Aubrey, le patron de la MGM, qu'il surnommait le « cobra souriant ». Les acteurs marchaient sur les longues étendues de sable ou d'herbe sèche. Bob patientait lui aussi, à l'ombre, tenant Sara près de lui. Il ne disait jamais de mots inutiles. Kris Kristofferson venait de temps en temps boire avec lui ou rêver en regardant le ciel. Il se moquait de Sam et faisait souvent des clins d'œil à Bob qui se morfondait dans son coin.

Une tornade dorée balaya la plaine. Les tentes furent recouvertes, les camions enterrés. Bob avala du sable, se mit à tousser, à cracher, et essaya de se protéger, lui et Sara comme il pouvait. Il avait du mal à respirer. Il apprit que Peckinpah était alité, fiévreux, infecté par la poussière et qu'il hurlait sa colère. On ne voyait plus les toits de Durango, perdu dans le rideau de particules tournoyantes. Cela sentait mauvais car le vent charriait le fumier des troupeaux. Sam se guérit en buvant de la tequila, et il ressortit, toujours furieux, accusant son équipe de le laisser tomber, disant que la terre, les dieux voulaient saboter son œuvre.

— C'est mon film ! C'est mon film !

Bob appréciait de moins en moins son lunatisme. « Ce type est cinglé ! » songeait-il, se mordant les doigts. Car, en plus, il n'avait pas une grande confiance dans ses propres capacités d'acteur face à des talents comme James Coburn et bien sûr le christique Kristofferson avec ses longs cheveux féminins, son visage solaire. Quand Sam lui désigna un cheval et ordonna « Monte ! », Bob comprit son malheur. Il s'exécuta au risque de ruiner le crédit qu'il avait auprès de Sara, le canasson s'emballa, et il eut le plus grand mal à le retenir. Les techniciens riaient à n'en plus pouvoir. C'était difficile. Peckinpah et Rudy changèrent le caractère d'Alias afin de faciliter la tâche de Dylan de plus en plus épuisé et qui revenait à la maison, les reins cassés.

Il s'endormait pendant que Sara observait le plafond. Elle voulait rentrer. La chaleur, l'attente, les beuveries l'insupportaient.

— Qu'est-ce que ce nous foutons là ? répétait-elle. Bob ne disait rien.

Que pouvait-il répondre ?

— Nous allons prendre quelques jours à Noël, proposa-t-il.

Et ils s'envolèrent vers l'Angleterre où les attendaient leurs amis, George Harrison et sa femme Patti. Du sable rouge mexicain, il passa à la fraîche herbe britannique, sous ce ciel humide, dans la sérénité et les conversations légères, presque contemplatives. Bob aurait aimé demander des conseils à George sur le film qu'il tournait, mais il n'osait pas l'importuner. Car il n'avait aucune idée de ce qui se passait, là-bas, à Durango. Cela lui procurait du plaisir de parler à son frère anglais vêtu d'un costume blanc. Un aristocrate de la pop dont la quiétude accompagna Bob lorsqu'il retourna à Durango, après ces délicieuses journées, avec Sara. De retour au Mexique, les beuveries reprirent. Le film continuait de marcher en travers. Bob, lui, avait mal au dos, à la tête, il tenait la distance devant l'écran, mais avait commencé à devenir aussi silencieux que son personnage. Il n'avait pas envie de parler, même à Sara qui le houspillait :

— Qu'est-ce que tu as ? Pourquoi ne me parles-tu pas ?

Il ne le savait pas lui-même. Une sorte de poids pesait sur son estomac au point de l'étouffer. Son ami Kris s'en inquiétait. Bob ne pouvait le rassurer.

Un vrai souci minait Sara : ses enfants toussaient. Elle s'approcha de Jesse. Son front brûlait. Elle réveilla son mari qui cuvait l'alcool ingurgité la veille.

— Bob, les enfants ont de la fièvre. Je ne reste pas une minute ici. Je vais aller à Los Angeles les soigner...

Dylan acquiesça. Il n'ignorait rien des tourments de Sara pendant ce séjour particulier, au royaume des ivrognes et des caractériels. Elle embrassa tendrement Bob en lui recommandant de ne pas se livrer à trop d'excès et prit l'avion pour la Californie. Ce départ inspira au musicien un vif sentiment de déréliction. Il savait de moins en moins à quoi ce film lui servait. Peu importe : il s'en amusait comme si un généreux Père Noël avait glissé un jouet entre ses mains.

— Qui es-tu ? demandait Pat Garrett dans le film.

Et Alias répliquait :

— C'est une bonne question.

Ce dialogue résonnait de manière réelle chez Bob qui s'interrogeait sur le sens de son rôle et de sa vie. Il traînait sa mine fantomatique dans le désert du Mexique jusqu'à ce final nocturne, où les cadavres pleuvaient, sans atteindre le spectral Alias, philosophe de la mort à la langue vide, et à l'avenir flou. Il fallait le voir à l'écran envahir la nuit. Après chaque scène, Kris le félicitait. Sam, lui, se gardait bien de tout compliment. Il se concentrait en lançant des couteaux sur des arbres ou des cibles qu'il aménageait lui-même. Puis, il revenait au travail et à sa mauvaise humeur.

Il convoqua plusieurs acteurs, Kris, Coburn, Bob, pour voir les rushes. À peine le cinéaste vit-il les premières scènes qu'il se leva, la bouche ouverte, les veines de son cou se gonflèrent. La partie droite des images qu'il avait tournées était hors champ. Un défaut dans son matériel, l'objectif. Il agita les bras, se retourna vers ses acteurs.

— Quels imbéciles !

Sans attendre, il prit une chaise, grimpa dessus, déboutonna son pantalon et pissa sur l'écran. Bob et Kris se regardèrent. Ils n'en revenaient pas, mais ne bougèrent pas de leur fauteuil. Les jours suivants, Peckinpah bombarda la production de messages pour réclamer des caméras mécaniques. Hélas, rien n'arrivait, et il tempêtait :

— Les imbéciles ! Les imbéciles !

Bob l'évitait. Il avait l'impression de perdre pied, de ne pas être à la hauteur dans cet univers qu'il découvrait. L'amitié de Kris et de sa compagne Rita Coolidge qui jouait la petite amie mexicaine de Billie ne changeait rien à sa morosité. Tous trois avaient beau se livrer à de longues promenades, le cœur n'y était plus. Bob pensait à Sara et aux enfants. Il se raccrochait à eux et à la musique aussi. Après tout, il avait surtout été engagé comme compositeur. Personne n'avait imaginé un instant qu'il deviendrait un grand acteur et éclipserait James Coburn. Allons donc ! Et pourtant, il ressentait une certaine déception devant la tournure que prenaient les événements comme s'il avait cru, par illusion, transmettre l'émotion d'un Charles Aznavour dans *Tirez sur le pianiste*. Quelle folie : la production avait surtout besoin d'une célébrité de plus. Voilà. Pourquoi chercher plus loin ? D'ailleurs, il pouvait sentir la présence des journalistes aux portes du désert qui harcelaient le service de presse de la MGM et voulaient savoir ce que Dylan mangeait, comment il supportait l'attente, le sable, le despotisme de Peckinpah... En attendant, Bob craignait d'être ridicule avec ce rôle prétexte, inutile. Raison de plus pour éployer ses ailes musicales singulièrement racornies sur la terre ensablée de la comédie. Il était temps pour lui de composer les morceaux du film, de recouvrer un peu de sa superbe. Sam verrait bien son vrai génie. Il avait commencé à coucher plusieurs lignes :

Maman, [...]
Je ne peux plus tirer sur eux
Ce long nuage noir descend
J'ai l'impression que je frappe à la porte du paradis

Il répétait le refrain *Knockin' On Heaven's Door*[93]. Cela sonnait bien. Il tenait prêtes quelques autres chansons. CBS avait loué un studio à Mexico. L'équipe du film s'excitait devant ce projet. Beaucoup voulaient y participer. Kris avait proposé à Bob de mettre à disposition son propre groupe. Il faisait nuit comme à son habitude. Dylan sortait toujours, juste avant l'aube, dans son habit nocturne, avec ses rêves de ténèbres. Il avait pris l'habitude de travailler ainsi, à l'heure du sommeil. Et ses musiciens suivaient ou se démettaient. Il poursuivit quelques jours plus tard dans le studio de Burbank où un grand écran fut installé. Il n'avait aucune idée de la synchronisation, ne s'interrogeait même pas sur la manière de s'y prendre tandis que les images défilaient, et que la musique virevoltait en pleine liberté. Il fonçait malgré les conseils. Il était Dylan et pouvait ignorer les tutelles. Il ferait taire tous ceux qui s'étaient moqués de lui pendant plusieurs semaines. Il avait aussi appelé ses vieux amis, le guitariste Roger McGuinn, Bruce Langhorne qui, lui, avait plus l'habitude des musiques de films, Booker T, le grand maître des rythmes de la maison Stax, le lourd Kim Keltner à la batterie. On s'amusa bien, même si la MGM jugea bon d'envoyer l'arrangeur Jim Fielding pour superviser le travail de Dylan qui apparemment n'inspirait pas confiance. Ce Fielding n'avait jamais vraiment écouté Bob, résolu à former ce musicien peu au faîte de l'illustration sonore. Mais Bob l'avait senti venir, et lui tourna tout de suite le dos, seul maître à bord comme Sam l'était sur le plateau. Fielding comprit que cet « enfoiré » ne tiendrait pas compte de ses conseils. Le musicien agissait en dépit du bon sens, conduisant, sans technique ni réflexion, une musique instrumentale, lyrique aux intonations mexicaines, *Billy, Cantina Theme, Bunkhouse Theme, River Theme, Turkey Chase*... Bob ne prêtait aucune attention à l'action, aux images, et son rythme tombait fort mal à propos. Il glissait ses notes où il le désirait, c'était beau, élevé, une musique d'humeur, de vagabondage, imaginée au plus profond de la nuit, sans se soucier de l'aube qui se levait, de la fatigue des mortels, de son propre harassement. Bob avait convié des cuivres mariachis pour un *Peco's Blues* qu'auraient pu reprendre les habitants de Calexico, cette petite ville sur la frontière peuplée en haut d'Américains, en bas de Mexicains. Rien ne l'arrêtait. Il attaqua *That's All Right Mama* d'Arthur Crudup, débordant comme toujours et, lorsqu'il se mit à jouer *Knockin' On Heaven's Door*, vers le crépuscule, au moment où le Kid meurt, Fielding vit tout le monde applaudir et s'enflammer pour cette comptine que lui-même jugeait simpliste et surtout déplacée à ce moment du film.

— Vous vous rendez compte ? Un morceau rock pendant cette scène cruciale ?

Bob toucha son propre firmament, il retrouva sa légèreté brillante, même s'il sortit bien lessivé, de cette aventure. Ou plutôt dans une certaine confusion. Le cinéma l'avait dégoûté devant les difficultés d'un auteur pour préserver son œuvre des ciseaux, des esprits étroits. Les acteurs ressemblaient à du bétail que l'on mène par le licol. « Un jour, je réaliserai mon propre film », se disait-il, aspirant à cette liberté qu'il avait obtenue dans l'étoffe musicale.

Pat Garrett And Billy The Kid apparut sur les écrans en juillet 1973, la critique s'intéressa au nouvel acteur, mais pas en très bons termes. *Variety* écrivit : « Dylan a pris pour ses débuts à l'écran la partie périphérique du film, faisant une apparition triviale. Son jeu est limité à un embarrassant mélange de tics, de sourires bêtes, de haussements d'épaules, de clins d'œil, haussements d'épaules et sourires. [Sic] »

Il s'y attendait. Cet intermède lui avait insufflé un peu de vent frais au soleil du Mexique. La presse évoquait son déclin. Avait-elle raison ? Depuis ses débuts, il avait toujours prévu son retrait, la lassitude du public ou tout autre crevasse dans laquelle il risquait de plonger et disparaître. Chaque album pouvait être le dernier. Bob n'écoutait d'ailleurs pas ses anciens disques de crainte de mal en supporter le vieillissement. Chez lui, le présent primait le reste. Et là, il avait abordé les années soixante-dix épuisé. Son imaginaire musical ressemblait à un marigot asséché. Puis, le cinéma était venu à son secours et, en l'éloignant de l'Amérique, des coteries new-yorkaises, au moins dans le fantasme, lui avait permis de revivre artistiquement jusqu'à composer une nouvelle chanson brillante, ce qui ne lui était pas arrivé depuis plusieurs années. Ce *Knockin' On Heaven's Door* qui ornementa l'été 1973 avait surpris Columbia, aussi fatiguée que son artiste, comme une femme lassée de son amant.

Bob se rendait bien compte que sa compagnie le maltraitait. Les meilleurs bénéfices allaient dans la poche d'Albert Grossman. Bien sûr, le Gros, par son flair, avait assuré sa fortune, mais il se servait trop bien sûr les pourcentages. Cette injustice retenait sa main au moment de signer un nouveau bail avec Columbia. Il envoya son avocat David Braun négocier avec Clive Davis, et obtint après moult palabres l'augmentation des royalties, des primes et intéressements de toutes sortes, allongeant les feuilles de contrat d'un bon mètre. La vedette savait que la firme paniquerait si d'aventure elle perdait Dylan après la mort de Janis Joplin, les errements hallucinogènes de Sly Stone, la panade des Byrds. Sweat & Tears avait disparu, Simon and Garfunkel s'étaient évaporés et revivaient à travers les compilations. Le groupe Chicago Transit Authority triomphait, mais leur pop lisse et patinée survivrait-elle aux modes ? Clive répétait :

— Bob Dylan et Columbia sont liés à jamais. Ils forment une sorte d'institution.

Il mit au point un contrat avantageux qui cédait au musicien les droits sur ses premiers disques à condition évidemment de graver encore deux albums pour la firme. L'artiste pouvait garder ou non ses anciens albums sous contrat. Ce marché convenait à Bob, mais l'éviction de Clive Davis annula tous les accords. David Braun chercha des interlocuteurs et n'en trouva pas. Il devait patienter pendant de longues minutes au téléphone sans savoir à qui adresser ses suppliques et n'obtenait aucune réponse. « Quelle boîte bureaucratique », se disait-il.

Le musicien ne signerait donc pas de sitôt. Que les maisons de disques le boudent, et il empoignerait une caméra, réaliserait un chef-d'œuvre. D'ailleurs, il avait décidé d'emmener sa famille en Californie, de s'approcher de Hollywood, sans doute mu par des rêves de cinéma que son expérience avec Pat Garrett avait nourris. Sara suivit encore une fois. Elle avait épousé un mari atteint de bougeotte aiguë, mais au moins il lui réservait chaque matin des surprises. Peut-être craignait-elle qu'il abandonnât la musique. Si c'était pour végéter pendant des heures au soleil, sur un plateau de tournage, avec des cinglés autour, non merci ! Mais ce qui la rassurait, c'était qu'il voulait tourner lui-même un film.

Il chercha une maison, finit par la dénicher et l'acheter, à Malibu. C'était le cadre idéal pour voir grandir Jesse, qui avait sept ans, Samuel, Jakob, Anna et la fille de Sara, Maria, au son du ressac, de la mer, dans cette vallée d'étoiles. Il vendit sa demeure à Woodsotck, garda le ranch en Arizona, le bungalow dans les Hamptons, l'opulent pied-à-terre à New York. Sa famille vivrait en Californie, là, en cet éden isolé, bien protégé qui avait vue sur le Pacifique. Il commanda des travaux afin de donner à Sara une salle de bain privée. Il agrandit les pièces, démolit des murs, construisit cinq petits palaces pour chacun des enfants, une piscine avec un pont, érigea un dôme de verre tout en haut de la maison afin d'embrasser la Californie, heureux d'offrir un petit château à la gardienne de sa vie et à ses descendants, un château baigné par la douce lumière de l'eau. Mais cela n'en finissait pas, les frais de Bob avaient doublé, triplé.

Il tendait son visage au soleil, se divertissait avec quelques vieux compagnons de passage comme Robbie Robbertson qui habitait encore New York et songeait, lui aussi, à s'installer sur la côte pacifique.

— Viens ! lui dit Bob. C'est ici que ça se passe maintenant. New York, c'est fini. Emmène le groupe, convainc-les de revenir. Nous avons encore de grandes choses à faire ensemble.

Le guitariste du Band sourit, flatté de la confiance que Dylan portait à ses musiciens dont le contrat chez Capitol expirait lentement. Albert Grossman délirait depuis l'éloignement de Bob et ne cessait de persécuter les anciens Hawks pour connaître les intentions de son glorieux protégé. Le Gros ne les secouait plus, devenu une sorte d'ami chez qui Robbie et les autres allaient boire un verre, regarder des films, nager dans la piscine. Le Band avait enregistré l'excellent *Music From Big Pink*, mais cet album n'avait pas remporté un succès phénoménal comparable en tout cas à la légende de leur leader. Heureusement, Bob les aimait bien et n'hésitait jamais à les appeler, à leur suggérer des idées de chansons, à dispenser toutes sortes d'encouragements. Grâce à l'auteur de *Blonde*, leur existence avait bifurqué, et elle bifurquerait encore puisqu'il les invitait à le rejoindre ici, dans les chatoiements de Venice et d'Hollywood. Bob avait besoin de Robbie le malin, qui saurait le guider dans l'orientation de sa carrière. Les deux hommes passèrent plusieurs jours ensemble. Robbie se fit messager :

— J'ai été contacté par un gars qui voudrait te rencontrer. Un certain David Geffen.

Bob ne le connaissait pas, mais si Robbie lui en parlait, c'est que cet homme-là devait posséder une certaine valeur. Ce Geffen avait créé la firme Asylum, assuré les succès de Jackson Browne, Crosby, Stills, Nash and Young, le groupe Eagles et de celle que la rumeur prétendait sa petite amie, Joni Mitchell. Puis, il s'était enrichi en vendant Asylum à Warner pour 7 millions de dollars avant de reprendre le consortium Elektra/Asylum. Il avait appris les discussions complexes de Dylan avec Columbia et espérait bien en profiter. Il eut l'intelligence de joindre Robbie Robertson pour toucher la star.

— Je vais le rencontrer, annonça Bob. Tu comprends ? J'ai vendu des milliers d'albums chez Columbia, j'ai changé beaucoup de choses dans la musique, et s'ils ne sont pas prêts à tout pour me garder, et bien, ils vont voir...

Robbie souriait. Il était bien d'accord. En face de lui, s'indignait le musicien qui avait bouleversé l'ordre des choses, n'en était pas certain lui-même, le répétait pour s'en convaincre, doutait, puis flamboyait, s'éteignait parfois comme une vieille chandelle et s'illuminait de nouveau. C'était curieux. Un étrange phénomène de régénérescence dont il avait pu mesurer la réalité depuis l'accident de moto. Bob Dylan était souvent mort, et il ressuscitait toujours.

En voyant David Geffen, Bob reconnut tout de suite ce qui avait fait sa communion avec Mike Bloomfield : la fraternité des Juifs. Et la rapidité : David, issu d'une famille ouvrière, à la fois calme et exalté, ne perdait pas de temps comme Dylan put le constater.

— Nous enregistrerons un album et j'ai prévu une grande tournée au début de l'année prochaine.

Il avait tout préparé, tout prévu.

David aurait cependant pu employer toute l'éloquence dont il était capable, il ne parvint pas à chasser les nuages au-dessus de l'âme du génie. Bob ne cessait d'interroger son avenir. Possédait-il toujours du talent pour écrire de bonnes chansons ? Il l'espérait malgré la vacuité de ses visions, même la drogue ne l'emplissait plus de ses splendeurs. C'est au plus fort de ses doutes qu'au mois de septembre 1973, *Knockin' On Heaven's Door* grimpa jusqu'à la douzième place des charts. Il avait toujours cru à la qualité de cette promenade malgré le désamour de Columbia et de ces Cassandres promptes à l'enterrer : les journalistes fossoyeurs... Merci Pat Garrett ! Ce succès tombait évidemment fort à propos au moment où il s'apprêtait à quitter Columbia. Mais partirait-il vraiment ?

Comme par hasard, devant le succès de *Knockin'*, le nouveau directeur de la compagnie, Irwin Siegelstein, un transfuge de la télévision, s'était mis en tête de le conserver à tout prix. Il connaissait, la protest song, les amours avec Joan Baez *et tout ça* ! *Les amours et tout ça* persuadèrent la firme de sortir, en novembre, sans la permission de son auteur, *Bob Dylan*, un disque constitué des sessions de *Self Portrait* et de *New Morning*. Bob ne décoléra pas. Cette décision brouillait encore un peu plus son image très vague depuis le début de la décennie. Quelle maladresse ! Le titre, rappelant le premier disque de Bob en 1962, présentait une collection de standards ramassés dans les fonds de tiroir de Columbia, une reprise de *Big Yellow Taxi* de Joni Mitchell, et un titre que Presley avait enregistré en 1960, *Can't Help Falling In Love*. Une vengeance ? Une menace ? Reviens où nous ruinons ta réputation en sortant n'importe quoi. Le public comprendrait que Dylan n'avait plus rien à produire.

Furieux, Bob signa avec David Geffen et, comme convenu, les deux hommes se mirent d'accord sur un album, et, dans la foulée, une grande tournée. Bob s'était montré indécis à ce propos : repartir sur les routes plutôt que de musarder à Malibu, avec sa femme et ses enfants, et risquer encore une fois le harassement du voyage, de l'avion ? David usa de sa belle éloquence, en se plaçant très près de lui, de manière fraternelle.

— Tu sais, dit-il, j'ai contacté le Band. Je leur ai proposé de signer aussi...

Bob sourit, se doutant que Robbie avait déjà rappelé les autres membres du groupe, Rick Danko, Levon Helm, Garth Hudson, Richard Manuel. Tous avaient décidé d'abandonner leur quartier général de Woodstock pour vivre une nouvelle romance sur les rives du Pacifique. Ils avaient des enfants, d'autres désirs, souhaitaient gagner d'avantage d'argent, et mettre un terme à leurs errances, drogue, alcool. Un peu de soleil, de mer bleue leur feraient du bien. Robbie vendit sa maison de New York, Levon loua la propriété des acteurs Robert Wagner et Nathalie Wood, Rick Danko tergiversa, mais finalement se laissa convaincre d'y emmener sa famille : après tout, si cela ne lui plaisait pas, il n'y resterait que trois mois. Levon le vit arriver complètement saoul à Los Angeles, au point qu'il alla se perdre dans quelque faubourg de Malibu. Les cinq se retrouvèrent sans très bien savoir ce qui les attendait, réjouis de reprendre la route avec Dylan, surtout que leur contrat chez Capitol – ils s'étaient battus pour imposer cette condition – les autorisait à accompagner Bob, comme autrefois, au temps béni où le public les conspuait. Mais cette fois Dylan avait pris la taille d'un monument américain, et suivre à nouveau le Maître du Nord au Sud leur promettait la plus excitante des aventures. « Personne n'a fait ce que Dylan a fait pour nous pendant des années », écrirait plus tard Levon Helm qui savait combien le Band, ces derniers temps, avait pu s'exposer aux critiques. La presse ne ratait jamais une occasion de décrier leur rock and roll de bûcherons red necks, leur mauvaise allure. Parfois, les mal aimés perdaient toute l'estime pour leur œuvre et se mettaient à boire.

La sainte proposition les gonfla donc d'orgueil.

— Ils nous proposent plusieurs milliers de dollars pour le disque de Dylan chez Asylum, leur raconta Robbie, et ensuite la tournée qui durera six semaines. Un double album live est prévu ensuite, toujours sur le label de Geffen...

Levon s'inquiéta cependant des albums que le Band devait à leur maison de disques Capitol, trois au total. Pouvait-il sciemment participer à l'enregistrement de celui de Dylan ? Il vit que Robbie et les autres l'observaient avec un mélange d'incrédulité et d'agressivité. Helm n'insista pas, lui le rebelle, le sauvage, qui aimait tant le grand musicien.

Ces musiciens changèrent à nouveau leur vie et, pendant le mois de novembre 1973, se retrouvèrent dans un studio à l'ouest de Los Angeles.

— Les gars, cela ne durera qu'un ou deux jours, leur annonça Bob qui imaginait un disque simple, enregistré sans chichis, avec cet esprit montagnard auquel les étoiles du Band étaient attachées.

Robbie n'avait peut-être pas envie de revivre les exagérations de *Blonde On Blonde*, ce chef-d'œuvre dont la réalité était, chez lui, tempérée par le souvenir d'une machine carnivore, dévorante au-delà de l'imaginable. Quant aux autres, exclus du magnifique projet de 1966, ils espéraient bien prendre leur revanche.

Bob n'avait pas vraiment renouvelé sa méthode de travail. Il écrivait sur place, rapidement. Il avait apporté cette chanson *Forever Young*, sans doute pour conjurer sa fatigue, le poids de ses... trente ans ! Ou plutôt de ses milliers de nuits blanches qui valaient bien sept vies ! Ou tout simplement, il la voyait comme une espèce de prière. Ou encore un hommage à l'un de ses enfants. Jakob ? Un peu tout cela à la fois. Il y invoquait Dieu et sa protection pour son fils ou sa fille dont il espérait que chaque vœu s'accomplirait.

Puisses-tu construire une échelle vers les étoiles
Et grimper sur chaque barreau
Puisses-tu rester toujours jeune[94]

Bob avait composé une autre chanson, *Wedding Song*, en pensant à Sara qui l'attendait et l'aimait. Il lui avait adressé cette phrase :

Je t'aime plus que l'argent et plus que les étoiles au-dessus
[...]
Tu m'as donné un, deux, trois bébés, surtout, tu m'as sauvé la vie[95]

Il empoigna sa guitare et joua. Robbie, Levon, Garth et les autres suivirent comme s'ils rencontraient le maître pour la première fois. Ils virent bien ce que leur musique avait de léger, d'enjoué, de merveilleux. C'était le miracle auquel Dylan les conviait à chaque fois. L'harmonica de Bob virevoltait. Les montagnards avaient délaissé leur lourdeur pour le gazon frais, la poésie.

Il atteignit à nouveau le sommet avec *Dirge*. Depuis bien longtemps, il n'avait pas écrit une chanson aussi amère sur un amour perdu.

— Nous allons le faire en petit comité, dit-il à Robbie.

Il commença à chanter, martelant ses mots tristes de pointes graves au piano tandis que Robertson faisait claquer ses cordes. C'était une promenade romantique où la voix de Bob s'élevait et retombait comme embrasée par une profonde douleur.

Grâce à *Dirge*, *Forever Young* ou *Wedding*, Bob sentait qu'il dépassait en qualité le laborieux *New Morning*. Bien sûr, il se gardait bien de comparer ce nouveau disque à la brillance de *Blonde On Blonde* ou de *Highway*. Rien à voir. Trop inégal sans doute. Les « bonnes choses » côtoyaient les chansons plus faibles. Indifférent, accroché à son plaisir, il replongeait dans la campagne américaine, derrière lui, le Band comprenait bien mieux cette simplicité-là que les visions de *Blonde*. *Planet Waves* fut enregistré vite, pendant deux journées, à la grande satisfaction de David Geffen, et sortit en janvier 1974 : le premier disque studio après trois ans de silence.

Les musiciens du Band avaient quitté la chaleur de Los Angeles pour respirer le vent hivernal de Chicago comme dans un rêve qui s'accomplissait si vite. Un rêve ou un cauchemar ? Quel sort les rock fans réserveraient-ils à Dylan ? Bob regardait les longues rues vides de Chicago. À sa descente d'avion, il avait senti ses mains s'engourdir de froid et de peur, sa gorge s'assécher. Il n'avait jamais éprouvé pareille crainte, il s'en confiait à Sara.

— Et si je fais un bide ? répétait-il.

Pour toute réponse, elle lui glissait le petit Jakob dans les bras et disait :

— Les plus jeunes générations peuvent travailler avant d'écrire toutes les chansons que tu as données au répertoire...

Elle avait raison. Mais un échec effacerait tout ce glorieux passé. Il craignait les nouvelles gloires qui possédaient bien plus de moyens, de sons, de folie, les Led Zeppelin, Pink Floyd qui venait d'offrir au monde le formidable *Dark Side Of The Moon*, David Bowie, T-Rex... Et lui, issu de la vieille folk song, pouvait apparaître comme un épouvantail de l'époque hippie. Quatre années de silence équivalaient, dans le domaine du rock, à une éternité. David Geffen et le promoteur Bill Graham, avaient-ils eu raison d'augmenter le prix des places ?

Et voilà que le Band et lui arpentaient la scène de Chicago sous ce ciel glacé et noir, face à un public nombreux et enthousiastes. Les premières appréhensions s'envolèrent en même temps que, dehors, la bise aigre répandue par le Grand Lac. Robbie pensait que cette foule ne sifflerait pas car ils joueraient la musique élevée de *Planet Waves*, la musique de leur progrès et de leur maturité. Bob arriva sur scène avec un fin sourire. Vous, mes gaillards, je vous réserve une surprise ! Il avait récupéré une chanson griffonnée sur les nombreux bouts de papier qu'il laissait dans son sillage, *Hero Blues*, retirée autrefois de l'album *Another Side Of Bob Dylan*. Robbie et ses hommes ne l'avaient pas répétée. Les belles poses volèrent en éclats. Le Band replongea dans ce qui avait tant déplu, il y a une dizaine d'années : un rock névrotique, furieux, que Dylan à l'allure de diablotin, excitait là presque en équilibre sur l'abîme d'où partaient tous les désirs humains, l'amour de milliers de spectateurs. Bob ne tenait pas à reproduire l'image du troubadour lyrique. C'était fini, au temps du hard rock. Robbie et Levon tressaillaient. Le spectre des huées resurgit, mais le miracle survint : la clameur publique les souleva de terre comme les mythes qu'ils étaient probablement ce soir-là.

Ce fut la même chose à Miami et ailleurs. Bob se détendit, en lisant pendant son chemin de bonnes critiques sur *Planet Waves*, sous la plume, par exemple, du *Sunday Times*, le 3 février : « Il y a à présent une humeur tournée vers l'intérieur... caractérisée par le non-engagement, la recherche d'une intimité et une tendance à se tourner le passé. *Planet Waves* reflète cela en une collection de chansons achevées, troublantes et captivantes. »

Cet éloge le convainquit de faire cravacher davantage ses hommes. Les musiciens du Band ne dormaient pas, voguaient en avion dans les airs bleutés, descendaient à l'aube, répétaient, jouaient, puis repartaient pour de longues traversées, insomniaques, attachés à leur chevalier pâle. Bob rencontra Jimmy Carter, gouverneur démocrate, très ouvert à une œuvre dont il avait suivi les péripéties.

Ils arrivèrent en Californie, soldats braillards de la note, ivres et joyeux qui mettaient le souk dans les hôtels. Un cortège les suivait, parmi eux des émissaires de Columbia. Celle qu'ils avaient envoyée – peut-être pour convaincre Bob de rentrer au bercail – irradiait particulièrement. Ellen Bernstein. Elle l'accompagnait, veillait à ce qu'il ne manquât de rien. Parfois, dans la solitude des hôtels, le musicien et sa dame de compagnie avaient de grandes conversations, fumaient, buvaient et commençaient à se désirer, Dylan surtout parce qu'Ellen, elle, le désirait depuis le début. L'artiste brisa alors l'espace entre eux, s'approcha, et elle le laissa faire, paralysée, le cœur battant. Il embrassa, déshabilla cette grande fille de vingt-quatre ans, arrivée depuis peu dans la firme. Le lendemain, ils continuèrent ensemble la tournée, très proche. Elle devinait que cela ne durerait pas mais profitait pleinement du plaisir absolu que Bob lui accordait. Il avait besoin de séduire pour son corps, son âme.

Quand la tournée prit fin, ils se revirent avant que tout se délite irrémédiablement...

Ces six semaines furent agréables. Encore les bagages, l'aéroport, l'avion de nouveau, la nuit qui passe... Bob débarqua dans sa maison de Malibu, toujours en chantier. Les travaux n'en finissaient pas. Sara promenait une mine énervée. Se doutait-elle de ses infidélités ? Elle disait que rien n'avançait comme elle le souhaitait, et les gosses s'agitaient, criaient. Son cadeau se transformerait en cauchemar. Pourquoi Sara avait-elle décoré la chambre de cette manière ? Et lui, pourquoi construisait-il cet horrible dôme si prétentieux, reprochait-elle ? Quand il ne disait rien, elle le harcelait. Et s'il disait : « Faut que je parte », elle ne comprenait pas. Elle cherchait des explications à tout. Pourquoi lui arrivait-il de dormir à la belle étoile alors qu'il possédait plusieurs maisons ? Il ne trouvait aucune réponse. C'était sa nature, voilà tout. Peut-être voyait-il d'autres femmes ? Sara, rouge de colère, de dépit, luttait contre les soupçons, incapable de les refréner. Les mots explosaient, incontrôlables.

— Qui sont-elles ? Tu me mens... Tu es un menteur !

Jamais Bob n'avait vu sa discrète épouse aussi nerveuse et sombre.

Bob fuit le logis et plongea à nouveau dans la route infinie, la défense de son œuvre, loin de sa légitime femme. Plus que la sauvegarde de son foyer, il redoutait son déclin artistique. *Planet Waves*, sur le long terme, aurait pu être mieux défendu, mais David Geffen lui paraissait un peu nonchalant, même en comparaison de Columbia. Il attendrait l'autre album qui devait paraître chez Asylum, *Before The Flood* et prendrait sa décision ensuite.

Il partit loin de Malibu et des tracas domestiques. Sa vieille connaissance Phil Ochs l'invita à un concert de soutien aux opposants chiliens après le putsch de l'année précédente.

— Tu sais, je n'ai pas bien suivi ce qui se passe, s'excusa Bob.

Il se rappelait les images de chars dans les rues de Santiago, de palais en flammes, de stades remplis d'opposants et connaissait les soupçons qui pesaient sur la CIA. Ces visions l'avaient choqué, mais il ne s'y était pas davantage intéressé.

— Peu importe, le rassura Phil Ochs. Tu sais, je connaissais bien Victor Jara.

Il lui raconta le martyre de ce chanteur à qui l'on avait arraché la langue, crevé les yeux et dont le corps avait été jeté sur le bord d'un fossé. Ochs voulait que le monde se souvînt de ce poète libre.

— Être un artiste là-bas est une activité plus grave que chez nous !

Au Felt Forum de New York, ce 9 mai 1974, Bob ne chanta pas très bien, un peu ivre sans doute et surtout triste. Il pensait à Sara. C'était bien fini. Elle n'avait pas supporté les rumeurs et parlait de divorce. Comment leur séparation se déroulerait-elle ? Mal sûrement. Les souvenirs de leur vie heureuse à la fin des années soixante lui revenaient à l'esprit. Il avait blessé la femme adorée.

Le concert « chilien » terminé, il ne demeura pas longtemps dans cette ville qui l'avait vu naître musicalement. Il avait besoin de calme, de repos, fâché contre la vie, contre sa femme, contre tout, contre David Geffen. Les ventes plutôt correctes de *Planet Waves* ne lui convenaient pas. 600 000 exemplaires seulement ? Avec tous les tickets vendus pendant la tournée, les salles combles ? Geffen s'en contentait. Le

« live », enregistré pendant la tournée, *Before The Flood*, prévu pour le mois de juin 1974, plafonnerait peut-être lui aussi même si Bob sentait bien que ses vieilles chansons continuaient de vivre et de bien vivre. Le garant de l'œuvre demeurait Robbie qui lui apportait un joli soutien, toujours agréable à fréquenter, le Band agissait comme une deuxième famille, présente à ses côtés depuis presque dix ans.

Cette proximité avec le groupe rendait criante les différences de Bob avec Geffen. Les deux hommes ne se comprenaient pas bien. Le musicien n'aurait jamais cru regretter Columbia et il se rappelait avec émotion ses débuts, seul, avec sa guitare, sous l'œil compétent de John Hammond. L'ancien responsable, Clive Davis, l'avait bien dit : la compagnie et Dylan, inséparables, se protégeaient mutuellement. « J'ai eu tort de partir », songeait la vedette qui souhaitait revenir, manifestant une envie irrépressible de l'ordre du mystique ou de la santé mentale. Comment Bob avait-il pu rompre une bonne relation presque nourricière ? Pendant son infidélité, la compagnie avait recruté des artistes « dylaniens », un chanteur du nom de Loudon Wainwright III, l'un des grands chanteurs folks des années soixante-dix à l'humour acerbe. Depuis ces jours bénis de 1962 et 1963 et l'arrivée du baladin suprême « en roue libre », si vous étiez seul à la guitare, vous receviez immanquablement le surnom de « nouveau Bob Dylan ». Loudon en avait soupé des comparaisons faciles et, ce qui n'arrangeait rien, c'est que lui aussi avait été découvert au Gaslight, le café de New York, près de l'endroit où Bob avait composé *Blowin' In The Wind*.

Le départ du seigneur avait provoqué un séisme à l'intérieur de la compagnie. John Hammond, épuisé par une santé délicate, avait relayé le mot d'ordre.

— Trouvez-moi le nouveau Dylan !

Il reçut même un jour un appel d'un compositeur, un certain Mike Appel qui lui tint ces propos :

— Vous êtes John Hammond, l'homme qui est supposé avoir découvert Bob Dylan ? Je veux savoir si vous avez des oreilles. J'ai quelqu'un qui est meilleur que Dylan.

John le rembarra. Qui était cet arrogant ? L'inconnu avait réussi à le braquer, mais le grand Hammond demanda malgré tout le nom de cet infortuné musicien si mal introduit.

— Bruce Springsteen.

Et c'est ainsi que ce jeune néophyte publia un disque au début de l'année 1973, *Greetings From Asbury Park, N.J.* La critique n'avait pas manqué évidemment de le comparer à Dylan.

C'était amusant jusqu'à ce coup de fil. Hammond décrocha le téléphone. Il ne s'attendait pas à entendre :

— John ? C'est moi... Bob.

L'autre s'esclaffa. Quel meilleur « nouveau Dylan » pouvait-on trouver sinon le vrai, l'unique ?

— Comment vas-tu ? demanda la vedette à son découvreur.

— B... Bien. Je récupère...

Bob avait appris que John Hammond avait souffert pendant l'hiver 1973 d'un abcès dentaire tandis que sa femme, au retour d'un séjour parisien, avait enduré un grave empoisonnement alimentaire. Le producteur était fatigué.

— J'ai le cœur malade, dit-il. Il a encore donné quelques signes de faiblesses à cette occasion... Mais je tiendrai le coup, ne t'inquiète pas.

Bob sut combien cet homme comptait pour lui parce qu'il représentait à ses yeux la stabilité, la force, et qu'il l'avait défendu contre tous.

— J'aimerais revenir chez Columbia... Faire un nouveau disque. Et tu sais ? J'aimerais l'enregistrer dans le studio de mes débuts, là où j'ai gravé mes trois premiers albums...

Un drôle de vœu ! Ce désir ne pouvait pas que contenter Hammond et les patrons de la firme qui lui proposèrent tout de suite d'augmenter ses royalties et accédèrent à ses plus chers désirs. Évidemment, ce retour précipité chagrina Geffen.

— Tu me quittes ? Mais nous avions des accords... Les deux albums se sont pas mal vendus.

Bob ne lui fournit aucune explication supplémentaire, il n'en avait vraiment pas l'envie, et comme à l'accoutumée, il laissait ceux qu'il abandonnait dans la peine et la rancœur. David avait eu confiance en lui. « Un arnaqueur », songeait-il.

Columbia avait récupéré son génie en un tournemain. Personne n'imagina à quel point Dylan était heureux. L'instabilité provoquée par son départ de la « maison mère » l'avait perturbé, et il pouvait en toute quiétude se consacrer pleinement à son œuvre, sa position au sein de la compagnie renforcée.

Il s'isola dans une ferme pendant l'été 1974, au milieu des bois. Sous la fraîcheur parfumée des arbres, les lueurs du soleil qui tremblaient entre les feuilles. Il faisait bon. Bob avait invité le bouillonnant David, son jeune frère, avec femme et enfants, à lui rendre visite, afin de musarder sur les rives du bras d'eau qui passait à proximité, et parler, sans doute musique. L'aîné n'oubliait pas que son cadet fabriquait des jingles pour les bandes publicitaires, produisait des musiciens. David avait découvert un Canadien du nom de Michael Lessac. Il se vantait de sa trouvaille car cet artiste folk avait suscité l'intérêt du public. Mais le plus jeune des fils d'Abe n'avait pu promouvoir davantage son protégé à cause de... Bob ! Un comble ! À chaque fois qu'un journaliste l'approchait, il se désintéressait du « cas Lessac » et dérivait sur le grand et fameux frère. Bientôt aucun écrivaillon ne fit plus mine de s'intéresser à Michael dont le petit instant de gloire se consuma comme un éphémère. Non, c'était Bob, encore Bob ! David finissait par en rire d'autant qu'il obtenait des sous, des contrats parce qu'il était le *frère de...* Le cadet Zimmerman ne partageait-il pas un peu de cette responsabilité en utilisant le fameux pseudonyme ? Il s'aidait de la notoriété de Bob et en souffrait. Alors, quelle solution choisir ? Sans doute travailler ensemble. Pourquoi pas... Seulement, jamais David n'aurait osé proposer ses services au grand musicien. Il se contentait de hasarder quelques clins d'œil avant de changer de sujet.

— Pas mal ta production, là. N'aurais-tu pas besoin de tels sons ?

Bob comprenait le message. Il devinait les troubles que sa notoriété soulevait chez David. Là, au milieu de rien, il dit, presque sans le regarder :

— J'aimerais que l'on travaille ensemble.

David se fendit d'un large sourire, sous les yeux ravis de Beatty, cette mère pimpante au verbe toujours haut. Enfin, ses deux garçons se tenaient par la main. Enfin, Bob n'éprouvait plus la honte de sa famille et acceptait les siens, leurs errances. Il avait accepté le remariage de sa mère parce qu'elle perpétuait toujours le souvenir d'Abe envers et contre tout. Bien sûr, Beatty n'aimait pas la manière dont Bob parlait de son père, plaignant sa vie de travailleur acharné qui s'était épuisé, jusqu'à sa mort, sur les tâches matérielles. Lui, son fils, avait accompli son rêve, jouer de la musique, gagner beaucoup d'argent, au-delà de ce qu'un fils d'immigré aurait espéré. Une telle réussite lui donnait-il le droit de mépriser la génération d'au-dessus, celle qui avait affronté l'exil en première ligne ? Elle ne le pensait pas. Bob le savait bien au fond. Quelque force le poussait à critiquer Abe, mais c'était plus l'expression d'une douleur qu'une véritable rancune ou de l'arrogance gratuite. La fortune, la gloire n'apaisaient en rien les angoisses du musicien. Pour l'avoir observé pendant ce séjour, Beatty avait évalué de près les transformations que la mort d'Abe avait provoquées chez Bob. Il avait emporté dans sa retraite la Bible, qu'il lisait chaque soir afin de trouver des réponses. L'ouvrage lui procurait une sorte de paix intérieure comme une respiration plus lente dans une existence qui avait été jusque-là bien remplie, nerveuse, saccadée et certainement pas assez contemplative à son goût. Il était juif et c'était la seule voie qui lui permettait de ressusciter son père. Il l'avait compris lors de sa retraite à Woodstock juste après son deuil. Son intérêt pour la kabbale avait provoqué un véritable tonnerre dont les secousses ne cessaient de se répercuter. Il lisait que les bénéfices de sa tournée allaient à Israël, qu'il était sioniste. Il acceptait les interviews pour pouvoir répondre à toutes ces rumeurs stupides. Qu'est-ce qu'un sioniste ? Il n'était même pas certain de savoir, comme il venait encore de l'affirmer dans un entretien... à *Newsweek* !

Ce mysticisme – il l'espérait secrètement –, ce retour vers le judaïsme influenceraient son œuvre au moment où il avait commencé à écrire les chansons de son nouvel album, celui du grand retour chez Columbia. Il profitait de ces longues journées silencieuses, sans enfants ni femme, quand sa mère, la remuante et cocasse potinière de Hibbing, était partie après l'avoir chaleureusement serré contre lui, fière de savoir qu'il allait vers des choses simples, la foi par exemple susceptible de le prémunir contre sa nature.

John Hammond le sentait bien lui aussi. Bob avait tenu à ce que l'enregistrement commençât le premier jour du nouvel an juif, le 12 septembre. Il était ensuite entré dans le studio, très serein, tenant d'une main sa Bible, de l'autre une bouteille de vin. Il fut tout ému de revoir cette place aux murs défraîchis où, dix ans auparavant, il s'était figé avec sa guitare, ses doutes. Là, à cet endroit, occupé par une chaise vide, se tenait Suze, attentive. Il éprouvait un vif sentiment de nostalgie à son égard. Où était-elle ? En Italie, avec son mari ?

Il avait changé. La foi, l'expérience l'avaient transformé.

Malgré cela, il ne perdait pas ses bonnes habitudes, déballant des chansons terminées, d'autres à moitié écrites, certaines simplement dans les limbes. La nuit serait longue pour les jeunes requins débarqués des studios de New York, convoqués sur l'heure. Le guitariste Eric Weissberg piaffait d'impatience à la porte du sanctuaire. Ce musicien s'était fait connaître en jouant le fameux morceau du film *Delivrance* de John Boorman, *Dueling Banjo*. Il avait taquiné la corde avec Doc Watson et d'autres, et s'apprêtait à vivre un grand jour. Jouer aux côtés de Dylan ! Ses anciens compagnons d'étude en auraient rêvé. Eric s'étonna assez vite de la méthode : l'auteur de *Blonde On Blonde* avalait de grandes gorgées de vin, se désintéressait de ce qu'il entendait, laissait filer les erreurs, les notes approximatives. C'était peut-être cela son secret, un savoir-faire qui n'avait rien à voir avec les magnifiques leçons apprises au conservatoire.

Eric joua *Tangled Up In Blue*, cette chanson destinée à faire son bonhomme de chemin dans le florilège dylanien, mais aussi *Idiot Wind* où le génie retrouva son phrasé jeté et lyrique. Le disque, intitulé *Blood On The Tracks*, fut achevé assez rapidement, prêt à sortir, au début de l'année 1975. Bob réfléchit à la pochette. Pourquoi pas un dessin ? L'œuvre de David Oppenheim l'obsédait depuis qu'il avait vu ses toiles dans une exposition à New York. Cet artiste, mystérieux, vivait en France, du côté de Marseille. Il l'appela, et l'autre, très surpris, accepta, heureux de savoir que son talent ornerait le dos de *Blood*. Il envoya huit dessins et Bob en sélectionna un.

Dylan était-il satisfait ? Pas vraiment. Pourquoi avait-il mis cet instrument là ? Et ce morceau, l'avait-il bien chanté ? Que valait ce disque ? Il redoutait de décevoir et plus simplement de se décevoir. Il marchait la nuit à New York, dans ce frimas glacé de décembre. Les lueurs des gratte-ciel tombaient autour de lui comme des furoles perdues dans l'épais brouillard... Une semaine avant la parution de *Blood On The Tracks*, Bob se réveilla en pleine nuit. Il n'avait pu fermer l'œil tant la musique passait et repassait dans sa tête comme un cauchemar obsédant. Non, cela n'allait pas... Le travail manquait, les erreurs étaient trop nombreuses. Il n'avait pas le droit de délivrer une œuvre aussi imparfaite. Que diraient le public et la critique ? Six ou sept chansons au moins méritaient un ravalement. Mais avec quels musiciens ? Il ne reprendrait pas le groupe d'Eric Weissberg. Il avait besoin d'insuffler à sa musique une autre verve, une autre inspiration.

Comment relancerait-il son désir sur ce disque ? David... Oui, David ! Son petit frère, producteur, manager, connaissait des musiciens dans la région, et il aurait vite fait de rassembler les accompagnateurs les plus roués à l'exercice.

Il regagna sa maison d'ermite, près de Minneapolis, parmi les arbres blancs de neige, la rivière avait perdu ses reflets et demeurait immobile dans une tombe de glace. Il prit sa guitare et joua...

Il appela David...

Bob avait loué un studio à Minneapolis pour deux jours d'enregistrement, les 27 et 30 décembre. David appela les musiciens de sa connaissance, des professionnels du coin. Puis il débarqua aux studios, accompagné de sa smala. Bob ne prêta aucune attention aux cris d'enfants et au désordre. David se mit au travail, essayant de mettre en valeur le plus possible la voix de son aîné qui, lui, s'efforçait de retrouver son savoir-faire des années soixante.

— Et si on renforçait la batterie ? Pourquoi on ne mettrait pas cet arrangement ici ?

Le plus jeune des Zimmerman courait partout, de la console à l'orchestre. Il avait rêvé de ce moment, participer à la formidable aventure de son frère.

— Trouve-moi un joueur de mandoline. Je pense qu'une mandoline serait bien là...

Et David empoignait son téléphone, parcourait toutes les officines qu'il connaissait à la recherche de l'oiseau rare. Il était fier de pouvoir dire :

— Bob Dylan est en quête d'un mandoliniste.

Il sentait chez ses interlocuteurs un silence admiratif, quelque chose de religieux, d'étrange. Pas question évidemment de percevoir une hésitation ou de l'ennui. Bob Dylan devait être exaucé sur-le-champ ! Il trouva un virtuose plutôt bien élevé dans le florilège des instrumentistes locaux de Minneapolis, Peter Ostroushko. Trop bien élevé sans doute.

— Non, pas comme ça. Ton jeu manque de force, lui reprocha Bob.

Il se leva et arracha presque l'instrument des mains du musicien. Il lui montra comment le brutaliser pour en sortir des sons plus sauvages, moins policés. L'autre essaya, mais n'arriva pas à se dépasser car il appréhendait de s'abîmer les doigts. Bob soupira, fit tomber sa chaise, s'empara à nouveau de la mandoline et en joua comme il l'entendait. David avait bien compris la leçon : travailler avec son frère, cela pouvait être splendide mais aussi représenter une difficile épreuve.

Malgré ses doutes, Bob avait réussi à concevoir une nouvelle œuvre dans la déprime, la colère. Les critiques apprécièrent, les radios diffusèrent les chansons du meilleur rescapé des années soixante puisque les anciens Beatles, Paul McCartney ou John Lennon décevaient, que les Rolling Stones baissaient d'intensité. Dylan pouvait se prévaloir de cinq pages dans *Rolling Stone*, le 13 mars 1975. Le journaliste Jon Landau établissait un parallèle entre Charlie Chaplin et lui. Dylan demeurait un grand auteur compositeur, tout le monde en convenait. Mais ses pairs jugeaient médiocre la production de ses disques souvent mal enregistrés, bourrés d'erreurs. Le comique du cinéma muet transcendait son manque d'intérêt pour la technique ou la fabrication par sa présence physique, le musicien compensait, lui, grâce à son écriture. Landau avouait que le poète chanteur avait transformé sa vie, et il ajoutait : « Si Dylan n'est pas un grand artiste rock, il est un grand artiste ». Il avait su dépasser ses limites, donnant au rock sa plus belle dramaturgie :

« S'il n'est pas aussi bon fabricant d'albums que Chuck Berry, il est meilleur acteur... Comme James Dean et Marlon Brando, il fut meilleur dans le rôle du rebelle que dans celui du citoyen, meilleur en jouant le marginal qu'en jouant le conformiste, meilleur hors-la-loi que shérif... *Blood On The Tracks* est un enregistrement typique de mauvaise qualité. Le son n'est généralement rien de plus que ce que Greil Marcus appelle "fonctionnel", un environnement neutre duquel émerge Dylan. Mais le chant est bien meilleur que celui de n'importe quel album récent... Cela faisait longtemps que Dylan n'avait pas composé des lignes mélodiques aussi parfaitement adaptées à sa voix comme *Tangled Up In Blue*, et quoique les paroles soient à la fois confessionnelles et narratives, Dylan les fait sonner directes... plus proches, plus intimes et plus réelles que chez n'importe qui. Si dans le monde des extrêmes de Dylan, figure un terrain intermédiaire, c'est à cette place que je mets *Blood On The Tracks*. Voici le meilleur album depuis *Blonde On Blonde*, mais pas vraiment aussi bon. »

Mais Bob continuait de ressasser son insatisfaction. Il n'aimait pas vraiment les paroles de *Tangled Up In Blue* et ne cessait d'imaginer des transformations, même le disque fini, pratiquement enregistré. Il se rendait compte de son drame : l'ombre géante de *Blonde On Blonde* le condamnait à l'insatisfaction, même si la chronique de Paul Cowan dans le *Village Voice* du 3 février 1975, frappait juste :

> « C'est un message sinistre. À trente-quatre ans, son mariage à la dérive, il est redevenu un vagabond isolé et solitaire... Dylan, piégé dans sa propre prison, c'est Tirésias dans sa fosse. L'Amérique est sa terre de perdition ; comme dans tous les grands albums de Dylan, la douleur est le verso de sa légendaire cruauté... À un moment, probablement quand son mariage a commencé à voler en éclats, son égoïsme a dû se figer en haine de lui-même... Quoique semblant incapable d'établir des relations chaudes et durables, il est trop assoiffé d'amour pour décider froidement de sacrifier sa vie privée à son art, comme Joyce ou Mailer le peuvent. *Blood* est un grand album parce qu'écrit à la face de cette malédiction... »

Il laissait les journalistes disséquer son existence, fouiller ses placards. Pendant que chacun glosait sur son œuvre, il tentait de récupérer dans une chambre d'hôtel. La descente, après l'achèvement d'un disque, se révélait éprouvante. Il buvait, incapable de dormir, épuisé. Effectivement, il sacrifiait ses relations intimes à son art. Mais quand l'art était-il terminé... ? Il fixait un bout de mur vierge, un ciel morne. Le disque lui arrivait entre les mains, objet fini, imparfait, bien loin de l'absolu qu'il avait médité. C'était la même rengaine depuis ses débuts. Et il n'avait personne à qui se confier. Il pensa à Sara et aux enfants, souhaita les voir, et deux jours plus tard, il prit un chemin qu'il connaissait par cœur : celui de l'aéroport.

Il retourna à Malibu, dans ce château au bord de l'océan qu'il n'avait même pas achevé. La rencontre des époux n'eut rien de réjouissant. Sara se tenait en retrait, les jambes croisées, la bouche serrée, indifférente à ce qu'il pouvait bien dire. Et qu'avait-il à raconter ? Rien, à part la musique, son œuvre, son œuvre, la musique. Sara avait envie de s'éloigner de ce milieu étroit. Elle était l'une des rares épouses de rock stars qui ne participait pas au métier de son mari dont elle se sentait d'ailleurs de plus en plus éloignée. Cet univers de beuveries, de baise à outrance, d'infidélités, de nuits blanches la dégoûtait. La voix de Bob la tira de ses pensées :

— Je participe à un concert de soutien pour les écoles à San Francisco. Tu m'accompagnes ?

Il baissait les yeux. Sara ne le quittait pas du regard. Qu'espérait-il, lui qui l'avait salement trompée, faisait monter – elle en était persuadée – des putes dans sa chambre d'hôtel ? Il finirait sa vie, seul. Bien sûr, il avait réussi sa carrière, mais à quel prix ! En abandonnant ceux qu'il aimait ? Pourquoi la relançait-il ? Pour de nouveau terminer dans le lit d'une autre ?

— Qu'attends-tu de moi ? demanda-t-elle la voix étranglée par les larmes qu'elle essayait de retenir.

Il leva la tête, pâle, les yeux rougis de toutes ces nuits passées à picoler, à écrire.

— Je... Je t'aime. J'ai besoin de toi.

Il avait besoin d'elle, évidemment, afin de combler sa solitude et ne cessait de solliciter un pardon qu'elle aurait bien été en peine de lui accorder. L'épouse ne croyait pas à ses repentirs, il avait trahi sa confiance. Non, Sara ne lui avait pas permis toutes les libertés. Non, Sara n'aimait pas *Blood On The Tracks*. Oui, elle reprochait à son mari d'utiliser son talent pour étaler en public leur vie privée, et souvent des choses peu admirables, échecs, frustrations, amertume.

— Tu n'as pas d'autres thèmes que nous, que moi, que notre échec ? interrogeait-elle, ne supportant plus que le public eût un œil sur leur alcôve.

Et elle criait. Il ne répondait même pas. Visiblement, il ne voulait rien entendre, son art lui importait davantage que ses états d'âme de femme blessée. Sara semblait vraiment remontée contre lui, au point même d'oublier les hommages qu'il lui avait rendus.

— Rappelle-toi, répliquait Bob, j'ai écrit pour toi, *Sad-Eyed Lady Of The Lowlands*. Ce n'était pas une belle chanson ?

Le public, la presse croyaient que ce beau texte s'adressait à Joan Baez ou à Suze. Eh non : c'était à elle, Sara, son grand, grand amour. Pourtant, le dire, le répéter n'avait rien changé. Nul souvenir ne la calmait. Bob allait perdre la femme qui avait assuré son équilibre pendant presque dix ans, attachée aux meilleures années de sa vie et dont la figure angélique hantait une grande partie de son œuvre.

Elle accepta malgré tout de le suivre, alors qu'elle ne ressentait aucune envie d'y aller. Elle avait souri en se rappelant Bob dans leur maison de Woodstock avec le petit Jesse sur ses épaules ou quand il composait à sa table cigarette aux lèvres, devant l'âtre, pendant qu'elle lisait ou dormait et que dehors la pluie cinglait les vitres. Ces images continuaient d'occuper son esprit. Alors, elle avait accepté, pourtant sans la moindre illusion...

Bob espérait reconquérir son épouse. Il avait beau s'appeler Dylan, être connu du monde entier, il se heurtait à une résistance surprenante et qui se poursuivit jusque dans les coulisses du concert de San Francisco. Il faisait pourtant bon dans le Golden Gate Park, devant ce public en liesse, ce 23 mars, jour du printemps, parmi les odeurs de pins, entre ciel et mer. Il avait retrouvé Neil Young, trois musiciens du Band, Levon Helm, Garth Hudson et Rick Danko. Un vrai plaisir, surtout quand il chanta *Knockin' On Heaven's Door*, devant cet océan azuréen.

Sara ne desserra pas les lèvres et garda ses distances pendant que Bob, descendu de la scène, parlait au promoteur Bill Graham, qu'il échangeait des cigarettes avec Ron Wood, le guitariste des Rolling Stones. Ces deux-là riaient ensemble et se découvraient des affinités. De temps en temps, Bob s'asseyait auprès de Sara et l'embrassait. Sara ne réagissait pas. Elle regardait son époux qui tenait sa Bible. Quelle lubie ! Si cela pouvait l'empêcher d'être infidèle ou de boire... Que cherchait-il donc ? Elle trouvait le temps long. Elle avait retrouvé la même ambiance qu'avant, le même ennui aussi. Elle avait mis une distance presque définitive entre elle et ce monde artificiel. Elle n'avait plus qu'une idée : retrouver ses enfants et le calme de sa propriété de Malibu.

Bob vint la voir.

— Je vais en France. Tu m'accompagnes...

— Une question ? Un ordre ? Bob, c'est fini ! Pourquoi diable me harcèles-tu maintenant ? Non, je ne traverserai pas l'Atlantique dans tes bagages, même en souvenir des huit belles années que nous avons passées ensemble avec les enfants...

Qui allait-il voir ? Le peintre David Oppenheim, disait-il.

— Il m'attend en Savoie. Viens, Sara, nous allons nous retrouver, comme autrefois.

Il avait envie de la caresser, de l'embrasser, de la prendre. Et elle dodelinait de la tête en signe de refus, le cœur verrouillé.

— Là-bas, je t'appellerai...

Pour occuper son temps pendant le vol, il jeta dans sa valise un livre reçu le matin même, *Le 16ᵉ Round.* L'auteur, un boxeur nommé Rubin « Hurricane » Carter, purgeait une longue peine de prison pour un meurtre qu'il n'avait soi-disant pas commis. Un ouvrage, un sac de voyage, son carnet de notes. Il ne laisserait pas son cerveau au repos. Avant de partir, il passa un dernier appel à Sara afin de l'exhorter à le suivre. Absente. Ou alors, elle n'avait pas voulu répondre. Mais il recommencerait, insisterait. À peine avait-il posé le pied en France qu'il l'appela encore. Et elle décrocha, enfin...

— Sara ? Sara, c'est toi ?

Elle dit un simple « oui ». Le climat en Savoie lui plairait tant, les montagnes s'étendaient à perte de vue, il respirait le grand air frais, et son hôte, David, était un garçon épatant.

— Alors, tu viens ? Mon frère gardera les enfants...

Non, elle ne viendrait pas. Elle renonçait à leur amour. Comme toujours, Bob médita une chanson sur elle. Comme toujours, cette thérapie que Dieu lui avait léguée l'aiderait à surmonter sa douleur. Il avait commencé, mais n'y arrivait pas. Sa main tremblait quand il écrivait le mot « Sara ».

David l'avait vu arriver, frigorifié, émacié, presque fantomatique, avec son baluchon. Il avait de lourdes poches sous les yeux et regardait à peine le paysage comme si rien ne l'intéressait. Il ne souhaitait voir personne.

— Elle est partie, disait-il.

Et il saisissait le téléphone puis demeurait de longues heures, la tête penchée. Il n'avait plus envie de rentrer chez lui, de voyager ou même de séjourner en France. Il ne savait plus et rédigeait dans la fièvre sa chanson intitulée simplement *Sara*.

Sara Sara
Doux ange vierge, doux amour de ma vie
Veillant pendant des jours dans le Chelsea Hotel
Écrivant Sad-Eyed Lady Of The Lowlands pour toi[96]

Sara se trompait. Il savait écrire le beau, le romantisme et pas seulement l'échec, la misère ou le regret. Il clamait que *Sad-Eyed* était destiné à son épouse. *Sara* ressemblait à une lettre d'amour venue presque d'un seul jet, entre Los Angeles et le sud de la France.

David Oppenheim lui offrit une réception royale, dans son diverticule montagnard, des plateaux de fromages, victuailles, mangeailles, poissons, vins, viandes, nectars... Bob avalait tout ce qu'il pouvait au point de tituber.

— Et si tu jouais ? proposa l'hôte en tendant une guitare.

Bob cessa de rire. Le prenait-il pour un clown ? Un amuseur public ? Il avait bu et ne savait plus trop ce qu'il faisait. Dylan commença à gratter, et David se figea, croyant entendre, comme il l'avouerait plus tard, un loup. Sa voix avait quelque chose de tourmenté, de chaotique. « Comme ma vie », ajoutait l'artiste.

— Viens, nous allons sortir...

David l'emmena dans un chalet rempli de musique. Ils burent encore et toujours. Des femmes, à moitié dénudées, les entourèrent. L'une d'elles avait mis son châle autour de Bob, elle exhalait un parfum sucré. Une vraie Française. Il se rappellerait à peine la suite : du plaisir, un bien-être. À demi-conscient, il avait baisé toute la nuit avant de se réveiller, au milieu d'un lit défait. Il ne cessa pas un seul instant de penser à Sara tandis que les nuits et les jours se confondaient. Ce fut de splendides liesses, une orgie infinie. Cet Oppenheim possédait des secrets pour amuser le corps. Il avait aussi un appétit d'ogre.

— Nous sommes des aventuriers, disait-il.

Bob acquiesçait, indifférent à l'avenir. Il aimait bien cette existence sans lendemain ni perspectives.

— Tiens, nous partons pour Saintes-Maries-de-la-Mer. Il y a un festival gitan là-bas.

Bob le suivit, et tomba au cœur de danses, de bûchers, de glissements de satin doré, de femmes alanguies. C'était beau. Sur son trône, dans son entrepôt de ferraille, dormait le roi des gitans. Il se reposait après une crise cardiaque. Ses nombreux enfants et femmes l'avaient quitté, effrayés par l'odeur de la mort. Les flammes moiraient les tentes, les caravanes parquées sur le bas-côté. Et tout le monde dansait, chantait... Bob imagina une chanson, *One More Cup Of Coffee* où un homme séduisait la fille du roi des gitans.

David l'observait et écoutait ses textes comme tant d'autres avant lui. Toute sa vie, il se souviendrait de cette soirée. Il avait « possédé » Dylan plusieurs jours, lui avait offert de la chair, de la musique comme deux païens qui avaient déposé les armes et profitaient de leur butin.

Bob avait retrouvé un peu de bonheur, peut-être illusoire. Pendant ce voyage, il avait découvert un formidable livre, ce *16ᵉ Round*, de Rubin Carter. Le drame de ce boxeur renvoyait en écho ses œuvres passées, Hattie Carroll, Medgar Evers. Dix ans après. Il avait entendu le cri de Rubin, un cri douloureux, aigu, sensible. Contrairement aux autres martyrs, il pouvait sauver ce sacrifié. C'était Rubin d'ailleurs qui lui avait envoyé son livre. Un appel au secours. L'homme souffrait une grande injustice au fond de sa cellule.

Le grand Carter, venu en droite ligne de la ségrégation américaine, de la mauvaise fortune dans laquelle le gouvernement tenait ses sujets de couleur, avait été un boxeur admiré pendant les années soixante. Le public prisait sa fougue, son abattage, sa générosité de combattant. Bob entendait les clameurs de la foule, la sueur, le sang. Il lisait un roman. Rubin avait peut-être eu le tort de lâcher des déclarations à l'emporte-pièce comme cet appel au meurtre de policiers blancs, mais il avait nié ses propos, prétendant que ses accusateurs tentaient de lui faire payer sa conversion à l'islam. L'affaire remontait à une fin de printemps. Le 17 juin 1966, un mois avant la sortie de *Blonde On Blonde*, deux Noirs avaient attaqué à main armée un bar tabac, tuant trois personnes à l'intérieur. Puis, ils s'étaient sauvés à bord d'une voiture que des petits voleurs blancs décrirent comme étant celle de Rubin Carter et de son ami John Artis. Quelques jours plus tard, les deux suspects, arrêtés, furent inculpés de meurtres et condamnés à la prison à perpétuité. Mais un reporter assura que les deux témoins avaient menti. La police avait promis aux petits truands la relaxe s'ils chargeaient Carter et son ami. Le boxeur pouvait donc être innocent. Cette révélation avait aussitôt entraîné un mouvement de solidarité envers les prisonniers devenus du jour au lendemain célèbres.

En lisant cette histoire, Bob s'était senti proche de Rubin, un vrai gentleman, un solitaire comme lui qui ne montrait jamais de haine ni de rancœur. Il trouvait dans sa foi de quoi espérer. Bob comprenait cette quête puisqu'il la partageait à travers une autre religion et qu'il essayait lui aussi d'échapper à son propre enfermement. Il voulait rencontrer ce martyr, abattre ses barreaux.

Il avait refermé le livre, plein d'enthousiasme. Il se sentait bien en France, mais devait rentrer. Une nouvelle bataille l'attendait, alors qu'il cahotait sur une petite route de province dans une charrette conduite par un paysan. Il admirait la rosée du ciel, la lune couleur saphir. Il faisait bon. Les vignobles frémissaient, et un suc le berçait. Il abandonnerait bientôt cet empyrée, avec une légère appréhension malgré tout. Il craignait que son chagrin reprît. Peu importe : il affronterait la douleur de perdre Sara.

Il quitta David Oppenheim en le remerciant de son hospitalité, et retourna chez lui, empli de force, tenant le livre de Rubin. Il avait réservé une place d'avion pour Los Angeles, puis... Malibu ! Une coïncidence sans doute. Il apercevait le dôme en verre qu'il avait fait construire et où demeurait sa famille. Il ne tenait pas à voir ses proches. David s'occupait bien de ses neveux, les emmenait dans sa maison, jouait avec eux. Jesse et Jakob étaient ravis. Bob devait repartir. Sa vie familiale s'évanouissait comme une sorte de mirage. L'aventure, la romance le tentaient à nouveau. Il rêvait de baladins, troubadours, costumes bariolés, il avait en tête une tournée drolatique, où navigueraient des poètes, des jongleurs. Il portait aussi en lui des idées de chansons. C'était reparti. Bob s'excitait sans pour autant oublier le foyer perdu car, quoi qu'il en dît à cette époque, l'écroulement de ce paradis qu'organisait Sara le mortifiait. Et il se noyait dans les bars de la côte. C'est là qu'il retrouva son vieil ami Roger McGuinn. Depuis combien de temps ne s'étaient-ils pas vus ? Plusieurs années. Le chanteur des Byrds avait un peu vieilli, mais gardait cette expression juvénile d'autrefois.

Il faisait beau à Malibu. Roger et Bob traînaient sur la plage jusqu'au soir. Ils couraient, se baignaient, jouaient au ballon. Ils passaient des soirées ensemble à boire, à s'échanger des idées de chansons. Bob frappait à la porte de Roger et il ne repartait qu'à l'aube.

— Regarde ! Lis-moi ça ! disait Bob, couché sur le lit, les yeux fixés au plafond.

Roger s'emparait de la petite feuille jaunie à la lueur de l'ampoule. Dehors, le sable luisait dans l'obscurité face à l'océan piqueté d'étoiles et d'abîmes.

— J'ai un grand projet de tournée pour l'automne. Tu y participeras ?

— Tout ce que tu veux..., répondit McGuinn en buvant tout son saoul.

Puis, un matin, Bob partit sans rien dire. Roger vit son lit défait, pas de mot. Il regarda la plage en pensant le voir allongé sur la rive, terrassé par l'alcool. Mais Dylan avait disparu. Il était allé à New York afin de continuer à boire dans les vieux bars du Village, prendre du bon temps comme à ses débuts. Mais la cité avait changé. Il vit, à la place des cafés de poésie, des boutiques de vêtements, des devantures poussiéreuses aux portes condamnées. Le Café Wha ?, l'endroit même où Jimi Hendrix avait tiré la queue du diable, s'était envolé. On avait enlevé le décor de sa jeunesse. Bob, triste et désolé, aurait aimé conserver le New York de sa révélation. Pourtant, la ville était toujours belle, avec son petit vent du large, ses feuilles d'automne qui se balançaient à Greenwich entre les vieux théâtres. Parfois, il rencontrait un vieux copain et s'arrêtait avec lui pour prendre un verre. Puis, il reprenait sa route.

— Hey Bob, t'es revenu ?

Il esquissait un sourire, faisait un grand signe et acceptait l'accolade de ses anciens camarades.

— Qu'est-ce que tu fais ici ?

Il allait boire un verre dans un bar où se réunissaient les musiciens. Bob Dylan trônait à un bout de table, silencieux, un peu ricanant, détendu puis agacé sans que l'on en sût les raisons. Personne n'ignorait qu'il cherchait à monter un groupe, et un bouillonnement, un éclat l'entourait pendant ces nuits de discussions, de rires. Non loin, un écrivain, Larry « Ratso » Sloman, notait tout, captait au vol les moindres phrases de Bob comme un historiographe et son roi. Dylan l'aimait bien. Puis, il sortait, passait chez Columbia.

Partout où il allait, un petit message l'attendait. « J'aimerais faire partie de votre prochaine tournée. Voici mes coordonnées. »

Et Rubin Carter ? Bob lui rendrait vraiment visite. Avant même qu'il y eût songé, quelqu'un avait eu vent de son intérêt pour le martyr et déjà le pressait de s'engager dans cette cause : Dick Solomon, un militant jeune et passionné. « Oui, on peut organiser une rencontre... » Ces combattants de l'ombre essayaient de convaincre la justice d'organiser un nouveau procès. Ils avaient déjà motivé Burt Reynolds, l'écrivain Norman Mailer, la chanteuse Roberta Flack, Harry Belafonte, Stevie

Wonder, Johnny Cash... Pourquoi Dylan s'ajouterait-il à cette constellation ? Aller le voir ?... Traverser les murs d'une prison ne le satisfaisait guère. À cette idée, il avait des suées.

— C'est dangereux ?

— Non, bien sûr, répondit Dick, tout étonné.

C'est ainsi qu'il découvrit la Trenton State Prison, dans le New Jersey. Bob sentit que sa tête tournait devant ces hauts murs noirs et lisses posés comme un marbre au bord de la route, sous ce ciel informe et blême. Il faisait ni chaud ni froid. À l'intérieur, un courant d'air le saisit, et pourtant le vent avait agonisé contre les parois hautes suintant l'humidité, les barreaux gris, les voûtes obscures. Cet endroit existait depuis au moins deux siècles. Combien d'exécutions avaient-elles eu lieu ici ? Les condamnés s'avançaient jadis au bord du vide afin de s'asseoir sur la chaise.

Accompagné d'un photographe, Bob marchait derrière le directeur. Il le vit, ce superbe visage fier, mais terriblement inquiet. Rubin Carter, le seigneur adoré des femmes, le barbare du ring. Il se leva et s'approcha des barreaux. Bob ne savait pas très bien quoi dire, impressionné par la taille et l'allure de « Hurricane ». La prison semblait mesquine à côté.

— Je reviens de France, j'avais besoin de... m'éloigner des gens qui sucent mon âme, me sucent jusqu'à la moelle. Et j'ai lu le livre, *16e Round*, cela m'a... transporté.

Rubin acquiesça. Il dévisageait Dylan et pensa à sa musique. Ses chansons ne l'avaient jamais bouleversé, mais il les avait entendues, il y a bien longtemps, lorsqu'il jouissait encore de la liberté. Elles représentaient donc un heureux moment de sa vie. Il avait suivi les combats de Dylan au cœur des années soixante, l'avait vu monter vers le ciel pendant que lui sombrait dans un abîme sans fin, accusé d'un meurtre qu'il n'avait pas commis. À l'époque, il n'avait personne à qui se raccrocher, sinon peut-être à ces artistes folks, Joan Baez, Bob Dylan, Woody Guthrie, mais ils voguaient si loin de lui. Rubin le désespéré n'aurait jamais espéré un jour attirer l'attention de qui que ce soit. Et là, dix ans après son injustice et de durs combats, il se tenait à quelques mètres de Bob Dylan en personne, dans ce cachot malodorant. Il pouvait même le toucher, mais il s'en garda bien. Son cœur frappait sa poitrine, et un grand espoir le gonfla intérieurement. Près de pleurer, il serra les poings afin de ne pas afficher sa détresse devant le grand musicien. Ils parlèrent de choses et d'autres, de la vie. Peu à peu, Rubin se dérida. Il se sentait à l'aise et se mit à aimer cet homme. Il sourit. De son côté, Bob était heureux de la rencontre car tous deux partageaient la même philosophie de l'existence. La star avait dû franchir une porte grillagée pour rencontrer quelqu'un de proche à qui il pouvait réciter un passage de la Bible comme s'il disait : « Je suis Juif, et je sais, tu es musulman, mais nous pouvons nous entendre, nous aimer... »

— Les gens sont aveugles, continua Bob. Ils ne voient pas les choses que je vois et ne comprennent rien. Je suis fatigué et je n'éprouve plus le besoin de m'expliquer, je n'aime pas parler, alors je mets tout dans ma musique.

Hurricane songea que lui non plus n'aimait pas les grands discours. Bob le perçait du regard comme s'il lui demandait : Qui es-tu ? Que veux-tu ?

La visite prenait fin. Bob ne promit rien. Que pouvait-il faire ? Mettre son talent au service de cet homme ? Oui, c'est ce qu'il avait décidé. Il écrirait une chanson, la plus belle des chansons en faveur de cet innocent, et la terre entière connaîtrait son histoire. « Je te soutiendrai, l'assura-t-il d'un regard. Tu peux compter sur moi ! »

Et Bob partit, heureux de revoir la lumière, de quitter cet endroit infernal. Il avait beaucoup pris sur lui, mais cette rencontre l'avait troublé. Il se rendit compte que ses mains tremblaient et s'efforça de les cacher.

Il retourna à New York. Oui, il écrirait cette chanson, il n'en avait parlé à personne, ni à Rubin, ni aux militants. Oui, Dieu, ce Dieu qu'il partageait avec Rubin malgré leurs différences l'aiderait. Il errait ainsi, en quête d'idées, toujours en mouvement. Il marchait vite sur les trottoirs brûlants de l'été new-yorkais quand il aperçut un homme venant vers lui. Mais oui, bien sûr, ce gars... Jacques Levy, avec son T-shirt, sa barbe de trois jours, son corps rebondi. Celui qui avait aidé Roger McGuinn à accoucher du merveilleux *Chestnut Mare*. Ce docteur en physiologie avait lu Jung et exerçait son talent dans le théâtre. Il avait même enchanté Broadway par sa mise en scène de *Oh Calcutta*. Il s'arrêta net en voyant Bob devant lui, très étonné, comme s'il avait aperçu Aladin. Il s'apprêtait à passer son chemin quand Dylan le retint à sa grande surprise. Bob ne savait pas très bien quoi lui dire, à part sa passion pour la chanson *Chestnut* et son amitié avec Roger. Jacques, lui, n'aurait jamais imaginé que cette rencontre fortuite allait faire dériver son pas ferme vers une belle aventure. Il abandonna le trottoir, le soleil, le lieu de rendez-vous où il devait se rendre, et se retrouva dans son appartement, en compagnie de Bob Dylan qui promenait son regard sur le plafond, les meubles, sans rien écouter.

— Roger m'a beaucoup parlé de toi. Je voulais te rencontrer, lança Jacques.

Bob ne disait rien. Il dévisageait cet homme étrange, à cheval sur la philosophie, l'art et le show-business. « Un excellent parolier », songeait-il, les yeux vagues. Ce Levy venait à point nommé pour l'aider à mettre en forme ses idées de chansons dans une période difficile. Mais accepterait-il ? Sans doute puisqu'il s'était arrêté dans la rue... Bob craignait que Roger en prît ombrage.

Jacques ouvrit une bouteille de vin, baissa les stores afin d'atténuer la lumière. Bob avait remarqué le piano, près de la fenêtre. Il s'installa et commença à jouer *One More Cup Of Coffee* puis *Sara*, sa chanson qu'il venait de terminer. Comme tout le monde, Jacques Levy avait entendu parler de cette navrante histoire. Une ombre de tristesse traversa le salon. Le docteur serait le premier à découvrir ce titre que le grand musicien venait sans doute d'achever la minute d'avant. Ainsi *Sad-Eyed Lady Of The Lowlands* avait été écrite pour elle. Personne, à l'époque, ne se doutait de son existence.

— C'est formidable. Continue, lâcha-t-il.

Mais Bob semblait lointain. Jacques voyait de près sa belle écriture acérée, poétique, et c'était quelque chose de l'entendre sur ce piano, de manière intime et proche. Il notait seulement que Bob ne s'embarrassait pas de rimes et que ses textes n'avaient aucune consonance.

Les deux hommes restèrent là, à échanger des idées. Bob jeta sur une feuille les siennes de manière brouillonne, une chose étrange appelée *Isis*. Jacques s'installa à côté de lui.

— Pourquoi ne termines-tu pas le vers par *away*... Sois plus harmonieux, il faut que tes lignes dansent...

Bob s'arrêta et le fixa. Jacques osait lui donner des conseils d'écriture. Confortablement installé dans son sofa, il prenait ses feuilles, corrigeait ses vers. Il tira de sa bibliothèque un bouquin... Un dictionnaire de rimes.

— Tu verras, c'est un truc super. Nos textes vont vraiment ressembler à du Rimbaud.

Et il riait. Bob n'avait jamais soupçonné l'existence d'un tel ouvrage. Et si tous ses admirateurs assistaient à ces scènes, que penseraient-ils ? Un petit docteur enseignait à Dylan la rime à travers un mode d'emploi. Et pourtant, il ne disait rien, car Jacques Levy le poussait loin, lui ouvrait des portes.

Sous son impulsion, *Isis* devint un joli récit.

J'ai épousé Isis le cinquième jour de mai
Mais je n'ai pas pu m'accrocher à elle très longtemps
Ainsi j'ai coupé mes cheveux et je suis parti loin
Pour le territoire inconnu et sauvage où je ne serai pas dans l'erreur[97]

Jacques avait aimé écrire cette chanson et surtout donner enfin des rimes à l'anarchie de Bob. May et away, long et wrong... Un bel équilibre. De son côté, Dylan avait trouvé cela si facile, si fluide. Jacques était un compagnon de création aisé qui s'était soumis aux visions du musicien en les enrichissant. Ainsi avait vu le jour, cette Isis, femme incarnant la sensualité et la matière, déesse omniprésente et femme aimante. C'était encore Sara à laquelle Bob consacrait férocement et amoureusement toute son œuvre. Et il s'acharnait à déployer sa misère affective devant un témoin puisque dans cette chanson, il avait écrit aussi autre chose, l'exode, l'ancienne Égypte, l'errance du peuple juif sous l'œil du dieu Osiris. Sa plongée dans le mythe, la foi calmait ses angoisses, sa peur.

Bob était heureux du résultat. Son retour vers le judaïsme de son enfance avait débouché sur une chanson élevée, sublime, un échange presque spirituel avec la première personne qu'il eût tolérée à sa table de création. Leur travail se poursuivit jusqu'au crépuscule. La ville étincelait de ses publicités aux néons rouges, avec ses bars clignotants, ses trottoirs miroitants noyés de nuit. Ces visions depuis l'appartement de Jacques Levy avaient quelque chose de roboratif.

— Et maintenant, si on écrivait sur Rubin Carter ? proposa Dylan. Jacques le regarda.

— Rubin Carter ? Ce Noir en taule pour un meurtre...

— Qu'il n'a pas commis ! s'empressa de dire Bob en s'avançant. Je l'ai vu. Il est innocent, je te l'assure.

— Peut-être mais... Je pense que nous devrions le faire différemment. Le style « Oh pauvre George Jackson... Ils l'ont maltraité. » Non, on ne peut plus faire ça. Nous ne sommes plus à l'époque de la simple protest song. Je ne veux pas que ce soit une plainte comme pour avant. Pourquoi ne nous placerions-nous pas du point de vue du jury, de l'attorney ?

Bob réfléchit et acquiesça. Jacques avait raison. Mais ces changements réclamaient de la documentation, une étude un peu plus approfondie. Ils mirent la chanson de côté, burent du vin, sortirent des idées pêle-mêle dont la moitié était abandonnée. Puis, Jacques tira de sa bibliothèque un roman de Joseph Conrad, *Victoire*. En le voyant, Bob se leva tout de suite et le prit. Il adorait cet écrivain dont il avait dévoré plusieurs livres, celui-ci et un autre intitulé, *Cœur des ténèbres*. Ce grand auteur polonais avait émigré en Angleterre, à vingt ans, sans rien connaître de la langue de Shakespeare qu'il avait apprise très vite pour devenir le plus élégant styliste de la littérature de la reine. Mêlé à un trafic d'armes à Marseille, il fut marin, voyagea en Malaisie puis aux abords de la quarantaine écrivit un premier chef-d'œuvre, *La Folie-Almayer*. Jamais Bob n'avait lu auteur plus lyrique, plus poétique. Sa prose fleurait les baies fraîches, ombragées, le grincement des coques reposant sur les ondes calmes, la pureté de l'eau bleue, le soleil éclatant des îles. Il avait composé treize romans, beaucoup de nouvelles. Et Jacques, comme par hasard, sortait l'un de ses livres. Bob se sentait en communion étroite avec son partenaire qui commença à lire les premières lignes de *Victoire* : « Comme le sait bien tout écolier en cet âge scientifique, il existe une relation chimique très étroite entre le charbon et le diamant. C'est, je pense, la raison pour laquelle certains parlent du charbon comme du "diamant noir" [98]. »

Jacques leva les yeux.

— Diamant noir... C'est pas mal, non ?

— Comme titre de chanson... ajouta Bob.

Et ils rédigèrent *Black Diamond Bay* en espérant refléter l'univers conradien, peignant de blanches vérandas, une femme coiffée d'un chapeau de Panama, un sol en marbre. La prose de Conrad berçait leurs soirées : « En un sens, le volcan lui tenait compagnie dans les ténèbres de la nuit, souvent trop épaisses, pourrait-on penser, pour laisser passer un souffle d'air [99]. »

Ils placèrent eux aussi leur volcan dans cette chanson ludique au balancement de houle. Quand ils sortirent de leur propre roman, ils étaient étourdis et souriaient comme deux enfants après la lecture d'un conte. Bob s'était appuyé contre la fenêtre. Il avait enfilé sa veste, heureux de leur travail. Un vrai travail d'écriture. Il se retourna vers Jacques et dit :

— Viens, nous allons tester l'une des chansons à l'Other End.

Jacques riait, tout excité. Les deux hommes sortirent. Il était tard, mais ils ignoraient l'heure.

Les lumières dans le bar s'éteignaient les unes après les autres. On rangeait les tables. Les derniers clients se répandaient sur le trottoir, les bras ballants. Bob entra et n'entendit pas la voix d'un serveur.

— C'est fer...

Il s'était arrêté net en voyant Dylan marcher d'un pas décidé. Il faisait sombre à l'intérieur. La petite scène trônait dans le noir, une ampoule éclairait la salle en demi-lune. Le patron se retourna et interrompit sa conversation avec son employé. Ils avaient tous envie de se coucher et se croyaient déjà en train de rêver.

— Voulez-vous entendre l'une de mes nouvelles chansons ? leur annonça Bob en se tournant vers les employés, les chaises vides et les deux ou trois couche-tard qui ne s'étaient pas décidés à partir.

Jacques se tenait sur le côté et observait les réactions. Il entendit un ou deux « oui » timides. Bob déplia la feuille sur laquelle figuraient les paroles d'*Isis*, et les joua comme au théâtre en achoppant sur les mots. Cependant, à la fin, les applaudissements fusèrent, des « bravo » résonnèrent entre les rangées désertes. Le musicien salua la foule, remercia l'assistance et disparut.

Il continua à errer dans la ville, sans Jacques qui était rentré se coucher. À New York, le temps lui semblait infini. Le jour se levait, la nuit s'estompait, et il ne ralentissait pas ses vagabondages, l'œil constamment ouvert, curieux.

Il revoyait ses amis, le bon Phil Ochs à la fois bienveillant parce qu'il disait le plus grand bien des chansons de Dylan, même s'il se croyait autorisé à tout révéler. Bob, parfois, fuyait ce musicien qui accomplissait ses rêves à travers lui. Les autres, Van Ronk, Jack Elliott, l'embrassaient, « de la part des vieux New-Yorkais qui avaient vu débuter le phénomène ».

Il avait retrouvé du plaisir, le goût de sortir, fréquentait les bars de nuit, repartait au petit jour en quête de ressources, d'idées et de gens. En retournant à l'Other End, plusieurs jours après, il aperçut une drôle de femme, vêtue de noir, qui récitait des poèmes de Rimbaud et créait un rock brut, parlé, très sombre. Il demanda son nom. Patti Smith. Elle était belle, avec son visage émacié de louve. Bob décelait en elle l'homme qu'il avait été en 1961. Il la rencontra en coulisses et la félicita. Elle sourit, admirative de Dylan qui lui faisait penser à Rimbaud. Ignorant la langue française, la jeune rockeuse n'avait jamais compris le poète, comme elle n'entendait rien à *Highway 61*. Quelque chose d'obscur mais de si musical. Un photographe immortalisa la rencontre qui orna la couverture du *Village Voice* en juillet 1975. Dans ces nuits merveilleuses où Dylan cherchait des artistes pour former sa troupe à la fin de l'année et l'emmener en voyage, il rencontra la chanteuse de blues Victoria Spivey. Il ne sut pas si elle le reconnut tant elle était saoule, riait, dévoilant sa bouche pleine de chicots. La sorcière avait commencé à huit ou neuf ans, au début du siècle. On aurait peut-être pu deviner son âge en comptant ses rides comme les anneaux d'un vieil arbre séculaire. Elle ressemblait d'ailleurs à un arbuste courbé par le vent, mais qui ne rompait pas. Bob s'éloigna, toujours en quête, il voulait jouer, montait sur scène au hasard des clubs, fidèle à sa passion. New York lui redonnait de la vigueur, du souffle, de l'envie.

— Bob, viens, Muddy Waters joue au Bottom Line. Je vais te présenter.

C'est un ami musicien – il en connaissait beaucoup – qui le prit par la main et le tira dans le club. Aussitôt, la foule s'écarta après l'avoir reconnu malgré l'obscurité. Bob, les mains moites, légèrement tremblant, entendit les chuchotements de chaque côté. Il allait rencontrer et accompagner le grand maître du Chicago blues d'après-guerre. Il l'aborda derrière la scène, à quelques secondes de son entrée. Assis sur une chaise comme un petit Bouddha tranquille, Muddy tendit sa main osseuse sans dire un mot, comme si Bob représentait un admirateur de plus.

— Il va jouer avec toi, lui affirma le manager.

Le vieil homme acquiesça et sourit, puis se détourna de son jeune fan, se leva avec peine, traînant sa guitare, grimpa sur scène et rejoignit sa petite chaise. Il joua, s'arrêta et adressa au public un large sourire.

— Maintenant, je veux vous présenter un harmoniciste que j'ai invité... John Dylan !

Personne ne connaissait ce « John » Dylan, pourtant très applaudi. Muddy ne savait pas qui était Bob. Il errait à la surface du monde depuis si longtemps, au-delà des modes, que l'identité des musiciens ou leur gloire passagère lui importaient peu. Bob s'amusa à accompagner le grand Bouddha noir, devant un public pétrifié de bonheur.

C'était une nuit de rêve, comme celle qu'il avait passée jadis avec John Lee Hooker, malgré l'humiliation endurée. John Dylan... Il goûtait aussi ces beaux après-midis, en compagnie de Jacques Levy. Tous deux partirent près de la mer, dans la maison que Bob avait achetée à Long Island et où il ne séjournait jamais. Rien n'était usé là-bas. Jacques s'aperçut que Bob avait beau être riche, posséder des maisons un peu partout dont il ne savait que faire, il restait un vagabond, indifférent aux toits qui couvraient sa tête. D'ailleurs, il dormait aussi bien dehors, caressé par les vagues, tranquillement étendu. En allant là-bas, Bob s'était mis aux aguets, comme s'il s'attendait à croiser sa femme et ses enfants. Il respira un bon coup, à la fois soulagé et déçu. Le travail avançait bien. Levy fourmillait d'idées et sortit cette chanson *Joey* sur le gangster Joey Gallo, une figure de la mafia, assassiné en avril 1972 pendant qu'il célébrait son quarante-troisième anniversaire.

— Tu sais, je l'ai connu, disait Jacques sans en dire davantage.

Il laissait à sa vie une part de mystère, mais c'était tellement intrigant que Bob crut voir s'avancer le bandit dans le salon.

Son prochain disque avançait bien. Ils avaient cette fois abordé le sujet Rubin « Hurricane » Carter. Jacques avait ramassé tous les documents qu'il pouvait trouver. La ballade s'ouvre par un coup de feu dans un bar de nuit. Patty Valentine aperçoit le barman au milieu d'une mare de sang. Elle hurle...

Ici commence l'histoire de Hurricane
L'homme que les autorités sont allées blâmer
Pour quelque chose qu'il n'avait jamais fait[100]

Bob essayait d'imaginer une mélodie qui conviendrait, pensait à un violon assez puissant. Cette chanson devait marquer un violent romantisme. Il la reprenait puis la délaissait.

Jacques et lui enchaînèrent tout de suite un autre texte, *Romance In Durango*. Un souvenir de *Pat Garrett*. Cette fois, le musicien avait rassemblé une belle collection de chansons en peu de temps. Impatient de travailler à nouveau la matière musicale, il appela Columbia pour réserver un studio, tout en pensant à sa grande tournée qui assurerait la promotion du futur album. Fidèle à sa nature de hobo, dès que son travail avec Levy s'achevait, il descendait dans la rue, les bars, les ruelles. Chaque baladin qu'il rencontrerait pourrait aussi garnir sa belle revue de fin d'année. Bob n'en trouvait évidemment pas. C'est alors qu'il aperçut, sur la 2ᵉ Avenue, ébloui par le soleil, une magnifique jeune fille, en robe noire qui marchait d'un pas pressé, portant un long étui. Une violoniste ! De longs et épais cheveux noirs tombaient sur ses épaules ! Elle avait une allure de gitane, le teint mat, le corps bien droit. Bob suivit ses déhanchements gracieux et l'imagina sur scène à ses côtés. Il traversa la rue, mais elle volait presque sur le bitume, frôlant les passants. Il lui courut après et l'arrêta. Elle se figea et dévisagea celui qui l'avait immobilisée.

— Tu sais jouer de ça ? lui dit Bob.

Elle ne dit rien, jeta un œil vers l'étui, puis fixa à nouveau l'homme en face d'elle. Personne, dans la rue, ne semblait même s'apercevoir que Bob Dylan parlait à une inconnue au coin d'une rue ensoleillée.

— Quel est ton nom ?

— On m'appelle Scarlet Rivera.

Elle avait prononcé son nom en bredouillant à moitié, et son teint avait légèrement rosi. C'était une plaisanterie. Une émission de télévision l'avait piégée avec un comique déguisé en Bob Dylan !

— J'enregistre un album bientôt. Tu veux en être ?

Elle hocha la tête. Elle n'arrivait plus à parler, la gorge sèche, mais le suivit, jusqu'au coucher du soleil. Ils jouèrent dans des bars. Elle essayait d'être la meilleure violoniste possible malgré le bruit, la fumée, la fatigue. Son destin venait de basculer en une minute alors qu'elle partait rejoindre son petit groupe de salsa. Elle les avait prévenus qu'elle ne viendrait pas, qu'il lui arrivait une « aventure extraordinaire », mais sans rien ajouter, à part qu'elle « leur expliquerait ». Mais qu'explique-rait-elle ? Que Bob Dylan lui avait sauté dessus ? Qu'elle l'avait accompagnée et une bonne partie de la nuit et que, maintenant, elle allait enregistrer son nouvel album avec lui ?

Lorsqu'elle entra pendant ce mois de juillet 1976 pour la première fois de sa vie dans un studio, elle assembla autant de souvenirs qu'elle en avait eus toute au long de sa jeune existence. C'était un vrai souk, avec un nombre de gens incroyables, des types affalés sur les coussins à côté de leurs instruments, des cadavres de bouteilles roulant par terre. Elle croisa Eric Clapton qu'elle avait surtout vu à la télévision ou dans les journaux. Le prince des guitaristes lui adressa un grand sourire. Il venait d'enregistrer une version reggae de *Knockin' On Heaven's Door* et attendait, en triturant sa Dobro, un signe du maître des lieux pour jouer « en ami ». Il glissa quelques notes sur *Romance in Durango*. Scarlet regardait partout. Elle avait peur de décevoir le Génie.

Elle se prépara sur le grand morceau que Bob Dylan et Jacques Levy avaient composé. *Hurricane*. Le maître tenait à soigner particulièrement ce titre. Chaque musicien connaissait ses liens amicaux et presque spirituels avec le boxeur. Sur ce morceau important, la jeune Scarlet Rivera, devant tout ce monde, dont la splendide Emmylou Harris venue avec son mari parce qu'elle devait assurer des vocaux et le gotha anglo-new-yorkais, tiendrait le premier rôle, espérant au final participer à la caravane magique. Elle balança de grands coups de violon sans la moindre erreur, déploya ses ailes musicales sur cette chanson océane, ample, d'un lyrisme iridescent. Scarlet se dépassa, portée à un niveau qu'elle n'avait jamais atteint.

Bob avait pris soin de graver une démo et l'envoya toute de suite à la Trenton State Prison. Rubin l'écouta et manqua de s'écrouler d'émotion. Il n'avait jamais vécu pareil choc, et les larmes, qu'il contenait si difficilement, humectaient ses yeux. C'était une chanson sublime dont tous les garçons et les filles s'empareraient. Il était fier d'avoir rencontré Bob Dylan. *Hurricane* remplit ses longues journées de déprime, et l'empêcha d'attenter à ses jours. L'espoir était vraiment revenu... Il apprit que Bob avait mobilisé ses propres avocats. En attendant, cette version avait un défaut qui obligerait tôt ou tard Bob Dylan à retourner en studio. Jacques et lui avaient confondu les noms des acteurs du drame. Ils ne pouvaient laisser passer ces erreurs.

Ils mirent de côté la chanson. L'enregistrement de *Desire* se poursuivait. La jeune Emmylou avait du mal, dépourvue d'expérience. Les séances produisaient recherches et tâtonnements. Bob ne parvenait pas à avoir une idée claire de ce qu'il souhaitait, écrivait, détruisait tout, réarrangeait, chantait toujours différemment sur chaque nouvelle prise. Ce perfectionnisme ennuyait son ami Eric Clapton. Quant à Emmylou, fatiguée, elle sombrait, rougissait, transpirait. La nuit avançait. Et la jeune chanteuse bégayait, achoppait sur les mots. Et il fallait recommencer. Scarlet souffrait pour elle, consciente que son talent ne la préservait pas de l'échec. Plus Emmylou cafouillait, plus elle s'enfonçait dans sa déprime et sa frustration. Sur un autre moment fort du disque, *One More Cup Of Coffee*, où Bob chantait à l'oriental, Scarlet virevoltait, et Emmylou parvint non sans mal à poser sa belle voix, empila les fausses notes, jetant un regard éploré vers son mari Brian Aherne qui l'encourageait. Ils avaient tous l'impression de créer là un chef-d'œuvre, l'un des plus magnifique de Dylan. Puis vint *Oh Sister*...

Bob avait tenu à rendre cet album très sentimental car il était rempli de l'esprit, de l'âme de sa tendre qu'il avait perdue, et incarnait aussi la volonté de Rubin Carter. C'est alors qu'elle apparut dans le studio.

Pourquoi était-elle venue ? Sara resurgissait comme jaillie d'une lampe mystérieuse. Il l'observa, enfouie sous ses lunettes noires, impassible, se retourna et, d'un geste, mobilisa son groupe. Il enregistrerait *Sara* devant l'inspiratrice afin de lui montrer que son talent ne servait pas seulement à exhiber les secrets de famille. Il diminua la lumière puis mit tout le cœur qu'il pouvait, la sensibilité dont il était capable, tourné vers elle, avec son harmonica et ses mots. Les musiciens la lorgnaient, elle ne bougeait pas. Pourtant, la musique avait atteint un superbe degré d'émotion et de poésie. Bob appuyait chacun de ses mots dans sa direction, autant d'étoiles qui éclataient autour d'elle sans lui arracher le moindre embryon de sourire. Quand les dernières notes retentirent, un silence étrange s'installa. Elle se leva. Elle avait fait le déplacement en souvenir des beaux jours, des enfants, mais décidément, cette magnifique *Sara* ne l'avait pas émue, même si le texte, la mélodie possédaient, comme toujours, leur beauté particulière, et elle repartit, déçue, la tête droite, sous le regard des musiciens et de Bob. C'était peut-être la dernière fois qu'elle respirait dans le halo des projecteurs, le mystère et l'excitation de la célébrité. Elle resterait à jamais la grande histoire d'amour de Dylan, la mère de ses enfants, retournerait à son intimité, à cette discrétion qu'elle n'aurait jamais dû quitter.

Bob avait été mortifié par la froideur de Sara, son allure de momie. Il lui avait sans doute offert l'une des belles chansons d'amour de sa carrière, et elle n'avait pas répondu, murée dans un silence obtus, indifférente au superbe album qu'il préparait. À quoi bon élever son œuvre si la principale intéressée n'y était guère sensible ? Il voulait éviter de penser à cela dans la chaleur de cet été merveilleux et bizarre.

Quand l'automne arriva, il n'avait pas chassé l'image glacée de Sara. Il s'était envolé presque avec elle pour Chicago. On l'avait invité à une émission de télévision qui rendait hommage au producteur John Hammond. Il n'avait pas hésité.

Il aimait bien ce genre de spectacle sans enjeu, contrairement à ce que pouvaient croire bien des journalistes ou des musiciens. Il était sentimental, et appréciait la compagnie de John. Trois heures de spectacle recueillies sous le titre « The World Of John Hammond ». Le seigneur de Columbia avait été touché par cet hommage, refusant même, lorsqu'il avait appris l'heureux cadeau, de choisir les musiciens.

— Ceux qui veulent venir viendront...

Il vit ainsi le vieux Benny Goodman, le bluesman Sonny Terry qui avait sillonné autrefois la campagne avec sa musique rurale. Et puis, un grand sourire illumina son visage quand, à deux heures du matin, il aperçut, ensommeillé, Bob Dylan. Cette surprise l'émut plus que tout autre. Il ne l'oublierait jamais.

Bob avait joué à sa manière, personnelle, changeant d'accords, de rythmes. Aux autres de suivre, derrière. Mais il montrait beaucoup de plaisir, à l'heure de reprendre la route pour longtemps. Il avait commencé à mettre sur pied sa « revue ». Il y réfléchissait au bord du Grand Lac. Comment la voyait-il ? Un vaudeville, quelque chose proche des minstrels en souvenir de ce qu'il avait raconté autrefois, ses virées avec des bluesmen le long des routes du Mexique. L'avion serait exclu. Sa troupe voyagerait par le train ou le bus, un peu à l'image des Merry Pranksters, ces musiciens partis sur les chemins dans les années soixante initier les populations aux « joies » du LSD. Il voulait que ses amis, ses relations du passé fussent de la partie. Il les chercha, fouilla le Village, retrouva ce bon Jack Elliott qu'il n'avait pas vu depuis sept ans, lui proposa de l'emmener dans sa tournée. Le camarade des débuts accepta, prêt à oublier les anciennes querelles, ressassant jour et nuit, ce qu'il estimait être les trahisons de Dylan. La proposition de Bob le calma.

Bobby Neuwirth ? Tu viens. Personne ne le connaissait, peu importe. Le fidèle ami pourrait bien pousser la note. Le guitariste T-Bone Burnett et le mandoliniste David Mansfield suivaient Dylan entre les appartements et l'Other End pour s'amuser en musique. Bob s'asseyait au piano et, après force tequilas, jouait sans se soucier de l'heure. Mike Ronson, l'ancien guitariste de David Bowie, se joignit à la troupe. Jacques Levy surveillait et chantait lui aussi. Et Joan Baez ? Comme au temps béni de sa jeunesse.

— Tu fais quelque chose en novembre ? lui demanda-t-il.

Elle réfléchit.

— Normalement oui... Mais puisque c'est toi, je viendrai...

Elle avait encore une faiblesse pour Bob, et elle en aurait jusqu'à son dernier souffle. Quelque chose de définitif la liait à cet homme. Et toi Roger McGuinn ? Quelle question ! Moi, le vieux compagnon que Dylan aime mettre en boîte, je viens !

Pendant le mois d'octobre, la bande céleste décida de réserver une surprise à Mike Porco qui célébrait son soixante et unième anniversaire. La devanture du Gerde's brilla de mille feux. Bob s'amusa à immobiliser une Cadillac rouge le long du trottoir et à entrer tel un prince à l'intérieur de l'antique club. Joan Baez le suivit. Le cinéaste Howard Alk, l'ancien ami d'Albert Grossman que Bob connaissait depuis une dizaine d'années, se promenait, caméra à la main. Le vieux Mike Porco se tenait le cœur, rouge d'émotion. Les musiciens reconnaissaient enfin son importance, lui qui avait tant crié à l'ingratitude. Phil Ochs jouait, complètement éméché, au bord de l'effondrement. Il voulait absolument parler à Dylan et ne cessait de le poursuivre.

— Je... je veux joindre ta troupe, faire partie de ta Revue.

Bob regarda le visage blanchâtre de son ami, grimaçant sous les senteurs d'alcool. Phil ressemblait à une sorte de mât décharné agité par les vents contraires, prêt à chuter. C'était lui qui, le premier, avait appris le projet de la tournée, et évidemment il espérait en être. Il n'avait plus un sou, croulait sous les dettes, et les maisons de disques lui tournaient le dos. Alors, il s'accrochait à Bob avec le désespoir d'un naufragé.

— S'il te plaît... fais-moi cette faveur. Après, je...

— Après ?

Aucun mot ne sortit de sa bouche. Bob ne pouvait accéder aux désirs de Phil qui se trouvait dans un trop mauvais état et ne tiendrait pas la distance. Il le comprit et lâcha :

— Tu ne m'aimes plus ! Tu me laisses tomber parce que je ne suis plus bon à rien...

Bob quitta le Gerde's et les gémissements du malheureux. Il étouffait.

Il avait des préoccupations plus essentielles que le pauvre Ochs. Il devait retourner en studio pour y graver une version correcte de *Hurricane*. Ce fut le même miracle, Scarlet se posa sur la même hauteur, et les autres aussi, avec une nouvelle vocaliste, Ronee Blackley, qu'il avait remarquée dans le film d'Altman, *Nashville*. Il était rassuré.

— Maintenant, nous allons sur la route, Ronee, Scarlet, et tout le monde...

Il baptisa le tour la « Rolling Thunder Revue ». Bob ébranlait une caravane de fous, de poètes, d'hallucinés. Il appela tard dans la nuit Allen Ginsberg qui ne dormait pas et écrivait.

— Qu'est-ce que tu fais ? demanda-t-il.

L'écrivain répondit :

— J'écris.

Et Bob coupa sèchement :

— Viens, je t'emmène sur la route.

Personne ne résistait au magicien. Il vous emportait comme une bourrasque. Et c'était merveilleux, grâce à ses idées, sa liberté.

Bob avait décidé, à ses propres frais, de filmer le voyage, et prié Howard Alk de s'en charger. Il se sentait à nouveau démangé par le cinéma et, juste avant la tournée, il avait reçu la visite de ces deux producteurs qui lui proposaient de tenir le rôle de Woody Guthrie dans l'adaptation de son livre fétiche *En route pour la gloire*. Il avait vraiment hésité, puis, au dernier moment, il s'était désisté. Par manque de courage sans doute ou de respect. Cette lourde tâche allait échoir à David Carradine. Mais voilà : le cinéma, cette vieille passion, lui tendait les bras. Il imaginait de belles choses, un film assez complexe comme les auteurs européens en possédaient le secret. Peut-être pourrait-il engager un professionnel du théâtre. Il songea aussitôt à Sam Shepard, un auteur de pièces dont Patti Smith lui avait dit le plus grand bien – normal puisqu'ils étaient amants. Il appela l'écrivain en Californie, et une rencontre eut lieu dans le bureau de Bob à New York. Le musicien se balançait sur son fauteuil, les pieds sur la table.

— Vous avez vu *Les Enfants du Paradis* de Marcel Carné ? demanda-t-il. Et *Tirez sur le pianiste* de Truffaut ?

Sam retint un soupir las. Pourquoi ces questions ? Avaient-elles quelque chose à voir avec le projet ?

— Oui, j'ai vu les deux films, mais il y a bien longtemps.

Et le grand Shepard suivit le mouvement. La Rolling Thunder Revue commença le 30 octobre au War Memorial Auditorium à Plymouth, Massachussetts. Les caméras tournaient pendant que Ginsberg récitait son poème *Kaddish*. Quel drôle de cirque ! Joan Baez, Ronee Blackley, Allen, le beat, et Bob qui joua plusieurs chansons de *Desire* : *Romance In Durango*, *Isis*, *Oh Sister*, *Hurricane*, *One More Cup Of Coffee*, *Sara*... Il déborda de passion, de folie, d'énergie. Il ne ressentit aucune fatigue parce que, à sa descente de caravane, il prenait de la cocaïne et partageait avec les autres musiciens un sentiment de puissance, capable de chasser le sommeil, de perdre la notion du temps et de la fatigue. Bob roulait, chantait, ramassait sur la route des corps féminins déjà conquis. Tout se mêlait en une longue nuit blanche avec un chef d'orchestre de plus en plus surréel, coiffé d'un chapeau à fleur, le visage peinturluré. Bob s'amusait tandis que son ami Bobby Neuwirth exhibait sur sa figure un masque de Zorro. Les deux hommes puisaient dans leur malle à déguisements.

Bob se lassait des maîtresses de passage, des proies glanées le long des chemins. Sara lui manquait. Il l'appela et insista.

— Viens, j'ai un rôle pour toi dans le film que je prépare.

Elle ne souhaitait pas venir. Mais une force la poussait irrésistiblement. L'ennui de sa propre existence ? Un restant d'amour ? Elle n'avait pu s'empêcher de suivre, par la presse, cette tournée baroque, elle avait aperçu des photos de Bob étrangement accoutré, entouré d'une bizarre bande d'Indiens, elle avait posé son regard sur Joan Baez et ressenti un vieux fond de jalousie. Elle avait donc bouclé sa valise.

Elle serra les poings en arrivant au milieu de la caravane, et demanda où se trouvait Bob Dylan. Elle vit dans les yeux l'étonnement des roadies ou musiciens qui s'interrogeaient sur les motivations de cette jeune femme. Qui était-elle ? Que voulait-elle au musicien ? La jeune femme retrouva celui qui restait son mari avec plus de plaisir que lors de l'enregistrement de *Desire*. Mais ne se mentait-elle pas ?... Les regards convergèrent vers la créature à la fragile beauté. Sara se rendit compte de l'effet qu'elle produisit sur l'entourage de Bob. Peut-être aimait-elle cette aura que lui conférait sa situation d'épouse du génie ? Elle n'en éprouvait aucune fierté. Maudit orgueil ! se disait-elle. Et Bob l'adorait. Ou alors il l'avait appelée pour combler sa solitude, ses angoisses. Sa famille demeurait son seul lien à la terre ferme, un port pour lui, le voyageur éternel. Il l'embrassa tendrement, heureux de la voir, elle le savait.

— Je suis heureux aussi parce que la cour vient d'ordonner la révision du procès Hurricane. Il va sortir, tu entends, j'en suis sûr.

Elle souriait, contente. Bob pensait que sa chanson avait contribué à ce changement. L'art servait-il à quelque chose ? Il respirait après avoir vécu quelques moments difficiles. La justice avait tenu à l'interroger sur certaines lignes de *Hurricane*. Il se rappelait la question gênante du district attorney :

— Quand vous écrivez à la ligne 2 de la strophe 9 : « Le procès était un cirque de porcs », faisiez-vous allusion aux policiers ?

Il avait pris peur. Il n'aimait pas la justice, les lois, et avait répondu du mieux qu'il pouvait :

— Oh non, bien sûr, j'écris assez rarement des chansons avec un collaborateur, je ne sais pas qui a écrit ceci ou cela. Je voulais montrer que le procès était un spectacle et qu'il s'était passé des abominations dans le prétoire.

Cette épreuve ne l'avait pas vraiment enchanté. Mais la promesse d'une libération prochaine l'avait joliment surpris.

En apprenant la bonne nouvelle, Sara avait souhaité soutenir son mari malgré le déclin de leur mariage. Maintenant, tout était peut-être oublié, et, sans se le dire, ils espéraient repartir. Aucun des deux n'y accordaient vraiment foi.

Il lui expliqua ce qu'il attendait d'elle.

— Tu joueras dans mon film que j'appellerai *Renaldo et Clara*. Je jouerai Renaldo. Et toi...

Elle jouerait la putain ? Quelle étrange idée ! Pourquoi participait-elle à cette mascarade ? Cette question, elle se la posera pendant des années. Joan Baez fut gentille avec elle et la rassura. Sara ne s'y attendait pas. Elle rencontra aussi Scarlet Rivera qui, enveloppée de plumes, les yeux rouges, mangeait peu et ne cessait de fixer Bob, comme fascinée. Elle avait remarqué le guitariste et mandoliniste David Mansfeld dont Baez chérissait le « joli petit visage blanc ». Une nuit, les femmes de la Rolling Thunder le mirent juste en caleçon, l'affublèrent de deux ailes et d'une auréole, et il joua du violon « pour nous ». Elle vit, un soir, Jack Elliott courir complètement nu entre les caravanes. Sara se tenait dans un coin, frigorifiée par la journée automnale. Joan, qui jouait aussi un rôle de prostituée, lui fit un clin d'œil, ressentant de l'amitié pour la jeune épouse esseulée, égarée parmi les Indiens. La grande chanteuse folk s'était attendue à éprouver plus de jalousie d'autant que Bob ne lui avait jamais parlé de ce grand amour. Mais découvrir la fameuse Sara tandis qu'elle ouvrait ses yeux sur ce monde étrange, tentait en vain de se réchauffer, de suivre la cadence du voyage dans les nuits hivernales, inspirait à Joan de la compassion. Venue avec ses cinq enfants, Sara essayait de concilier ses activités de mère et d'épouse rock. « J'avais un peu le sentiment, écrivit Joan, que nous avions conclu une alliance pour survivre face à son mari. » Les deux femmes se promenaient. Une fois, sur un pont au-dessus d'une eau immobile, Sara recula. Elle avait peur. Peur de sauter peut-être. Joan Baez dit bien plus tard :

> « Bob et Sara étaient mal armés pour affronter les détails de la vie quotidienne. Je passais mon temps à leur tendre des serviettes, leur apporter des verres d'eau et des tasses de café, à allumer leurs cigarettes, à surveiller leurs enfants et à essayer de les placer ensemble à table au dîner. Je me demande ce que je représentais pour eux. J'avais parfois l'impression que j'étais l'homme ou peut-être celle qui prenait soin de deux créatures étranges un peu perdues, venues d'un autre temps, d'un autre lieu, qui se mouvaient avec lenteur, efflanquées comme des loups en hiver, et que les dieux avaient réunies pour se débrouiller seules [101]. »

Renaldo et Clara suivait son chemin, bon an mal an. Sam Shepard commençait à regretter d'avoir accepté ce travail. Il naviguait sur une histoire désarticulée avec des acteurs traînant dans la neige, des dialogues insensés et des déguisements stupides. Bob riait de voir ses camarades, au fil de la tournée, accomplir ses désirs les plus surréalistes. Chacun de ses rêves provoquait une scène, et tous les musiciens, les poètes y participaient.

Il régnait au sein de la troupe une ambiance de foutoir. Chacun s'exprimait selon son désir. Sara vit Bob monter sur scène, le visage recouvert d'un masque en cire transparent et qui lui faisait perdre toute réalité comme s'il était devenu une statuette. Le soir, après le concert, les musiciens de la Revue, continuaient de chanter, même dans le bus. Sam Shepard, chargé du scénario de *Renaldo et Clara*, essayait de donner au film une cohérence, mais les cinéastes Howard Alk et Mel Howard étaient trop défoncés pour l'entendre.

Des invités de passage allaient et venaient. Le 6 novembre, Arlo Guthrie monta sur scène à Springfield, Massachussetts, aux côtés de Bob et Joan Baez... Un vieux copain. Et pendant ce temps, la chanson *Hurricane* envaissait l'air. Columbia avait sorti le single. Un grand courant les portait à travers l'Amérique jusqu'au Canada pour un concert marathon, un 4 décembre, sans oublier un arrêt devant la prison de Clinton où Rubin Carter avait été transféré. La tournée avait pris une proportion de plus en plus grande, dans de vastes endroits, ce

qui ne manqua pas d'agacer la presse. Mais Bob, promu chef d'entreprise, devait trouver de l'argent afin de payer tous ses baladins. La
première partie de la tournée s'acheva le 8 décembre 1975 au Madison
Square Garden. Grâce aux bénéfices du spectacle, Bob offrirait à Hurricane Carter les meilleurs avocats, les meilleurs légalistes. Il était temps
de se battre pour le boxeur innocent. La chanson avait déjà fait son
chemin. Bob rêvait d'une nuit splendide qui abattrait devant lui les
murs de la prison. La première de l'Ouragan. Il y croyait dur. La force
de son talent conjuguée à celle des autres ébranlerait le pays. Un discours assez long rappela le cas de Hurricane. Bob avait invité la légende
Mohammed Ali. Le plus grand boxeur de l'histoire apparut devant une
foule en transe, bigarrée, et il s'adressa aux Blancs en les suppliant
d'aider un citoyen innocent. Il appela le gouverneur Jimmy Carter et
les deux hommes discutèrent au milieu des cris des tambours que provoquait le public. Puis, la voix, au téléphone, de Rubin Carter, qui
écoutait le concert du fond de sa cellule, retentit dans l'air saturé de
chaleur et de joie. Il remercia ces gens de tout son cœur. La musique
reprit ensuite ses droits avec Joni Mitchell, Roberta Flack... Un vrai
désordre régnait, mais Dylan voguait haut comme l'écrivit Nik Cohn,
du magazine *New York* : « Dylan, clown vagabond. En dix ans, je ne
l'avais jamais vu œuvrer avec plus d'intensité. Pas de postures de poète.
Il grinçait et rugissait, il brûlait. »

L'amour de ce combat et la communion qu'il avait ressentie avec
Rubin Carter lui redonnaient des ailes. Il avait annoncé la bonne nouvelle au micro.

— Le procès de Rubin va être révisé grâce à vous, grâce à nous.

Une clameur emplit le dôme. Ce fut une belle fête de Noël.

Mais la Revue s'était immobilisée afin de permettre à ses membres
de passer le nouvel an au chaud. Bob, cependant, avait hâte de
reprendre. Il n'avait pas laissé de gaieté de cœur sa caravane. Il s'était
bien diverti grâce à la musique et à son film *Renaldo et Clara*. Quitter
cette frénésie l'ennuyait. Il s'y était accroché dur comme à l'alcool. Et
le combat pour Hurricane n'était pas terminé, loin de là. Un procès
avait eu lieu, et Rubin avait été déclaré à nouveau coupable, puis renvoyé en prison. Bob souffrait, la tête lourde, la pensée vide. C'était
donc cela, son influence d'artiste : le degré zéro ! Rien ! Il s'était battu,
il avait écrit l'une des plus belles chansons de son répertoire, et cela
n'avait servi à rien. Un innocent allait moisir quelques années de plus
derrière les barreaux. Il haïssait la société et son époque.

Quand la Rolling Thunder Revue reprit la route, il fut donc soulagé
de s'éloigner du monde et de la civilisation. Il cheminait avec des amis,
même si Joan Baez réclamait plus d'argent. Comment pouvait-elle oser
lui formuler cette demande ? Elle menaçait de rentrer. Et Sara de nou-

veau piquait sa crise face à l'intrusion des groupies auxquelles Bob ne refusait rien. Elle voulait partir. Joan Baez était triste pour l'épouse légitime, appelant l'une de ces intruses la « funambule » parce qu'elle disparaissait quand Sara arrivait. L'autre, une sans-gène, demeurait à sa place, arrogante. C'était toujours la même histoire : Bob se traînait aux pieds de Sara, la suppliait de rester. Qu'espérait-il à la fin ? Il l'ignorait lui-même. Elle se laissait convaincre, rouge de colère et de honte. Cet homme la détruisait à petits feux, et elle n'arrivait pas à couper le lien qui l'unissait à lui. Bob l'aimait, il avait besoin de sa femme, de ses enfants, mais il ne pouvait renoncer aux aventures.

Aventures de toutes sortes, celles qui ne connaissaient jamais de fin. La Rolling Thunder Revue traînait en longueur en cette année 1976. Joan Baez avait froid et souhaitait partir car elle avait l'impression de « perdre son temps avec des fous ». Cela avait trop duré, et Bob s'éclipsait dans la nature. Lui aussi ne savait plus comment l'arrêter. Et d'ailleurs, le voulait-il ? Arrêter, c'était retomber lourdement sur terre, perdre peut-être Sara et les enfants, repenser à la solitude, à la mort. Non, il ne voulait pas cela et continuait de se perdre dans sa frénésie.

Et surtout, il avait entre les mains une arme absolue qui aiderait Hurricane. C'était son obsession. Les choses n'allaient pas assez vite.

Le disque *Desire* sortit pendant le mois de janvier 1976, et reçut un très bon accueil. Il avait choisi le mot « Desire » utilisé jadis dans sa onzième et dernière épitaphe : « Après l'orage, sous un ciel annonçant variable, il accueillerait le désir. » Il offrait un bel album onirique, riche de mythes, de lyrisme et de douceur. Sur le dos de la pochette, jaillissait tout un panneau de symboles, une carte de magicien, une photo de Joseph Conrad. À l'intérieur du disque, il avait déposé un texte sybillin où il se situait sur les talons de Rimbaud « comme une balle dansante ». « Tolstoï avait raison. » Les phrases s'enchaînaient sans logique apparente, mais nous conviaient à traverser l'âme flottante de Bob, ses appels d'univers, son désir de rédemption et de rajeunissement. Il disait aussi : « La lune brillera quand Rubin sortira de prison ». Allen Ginsberg y avait écrit un essai lumineux, *Songs Of Redemption* : « Ces chansons sont le point culminant de la rencontre de la poésie et de la musique comme elle avait été rêvée pendant les années cinquante et au début des années soixante [102]. » Il voyait dans *One More Cup Of Coffee* un cantique hébraïque jamais entendu auparavant dans la musique américaine.

Le déluge d'éloges avait été agréable à entendre pour Bob qui pensait délivrer son meilleur disque depuis *Blonde On Blonde*. Mais il doutait. Un critique écrivit : la meilleure poésie de Dylan, c'est quand « se rencontrent la peur et le désarroi modernes, et la quête romantique de la beauté secrète et mystérieuse. » Un autre affirma que l'artiste venait de livrer sa meilleure musique depuis ses débuts.

L'album toucha un nombreux public massé sur le bord des routes pour apercevoir la Rolling Thunder Revue et ses personnages de Commedia dell'Arte. Le bon accueil de *Desire* ne suffit pas à assurer, le 25 janvier, le succès de la deuxième « Hurricane Night » à l'Astrodome de Houston, au Texas. Les ventes de billets se révélèrent moyennes. Bob n'y prêtait aucune attention. Il continuait sa bataille d'autant que Rubin avait été relâché contre une caution. Il avait réussi. Il avait appris la suite. On l'avait de nouveau enfermé. Cette fois, aucune chanson ne parviendrait à briser ses chaînes. Bob était découragé. Mais quelle force surhumaine faudrait-il pour que la vérité éclatât ?

Pendant ce temps, il peinait à maintenir sa Revue soudée. Il n'arrivait pas à retenir Joan Baez. Fatiguée, la chanteuse, avec laquelle il avait essayé de renouer, annonçait qu'elle désirait rentrer dans sa maison. Elle rapporta dans ses mémoires ce dialogue :

— Tu veux retourner chez toi ?

Il s'approcha d'elle.

— Pourquoi, qu'est-ce qu'il y a chez toi que la Rolling Thunder Revue n'offre pas ?

— Mon gosse, mon jardin. Et j'ai des choses à faire.

— Ah oui, quoi par exemple ?

— Cesser de mener cette vie de folle par exemple.

Il avala quelque chose dans un verre à dents de l'hôtel et commença à vaciller.

— On peut engager des bonnes, des profs, des répétiteurs plein de personnel et continuer la tournée éternellement. C'est super pour les gosses. Ils formeront une petite bande... Je ne peux rien faire sans toi Joanie.

Elle était flattée, mais voyait bien qu'il avait trop bu. Quelle était cette utopie ? Demeurer suspendus au-dessus d'une route pendant toute leur existence ? Devant sa mine de chien battue, « Joanie » finalement accepta de rester sans savoir pourquoi tandis que Sara promenait son air d'ennui incommensurable. Elle sentait la fin proche, les infidélités de Bob Dylan avaient tué ses derniers espoirs. Le musicien continuait son chemin, peut-être cherchait-il à atteindre la pureté de la solitude tel un saint. Son but aurait été alors de se débarrasser de tous ceux qui ne pouvaient le suivre, de procéder par élimination, fatigue, afin de finir sa vie face à lui-même.

Les saisons et les villes passèrent. Tallahasee, Pensacola, Hattiesburg... Le soleil ne se couchait plus. Les nuits avaient été abolies. Bob avait perdu la mémoire des lieux où il habitait autrefois. Sara et les enfants avaient disparu. Depuis combien de temps ? Il n'en savait rien, il ne savait plus. Il ne voulait pas regarder en arrière. Dans le Sud, le public n'avait pas répondu favorablement à la Revue. Il fallait bouger, changer d'endroit, remonter vers l'Ouest ou l'Est. En avril, Bob avait arrêté sa caravane au bord du fossé comme un convoyeur de western. Eric Clapton l'avait appelé pour lui demander d'intervenir sur son disque *No Reason To Cry*. On ne refuse pas un service à un ami ! Le guitariste anglais l'avait en outre aidé pour *Desire*. Il commença même à écrire une chanson qu'il apporterait à son compagnon, *Sign Language*. Et puis, il avait besoin de revoir la ville, la civilisation. Il s'observait dans sa nuée de poussière, avec ses vêtements sales, élimés et fleuris, presque semblable aux décors qu'il traversait. Il avait l'impression de se dissoudre. Il devait revenir à la réalité au moins pour quelques semaines, revoir le doux soleil de Californie.

Il débarqua au studio Shangri-la, salua des gens qu'il aimait bien comme Ron Wood ou Jeff Beck, de passage. Sur le chemin, il s'était acheté une belle veste de cuir noir. Eric Clapton l'accueillit à bras ouverts et remarqua son air étrange, très détaché, comme s'il arrivait de très loin. Bob planait, rêvait. Il sentait les regards des autres musiciens et surtout des femmes sur lui. Il en était fier. Il serra la main des accompagnateurs, traversa le studio d'un pas lent au moment où le groupe d'Eric s'apprêtait à enregistrer un titre de l'album, puis il partit dans le jardin, un beau jardin parfumé et édénique d'où il pouvait apercevoir le ciel immense. Tiens, il pourrait dormir là, sous les étoiles. Il monta une tente tel le touareg qu'il était devenu, installa une couche faite de couvertures et de coussins.

Il observait le travail des musiciens d'Eric Clapton. Mais il avait du mal à se préserver des regards, surtout celui de cette jolie fille avec un bras plâtré. L'amie du percussionniste, paraît-il. Elle lui tendait sa bouche, ses seins, son corps. Comment pouvait-il résister ? C'était la contrepartie de son statut si pesant de star. Il expurgeait dans le sexe ce sentiment d'oppression qui le minait. La gamine lui parlait de manière assez proche, ses cheveux le frôlaient. Bob voyait bien qu'Eric avait remarqué cette nouvelle attirance, et l'observait. « Non, songeait-il, il ne va pas oser... » Un soir, il glissa la fille par la fenêtre comme un voleur, l'emmena sous sa tente et lui fit l'amour malgré son bras plâtré.

Il se sentait bien. Il croisa le percussionniste qui ne put rien dire. Il s'agissait de Dylan ! Et Bob le savait, même s'il se gardait bien de triompher. Car le travail l'attendait. Depuis le studio Shangri-la, il appela son vieil ami Robbie Robertson parce qu'il avait besoin de parler à un proche, mais il apprit une mauvaise nouvelle : l'arrêt du Band. Bob en demanda à son ancien guitariste les raisons.

Robbie soupirait, ce qui en disait long sur son sentiment de lassitude. Les dernières années avaient été difficiles pour le groupe et lui.

— Se séparer n'est pas une mauvaise chose, dit-il. J'en ai assez de rester loin de la maison, qu'on se dispute. Un jour, on va s'entre-tuer parce qu'on ne pourra plus cohabiter et qu'il le faudra bien. Ou alors le public nous jettera en nous traitant de vieux débris...

Bob comprenait bien. Robbie exprimait les pensées de tous les musiciens de rock. Il méditait un grand concert où tous leurs musiciens préférés viendraient jouer avec eux, une dernière fois.

— Et tu sais, pourquoi ce rêve est possible ? demanda-t-il à Bob. Parce que nous avons été ton groupe. Tu as fait de nous des mythes.

Il raccrocha le téléphone, songeur. Non, Robbie n'arrêterait jamais. Pourquoi ses amis l'abandonnaient-ils, soit par la mort, soit par le renoncement ?

Lui, il ne renoncerait pas. Son unique famille l'attendait au bord de la route, la Rolling Thunder Revue. Il quitta Los Angeles après avoir coucher avec une dernière fille. Pourquoi se priver ? Un témoin rapportera la scène :

— Dans une chambre, j'ai vu Bob allongé sous une adolescente... suçant ses tétons comme si elle était un animal, la maintenant en place avec sa bouche et ses mains. Elle poussait des gémissements. Clapton était assis sur une chaise à l'écart, il regardait.

Les deux amis s'étaient bien amusés de leurs exploits féminins, s'encourageant l'un l'autre. Une fois l'excitation retombée, Bob se sentit à nouveau triste. Sara semblait vraiment l'avoir abandonné. Il rassembla les morceaux du convoi jetés aux quatre vents et reprit la route, tandis que le Band achevait la sienne et qu'un compagnon du passé la quittait lui aussi.

ÉPITAPHE N° 3 – LES AMIS FOLK DE JEUNESSE – PHIL OCHS (1940-1976)

C'était un après-midi printanier de 1976. Le corps du chanteur Phil Ochs fut retrouvé, dans la maison de sa sœur, à New York, se balançant au bout d'une corde. Ainsi se concluait une vie malheureuse faite d'échecs, de plaisirs interdits, de révoltes. On disait que le dernier coup de grâce avait été porté lorsque Bob Dylan lui avait refusé le droit d'entrer dans la Rolling Thunder Revue. Phil Ochs espérait revenir au premier plan grâce à cette tournée qui, il le savait, attirerait l'attention du public et de la presse. Mais le refus l'avait démoli. Et Phil avait passé la ficelle autour de son cou...

En apprenant la nouvelle, Bob s'assit et se prit la tête entre les mains. Bien sûr, lui et Phil n'avaient jamais été de grands amis. Dylan n'aimait pas la musique du chanteur défunt. Mais ce suicide le remplissait de culpabilité parce qu'il l'avait éjecté de sa Revue, qu'il ne lui avait jamais témoigné de chaleur et s'était souvent moqué de lui. Par bien des aspects, cet artiste lui ressemblait, le talent en moins. Bob se rappelait leur dernière soirée, au Gerde's, pour les soixante et un ans de Mike Porco. C'était un souvenir pénible. Phil, très pâle, tenait à peine debout, il hurlait et se pendait aux basques de son illustre ami. Ce souvenir hantait encore l'auteur de *Blonde*.

Bob participerait donc à l'hommage rendu à Phil Ochs en mai. Il avait essuyé les reproches de la sœur du disparu, Sonny, parce qu'il n'avait ni téléphoné ni envoyé de lettre de condoléances. Rien. Mais savait-elle qu'il passait ses journées sous la tente, avec sa bouteille de Jack Daniels, regardant la toile blanche, la route sans perspective, et qu'il réclamait son plus proche entourage afin de chasser avec eux l'ombre de la mort ? Quand il cherchait Joan Baez, il ne la trouvait pas. Elle tenait compagnie à son fils qu'elle avait fait venir sur la tournée. Bob évitait cependant ses amis, Bobby Neuwirth et les autres. Il buvait et perdait de sa forme. Il n'arrivait plus à serrer les notes, sa voix se brisait sur les écueils de sa fatigue.

Il allait mettre un terme à la Revue, mais avant, donna deux grands spectacles afin d'enregistrer un album live. Il joua au Texas, à Fort Worth, puis dans le Colorado, à Fort Collins. Il était entouré de sa bande, Mike Ronson à la guitare, T-Bone Burnett au piano, Rob Stoner à la basse. Bob jeta sur scène le trop-plein d'énergie qu'il avait accumulée, lâchant des versions punk de *Maggie's Farm* et *Lay Lady Lay*. Il avait empoigné sa guitare électrique et jetait des notes grinçantes, étranges. Des gouttes de pluie se dandinaient sous le ciel, une brise frigorifiait le public et les musiciens. Bob chantait avec cette voix imprégnée de tristesse, « de miel et de colle », comme l'avait si bien définie David Bowie dans *Hunky Dory*. Joan Baez apparut tout à côté et joignit sa voix à la sienne. Elle avait retrouvé un peu d'envie au crépuscule de leur errance tandis que Sara et les enfants étaient assis juste en bas de la scène, probablement pour la dernière fois.

Après cette pluie drue qui baptiserait le nouvel album de Bob, *Hard Rain*, Sara s'était dissipée dans les douceurs printanières. Sa propre réalité n'avait pas résisté au nomadisme de Bob. L'épouse n'avait pu s'adapter à cette vie flottante. Elle tournait en rond, privée de but, d'avenir. Elle était repartie loin avec un sentiment de culpabilité, de déception. Quelle faute avait-elle commise pour qu'il la délaissât ainsi ? Elle avait tout tenté sans parvenir à percer sa carapace, à le détourner de sa dérive qu'elle avait du mal à comprendre après avoir échoué à le faire descendre de son navire fou. Elle se croyait folle, mais c'était lui qui l'avait torturée. La méprisait-il donc tant qu'un jour, en allant à l'improviste dans la cuisine de leur maison, elle avait trouvé son mari avec ses enfants et une inconnue ? Il emmenait ses traînées sous son toit. Mais pourquoi ? Pourquoi ?... Que gagnait-il à exhiber ses infidélités au grand jour ?

Savait-elle de son côté que Bob était malade de sa solitude et de leur échec ? Il n'avait pu s'empêcher de torpiller sa relation, de détruire son amour. Peut-être attendait-il des femmes qu'il aimait plus de violences, de contradictions, d'idées ? Quelque chose lui manquait, et il n'arrivait pas à préciser la nature de cette frustration. En tout cas, elle existait, forte. Il avait tout. Il voulait plus. Mais quoi ? Le pire, c'est qu'il n'en savait rien. La femme dans la cuisine ? Ah oui... Il avait trouvé ce moyen pour s'exciter, secouer un peu son ennui.

Tant pis pour Sara. Il avait fini par poser à nouveau le pied sur la terre. Une nouvelle petite mort l'attendait.

ÉPITAPHE N° 6 – LE BAND (1967-1976)

C'était comme un nouveau faire part, un défilé de musiciens peu joyeux, là, dans le Winterland de San Francisco. Le prêtre se nommait Martin Scorsese. En ce mois de novembre, jour du Thanksgiving, The Last Waltz *avait la douceur des films nostalgiques. Ils étaient tous venus, Emmylou Harris, dans sa robe bleue et ses longs cheveux, Paul Butterfield qui rappela à Bob le fameux Newport Folk Festival. L'harmoniciste n'avait pas changé et joua un formidable* Mystery Train. *Dylan regrettait de ne pas voir à ses côtés Mike Bloomfield. L'intrépide guitariste musait dans les petits clubs de la côte Ouest. Il prisait peu la clinquante valse des grandes signatures. Peut-être en voulait-il à Robbie Robertson d'avoir été le préféré ? Impossible. Mike était trop indépendant, trop pur. Sur la scène du Winterland, Bob croisa Muddy Waters et son* Mannish Boy, *Eric Clapton. Bob parla un peu à Robbie qui, serein, enterrait son passé avec difficulté et soulagement. Scorsese signait l'oraison du Band,* The Last Waltz, *leur concert d'adieu. Bob, comme les autres, n'y croyait pas tandis que le spectacle se poursuivait. La dernière fois ? Non, Levon, Rick, et Robbie reviendraient.*

Avant que les portes du palais ne s'ouvrent et laissent passer les spectateurs en habits de soirée, Bob répéta, enfermé dans un bar en sous-sol, les musiciens du Band ne lui demandèrent rien de particulier. Robbie vint s'asseoir à côté, et ils jouèrent sans échanger la moindre parole. Les participants avaient rarement connu un tel silence. Bob croisa Albert Grossman, manager de Paul Butterfield, qui le salua, et Joni Mitchell belle, toute en argent. Neil Young sortait d'un nuage de coke dont on voyait encore les traces près de son nez.

Bob était venu au début du spectacle, et il avait eu un moment de rejet, se cloîtrant dans sa loge.

— Je ne veux pas être dans votre film... avait-il dit. Quand je jouerai, les sept caméras devront être braquées dans l'autre direction.

Il pensait à sa propre œuvre Renaldo And Clara. *Pourrait-il communiquer sur les deux en même temps ? Il ne souhaitait pas mettre en danger sa propre création qui restait sa priorité, la chance de sa vie, son rêve. On disait que Howard Alk lui avait donné ce mauvais conseil. Martin Scorsese s'arrachait les cheveux. Eh oui, enterrer le Band, « le groupe de Bob Dylan » sans Dylan, était une absurdité. Une impossibilité.*

Bob avait bien remarqué la pâleur de Robbie. Mais pourquoi son ami ne le comprenait-il pas ? Il les vit frapper à sa porte comme une triste procession. Vas-y toi, Albert ! Convainc-le. Grossman souriait. Cela faisait bien longtemps qu'il ne gérait plus les affaires du génie. Bill Graham, le promoteur, intercéda, et Bob, voyant l'effondrement des uns et des autres, accepta finalement de jouer deux chansons devant les caméras. Il se tourna alors vers sa troupe, gardes du corps, amis, et leur ordonna de se tenir de chaque côté de la scène afin de veiller à l'accomplissement de ses désirs.

Il arbora sur scène un superbe chapeau blanc, il ondoyait comme un personnage de roman. Forever Young, Baby, Let Me Follow You Down... *La messe était dite.*

Sara demanda le divorce. Bob paierait. Et cher. De toute façon, elle comptait réclamer la moitié de sa fortune. Âgée de trente-quatre ans, elle se trouvait encore belle et comptait bien rencontrer d'autres hommes, refaire sa vie. Elle avait cinq enfants à charge, dont quatre avec Dylan, des frais importants, et surtout, un compte à régler. Une fois rentrée dans sa maison de Malibu, elle s'était effondrée en larmes, avait hurlé, un dépit d'autant plus intense qu'elle avait accepté toutes les humiliations sans rien dire. Elle marchait sur la véranda de briques, ses rondeurs, ses creux qui la faisaient ressembler au dos d'un saurien. Elle aimait les rochers et ces plages glissant dans une eau léthéenne et chaude. Elle aimait s'y promener avec ses enfants et ne redoutait que la venue de Bob parce qu'il semblait mécontent de la trouver dans cette maison inachevée, ce symbole de leur amour en morceaux. Ils se disputaient ou ne se parlaient plus. Sara tentait d'éviter son mari malgré cet amour malade et blessé qu'elle lui portait. Bob avait des accès de violence contre elle. Et la jeune femme aspirait désormais à connaître un amour normal et humain.

Le 1ᵉʳ mars 1977, elle posa sa demande de divorce à la cour supérieure de Santa Monica.

— J'ai peur de lui, plaida-t-elle, il me menace, pratique un harcèlement que je ne peux supporter. Il ne s'est jamais tellement occupé de nos enfants. Il n'était même pas présent pour la naissance de notre premier...

Elle parlait comme si sa vie en dépendait, pour son propre salut. Son avocat Marvin Mitchelson réclama la propriété de Point Dume, une pension alimentaire, la garde des enfants, Jesse, Anna, Samuel, Jakob, dont elle s'occupait si bien, à l'inverse de Bob toujours en voyage. Elle obtint pour un temps la maison et les enfants. Son avocat argua du régime de la communauté qui lui permettrait de ravir la moitié des biens de Bob. Cela comprenait les royalties de l'artiste pendant la durée de leur vie commune, ce trésor magnifique accumulé par le talent depuis dix ans, les merveilleux *Blonde On Blonde*, *John Wesley Harding*, *Desire*, ces bijoux qui menaient leur belle vie dans le ciel américain. Elle empocherait plus de 13 millions de dollars.

Bob souffrait de cette bataille sans rien laisser paraître, alors qu'il se battait avec le difficile montage de *Renaldo et Clara* où il rencontrait, presque irréelle, la figure de Sara qu'il avait filmée pendant la Rolling Thunder Revue. Il entendait Sam Shepard mécontent du traitement réservé à son œuvre. Dylan avait perdu le sens des réalités.

Maintenant que son mariage sombrait, il voulait d'autres filles, il ne se gênait pas. Il les prenait par groupe de trois, il cherchait un plaisir nouveau, très élevé. Sa célébrité, si pesante, avait au moins un avantage. Aucune femme ne s'était jamais refusée à lui.

Il avait aussi pensé à disparaître. Peut-être avait-il fait son temps ? Non, il désirait encore...

Et la grâce lui échappait. Il manquait d'idées, de projets. Son empire vacillait sous le divorce et la fatigue.

Que faire ?

Il ne respirait plus.

— Leonard Cohen ? Il m'invite ?

Oui, il s'agissait de *Death Of A Ladies' Man* arrangé par Phil Spector. Bob alla jusqu'au studio sans enthousiasme, soutenu par Allen Ginsberg. Les deux hommes hurlèrent les paroles de *Don't Go Home With Your Hard-On*. Et après ?

Bob se voyait vieillir. Les femmes l'aimeraient-elles éternellement ? Tant que son nom planerait haut dans la sphère de la chanson... Le divorce l'avait angoissé. Il ne détestait pas l'idée de retrouver la même femme en rentrant le soir. Mais dès qu'il se retrouvait dans cette situation, il n'avait plus qu'une idée : aller voir ailleurs, courir l'aventure.

Il cherchait un second souffle pour garder son étoile au sommet de l'art, du sexe, de la célébrité, et tout ce qu'il entreprendrait viserait à impressionner Sara, lui inspirer les pires regrets du monde tout en se félicitant de sa liberté nouvelle. Il allait mourir... un jour. Alors pourquoi s'attacher ? Autant prendre du plaisir !

Depuis quelques années, le pionnier du rock and roll s'était cloîtré derrière les hauts murs de son château de Graceland, à Memphis, armé, violent, paranoïaque. Il se bourrait de médicaments et avait grossi. Le 16 août 1977, Elvis Presley fut retrouvé, allongé sur le sol en marbre de sa salle de bain. Son visage baignait dans le vomi.

En apprenant la nouvelle, Bob resta prostré. Il ne s'y attendait pas. La musique d'Elvis le poursuivait depuis l'enfance, et il n'ignorait pas qu'il devait sa destinée à ce chanteur apparu quelques années avant lui. *Jailhouse Rock, Heartbreak Hotel*... Un souffle de liberté, le sentiment qu'il mènerait sa vie comme il l'entendrait, sans personne pour le commander. Voilà ce qu'Elvis lui avait appris. Bien sûr, la critique l'avait toujours opposé au King, louant sa sophistication, sa créativité supérieure, son surréalisme. Mais sans Presley, aurait-il dépassé ses limites ? Combien de portes le diable de Memphis avait-il ouvert ? Ce voyou aux déhanchements jugés obscènes avait réussi à surmonter les turbulentes années soixante, à revenir lors du fameux « come-back special » avec sa veste en cuir noir, son sourire canaille, sa beauté érotique au moment où lui, Dylan, et les autres seigneurs sixties occupaient la scène. Le King avait repris autrefois deux morceaux de Bob, *Tomorrow Is A long Time*, et *Don't Think Twice, It's All Right*. L'artiste folk, pourtant habitué aux reprises de ses chansons, en avait éprouvé une immense fierté. Mais là, Elvis... Bien sûr, il savait que Presley l'appréciait modérément comme il goûtait peu les artistes engagés. Et alors ?... Le King tirait sa révérence à son tour comme Jimi Hendrix, Jim Morrison, Brian Jones... Bob se sentait de plus en plus seul. Les grands du rock abandonnaient cette terre, et il avait failli les rejoindre, mais la mort ne voulait pas de lui.

Il ne supportait pas qu'un ignorant se permît de critiquer ce chanteur qu'il admirait, même s'il vomissait son évolution d'obèse roucouleur à paillettes de Las Vegas, ce qu'il craignait de devenir. Il pensait beaucoup à Presley, pas seulement à cause de sa disparition, mais parce que Bob aussi, comme le maître du rock and roll, avait la sensation de perdre sa grâce, sa chance.

La sortie de *Renaldo and Clara* en janvier 1978 suscita chez ses amis critiques, rires et consternation. L'œuvre, bien trop longue – près de quatre heures – assez confuse, servait, comme l'écrivit Pauline Kael, dans le *New Yorker*, à magnifier la légende. Le *Village Voice* ironisa sur tous ces cinglés qui paradaient devant la caméra pour un résultat comparable à la défaite de l'invincible armada espagnole au XVIe siècle !

Bob en fut mortifié. Personne n'avait rien compris à cette création personnelle, avant-gardiste, trop élevée pour le commun des mortels hermétique à sa complexité. Contrairement à son habitude, il appela tous les journaux pour revendiquer ses choix, expliquer son message, les images. Bien sûr, la presse qu'il avait souvent brocardée se ferait fort de le bouder ou de tourner en ridicule son soudain intérêt pour la chose écrite. Il acceptait le risque d'entendre des journalistes s'étonner que Dylan, soudainement, sortît de son orgueilleuse indifférence et vînt défendre sa camelote comme un vulgaire représentant. Il déplairait à ses partisans fiers d'aimer un artiste désintéressé. Tant pis. Il avait dépensé 100 millions de dollars pour son film et ne pouvait observer sa chute sans réagir. Son visage orna ainsi la couverture de *Rolling Stone*, et *Playboy* lui offrit six pages.

— Mon film est une méditation, se justifia l'auteur. Il parle de l'art, de la vie, de l'identité et de Dieu. Je ne me soucie pas de savoir si on l'aime. Je l'ai juste fait pour moi et pour quelques copains. On le dit trop long. Je vous rappelle seulement qu'en Inde les films peuvent durer douze heures.

Quelle humiliation ! Il avait honte pour lui. Non, la chance ne lui souriait plus. Un divorce en Californie qui lui coûtait cher, un échec artistique ici, un disque *Hard Rain* là, que la critique boudait... Son travail avait pris un tour un peu vieillissant, fatigué. Il ne grimpait plus et même redescendait de la cime d'où il regardait le monde depuis ses fantastiques débuts en 1961. Il avait manifesté cette insolence qu'un succès rapide lui avait autorisée. Puis, il avait poussé l'outrecuidance un peu trop loin, et il devrait payer la note, se renflouer au plus vite. Comment ? En répondant aux avances du diable qui frappait à sa porte : Jerry Weintraub, le patron de la société Managment III, invitait Bob à intégrer son écurie. Cet entrepreneur gérait Neil Diamond, dont Bob gardait le souvenir d'un spectacle bien rôdé, devant un public d'adolescents en émoi. Ce garçon, né la même année que Dylan, avait lui aussi commencé dans les cafés de Greenwich. Mais son rêve l'avait toujours porté vers Las Vegas, les grands hôtels dorés du désert, Flamingo, MGM... Le clinquant ! Bob savait que Neil ne susciterait jamais autant de respect que lui, mais en dix ans, le bon diamant avait malgré tout placé une vingtaine de titres dans les quarante meilleures ventes. Bob pouvait sans rougir s'inspirer de sa réussite. D'ailleurs, pourquoi n'essaierait-il pas de séduire le public de Neil ? Les rebelles quarantenaires le fatiguaient et se lassaient même de lui.

Jerry Weintraub défendait les intérêts de Frank Sinatra et avait soutenu Elvis Presley. Bob se sentait flatté de rejoindre une aussi bonne compagnie qui chasserait les malheurs au-dessus de sa tête, même si monter de grands spectacles à l'américaine ne lui serait jamais venu à l'esprit. Allait-il lui aussi glisser vers la malédiction Presley, sombrer dans la complaisance ? Il n'avait de toute façon guère le choix. Il signa et Jerry lui proposa une gigantesque tournée au Japon en Europe. Bob ne tenait pas particulièrement à repartir malgré son mal-être. Il tournait en rond, s'asseyait, se mettait à sa table de travail, lâchait sa plume. Il avait commencé l'écriture de son prochain album, mais n'arrivait pas à le terminer. Il regardait par la fenêtre le ciel sans couleur, les rues vides. Il partirait et reviendrait vite.

Bob composa un grand orchestre hétéroclite, des cuivres, des percussions, des anciens de la Rolling Thunder Revue bien sûr, plus l'ex-batteur de King Crimson, ce groupe anglais progressiste, Ian Wallace, la percussionniste Bobbye Hall, transfuge de la maison Motown que Bob paya 2 500 dollars la semaine et des choristes gospel... C'était énorme. Mais le seigneur de la folk song pouvait tout faire.

La presse attaquait l'évolution de Bob dont le nom clignoterait bientôt sur les panneaux de Las Vegas. Elle disait que le protestataire sans peur ni reproche avait besoin d'argent après sa série d'échecs, que notre saint combattant, l'héroïque et désintéressé défenseur de Hurricane Carter, cherchait à remplir son compte en banque. Il repartait donc, poussé par ses créances.

Bob feignait le mépris, mais il maudissait en secret ces plumitifs. Bien sûr, il avait besoin d'argent. Pourquoi lui reprochait-on ses risques artistiques ? Une basse vengeance... C'est en arrivant au Japon qu'il oublia ses tracas tant il reçut là-bas un accueil digne des rois avec une presse enthousiaste et un public tout en retenue comme l'impose la tradition. Bob était heureux. C'est ce qu'il voulait, musarder entre les pagodes, sous ce beau ciel oriental, changer d'air, de monde. Personne n'essayait de le piéger, et il retrouvait une société neuve, prête à l'accueillir sans arrière-pensée, se moquant de tout ce qu'il avait pu dire ou faire ces dernières années. Quel plaisir !

Il réservait des suites somptueuses où il se reposait. Puis, il descendait dans les salons du palace. Il aperçut l'une des choristes noires, Helena Springs. Elle lui plaisait terriblement, et il n'écoutait pas les jalousies de ses collègues qui se plaignaient de ses mauvaises notes. Il arriva au-devant d'elle, la prit par la main et l'emmena dans sa chambre, et elle se laissa faire comme si elle l'attendait.

Pendant le reste du voyage, elle se tint assez près de Bob, sous le regard hostile des autres choristes. Ensemble, ils charmèrent des salles qui chaviraient jusqu'au bout du monde, en Océanie, Australie, Nouvelle-Zélande. Dans l'intimité de leur chambre, elle avait remarqué sa nervosité, son regard qui se portait toujours vers une bouteille, la cocaïne étalée sur le lit. Il buvait. Il ne dormait pas, elle le sentait.

— Que fais-tu quand tu es mal ? demanda-t-il.

Elle sourit.

— Je prie... Toi non ?

Il ne répondit pas.

— J'aimerais avoir ta sérénité. Aide-moi...

Helena tenta de l'apaiser, de lui donner la paix qu'elle avait acquise dès son plus jeune âge dans les églises.

— Tu lis la Bible ? avait-elle demandé en regardant l'ouvrage.

— C'est là où je puise mes idées. Explique-moi ta foi, dit-il.

Il voulait comprendre ce qui n'allait pas en lui, elle parla du Christ, de sa passion, de la souffrance. Il respira un grand coup, ces propos insufflaient un calme qu'il avait rarement connu, et il souhaitait revivre ce genre de bien être. Helena comblait sa solitude, et atténuait la douleur de sa séparation. Car Bob regrettait beaucoup ses enfants.

Quand il rentra aux États-Unis après cette belle tournée, il ne lâchait plus Helena et l'intégra à l'équipe de son nouvel album. La jeune choriste lui donnait des forces, de l'espoir dans une période difficile pour lui. Les grandes conversations qu'il échangeait avec elle au sujet de Dieu, du Christ, le rassérénaient. Peut-être était-ce son âge, la fatigue, la volonté de trouver autre chose que les biens matériels auquel sa position fameuse le condamnait ?

C'est donc plus serein qu'il s'installa à Santa Monica sur un bon paquet de chansons, quelque chose de profane et de spirituel comme les vieux titres du bluesman Robert Johnson dont la plainte l'enveloppait. Il n'avait pas l'intention de composer un disque bleu, au contraire, mais le grand ancien l'inspirerait. Il imaginait des textes, des images inspirés de l'ancêtre. Il répondit à son célèbre classique *Love In Vain*, par une question : *Is Your Love In Vain ?* Le mysticisme de Robert parlait à celui de Bob, troublé, lancé dans un étrange dialogue avec un mort, à quarante ans de distance. Il y décrivait ce qu'il désirait vivre, sa marche vers le christianisme et l'inconnu, à travers *Senor* qui incarnait le Messie. « Où te caches-tu ? Qui dois-je contacter ? » Il y mêlait sa vie personnelle dans *Where Are You Tonight* habité par les jours bénis qu'il avait passés avec Sara et l'échec de leur mariage. Tout l'album *Street Legal* résonnerait du message christique et de sa future voir royale.

— Mon œuvre va atteindre une dimension supérieure, surnaturelle. Elle dépassera bientôt tout ce que j'ai fait avant, disait-il à Helena.

Le fruit de son cheminement déçut ses espérances. Il n'avait peut-être pas encore accompli tout le parcours qui le séparait du Très-Haut. Il abhorrait ses limites artistiques, il n'avait jamais ressenti pareille frustration en écoutant sa musique, prisonnière de son écorce terrestre, et les voix gospel n'y changeaient rien. « Je ne sais plus faire... », songeait-il. Il avait échoué face à la beauté des chansons de Robert Johnson. Et il s'énervait contre ses musiciens.

— Foutez le camp. Je ne veux plus vous voir.

Il resta seul, et le disque se promena pendant ce plaisant mois de juin 1978. Un échec, oui... Il avait beau prétendre n'avoir cure des avis de la presse, il entendait le terme de « déclin » circuler ici ou là... Des journalistes le traitaient de clown, d'autres affirmaient ne plus le prendre au sérieux. *Street Legal* mourrait de sa belle mort. Ce disque ne présentait aucune brillance particulière, il était un peu terne. Bob le sentait.

Il s'embarqua pour le Vieux Monde où une tournée l'attendait. Il s'y rendait sans enthousiasme et débarqua à Londres en pleine explosion punk à laquelle il n'avait jamais prêté une grande attention. Il s'en moquait. La jeunesse imposait ses propres valeurs même si elles conduisaient à la destruction. Pourquoi pas ? Lui, il s'adressait à son public, à ceux qui l'avaient vu grandir et l'aimaient. Il se rappela ce séjour anglais entre deux vapeurs d'alcool. Il buvait scotch après scotch, craignant d'attraper ces moments de lucidité qui l'épouvantaient. Il ne disait rien, ne parlait pas aux musiciens de son groupe, prostré dans une sorte d'apathie dont il n'arrivait pas à sortir. Il allait vers la mort.

L'Allemagne l'accueillit, Nuremberg, le 1er juillet 1978, lui ouvrit une arène construite par Hitler. Il dormait peu, comme toujours, les paysages défilaient, et chaque soir, c'était une multitude de visages, de drapeaux, de corps brûlants plongés dans l'obscurité, ces cœurs haletants qui exhalaient leur souffle merveilleux à ses pieds. Mais rien ne le transportait. Ils étaient là, bousculés par le désir et la passion alors que lui n'en avait plus.

Quel allait être son avenir ? Il n'en savait rien et ne tenait pas à réfléchir pendant que la caravane roulait et qu'il montait sur scène pour rejouer ses sempiternels titres. Il avait eu devant lui des grands cieux, des bûchers de joie, toute la frénésie du monde que seul un Dylan sur cette terre pouvait se permettre de voir. Il avait retraversé l'Atlantique, et continué, traînant son groupe derrière lui, sans voir la nuit, ni toucher le sommeil. Il jouait tous les soirs, il faisait l'amour avec Helena puis Carolyn Dennis, l'autre choriste. C'était reparti. Il n'avait plus envie d'arrêter, de redescendre sur terre. Tourner, tourner... Jouer, jouer, afin de ne penser à rien, passer d'hôtel en hôtel, de paysage en paysage, faire l'amour, jouer, faire l'amour... Comme une drogue, comme sa bouteille de bourbon qu'il vidait et remplaçait tous les soirs. Le ciel le portait. Puis, il avait volé au-dessus de San Diego, la tête dans le sac, à court de respiration, sur cette scène, étouffante de chaleur. Bob avait le vertige, les notes cinglaient l'air moite, devant une foule qui semblait l'injurier, hurler son dépit, tel un démon noir ronflant. Un abîme s'ouvrait sous lui où résonnaient toutes ces voix vengeresses. Il ne voyait pas ses musiciens, il arpentait d'un bout à l'autre de l'estrade sans savoir où aller, se sentant lourd, dérivant au cœur de sa musique, quand, un soir – il ne se souviendrait plus vraiment lequel –, il vit rouler à ses pieds quelque chose de brillant. Il s'arrêta. L'objet jetait des éclats comme un soleil dans la nuit. Il n'entendit plus rien, se baissa, prit la croix et la mit dans sa poche. Elle était belle. Une main divine l'avait jetée tout près. Et il poursuivit, chantant mieux qu'il ne l'avait fait jusque-là.

Le concert fini, il était en sueur, ses yeux saignaient au point que ses musiciens eurent peur. Leur leader, celui qui les emmenait jusqu'au bout de la route, ressemblait à un criminel touché par la grâce. C'était étrange à voir. Il regagna assez vite sa chambre d'hôtel et, le lendemain, il réapparut, la croix autour du cou. C'était l'effet de la lumière, mais Bob paraissait rajeuni. Le 4 novembre à Fort Worth au Texas, il la portait.

Il ne quitterait plus la croix, sorte de lien vital à sa survie. Il voulait continuer, encore et encore.

— Jerry, Jerry ! Réserve-moi des dates, des dates ! Je n'arrêterai pas...
Mais il n'en pouvait plus, et il rentra.

La dernière tournée l'avait épuisé. Il aspirait au repos et n'y parvenait pas. L'arrêt des concerts l'avait terriblement angoissé comme il l'avait prévu. Il avait l'impression que sa taille, sa dimension rapetissaient, et son esprit se remettait à cogiter dans toutes les directions. Des idées de mort, de suicide le polluaient. Il se prenait la tête entre les mains. « Sara, où es-tu ? » Helena passait beaucoup de temps à le réconforter, à glisser des paroles douces qu'il entendait à peine. Un poids oppressait le cœur de Bob.

— Je n'ai pas réussi grand-chose, ces derniers temps, répétait-il. Mon mariage est mort. Mes disques sont de moins en moins bons. Je n'ai pas pu faire libérer Rubin Carter qui est toujours en prison. J'ai honte de le revoir, je n'oserai jamais...

Il était pâle, le front plissé, la main sur une bouteille ou des cachets. Helena tentait de le convaincre d'arrêter de prendre n'importe quoi, en vain. Elle craignait qu'il ne tombât.

— Tu crois que Dieu m'aime ?

Un soir, en s'endormant, il sentit un souffle tout près. Ce n'était pas la jeune femme, mais une présence à ses côtés, lui tenait chaud, gonflait son cœur de promesses. Il se leva, tout excité, regarda son cache, mais il ne vit personne. Avait-il rêvé ?

— Helena ? appela-t-il, sans obtenir de réponse.

Puis, il s'habilla et descendit. Il pénétra dans une église en prenant soin que personne ne le remarquât. Une semi-obscurité l'accueillit, la lumière était douce. Il s'assit un instant, puis remonta, tout empli d'une étrange sérénité, il n'avait plus peur de rien.

Quelques jours plus tard, il raconta son étrange aventure – la présence dans son lit, la croix – à une ancienne petite amie, Mary Alice Artes qui montra son enthousiasme.

— C'est un signe ! Tu sais que je suis membre d'une église évangélique. La communauté Vineyard, dans la vallée San Fernando. Tu ne connais pas le pasteur Ken Gulliksen ?

Bob ne répondit rien. Un peu de feu aux joues avait éclairé la figure réjouie de Mary Alice. Le musicien accepta de recevoir les émissaires de ce Gulliksen et laissa Mary s'en charger, curieux de connaître ce monde-là. Il se souviendrait longtemps de l'arrivée des pasteurs, Larry Myers et Paul Emond. Aucun des deux n'était impressionné de se trouver en présence du célèbre Dylan dont ils devaient cependant ignorer l'existence, vivant dans un autre univers fait d'élévation et de superbe détachement. C'est ce que voulait Bob. Un superbe détachement. De la sérénité. Les religieux lui parlèrent du Christ, de leur communauté, un peu à l'écart de Los Angeles.

— Je veux connaître tout de la Bible, de Jésus, leur demanda le musicien.

— Vous avez du temps ?

— Oui, j'ai plusieurs mois...

C'était assez.

Il se rendit dans la communauté de Vineyard et se retrouva face au pasteur Ken Gulliksen.

— Vous êtes le bienvenu, Monsieur Zimmerman, lui dit l'homme de foi, peu confiant au début de la fidélité du musicien à ses préceptes.

Dylan – il en était convaincu – s'empresserait de repartir sur la route, une fois sa curiosité satisfaite. Et pourtant, le lendemain, il revint sans rien dire, accompagnée de Mary Alice qui le tenait presque par la main. La jeune femme jetait des coups d'œil insistants sur Bob pour évaluer ses réactions. Le musicien s'installa dans la petite église de San Fernando, ouvrit la Bible et discuta. Le pasteur lui expliqua l'Ancien et le Nouveau Testament, la genèse, les évangiles... Bob écouta.

— L'Apocalypse est pour bientôt, entendit-il. Elle a commencé à ébranler la terre au Moyen-Orient. Elle tuera tous les impies, sauf les croyants, ceux qui auront consacré leur vie au Seigneur.

Là-bas, l'armée rouge s'apprêtait à envahir l'Afghanistan. L'intervention aurait lieu en décembre 1979. Mais rien ne l'effrayait. Mary Alice sourit et hocha la tête. L'enseignement se poursuivit pendant plusieurs jours. Bob ne quittait pas sa belle croix dorée.

Il garderait de cette période un heureux souvenir. Pendant ces mois de méditation, la pression du show-business, les voyages, la peur, semblèrent lointains et dérisoires. Le temps s'était allongé, l'heure n'existait plus. Bob se tenait face au Christ dont il sentait la compagnie incroyablement proche jusque dans cette onde claire où il se plongea tout entier. L'océan brasillait, confondu avec le ciel rosé des aurores. Bob avait attendu les premiers jours pour renaître et se convertir au christianisme. Il était ressorti, le corps dégoulinant d'eau, sous le tiède soleil de la Californie. Il était mort, mais entamait une nouvelle vie.

Son premier vrai disque religieux, il l'avait en tête comme une révélation. Il y songeait dans l'ombre froide des nefs où il se plongeait avec sa Bible. Il aimait le silence, les psalmodies de l'homme sur la chaire, s'asseyait à l'écart, mais, à chaque fois, une rangée de fidèles se tournait vers lui et écarquillait leurs yeux. Bob Dylan ! Ça alors... Les ouailles – familles, garçonnets, filles – le reconnaissaient. Une rumeur, des chuchotements se propageaient alors aux autres rangs comme une fièvre. D'autres regards se posaient sur lui. Bob voyait bien que son apparition détournait les braves gens du message religieux, plus curieux du moindre de ses gestes que des propos du prêtre. C'est le dernier endroit où il aurait imaginé provoquer de l'effet tant il avait eu le sentiment étrange de redevenir anonyme. Mais non, tout cela n'était qu'illusion. Sa célébrité gâchait jusqu'au dernier refuge qu'il croyait avoir trouvé, la maison de Dieu. Il dut renoncer à ce plaisir-là aussi.

La gloire lui avait tellement apporté, mais le privait de grands bonheurs simples. Il se souviendrait souvent de lui repartant discrètement de l'église sous la cible des regards, au milieu des chuchotements, comme un criminel. Et encore : un bandit aurait davantage droit à l'absolution. Quelle drôle d'impression ! Les paroissiens le prenaient pour un démon revenu de l'Enfer, de l'alcool, de la drogue, de la fornication, il le sentait bien à travers ces expressions où se croisaient l'admiration, la crainte et le dégoût. Un jour, il reviendrait et les cathédrales joueraient sa musique sacrée.

Il pensait donc à son disque religieux, à sa musique, ce vrai refuge dont personne n'avait encore réussi à le chasser. Il rêvait à une œuvre pure, jeune. Mais avec qui ? Il n'eut guère besoin de chercher loin. Les radios égrenaient un tube magnifique, *Sultans of Swing*. Ce morceau lui plaisait, le guitariste, un certain Mark Knopfler, excellait et visiblement l'avait beaucoup écouté. Sans Bob, ce Mark et son groupe Dire Straits n'auraient probablement pas existé. *Sans lui, ils n'auraient pas existé !* Combien de fois se répétait-il cette phrase avec jubilation. L'album de ces jeunes gens s'intitulait *Dire Straits*, et Bob avait remarqué tout de suite le producteur Jerry Wexler qui avait travaillé avec Ray Charles, Dusty Springfield, Aretha Franklin et le grand Otis Redding.

Bob ne perdit pas de temps et appela Mark. Lors de leur première rencontre, le jeune guitariste salua son aîné en gardant ses distances, visiblement impressionné de rencontrer ce maître avec lequel il avait appris à jouer et à chanter depuis ses onze ans. Peut-être trop. Bob avait remarqué un certain mimétisme entre Mark et lui, conscient qu'une telle admiration rendrait plus aisée la communion musicale entre les deux hommes.

— J'aimerais que nous fassions un disque ensemble !, proposa Dylan.

Le leader de Dire Straits lui serra aussitôt la main.

Les choristes Helena Springs et Carolyn Dennis seraient du voyage. Dans ce nouvel album, Bob racontait son cheminement avec Dieu. Il y attaquait le matérialisme de la société américaine, son avidité dans *Slow Train*. Il s'en prenait aux non-croyants et annonçait l'abîme qui s'ouvrirait sous eux :

Imaginent-ils l'obscurité qui tombera de là-haut
Quand les hommes supplieront Dieu de les tuer et qu'ils ne seront pas capables de mourir[103] *?*

Grâce à la révélation de sa foi, Bob se pensait capable de mourir. La peur l'avait abandonné, définitivement, croyait-il. L'enregistrement eut lieu à Muscle Shoals, au cœur de l'Alabama. On y sentait la chaleur, le poids du Vieux Sud. Bob avait l'impression d'être un Noir, porté par un chœur gospel, accompagné de ce jeune soliste, silencieux et perfectionniste : Mark goûtait chaque note.

Ce premier grand album de la période mystique, intitulé *Slow Train Coming* en référence aux trains mythiques du blues, sortit en août 1979. Son auteur ne doutait pas qu'il devrait le défendre, d'abord auprès de Columbia. Les patrons lui avaient demandé :

— Monsieur Dylan, que comptez-vous dire lors de la promotion de l'album ?

Ils étaient inquiets. Le public, les ennemis du Vieux Sud biblique pouvaient mal prendre cette conversion soudaine et se détourner de l'ancien rebelle passé chez les bondieusards. Bob s'en moquait. Qu'on le traite de tous les noms, il en avait l'habitude. Il poursuivait son chemin solitaire, l'esprit en paix. Il ne buvait plus d'alcool et avait arrêté le café, la drogue. Ses admirateurs pouvaient protester, il sauvait son âme, sa santé et sûrement sa vie. Après la sortie de *Slow Train Coming*, le navire tangua sérieusement. Le disque occupa la troisième place des charts américains, ce qui n'était pas souvent arrivé avec l'œuvre précédente de Dylan.

Les morceaux *Gotta Serve Somebody* et surtout *Man Gave Names To All The Animals* sur un tempo reggae – avec un gimmick malin – touchèrent le cœur du public. Mais Bob, pris dans son extase, alla plus loin sur scène, entouré de ses chères choristes, du batteur Jim Keltner et de quelques autres musiciens à qui le maître, serrant sa croix dorée, demandait de se réunir en prière au début des concerts. Les spectateurs, intrigués, se taisaient, tout en grondant comme un souffle, prêts à exploser. Puis, Bob se mettait à chanter des titres religieux, des inédits. Le public sifflait, hurlait parce qu'il réclamait le Dylan d'avant, les classiques et non ce missel débité d'une voix hallucinée. L'auteur de *Blonde On Blonde* regardait d'un air de défi cette foule qui venait du passé et souhaitait le voir y retourner. Il tenait bon, secoué par ce vent de passion malheureuse, lui tournant le dos même si, au fond, il comprenait la frustration des spectateurs. Il pensait à cette phrase que son ami Kris Kristofferson avait dite un jour :

— Bob Dylan est un peintre surréaliste qui n'agit à aucun moment de la même manière. Chaque chose, il l'a fait une fois seulement.

Son expérience religieuse prendrait peut-être fin un jour, mais en attendant il avait envie de la vivre pleinement. Pouvait-il dépasser les contingences de son public ? N'était-ce pas au-dessus de ses forces ? Avait-il les moyens de jouer les Christ, de dessiller les yeux de la masse ? Il s'accrochait à la présence qui l'aiderait à surmonter cette hostilité. Quelque chose le sublimait, et il se sentait rajeuni, en forme, la foule semblait encore acclamer sa musique, et pourtant, la plupart, tout en l'applaudissant, abhorrait ce qu'il racontait ou n'y prêtait guère d'attention. La religion leur flanquait la nausée. Une véritable confusion régnait. Parfois, les évangélistes affluaient en ordre afin d'applaudir leur nouveau champion. Des sifflets emplissaient la nuit dès qu'il touchait un verre de vin. À San Francisco, les journalistes du *Chronicle* s'étonnèrent du silence. Ils avaient l'impression d'être à la messe. « Cette conversion à l'opium du peuple, écrivit l'un d'eux, montre l'inanité de l'époque et surtout elle l'a détourné des dures questions que ce musicien avait posées historiquement. » Bob donnait la parole à ses choristes, prononçait lui-même de longs sermons, et les corps terrestres hurlaient de plus belle. *Vous ne saurez pas comment mourir !* L'homme occidental avait besoin de spiritualité pour lutter contre l'islam et la menace iranienne. Regardez ce qui se passe là-bas ! Ils vont déferler sur nous. Nous ne les vaincrons pas si nous offensons Dieu. Les homosexuels feraient bien d'arrêter leur maudit commerce... En entendant ce fatras curieux, l'audience remuait, les hurlements redoublaient, certains croyaient avoir mal entendu. Les homosexuels ? Était-ce bien le même Bob Dylan, le père de la protest song, le créateur de Hattie Carroll, de Hurricane, qui brandissait cette Bible puritaine et dénonçait toutes les déviances ? Impossible. Le vacarme montait de la terre, du trou noir où s'agglutinait la multitude.

— Du rock and roll ! On veut du rock !

Et Bob grimaçait.

— Vous voulez du rock ? Aller plutôt voir Queen !

Et le charivari ébranlait toute la cathédrale, le ciel tapissé de projecteurs. Bob résistait à la bourrasque comme un gladiateur condamné. Il avait vécu ce genre de violence avec le Band en 1965, elle ne l'effrayait plus. À chaque fois qu'il avait grandi, qu'il était sorti de son rôle, la foule avait menacé de le pendre haut et court au premier réverbère. Et il s'amusait à en rajouter.

— J'espère que mes concerts vous élèvent...

Et il plongeait ses yeux dans le trou qu'enrobait le halo de lumière blanche.

Il poursuivait sa route, rôdait en Californie comme un prédicateur.

— L'Apocalypse est pour bientôt, clamait-il.

Les tirades s'allongeaient, brûlantes, délirantes, avant une chanson chrétienne, il citait le Livre des Révélations. Personne ne reconnaissait Bob comme si un voile de fascination avait envoûté son âme. Il dormait de nouveau face à la lune, tel un vagabond, jouait du piano, composait des chansons qu'il voulait spirituelles, avait comme modèles ces grands chanteurs noirs inspirés par le gospel, les Al Green ou Sam Cooke. Il aimait les nuits, pas les anciennes, ces heures blanches de fatigue et d'alcool, mais les nouvelles, pures, contemplatives, reposantes. Oui, il ressentait une profonde paix intérieure. Il entendait les récriminations des Juifs, trahis, des chrétiens, qui ne l'acceptaient pas si facilement. Que signifiait ce chemin de croix ? Pas sérieux... Un musicien de rock demeurait un suppôt de Satan surtout s'il poursuivait sa carrière. Et Bob n'avait renié en rien son existence passée. Le musicien préférait en rire malgré sa peine. Il avait toujours été un artiste religieux, un homme mystique depuis les jours où son père Abe lui imposait la prière à table. Dieu n'avait cessé de l'accompagner toute au long de sa route chanceuse, de Hibbing jusqu'à New York. Pourquoi s'étonner alors de ses visions pour la simple et bonne raison qu'elles avaient pris un tour spectaculaire ? Il ne comprenait pas le public qui ne le comprenait pas.

Cette déréliction l'avait amené à fréquenter une vieille amie de Greenwich et des années soixante, Maria Muldaur. Elle croyait en lui et le prenait au sérieux. C'était une fille bien, née dans les années quarante et qui elle aussi avait mené joliment sa barque. Bien sûr, elle n'avait pas atteint la célébrité de Bob, et ne le rejoindrait jamais là-haut, mais elle s'en moquait. Elle avait aimé et continuerait à prêcher l'amour. Elle fréquentait Bob mais aussi ses choristes et invita tout le monde, chez elle, dans sa région de Mill Valley en Californie.

— Je vais devenir une Chrétienne « born-again », comme toi.

Le musicien sourit, leva son verre puis l'embrassa. Là-bas, des collines se perdaient dans la brume de soleil. Il faisait doux. Bob remuait, se perdait en contemplation puis revenait à la réalité.

— Dis donc, lança-t-il à Maria, Mike Bloomfield habite bien dans le coin, non ?

Elle acquiesça. Elle connaissait bien Mike pour avoir chanté avec lui, et peut-être même s'en être un peu éprise. Un amour sans espoir. Sa grâce, sa facilité lui plaisaient. Quel plaisir Bob venait de lui procurer en montrant qu'il n'avait pas oublié son ancien et brillant guitariste dont le nom resterait associé à la révolution dylanienne de 1965 et au merveilleux disque *Highway 61*. Mais c'était il y a si longtemps ! Entre-temps, Bob avait travaillé avec tellement de monde, connu tant et tant de superbes joueurs de cordes. Mais Mike, se répétait Maria, avait été le meilleur, et il le resterait. Dylan le savait. Il avait suivi sa carrière en espérant rejouer un jour avec lui. Pourquoi pas, si cette tête brûlée le désirait ? Car Bloomfield avait réellement tracé sa route, une route originale faite de virages radicaux, de choix surprenants comme cette tournée des petits clubs aux côtés du guitariste classique Woody Harris. Les deux hommes produisaient des notes de gospel pures, des cordes qui tremblaient, des silences, de la poésie. Ils ne gagnaient pas des millions, mais Mike ne s'en souciait guère. Il aimait cette musique et la jouait, point. Personne n'avait oublié le chef-d'œuvre de blues oriental avec Paul Butterfield, *East West*, puis le rhythm and blues d'Electric Flag, sous-titré poétiquement *An American Band*, ni surtout ce blues d'une minute, lâché sous un rideau de pluie. Maria et certainement Bob ne l'avaient pas oublié. Mike était bien le meilleur, lui qui travaillait à s'user les doigts dans ses chambres d'hôtel. Né à Chicago, ce noble flatteur de la musique noire rêvait d'égaler les plus grands noms de la cité. Né ailleurs, il n'aurait sans doute pas nourri une telle ambition.

— J'aimerais le voir, je veux le voir, lança Dylan.

Et il s'impatientait. Maria baissa les yeux. Ce qu'elle n'avait pas osé dire, c'était que Mike avait sacrément plongé dans l'alcool et la drogue. Il avait annulé des concerts et se promenait, entouré de parasites qui le suçaient jusqu'au sang. Oui, elle savait où il vivait. Mais pourrait-elle y emmener Bob Dylan, donner une image digne du grand Bloomfield ? Elle craignait une mauvaise surprise. Et pourtant, quelle opportunité ! Si Mike et Dylan rejouaient ensemble, quel joli coup ! Le guitariste serait sauvé ! Sauvé de ses démons, de ses folies ! Maria tira Bob par le bras et le fit monter dans sa voiture. Ils roulèrent jusqu'à une banlieue pavillonnaire. Il commençait à faire nuit. Maria se dirigea vers la maison de son ami. Une lueur brillait derrière l'une des fenêtres, parmi les feuillages. Un son se glissait à travers les arbres. « Bloomie doit être là », se dit-elle.

— Peux-tu m'attendre ici ? demanda-t-elle à Bob.

Il s'arrêta en se demandant ce qui se passait, puis, tandis que son amie s'échappait sous les bosquets, il attendit entre deux jardins, au bord de l'obscurité devant cette rangée de petites maisons en pierres blanches qui s'effaçaient avec le jour. Maria aperçut l'image bleutée d'un téléviseur. Mike regardait un film. Elle pouvait le voir dans un peignoir, immobile, les cheveux en pétard. Mais il avait l'air présent. Elle gratta à la fenêtre.

— Mike ? C'est Maria !

Il tourna la tête et un grand sourire illumina son visage.

— Oh, quelle bonne surprise ! Que fais-tu là ? Viens... Entre...

Elle dit simplement :

— Il y a quelqu'un qui souhaiterait te voir.

Elle disparut et revint, quelques minutes plus tard, accompagnée de Bob. En le voyant, Mike affecta de se serrer le cœur comme s'il avait ressenti un choc. Il se jeta sur Dylan qui souriait lui aussi, mais n'osait s'aventurer dans la demeure. Mike l'étreignit très fort.

— Bob, qu'est-ce que ça me fait plaisir de te voir... Je suis heureux... Viens t'asseoir, tu es la dernière personne que j'attendais et chez moi en plus...

Heureux, il l'était vraiment, tandis que Bob lançait des regards rapides autour du salon. Le canapé s'effondrait sur lui-même, tâché de ronds de verre, une couche de poussière recouvrait les meubles... La pièce sentait légèrement le renfermé. Bloomie, le courtisé, paraissait vivre seul. Maria tenta de détourner l'attention de Bob après l'avoir vu inspecter les lieux. Mike, lui, ne s'était rendu compte de rien, et continuait à parler devant son invité de marque dont le visage, éclairé, ouvert, exprimait un sentiment de joie, une joie cependant un peu tempérée par ce qu'il sentait chez Mike, un fond de vague tristesse. Le guitariste parlait, parlait sans parvenir à cacher, sous une main un peu tremblante, un regard légèrement fuyant, son mal-être. Il portait les traces de nuits blanches, d'heures angoissées à penser sur son lit ou à sa fenêtre, parfois dans les bars.

— Viens jouer avec moi sur scène, proposa Bob qui s'était avancé et ne quittait pas des yeux son ami. Comme autrefois, tu te souviens ? Je vais bientôt jouer à San Francisco, J'aimerais vraiment que tu me rejoignes... Maria sera là, Jerry Garcia, Roger McGuinn aussi.

Mike se leva, tapota l'épaule de Bob.

— Tu sais, je ne joue pas trop en ce moment.

Puis, il se tourna vers Bob :

— Je voudrais te montrer quelque chose...

Bloomie disparut dans la pièce voisine et revint, portant délicatement un ouvrage qu'il tendit à Bob. Une Bible avec une vieille relique d'époque.

— C'est ma grand-mère qui me l'a donnée. Je ne l'ai jamais lue. Je crois que nous l'avons dans la famille depuis des lustres, peut-être un siècle. Je voudrais que... tu la gardes.

Bob prit l'objet du bout des doigts, n'osant pas l'ouvrir. Il ne sut pas quoi dire.

— Elle est... pour moi ?

Mike acquiesça. Bob demeura coi. Il caressait la Bible, la serrait fort. Jamais un ami ne lui avait offert un tel cadeau et surtout dans ce moment où il vivait un état d'abandon moral face à un public hostile qui rejetait sa conversion. Et le réconfort lui venait d'un compatriote juif, un grand poète, un homme si doux au bord de l'abîme. Cet homme, Maria en était persuadée, prendrait son manteau juste après leur départ et descendrait dans la sentine pour chercher de l'héroïne, fréquenter la canaille. Elle l'avait souvent aperçu, entouré de gens à la mauvaise mine et à qui il offrait des verres sans compter, ne s'apercevant pas que ces requins profitaient de lui.

Bob et elle embrassèrent leur vieux compagnon, puis repartirent. Mike lança à ses visiteurs un « à bientôt » plein d'espoir et de regret. Sur le chemin du retour, Bob répétait, les yeux ronds :

— Tu te rends compte ? Il m'a donné sa Bible, sa Bible de famille.

À peine était-il parti que Bloomfield appelait ses amis.

— Tu sais, qui était là, dans mon salon ? Bob Dylan. Depuis tout ce temps...

Bob avait lancé un défi à Mike et l'attendrait. Il retourna au travail afin de poursuivre l'enregistrement de son deuxième album religieux *Saved !* Il avait investi le même studio Muscle Shoals. Helena Springs était repartie sous d'autres cieux. Dommage... Il avait pensé l'épouser avant de se quereller avec elle. Il ne se souvenait même plus les raisons de leurs différends. La fière avait claqué la porte. C'était aussi bien. Aucune relation ne le comblait pleinement, en tout cas bien moins que la musique. Chacune de ses fiancées souffrait inévitablement de la comparaison. Il aimait Mike parce qu'il côtoyait un grand musicien, un poète et que sa générosité accompagnait un don superbe. Mais les femmes ?... De toute façon, plus rien ne lui importait, sinon aller d'un disque à un autre, d'une scène à l'autre. *Saved !* constituerait sa meilleure défense, un remerciement à Dieu qui le sauvait. Peut-être un jour pourrait-il placer sa musique dans une église ? Il l'imaginait. Bob sentait que ce disque n'égalerait pas *Slow Train Coming*, persuadé d'avoir sorti un grand album. D'ailleurs, les Grammies à Los Angeles le récompensèrent dans la catégorie « meilleur chanteur rock » pour le morceau *Gotta Serve Somebody*. Un tel honneur, curieusement, ne lui était jamais arrivé. Il y tenait, malgré tout, afin de prouver à Columbia qu'il suivait le bon chemin et pour se donner davantage de liberté. Il remercia Dieu, vêtu de smoking, le cou enserré par une cravate blanche, la tête haute, cherchant des yeux ses joyeux confrères qui n'avaient cessé de ridiculiser sa conversion et, pire, de dénicher là une visée commerciale. Hein,

Keith Richards ? Il n'oubliait pas sa petite phrase : « Le prophète des profits ».

Et ce prophète alla prêcher la bonne parole au Canada, Toronto, Montréal, plus au nord du pays, l'État de New York, New England, Pennsylvanie, Ohio... Il emmenait une dizaine de musiciens, plusieurs choristes gospel et surtout la belle Noire Regina Davis toute de blanc vêtue dont il aimait sentir le souffle près de lui. Il joua des morceaux de *Saved !*

Le disque vit le jour en juin 1980, album de petite facture, sans éclat particulier ni chansons insubmersibles. Il n'en avait pas honte, conscient que ses exégètes les plus fidèles le pensaient bien loin de son sommet. Et alors ? Il cherchait, cherchait sa paix, son absolu.

Il avait repris la route car sa musique en avait besoin, elle devait mordre la poussière, évoluer au contact de l'essieu, du fer, de l'air, de la fatigue, de Dieu. Il était moins en colère, plus serein. Sa croyance s'adoucissait. Les ventes de ses disques ne baissaient pas, les critiques lui pardonnaient ses frasques. Pourtant, c'était étrange. L'accueil avait perdu de son extase, de sa flamme. Il ne s'inquiétait pas, s'étonnait simplement.

En novembre 1980, au Warfield Theater de San Francisco, il vit arriver l'homme qu'il attendait... Mike Bloomfield ! Le guitariste avait répondu à son invitation, arrivé comme un prince déchu, traînant un jean loqueteux d'où sa peau dépassait, marchant sur de vieilles savates. Bob sourit et s'arrêta de jouer. Le public se demanda qui était cet étrange musicien sorti de la Cour des Miracles :

— Je vous présente Michael Bloomfield, commença Bob en pointant la main vers Bloomie. Il est sans doute le meilleur guitariste vivant, celui qui a apporté à ma musique sa force.

La foule se mit à hurler, mais Bob haussa le ton, incantatoire, vibrant, tenant le micro comme un prédicateur tandis que Mike, rougissant, baissait les yeux et n'arrivait pas à regarder Bob. Il avait hâte que son ancien leader terminât son discours. Et cela durait, durait... Il voulait jouer, tout oublier, oublier qu'il était sans doute le plus grand guitariste vivant. Ce que disait Dylan était parole d'évangile, mais cette masse jeune, là, devant, qu'en avait-elle à faire ? Elle découvrait à l'instant son existence. Les mots de Dylan s'éteignirent, enfin, et les deux grands musiciens juifs purent jouer, montrer combien leur communion avait résisté aux années, à la déception. Ils reprirent *Like A Rolling Stone*, quinze ans après, Et ce morceau qu'ils avaient conçu ensemble, *The Groom's Still Waiting At The Altar*. Pourtant, il ne ressentait pas cette impression de facilité qu'il avait si souvent eue autrefois. Il trouva les cordes de sa guitare dures, les notes l'agressaient, il vacillait face à cette immense foule. Il souhaitait étinceler dans sa chère ville, chez lui, au bord de cet océan devant lequel il avait conçu les plus beaux blues. Facile à dire... Puis, les lumières s'éteignirent. Bob ne tarda pas à rejoindre Mike dans sa loge, et serra à nouveau contre son cœur son guitariste fatigué, en sueur, triste aussi.

— Tu as été merveilleux. C'est tellement différent quand tu es là. Ma musique est meilleure. Je viens de comprendre que nous avons eu tort de ne pas continuer ensemble. Tu m'as manqué !

Mike tripotait sa guitare, il voulut répondre, mais bredouilla quelque chose d'incompréhensible. Des larmes mouillaient ses yeux.

— Viens ! Nous allons tourner ensemble ! lui proposa Bob, presque à genoux.

Mike acquiesça.

— Laisse-moi un peu de temps ! Je règle mes affaires, et j'arrive, je te rejoins...

Bob ignorait de quelles affaires il s'agissait. Mais il laissa à Michael le soin d'assainir sa vie. Son ami et lui repartiraient sur cette Highway 61 qui leur avait offert tant de plaisirs.

ÉPITAPHE N° 7 – LES IDOLES ROCK – JOHN LENNON (1940-1980)

Ils revenaient d'une longue séance de travail. A 23 heures, la limousine blanche s'arrêta devant l'hôtel Dakota à New York. Yoko Ono en sortit la première, John la suivait. « Mister Lennon », lança le jeune homme. Et sans même attendre que le musicien se retourne, il lui tira cinq balles dans le dos et le bras. Le fan venait de tuer l'artiste qu'il avait toujours admiré.

John Lennon ! Lui aussi ! Une malédiction frappait les musiciens des années soixante. Bob avait redemandé l'information plusieurs fois. Il refusait d'y croire. Un admirateur fou, nommé Mark David Chapman, avait abattu John dans la rue. Et son tour viendrait. Comment pourrait-il empêcher un fan de le tuer ? C'était si facile sur scène. Bob achèterait à ses musiciens des gilets pare-balles. Et justement, le groupe se trouvait à Portland, dans l'Oregon, sous les frises coruscantes d'un vieux théâtre. Dylan se mit à chercher fiévreusement dans ce grondement noir, face à lui, l'éclat d'un fusil à lunettes ou d'un revolver. Il revivait le drame d'Altamont en 1969 et le « meurtre », par les Hell's Angels, d'un spectateur qui tenait une arme. Non, sa passion ne le tuerait pas.

Pourquoi John Lennon ? Bob avait toujours respecté l'âme pensante des Beatles, et il se rappelait leur grande rencontre à New York. Le 8 décembre, sa jeunesse s'échappa, et, avec elle, ses ultimes illusions. Il n'avait cessé de penser à la Camarde, à sa présence, rendant dérisoire tout ce qu'il pouvait accomplir, ses rapports avec les gens, son amour. Yoko l'accompagnait, mais John avait délivré son dernier souffle seul, gisant sur le trottoir, dans une mare de sang. Il avait vécu l'ultime expérience sans personne pour l'aider. Bob commençait à paniquer. Il se rappelait les lettres dont les fans inondaient sa maison de disques :

« Bonjour Bob,

Tu te souviens de moi ? Je suis ta femme. Nous nous sommes rencontrés sur le Kilimandjaro. Je te cherche partout. Viens me retrouver. »

Peut-être avait-elle une arme ? Quelqu'un le cherchait et finirait probablement par le trouver. Le fou traverserait un jour ou l'autre le rideau de protection. Dylan observait le visage du tueur de Lennon, Mark David Chapman. C'était un visage normal, l'un de ceux qui le suivaient depuis vingt ans et se pressaient à ses pieds dans les grands théâtres, les scènes somptueuses où il se produisait.

Il s'en remettait à Dieu, ne sachant pas si ses prêches n'exciteraient pas les allumés du pays. Peut-être le protégeraient-ils ? Pourquoi ne sabordait-il pas sa carrière, ne retournait-il pas à l'anonymat ? Il avait commencé à travailler sur, peut-être, le dernier volet de sa trilogie religieuse dont le titre, son ultime opus si le destin le frappait, *The Shot Of Love*, reflétait le drame de la star sous les feux des projecteurs et la menace d'un déséquilibré érotomane. Il avait pris comme producteur Chuck Plotkin qui avait travaillé avec Bruce Springsteen. Autrefois indifférent, Bob appréciait de plus en plus celui qu'on avait appelé jadis le Dylan bis. Pas question cependant d'approcher de trop près l'œuvre du rocker.

— Venez tous ! Venez tous !

Bob se sentit rassuré de voir tous ses invités, en particulier le jovial Ringo Starr venu promener son regard farceur dans les séances studio. Bob chercha un morceau pour le satisfaire. Le guitariste des Rolling Stones Ron Wood l'avait rejoint. Les choristes noires donnaient de la voix et de la légèreté, plus discrètes cependant que sur les deux disques précédents. Rien ne pouvait arriver, même si, Dylan le savait, il mourrait seul, et ses prétendus amis ne le protégeraient pas, l'oublieraient même. Peu importe : tant qu'il vivait, la pléiade comblait sa solitude, chassait ses idées noires. Il joua *Heart Of Mine, Every Grain Of Sand...* adoptant un son qu'il souhaitait crasseux. Il créa *Lenny Bruce*, nouveau portrait de martyr comme il aimait tant après toutes ces figures de marginaux, de hors-la-loi dont son œuvre regorgeait. Lenny, ce grand comique iconoclaste assassiné, l'obsédait depuis le meurtre de Lennon. Et il avait composé, plein de colère, *The Shot Of Love* :

Pourquoi voudrais-je te prendre la vie ?
[...]
Tatoué mes bébés avec une plume empoisonnée
Ridiculisé mon dieu, humilié mes amis[104]

Il faisait nuit. Et le beau tiercé noir le fascinait : Carolyn Dennis, sa mère Madelyn Quebec, et Regina McCrary. Elles étaient belles, il avait envie de se fondre en elles. Et elles ne semblaient pas prêtes à tout avec lui.

Les séances s'éternisaient. Il chanta *Caribbean Wind*, composé sur son bateau, et *The Groom's Still Waiting At The Altar*, mais Plotkin ne retint pas les deux titres, préférant inclure un nouveau gospel, *Property Of Jesus*. Il voulut mettre *Angelina*, mais Bob s'y opposa sans expliquer pourquoi. Lui et son producteur tombaient rarement d'accord, et l'album progressa cahin-caha, bien loin des splendeurs promises. Le musicien avait du mal à choisir, hésitait, tentait de sauver l'unité du disque, incapable de lui donner son souffle habituel. Et les musiciens attendaient comme au temps glorieux de *Blonde On Blonde*.

Columbia tarda à publier l'œuvre. Bob pressait sa compagnie de délivrer ce qu'il considérait, malgré les difficultés, comme l'un de ses meilleurs disques. Il faudrait patienter à son grand déplaisir.

L'avenir lui semblait incertain, flou. Ou parfois profondément noir.

ÉPITAPHE N° 8 – MIKE BLOOMFIELD (1944-1981)

Un ciel de sorbet glissait sur la ville, ce 15 février 1981. La Buick aux pare-chocs étincelants, qui s'était lentement avancée sur la rue penchée de Frisco, juste en face du dôme rosé, couchant, s'immobilisa soudainement. L'homme dormait à son volant, profondément. À côté de lui, un tube vide sur le siège en moleskine. Était-ce l'aube ou le crépuscule ?... Et pour qui avait été sa dernière pensée ? Christie Svane, sa compagne ? Maria, l'amie de toujours ? Ou Bob qui venait de le ressusciter ? C'était avec Dylan, à peine trois mois auparavant, qu'il avait grimpé pour la dernière fois sur scène, jetant ainsi son ultime éclair. C'était avec Dylan qu'il avait enfin à nouveau éprouvé le désir, éteint jusqu'alors, de reprendre la route. Il n'avait jamais oublié la phrase de son ancien leader après presque vingt ans de séparation : « Tu m'as tant manqué ! » Oui, pour lui, la vie allait enfin recommencer... à trente-sept ans !

Lorsque les flics trouvèrent le plus grand guitariste du monde mort dans sa voiture, ils ignoraient tout de son identité. Il fut envoyé à la morgue comme anonyme. Le tube vide, retrouvé à ses côtés, fut soigneusement enveloppé pour les besoins de l'enquête, dans une pochette plastique. Dessus, figurait le nom du produit suspecté, inscrit : Valium.

Les sonorités de Bloomfield sur *Like A Rolling Stone* et *Highway 61* parleraient désormais d'outre-tombe. La mort du grand musicien donnait à l'œuvre passée de Dylan un côté fini qu'il ne s'était jamais vraiment représenté. Étrange sensation. Et triste sensation. Mike et lui avaient souvent discuté tous les deux du Grand Saut à travers leurs visions bibliques et réflexions personnelles. Comment parviendraient-ils à franchir la porte ? Sauraient-ils y aller dignement ? Et derrière, quel secret se cachait-il ? Leur éducation juive n'avait apporté aucune réponse. Et c'était finalement Mike qui le premier avait su. Bob errait entre ses propriétés en pensant à son cher disparu.

C'était au moment où Mike disparaissait que le témoin et acteur de leur amitié et ascension, Albert Grossman, enterrait définitivement cette époque. Bob l'aurait bien envoyé rejoindre Mike Bloomfield. Pendant son deuil, il reçut une convocation du Gros. Cette ordure l'attaquait et le forçait à venir s'expliquer en cette année 1981.

— Vous n'avez pas respecté la signature sur un contrat qui vous donnait 50/50, dirent les avocats de Grossman. Vous avez tout pris. Nous vous réclamons 51 000 dollars plus 400 000 de dommages et intérêts.

Il réclamait les vingt-cinq pour cent sur la vente des albums entre 1962 et 1972. Cela se chiffrait à quelques millions de dollars. Albert, en déveine, voulait embellir sa retraite. Non, Albert, tu n'auras rien et puis le contrat stipulait vingt pour cent ! Ce qui ennuyait Bob, c'est qu'il n'avait pas bien lu, à l'époque, l'arrangement, trop paresseux pour s'intéresser aux galimatias juridiques. Il accusa le Gros d'escroquerie, de lui avoir volé de l'argent. C'était sordide. Bob détestait ce conflit. Il défendrait ses intérêts car, s'il parvenait à sauver cet argent des griffes du corbeau, il le léguerait à sa progéniture.

Toute cette agitation, la mort de Mike, le procès, les suites de son divorce et la bagarre pour garder les enfants, le fatiguait. Et sa musique ne touchait plus. Quand *The Shot Of Love* sortit en août 1981, les ventes furent médiocres. Le public s'était lassé du message chrétien, et il avait peu d'empathie pour ce disque « plein de haine, de confusion, d'égoïsme », comme il l'entendit dire ici ou là. Les fans réclamaient, cette fois avec plus de force, le retour du Dylan qu'ils avaient connu autrefois. Bob se trouvait dans une étrange contradiction : il tenait à son message religieux, mais s'agaçait de voir que les critiques s'intéressaient davantage à son mysticisme qu'à sa matière musicale.

Quand il s'embarqua pour l'Europe, à la mi-juin, il comprit combien sa popularité avait baissé. Son message chrétien avait découragé bien des gens, et il traînait sa fatigue. Ses excès pesaient sur ses quarante ans. Dieu ne le rendait plus aussi léger qu'avant. Sur l'océan Atlantique, il réfléchissait à tous ces jeunes musiciens qui arrivaient, à Bruce Springsteen dont les spectacles duraient presque quatre heures, quatre heures de rock flamboyant et puissant. Bob, lui, sentait qu'il perdait de la force, de l'envergure. Il gardait en mémoire sa faconde, son lyrisme débridé d'autrefois, celui des années soixante, mais jamais il ne retrouverait l'élan qui l'avait mené si haut. Sa voix muait, se brisait sur des récifs, elle plongeait dans les flots, presque étouffée, de plus en plus nasillarde. Elle mourait et entraînait son style, sa musique. Il lui fallait trouver une solution ou disparaître. Mais il ne disparaîtrait jamais d'un coup au sommet de sa gloire comme Brian Jones, Jimi Hendrix ou John Lennon. Il s'effacerait du monde, et cette idée lui était insupportable.

L'Angleterre l'accueillit, dans l'arène d'Earls Court, pour six concerts du 26 juin au 1er juillet 1981, et mesura à l'image des travées désertes toute cette perte d'énergie qui marquait Dylan comme la mort. Ses concerts semblaient pâles à côté des spectacles remuants de Springsteen. Il emballa ses affaires et traversa la Manche.

Il se baigna dans les fins d'après-midi vermeilles de la Provence, à Avignon. Du monde l'attendait, ce 25 juillet. Le soleil éclaboussait les murailles dorées. La nuit allait arriver, la foule se pressait aux portes, quand les lumières s'éteignirent. Theodore Geidre, un Hollandais de trente-trois ans, gisait, foudroyé au thorax, après avoir heurté une ligne à haute tension. Bob attendit. Il ne savait pas ce qui se passait. Un mouvement populaire ondoyait contre la scène, dans la touffeur du Midi. Plus tard, une jeune Italienne de dix-sept ans, Francesca Susanna Salvi, chuta des gradins et tomba six mètres plus bas. Elle mourut. La passion explosait là au cœur de ce palais romain.

La mort le suivait. Des jeunes gens avaient expiré ce soir, et Bob avait cru que sa vie s'achèverait en même temps que ces deux vies. Il retourna aux États-Unis sans grand enthousiasme tant l'échec de *The Shot Of Love* l'affligeait. Il n'avait jamais connu pareille déconvenue, et se demandait si le déclin tant annoncé n'avait pas commencé malgré, il le répétait, un bon disque.

Et la mort ne s'en allait pas. Elle ne s'en irait plus. Le corps de son ami cinéaste Howard Alk gisait dans les studios de Rundown qui appartenaient à Bob Dylan, au cœur même de sa musique. Un symbole. Ce frère l'accompagnait lui aussi depuis tant d'années. Il l'avait aidé pour ses films *Don't Look Back*, *Eat The Document*, *Renaldo And Clara*, et Bob s'était habitué à voir sa silhouette familière suivre ses caravanes. Sa femme l'avait quitté et il avait passé Noël seul, trop seul, confronté à ses démons, sa misère morale. Officiellement, l'overdose l'avait tué, mais il pourrait bien s'être tué.

Miné, las, Bob abandonna les tournées. Il voulait se reposer un moment et pourquoi pas définitivement. Non, il ne tenait pas à bouger ces temps-ci. Mais à chaque fois qu'il désirait s'effacer, une voix le repêchait, le ramenait à la surface. Il apprit que le Hall Of Fame des songwriters l'introniserait bientôt. Une voie royale, pavée d'or, s'étendait devant lui. Toujours la même folie. Sans cette grâce qu'il possédait autrefois, sans cette facilité à écrire des chansons. Disparue. « Je n'y arrive plus, songeait-il. Est-ce le moment de me retirer ? Devrais-je le faire ? » Les honneurs le gênaient, et ses exégètes prenaient son embarras pour de la morgue. Il rencontrait des officiels mal à l'aise qui lui tendaient leurs mains glacées et bricolaient des discours empesés.

Il se rendit donc au Hall of Fame. Ce Saint des Saints, fondé en 1969, accueillait les grands noms de la composition américaine. Paul Simon devait être intronisé aussi cette année-là. Bob irait donc se réfugier dans la postérité. Mais, pour se donner du courage à l'idée d'affronter le protocole, il avala des pilules dont plusieurs tombèrent sur le sol, puis il traversa le hall lumineux et satiné du grand hôtel Hilton, à New York. Le plafond lui semblait haut, les piliers l'écrasaient, il sentit les regards posés sur lui, surtout celui de sommités comme Harold Arlen. Ce vieil homme juif, né en 1905, droit, les mains croisées devant lui, ne le quittait pas des yeux. Dylan était impressionné par cette figure du répertoire américain. Le vétéran avait commencé à chanter dans la synagogue de son père, il avait accompagné, au piano, des films muets dans de vieux théâtres. C'était au temps béni des tonitruantes années vingt. Le bon Harold avait aussi mis à ses pieds le prestigieux Cotton Club, offert au patrimoine étoilé les musiques de *Stormy Weather* et d'*Over The Rainbow* que Judy Garland susurrait si joliment à la lumière du *Magicien d'Oz*.

La foule l'étouffait. Il aperçut son ami Oscar Brand et se sentit protégé par lui. Il avait le sentiment que tous ces grands maîtres de la chanson américaine méritaient de briller là-haut et que lui, baladin instinctif, « hobo » du Middle West arrivé par un coup de chance, jouait les imposteurs.

Il prit place et prononça quelques mots, au bord du rougissement, sur un ton serein mais agité de tremblements imperceptibles. « Je suis vraiment très honoré d'être élevé à une si haute place d'autant que je ne sais ni lire ni écrire la musique. » Le comédien Tony Randall, comme le raconte le biographe Howard Sounes dans son livre *Down The Highway*, ne put résister à un bon mot et proposa à l'assemblée qu'on trouve à Dylan un professeur. Les gens se mirent à rire. Bob entendit et son visage s'assombrit. Cette plaisanterie l'avait décontenancé dans un moment de fragilité et de sincérité. Il mettrait du temps à lui pardonner.

Il quitta New York, troublé, souhaitant s'isoler. Les fans perdirent sa trace pendant quelques mois. Dylan rêvait, dormait, imaginait son œuvre future, et surtout il tentait d'échapper à son passé, à ses noires pensées. La disparition d'Howard, après celle de Mike, le poursuivait toutes les nuits. Elle ne cessait de mettre en valeur sa propre faiblesse, et ce temps qui filait rendait bien dérisoire, finalement, ses lauriers. Il avait peur de mourir, craignait de tomber malade après tant d'années passées sans prêter attention à une santé parfois délicate. Et puis, sa carrière déclinait. Il ne se sentait même plus la force de se lever pour aller la défendre. Peut-être devait-il tout arrêter ? Devenir invisible, s'évaporer en mer... Mais ça, il aurait dû y songer plus tôt, à la fin des années soixante quand il était le jeune homme adoré au visage insolent. S'il n'avait pas survécu à son accident de moto, à la drogue ou à tous ces délices dont il avait largement profité, il susciterait un culte morbide comme Nick Drake, Hendrix, Jim Morrison, le Che. En le sauvant, Dieu lui avait donné les moyens de gâcher son crédit, sa renommée.

Un appel le tira de sa torpeur. Une nouvelle invitation honorifique. Il accepta de chanter quelques titres avec sa vieille amie Joan Baez pour un concert à Pasadena offert à la paix et au désarmement nucléaire. C'était un beau dimanche, ce 6 juin 1982. Bob était toujours heureux de retrouver la pasionaria aux cheveux de gitane, sa jeunesse bien vivante. Elle conservait toute sa verve. Les deux anciens amants se retrouvaient musicalement comme si la vie ne les avait jamais séparés. De son côté, Joan appréciait aussi leur réunion :

— J'aime chanter avec lui. Il n'est pas dans le ton, son phrasé est nul, et il veut toujours faire une chanson que je n'ai jamais entendue. Cette fois-ci, il avait tout griffonné sur son poignet, mais il n'a rien pu voir parce qu'il avait oublié d'enlever sa veste. C'est toujours un spectacle intéressant quand Bob apparaît.

À Pasadena, il interpréta *Blowin' In The Wind* et un titre de Jimmy Buffet, *A Pirate Looks At Forty*.

La mort l'obsédait, mais l'amour le sauvait toujours telle cette ferveur que lui portait Joan par-delà les années. Et aussi cette Carole Childs, âgée de vingt-huit ans, du bureau de David Geffen, une ancienne employée de Columbia. Bob l'emmena chez lui et la courtisa. La jeune femme ne résista pas. Elle avait rencontré Bob pendant la bar-mitsva du deuxième garçon de Dylan, Samuel, à l'église de Los Angeles. Sara s'était éclipsée, triste, pendant que lui nouait une romance avec une nouvelle fille. Ces aventures représentaient le seul plaisir que sa célébrité lui accordait. Il se détendait, faisait l'amour et se lassait. Quand il s'éveillait, il se demandait surtout quel album enregistrer. Il cherchait des noms de producteurs. Pourquoi pas un musicien comme lui ? David Bowie ? Tiens... Et Frank Zappa ! La bonne idée. Il aimait bien ce musicien, cet imprécateur, à mi-chemin de la musique contemporaine, du jazz et du rock. Ensemble ils composeraient une œuvre roborative. Il avait presque oublié la méchanceté que Frank avait lancée à son encontre dans son album *Sheik Yerbouti* (1979). Mais la chanson *Flakes* (Les Barjos) le poursuivait encore.

Barjos barjos
Ils ne font rien de bon

[...]
Ils gaspillent ton temps
Ils gaspillent le mien [105]

Frank attaquait les syndicats, Dieu, et Bob avait « l'honneur » d'apparaître, juste au détour d'une ligne. Le narrateur lui demandait : « Hey, Bob, veux-tu des Mandrax ? » (comprimés qui provoquent un état d'hypnose) tandis qu'un petit harmonica ridicule flottait. Frank dénonçait l'apathie du musicien, son refus d'agir davantage pour vaincre la misère du monde. Au lieu de combattre ce système, Dylan, accusait Zappa, s'était fourvoyé dans les bondieuseries, un mysticisme de pacotille. Comment l'auteur de *Like A Rolling Stone* dont Frank aimait le verbe et la sensibilité avait-il pu céder à la superstition et trahir la cause ? Zappa avait pourtant cru à son politisme. En 1965, ce concurrent brillant menait la révolution. C'était l'époque des émeutes noires de Watts, des répressions policières à Los Angeles. Une sale période. Et Bob Dylan avait surgi, sorte de Zorro écrivant ce que beaucoup pensaient. Frank Zappa, membre de cet immense fan-club, se retrouvait dans les textes tranchants de *Masters Of War* ou *Hattie Carroll*. Il écrivait lui aussi une prose corrosive contre le système. Les deux artistes étaient du même sang rouge colère, rouge éclair. Dylan le stimulait. Frank dirigeait alors Les Mothers Of Invention, groupe de blues psyché aux délires surréalistes. Il se rappelait dans quel état de fièvre il avait préparé son ambitieux *Freak Out !* censé être le premier double concept album de l'histoire du rock. Dylan serait battu. Frank publierait *Freak Out* en juillet 1966. Mais voilà que Bob l'avait encore devancé, sortant son mythique *Blonde On Blonde*, deux mois plus tôt, et il avait obtenu un beau succès alors que *Freak Out !* n'avait pas vraiment bien marché. Oui, pendant les années soixante, Dylan avait bien été le meilleur, même si Frank envoyait, encore maintenant, *Blonde* sur les pâquerettes :

— Ce disque sonnait comme de la musique de cow-boy et vous savez ce que je pense de la musique de cow-boy.

Maintenant, c'était fini ! Il avait été surpris de découvrir Dylan, la figure pâle, tremblotant, à la porte de sa grande propriété. Bob était pauvrement vêtu en ce mois de décembre 1982, et il tentait de se protéger du froid comme il pouvait. La grille s'ouvrit, et le musicien entra, portant avec lui un paquet de chansons. Frank l'accueillit sur le pas de la porte. Bob serrait son dossier. Il ressemblait à un élève qui vient passer un examen.

— J'aimerais que tu me produises, dit-il comme si *Flakes*, cette méchanceté gratuite, n'avait pas existé.

Dylan pensait que Zappa gâchait son talent dans une certaine complaisance, une propension au pastiche, et que pour déceler ses splendeurs, il fallait beaucoup trier. Mais une fois la sélection opérée, le génie vous sautait à la figure !

Bob n'accorda aucun intérêt à l'intérieur de son fidèle ennemi, se rua sur le piano et joua onze titres. Puis, une fois fini, il se retourna et attendit l'avis du moustachu :

— Oh j'aime beaucoup...

Et il se tut. Disait-il vrai ? Frank, le front plissé, ajouta :

— Peut-être pourrais-tu demander à Giorgio Moroder de te bidouiller des arrangements électroniques ?

L'Italien Moroder, artisan des premiers succès de Donna Summer et du disco, avait introduit le synthétiseur, la batterie automatique, autant de joyeusetés qui rendaient la musique propre et industrielle. Bob, à court de souffle, n'y tenait pas. Seul Zappa pourrait donner à ses chansons faibles le tranchant qu'elles méritaient.

— Non, je veux que tu travailles avec moi...

Frank s'assit dans son fauteuil, l'œil noir. Il se leva et, sur un ton coupant, livra ses prétentions financières.

— Et je prendrai mes musiciens.

Non, Bob ne pouvait accepter ces conditions, il réclamait bien trop d'argent.

Dylan, le dos voûté, se leva, prit congé de son hôte et repartit dans le froid. Mais qui accepterait donc de le produire ? David Bowie avait refusé. Peut-être Mark Knopfler, le fidèle orchestrateur de *Slow Train Coming* ? Son groupe Dire Straits venait d'offrir un bel album bleu *Love Over Gold*, avec des titres sinueux comme *Telegraph Road*. Leurs chansons – les courtes – faisaient le délice de MTV, et les jeunes adoraient ce son lustré, satiné, mélange de poésie azurée et de pop bluesy. Mark n'hésita pas. Bob le pria d'apporter sa guitare, recruta Mick Taylor, l'ancien guitariste des Rolling Stones pour obtenir une sonorité un peu plus rugueuse, et la rythmique jamaïcaine Sly Dunbar et Robbie Shakespeare.

Il posa dans le studio ses chansons *Jokerman*, l'homme dansant sur les nuages, *Neighborhood Bully* qui évoquait le drame d'Israël. Le morceau flottait sur un boogie mollasson et laborieux collé à cette batterie pataude. Bob effectua de toute façon les mauvais choix. Le niveau s'améliora à peine avec *Union Sundown* grâce au petit motif répétitif et bluesy de guitare. Ce qui choque dans ce disque, fort justement intitulé *Infidels*, c'est ce son synthétique, complètement artificiel. Dylan ne sacrifia peut-être pas son âme à Moroder, mais il se noya sous une production – dont certains observateurs disent qu'elle est la meilleure – froide et lourde. Bob multiplia les prises jusqu'à atteindre la perfection.

— Regardez les disques des Eagles ?... dirait-il lors d'une interview.

Leurs chansons sont bonnes mais ils jouent des notes assez prévisibles. Et j'avais commencé à avoir les mêmes sensations.

Son énorme faute, sans doute, l'erreur de jugement la plus incroyable de sa carrière fut de retirer d'*Infidels*, le seul chef-d'œuvre qu'il eût écrit pendant cette période stérile, *Blind Willie McTell*. Bien sûr, il réparerait la faute plus tard en intégrant le titre à ses bootlegs – chansons oubliées des albums qu'il a publiées par la suite. Ce *Blind* fait partie des plus belles pièces que ce grand artiste ait produites et au moment où, artistiquement, il était au fond du trou. Il ne sut d'ailleurs jamais expliquer sa décision.

— Je pensais l'avoir mal enregistrée, dit-il.

Ce jour-là, Dylan redevint, l'espace de quelques minutes, le magnifique chanteur de folk blues qu'il avait été au cœur des années soixante. Sublimé par le glas du piano, les frottements de cordes de Knopfler, avec cette voix tremblante et mourante, le morceau propage une tristesse, une mélancolie auxquelles il est difficile de résister. Blind Willie McTell, né en 1901, aura parcouru bien des États et des années, seul, propageant ses chansons sensibles et son jeu de guitare avant de disparaître sans que personne ne sût exactement la fin de son histoire ni le moment de sa mort, l'élevant au rang des plus belles légendes.

J'ai voyagé dans l'Est du Texas
Où beaucoup de martyrs sont tombés
Et je sais que personne ne chante le blues
Comme Blind Willie McTell[106]

Ce voyage a la douce odeur du magnolia qui embaume encore ces chemins où jaillissent les terribles visions du passé : le réciteur voit les plantations brûler, entend le fouet claquer. Le silence est revenu, mais les fantômes des négriers rôdent...

Bob s'était senti inspiré par ce retour vers ses premières amours : le blues, la défense des Noirs, la pureté du folk. Hattie Carroll, Medgar Evers, Woody Guthrie continuaient de vibrer en lui. Poussant son piano, soutenu par Mark Knopfler, il avait même retrouvé la magie obtenue quelques années plus tôt sur *Dirge* avec Robbie Robertson. Il est d'ailleurs dommage qu'il n'ait pas osé plus souvent cette formule. Les duos piano/guitare de Dylan ont toujours donné quelque chose d'excellent.

Malheureusement, *Blind Willie McTell* demeura dans les limbes et ne sauva pas *Infidels* d'une certaine médiocrité. Une écoute du titre maudit surprend d'ailleurs : comment d'un côté a-t-il pu déployer tant de lyrisme, de douleur blues et, de l'autre, nous réserver une voix à la peine, de pauvres arrangements synthétiques, des claviers kitsch et bon marché ? Devant la pauvreté de la musique, les observateurs glosèrent sur les symboles. Pourquoi une photo à l'intérieur de la pochette montrait-elle Bob sur la terre promise, penché dans une attitude de recueillement ? Ces images avaient relancé les rumeurs sur ses liens avec l'État hébreu. Le souvenir de son voyage là-bas hantait encore les mémoires, et beaucoup croyaient avoir aperçu le musicien entrer dans le local de la communauté Lubavitch de Brooklyn, des Juifs ultra-orthodoxes. Il s'y rendait entre deux séances de studio.

— Nous ne parlons pas de lui ici, déclarerait le rabbin Yehuda Krinsky, porte-parole de la communauté. C'est une personne très discrète et nous respectons sa volonté de le rester.

Il assistait aux cours, un peu en retrait. L'arrivée de Bob provoquait toujours un remue-ménage parmi les fidèles, ce qui le chagrinait. Il écoutait en silence, prenait des notes puis repartait, et les hassidims n'entendaient plus parler de lui pendant des mois. Puis, il resurgissait comme par miracle. Les hypothèses de la presse le fatiguaient d'avance. Il préférait n'accorder aucune attention à ce que les prétendus observateurs diraient.

Et les observateurs, que diraient-ils d'*Infidels* sorti à la fin de l'année 1983 ? La presse aimait bien. « Ses élucubrations politiques incendiaires, ses tirades quasi bibliques et ses chansons d'amour surréelles captent l'ambiance d'apocalypse du moment qui fait frémir [107] », écrivit le *New York Times*. Bob avait tourné un clip pour promouvoir deux des chansons, *Jokerman* et *Sweetheart Like You*, contrairement à ses principes. Le mercantilisme lui répugnait, mais sa faiblesse artistique l'entraînait à toutes les compromissions. Il le savait.

Comment échapper à son déclin ? Les grands musiciens de sa génération refusaient de le produire. Une question d'orgueil sans doute. Et il connaissait trop ses accompagnateurs. Mark Knopfler, Mike Taylor... Il se devait de réagir vite, de repartir pour éviter la disparition, la chute. Se rajeunir, récupérer un nouveau souffle. La jeunesse ! Oui, bien sûr ! Peut-être la scène punk ! Oui, ces musiciens lui apprendraient quelque chose. Il avait repéré sur une scène californienne un groupe de furieux, les Plugz, et, sans attendre, parce qu'il lui fallait assurer sa survie musicale, les invita dans sa propriété de Point Dume transformée en souk... cadavres de bouteilles, fumée, musique toute la nuit. C'étaient des latinos qui avaient repris *La Bamba* de Ritchie Valens, tué avec Buddy Holly dans le crash aérien en 1959. Ils promenaient leurs mèches rebelles, blousons de cuir, et jouaient à l'énergie. Le beau Tito Larriva et ce batteur, Charlie Quintana. Des monstres âgés d'une vingtaine d'années. Bob appréciait le punk, cette forme survivante du vrai rock and roll ! Il s'amusa beaucoup pendant ces journées de liesse tandis que sa compagne Carole Childs le choyait. Il se rappellerait longtemps la nuit et l'aube qui avait suivi des heures de musique ininterrompue. La jeunesse s'était donnée à fond et regardait Bob, épuisée.

— Cela vous dirait de m'accompagner ? Je participe au show télévisé de David Letterman le 24 mars.

Tito Larriva ouvrit de grands yeux puis regarda Charlie qui lui-même arborait un léger sourire incrédule. Plaisantait-il ? Bob Dylan paraissait formuler son invitation le plus sérieusement du monde. C'est ainsi qu'ils apparurent sur la scène du show télé. Personne n'avait vu Dylan aussi affûté depuis bien longtemps, jouant une sorte de rock nerveux comme au temps de ses glorieuses années. Le disque *Infidels* fut abondamment cité, montré à l'image, joué.

L'Amérique aimait bien l'album, mais l'Angleterre le boudait. Une grande tournée convaincrait certainement les sceptiques. Mais où ? C'était l'époque des concerts dans les stadiums. Le rock brassait des millions, et les stars essayaient d'apprivoiser le firmament, l'humanité. Bob, ne pouvant rester en rade, signa avec le promoteur Bill Graham. Il s'embarqua pour l'Angleterre, à destination de la grande arène de Wembley, sans les Plugz, mais entouré de musiciens rodés au gigantisme, le fidèle Mike Taylor, et, au programme, une autre star, le guitariste Carlos Santana. Le parcours médiocre d'*Infidels* l'avait rendu agité. Il tournait en rond dans sa loge, peu aimable avec ses musiciens. Avant l'île de la Reine, il joua à Vérone le 28 mai, puis à Hambourg. Joan Baez le rejoignit comme toujours. Et chaque fois, des sentiments confus agitaient Bob. Il adorait revoir sa vieille amie, mais en même temps, elle lui rappelait trop un passé lointain auquel il essayait d'échapper.

Le 1er juillet 1984, il foula la grande scène du parc de Sceaux, près de Paris. Il appréciait la France car il dînerait chez Hugues Aufray et savourerait le couscous de madame. C'était sa fidèle et bonne habitude. Avec sa petite troupe d'amis, il débarqua dans la maison de son ami français, à Marnes-la-Coquette.

— Il ne voulait pas que je prenne des photos, se rappelle Hugues. En revanche, son photographe à lui n'arrêtait pas de mitrailler. Je n'ai même pas mis un petit magnétophone quand il a chanté...

L'hôte français lui fit écouter l'*Homme à la tête de chou* de Gainsbourg, mais ce disque n'intéressa pas du tout Dylan.

Une demi-heure avant le spectacle, il se tourna vers Hugues Aufray qui l'avait accompagné jusqu'au bas de la scène.

— Hey, si on chantait ensemble ?

Le Français sentit ses jambes se dérober sous lui, mais il accepta, et rejoignit le grand musicien américain, devant cette foule colorée noyée dans le pré et la nuit, jusque sous les arbres au loin.

— Nous avons chanté *The Times They Are A-Changin'*, mais il avait changé l'accompagnement. J'ai ramé, et j'étais très intimidé. Il me l'avait déjà proposé et j'avais refusé, car je ne me sentais pas capable, disant que je n'étais pas prêt. Là, je me suis jeté à l'eau car j'avais décidé de ne pas mourir idiot.

Dylan termina la tournée par le concert à Wembley le 7 juillet, et plusieurs dates en Angleterre et Irlande. Il avait hâte de rentrer, mu par un esprit de vengeance. *Infidels* n'avait pas marché, mais son prochain disque battrait tous les records de vente. Il se balancerait sur l'autre rive du pays, la Californie. L'air de Hollywood lui redonnerait l'inspiration.

●

Il faisait chaud en ce mois de juillet 1984, à Los Angeles, le long de ceᵣ palmiers gorgés de soleil. Bob avait recommencé à travailler. Infatigable. Et pourtant bien fatigué. Mais plus que jamais décidé à rejeter l'échec *d'Infidels*. Les idées lui manquaient. Quelle musique ? Quelle parole ? Il ne le savait pas, et la page blanche l'angoissait. Mais il devait continuer. Forcer sa crise intérieure. Faire sauter le verrou, la lassitude, la tristesse. Parfois, il se disait qu'il aurait aimé mourir comme les autres. Eh bien non ! Il était contraint de poursuivre, de dépasser l'effondrement de son corps et de son âme.

Pour son album suivant, il songeait à un titre qui lui rappellerait cette époque lointaine où, sur scène, il imitait Chaplin. L'expression *Burlesque* conviendrait parfaitement. Il pensait à ce club nommé Empire Burlesque, le long de la rue Delancey, où il s'était souvent rendu lors de son arrivée à New York. On y voyait des films, on pouvait même y prendre des verres. C'était le bon temps. À l'époque, Bob ne faisait que rêver à ses aventures futures, il ne souffrait d'aucune pression, il n'était pas dévoré par le doute. Ce nouvel album lui apporterait du plaisir. Installé à Hollywood, il avait bien l'intention de bourrer ses textes jusqu'à la gueule de citations cinéphiles. Ah, on verrait bien ! Le seul espoir pour lui d'écarter cette gangue ennuyeuse qui l'oppressait après tant d'années de route, de conflits, d'écriture. Oui, il allait s'amuser, le soir, sous les palmiers, près du Pacifique hurlant et infini, à reproduire des dialogues entiers tirés du *Faucon maltais* de John Huston. Il s'était toujours plu à imiter Humphrey Bogart et les deux autres zèbres, Peter Lorre et le gras Sidney Greenstreet, qui couraient comme des damnés après une statuette censée contenir quelque vertu mystérieuse, peut-être un philtre de jeunesse. Il y trouvait de la clownerie et du tragique. Il se souvenait de la remarque du détective Sam Spade-Bogart qui s'apprêtait à envoyer en prison la coupable Mary Astor dont il était amoureux.

— J'aurai quelques nuits pourries après vous avoir envoyée à l'ombre, mais ces nuits-là passeront.

Bob l'écrivit, presque à l'identique, dans la chanson *Seeing The Real You At Last*. Il reproduisit plusieurs autres échanges contenus dans ces films favoris qu'il avait vus et revus, dont quelques lignes plagient un dialogue de *Sirocco*, œuvre de 1951 du méconnu Curtis Bernhardt, entre Bogart et la jeune Marta Toren. Il aimait cette époque et voulait le dire en musique. N'avait-il pas collé sur le mur de sa cahute, à Woodstock, là où Sara et les enfants aimaient autrefois se reposer, une photo du compositeur de *Stardust*, Hoagy Carmichael (1899-1981) que l'on voit dans le *Port de l'angoisse*, avec Bogart et Bacall ? Hoagy y joue le rôle d'un pianiste et chante *Hong Kong Blues*. En le voyant très jeune, tout seul dans une salle obscure, le jeune futur auteur de *Like A Rolling Stone* avait été émerveillé. La quarantaine entamée, il repensait à ces émotions-là, espérant prendre place parmi la haute constellation de ces grands auteurs interprètes américains, même s'il n'avait jamais laissé paraître un quelconque sentiment d'amour envers les Cole Porter, Irving Berlin ou Sinatra... Ceux qui l'écoutaient pouvaient apprécier les allusions dans *Tight Connection To My Heart*, la première chanson de *Empire Burlesque* : « Il n'y a pas de lumières ce soir / Ni de lune / Juste un chanteur au sang chaud qui chante : *Memphis In June*. ». Il y parlait de Hoagy, l'homme au « sang chaud », l'auteur de ce *Memphis en juin* qui avait roucoulé cette merveille, déguisé en chauffeur de taxi égrillard, dans le film de la RKO, *Johnny Angel* (1945).

Hoagy était un jeune homme souriant à la musique enjouée et romantique. Dylan pouvait en rire avec son cynisme habituel, mais il connaissait bien les valeurs de ces artistes au sang chaud dont il espérait faire partie. Carmichael et lui avaient un profil assez proche, musiciens et acteurs tous les deux. Dylan, lui, cherchait encore l'éternité, celle qu'il pensait trouver à travers cet échange du *Grand sommeil* (1941) de Howard Hawks : « Il y a certaines personnes que vous n'oubliez pas, même si vous ne les avez rencontrées qu'une fois. » Bob n'avait pu s'empêcher d'intégrer ces lignes à sa troisième chanson, pas tout à fait au niveau de son standing d'ailleurs, *I'll Remember You*.

Quand il acheva ses textes, il fut content, mais surtout parce que chaque mot portait ses obsessions. Il y évoquait encore une fois Belle Starr, comme dans *Tombstone Blues*, mais aussi une nouvelle figure de l'Ouest, Annie Oakley (1860-1926). La belle Annie, avec ses robes de fermière, ses cheveux emmêlés, son chapeau et son air doux de fillette mal grandie. La plus fameuse tireuse de l'Ouest avait émerveillé, à la fin du siècle passé, le public du Wild West Show de Buffalo Bill. Elle tirait des deux mains, couchée ou à cheval, sans voir sa cible, et à trente pas, logeait plusieurs balles de carabine dans une carte à jouer que lançait son complice. Elle fut l'une des premières cow-girls à apparaître devant la toute jeune caméra d'Edison, en 1894, inaugurant ainsi la mode du western. Elle n'avait pas hésité à tenir son rôle, et le film, caché peut-être quelque part, avait figé, pour toujours, la fumée de ses canons et son habileté.

Il faisait nuit et Bob continuait d'écrire. Il relisait *Seeing The Real You At Last*. « Quand je t'ai rencontrée, Baby, tu ne m'as montré aucune cicatrice visible/Tu pouvais chevaucher comme Annie Oakley/Tirer comme Belle Starr[108]. »

Bob griffonnait ses feuilles en riant. Il avait retrouvé du plaisir à écrire mais aussi de la pugnacité, un peu tombée en déshérence ces temps-ci. Il ricanait à nouveau, prêt à attaquer son pays, l'Amérique. Il composa *Clean Cut Kid*, l'histoire d'un gamin « propre » transformé en tueur. Bob énumère toutes les composantes de la bonne intégration, les garde-fous du brave fils américain : l'équipe de base-ball, la fanfare de l'école, l'église le samedi. Mais le « boy scout » sans histoire finit par céder aux mauvais anges...

Ils lui ont dit : « t'es qu'un blanc-bec »
Et ils lui ont donné de la drogue à fumer, de l'alcool, et des pilules[109]

La société que dépeint Dylan ici est viciée jusqu'à la moelle, gangrenée par les tentations. Il avait aussi écrit : « Il est allé à Hollywood pour voir Peter O'Toole/Il a volé une Rolls et l'a précipitée dans la piscine[110] ».

En rédigeant ces lignes un soir, il se levait, marchait autour de ses feuilles, les triturait, éclatait de rire, puis se taisait. Quelque chose n'allait pas, décidément. Non, ça n'allait pas. Il avait envie de mettre le feu autour de lui, aux forêts avoisinantes. L'alcool lui tournait la tête et le jetait dans un profond désespoir. Ce futur album, avec ses dialogues souriants au début, lui pesait. Il avait écrit vite, sans se fouler. Que valait son écriture ? C'était celle de Bezzerides, de John Huston, des scénaristes hollywoodiens. Où avait-il enterré sa propre flamme ? Dans ses souvenirs de spectateur... Un retour vers les mêmes figures, Belle Starr par exemple. De la redite ! Ses plaisirs de salle obscure. Il avait pensé s'amuser mais c'était une illusion.

Bob, ivre maintenant, ne savait plus où il errait. Les femmes qui peuplaient sa nuit, les Belle Starr, Annie Oakley, se dansaient toujours devant ses yeux. Il les aimait, mais n'osait le leur dire, tandis qu'il écrivait dans un passage de la chanson *Tight Connection To My Heart* que ces mains étaient « moites » et qu'ils n'avaient « même pas encore commencé ». Pourquoi les critiques, le public, qui prétendaient l'idolâtrer, ne voyaient pas sa prose romantique ? Cela le mettait en colère.

Lors de l'enregistrement d'*Empire Burlesque*, plusieurs de ses amis de promotion répondirent à son offre. « On ne résiste pas à une invitation de Dylan », pensait-il, un peu las malgré la présence bénéfique d'Al Kooper, Jim Keltner, Ronnie Wood... Il avait encore appelé les deux hommes qui avaient travaillé sur *Slow Train Coming* et, récemment, *Infidels*, Robbie Shakespeare et Sly Dunbar, toujours aussi silencieux mais efficaces. Bob regardait en coin, admiratif, sa « dream team » qui l'élèverait peut-être plus haut qu'à son habitude, plus haut que son précédent opus. Il graverait un album très commercial. Oui, Bob Dylan saurait aussi faire cela : défier les fabricants de savonnettes sur leur terrain, avec la qualité en plus. Devenu le songwriter mythique et vivant du patrimoine, il souhaitait livrer un best-seller comme le *Thriller* de Michael Jackson, quelques années plus tôt. Mais avant toute chose, il devait rafraîchir sa sonorité, la rajeunir. Pourquoi ne pas attirer dans son univers les jeunes loups des années clinquantes ? Il connaissait de réputation Arthur Baker, ce Bostonien d'à peine trente ans depuis qu'il avait adapté, en dance, Bruce Springsteen et Cyndi Lauper : le résultat semblait honnête. Dylan le reconnaissait du bout des lèvres, conscient de céder à une palinodie musicale que ses adversaires ne manqueraient pas de lui reprocher. Il avait juré de faire la guerre aux machines, il y a peine un an, et voilà qu'il sacrifiait lui aussi à la pseudo modernité. Mais il s'en foutait, il se foutait de tout d'ailleurs, des emprunts, des facilités, les fans achèteraient son album. Baker moulerait, dans son plâtre disco, certains titres.

Arthur avait reçu un message, chez lui, qui l'invitait à se rendre à New York. Cet alchimiste sonore se targuait de ses succès et portait en lui, probablement, l'arrogance des années quatre-vingt, mais rencontrer Dylan, son idole de toujours, l'exposait à bien des peurs. Jusqu'à la fin de sa vie, il se verrait, s'avançant dans ce couloir d'hôtel, vers la porte de la suite restée ouverte. C'était difficile à croire, le salon disparaissait sous les piles de cassettes, de platines, la saleté. Des restes de nourriture jonchaient les meubles, le tapis... Et au milieu, Bob traînait son air de zombie qui n'avait pas dormi depuis trois jours. Il lui serra la main.

« Monsieur Baker, je suis heureux de vous voir. Je vous attendais avec impatience. »

Dylan s'assit, après avoir dégagé un fauteuil, mais se releva. Il ne tenait pas en place, ne sachant pas trop comment lui dire ce qu'il voulait.

— Je prépare un nouvel album, et je voudrais qu'il sonne... comment dire... contemporain. Vous voyez ?

Baker voyait très bien. Il comprit « dance », mais Dylan n'avait pas prononcé le mot. De toute façon, il avait déjà accepté avant même de savoir ce qu'on lui demanderait.

Ce choix ne fut pas toujours heureux, et comme à chaque fois que

Dylan avait essayé de changer quelque chose à sa vie artistique, le monde lui tombait dessus. C'était une vieille histoire.

Empire Burlesque n'avait rien de drôle. Et pour ce qui est du fantôme, Dylan commençait à y ressembler étrangement. Il paraissait absent. Absent de sa musique, de sa carrière. Le travail du remixeur Arthur Baker plombait un peu la verve habituelle de l'artiste qui chantait pourtant de manière assez convaincante, jetant à la volée ses phrases, sa faconde lyrique. La musique, les chœurs de Carol Dennis, Queen Esther Marrow et Peggi Blu, venues avec leurs enfants – mais Bob aimait bien les enfants –, le son lointain éloignaient le créateur du rivage, comme perdu en mer. *Tight Connection To My Heart* sur lequel Dylan tenait les claviers flotte un peu trop dans la mélasse. Bien meilleures se révélèrent *Clean Cut Kid* et *Trust Yourself*, deux chansons tranchantes, verrouillées par des percussions de ferraille. Quant à l'excellent *When The Night Comes Falling From The Sky*, il semblait habité par l'extase du bienheureux *Hurricane*. Mais cet *Empire* hésitait sur les voies à emprunter, rock, soul, rhythm and blues. Au final, l'album, avec ses emprunts au cinéma, symboliserait à jamais la profonde crise d'identité de Dylan, à cette époque, et n'a pas vraiment bien vieilli.

Il mit du temps à préparer et mixer ce disque avec Baker et, en plein hiver, craignant le vide, il se précipita sur la première invitation pour oublier son désarroi. Bob Geldof lui avait demandé de participer à l'enregistrement du single *We Are The World*. Les bénéfices seraient reversés au peuple éthiopien qui connaissait une gigantesque famine. Le morceau avait été écrit par Michael Jackson et Lionel Ritchie, et des stars comme Ray Charles, Diana Ross, Smokey Robinson, Bruce Springsteen, Paul Simon figuraient au programme... Bob, à la fois content et étourdi, se sentait différent de ce florilège du show-business. La musique avait pris tellement d'importance qu'elle l'avait coupé du monde. Finalement, les étoiles l'accueillirent chaleureusement, et il exprima son soulagement, même s'il se contenta d'une apparition discrète, dirigé par Stevie Wonder. Puis, il retrouva le studio et accoucha péniblement de son *Empire*, en mai.

« Incroyable mais vrai, écrivit *Libération* le 11 juin 1985. Le nouvel album de Bob Dylan sortit dans une semi-clandestinité. Information inexistante, absence de promotion, sa compagnie phonographique inaugurerait-elle une nouvelle politique : celle du marketing fantôme ? »

Beaucoup ne savaient trop quoi en penser. Le critique du *Time* en tissa un bel éloge : « *Empire Burlesque* est plein de tumulte, de colère, de mystère. » Mais le disque, assez raté dans sa forme et peu personnel, ne passionna pas vraiment le public. Columbia avait pourtant offert des moyens à son artiste vedette et s'évertuait à trouver des solutions pour le maintenir à la surface.

Comment ? La vie de Bob Dylan devint une suite de coups plus ou moins heureux destinés à le sauver. Une existence que les années quatre-vingt avaient fragmentée.

Troisième partie

Les années fragmentées – Présence de la mort

> « *J'accepte le chaos, mais je ne suis pas sûr que lui m'accepte* [111]. »
>
> Bob Dylan, 1965.

FRAGMENT I – UNE CHANSON... UN NOUVEL ALBUM...

Quelques bonnes idées arrivaient. Ainsi naquit *Brownsville Girl* que Bob écrivit à cette époque avec Sam Shepard, le fidèle compagnon de la Rolling Thunder Revue, devenu un dramaturge célèbre grâce à ses pièces comme *L'Ouest, le vrai* (1980), l'amoureux de Patti Smith et de la comédienne Jessica Lange, rencontrée sur le tournage du film *Country* (1984) où il jouait un fermier alcoolique. Toutes ses liaisons avaient enflammé les gazettes et transformé l'écrivain comédien en star qu'il avait toujours rêvé d'être. Lui et Dylan s'amusèrent bien. Ils parlèrent de leurs souvenirs d'enfance, du Far West, du rock, thème de sa pièce *The Tooth Of Crime* (1974), et des poètes américains, partageant un même intérêt pour Walt Whitman. Sam avait un visage de héros hollywoodien qu'il sera d'ailleurs plus tard dans le film *L'Étoffe des héros*, où il joue l'homme qui a franchi le mur du son, Chuck Yeager.

De ces discussions, naquit *Brownsville Girl*, chanson très « shepardienne », longue de onze minutes, où un homme se rappelle ses voyages avec une femme dans le Sud à travers un western joué par Gregory Peck.

Le poème évoque la *Cible humaine* de Henry King où Peck tient le rôle d'un tireur célèbre de l'Ouest que les amateurs de duels veulent défier... Il mourra, tué d'une balle dans le dos. « J'ai l'impression que c'était il y a longtemps », écrivit l'auteur. Le narrateur se souvient de ce film vu une fois, et aussi de sa promenade avec la fille de Brownsville au soleil couchant.

Bob mettrait cette superbe idée dans le nouvel album qu'il avait d'ailleurs commencé à enregistrer, *Knocked Out Loaded*, constitué de chutes d'*Empire Burlesque*. Mais il manquait d'inspiration, malgré la présence d'Al Kooper. Que *Blonde* était loin maintenant ! Et les séances s'éternisaient, Dylan poussait péniblement une musique trempée dans les chœurs gospel...

Bob ignorait même pourquoi il avait accepté de participer aux deux grands concerts en faveur de la famélique Étiophie qui représentaient le sommet de l'engagement humanitaire. Le 13 juillet 1985, deux spectacles gigantesques eurent lieu simultanément à Philadelphie et à Londres retransmis en direct. L'initiateur se nommait encore une fois Bob Geldof. Dylan y avait été invité, appelant au passage ses amis Ron Wood et Keith Richards des Rolling Stones – Mick Jagger, lui, préparait son album solo. Mais l'attente fut trop longue. Ils vidèrent des bouteilles, Ron tenait à peine debout, Keith n'arrivait pas à se lever de sa chaise, et Bob s'appuyait contre le mur. Tous trois devaient conclure cette nuit fantastique. Ils arrivèrent au-dessus de cette foule bercée par la douce nuit estivale, cet océan de bras d'où montait une clameur aiguë. Ils furent incapables de jouer. Ron Wood avait cassé une corde. Dylan voulait à tout prix changer le répertoire, il s'adressa au public :

— Je suggère qu'une partie de l'argent soit versée aux agriculteurs américains qui sont en crise.

Bob se rappelait ses origines du Minnesota, son état natal où il possédait une ferme. Personne ne comprit, et ses propos suscitèrent un vrai scandale...

FRAGMENT III – L'ANGE SAUVEUR

Le chanteur country Willie Nelson prit aux mots la proposition de Dylan et décida d'organiser le 22 septembre 1985, dans une grande arène à ciel ouvert dans l'Illinois, un concert humanitaire, Farm Aid, dont les bénéfices iraient aux fermiers américains. Bob le remercia et prépara ce grand rendez-vous. Mais avec qui ? Il se sentait si fatigué, si désorienté. Sam Shepard était reparti, ave ses valises, son imaginaire. Depuis quelques mois, Bob cherchait des jeunes ou du moins ceux qui avaient l'apparence de la jeunesse pour le soutenir.

Bob avait remarqué sur scène un jeune guitariste aux cheveux jaunes Tom Petty, et il lui demanda de le rejoindre sur la scène de Farm Aid. Pendant toute son enfance, ce beau jeune homme blond, à la tête de ses Heartbreakers, avait essayé de reproduire la faconde glorieuse, le jeté verbal de Dylan dans *Blonde On Blonde*. Sa fraîcheur, son énergie rappelaient celle des Byrds autrefois. Des musiciens pleins d'allant, de verve, d'idées. Parfait. Et ces Heartbreakers, au sommet de leur gloire depuis la fin des années soixante-dix et l'album *Damn The Torpedoes* (1979), virevoltaient. Tom Petty ne mâchait pas ses mots, profitant de sa notoriété pour attaquer le lobby nucléaire et l'industrie du disque. Bob aimait bien son audace, et il l'absorba corps et âme. Mais quel pourrait être son rôle ? Quel éclat l'histoire retiendrait-elle de son arrivée sur le chemin de Dylan ? Pas grand-chose, probablement. La messe semblait dite. Tom, lui, voulait se ménager une place, même s'il arrivait bien tard et à la pire période.

Malgré le temps frisquet, une légère bruine, soutenu par ses choristes noires, dont Carolyn Dennis et sa mère Madelyn Quebec, Dylan se montra satisfait de Tom Petty et de son groupe, les Heartbreakers, dans le spectacle Firm Aid. L'artiste légendaire, le père de la protest song choisirait donc Tom pendant ces difficiles années quatre-vingt. Après Bruce, Mike, Robbie, Mark Knopfler et tant d'autres...

Combien d'hommes et de femmes voulaient un siège auprès de lui ? Il avait toujours des aventures. Carole Childs, piquée au bureau de David Geffen, lui en voulait de ses infidélités : Clydie King, une ancienne choriste des Raylettes, le groupe de Ray Charles, continuait d'émoustiller Bob. Elle avait fait partie de sa garde noire, avec Regina McCrary, Carolyn Dennis, sa mère Madelyn, Helena Springs. Elle avait pris du bon temps et lui pardonnait ses incartades. Le statut du musicien permettait de goûter les différentes bouches, saveurs, parfums de peau, et il aimait.

C'était plus fort que lui. Comment pouvait-il se passer de sexe ? Il en avait besoin pour expurger son trop-plein de violence ou de fatigue après les concerts. Carolyn Dennis avait obtenu ce qu'elle désirait. Elle était enceinte de Bob qui s'apprêtait à fêter dans quelques mois la naissance de son cinquième enfant, à quarante-cinq ans. Il réfléchissait à la presse toujours à l'affût du moins scandale, prête à le suivre et à condamner ses adultères, à torturer sa famille. La peur de voir sa liberté blâmée l'étreignait. Même la pensée de Rimbaud, « liberté libre » qui l'accompagnait, n'apaisait pas ses tourments. Bob finissait par nourrir des remords envers lui, ses enfants, la terre entière, et pourtant, il devait abattre ses chaînes, devenu un grand artiste parce qu'il avait su élargir son horizon au-delà de la morale, au-delà du simple militantisme politique.

FRAGMENT IV – LE COFFRET

L'idée germa d'un coffret bilan, intitulé *Biograph*, le premier du genre dans le rock. Les trois disques mêlaient inédits et classiques, accompagnés d'un superbe livret. Dans une interview avec le journaliste de *Rolling Stone* Cameron Crowe, Bob commentait son travail et livrait de nombreux éléments sur ses goûts. Il affirmait par exemple son intérêt pour le rap tout en ajoutant :

— Rien de neuf. On a toujours entendu ce genre de musique. Il y avait ce type, nommé Big Brown. Il portait un manteau de prisonnier, en été comme en hiver. John Hammond s'en souviendrait aussi – il était comme Othello, il chantait des récits épiques, à la manière un grand orateur romain... Stagger Lee, Cocaïne Smitty, Hattiesburg Hattie... Où étaient les maisons de disques lorsqu'il était là ?

Le passionné évoquait aussi les fans :

— N'oublions pas que John Lennon a été abattu par un prétendu fan. Je sais que, depuis, le fan est mal nommé. Je ne crois pas être fan de quelqu'un. Je suis davantage un admirateur... Si les fans vous aiment, rien ne les en empêche, s'ils ne vous aiment pas, c'est leur affaire. On n'appartient à personne.

Un peu plus loin, il avouait encore sa lassitude :

— J'entends souvent les gens dire : « Dylan devrait faire un album comme il l'a fait durant les années soixante. » Mais si je réenregistrais *Blonde On Blonde*, les mêmes gens me diraient : « Oh, c'est démodé ! » Voilà comment est le public !

Il concluait :

— J'ai peut-être fait ce métier trop longtemps. Je peux comprendre pourquoi Rimbaud a quitté la poésie à l'âge de dix-neuf ans. Il m'est arrivé d'être parfois à 50 % de mon talent, même moins. J'aimerais changer cela...

Il ne sera pas Rimbaud, mais il reste Bob Dylan, l'un des plus influents littérateurs et musiciens du siècle. Bob avait encore une fois devancé ses collègues, conscient de la valeur que pesait son œuvre. Le coffret *Biograph* toucha deux fois le disque d'or – 250 000 ventes aux États-Unis –, ce qui permit d'effacer l'échec d'*Empire*.

Pour en accompagner le lancement, à la fin de l'année 1985, une réception fut organisée au Whitney Museum de New York. Le chanteur, entouré de Martin Scorsese, Lou Reed, Billy Joel et Dave Stewart d'Eurythmics reçut une plaque symbolisant plus de 35 millions d'albums et de cassettes vendus dans le monde.

En quittant ces honneurs, Bob apprit la libération de Rubin Carter, en ce mois de novembre 1985, après plus de vingt ans de prison. Tant de luttes, de combats avaient permis cette victoire. Dylan voulait bien croire qu'il y avait un peu contribué. Il ne rejouait pas souvent la chanson *Hurricane*, sans doute déçu par son échec. Il la reprendrait maintenant.

Il faisait doucement froid. Noël avait une douce saveur...

Épitaphe n° 9 – Albert Grossman (1926-1986)

Le Gros s'envola vers le ciel ! Le 25 janvier 1986, dans son avion, tandis que l'aube ondoyait sur les nuages, il se crispa douloureusement et retomba mort. Son cœur s'était arrêté. À cinquante-neuf ans. Bob n'oubliait pas sa dette envers cet homme, mais la dure bataille qui l'opposait à son ancien manager avait ruiné leurs relations. L'estime était morte. Et Grossman avait disparu tout là-haut, en direction de Londres où il était parti pour affaires. Dylan n'assista pas à l'enterrement qui eut lieu dans la propriété d'Albert, à Bearsville. Quelles inimitiés le musicien aurait-il trouvé là-bas ? Les avocats, la veuve Sally qui continuerait le combat contre Bob pour récupérer les droits ? Car les deux parties mirent encore deux ans avant de régler leurs derniers comptes. Bob paya à Sally les deux millions de dollars et la paix revint.

Dylan passa Noël dans les bras de Carolyn.

Elle avait trente et un ans et attendait un enfant de Bob, la petite Desiree dont elle accoucha le 31 janvier 1986. Personne ne le sut. Bob préféra ne pas rendre trop souvent visite à la mère, et il continuait à honorer les rendez-vous galants que lui donnaient les autres choristes. Pourquoi se gêner ?

L'océan, l'avion... Les nuits qui n'en sont pas...

Il volait encore avec Tom Pretty et les Heartbreakers vers la Nouvelle-Zélande...

Le Japon...

ÉPITAPHE N° 6 – LE BAND – RICHARD MANUEL (1943-1986)

– Bob, où es-tu ? Réponds-moi ! Parle-moi, je t'en prie ! J'ai besoin de te parler...

Silence. C'était le soir. Le Band s'était reformé pour une tournée, sans Robbie Robertson. Et les amis voyageaient en ce début de mars 1986. Richard Manuel voulait parler à quelqu'un. Ni Levon ni Garth ni sa femme Arlie n'avaient la disponibilité. Albert Grossman, le manager, était mort, et Dylan voyageait dans les mers astrales, la Nouvelle-Zélande, vers le Japon. On ne savait pas très bien.

Silence...

Le clavier et chanteur du Band Richard Manuel passa une ceinture autour de son cou et s'étrangla dans la baignoire de sa chambre du Quality Inn Motel, en Floride où sa femme Arlie le découvrit le 4 mars.

Dylan apprit avec tristesse la mort de celui avec qui il avait écrit Tears of Rage. Encore une partie de son histoire qui disparaissait.

Et ils rentrèrent de l'Océanie et de l'Orient, atterrirent à New York au petit matin, la tête pleine de ces salles au bout du monde remplies d'amoureux. Tom Petty n'en avait jamais vu autant.

Bob l'invita même à écrire, et ensemble ils imaginèrent *Got My Mind Made Up* et *Jammin' me*...

— Il connaît un million de chansons, dirait Tom. On fait de notre mieux. Avec lui, on ne sait jamais : il est capable de vouloir chanter du jazz, ou un standard, sans prévenir...

Tom adorait jouer derrière son idole, une idole entourée de femmes, mais dont l'une s'était placée légèrement devant : Carolyn, la préférée du roi. C'est elle qu'il épousa secrètement dans une petite église le 21 juin 1986, à Los Angeles, priant les témoins de ne rien dire à la presse. Et tous respectèrent ses souhaits. Il fallait protéger leur fille Desiree.

FRAGMENT V – UN DISQUE RATÉ

Knocked Out Loaded sortit en juillet 1986.

« Le voici qui roule désormais au rythme d'un disque par an, qui le lâche en plein été comme d'autres prennent leurs congés payés, et sans retape excessive », écrivit le *Matin de Paris*, le 25 juillet 1986.

Bob avait aimé la présence de Ron Wood, et Tom Petty, coauteur avec Dylan de *Got My Mind Made Up*. Il y reprenait une chanson de Kris Kristofferson, *They Killed Him*, avec des chœurs d'enfants, chantait le fameux *Brownsville Girl*... La critique le tiendrait bientôt pour son pire album.

Il traversait ses habitations, aux quatre coins du pays, Malibu, San Fernando Valley, Los Angeles, le ranch, la ferme... Carolyn le suivait en secret, cachée au cœur de ses musiciens. Il aimait vraiment l'avoir derrière lui. La jeune femme vibrait, vivait...

Elle se tenait à ses côtés quand il déchirait ses feuilles, incapable d'écrire. Plus d'idées dans ses grandes maisons vides, face à la mer ou au ciel. Sec. Il épluchait les propositions, cherchait des collaborateurs.

FRAGMENT VI – UN FILM SANS ENVIE

Il manquait de projets et accepta le premier script venu pour un retour au cinéma dont le tournage devait commencer en août 1986. C'était *Hearts Of Fire* de Richard Marquand, l'auteur de *L'Arme à l'œil*, *Le Retour du Jedi*, *À Double Tranchant*. Dans ce film, inspiré d'*Une étoile est née*, une jeune star débutante s'éprend d'un has-been rock star, Billy Parker, qui décide de remonter sur scène. Bob reçut Richard Marquand dans sa cuisine à Malibu, à côté d'une bouteille de vin, devant un monceau de feuilles froissées. Des chansons inachevées. Ils burent tard dans la nuit. Dylan jouerait le rôle Parker évidemment. Il avait soupiré en lisant le script et discuté du personnage avec Marquand.

— C'est pas vraiment du Shakespeare.

Il avait accepté ce film parce qu'il « n'avait rien d'autre à faire ».

— J'aimerais évidemment que tu m'écrives les chansons, demanda Marquand.

Bob acquiesça, le regard vague. Avait-il écouté ? Composer ? Cette perspective lui paraissait lointaine. Il n'avait rien écrit de valable depuis tant de mois. « Je verrai bien... »

Et il prit l'avion entre Londres et Toronto afin de jouer ce rôle étrange. Mais personne ne pouvait l'approcher, à commencer par les deux jeunes acteurs à l'affiche comme lui, Rupert Everett et Fiona Flanagan. Dylan s'enfermait dans sa caravane, et lorsqu'il sortait, un policier l'accompagnait.

— Foutez-moi la paix ! disait-il, constamment irrité.

Il bâcla à la va-vite les morceaux dans sa loge – *Dream About You*, *Baby* et *Night After Night*. Mais le cœur ne le portait plus, et les résultats ne le satisfaisaient pas... Il restait sur son lit, écrasé par l'ennui !

Le travail fini, il déserta le tournage et oublia vite le film et les chansons médiocres qu'il avait créées.

FRAGMENT VII – IL TENTE DE RETROUVER L'ENVIE

Que faire ? Approcher encore une fois les autres musiciens. Il appelait souvent Jerry Garcia, le guitariste et leader du Grateful Dead, un groupe qui n'avait jamais vraiment baissé d'intensité depuis ses exploits psychédéliques sur la côte californienne au milieu des années soixante. Il accepta de prêter son concours au disque d'un chanteur hip hop, Kurtis Blow – *Kingston Blow* – où il chanta un rap a cappella. Il vint, serra des mains puis repartit. Il s'était bien amusé. Sa passion musicale demeurait vivace malgré son infertilité créatrice. Il espérait cependant que ses petites incursions chez les autres ramèneraient l'inspiration.

Il ne rentrait toujours pas chez lui, se promenait sur les rives du Pacifique avec son harmonica, regardait les étoiles. Il dormait dehors ou regagnait l'une de ses maisons à l'aube puis s'allongeait tout habillé, les yeux ouverts. Carolyn, sa femme légitime qu'il tenait à l'écart pour éviter d'ébruiter le secret de son union, voulait le rejoindre, ainsi que son autre choriste Carole Childs. Il ne réagissait pas, content de se trouver seul.

L'hiver le paralysait. Il se sentait fiévreux. Le téléphone sonnait. Le management du grand bluesman world Taj Mahal le priait d'apparaître sur scène. Taj Mahal, sous son grand chapeau, promenant son corps massif, mêlait blues, musique africaine et hawaïenne. Ce diable d'homme avait jadis donné la vedette à un instrument souvent ingrat, le tuba – *The Real Thing* en 1971. Et aujourd'hui, il appelait Bob à ses côtés. La rencontre eut lieu le 9 du mois de février au Palomino à Hollywood. Dylan apparut avec sa guitare et chanta un ou deux titres. Ce fut bien. Puis, il regagna sa tour d'ivoire. Sa tête était si vide et ses pensées si sombres qu'au premier prétexte, il quittait sa solitude.

— Allô, c'est Warren Zevon... J'organise une séance avec beaucoup de musiciens pour mon disque *Sentimental Hygiene*.

Warren Zevon ? Un musicien de folk rock qui l'adorait. Bob avait accepté mais ne ferait pas grand-chose. Il tiendrait juste l'harmonica sur un titre comme autrefois avec Carolyn Hester. En arrivant, il fut surpris de trouver les musiciens de REM, Peter Buck, Michael Stipe, et ils se rejoignirent sur *The Factory*. Bob souffla puissamment dans son harmonica, sans se prendre la tête. Il apportait sa contribution juste pour le plaisir de jouer.

Dans ses apparences ponctuelles, peu avant le printemps, il participa à l'hommage rendu au grand George Gershwin pour le cinquantième anniversaire de sa mort. Aux yeux de Bob, ce genre de cérémonie revêtait beaucoup d'importance, lui qui aimait se confronter au grand répertoire américain, les Carmichael, Irving Berlin, Cole Porter, Sinatra et bien sûr Gershwin. Le concert avait lieu à la Brooklyn Academy of Music, à New York, et Bob s'y présenta en smoking, très sage. Il interpréta *Soon* et intrigua le public car il prit soin de chanter de manière assez classique, loin de ce que les fidèles pouvaient attendre de lui. Peut-être jouait-il un rôle ? Qu'importe. Il souhaitait changer parfois d'image, montrer sa diversité, mais n'y parvenait pas toujours.

Puis, il retrouva son vide intérieur, avant d'accepter une apparition aux côtés du groupe phare des années quatre-vingt, U2. Les deux hommes veillèrent tard et discutèrent. Bono, le chanteur, avait bien deviné l'état de décrépitude artistique de Dylan, et tenta de le sortir du néant.

— Tu devrais travailler avec Daniel Lanois, proposa Bono. J'ai fait *The Joshua Tree* avec lui. Je ne regrette pas.

Il savait que ce sorcier préparerait la mixture idéale pour redonner des couleurs au grand artiste des sixties.

Bob écouta ce conseil d'autant qu'il avait mis en chantier un malheureux nouvel album, *Down In The Groove*, mais il ne savait pas comment remplir cette coquille vide. Cette année 1987 s'annonçait comme la plus inutile de son existence. D'un ennui mortel. Alors Daniel Lanois, une bonne idée !

« *La mort ne m'a jamais effrayé. J'ai eu une vie pleine que j'ai beaucoup aimée, et quand la fin arrive, on doit l'accepter. Je ne crois pas à une vie après la mort, mais si elle existe, c'est super* », écrivit John Hammond dans ses mémoires On Record [112]. *En bonne catholique, sa femme Esmé ne ressentait, comme son mari, aucune crainte devant le néant. Cette foi avait permis au couple d'apprécier chaque journée avec une belle sérénité. John Hammond souffrait du cœur depuis plus de vingt ans. Quelques attaques cardiaques l'avaient ralenti, mais il s'était toujours refusé à la retraite. Tant pis. Comme il le disait avec lucidité,* « *Je prends le risque de partir plus tôt, mais jamais je ne marcherai lentement...* » *Ce cœur souffrant cessa donc de battre ce 10 juillet 1987, dans sa bonne ville de New York. Celui qui avait découvert Count Basie, Billie Holiday, Benny Goodman, Bob Dylan, Aretha Franklin, soutenu Leonard Cohen, Bruce Springsteen, Stevie Ray Vaughan, avait travaillé jusqu'au dernier souffle, aussi passionné qu'aux premiers jours.*

Bob vit partir non seulement son dénicheur mais un homme très proche de ses idées et combats, qui révéla souvent sa douleur après l'assassinat du militant noir Medgar Evers par le Klan et marcha aux côtés du NAACP (National Association for the Advancement of Colored People) pendant quelques années. L'un des grands seigneurs de la musique populaire américaine disparaissait. Nous lui devons tout.

Un nouveau pilier de la vie de Dylan s'en allait. Le musicien poursuivait sa route dans un territoire de plus en plus désolé et fantomatique. Il n'avait plus de pères, plus de repères. Et il continuait à jouer, tourner, parce qu'il menait cette vie-là depuis vingt ans, sans Abe Zimmerman, Albert Grossman, John Hammond, Woody Guthrie, sans personne.

Il rendait visite à Beatty, sa mère, toujours aussi vive. Jamais il ne s'était senti aussi proche d'elle. Mais son père Abe lui manquait.

— Je vais aller en Israël, disait-il, je sentirais sa présence...

Il pensait y aller pour la fin de l'année. Pendant le printemps et le début d'été, il traîna souvent avec le Grateful Dead et son guitariste Jerry Garcia qui lui avait proposé de mener un bout de chemin en sa compagnie. Bob accepta. Il cherchait des routes artistiques, essayait les musiciens. Il songea au Dead, la formation psyché emblématique du mouvement hippie dont la presse parlait toujours aussi peu, mais qui générait un public fidèle, presque une secte de nostalgiques. Personne n'avait oublié leurs longs soli, des morceaux dépourvus de frontières, de chapitres, de milieux, de fins. En outre, cette formation avait repris des chansons de Dylan comme *When I Paint My Masterpiece*. Peut-être Bob pourrait-il s'y glisser, se laisser porter par cette vague sonore qui caractérisait le groupe de Garcia, à la musique aussi infinie qu'un océan ? Il n'en savait rien. Mais les conversations entre Jerry et Bob se terminaient tard. Les deux musiciens parlaient de musique country, de Bill Monroe, Hank Williams... Cela faisait du bien à Bob qui redécouvrait les vieilles chansons. Et puis, il s'était lié d'amitié avec Robert Hunter, le parolier du Dead, et tous deux avaient commencé à écrire des chansons. C'était ce que Dylan espérait : qu'on l'aide !

— Et si on jouait sur scène ensemble ? demanda Bob.

Jerry Garcia sourit et accepta. Bob et le Dead se retrouvèrent ainsi dès le mois d'avril à San Rafael, dans la douce Californie. Mais les publics présents ces jours-là furent surpris, parfois même repoussés par le spectacle : Jerry Garcia, miraculé de la drogue promenait son visage de déterré en sursis, et surtout Bob Dylan, barbu, vêtu de nippes, le dos voûté, se déplaçait lentement. Beaucoup de spectateurs eurent l'impression de voir un vieil homme. Ils savaient que les bandes tournaient et qu'un prochain album verrait bientôt le jour – *Dylan And The Dead* sortirait en février 1989. Cette association laissait sceptique, les deux artistes n'ayant ni l'un ni l'autre sorti de très bons disques live. L'enregistrement aujourd'hui l'atteste : Dylan erre au plus bas de sa forme. Il prétexta une douleur au dos, toujours ce vieil accident de moto de 1966. Il oublie les paroles des chansons, articule si mal qu'on n'entend rien. Bob a souvent eu pour habitude de changer les mots ou la mélodie, de briser les lignes connues de telle sorte que même ses admirateurs les plus pointilleux ne reconnaissent plus ses œuvres, mais sa liberté ne convient pas au Dead qui ne rattrape rien, égaré dans son égotisme musical. Un échec cuisant.

Bob ne cesserait de rappeler Garcia pour participer aux tournées du grand groupe hippie, mais le Dead en avait assez des sautes d'humeur du Génie, de ses fantaisies. Bob ne préparait jamais rien, il montait sur scène et chantait des morceaux qu'il ne connaissait pas, espérant s'approprier le Dead comme il s'était emparé des Hawks vingt ans plus tôt. La carrière solo lui pesait, il voulait s'entourer de solides musiciens. Jerry rechignait. Que pouvait-il en attendre finalement ? Que le Dead se transforme en simple groupe d'accompagnement ? Dylan, si connu, saccageait une formation qui tenait bon an mal an depuis tant d'années. Non !... Le Mort reconnaissant serait pour Bob une proie trop dure à prendre.

Il le savait au moment où il s'apprêtait à repartir en tournée, avec les Heartbreakers, plus dociles. Mais il n'arrivait plus à tenir une ambiance, une salle. Le feu sacré lui échappait.

La tournée s'intitulait « Temples In Flames ». Bob ne croyait pas que le feu le brûlerait. Il embarqua Tom Petty et ses Heartbreakers, à bord d'un avion, et se rendit en Israël, conscient que ses déplacements dans cette région en guerre aurait un retentissement formidable. Il se moquait cependant de la pression, même si quelques surprises l'attendaient.

À Tel-Aviv, 40 000 fidèles vinrent l'écouter un samedi du mois de septembre 1987, au Yarkon Park. Il joua deux heures sans dire un mot, ignora ses fans, ce qui déchaîna la presse à son encontre. Le journal *Yedioth Aharoroth* se montra sévère : « Vous vous êtes moqué du meilleur public que vous ayez jamais eu. C'est uniquement à cause de votre nom, de votre passé, et de vos origines que vous n'avez pas été l'objet de quolibets pour votre arrogance et votre mépris. » Peu d'articles relevèrent cependant la joie d'un public qui se leva lorsqu'il interpréta le fameux *Let My People Go*, racontant l'exode des Juifs d'Égypte.

Rien n'allait. L'attente d'un peuple l'écrasait. Pourquoi les Israéliens déroulaient-ils un tapis rouge à son arrivée, à Jérusalem ? C'était ridicule. Il refusa et se mit à dos le public, le lundi suivant. Chacun espérait l'agripper, l'exhiber pour la cause, et il n'y tenait pas. Pourquoi essayait-on de restreindre sa liberté, de l'enfermer ? Qu'aurait pensé John Hammond de ces malentendus perpétuels, et surtout là-bas ? Bob se sentait bien seul face à toutes ces suppliques et ces demandes. Il préféra annuler à la dernière minute une rencontre prévue avec le ministre des affaires étrangères Shimon Peres. Il jouerait en terre sacrée, mais demandait aux officiels de ne pas l'accaparer. Devant 9 000 fans, dans un grand espace mouvant et coloré, situé à quelques mètres du Mur des lamentations, il joua *The Times They Are A-Changin'*, *Like A Rolling Stone*, *Everybody Get Stoned*, puis attaqua *Slow Train Coming*, quand une panne d'alimentation le plongea dans la nuit et fit fondre sa belle musique électrique. Silence... Dylan, ne voyant plus rien, décrocha la bandoulière de sa guitare, frappa la caisse sur le sol à toute volée et quitta la scène. Son voyage en Israël s'achevait dans la confusion. En reprenant l'avion, il se jura de ne plus y revenir. Mais quelque chose – la mémoire de son père qui n'y avait pourtant jamais vécu – le poussait à y retourner.

Il s'envola, content de terminer cette dure épreuve. Sa tournée faisait escale en Europe. Bob avait perdu la foi. Il traînait sa fatigue, et les Heartbreakers ne parvenaient pas à le réchauffer. Il devait jouer à Paris, dans la grande salle de Bercy, le 7 octobre et le concert s'avéra calamiteux. Bob avait bu. Il marchait à peine droit sur la scène, devant cette foule braillarde. Il tenait son harmonica trop loin du micro et le son se dissipait. Il massacrait ses chansons avec une moue de dégoût. Derrière,

Tom Petty tentait de sauver le spectacle comme il pouvait, sans succès. La musique sombrait. Le guitariste blond sentait que sa collaboration avec Dylan s'achevait ou du moins qu'elle ne survivrait pas à un tel désastre. Peut-être s'était-il rappelé le ratage historique de Newport en 1965 avec Mike Bloomfield, mu par un secret espoir que cette mauvaise performance déboucherait sur quelque chose de grand ? Hélas, les temps avaient bien changé, et Dylan, fatigué, saccageait son propre jardin sans révolution.

Inaccessible, Bob disparut. Il ne souhaitait parler à personne. Il passa la nuit avec Carole Childs qui connaissait ses infidélités et l'encadrait comme une gardienne. Elle ignorait toujours son mariage avec l'autre choriste Carolyn Dennis.

Il passait d'un aéroport à l'autre.

Il traversa la Manche pour aller à Londres car les officiels l'attendaient à la première du film de Richard Marquand, *Hearts Of Fire*, mais au dernier moment, il ne prit pas la peine d'y aller. C'était à l'Odeon Marble Arch. Son travail sur cette œuvre le rendait malade de même que les pauvres chansons qu'il avait composées, indignes de son talent. Souhaitait-il voir son manque d'inspiration en face ?... D'ailleurs, ce navet resta une semaine à l'affiche avant d'en être impitoyablement chassé.

FRAGMENT IX – HONNEURS, HONNEURS

Le Waldorf Astoria brillait de tous ses feux en plein hiver. Bob en avait vu des hôtels illuminés dans la nuit comme l'hôtel Hilton quelques années plus tôt. Les seigneurs du répertoire l'avaient alors intronisé dans leur royauté. Combien de palaces s'illuminaient pour l'accueillir et le célébrer ! Ce jour-là, il observait la table nappée d'un drap virginal sur lequel étincelaient des couverts. Bob avait revêtu un complet veston avec une cravate. Le Rock And Roll Hall Of Fame avait décidé de graver son nom sur le marbre. Il se réjouit en voyant Bruce Springsteen se lever et dire :

— Vous voyez, j'ai la chance d'être ici, mais j'ai failli ne pas y être, si cet homme que vous voyez là...

Et il désigna Bob de la main.

— ... n'avait pas existé ! Sa musique m'a inspiré. Il n'y a pas une âme dans cette pièce qui ne lui doive de profonds remerciements...

Il pensait à sa phrase : « Dylan a libéré nos esprits comme Elvis a libéré nos corps. »

Le récipiendaire fut touché évidemment, surtout de la part d'un chanteur longtemps présenté comme un ersatz de Dylan. Mais les rancunes avaient vécu. Chacun menait sa belle carrière. Puis, le fils héritier, Arlo Guthrie, s'approcha :

— Tu sais, lui glissa-t-il, s'il était vivant, mon père participerait à cette soirée, et il serait heureux.

Bob lui sourit. Cet hommage le rassurait malgré sa gêne. Bien sûr, il n'oubliait pas les chansons, les albums qu'il avait enregistrés, toutes les splendides « choses » de son passé musical, mais sa stérilité du moment, sa médiocrité actuelle le torturaient.

Les récompenses l'attiraient. Il apprécia dans un autre style celle que lui proposa George Harrison : créer un superbe groupe avec l'ancienne star des années cinquante, le rocker Roy Orbison. Harrison voyait bien que Dylan ne se sentait pas bien.

— Nous venons chez toi !

Et ils investirent le vieux garage à Malibu.

— J'ai trouvé un nom pour notre groupe, les Traveling Wilburys, proposa George.

C'était un projet d'amis auquel se joignit Dave Stewart, d'Eurythmics qui leur prêta sa maison à Los Angeles, et les super musiciens l'investirent pour y composer, enregistrer, s'amuser pendant la nouvelle année blanche de 1988. Ces journées de convivialité musicale occupèrent bien le vide de Dylan, et, quand *Traveling Wilburys N° 1* sortit en octobre 1988, il s'en vendit beaucoup d'exemplaires. Bob compara ce succès au bide de son nouvel album *Down In The Groove*, paru l'été précédent, banale compilation de chansons, reprises, chutes de studio, un bric-à-brac sans intérêt. Sa carrière solo chutait. Chaotique. Médiocre. Les années fragmentées s'achevaient dans le rien et la dysharmonie. Comment se reconstruirait-il ? Il n'avait pas trente-six solutions. Pour retrouver de l'énergie, de la cohérence, il lui fallait partir au loin, décoller. Partir et ne plus jamais revenir.

Quatrième partie

Une longue route infinie d'honneurs

« Je n'ai vraiment aucun endroit où m'installer. Nous jouons parce que nous voulons jouer. Pourquoi faire des tournées ? C'est surtout parce que nous nous y sommes habitués pendant des années. Les gens nous diront eux-mêmes de nous arrêter[113]*. »*

Bob Dylan, 1988.

Il nourrissait l'idée du « Never Ending Tour » depuis peut-être plusieurs semaines, voire quelques années. La tournée sans fin ! Cette idée le rassurait, antidote au vieillissement, à la mort. Après tout, les cirques eux aussi tournaient sans s'arrêter, renouvelant leurs numéros sur la route comme si le mouvement entraînait les idées.

Il engagea un trio efficace, conduit par G.E. Smith, ancien guitariste du duo de variété molle Hall & Oates et qui dirigeait l'orchestre de la grande émission télévisée *The Saturday Night Live*. Ce musicien semblait connaître le vieux répertoire de Dylan.

Dylan joignit Neil Young et l'invita à se joindre au premier concert du « Never Ending Tour », le 7 juin 1988 au Concord Pavilion de Californie. C'était parti. Un combo de rock and roll serré, compact, brûlant. Les musiciens se rappelleraient cette première date quand notre vedette balança à la file ses classiques : *Subterranean Homesick Blues, Masters of War, Gotta Serve Somebody...* Il faisait chaud et beau, et le métal des guitares brasillait dans le ciel. Dylan, redevenu le chevalier tonique d'autrefois, se sentait à nouveau fort. Neil Young y prit sa part, mais le public l'entendit mal.

Puis, ce fut Sacramento deux jours plus tard... La route, la route... Il respirait et redécouvrait la beauté de la nuit, des femmes, de la vie de groupe en tournée.

Il s'arrêta en septembre à La Nouvelle-Orléans. C'était bien, car il avait un homme à voir, le génie dont lui avait parlé Bono de U2. Daniel Lanois, producteur, arrangeur, musicien, compositeur, possédait le secret du son et le remède de jouvence pour réveiller les mourants. N'enregistrait-il pas un album avec le groupe Neville Brothers ? L'occasion d'aller voir un peu plus près. Dylan quitta ses musiciens pour une petite escapade.

Bob arriva dans un appartement transformé en studio, et s'assit à l'écart, sans dire un mot ni saluer qui que ce soit. Et il attendit... Les musiciens jouaient, proches les uns des autres, à côté des techniciens et du producteur musicien Lanois. Aucune vitre ne le séparait des Neville Brothers et du merveilleux Aaron, l'une des plus belles voix de la soul. Ce jour-là, le combo néo-orléanais chanta deux morceaux de Dylan, *With God On Our Side* et *The Ballad Of Hollis Brown*. Bob fut pris tout de suite. Il n'avait pas souvent vu une interprétation aussi juste au point de ressentir des frissons. Sur ses propres œuvres ! Il ne put s'empêcher de se lever et d'applaudir.

— Encore ! Encore ! dit-il. C'était superbe. Refaites-la !

Aaron ne bougea pas. Un souffle chaud l'envahit. Il savait que Dylan était avare de compliments.

Quelle belle sonorité ! Ce Lanois, assis au milieu de ses musiciens, sculptait le son, le langage des instruments, tenait aussi une guitare dont il tirait des notes tremblantes, planantes. Un sorcier ! Bob ne savait pas grand-chose de cet artiste, sinon qu'il avait vécu en Acadie et que du sang indien colorait ses veines. Il parlait peu. Tout au long de sa musique, Lanois instillait un certain mystère, un son envoûtant, fait d'images nocturnes et douces que cet artiste canadien semblait avoir puisées dans ses méditations sur les rives du lac Ontario. Il préparait avec les Neville une œuvre dorée, magique, le *Yellow Moon*, rehaussée de cuivres épicés de tambours moites. Leur musique ressemblait au fleuve : une surface liquide, brillante et au-dessous, de la vase, de la mousse. On se laissait happer sans pouvoir y échapper. « C'est lui qu'il me faut ! », songea Bob.

Après la séance, il se leva d'un bond. Ce Daniel correspondait à ce qu'il cherchait, une solution pour sa renaissance, Dylan trouverait chez lui un écrin à sa voix brisée, à sa tristesse des années quatre-vingt.

— Faisons un disque ensemble ! lui dit-il.

— Ici à La Nouvelle-Orléans ? demanda Lanois.

Bob aima cette idée. Il avait enregistré à New York, Nashville et Los Angeles, mais curieusement n'avait jamais travaillé dans ces cités musicales du Sud où la musique populaire américaine avait pourtant pris racine, même s'il avait séjourné souvent à La Nouvelle-Orléans et qu'il possédait non loin une maison.

Daniel Lanois loua un petit palace de cinq étages au 1305 Soniat Street qui possédait une grande salle en bas capable d'accueillir tous les musiciens et la console. Les séances de ce qui deviendrait *Oh Mercy*, un titre religieux, presque une prière de salut pour un Dylan fiévreux et essoufflé, commencèrent. Il faisait très chaud. L'air conditionné avait été supprimé, et toute distraction artificielle comme les jeux vidéo prohibée. C'était noir, spirituel, sur l'œuvre pesait la touffeur des marais. Daniel avait d'ailleurs recruté quelques « crocodiles » du cru, le « Louisiana Swamp Sound » – le son marécageux louisianais : le bassiste Tony Hall, le batteur Willie Green III... Des visages transpirants, éclairés.

Bob naviguait dans l'ambiance jungle et mystique de ce coin de terre qui habillait maintenant ses chansons. Il avait retrouvé du plaisir.

— C'est un homme qui travaille dur, vraiment dur, raconte Lanois. Mais il arrivait de plus en plus tard au studio, sans doute pour capturer l'humeur nocturne de La Nouvelle-Orléans. Le tempo était d'ailleurs de plus en plus lent. Et c'est un superbe pianiste. Il a improvisé live le morceau *Ring Them Bells*.

Quand Bob était absent, Daniel plaçait les instruments, les arrangements, façonnait l'humeur de l'album. L'objet inerte que ce damné Acadien touchait se mettait à vivre, vibrer, murmurer... À la console ou aux instruments.

— Il adorait ma manière de jouer de la basse, raconte Daniel[114]. Il me disait : « Tiens, prends la basse, tu veux ? »

Bob avait rarement rencontré un producteur aussi artiste.

Les deux hommes devinrent bons amis. Leur taciturnité réciproque se mariait bien. Le mysticisme de l'un répondait à celui de l'autre, et une flamme commune les avait réunis : la moto. Quand Bob sortait du studio, il s'arrêtait devant l'engin garé juste devant, la caressait comme un enfant.

— Superbe... belle cylindrée.

Et c'est avec beaucoup de désir qu'il voyait Daniel enfourcher sa machine, car il hésitait à s'en offrir une. Cette passion tant meurtri. Il n'oubliait pas qu'il y avait perdu sa grâce. L'arrangeur producteur s'aperçut que ce plaisir n'avait pas faibli malgré le souvenir vivace de l'accident, plus de vingt ans auparavant. Il décida alors de s'arrêter dans un magasin d'occasion, rencontra le vendeur qu'il connaissait et acheta une vieille cylindrée assez élégante puis, avec un ami, l'achemina jusqu'au studio, et la parqua. Le lendemain tard, au moment où Bob s'approchait des monstres alignés en épis sur le trottoir, Daniel l'invita à le suivre :

— Tiens, regarde cette moto... Je te l'offre.

Bob fixa Daniel comme s'il ne comprenait pas.

— Pour moi ?

Ce cadeau le toucha autant que la Bible familiale donnée jadis par son regretté ami Mike Bloomfield. Il serra la main de Lanois, enfila le casque et partit dans la nuit. Personne ne connaissait ses destinations, lui non plus. Il roulait au hasard, s'aérait l'âme. Et il revenait au studio après un long périple, avec ses chansons.

Ces petites attentions entre amis détendirent encore l'ambiance, surtout que Lanois repêchait un Dylan souvent juste vocalement et musicalement comme dans *Political World*, aux faibles paroles, enregistrée en premier : « Nous vivons un temps où les hommes commettent des crimes[115]. »

Le grand musicien manquait d'idées originales, mais Lanois rafraîchissait son esprit aride, préparait pendant plusieurs heures la magnifique étoffe sur laquelle Dylan plaçait sa voix brisée. Bob pressait parfois le mouvement, admiratif du soin que prenait Daniel mais impatient. L'enregistrement dura sept semaines.

Oh Mercy demeure avant tout un superbe tableau sonore, la rencontre de la poésie atmosphérique venue d'Acadie et la sensibilité souffrante de Dylan. Et une profonde sérénité lia les deux artistes. Bob écrivit sur place *Man In The Long Black Coat*, presque d'une traite, une chanson planante toute en atmosphères, sensations, entrecoupées de silences et de ces échos lancinants que tirait la Dobro de Lanois. Des criquets – encore une idée de Daniel – résonnaient dans une nuit imaginaire tandis que la voix chuchotante de Bob débitait ses secrets à la manière d'un voleur. L'une des deux plus belles chansons se nomme *Most Of The Time*, lente, sortant d'une étuve, encore bombardée d'échos, de notes tremblantes, de claviers planants, l'autre, *What Was It You Wanted*. L'album crachinait joliment.

L'œuvre, sortie en septembre 1989, fut une bonne surprise pour ceux qui désespéraient de Dylan et l'avaient oublié depuis au moins vingt ans et le formidable *Desire*. La critique et le public créditèrent ce travail à Daniel Lanois. On a appelé l'Acadien le « ressusciteur de morts » puisqu'il remettrait également en selle Emmylou Harris, alors en perte de vitesse et d'inspiration, avec *Wrecking Ball*. Au final, cependant, la lumière rejaillirait sur Bob, de nouveau en forme. Le grand artiste n'avait pas expiré comme tant de ses contemporains et se montrait encore capable de réussir un excellent disque, différent de ce qu'il avait créé jusque-là. Que serait-il devenu sans ce superbe retour ? Un homme du passé ? Un homme de poussière.

Il quitta La Nouvelle-Orléans, un peu désœuvré et au bord de l'ennui. Mais heureusement, le « Never Ending Tour » l'attendait. Toujours la route... C'était là où il se sentait le plus en sécurité. Sur la route. Le meilleur endroit pour chasser la morosité, se cacher des fans, des assassins. Il redoutait un mauvais coup, une indiscrétion. Il avait emménagé dans la riante San Fernando Valley, avec son épouse secrète Carolyn Dennis, derrière de hauts murs, protégé par des grillages. Bob voulait devenir invisible, jusqu'à effacer leurs deux noms sur les boîtes aux lettres. Le silence régnait. Mais l'artiste n'était sûr de rien. Cette maison achetée en avril 1989 pouvait le trahir. Il allait et venait la nuit en toute discrétion. Personne ne devait savoir qu'il vivait là, marié.

Il repartait de nouveau sur son tour sans fin, décrochant les honneurs partout où il pouvait, comme en cette fin d'après-midi hivernale en France, le 30 janvier 1990. Il reçut des mains de Jack Lang les insignes de commandeur des Arts et des Lettres. Il rejoignit Woody Allen, Miles

Davis et d'autres. Pendant la cérémonie, au milieu des ors de la république, il portait des chaussures blanches pointues, une chemise blanche, une veste noire. Les mains croisées devant, il attendait, perché sur l'estrade. Le soir, il joua au Grand Rex, étape de la tournée éternelle.

Puis, ce fut encore l'avion, pendant l'année. Il ne voyait pas son épouse sauf quand elle chantait avec lui, mais elle le surveillait. Il joua à Hamersmith, à Londres, en février, puis remonta jusqu'au Canada, à Ontario, où Bob invita Ronnie Hawkins dont il avait volé tous les musiciens. On rapporte cet échange entre eux.

— Au cours de ma longue carrière, dit Ronnie, j'ai eu beaucoup de guitaristes dans mon groupe, aussi mauvais que toi. Mais tu es le seul d'entre eux qui a réussi à en faire un gagne-pain.

Bob le regarda et éclata de rire.

Riait-il vraiment ? Sa carrière flottait. Avec George Harrison, il sortit le troisième volume des Traveling Wilburys, les deux amis s'étaient encore une fois bien amusés. Mais la mort pendant l'enregistrement du chanteur Roy Orbison en décembre 1989, à l'âge de cinquante-deux ans, mit un terme à l'expérience. Les Traveling ne sonnaient plus tout à fait pareil, sans les qualités vocales du rocker. Et Bob chercha à décrocher un nouveau souffle, il appelait les meilleurs musiciens du moment et engagea les deux frères Vaughan. Passionné par Jimi Hendrix, le Texan Stevie Ray avait réhabilité le blues pendant les années quatre-vingt, repris et popularisé des classiques comme Buddy Guy ou Jimmy Reed grâce à sa manière de jouer très moderne. Un virtuose. Jimmy, plus discret, moins clinquant, remarqué dans le groupe Fabulous Thunderbirds, jouait un blues carré, profond. Bob les aimait bien tous les deux, et il comptait sur cette belle fratrie pour énergiser son nouvel album, *Under The Red Sky*, sorti en septembre 1990. Mais Stevie Ray était mort, tué dans un accident d'hélicoptère, en août. Cette disparition émut le monde musical qui avait découvert l'importance de ce grand guitariste. Ce ciel rouge avait été en quelque sorte son testament. Un vrai désastre pour Dylan malgré la présence de George Harrison, d'Elton John, au piano sur un titre – *2x2* –, et de nombreux autres brillants sujets comme les guitaristes Robben Ford et Slash.

Les ventes furent très médiocres. Mais Bob avait repris ses voyages afin de ne pas y penser. Ce que Ronnie Hawkins avait remarqué, c'était l'exceptionnelle résistance de Dylan. Après les spectacles de la tournée sans fin, le musicien enchaînait des nuits sans fin. Il épuisa beaucoup de compagnons de route. L'un de ses guitaristes, Cesar Diaz, lâcha Bob en ce début d'années quatre-vingt-dix, disant :

— Je le quitte parce que je suis malade et que je ne veux pas mourir en Turquie ou dans quelque lieu abandonné de Dieu...

Dans quelque lieu abandonné de Dieu ! C'était peut-être ce que cherchait Bob. Trouver cet endroit pour y mourir en paix.

Parfois, Bob approchait dangereusement le ravin, comme si les hommages le poussaient en terre. Vieux, fatigué, il le fut ce 16 octobre 1992, lors de cette grande soirée où ses pairs fêtèrent le trentième anniversaire de la sortie de son premier album, l'intronisant comme l'un des songwriters les plus importants du siècle. Il était fier, ému, gêné, heureux, et surtout appliqué à mériter cet honneur. Le Madison Square Garden avait revêtu ses habits de gala, bourré à craquer d'amateurs de toutes générations. Vingt-quatre millions de téléspectateurs regardèrent le spectacle dans soixante-huit pays. Dylan avait atteint une notoriété universelle. Les musiciens – George Harrison, Eric Clapton, Neil Young, Stevie Wonder, Lou Reed, Johnny Cash, Tracy Chapman... – reprirent, accompagnés par les prestigieux Booker T and The Mg's, un ou deux titres du maître, en général écrits avant 1970. Beaucoup avaient les cheveux blancs, la mine pâle, et la voix souffrante.

L'ancienne, Carolyn Hester, vint, heureuse de participer à cet hommage. Le public oubliait son rôle décisif dans l'éclatement de Dylan au début des années soixante. Mais elle s'en moquait. Sa jeunesse s'était envolée, des restes de sa beauté passée continuaient de rayonner malgré ses déceptions. Sa carrière musicale n'avait pas été aussi brillante, mais elle l'acceptait, et admirait Dylan pour son talent, son intelligence, et surtout elle se réjouissait de revoir un vieil ami. Aux côtés de Nancy Griffiths, elle joua en acoustique *Boots Of Spanish Leather*, puis les deux femmes laissèrent la place à John Hammond qui attaqua *Watching The River Flow*. Le musicien folk John Mellencamp s'amusa avec *Like A Rolling Stone* et *Leopard-Skin Pill-Box Hat*, soutenu par le grand Al Kooper aux claviers. Les fans s'interrogèrent sur la présence de la légère Sophie B. Hawkins qui plomba le magnifique *I Want You*. Richie Havens, lui, faisait partie de la famille et son *Just Like A Woman*, trouva un bon accueil. Chrissie Hynde joua *I Shall Be Released*, Lou Reed, *Foot Of Pride*, Johnny Winter, *Highway 61 Revisited*. Puis, ce fut au tour de la chanteuse irlandaise Sinead O'Connor que le public de Dylan hua, se rappelant qu'une semaine plus tôt, elle avait déchiré sur scène la photo du pape. Elle fondit en larmes et tomba dans les bras de Kris Kristofferson. Ce moment resterait d'ailleurs un souvenir étrange de ce spectacle empesé. Pourquoi la contre-culture en voulait-elle à une artiste anti-papiste ? Dylan aimait bien la confusion, le contre-pied, et il devait rire en coulisses.

La soirée se poursuivit, sans fin, les heures s'écoulaient avant l'arrivée du maître. Les aristocrates eurent droit à deux chansons : Neil Young massacra *Just Like Tom Thumb's Blues* et *All Along The Watchtower*, Eric Clapton balança *Love Minus Zero* et *Don't Think Twice, It's All-*

right, George Harrison poussa péniblement *Absolutely Sweet Mary*. Tom Petty et Roger McGuinn terminèrent par *Mr Tambourine Man*.

Puis, Bob arriva, enfin, mais il semblait usé, vieilli. Il le sentait lui-même. Sa musique avançait cahin-caha, sa voix ne décollait plus. Il chanta, seul, *Girl From The North Country*... Rideau !

Quand les lumières s'éteignirent, il repartit, isolé, triste. Ce genre de cérémonie lui pesait jusqu'au bout de la nuit. Il regrettait d'y avoir participé. Mais chaque hommage marquait sa vie, parce qu'il remplissait ses journées de solitude. Dans quelques années, personne ne se rappellerait plus la médiocrité de sa performance, mais au contraire la vibrante reconnaissance du monde musical.

Cet anniversaire coïncidait presque avec la sortie de son nouvel album, *Good As I Been To You*, paru en novembre, un retour vers les origines folks, sans doute pour fêter à sa manière ses trente ans de carrière. Il joua seul avec sa guitare et son harmonica, des classiques du blues-folk, *Sitting On Top Of The World* que Howlin' Wolf popularisa ou *Tomorrow Night*, rendu célèbre jadis par Elvis Presley, ou le traditionnel *Frankie And Albert*, une pièce du folklore irlandais connue aussi sous le titre *Frankie And Johnnie*.

Il avait bien l'intention d'enregistrer un deuxième album de sentiments dépouillés, le bluesy *World Gone Wrong*, sorti un an plus tard, avec le fameux *Stack O'Lee*, pris sur son disque de chevet depuis tant d'années, *The Anthology Of American Folk Music* de Harry Smith. Mais ce dyptique folk aux ventes plus que modestes ne parvint pas à sauver Dylan du déclin annoncé et que la réussite de *Oh Mercy* ne sauvait même plus. La voix en ruines, la sonorité très en berne du musicien repoussèrent les auditeurs. La jeunesse – mais c'était bien normal après tout – préférait la fusion rap-métal des explosifs et pimentés Red Hot Chili Peppers. Bob se raccrochait à l'hommage du Madison Square Garden où, ce soir-là, tant d'amis l'avaient entouré.

Âgé d'un demi-siècle, Dylan sentait la vie lui échapper. Son deuxième mariage partait à l'échec. Il divorçait de Carolyn Dennis, lasse de ses infidélités et de ses voyages. Il ne l'emmenait plus avec lui car il avait renoncé aux choristes. Il laissait à sa deuxième épouse encore beaucoup d'argent. Jamais il ne s'était senti aussi seul. Il ne voyait plus trop Sara, la secrète, la sauvage, éloignée définitivement du milieu depuis leur séparation. Et à qui pouvait-il confier ses tristesses ? Il aurait bien aimé boire un verre avec Paul Clayton, Richard Fariña, ou John Hammond, mais ils étaient morts.

Heureusement, il pouvait parler à son fils Jakob qui lui inspirait des sentiments de fierté. Le garçon, âgé de vingt-trois ans, avait décidé de devenir musicien. Un rêve secret tandis qu'il errait entre les maisons de Bob ouvertes aux quatre vents. Il aimait bien le Minnesota que son père avait fui tout en y conservant une ferme et des liens presque charnels avec la terre. Les enfants l'avaient reçue en héritage sentimental. Jakob s'y reposait, écoutait de la musique, les Clash, le doux Elvis Costello, The Replacement, un groupe du coin. Il travaillait sa guitare et écrivait des chansons comme son père presque un demi-siècle plus tôt.

Bob s'était inquiété de la décision de son plus jeune fils.

— Tu veux vraiment jouer ? Tu es sûr de toi ? Ce métier est...

Il allait lui adresser le même avertissement que jadis John Hammond à son propre fils.

— J'aime cette vie. Je le ferai ! Quoi que tu en dises...

Comment pouvait-il l'en empêcher ? Jakob comptait profiter des leçons de Dylan : si tu veux le faire, tu peux le faire ! Il n'ignorait pas que son père s'était lancé dans ce métier sans réels atouts et que sa volonté énorme avait bousculé les montagnes.

Bob se sentait ainsi responsable. Pendant toute leur enfance, il avait emmené ses gosses en voyage, à l'île de Wight et ailleurs. Ses garçons y avaient pris goût. Pourtant, ils avaient été témoins de la brutalité des rapports humains, de la route, subissant, au bout de l'aventure, le divorce cruel avec Sara et la dislocation de leur empyrée familiale. Bob n'avait jamais eu vraiment conscience de ses erreurs, tout à son œuvre et à son Moi, et les réactions de son jeune fils le désarmaient. Il espérait seulement que sa filiation ne vaudrait pas à Jakob un bizutage en bonne et due forme.

— Tu ne te rends pas compte ? Ta vie est perdue. Ils vont te comparer sans cesse à moi !

Jakob sourit. Quelle plaisanterie ! Écouterait-il son père ?

Jamais. « Je t'ai vu, songea-t-il, tu as passé ta vie à te faire baiser, dans le métier, puis tu as remonté la pente avant de te faire baiser à nouveau. Je suis blindé. »

Blindé ? Bob continua de le mettre en garde, mais Jakob avait déjà plongé dans le pandémonium du rock, à Los Angeles. Il fréquenta les clubs, les garages, épuisant sa guitare jusqu'à s'abîmer les doigts. C'étaient des nuits de beuveries, de musique, de bagarres... Il jouait sous le nom de personne ou s'inventait des prénoms, défendait à quiconque de mentionner le patronyme Dylan ou de révéler l'ascendance. À force de fuir l'ombre encombrante, il garderait cette habitude de dire « il » au lieu de « papa » ou de Bob comme pour exprimer sa gêne.

« Le mythe autour de mon père, dirait-il plus tard, je ne le vois pas. Tout était normal à la maison. Enfin, nous n'avions pas le même point de vue. C'est en sortant que je l'ai découvert [116]. »

Il créa son groupe, les Wallflowers et signa chez Virgin au début des années quatre-vingt-dix pour un premier album éponyme. La presse évidemment réagit à cause du nom. Beaucoup établirent des comparaisons. Juste ce que le jeune héritier ne voulait pas. Les journalistes n'évoquaient jamais sa musique ou alors avec une moue méprisante parlait de son folk rock « gentillet ». Face à ces inquisiteurs, exactement comme Bob quelques années plus tôt, mais de manière plus agressive, Jakob opta pour le silence et les réponses laconiques. Le fils éprouvait un grand malaise, incapable de se défendre.

Les Wallflowers ne réussirent pas vraiment leur entrée, mais Jakob persista. Il savait évidemment que sa filiation ne lui assurait pas le succès et l'exposerait à des désagréments. T-Bone Burnett, vieil ami de Bob, le produisit et l'aida.

— Il y a de la matière, disait-il. Travaille !

Et Jakob continua. Dans les clubs de Los Angeles, peu de jeunes connaissaient l'identité du père ou alors s'en moquaient. Ce groupe-là tissait des mélodies acidulées, légères, de la bonne pop américaine. Il continuerait, bien loin de l'importance que son père avait occupée dans l'histoire. Parfois, il enviait ses frères et sœurs de leur choix : Maria, la fille de Sara que Bob avait adoptée, était avocate ; Jesse, professionnel vidéo, père d'un petit William né en 1995, réaliserait la pochade crémeuse et scatologique *American Pie III* et les dossiers de presse mettraient en avant sa filiation illustre pour vendre le film ; Sam avait choisi lui la photographie. Quant à Anna, la timide, elle se livrait à des créations visuelles artistiques.

Tous ces enfants vivaient du mythe, réduits, comme tant d'admirateurs à l'approcher lorsqu'il passait à portée, au hasard de ses voyages de Gulliver.

Hugues Aufray passait souvent le voir à son hôtel pendant ses escales françaises. Bob changeait tout le temps, refusant de s'habituer au même palace. Il séjourna une fois dans un hôtel du Trocadéro et adressa un message à son hôte français.

— Je suis là ! Tu peux venir me dire un petit bonjour.

Hugues débarqua, accompagné d'un Américain, Jonathan Dickinson, le nouveau compagnon de sa cousine après la mort de Mason Hoffenberg. Dylan lui tendit une main chaleureuse.

— Sortons ! On va passer la journée ensemble, proposa-t-il.

Hugues emmena Bob, qui remonta sa capuche sur la tête, suivi de son garde du corps, à quelques mètres. Souvent, sur le chemin, un passant reconnaissait le grand Aufray, mais ne remarquait pas l'homme emmitouflé derrière. Ils entrèrent dans un café, à côté du Trocadéro, et burent un verre. Dickinson, souvent drôle, regardait Dylan, sans oser dire quoi que ce soit. Il traduisait les propos du grand artiste. Hugues voulait lui poser une question.

— Et je voulais savoir aussi si tu n'as pas le sentiment que l'antiaméricanisme que nous connaissons en France est une forme cachée de l'antisémitisme ? Car beaucoup de gens considèrent que l'Amérique est juive...

Bob leva les yeux au ciel.

— Hugues, tu sais bien que je ne donne aucune interview. Mais c'est à mon tour de te poser une question... Parle-moi de Beaumarchais !

Il avait entendu parler en France de l'auteur du *Mariage de Figaro* et sa curiosité avait été piquée.

« Il m'a pris de court, raconte aujourd'hui Hugues, mais je lui ai quand même dit que Beaumarchais est à l'origine de la Sacem et des droits d'auteur [117]. »

Ils échangèrent leurs vues sur la littérature, mais aussi sur l'art.

— Tu sais, lui dit Bob, aux États-Unis, maintenant, quand tu t'absentes de ta maison et qu'un voleur s'introduit chez toi, prend une échelle que tu as laissée dans ton jardin et monte au premier étage pour te cambrioler, et s'il fait une chute de l'échelle et se casse le fémur, il t'attaque en justice et cela te coûte des millions. Voilà le monde moderne dans lequel nous vivons.

Et il s'envola pour l'Illinois, à Springfield, l'Iowa, puis au Japon, à Tokyo, où un orchestre à cordes l'accompagna pour la première fois, le New Tokyo Philharmonic Orchestra, et, durant l'été, en Tchécoslovaquie, devant son plus grand admirateur, le président tchèque Vaclav Havel.

Bob vivait quelques moments de plaisir ici ou là. Il disait un mot et gagnait encore beaucoup d'argent. Bob vendit les droits de deux chansons, *Blowin' In The Wind* et *Rainy Day Women*, au film à succès *Forrest Gump* (1994) avec Tom Hanks, qui raconte une bonne part de l'histoire américaine, en particulier des années soixante.

Et Dylan courait vers son éternité... Encore une scène... Le deuxième festival de Woodstock ! Mais c'était en août 1994, pour le vingt-cinquième anniversaire de la mythique messe de 1969, que Bob avait d'ailleurs boudée, préférant se rendre sur l'île de Wight au moment où il dominait le monde musical. Peut-être espérait-il reprendre à cette occasion son sceptre ?

— C'est un show comme un autre ! dit-il, fatigué des amateurs de symboles et des nostalgiques.

Le Woodstock 1994 eut lieu à New York dans les Saugerties. Bob se demandait simplement comment les gosses l'accueilleraient, venus surtout pour applaudir les rougeoyants et enflammés Red Hot Chili Pepper. C'est pendant ce parcours sans fin qu'il se rendit compte de sa place dans l'histoire. Son répertoire avait franchi les générations. Les gamins, lors du Woodstock n° 2, l'applaudirent.

Et les concerts se succédèrent... New York (Ballroom), du 18 au 20 octobre 1994, Norfolk (Virginie), le 1ᵉʳ novembre, La Nouvelle-Orléans (Louisiane), le 12 novembre, Prague, le 11 mars 1995, sur la ville ivre, San Francisco (Warfield), le 22 mai 1995... Brixton, Londres... Il jouerait 116 concerts, plus qu'en 1994...

ÉPITAPHE Nᵒ 7 – LES IDOLES ROCK – JERRY GARCIA, LE GRATEFUL DEAD (1942-1995)

Épuisé, drogué, Jerry Garcia mourut le 9 août 1995 d'une crise cardiaque pendant qu'il suivait une cure de désintoxication. Il avait été le leader du grand groupe psyché, fidèle à ses valeurs pendant près de vingt ans, le Grateful Dead. Mais il avait surtout une relation très proche avec Bob Dylan qui se montra affecté par sa disparition au point même d'assister aux funérailles du musicien qu'il appela son « grand frère » (Bob n'avait pas l'habitude d'apparaître aux enterrements, même d'amis proches). Mais Jerry avait presque le même âge que Bob, et une idée, un passé en commun : les années soixante.

Le 2 septembre, il joua pour l'inauguration du musée rock de Cleveland, Ohio, puis se rendit en Floride pour une série de concerts, ensuite Caroline du Nord, Georgie... Le rythme s'accélérait. Un spectacle tous les soirs. Les nuits blanches. Les hôtels... La route à nouveau.

ÉPITAPHE Nᵒ 11 – LE PREMIER JOURNALISTE – ROBERT SHELTON (1926-1995)

Il avait accompli son rêve : quitter enfin les États-Unis et s'installer en Europe, dans la douce ville de Brighton, sur la côte anglaise. Il s'y était installé en 1982, trouvant de quoi assouvir son besoin de sérénité et sa belle érudition. Malade depuis quelques mois, hospitalisé, il mourut le 11 décembre 1995. Bob Shelton resterait dans l'histoire pour avoir été le premier à écrire un article sur Dylan, en 1961. Plus tard, il publierait la biographie de sa découverte, No Direction Home, *dont Bob, toujours en avance, dirait en 1966, alors que Shelton mûrissait déjà le projet de son livre : « J'ai renoncé à vouloir dire à quiconque qu'il se trompe dans son opinion sur quoi que ce soit, sur le monde, sur moi, ou n'importe quoi... Alors, tu ne vas pas dire "autorisé par Bob Dylan", mais je vais écrire quatre phrases sur la couverture et signer de mon nom quelque chose comme : "Bob Shelton a fait un papier sur moi dans le* New York Times *il y a cinq ans. Et c'est un type sympa que j'aime bien. Et il a écrit ce livre et pour ça, ce n'est pas, rien que pour être sûr que ça se vendra dans le Nebraska et le Wyoming, c'est pas alambiqué." » Ainsi disparut l'une des deux ou trois personnes que Bob estimait certainement le plus. Shelton travaillait au* Birmingham Post *comme critique cinéma. Le lendemain de la disparition du journaliste, le nécrologue du* Guardian *Michael Gray écrivit : « Il montra jusqu'aux derniers instants de sa vie les mêmes rares qualités qu'à sa grande époque new-yorkaise : sociable, chaleureux, attentif à l'écoute... »*

Et la tournée continuait... Phenix, Arizona, Madison, New Jersey...

L'homme que Shelton avait découvert poursuivait sa route vers les honneurs. Il savait que là-bas, en Europe du Nord, un cortège d'admirateurs norvégiens se battait pour lui faire obtenir le prix Nobel de littérature 1996. Son nom circulait parmi les rois, l'Albanais Ismaïl Kadaré, les Portugais Antonio Los Antunes et José Sarramago, le Péruvien Mario Vargas Llosa... Un hobo pourrait-il décrocher la timbale suprême ?... Un homme en caravane, sans toit, lancé dans une tournée sans fin.

Il avait surtout recouvré un bon moral depuis la réussite de *Oh Mercy*. Il avait écrit des chansons qu'il jugeait d'un bon niveau, mais ignorait absolument comment les décorer, les enluminer pour les rendre charmeuses, donner une consistance dramatique à sa voix cassée par ces longues années, attraper ce « mysterious sound » dont seul Lanois semblait détenir le secret comme l'alchimiste, la pierre de lune. Et puis surtout, l'Acadien, plein de foi, de calme, le remplissait de quiétude. Pendant les années qui suivraient, il se manifesterait régulièrement auprès de Daniel, souhaiterait entendre sa voix si calme. Dans la maison de Lanois, à Los Angeles, à trois heures du matin, le téléphone sonnait.

— Allô, c'est Bob... Comment vas-tu ?

Daniel sentait la nuit peser de toute sa fatigue derrière son illustre interlocuteur, il l'imaginait aux confins du désert, sous la lune. Puis, Bob raccrochait et repartait à l'aventure.

Mais un soir, il l'appela à trois, quatre heures du matin.

— Oui, c'est Bob... je veux te faire écouter des chansons. J'en ai écrit une dizaine...

Daniel réagit tout de suite et l'invita à le rejoindre dans un hôtel de New York.

Les deux hommes se retrouvèrent en décembre 1996. Une obscurité fraîche était tombée, et Dylan, assis dans un canapé, lut au producteur canadien les textes qu'il avait écrits. Bob avait de nouveau besoin du sorcier. Daniel Lanois écouta les paroles, les jugea belles et tellement sombres. L'album futur se dessina, à travers des histoires qui semblaient venir de loin, de l'enfer, comme si Dylan, mort, revenait chez les vivants pour raconter son expérience sur le Styx. Il sentait le néant à portée de main. Il avait peur, et Daniel le comprenait, enthousiasmé. Bob avait curieusement bonne mine.

— J'ai vu un homme toujours aussi passionné par la musique, dit-il aujourd'hui. Il ne vit que pour ça. Et un musicologue incroyable. Il est venu chez moi et m'a fait écouter des disques de blues, des trucs de Charlie Patton...

Ce disque reprendrait cette parole blues que Dylan n'avait jamais prêchée.

— Et nous engagerons ton groupe de tournée, proposa Daniel. Bob souriait. Le sorcier lui redonnait de la force.

Où iraient-ils ? Pas à La Nouvelle-Orléans. Bob répéta d'abord dans le studio de Lanois, en Californie, un vieux cinéma, *El Teatro*, où les Mexicains autrefois venaient voir des films.

« Je le louais, se rappelle Daniel, mais l'endroit a fermé peu après. »

À la demande de Bob, Lanois prit la photo que l'on voit sur la pochette de *Time Out Of Mind*. Ils comptaient travailler en Floride, sous cette lumière estivale et douce qui enveloppait les maisons du bord de mer. Mais la musique se déroulerait loin des cartes postales. Le prestigieux studio Criteria jetait sa façade fatiguée, parmi des murs peinturlurés et sales, le long des rues défoncées. Il abritait une pièce large, haute, occupée au milieu par un piano que Bob utiliserait, non loin de Daniel, avec sa guitare magique. Autour, se répandaient les étoiles recrutées ici dans l'espace et le temps. Si Bob se rappelait un son entendu aussi loin que pendant les années soixante, il remuait ciel et terre pour en retrouver l'auteur et l'amener devant le micro. Certains furent ramassés sur la route comme cette guitariste Cindy Cashdollar.

« Je ne la connaissais pas, avouerait Daniel. C'est Bob : il vous présente des gens que vous n'auriez pu rencontrer ailleurs. Cindy, très charmante, était une musicienne de la route. »

D'autres avaient déjà illuminé les rampes des salles de spectacle : Duke Robillard rejoindrait la longue liste des brillants guitaristes de Dylan. Ce musicien de Rhode Island tentait depuis des années de ressusciter le mariage entre le blues et le jazz de grand orchestre. Un passionné des années cinquante, du vieux style. Il adorait T-Bone Walker, le grand guitariste de blues des années trente à soixante – le premier à avoir adopté la guitare électrique – et recréait parfois la même brillance, fort d'un doigté agile, velouté. Le disque s'appuierait sur sa capacité à créer des sons, des ambiances fantômes.

« C'est Bob qui m'a appelé, raconte le Duke, Il m'avait remarqué dans les Fabulous Thunderbirds, puisque nous avions un soir ouvert pour lui. Il adorait les frères Vaughan, et m'avait apprécié. Il m'a donc engagé contre l'avis de Daniel Lanois qui ne voulait pas entendre une note blues sur le disque. À chaque fois que je devais jouer, Lanois se plaçait devant moi et coupait sèchement : "Je vais faire les guitares moi-même." Alors Bob n'était pas content, et répondait : "Non, c'est Duke qui va les faire." Et ils se querellaient. J'étais l'objet de leurs disputes, désiré par l'un, repoussé par l'autre. Difficile. Mais je ne retravaillerai plus avec Lanois pour tout l'or du monde[118]... »

Ainsi va le travail de Lanois sur cette voie escarpée qui mène à un nouveau son. Dylan et lui n'étaient pas d'accord, mais ils réussirent à pousser leur disque *Time Out Of Mind* loin vers les sommets.

— Bob, se rappelle Lanois, attendait des musiciens une grande capacité d'adaptation, une souplesse qui leur permettait de changer de tons facilement. J'adorais jouer avec Bob. Il possède un grand phrasé.

L'album, « traité comme un vieux disque de blues », selon Lanois, est le dernier chef-d'œuvre de Dylan à ce jour, bien supérieur à *Oh Mercy*, et proche en qualité des magnifiques pièces des années soixante. Bob et Daniel ont réussi à trouver un écrin à la voix brisée et malheureuse du grand artiste. Elle ne tire plus vers le haut comme autrefois, mais frôle la mort, le désespoir. *Love Sick, Dirt Road Blues, Standing In The Doorway*... roulent dans la pénombre. L'orgue – le fameux orgue toujours présent tout au long de l'œuvre – nous tente avec son tourbillon d'eau et de sable mouvant comme autant d'appels vers l'au-delà. Les accompagnateurs ont été placés à distance différente du micro, derrière ou devant, afin d'offrir une profondeur de champ, perdus à travers une jungle un peu brumeuse. Le refus de la décoration, de la luxuriance, pour laisser place à ce que Lanois nomme la « beauté brute », a payé. Daniel raconta au quotidien *Le Monde* en 1997 :

> « Il n'y avait sans doute rien de délibéré par rapport à son état de santé. Beaucoup de chansons sont écrites du point de vue d'un homme qui a vécu plusieurs vies. Je l'admire d'avoir un regard aussi aigu sur sa condition humaine. [...] Dans le rock, en particulier, notre obsession de la jeunesse, nous éloigne de cette sagesse. Mais Bob est un auteur si important qu'on appréhende son œuvre comme celle d'un poète ou d'un romancier d'expérience. Ses chansons ne pourraient pas être chantées par un gamin de vingt ans. Plus que de l'amertume, je ressens en lui du renoncement, de l'abandon mais aussi un sentiment de paix intérieure. »

De fait, *Time Out Of Mind* nous emmène là où Dylan reste le meilleur, dans ce croisement du blues et du folk. Bob l'a conçu en écoutant les disques de Jimmy Rodgers, Elvis Presley, en rêvant au Mississippi ancestral, aux mouvements des trains, à la route. L'œuvre s'achève par un formidable blues parlé de onze minutes, *Highlands*, glorieux.

Bob et Daniel se séparèrent après ce beau travail, cette « bonne conclusion », dirent-ils eux-mêmes. Ils se reverraient quelque temps puis s'éloigneraient pendant près de deux ans. Un soir de Noël, Bob enverrait simplement une carte postale à Daniel : « Salut, compagnon chercheur ! ». Retravailleront-ils ensemble ? Peut-être.

L'intensité de l'œuvre avait cependant épuisé Bob qui s'était embarqué pour un voyage en Orient, au Japon (Osaka, Nagoya...). Il changeait ses musiciens, jouait, prenait l'avion, vivait la valise ouverte, l'œil sur le paysage.

Puis, direction le Canada, à Saint-John puis Halifax... Il faisait beau. Il ne s'en souvient d'ailleurs plus vraiment. Il avait dû remplacer son lead guitariste John Jackson. Son orchestre de tournée bougeait, variait de couleur, reptile en perpétuelle mutation. Il perdait un accompagnateur, un autre venait.

ÉPITAPHE N° 3 – LES AMIS FOLKS DE JEUNESSE – ALLEN GINSBERG (1927-1997)

Le poète de la beat generation qui admirait tant Dylan mourut le 5 avril 1997 d'un cancer à l'âge de soixante-dix ans. Bob l'apprit et lui rendit aussitôt hommage à Brunswick, au Canada. Un nouveau pilier de la grande génération aînée qui avait influencé et accompagné le grand musicien s'en allait. Allen avait porté la voix de Kerouac et des autres pendant si longtemps...

La Camarde s'approchait de lui. Il jouait sans compter les nuits et les jours, nerveux, affolé. Il se produisit dans l'Indiana, puis fit escale dans un studio. Avec Steve Earle, et Willie Nelson, il devait rendre hommage à ce musicien qui l'avait beaucoup influencé, Jimmie Rogers – *The Songs Of Jimmie Rodgers* – *A Tribute*, paru en juillet 1997.

Au printemps, il fêta son cinquante-sixième anniversaire. Fataliste. Il se sentait si fatigué. Au cours d'une soirée, il sentit une violente douleur dans la région du cœur. Ça y est, c'était son tour. Il mourrait jeune. Si jeune. Ne payait-il pas les nuits blanches, l'alcool, cette double vie qu'il avait menée sans fermer l'œil ? La Mort sur laquelle il avait tant écrit l'aveuglait. Il respirait avec peine tandis qu'il était transporté à l'hôpital. *Time Out Of Mind* resterait son unique album, le quarante et unième de la collection. Un testament fort. Le meilleur qu'un artiste pût imaginer. Il pensa à Suze, Joan, Sara, à son existence, insatisfait de partir ainsi. Quelque chose lui manquait. Sa carrière semblait inachevée. Peut-être espérait-il enregistrer le meilleur disque de tous les temps ?... Ou alors aimer d'autres femmes, puiser dans le gynécée que sa gloire lui promettait encore ? Il passa plusieurs nuits dans le silence, mais il ne mourut pas.

— Vous n'avez pas de crise cardiaque, lui assura le médecin.

Bob se tenait les côtes, il cherchait le moindre souffle d'air. Quelle maladie l'emprisonnait ainsi dans sa cage ? Une histoplasmose, une affection pulmonaire. Ce microbe pouvait le tuer aussi sûrement. Il allait peut-être revoir Elvis ! Si seulement le paradis lui promettait un pareil bonheur ! Sans doute pria-t-il ! Mourir maintenant ? Trop stupide ! Il n'en avait pas le droit. Il lutta pour vivre de toutes ses forces comme il avait vu Woody Guthrie se battre autrefois. Puis, ses forces revinrent, le jour éclaira à nouveau la petite pièce où il était allongé. Quelle date était-on ? Il n'en savait rien. Six semaines s'étaient écoulées aux portes du royaume de Hadès. Six semaines... Jusqu'en juin. Il avait dormi, déliré, paraît-il, conscient que la presse avait propagé les rumeurs les plus alarmistes et que les pages froides, les nécrologies attendaient dans le réfrigérateur. Mais le chancre n'avait pas réussi à le vaincre. Il avait survécu là où Brian Jones, Jimi Hendrix, John Lennon avaient échoué.

Il se leva et se retrouva dehors aussi vite.

Et dès le mois d'août, il reprit la route, une route qui avait une autre saveur. Celle de l'éternité. Le « tour sans fin » qu'on avait cru mort méritait à nouveau son nom. Il ne s'arrêterait jamais, lui qui avait écrit : « Quand je serai parti, Vous vous souviendrez de mon nom. » Le pays défilait à nouveau sous ses yeux. Les médecins le surveillaient et préconisaient des spectacles plus courts, des périodes de repos plus nombreuses, et surtout interdisaient à ce convalescent du poumon d'utiliser son harmonica. Mais pouvait-on ralentir la course effrénée du marathonien ? Difficile. Bob avait perdu du souffle vocal, son allant, et pourtant, il tenait la scène. Jamais il ne s'arrêterait. Jamais ! C'était un chemin qui l'emmenait au paradis et d'abord à Bologne, en Italie, le 27 septembre 1997. Oui, celui qui avait failli rejoindre Elvis, comme il le disait, chanterait pour Jean-Paul II, le vieux pontife âgé de soixante-dix-sept ans. Peut-être – Dylan commençait à le croire – était-il temps pour le grand musicien de remettre son âme au serviteur de Dieu ? Il avait eu si peur. Il ne se doutait sans doute pas que ce concert le poursuivrait comme une tâche pendant des années. Pourquoi accepta-t-il, quelques mois après sa maladie, de jouer pour le champion de la lutte anti-avortement, le très réactionnaire Saint-Père polonais ? Il n'a jamais vraiment répondu, attaché à cette « liberté libre » dont parlait Rimbaud, malgré la polémique très intense : les catholiques sévères dénoncèrent la présence du « voyou », et les progressistes haïrent cette image du poète emblématique de la contre-culture soumis au conservatisme. Mais Bob adorait fâcher la terre entière.

On a oublié combien cette journée fut curieuse, avec tous ces chanteurs de variété transalpine, les Adriano Celentano et Gianni Morandi, qui reprit d'ailleurs – belle surprise – le très athée *Imagine* de Lennon. C'est alors que les témoins aperçurent Dylan sur le podium, avec son

T-shirt blanc, sa cravate en cuir noir, son chapeau de cow-boy, il joua *Knockin' On Heaven's Door*, puis *A Hard Rain's A-Gonna Fall... Forever Young...* Il faisait beau. 350 000 personnes se balançaient sur la place. Le Saint-Père, assis sur son trône dans sa blancheur immaculée, ne bougeait pas. Quand Bob eut fini, il grimpa les marches et serra la main du pontife qui donna à cette occasion sa propre interprétation de *Blowin' In The Wind*.

La chanson dit : « Combien de routes un homme doit-il parcourir avant que l'on puisse le dire homme ? La réponse, mon ami, est soufflée par le vent. » C'est exact. Mais il ne s'agit pas du vent qui disperse tout dans les tourbillons du néant, il s'agit du vent qui est souffle et voix de l'Esprit, voix qui appelle et dit : « Viens ».

Bob était reparti. La déception de sa prestation bolognaise – certains citaient ses émoluments vaticanesques à 350 000 dollars – fut cependant éclipsée par la sortie du magnifique *Time Out Of Mind* qui résonnait d'un étrange écho après la maladie et ce concert papal. « Le "Moaning blues" raviné, poudreux, pris à la gorge, prêche dans le désert des Highlands où "il y a de moins en moins à dire", écrivit Bayon dans *Libération* en décembre 1997. Tandis que Ben Harper ou Finley Quaye actualisent le groove folk, soudain drapé de silence par l'écolo-production cajun de Daniel Lanois, "la voix juive" comme remontée du Livre, balaye l'actualité tel Moïse l'Égyptien, la mer Rouge. Entre mort annoncée et apostasie vaticane, un retour du sacre du patriarche binaire. »

Le monde continuait de l'acclamer, les hommages pleuvaient, tout au long de sa voie royale. Celui, lors d'un gala au Kennedy Center, de Gregory Peck, l'acteur américain – *La Maison du Docteur Edwardes* de Hitchcock, *Duel au soleil* de King Vidor ou encore *Les Canons de Navarone* – réjouit Bob.

— J'ai aimé ta chanson sur moi, *Brownsville Girl*, lui rappela Peck, fier.

Bob détourna la tête, il tremblait, ému pendant que Peck, ce géant américain, l'enlaçait.

À la Maison Blanche, le président Clinton proclama aussi sa reconnaissance envers le musicien :

— Il a eu probablement plus d'impact sur les gens de ma génération qu'aucun autre artiste. Sa voix et ses textes n'ont jamais été faciles à entendre, et tout au long de sa carrière, Bob Dylan n'a jamais cherché à plaire.

Dans sa longue route infinie, Bob accédait aussi à la littérature comme personnage de légende, référence étalon. Le formidable thriller de Norman Spinrad, *En direct* qui raconte la mise à sac par des terroristes d'une chaîne de télévision, évoque le symbole : « Comme qui dirait, pour mes parents, l'évangile c'était Bob Dylan... les gosses comme moi on a grandi en s'imaginant que tout ça c'était normal... Je veux dire que si on voulait se rebeller, on pouvait devenir agents de change et voter républicain [119]... » Chaque action de rébellion, image de mort, de violence, semble amener aussitôt le nom de Dylan. Ainsi, le grand écrivain Edward Bunker écrit-il dans l'un des plus grands romans de prison de ces dernières années, *La Bête contre les murs* :

> « Au lever du soleil, le bus s'engagea sur sa lancée au travers des montagnes. Le conducteur mit la radio. Un haut-parleur se trouvait placé tout près de Ron, dont l'esprit se laissa porter par la musique, abandonnant les angoisses qui le rongeaient pour laisser place au désir impatient d'être arrivé. Il allait devoir affronter une expérience longue et amère avant de pouvoir "danser sous un ciel de diamants... silhouette sur fond de mer." (Bob Dylan – *Mr Tambourine Man*)
>
> Le bus poursuivit sa route sur l'autoroute de bord de mer pour s'arrêter à San Luis Obispo où il déchargea quelques prisonniers pour en faire monter d'autres [120]. »

Dylan a enfanté des idées, des images. Combien d'artistes se réclamaient-ils de lui ? Le jeune joueur de folk pop anglais, Tom McRae, auteur en 2000 d'un merveilleux disque éponyme, mélancolique et angoissé : « Ma mère jouait, elle avait un "songbook" de guitare simple. J'ai ainsi commencé très tôt à jouer *Blowin' In The Wind* car c'était facile. Ses chansons étaient très intelligentes, émotionnelles, devenues une sorte de Bible pour les songwriters. Musicalement, sa musique ne m'a pas tant influencé car beaucoup de ses chansons sonnent pareil. Il a un vrai style. Mais sur le plan des paroles, bien plus. Ce sont les meilleures paroles que j'ai entendues. » Appartenant à peu de chose près à la même génération, le superbe guitariste américain, Kelly Joe Phelps, auteur des *Sky Like A Brocken Clock* (2001) et *Slinghot Professionnals* (2003), nous invite à des promenades mouillées dans la profonde campagne américaine, avec une voix voilée, des cordes qui claquent. Il aime aussi Dylan :

> « Je l'ai surtout découvert les cinq dernières années. Je devais en passer par là quand j'ai eu la responsabilité moi-même de musiciens. Je sais qu'il a influencé beaucoup d'artistes, de monde. J'ai donc décidé d'approcher plus profondément son œuvre. J'ai appris de lui le courage. Si vous avez une chose à dire, vous la dîtes, et de la manière dont vous voulez la dire. Il

n'a pas peur d'être lui-même. Il ne copie pas les autres. J'aime le disque *Another Side Of Bob Dylan*. Je préfère sa période acoustique [121]. »

Le folk a opéré un retour à l'orée du troisième millénaire, porté par des musiciens solitaires et déterminés qui voient Dylan comme un modèle. Et ce modèle connut peut-être le plus beau jour de sa vie aux Grammy Awards du 25 février 1998, à New York, la ville où il arriva sans argent et dans le froid, quarante ans plus tôt. Bob reçut les récompenses du meilleur album de l'année, du meilleur album folk pour *Time Out Of Mind* et du meilleur chanteur rock avec le titre *Cold Irons Bounds*. Mais surtout, son fils Jakob, le leader des doux Wallflowers, se tenait à ses côtés, célébré lui aussi : meilleur compositeur et meilleure chanson interprétée par un groupe.

ÉPITAPHE N° 4 – LA MÈRE, BEATTY ZIMMERMAN (1915-2000)

Elle avait commencé à tousser. Il faisait froid en ce mois de janvier 2000, dans la maison de Scottsdale, en Arizona. Elle vivait seule depuis tant d'années déjà, mais Bob l'appelait fréquemment. Il ne l'avait plus laissée tomber depuis la mort d'Abe, même si ses incessantes tournées l'empêchaient de la voir autant qu'il le souhaitait... Beatty avait su conserver une aura au fil des années. Beaucoup aimaient lui rendre visite. Même Sara continua de la voir après son divorce. Grelottante, Beatty se rendit chez le docteur qui l'envoya à l'hôpital de Saint-Paul, à Minneapolis. Le diagnostique tomba : elle avait un cancer. Aussitôt Bob interrompit toutes ses activités pour se rendre auprès de sa vieille mère, âgée de quatre-vingt-quatre ans. Il arriva avec son cadet David, et les deux frères ne quittèrent pas leur maman. Elle mourut en silence, le 25 du mois. La famille suivit le cortège jusqu'au cimetière juif de Hibbing où Beatty fut enterrée à côté d'Abe.

Bob était reparti afin d'oublier la mort de celle qu'il lui avait été si chère. Il voulait oublier, mais n'y parvenait pas. Il ne se confiait à personne – le pouvait-il ? – et en souffrait. Certains proches auraient bien aimé recueillir un peu de sa peine, mais se heurtaient à son mutisme, conscients que le seul remède cher à Dylan restait le travail.

Il avait interrompu son « Never Ending Tour » pour retrouver l'atmosphère calme du studio, les ambiances nocturnes.

Il était trois heures du matin à Manhattan, un certain mois de mai 2001. Il préparait son quarante-troisième album, *Love and Theft*, se demandant comment il surpasserait *Time Out Of Mind* car aucun génie de la production ne s'était glissé près de lui. Il avait engagé son groupe de tournée, de solides gaillards bien éloignés des princes d'antan. Mais

Daniel Lanois lui avait donné une force qui continuait à le soutenir. Pendant ces journées de printemps, il se passa un phénomène étrange comme il en avait rarement rencontré au cours de sa carrière : l'album échappa à son humeur morose, à ses soixante ans qu'il venait de fêter. Sa musique était joyeuse, entre rockabilly sautillant, blues enlevé, ambiance de saloon. Les guitares de Charlie Sexton et Larry Campbell se brisaient sur la voix graillonneuse de Bob. Le disque possédait une bonne qualité.

Il sortit le 11 septembre 2001, le jour même de l'attentat contre les deux tours du World Trade Center. Bob Dylan ne prononça aucune déclaration à ce sujet. Il livrait simplement une œuvre, collant de manière symboliste, comme au temps du Vietnam, à l'actualité la plus terrible. Certains journalistes cherchèrent les clés. Ces « sacs pleins d'ossements » que l'on trouve dans la chanson *Tweedle Dee Tweedle Dum* n'étaient-ils pas l'image d'un visionnaire prédisant le crash, l'éparpillement des valeurs humaines au pied des tours ? Mais le poète garda ses secrets. Il ne devenait toujours pas le politicien ou le discoureur engagé que l'on attendait. Il restait Rimbaud...

Dylan proposait encore ces chansons qui accompagnent les êtres humains, de leur naissance à la mort. « S'il m'arrivait quelque chose, j'aimerais que vous vous réunissiez et écoutiez ensemble *Mississippi* de Bob Dylan », écrivit le journaliste de RFI Jean Hélène avant son assassinat le 21 octobre 2003 par un policier ivoirien – condamné à dix-sept ans de prison. Le gouvernement ivoirien luttait contre les rebelles et accusait les Français de soutenir ses ennemis. Jean Hélène, notre compatriote, avait peut-être senti que la situation pouvait mal tourner, et comme au Vietnam autrefois, comme partout, Dylan, pour son formidable travail accompli dans les années soixante, représentait cette lumière éternellement brillante au-dessus de chaque idéaliste. Le reporter s'était accroché à Mississippi, l'un des meilleurs morceaux de *Love And Theft*. « Je me sens comme un étranger que personne ne voit », y écrit le père de la protest song dont la chanson, à Abidjan, puis à Paris, au temple protestant de l'Oratoire, résonna le 5 novembre lors de l'hommage rendu à Jean Hélène. Bob se penchait à nouveau sur la mort, le drame.

ÉPITAPHE N° 7 – LES IDOLES ROCK – GEORGE HARRISON (1943-2001)

Le 29 novembre 2001, le cancer aura vaincu le discret et mystique Beatle George Harrison, un autre vieux compagnon de Bob Dylan qui l'avait encouragé autrefois au pire moment de sa carrière. Pour le musicien folk blues, c'était une vraie perte car, se dit-il, cet ami symbolisait les fleurs, la lune, la vie. Une figure bienveillante posée sur un coin de la terre...

Le « Never Ending Tour » attaquait sa onzième année. Pendant sa route infinie, Bob Dylan réévaluait sans cesse son œuvre comme pour lui éviter – sa grande obsession – la dessiccation. Il brisait la mélodie, changeait des mots à tel point que certains ne reconnaissaient plus les chansons qu'ils avaient aimées.

Il jouait, jouait tandis que ses amis tombaient...

Le 31 janvier, à Orlando (Floride), au Waterhouse Centre, le 31 janvier, à Sunrise (Floride), au National Car Rental Center, le 9 février à Atlanta (Georgie), Philips Arena, le 10 février, à Charlotte (Caroline du Nord), Cricket Arena...

ÉPITAPHE N° 3 – LES AMIS FOLKS DE JEUNESSE – DAVE VAN RONK (1936-2002)

Il était 9 h 30, le 10 février 2002, au New York University Medical Center à Manhattan. Dave Van Ronk, atteint d'un cancer du colon, venait de rendre le dernier soupir. Il avait eu une influence considérable sur toute la génération folk des années soixante, et bien entendu sur le plus grand d'entre eux, Bob Dylan. Il reçut au départ les encouragements de la chanteuse folk Odetta. Très critique, parfois mal embouché, il accorda cependant toujours une place importante aux plus jeunes musiciens, aîné éternel d'une musique dont il était passionnément épris. Il laissait une veuve, Andrea Vuocolo.

Le 11 février, à Charleston (West Virginia), au Civic center, le 13, à Greenville (Caroline du Nord)...

L'hiver se passa à sillonner le pays. Au printemps, il partit dans les pays nordiques. Le 5 avril, à Stockholm (Suède), au Globe. Le 7, à Oslo (Norvège), au Spektrum. Allemagne, France (le Zénith fin avril), Angleterre...

Il ne vit pas l'année partir. Il avait oublié le temps et son propre vieillissement. Il n'avait plus le loisir de penser. Il jouait et les paysages défilaient de plus en plus vite. Le 2 août, dans le Massachusetts, le 3 à Newport, Rhode Island... Combien d'États traversés... Alberta, Canada, Colorado...

ÉPITAPHE N° 7 – LES IDOLES ROCKS – JOHNNY CASH (1932-2003)

Sa femme l'avait précédé dans la tombe, décédée brutalement du cœur le 15 mai 2003 à Nashville. Elle avait été musicienne aussi et s'était payée du bon temps autrefois avec Bob Dylan et Joan Baez. Désespéré et seul, Johnny Cash ne lui survécut que de quelques mois. Il mourut le 12 septembre 2003 dans un hôpital de Nashville de complication respiratoire consécutive à un diabète. Sa musique, devenue si funèbre, si tragique au seuil de la mort, avait autrefois fasciné Bob au point de le convertir à la musique country dès la fin des années soixante. En apprenant le décès de son vieux compagnon, Dylan, d'ordinaire silencieux sur les disparitions de ses proches, prononça une courte allocution évoquant cet homme en noir qui donnait un sens très réel à la mortalité et à la miséricorde de l'âme humaine.

Un dernier ami très proche venait de disparaître. Bob était désormais seul. Seul face au soleil. À sa légende. Il traversa comme un fantôme le film *Masked And Anonymous* avec Jeff Bridges, Penelope Cruz et Jessica Lange, l'œuvre la plus vilipendée par la presse. Depuis une quinzaine d'années, il n'avait pas marché devant une caméra. L'histoire se déroulait dans un pays dirigé par un émule de Saddam Hussein tandis que les rebelles menaçaient la ville. Dernier recours : extirper de sa prison Jack Fate (Bob Dylan), dernière légende vivante du rock, et organiser avec lui un concert pour la paix. Il n'avait jamais parlé autant, et pourtant, une sorte d'ombre le suivait : « L'expression morte de ses yeux glace le film, » nota le *San Francisco Chronicle*. Et l'autre journal de la ville, le *San Francisco Examiner*, écrivit qu'il se promenait comme si la caméra lui causait une douleur physique, comme une loupe qui essayait de l'enflammer.

Bob sentait les flammes le suivre, mais il continua, repartit sur les routes, avec son « Never Ending Tour ». À Hambourg, le 17 et 19 octobre 2003, il joua son 1583e concert. Il se souvenait de ce qu'il avait dit à Joan Baez pendant la Rolling Thunder vingt ans plus tôt. « On pourrait engager des professeurs, des bonnes, des répétiteurs, plein de personnel et continuer la tournée éternellement... » Oui, ne plus jamais revenir sur terre. Il goûtait les parfums de jade, les grands océans, les campagnes ensoleillées, les nuits froides du Nord, le doux parfum des femmes... « À présent, je suis condamné à errer », avait écrit Rimbaud. Oui, condamné à errer. Pour ne pas penser à la mort ! Mais lui, Bob Dylan, était toujours bien vivant. Et il comptait bien le rester le plus longtemps possible...

Michigan, Massachusetts, Canada...
Canada, Massachusetts, Michigan...

« *Et tourne, poupée de bois, tourne* [122]*... »*

Épilogue

« Les peuples heureux n'ont pas d'histoire », disait un écrivain. Comment Dylan nous en a-t-il donné une ? Il est l'un des rares artistes rock, avec les Beatles, à jouer le plus souvent une musique joyeuse. On ne parle pas ici de ses textes souvent tristes, ni de l'amertume collée au blues mais de son mouvement de vie ininterrompu, de son désir d'éternité symbolisée par la tournée sans fin, éternel repoussoir d'une mort qui l'obsède ainsi que ses cavalcades vers la gloire. L'artiste a marqué l'Histoire, la marque encore. Sans doute parce qu'il a inventé les plus belles pages du rock littéraire, réécrit le rock moderne – ce mélange de poésie européenne et de blues – enregistré sept pièces remarquables dont la superbe trilogie électroacoustique *Bringin' It All Back Home*, *Highway 61 Revisited* et *Blonde On Blonde*. Mais, surtout, parce que sa musique est heureuse et que c'est par cette impression dominante que Dylan a été le plus fort, durant les années soixante. Nik Cohn – qui pourtant ne l'aimait pas – dans son texte sentimental *Awopbopaloobop Alopbamboom*[123] (1969), écrit : « Avec lui, la pop est devenue adulte, il lui a donné un cerveau. » Et il conclut : « Au bout du compte, ce n'est pas tant qu'il ait changé le rock : il en a tué une sorte et l'a remplacée par une autre. Et si la sorte qu'il a tuée était aussi celle que j'aimais, ce n'est pas vraiment de sa faute. »

Depuis l'enfance, j'ai aimé ce créateur miracle dont les chansons se mouvaient dans une improvisation permanente, aimé sa sonorité de carnaval, son rock rêche, ses magnifiques chants hébraïques sublimés par le blues. Combien de fois ai-je rêvé d'être les journalistes Aronowitz ou, surtout, Robert Shelton, les découvreurs de ce si grand réciteur musical et qui ont appartenu à son épopée ? Combien de fois ai-je imaginé parler de blues, de Rimbaud, de Conrad avec ce poète baladin ? Dès que l'âge me le permit, j'ai évidemment tenu à aller le voir sur scène, sans admettre – inconsciemment ? – que le temps avait passé. Il était trop tard. La grâce de Dylan, celle que j'effleurais en écoutant

Blonde On Blonde, s'était asséchée depuis longtemps. Que pouvait bien penser un artiste comme lui des titres de journaux qui annonçaient en permanence : « Le prophète est fini ! » Jusqu'à ce journal israélien *Hadashot* osant clamer : « On a eu la légende lorsqu'elle était déjà brisée. » En déclin, mort, fini... Certes, sa voix détruite, les abîmes sans lumière de sa musique ne plaidaient guère en sa faveur. Mais la presse jouait trop la démesure ; elle se montrait aussi dure avec lui qu'elle avait été excessive dans l'éloge, au milieu des années soixante, en le comparant à Hemingway et Faulkner. Je me demandais une fois de plus ce qu'il pouvait bien penser de ces jugements ?...

Dylan ne les ignorait pas. Mais il n'en était pas surpris : il savait... Sans imaginer où elle le mènerait, il a pourtant toujours su comment son histoire évoluerait. De manière absurde, illogique. Il a toujours su, aussi, ce que les gens en percevraient. Et il a toujours pris le risque de décevoir, et a déçu. Mais l'œuvre demeure. Puissante, elle s'est imposée définitivement à notre conscience au point que, malgré ses erreurs, ses mauvais choix artistiques, malgré une image dilapidée (Bob, ancien porte-flambeau de la lutte pour les Noirs, vient d'accepter la proposition du fabricant de lingerie Victoria's Secret qui lance une nouvelle collection « Angel's » ; le prophète apparaîtra sur le film promo en personne et en musique), il reste au sommet de la notoriété et du mythe. Car Dylan, c'est à la fois l'aube et le crépuscule. Il préside à la naissance comme à la mort de la musique, autant qu'à celles de l'homme. Étranger venu de nulle part tel l'homme sans nom cher aux westerns italiens, il accompagne les vies, nos vies, comme pour nous venger d'injustices éprouvées. Son art n'ignore rien de la tristesse ni du drame, et demeure malgré tout lumineux.

Lorsque mon père, en 1990, fit ses adieux au journalisme musical et vendit la revue *Rock & Folk* qu'il avait fondée presque trente ans auparavant, un journaliste de l'émission « Culture Club » sur France Inter lui proposa de diffuser ses titres fétiches extraits de l'âge doré du rock. Mon père choisit d'ouvrir cet hommage à sa carrière par ce rayon de soleil qu'est la chanson *I Want You*. Tout comme il avait choisi d'afficher le portrait de Dylan en couverture du numéro zéro de sa jeune revue en août 1966. La vie, la mort, le début, la fin et, quand même, beaucoup de lumière. Mon père ne s'y était pas trompé. La boucle était bouclée – selon l'expression non convenue.

Notes

Toutes les paroles des chansons de Bob Dylan citée dans l'ouvrage ont été librement traduites par l'auteur.

1. Dylan Bob, *Tarantula*, Christian Bourgois, 1973.
2. *11 Outlined Epitaphs*, in *The Time They Are A-Changin'*, Bob Dylan, Columbia, 1964.
3. *Ibid.*
4. Valéry Paul, *Tel quel*, Gallimard, Folio Essai, 1996.
5. *11 Outlined Epitaphs, op. cit.*
6. À attribuer à l'auteur.
7. Guthrie Woody, *En route pour la gloire*, Albin Michel, 1973.
8. *Biograph*, Colombia, 1985, trois CD.
9. Shelton Robert, *Bob Dylan, sa vie, sa musique*, « *Like A Rolling Stone* », Albin Michel/Rock & Folk, 1987.
10. Shelton Robert, *op. cit.*
11. Lettre à Georges Izambard, 2 novembre 1870.
12. Le chiffre onze est une référence au texte qu'il publierait plus tard, *11 Outlined Epitaphs*.
13. Conway Twitty (1933-1993), chanteur de rock et country américain, émule d'Elvis Presley, une influence dont il aura toujours du mal à se défaire, auteur du hit *Rockhouse*.
14. Kerouac Jack, *Sur la route*, Gallimard, 1960.
15. Kerouac Jack, *Les Souterrains*, Gallimard, 1964.
16. *Ibid.*
17. Joint ou Juke Joint : cet endroit désigne les bars, bordels, bouges où l'on jouait aux cartes, aux dés, où l'on jouait de la musique. Années 1900-1930 dans le Vieux Sud.
18. Guthrie Woody, *En route pour la gloire*, Albin Michel, 1973.
19. Guthrie Woody, *op. cit.*

20. Baez Joan, *Et une voix pour chanter*, Presse de la Renaissance, 1988.

21. *Song To Woody*, Bob Dylan, 1962.

22. Balfour V., *Rock Wive's : The Hard Lives And Good Times Of The Wives, Girlfriends And Groupies of Rock And Roll*, William Morrow, 1986.

23. Hammond John, *On Record*, Ridge Press/Summit Book, New York, 1977.

24. *Ibid.*

25. *Talhis'New York*, Bob Dylan, 1962.

26. *Freight Train Blues*, traditionnel, *Bob Dylan*, 1962.

27. Baez Joan, *op. cit.*

28. *Ibid.*

29. *Hard Times In New York Town*, Bob Dylan, 1961, *The Bootlegs Series*, volumes 1-3, 1961-1991.

30. *The Ballad/The Death Of Emmet Till*, Bob Dylan, 1963.

31. *Blowin' In The Wind*, Bob Dylan, *The Freewheelin'*, 1963.

32. *Don't Think Twice, It's Al Right*, Bob Dylan, *The Freewheelin'*, 1963.

33. Ce film, tourné par Otto Preminger, racontait l'exode des Juifs vers la Palestine, bientôt devenue terre d'Israël.

34. *A Hard Rain's A-Gonna Fall*, Bob Dylan, *The Freewheelin'*, 1963.

35. *The Freewheelin'*, 1963.

36. *Masters Of War*, Bob Dylan, *The Freewheelin'*, 1963.

37. *Hammond John*, *op. cit.*

38. *Oxford Town*, Bob Dylan, *The Freewheelin'*, 1963.

39. *The Times They Are A-Changin'*, Bob Dylan, *The Times They Are A-Changin'*, 1964.

40. Lettre de Steve Allen à Robert Shelton, *in* Shelton Robert, *op. cit.*

41. *Mr Tambourine Man*, Bob Dylan, *Bringin' It All Back Home/Subterranean Homesick Blues*, 1965.

42. *Ballad In Plain D*, Bob Dylan, *Another Side Of Bob Dylan*, 1964.

43. Future égérie du groupe culte le Velvet Underground.

44. *Some Other Kinds Of Songs*, poèmes par Bob Dylan, *Another Side Of Bob Dylan*, 1964.

45. *My Back Pages*, Bob Dylan, *Another Side Of Bob Dylan*, 1964.

46. Poème à Françoise Hardy, publié au dos de l'album *Another Side Of Bob Dylan*, 1964.

47. Cash Johnny, *The Autobiography, with Patrick Carr*, Harper Collins, 1999.

48. Hammond John, *op. cit.*

49. *Subterranean Homesick Blues*, Bob Dylan, *Bringin' It All Back/ Subterranean Homesick Blues*, 1965.

50. *Maggie's Farm*, Bob Dylan, *Bringin' It All Back/Subterranean Homesick Blues*, 1965.

51. *Outlaw Blues*, Bob Dylan, *Bringin' It All Back/Subterranean Homesick Blues*, 1965.

52. *Sur la route de Janis Joplin* de Jeanne-Martine Vacher (Le Seuil).

53. Faithfull Marianne, *Une vie*, Belfond, 1994.

54. *Like A Rolling Stone*, Bob Dylan, *Highway 61 Revisited*, 1965.

55. Little Walter (1930-1968), l'un des plus grands harmonicistes de l'histoire, a contribué à façonner le Chicago blues électrique de l'après-guerre. Il a rendu célèbre plusieurs chefs-d'œuvre du répertoire, *Last Night, Mellow Down Easy, Off The Wall...*

56. Bottleneck : littéralement goulot de bouteille. Au début du XXe siècle, les guitaristes hawaïens faisaient glisser sur les cordes un goulot de bouteille pour allonger les notes, les faire planer. Plus tard, un tube de métal remplacera le goulot.

57. *Ballad Of A Thin Man*, Bob Dylan, *Highway 61 Revisited*, 1965.

58. *Desolation Row*, Bob Dylan, *Highway 61 Revisited*, 1965.

59. Levon Helm, Davis Stephen, *This Wheel's On Fire*, Chicago Review Press, 2000.

60. Wilson Brian, *Wouldn't It Be Nice, My Own Story*, Bloomsbury, 1991.

61. *Visions Of Johanna*, Bob Dylan, *Blonde On Blonde*, 1966.

62. *I Want You*, Bob Dylan, *Blonde On Blonde*, 1966.

63. Bob Dylan, 1966.

64. Ducray F., Manœuvre P., Muller H., Vassal J., *Bob Dylan*, Albin Michel/Rock & Folk, 1975.

65. Interview de Françoise Hardy par l'auteur, 2004.

66. *Ibid.*

67. *Ibid.*

68. *Ibid.*

69. *Ibid.*

70. *Françoise Hardy, Superstar et ermite*, par Étienne Daho et Jérôme Soligny, Jacques Grancher, éditeur.

71. *Ibid.*

72. Gill Andy, *Bob Dylan, l'intégrale des années 1960, 1962-1969*, Hors Collection, 1999.

73. Muir Andrew, *Razor's Edge : Bob Dylan & The Never Ending Tour*, Helter Sketter, 2001.

74. *11 Outlined Epitaphs*, in *The Times The Are A-Changin'*, Bob Dylan, 1964.

75. *Goin' To Acapulco*, Bob Dylan, 1967.

76. *John Wesley Harding*, Bob Dylan, 1967.

77. *I Pity The Poor Immigrant*, Bob Dylan, 1967.

78. *11 Outlined Epitaphs, op. cit.*

79. Kennedy Robert, *Vers un nouveau monde*, Stock, 1968, épuisé.

80. *Lay Lady Lay*, Bob Dylan, *Nashville Skyline*, 1969.

81. Guitare couchée sur laquelle le musicien fait glisser un bottle-neck pour créer des sonorités allongées.

82. Interview personnelle de l'auteur.

83. *Ibid.*

84. *11 Outlined Epitaphs, op. cit.*

85. *11 Outlined Epitaphs, op. cit.*

86. *Watching The River Flow*, Bob Dylan, *Bob Dylan's Greatest Hits*, 1971.

87. *Father Of Night*, Bob Dylan, *New Morning*, 1970.

88. *Day Of The Locust*, Bob Dylan, *New Morning*, 1970.

89. *11 Outlined Epitaphs, op. cit.*

90. *11 Outlined Epitaphs, op. cit.*

91. *George Jackson*, Bob Dylan, 1971.

92. James Coburn (1928-2002), acteur américain, connu pour son rôle dans *Les Sept Mercenaires* de John Sturges.

93. Bob Dylan, *Pat Garrett And Billy The Kid*, 1973.

94. *Forever Young*, Bob Dylan, *Planet Waves*, 1974.

95. *Wedding Song*, Bob Dylan, *Planet Waves*, 1974.

96. *Sara*, Bob Dylan, *Desire*, 1976.

97. *Isis*, Bob Dylan/Jacques Levy, *Desire*, 1976.

98. Conrad Joseph, *Victoire*, Gallimard, Folio Classique, 2004.

99. *Ibid.*

100. *Hurricane*, Bob Dylan/Jacques Levy, *Desire*, 1976.

101. Baez Joan, *op. cit.*

102. *Desire*, Bob Dylan, 1976.

103. *Slow Train*, Bob Dylan, *Slow Train Coming*, 1979.

104. Bob Dylan, *The Shot Of Love*, 1981.

105. Frank Zappa, *Sheik Yerbouti*, 1979.

106. *Blind Willie McTell*, Bob Dylan, 1983, *The Bootlegers Series, op. cit.*

107. *New York Times*, 1983.

108. *Seeing The Real You At Last*, Bob Dylan, *Empire Burlesque*, 1985.

109. Bob Dylan, *Empire Burlesque*, 1985.

110. *Ibid.*

111. Texte paru sur la pochette de *Subterranean Homesick Blues* en 1965.

112. *Op. cit.*

113. Interview donnée à l'Associated Press en 1988.
114. Interview accordée par Daniel Lanois à l'auteur.
115. *Political World*, Bob Dylan, *Oh Merci*, 1989.
116. Interview donné au magazine *Rolling Stone*.
117. Interview accordée à l'auteur.
118. Texte imaginé par l'auteur.
119. Spinrad Norman, *En direct*, Denoël, 1996.
120. Bunker Edward, *La Bête contre les murs*, Rivages, 1994.
121. Interview accordée à l'auteur.
122. E.T.A Hoffmann, *Contes noctrnes*, Phébus, coll. Verso, 1991.
123. 10/18, 2001.

Bibliographie

AMBURN Ellis, *Buddy Holly, A biography*, St Martin's Griffin, 1996.

BAEZ Joan, *Et une voix pour chanter*, Presses de la Renaissance, 1988.

BACHARAN Nicole, *Histoire des Noirs américains au XXe siècle*, Éditions Complexe, 1994.

BLOOMFIELD, Michael, *If You Love These Blues, An Oral History*, par Ian Mark Wolkin et Bill Keenon, Miller Freeman Books, 2000.

BOCKRIS Victor, *Keith Richards, The Biography*, Penguin, 1992.

BOWDEN Betsy, *Performed Literature – Words And Music By Bob Dylan*, University Press of America, 2001.

CASH Johnny, *The Autobiography, with Patrick Carr*, Harper Collins, 1999.

COTT Jonathan, *Visions and voices*, Doubleday, 1987.

COTT Jonathan, *Back To A Shadow In The Night – Music, Writings And Interviews 1968-2001*, Hal Leonard, 2002.

DAROL Guy et JEUNOT Dominique, *Zappa de Z à A*, Le Castor Astral, 2000.

DUCRAY François, MANŒUVRE Philippe, MULLER Hervé, VASSAL Jacques, *Dylan*, Albin Michel/Rock & Folk, 1975.

FAITHFULL Marianne, *Une vie*, Belfond, 1994.

FRAÏSSE Marie-Hélène, *Protest Song*, Seghers, 1973.

GARRETT Pat F., *The Authentic Life Of Billy, The Kid*, University Of Oklahoma Press, 1954.

GILL Andy, *Bob Dylan, l'intégrale des années soixante (1962-1969)*, Hors Collection, 1999.

GILLETT Charlie, *The Sound Of The City – Histoire du rock'n'roll*, Tomes I et II, Albin Michel/Rock & Folk, 1986.

GORDON Robert, *Can't Be Satisfied, The Life And Times Of Muddy Waters*, Jonathan Cape, 2002.

GROSS Michael, *Bob Dylan, une histoire illustrée*, Albin Michel/Rock & Folk, 1980.

GRAY Michael, *Song & Dance Man III, The Art Of Bob Dylan*, Continuum, 2001.

GURALNICK Peter, *Elvis Presley : Careless Love – Last Train To Memphis*, Abacus, 1995.

GUTHRIE Woody, *Cette machine tue les fascistes*, Albin Michel/Rock & Folk, 1978.

HEYLIN Clinton, *Bob Dylan, The Recording Sessions (1960-1994)*, St Martin's Griffin, 1995.

HELM Levon, avec DAVIS Stephen, *This Wheel's On Fire*, A Cappella Books, 1993-2000.

HAJDU David, *Positively 4th Street*, Farrar, Strauss & Giroux, 2001.

HAMMOND John, *On Record*, Ridge Press/Summit Books New York, 1977.

HERZHAFT Gérard et BRÉMOND Jacques, *Guide de la country music et du folk*, Fayard, 1999.

HINCHEY John, *Like A Complete Unknown – The Poetry Of Bob Dylan's Songs 1961-1969*, Stealing Home Press, 2002.

LASS William E., *Minnesota, A History*, W.W. Norton & Company, 1977.

LEE C.P., *Like A Bullett, The Films Of Bob Dylan*, Heleter Skelter, 2000.

McCARTNEY Paul et BARRY Miles, *Many Tears From Now*, Secker & Warburg, 1997.

MARCUS Greil, *La République invisible – Bob Dylan et l'Amérique clandestine*, Denoël, 2001.

MARSHALL Scott, avec FORD Marcia, *Restless Pilgrim, A Spiritual Journey Of Bob Dylan*, Relevant Books, 2002.

MUIR Andrew, *Razor's Edge : Bob Dylan And The Never Ending Tour*, Helter Skelter, 2001.

NICHOLSON Stuart, *Billie Holiday,* Indigo, 1996.

PALMER Robert, *Rock and Roll, An Unruly History*, Harmony Books, 1995.

PERRAULT David, *Eric Clapton, la vie en blues*, Le Castor Astral, 2003.

ROGAN Johnny, *Les Byrds, Timeless Flight Revisited*, Rogan House, 2001.

SHELTON Robert, *Bob Dylan, sa vie et sa musique*, « *Like A Rolling Stone* », Albin Michel/Rock & Folk, 1987.

SLOMAN Larry, *On The Road With Bob Dylan*, Kinky Friedman, 2002.

SOUNES Howard, *Bob Dylan, Down The Highway*, Black Swan, 2001.

SPITZ Bob, *Dylan, A Biography*, Norton, 1991.

TOSCHES Nick, *Country*, Éditions Allia, 2000.

VACHER Jeanne-Martine, *Sur la route de Janis Joplin*, Le Seuil, 1998.

VANOT Silvain, *Bob Dylan*, Librio/J'ai lu, 2001.

VARESI Anthony, *The Bob Dylan Albums*, Guernica, 2002.

VASSAL Jacques, *Folk song*, Albin Michel, 1971.

WEDDLE David, *The Life And Times Of Peckinpah*, Grove Press, 1994.

WILLIAMS Paul, *Bob Dylan Performing Artist – The Middle Years 1974-1986*, Omnibus press, 1994.

WILSON Brian, *Wouldn't It Be Nice, My Own Story*, Bloomsbury, 1991.

Discographie

Tous les disques de Bob Dylan sont parus chez Columbia/Sony music.

Albums

Bob Dylan, 1962 – *The Freewheelin'*, 1963 – *The Times They Are A-Changin'*, 1964 – *Another Side Of Bob Dylan*, 1964 – *Bringing It All Back Home/Subterranean Homesick Blues*, 1965 – *Highway 61 Revisited*, 1965 – *Blonde On Blonde*, 1966 – *The Basement Tapes*, enregistré en 1967 et sorti en 1975 – *John Wesley Harding*, 1967 – *Nashville Skyline*, 1969 – *Self Portrait*, 1970 – *New Morning*, 1970 – *Dylan*, 1973 – *Planet Waves*, 1974 – *Blood On The Tracks*, 1975 – *Desire*, 1976 – *Street Legal*, 1978 – *Slow Train Coming*, 1979 – *Saved!*, 1980 – *Shot Of Love*, 1981 – *Infidels*, 1983 – *Empire Burlesque*, 1985 – *Knocked Out Loaded*, 1986 – *Down In The Groove*, 1988 – *Traveling Wilburys I*, 1988 – *Traveling Wilburys III*, 1990 – *Oh Mercy*, 1989 – *Under The Red Sky*, 1990 – *Good As I Been To You*, 1992 – *World Gone Wrong*, 1993 – *Time Out Of Mind*, 1997 – *Love and Theft*, 2001

Live

Before The Flood, 1974 – *Hard Rain*, 1976 – *Bob Dylan at Budokan*, 1979 – *Real live*, 1984 – *Dylan And The Dead*, 1989 – *The 30th Anniversary Celebration Concert*, 1992 — *MTV Unplugged*, 1995 — *The Bootleg Series, Volume 4, live 1966 : The Royal Albert Hall Concert*, 1998 – *Live 1966-2000*, 2001

Recueils

Biograph, coffret avec quelques inédits, 1985 – *The Bootleg Series volumes I-III*, morceaux inédits, 1961-1991, 1991 – *Bob Dylan's greatest hits*, 1994

Toute dernière parution

Columbia nous réserve une bonne surprise avec la parution, en 2004, *Bootleg Volume 6 Live 64 – Concert At Philharmonic Hall* : ce quarantième anniversaire nous permet d'entendre le Bob Dylan brut et son harmonica grinçant. Le son est bon, et les chefs d'œuvre se succèdent : *The Times They Are A-Changin', Talkin' John Birch Society* – l'un des rares occasions d'entendre ce morceau qui fit polémique en son temps et reste actuel sur la paranoïa ambiante –, *Gates of Eden*, sans oublier les duos surréalistes avec Joan Baez – *Mama You've Been On My Mind*. Ils sont jeunes, et ils s'amusent...

Bandes originales

Don't Look Back, enregistré en 1965 et paru en 1967 – Pat Garrett And *Billy The Kid*, enregistré en 1973 et paru en 1988 – *Renaldo and Clara*, enregistré en 1975 et paru en 1978 – *Hearts Of Fire*, enregistré en 1986 et paru en 1987

Hommage

Notons l'excellent disque *Odetta Sings Dylan* (BMG, 2000).

Rappelons qu'Odetta, aujourd'hui trop méconnue, fut l'une des premières idoles du jeune Zimmerman. Et cet album de reprises reste l'un des meilleurs hommages qu'un artiste ait pu rendre à Dylan. La chanteuse folk y reprend des titres comme *Baby, I'm In The Mood For You*, *Masters Of War*, ou *Mr Tambourine Man*...

Remerciements

Premiers remerciements à Jean-Claude Perrier, sans qui ce livre n'aurait pas existé.

Remerciements tout spéciaux à Laurent Lavige pour son aide précieuse et son soutien (et aussi à Carine).

Remerciements particuliers à Chantal pour sa relecture patiente.

Grand merci à Christophe Guibert et Pierre-Olivier de Sony.

Merci à Yazid Manou et Tom Storer (pour ses lumières américaines).

Merci à Françoise Hardy, Hugues Aufray.

Merci à Guy Peellaert.

Et la fête ne serait pas complète sans remercier chaudement mon Isis orientale qui vibrionne à mes côtés depuis bientôt quatre ans.

Ce livre est dédié à Philippe Koechlin (1938-1996).

CET OUVRAGE
A ÉTÉ REPRODUIT
ET ACHEVÉ D'IMPRIMER
SUR ROTO-PAGE
PAR L'IMPRIMERIE FLOCH
À MAYENNE EN AVRIL 2004

N° d'éd. FF850701. N° d'impr. 60084.
D. L. : mai 2004.

(Imprimé en France)